Kulturstraßen als Konzept
20 Jahre Straße der Romanik

MORE ROMANO
SCHRIFTEN DES
EUROPÄISCHEN
ROMANIK ZENTRUMS
BAND 5

Andreas Ranft · Wolfgang Schenkluhn (Hrsg.)

Kulturstraßen als Konzept

20 Jahre Straße der Romanik

SCHNELL + STEINER

Abbildung der vorderen Umschlagseite: Tabula Peutingeriana, Cod. 324, Seg. 09, Österreichische Nationalbibliothek, Bildarchiv und Grafiksammlung

Redaktion: Nicole Thies

Bibliografische Information der Deutschen Nationalbibliothek:
Die Deutsche Nationalbibliothek verzeichnet diese Publikation in der Deutschen Nationalbibliografie; detaillierte bibliografische Daten sind im Internet über http://dnb.dnb.de abrufbar.

1. Auflage 2016
© 2016 Verlag Schnell & Steiner GmbH, Leibnizstraße 13, 93055 Regensburg
Satz: typegerecht, Berlin
Umschlaggestaltung: Anna Braungart, Tübingen
Druck: Erhardi Druck GmbH, Regensburg

ISBN 978-3-7954-2912-6

Alle Rechte vorbehalten. Ohne ausdrückliche Genehmigung des Verlags ist es nicht gestattet, dieses Buch oder Teile daraus auf fototechnischem oder elektronischem Weg zu vervielfältigen.

Weitere Informationen zum Verlagsprogramm erhalten Sie unter:
www.schnell-und-steiner.de

Inhalt

Andreas Ranft
Vorwort 9

Lars-Jörn Zimmer
Straße der Romanik im europäischen Kontext:
TRANSROMANICA - Kulturroute des Europarats 11

Penelope Denu
Grußwort 15

ZUR KULTURSTRASSE ALS KONZEPT

Wolfgang Schenkluhn
Kulturstraßen als Konzept. Ein Themenaufriss
Einleitung 19

Klaus Herbers
Von den Pilgern zu Pilgerstraßen. Fakten und Fiktionen
Festvortrag 25

20 JAHRE *STRASSE DER ROMANIK* – ERTRAG & PERSPEKTIVE

Christian Antz
Die *Straße der Romanik* und der Mythos von Sisyphos
Von Arbeit und Erfolg im Kulturtourismus am Beispiel einer regionalen
und doch europäischen Kulturstraße von 1992 bis 2013 41

Ulrike Wendland
Straße der Romanik 20 Jahre – Erfolge für die Denkmalpflege 53

Wolfgang Schenkluhn
Die *Straße der Romanik* aus wissenschaftlicher Sicht
Eine Betrachtung zu Ertrag und Perspektiven eines kulturtouristischen Konstrukts 57

INHALT

DIE STRASSE / DIE REISE AUS KULTURHISTORISCHER SICHT

Desmond Durkin-Meisterernst
Die Seidenstraße – Idee und Realität an Hand der Berliner Turfansammlung 65

Hermann Kulke
Tirtha Yatra: sakrale Topographie und Wallfahrt in Indien 77

Thomas Ertl
Die *Grand Trunk Road* von Kabul nach Kalkutta
Eine Straße als Erinnerungsort 97

Karlheinz Wöhler
Touristische Verortungen
Reisen im Tourismusmodus: zur Persistenz der Romantik im Reise-Ich 115

Markus Gamper
Postpilger auf historischen Kulturwegen
Eine soziologische Studie zur Pilgerkultur auf dem Jakobsweg 129

Thomas Wilke
Virtuelles Reisen – Digitales Reisen?
Zu einigen Tendenzen der medialen Vermittlung, Vernetzung und
Transformation im digitalen Zeitalter 143

KULTURSTRASSEN DER GESCHICHTE IN DER VERGANGENHEIT

Timothy Darvill
Roads to Stonehenge
A prehistoric healing centre and pilgrimage site in southern Britain 155

Helga Bumke
Die Reisebeschreibung des Pausanias – Ein Baedeker der Antike? 167

Stefan Lehmann
Raumerschließung und Kommunikationswege im Imperium Romanum um 300 n. Chr.
Die kartographische Darstellung des Straßennetzes in der *Tabula Peutingeriana* 175

Ina Eichner
Von Konstantinopel nach Nicaea
Pilgerwege im Byzantinischen Reich 185

Reinhard Rupert Metzner
Von vielen Wegen und einem Ziel
Zur funktionalen Pluralität der *Via francigena* und anderer
hochmittelalterlicher Transferlinien nach Rom 195

Mihailo St. Popović
The Macro- and Micro-Level of Roads and Routes in the Medieval Balkans 205

KULTURSTRASSEN DER GESCHICHTE IN DER GEGENWART

Christoph Brumann
Vom Nutzen der Verbindungen
Die »cultural routes« im UNESCO-Welterbegeschehen 217

Marco Pointecker
Qhapaq Ñan – das Straßensystem der Inka
Potenziale touristisch nachhaltiger Entwicklung in den Anden Perus 229

Jacek Bielak
National – regional – europäisch?
Zur Konzeption der Bernsteinstraße und ihrer Rolle bei der Identitätsfindung
der Einwohner des ehemaligen Preußens nach 1989 243

Sabine Ambrosius · Gabriele Horn
Chausseehäuser – Meilensteine
Eine noch verkannte Perlenkette, die Residenzen, Städte und Dörfer
miteinander verbindet 251

Eva Sturm
Die Vielstimmigkeit Mitteleuropas als touristische Ressource?
Mit *Mitteleuropäischen Literaturwegen* durch einen ›nicht gezähmten Raum‹ –
Eine Projektidee 259

Harald Schwillus
Auf spirituellen Wegen
Spiritueller Tourismus zwischen Religion und Reise 271

Johannes Stahl
Street – Art
Stichworte zu einer Kunst der Straße 279

Podiumsdiskussion 285
Zu den Autorinnen und Autoren 293
Farbabbildungen 299

Vorwort

Ein Symposium ist für die Organisatoren erst dann zu einem erfolgreichen Abschluss geführt, wenn die Tagungsakten für die interessierte Öffentlichkeit in gedruckter Form vorliegen und die gehaltenen Vorträge und Debatten über die teilnehmende Fachwelt hinaus rezipiert werden und Wirkung entfalten können. Insofern hebt zwischen Aufräumen und Drucklegung noch einmal die Arbeit aller Beteiligten an, denn die Vortragsmanuskripte müssen in die Schriftform überführt und mit Anmerkungen versehen werden, die lebhafte Podiumsdiskussion in ein lesbares Format gebracht und das Ganze zu einem ordentlichen Buch gebunden werden. Zugleich müssen bis zuletzt die Finanzen stimmen, damit alles bezahlt und ordentlich abgerechnet werden kann; Rechenschaft über die geleistete Arbeit schließlich soll der vorliegende Band selbst ablegen.

Hinter uns liegt am Ende eine für alle Beteiligten spannende Tagung, die am Standort des Veranstalters, dem *Europäischen Romanik Zentrum* in Merseburg, stattgefunden hat. Über ihre inhaltliche Konzeption, die zusammen mit dem *Netzwerk Cultural Heritage* der Martin-Luther-Universität erarbeitet worden ist, gibt einleitend Wolfgang Schenkluhn Auskunft, gefolgt von der Dokumentation des festlichen Abendvortrags, mit dem uns der Mediävist Klaus Herbers einen wichtigen Zugang zum historischen Verständnis der Entstehung eines der bedeutendsten Pilgerwege eröffnete, der sich über Jahrhunderte länderübergreifend in das kulturelle Gedächtnis Europas eingeschrieben hat. Es folgen in vier weiteren Sektionen die Vorträge unserer Referenten, die vor Drucklegung von den Autoren noch einmal durchgesehen und mit Anmerkungen versehen wurden. Ihnen allen ist an erster Stelle für Ihre Mitwirkung zu danken und für die Mühe der Zuarbeit für die Herausgabe dieses Bandes.

Sinnfälliger Ausgangspunkt für unsere Initiative war das 20-jährige Bestehen der *Straße der Romanik* in Sachsen-Anhalt, die der touristischen Erschließung einer historischen Architekturlandschaft gilt, deren romanische Baukunst in einmaliger Dichte das Land in seiner kulturellen Gestalt in hohem Maße prägt und Identifikation stiftet. Der Erfolg dieses Konzepts ist nicht nur in Zahlen derer auszudrücken, die auf solchen Pfaden das Land touristisch bereisen und sich erschließen. Längst lassen sich Rückwirkungen auf die Orte und Bauten selbst an diesem Weg nachweisen und ein gewachsenes Bewusstsein vom Wert dieser kulturellen Artefakte und den Umgang mit ihnen. Insofern war für uns von Beginn an der Verein TRANSROMANICA e. V. mit seiner erfolgreichen Initiative ein wichtiger Partner bei der Vorbereitung und Durchführung des Kongresses, der vertreten durch seinen Vorstandsvorsitzenden Lars-Jörn Zimmer und die Geschäftsführerin Juliane Koch bzw. ihre Nachfolgerin Christin Prange auch materiell unterstützend tätig war. Auch richtet sich in diesem Zusammenhang unser Dank für die reibungslose Kooperation in der Vorbereitungsphase und der Tagungsorganisation an den Tourismusverband Sachsen-Anhalt – namentlich an seine Geschäftsführerin Bärbel Schön und Herrn Roland Johannknecht als Vertreter der *Straße der Romanik* – sowie Bettina Quäschning und Angelika Beulecke von der IMG Sachsen-Anhalt.

Doch ein Tagungsunternehmen lebt nicht allein von Gedanken, dem Austausch von Ideen und dem willkommenen produktiv-kontroversen Gespräch darüber. Es war die freundschaftliche Aufnahme unserer Gastgeber im Merseburger Ständehaus, die nicht nur atmosphärisch zum Gelingen unserer Tagung beigetragen haben. Landrat Frank Bannert, Oberbürgermeister Jens Büh-

VORWORT

ligen, Bürgermeisterin Dr. Barbara Kaaden sowie Kulturamtsleiter Michael George mit ihren Mitarbeiterinnen und Mitarbeitern sorgten für eine rundum perfekte Betreuung des Hauses und repräsentierten über die Tage hinweg das große Interesse der politischen Öffentlichkeit am Thema unserer Tagung. Ihnen allen gilt ebenso unser Dank wie all jenen, die das Begleitprogramm getragen und unseren auswärtigen Gäste die umliegende Region unserer reichen Kulturlandschaft nahegebracht haben. Stellvertretend seien an dieser Stelle Heiko Einecke (Burg Querfurt), Andrea Knopik (Stiftung Kloster und Kaiserpfalz Memleben), Matthias Ludwig (Naumburger Dom), Frau Fiebig und Herr Pank (Schloss Goseck) genannt sowie Kollege Georg Stephan, der vor Ort seine sachkundige Führung anbot. Das Domstadtkino Merseburg schließlich wurde uns durch Stefan Diestel geöffnet, um gemeinsam den auf Vorschlag von Kollegen Gerd Lampe exklusiv ins Programm genommenen heiter-nachdenklichen Film »Saint Jacques – Pilgern auf Französisch« zu sehen.

Damit all das stimmig umgesetzt werden konnte, bedurfte es solider Finanzen und eines gewissen Sponsorentums. Ohne die Unterstützung der Landesinvestitionsbank Sachsen-Anhalt, des Ministeriums für Landesentwicklung und Verkehr, in dem der Referatsleiter für Landesentwicklung, Frank Thäger, ein überaus verlässlicher Ratgeber und Helfer war, sowie Andreas Höfflins vom Ministerium für Wissenschaft und Wirtschaft als Referatsleiter für Tourismus wäre die Durchführung der Tagung nicht möglich gewesen und auch nicht die vorliegende Publikation. Unser Dank an die genannten Institutionen sei ebenso vermerkt wie an ihre genannten Vertreter. Aber Geld ist nicht alles: Dass sich unsere Gäste während der Tagung, in den Pausen und zu den Empfängen von kühlen und guten Tropfen aus der Region erquicken konnten, verdanken wir großzügigen Spenden der Gaensefurther Schloss Quelle, der Fa. Rotkäppchen sowie der Winzervereinigung Freyburg-Unstrut.

Schließlich aber steht und fällt bei aller Planung und organisatorischen Besorgnis der Veranstalter ein solches Unternehmen mit den engagierten Mitarbeiterinnen und Mitarbeitern vor Ort. Ihnen allen ist last but not least zu danken: Steffen Hoffmann, Philipp Jahn, Theresa Stiller und Constanze Wandt-Ptascynski haben ohne jede Pause als helfende Hände im Organisationsbüro, am Podium und beim Catering gewirkt, während Kati Gaudig vom ERZ auch schon in der Planungsphase aktiv beteiligt war, zusammen mit Andreas Waschbüsch. Von Beginn an die Fäden in der Hand hielt insbesondere für die eigenverantwortliche organisatorische Umsetzung aller Aufgaben, die Meisterung nicht ausbleibender überraschender Herausforderungen und bis zuletzt bei der Drucklegung dieses Bandes Nicole Thies. Ihr gilt unser besonderer Dank, denn ohne ihren Einsatz weit über das normal zumutbare Engagement hinaus und ihr großes Geschick in allem wäre unsere ehrgeizige Planung dieses internationalen Symposiums leicht an schwer überwindbare Grenzen gestoßen.

Bewährter Partner bei der Drucklegung war erneut der Verlag Schnell & Steiner, namentlich sein Geschäftsführer Dr. Weiland und Elisabet Petersen als verlagsseitige Bearbeiterin dieses Bandes. Bei ihnen waren die zuvor durch die Hände von Kati Gaudig, Magdalene Pietsch und Nicole Thies gehenden Manuskripte bestens aufgehoben und auch der Mitschnitt des von Stefan Nölke (*MDR FIGARO – Das Kulturradio*) am Ende der Tagung moderierten Podiumsgesprächs, der aus Raumgründen für die Verschriftlichung zu kürzen war. Die Herausgeber wünschen dem nun vorliegenden Buch die gebührende Aufmerksamkeit und legen es der Öffentlichkeit zur Lektüreeinladung vor.

Andreas Ranft

Straße der Romanik *im europäischen Kontext:* TRANSROMANICA – *Kulturroute des Europarats*

Anlässlich des 20-jährigen Jubiläums der *Straße der Romanik* in Sachsen-Anhalt schauen wir zurück und erinnern uns im Rahmen der wissenschaftlichen Fachtagung *Kulturstraßen als Konzept* an die Meilensteine in der Entwicklung der beliebten Tourismusroute. Wir tauschen uns mit Freunden, Partnern und Vertretern anderer Routenkonzepte über Erfahrungen, Entwicklungen und Zukunftsperspektiven aus. Dem internationalen Vergleich der Kulturrouten unterschiedlichster Themen und Hintergründe stellt sich die *Straße der Romanik* insbesondere als Teil der Europäischen Kulturroute TRANSROMANICA, der sie seit ihrer Initiierung im Jahr 2003 als Gründungsmitglied angehört.

Die TRANSROMANICA geht als Kulturroute im europäischen Kontext auf die Epoche der Romanik, also das Europa des 10. Jahrhunderts ein. Hier entwickelte sich zum ersten Mal eine gemeinsame Sprache der Kunst und der Architektur, die heute an typischen Merkmalen wie den Rundbögen, den dicken, festungsartigen Mauern mit kleinen Fenstern und den Würfelkapitellen auf den Säulen festgemacht wird.

Auf vielen Reisen verbreiteten Architekten, Künstler und Handwerker das Gedankengut, ihre Ideen und Vorstellungen und somit auch den romanischen Baustil. Die in der Romanik entstandenen Bauwerke weisen also innerhalb Europas trotz feiner regionaler Unterschiede eine gewisse Ähnlichkeit ihrer Elemente auf. Und genau diese Ähnlichkeit ist es, die die Epoche der Romanik für uns heute so interessant macht. In einem stetig wachsenden Europa geht es uns darum, Brücken zu unseren neuen Nachbarn zu bauen, indem wir uns an unsere gemeinsamen kulturellen Wurzeln erinnern.

Der Ausgangspunkt für die Gründung einer europäischen Kulturroute war die bereits existierende Route in Sachsen-Anhalt, an der sich Klöster und Dome, Schatzkammern, Dorfkirchen, Burgen und Schlösser wie auf einer Perlenkette aufgereiht als Zeitzeugen der Romanik präsentieren. Diese Einzigartigkeit hinsichtlich der Dichte und Qualität an romanischen Bauwerken bildete Anfang der 90er Jahre die Grundlage für die Erarbeitung eines touristischen Konzepts zur thematischen Vermarktung des Landes Sachsen-Anhalt. Initiiert durch das Wirtschaftsministerium, sollte so ein touristisches Image für ein Land entwickelt werden, das bis dahin eigentlich kein klassisches Reiseland war. Am 7. Mai 1993 wurde die *Straße der Romanik* mit einem großen Festakt im Kloster Unser Lieben Frauen in Magdeburg durch den damaligen Bundespräsidenten Richard von Weizsäcker feierlich ins Leben gerufen.

Heute schauen wir auf eine Entwicklung zurück, die die *Straße der Romanik* zu einer der beliebtesten Tourismusrouten Deutschlands hat werden lassen. Mit 1,6 Millionen Besuchern pro Jahr ist sie inzwischen bedeutender Wirtschaftsfaktor im Land und hat sich als kulturtouristische Marketing-Säule etabliert.

In Form einer Acht läuft sie auf 1000 Kilometern durch unser Land und verbindet 80 romanische Bauwerke in 65 Orten. Zentrum des Rundkurses ist die Landeshauptstadt Magdeburg mit dem bedeutenden Magdeburger Dom als Highlight.

Vor dem kulturellen und historischen Hintergrund des gemeinsamen europäischen Erbes initiierte das Ministerium für Bau und Verkehr des Landes Sachsen-Anhalt im Jahr 2003 – also zehn Jahre nach der erfolgreichen Eröffnung der Route – das Projekt TRANSROMANICA, um die *Straße der Romanik* international zu verknüpfen und somit wieder in ihren europäischen Kontext zu setzen.

TRANSROMANICA war ein Projekt im Programm INTERREG CADSES IIIB, bei dem es um die Zusammenarbeit und den Ausbau des Raumes zwischen Mitteleuropa, Adria, Donau und Südosteuropa ging. Ziel des Projektes war es, die romanische Kunst sichtbar zu machen. Dazu wurde eine transnationale Route geschaffen und gefördert, die fünf europäische Regionen verband, welche für diese historisch-kulturelle Zeit besonders repräsentativ sind: Sachsen-Anhalt und Thüringen in Deutschland, Kärnten in Österreich, Slowenien und die Provinz Modena gemeinsam mit den Provinzen von Parma und Ferrara in Italien.

TRANSROMANICA versteht sich also nicht als durchgängiger Weg oder Straße im klassischen Sinn, sondern als internationales Netzwerk hochrangiger, romanischer Bauwerke und Regionen. Um diese dennoch thematisch verknüpfen zu können, wurden bereits im ersten TRANSROMANICA-Projekt touristische Angebote und Routenvorschläge für Aktivurlauber entwickelt.

Im August 2007 wurde TRANSROMANICA offiziell als Kulturroute des Europarates anerkannt und wird seither in einem Atemzug mit anderen europäischen Routen wie dem Jakobsweg, der Hanse-Route oder der Via Regia genannt.

Das Programm der Kulturrouten wurde im Jahr 1987 durch den Europarat ins Leben gerufen. Sein Ziel war und ist es, aufzuzeigen, auf welche Art und Weise das Erbe verschiedener Länder und Kulturen Europas das gemeinsame Kulturerbe darstellt. Dies gelingt vermittels einer Reise durch Raum und Zeit – eben auf den Wegen der Kulturrouten.

TRANSROMANICA steht als Europäische Kulturroute also für die fundamentalen Prinzipien des Europarates: Menschenrechte, kulturelle Demokratie und kulturelle Vielfalt sowie Identität, Dialog, gegenseitiger Austausch und Bereicherung über Grenzen und Jahrhunderte hinweg.

Noch im selben Jahr – im November 2007 – gründete sich ein internationaler, in Magdeburg ansässiger Verein, der mittlerweile 13 Mitglieder in acht europäischen Ländern umfasst. Von Portugal zieht sich das Netzwerk über Spanien, Frankreich, Italien, Österreich, Deutschland und Serbien bis nach Rumänien. Der Verein TRANSROMANICA widmet sich dem gemeinsamen europäischen Erbe der romanischen Kunst und Architektur. Er vereint seine Mitglieder in einem Netzwerk romanischer Routen und Straßen und setzt sich dafür ein, dieses romanische Erbe zu fördern, touristisch aufzuwerten und somit eine nachhaltige Regional- und Wirtschaftsentwicklung zu unterstützen. Ziel der Vereinsarbeit ist es, das romanische Erbe in den Mitgliedsregionen zu erforschen und die Bauten und Sehenswürdigkeiten der Öffentlichkeit zugänglich zu machen. Dabei soll durch eine nachhaltige kulturtouristische Entwicklung und ein gezieltes touristisches Marketing die Erhaltung der Bauwerke gewährleistet werden.

Nach der Vereinsgründung hat sich TRANSROMANICA stets weiter an europäischen Projekten beteiligt. Um die Ergebnisse aus dem Initiierungsprojekt TRANSROMANICA weiterzuentwickeln, startete im Dezember 2008 das Projekt CrossCulTour, in welchem bis Ende 2011 Crossmarketing-Strategien für Kultur und Tourismus entwickelt wurden.

Mit dem Ziel der Bewahrung und Instandhaltung von Kulturstätten und -denkmälern sowie der Erhöhung der Wettbewerbsfähigkeit kultureller Destinationen wurden unter anderem Best Practice-Workshops zum Crossmarketing im Kulturtourismus angeboten. Weiterhin wurden Kooperationen mit internationalen Reiseveranstaltern geschlossen, Richtlinien für die einheitliche Beschilderung und Präsentation des Kulturerbes entwickelt und umgesetzt. Darüber hinaus wurden für zahlreiche Bauwerke in den europäischen Partnerregionen Audio-Guide-Systeme eingeführt – allein in Sachsen-Anhalt für zehn Romanik-Objekte.

Ein besonderer Fokus lag auch auf der Erlebbarmachung romanischen Erbes. So wurde zum Beispiel gemeinsam mit den thüringischen Partnern der Saale-Radwanderweg zu einer Kultur- und Genießer-Route weiterentwickelt.

Bereits während der Laufzeit von CrossCulTour wurde eine Entwicklung festgestellt, die nicht nur im Tourismus, sondern auch in anderen Lebensbereichen immer deutlicher wird. Die Zahl der Smartphonenutzer beispielsweise ist in den letzten drei Jahren allein in Deutschland um mehr als 25 Millionen auf über 35 Millionen gestiegen. Ziemlich schnell ist den Projektpartnern bewusst geworden, dass die modernen Technologien und mobilen Endgeräte auch im Kulturtourismus von immer größerer Bedeutung werden. Gleichzeitig zeichnete sich jedoch ein großes Defizit in der kompetenten Nutzung und dem sicheren Einsatz moderner Informations- und Kommunikationstechnologien auf Seiten der touristischen Anbieter ab – gerade in den ländlichen Regionen, die ja zum großen Teil im TRANSROMANICA-Netzwerk zu finden sind. So war schnell die Richtung klar, in die es nach CrossCulTour weitergehen sollte.

Im Januar 2012 fiel dann der Startschuss für das aktuelle EU-Projekt e-CREATE. Dabei geht es um die Förderung der Wettbewerbsfähigkeit service-orientierter Tourismusunternehmen in ländlichen Gegenden und entlang von Kulturrouten. Besonders die Nutzung moderner Technologien steht hierbei im Vordergrund.

Im Rahmen von e-CREATE wurden zwei Themenschwerpunkte bearbeitet. Zum einen geht es andauernd im Erfahrungsaustausch unter den Projektpartnern und auf internationalen Konferenzen darum, Handlungs- und Strategieempfehlungen zu entwerfen. Diese richten sich an Entscheidungsträger auf lokaler und regionaler Ebene und sollen zur Verbesserung der angebotsorientierten Maßnahmen im Tourismus dienen. Der zweite Themenschwerpunkt beschäftigte sich mit der Umsetzung eines Pilotprojekts, in dem es um Entwicklung und Test einer Open-Source-Anwendung für Smartphones und Tablet-PCs geht. Es wurde also ein Gerüst für eine solche Anwendung gebaut, welches es den Akteuren in allen Partnerregionen und darüber hinaus ermöglicht, mit vergleichsweise geringem Aufwand eine eigene, inhaltliche App zu erstellen.

So wurde beispielsweise umgesetzt, die Impulse des Projekts e-CREATE zur Entwicklung einer Smartphone-Anwendung für Besucher der *Straße der Romanik* in Sachsen-Anhalt zu nutzen. Eine ähnliche App wurde von unseren portugiesischen Partnern bereits erfolgreich an der *Rota do Românico* eingeführt. Dank dieser modernen Technologien können sich Besucher unserer Kulturdenkmäler und -bauwerke unabhängig von Öffnungszeiten informieren und ihren Aufenthalt ganz individuell gestalten.

Im Laufe der Jahre seit der Initiierung des TRANSROMANICA-Projekts hat sich ein großes Netzwerk entwickelt. Vereinsmitglieder nutzen gern die Möglichkeit zur Intensivierung der Zusammenarbeit in Form von EU-Projekten und anderen Kooperationen. Dieses Netzwerk gilt es nun weiterhin zu pflegen und auszubauen, um mit TRANSROMANICA die Erforschung, Erhaltung, Inwertsetzung und touristische Vermarktung des romanischen Erbes in Europa weiter nachhaltig zu gestalten.

Neben unseren Mitgliedern aus öffentlicher Verwaltung, Tourismusorganisation und Forschung gehören auch europäische Reiseveranstalter zu den bedeutenden Kooperationspartnern. Und auch der stetige Kontakt zum Europäischen Institut für Kulturrouten und zu den 32 anderen zertifizierten Routen bildet eine wichtige Grundlage für den Erfahrungsaustausch, die Organisation gemeinsamer Aktivitäten und die Möglichkeiten zu neuen Kooperationen.

Lars-Jörn Zimmer
Vorsitzender des TRANSROMANICA e.V.

Grußwort

Message to the Scientific Conference on »Cultural Routes as a Concept« organised by the *European Romanesque Center* on the occasion of the 20th anniversary of the Romanesque Road

It is with great regret that I have been obliged to cancel my presence at this conference at the very last moment. I was looking forward to be with you at the beginning of an exciting venture into the idea of cultural routes and their significance for today's societies.

Here in Strasbourg, the Committee of Ministers spent several hours yesterday afternoon discussing the future of the Council of Europe's cultural routes programme, and I was obliged to speak for the programme until very late yesterday evening. My presence has, I hope, enabled the Enlarged Partial Agreement on Cultural Routes to continue its work on a permanent basis. Many member states of the Council of Europe, including Germany, give their full support to the cultural routes programme, but others have doubts as to the usefulness of cultural cooperation in times of economic downturn, and would rather need assurances in behalf of the added value of our work.

It is exactly this added value I experience participating at the different activities of the cultural routes. Whether it is meeting partners, participating in conferences, observing general assemblies, taking part in social or educational activities, it is always a pleasure and an enriching experience to join the meetings and come away with new ideas and knowledge.

I would have enjoyed listening to at least a small part of the presentations and discussions of your conference, as it is not common for so many different aspects of cultural routes, on such a broad spectrum of themes, historic periods and regions to be discussed in a single forum. The titles of contributions on the programme are inspiring, as they take along the reader from Stonehenge to Calcutta and from ancient chronicles to digital culture and virtual travel, from fact to fiction. I am looking forward to read the content of the presentations and discussions.

The Council of Europe's cultural routes programme is moving into a new era of its activities. The Enlarged Partial Agreement is due to be confirmed on a permanent basis on 11 December, confirming my organisation's commitment on promoting and disseminating the model of cultural routes as exemplary transnational cultural cooperation initiatives. The EPA now counts 22 member states and an observer (Armenia). Many other states have expressed their interest in joining. Germany joined the partial agreement just this year. There are now 26 certified cultural routes and six more candidates have submitted applications for certification in 2014. Approximately 20 projects are assisted and advised by the European Institute of Cultural Routes, and the European Commission supports the programme in several different frameworks.

Meanwhile there are encouraging progresses and substantial achievements. The participation of TRANSROMANICA in the *Salon du Patrimoine* in Paris last week added value both to our presence at the event and in particular to the short conference on heritage and territories we organized there. The French ministers of Culture and Tourism both paid us a visit, thereby pledging their support for the programme. Our Annual Advisory Forum in Innsbruck next week will provide another occasion to exchange on the future of cultural routes and hear what our partners are planning in all Europe.

Finally I would like to wish you a successful conference, and thank the organisers for their dedicated work to make this high-level scientific encounter a reality. A special thanks to Christin Prange (TRANSROMANICA) for her contribution and for establishing strong links with the Council of Europe.

Penelope Denu
Executive Secretary of the Council of Europe Enlarged Partial Agreement on Cultural Routes

ZUR KULTURSTRASSE ALS KONZEPT

WOLFGANG SCHENKLUHN

Kulturstraßen als Konzept. Ein Themenaufriss
Einleitung

I.

Kulturstraßen als Ferien- und Freizeitrouten sind Konstrukte der Gegenwart und dienen in erster Linie der touristischen Vermarktung. Sie schaffen einerseits eine Markenidentität, andererseits erzeugen sie eine geschichtliche Bedeutung für die an ihr beteiligten Regionen und ihre Innen- und Außendarstellung. Kulturstraßen stiften und verknüpfen Erinnerungsorte, womit sie Teil der aktuellen Kulturerbediskussion (Cultural Heritage) sind.[1]

Eine solche Straße verkörpert die *Straße der Romanik* in Sachsen-Anhalt, die 2013 20 Jahre alt geworden ist und eine besondere Konstruktion darstellt. Sie bezieht sich ausschließlich auf das neu entstandene Bundesland und erschließt es in seiner Fläche, um Landesidentität zu stiften und Sachsen-Anhalt zugleich geschichtlich in die 1990 um die Ostländer erweiterte BRD einzugliedern. Der Erfolg dieser politischen, wirtschaftlichen und touristischen Zielsetzung, die auf kulturell-materielle Werte gründet, ließ nicht lange auf sich warten. Das *Konzept* stieg in den letzten 20 Jahren in die Top-Ten deutscher Ferienstraßen auf (vgl. Beitrag Antz).

II.

Ferienstraßen zur Erschließung von Kultur- und Landschaftsräumen wurden nach dem Ersten Weltkrieg mit der beginnenden Verbreitung des neuen Verkehrsmittels Auto erstmals eingerichtet, so die Deutsche Alpenstraße als Panoramastraße 1927. Mit ihr und nachfolgenden Projekten änderte sich langsam das Individualreiseverhalten, welches seit dem 19. Jh. durch die Eisenbahn geprägt worden ist. Reisen der neuen Art galten dem Erlebnis von Raum und Zeit aus dem selbstgesteuerten Fahrzeug heraus auf immer besser ausgestatteten, die Umgebung in Szene setzenden Verkehrswegen. Im Unterschied zur Fahrt im Eisenbahnabteil, das für den Reisenden nur einen seitlich vorüberziehenden Landschaftsblick ermöglichte,[2] gestattete das Auto seinem Benutzer einen Rundblick und damit eine höhere Individualität des Reisens, die nicht erst mit dem Verlassen des Bahnhofs am Zielpunkt begann, sondern mit dem Befahren der Strecke selbst. Über spontan gewählte Abstecher wurde die Fahrt zu einer fahrplanfreien Tour.

Die Idee der Eroberung des Kultur- und Landschaftsraums über Touristikrouten verwirklichte sich wohl nicht zufällig zur selben Zeit, als politisierte Massen begannen, für ihre Umsturzziele die Hoheit über die Straßen der Großstädte zu erringen. Den Konzepten der Weimarer Republik folgt der Nationalsozialismus mit der Einrichtung der Deutschen Weinstraße 1935 und der Schwarzwaldhochstraße 1939 sowie der Umsetzung der Autobahnplanungen und der Realisierung eines massentauglichen Volksautomobils. Gleichzeitig, 1937, reaktivierte der spanische Faschismus unter Franco den Kult um den Apostel Jakobus als Nationalheiligen des Landes, belebte den Pilgerweg zu seinem Grab und unternahm erste Schutzmaßnahmen für die Bauten an dieser Straße. Die Motive der Inanspruchnahme von Kultur, Kunst und Landschaft durch die Politik im Zeitalter der Diktaturen und beginnenden Massengesellschaft in Europa sind deutlich.

Das Reisen nach dem Zweiten Weltkrieg hat in Europa, als das Auto auf dem Kontinent zum Massenprodukt wurde, ein Netz von Erlebnis- und Ferienstraßen für Individual- und Gesellschaftsreisende hervorgebracht. Wikipedia listet dazu fast 150 Straßenprojekte allein für Deutschland auf.³ In erster Linie dienen die Fahrten auf den Kulturstrecken wie andere Reiseformen der Erholung und dem Genuss, aber eben auch der Horizonterweiterung. Die Tour auf der Kulturstraße unterscheidet sich deutlich vom Strand- und Badeurlaub und den heute so beliebten Kreuzfahrt-, Outdoor- oder Trekkingaktivitäten und wurzelt als Konzept im Individualreiseverhalten des Adels im 17. und 18. Jh., dessen berühmtester Ausdruck die ›Grand Tour‹ auf Pferdekutschen durch Frankreich, Spanien, England und vor allem Italien war. Bildungsfahrten der herrschenden Klassen, welche, gleichsam mit friedlichen Mitteln, die Kriegszüge mittelalterlicher Kaiser und Könige über die Alpen ablösten, aber auch ein Stück weit das mittelalterliche Wallfahren beerbten, indem sie die Landschaften nun in profaner Absicht durchreisten, um bedeutende Kulturstätten aufzusuchen sowie Architektur und Kunst zu besichtigen. Daneben lernte man fremde Sitten, Sprachen und Gebräuche kennen, wobei dem Pilger das Seelenheil im Zentrum der Reise, dem Adligen die Vollendung von Erziehung und Bildung am Herzen lag.⁴

Inwieweit moderne Konzepte von Kulturstraßen auf solchen historischen Vorgängern wirklich gründen, ist eine der Fragen, die sich die Tagung, die diesem Band zugrunde liegt, anlässlich des 20-jährigen Jubiläums der *Straße der Romanik* in Sachsen-Anhalt gestellt hat. In der Geschichte waren Straßen primär immer Wege der Herrschaftsausübung und des Militärs, Wege des Transports von Waren und Gütern, schließlich auch der Religion, die Wallfahrer und Pilger zu ihren heiligen Stätten brachte. Dass es dabei aber nicht nur zu kriegerischen Auseinandersetzungen, zu Handelskontakten oder religiösen Erlebnissen kam, sondern auch zu Kulturaustausch, ist gewiss. Aber gab es bewusste Konzepte dafür? Wann und wie konnten aus Fernhandelswegen, Militär- und Staatsstraßen Kulturstraßen werden oder umgekehrt aus Pilgerwegen Straßen für Kreuzzüge. Und seit wann kann man von Kulturstraßen reden?

III.

Kulturstraßen sind zunächst einmal, wie eingangs gesagt, moderne Einrichtungen von Erlebnis- und Ferienstraßen, entstanden im Zeitalter der Nationalstaaten zwischen den Weltkriegen, anfangs nur national gedacht und konzipiert als Produkt einer sich weiter entwickelnden Industriegesellschaft. Später, nach dem Inferno des Zweiten Weltkriegs und im Zuge des europäischen Einigungsprozesses, wurden sie zu transnationalen Wegstrecken, die verschiedene Kulturräume mit zahlreichen touristischen Zielen erschließen, wofür der *Camino de Santiago*, als *Wege der Jakobspilger in Europa* durch den Europarat 1987 installiert, das Paradigma darstellt. Hier liegt das Motiv der grenzüberschreitenden Völkerverständigung zur Schaffung einer europäischen Identität zugrunde, unter Bezug auf ein mittelalterliches Wegenetz, das einstmals Wallfahrer aus ganz Europa an das Heil vermittelnde Grab des Apostel Jakobus brachte, mithin ein authentischer Anknüpfungspunkt für die Einigungsbemühungen eines kriegsgeschädigten und kriegsmüden Kontinents. Heute gibt es 26 Kulturstraßen des Europarats, wozu auch die 2007 anerkannte europäische Route der Romanik, TRANSROMANICA, zählt mit Sitz in Magdeburg (vgl. Vorwort Zimmer).⁵

Der Konzeptcharakter der europäischen Kulturstraßen ist deutlich: *Kulturstraßen sind Themenstraßen* und damit Konstrukte, die Bezüge zum historischen Kontext aufweisen, Anleihen an Vergangenem betreiben bzw. Vergangenes aufgrund bestimmter Perspektiven wiederbeleben. Kulturstraßen und die mit ihnen verbundenen Monumente werden als Cultural Heritage in und durch die Gegenwart angeeignet und erfahren auf diese Weise eine Neuinterpretation. In diesem Sinne liegt Kulturerbe nicht vor, sondern wird gemacht, wobei Cultural Heritage heute vor allem im Spannungsfeld globaler Aufmerksamkeit (UNESCO-Weltkulturerbe) und touristischer Vermarktung auftritt.⁶ Über diese Instanzen wird auch Geschichte neu erzählt, was es wissenschaftlich aufzugreifen und transdisziplinär zu durchdringen gilt.⁷

Begann auf globaler Ebene alles über Schutz und Rettung von Einzelbauwerken, angefangen mit der Versetzung des ägyptischen Tempels von Abu Simbel in den 60er Jahren des letzten Jahrhunderts und seiner Listung mit anderen berühmten Denkmalen wie dem Aachener Dom oder der Kathedrale von Chartres 1978/79, so hat sich der Fokus bei der Aufnahme von Welterbe danach stärker auf Ensembles und Regionen gerichtet.⁸ Kulturstraßen werden vor allem seit den 90er Jahren in das Programm der UNESCO aufgenommen (vgl. Beitrag Brumann). So 1993 z. B. der spanische Teil des Pilgerwegs nach Santiago, nachdem die Stadt selber schon 1987 Kulturerbe geworden war. Die französischen Pilgerwege zum hl. Jakobus folgten schließlich 1998.[9]

Der Blickwechsel auf eine Objektvielfalt an Wegstrecken, wie sie der Jakobsweg u. a. darstellen, bedeutet eine Verlagerung des Erbegedankens basierend auf einem Denkmalschutz klassischer Prägung für Einzelbauten hin zur Konzeption geschützter Kulturregionen, in dem das Denkmal nur mehr Teil einer übergeordneten Kulturäußerung ist. Ein solches Konzept bringt Grenzüberschreitungen mit sich und ist nicht mehr allein mit herkömmlichen Schutzerfahrungen zu bewältigen. Es stellen sich vielmehr komplexere Fragen zur Nutzung, Belebung sowie zu Schutz und Erforschung des Ganzen (vgl. Beiträge Wendland und Schenkluhn).[10] Dabei ist im angesprochenen Fall des Jakobswegs sicher schon ein Problem, dass die UNESCO, anders als der Europarat, Ziel und Weg nach Santiago getrennt und national unterschieden auf die Liste genommen hat.

Themenverfasstes Cultural Heritage entfernt sich aber nicht nur vom Einzelnen, sondern tendiert auch stärker zum Imaginären, indem es Vergangenes in eine größere Erzählung einspeist. So ist die ›Bernsteinstraße‹ ein schillernder Begriff und nicht überall an ein historisches Substrat gebunden. Schon in der Vergangenheit bildet sie ein schwer fassbares Netzwerk voller Ereignisse, Legenden und Geschichten (vgl. Beitrag Bielak). Wie ein Realprojekt dagegen erscheint die Einrichtungsabsicht einer Straße preußischer Chausseehäuser des 19. Jhs., die eine konkrete Strecke mit Denkmalen als Haltepunkte darstellt (vgl. Beitrag Ambrosius / Horn). Völlig immateriell mit oft nur wenigen materiellen Anknüpfungspunkten bilden Literaturstraßen, die der Intellektualität einer Kulturregion gelten, wie am spannenden Konstrukt einer böhmisch-sächsisch-schlesischen Kulturstraße abzulesen ist (vgl. Beitrag Sturm). Ein Versuch, die geistige Empfindung einer Zeit im realen Raum einer bestimmten Region außerhalb eines musealen Kontexts zu finden.

Themenbezogene Straßen lassen sich als touristische Produkte fraglos leichter vermarkten als Einzelbauwerke. Sie stellen im Regelfall Erfolgsmodelle dar und wecken die Neugier der Bildungsreisenden. Doch welcher Art ist dabei die Vermittlung von Geschichte? Mit welchen Inhalten vollzieht sich die Eintragung der Vergangenheit in die Gegenwart? Tragen konzeptionelle Straßen zur geschichtlichen Verwässerung bei? Das Podium auf der Tagung (siehe Diskussion am Ende des Bandes) betonte die Notwendigkeit einer Wissensbasiertheit durch Einbeziehung aktueller Forschungen, um die Geschichtlichkeit und Wahrheit des in der Gegenwart reaktivierten Cultural Heritage zu gewährleisten (siehe Positionen Daim, Schnepel). Auch ist entgegen mancher touristischen Praxis, die auf Harmonisierung und Griffigkeit ihres Themas setzt, eine stärkere Hervorhebung der Konflikte und Zusammenhänge in der Vergangenheit wünschenswert (siehe Position Wöhler). So scheinen im vorliegenden Band die Möglichkeiten und Grenzen gegenwärtiger Kulturstraßenkonzepte in vielfältiger Weise auf.

IV.

Kulturstraßen in diesem modernen Sinne gab es in der Vergangenheit natürlich nicht. Doch sind erstaunlich viele Elemente und Funktionsweisen zu finden, da auch damals schon Vergangenheit selektiert und vergegenwärtigt wurde. Gewiss ging man nicht aus kulturellen Gründen auf die Reise, sondern betrat die Straße aus Lebensnotwendigkeiten wie Krieg und Vertreibung, Handel und religiösen Gründen. Das Verlassen gewohnter und geschützter Gefilde, das Entfernen von zu Hause, war voller Risiken und das Unterwegssein im Mittelalter eher ein Bild für die Endlichkeit des Daseins. Christus war das Urbild des *Homo viator*, der ein kurzes und leidensvolles Erdenleben hatte, wogegen der ortsgebundene, hinter Klostermauern die *stabilitas loci* lebende Mönch geradezu das Bild des Vorscheins auf das Paradies abgab.

Gleichwohl ist das Hochmittelalter die Zeit der »Entdeckung der Straße«[11] und der um 1130/40 entstandene Pilgerführer im *Codex Calixtus* erwähnt erstmals namentlich die Wege nach Santiago, selektiert gleichsam Streckenprofile wie den alten Martinsweg von Tours nach Aquitanien (vgl. Beitrag Herbers), spricht über Land und Leute, gibt somit ›Tipps‹ und beschreibt die Kunst und Architektur am Zielort, ohne dass dieser Führer schon für ein Reisen im ›Tourismusmodus‹ (vgl. Beitrag Wöhler) stünde. Die alten Straßen meist römischen Ursprungs werden zu Pilgerwegen mit Punkten christlicher Erinnerung, die sich in den Kirchengebäuden und Kultstätten kristallisieren. Insofern gibt es hier Eintragungen, die in der Pilgerreise rudimentär auch schon Charakteristika einer Kulturstraße erkennen lassen.

Antike Reisekarten wie die berühmte *Tabula Peutingeriana*, die einer nüchternen Streckenübersicht mit Haltepunkten gleicht, kennen solche Hinweise nicht (vgl. Beitrag Lehmann). Interessant ist, dass auf der mittelalterlichen Abschrift der Karte einige kulturelle Punkte in Form von Kultorten nachgetragen sind. Tatsächlich scheint es in der Antike reale Kulturstraßen nicht gegeben zu haben. Eine Ausnahme bilden die ›Reisebeschreibungen‹ des Pausanias, der unter römischer Herrschaft eine Reflexion griechischer Vergangenheit in einer Zusammenschau ihrer großen Kultorte und ›nationalen‹ Monumente bietet. Gewiss kein Baedeker, da er keiner Reisepraxis seiner Zeit entsprach und auch erst von Gelehrten der Neuzeit entdeckt und ins Reisegepäck gepackt wurde, aber immerhin ein imaginierter Reiseweg zu kulturhistorischen Stätten und Kultstätten griechischer Religion (vgl. Beitrag Bumke).

So stand neben der sachbezogenen Streckenkarte gewissermaßen die imaginäre Kulturstraße am Anfang der Entwicklung. In diesem Rahmen ist noch einmal auf die frühen, spätantiken Itinerarien für Pilgerreisen zurückzukommen, die über die bloße Wegbeschreibung auf Gesehenes und zu Sehendes hinweisen. Diese Berichtsform, die das Wunderbare und Phantastische umfasst, führte auch dazu, dass ihre Erzählung teilweise für literarische Fiktion gehalten wurde.[12] Eine Analogie zu diesen Itinerarien bildet die berühmte Mosaikkarte von Madaba (Jordanien), welche Mitte des 6. Jhs. das Heilige Land in seinen bedeutendsten Orten veranschaulicht mit einer getreuen wie phantastischen Darstellung von Jerusalem als topographischem Zentrum der Region.

Kultziele erfordern ein äquivalentes Wegenetz. Je zentraler ihre Bedeutung, aufwendiger und wunderbarer ihre Gestaltung, desto vielfältiger und weiter die Anreisewege und umgekehrt. Schon in vorgeschichtlicher Zeit gab es Kultstätten mit großem Einzugsgebiet, wie etwa Stonehenge, zu dem es ein zum späteren christlichen Santiago durchaus vergleichbares Wegenetz durch Mitteleuropa gegeben haben muss, über das wir im Ganzen keine Kenntnis mehr besitzen (vgl. Beitrag Darvill). Die Wege ins Heilige Land waren für die europäische Christenheit von Anfang an sehr weit, wurden von ihr jedoch in zunehmendem Maße begangen, als dort die Orte für den einstigen Wandel Christi auf Erden sichtbare Gestalt annahmen. Die Kenntlichmachung der heiligen Stätten durch Monumentalbauten war Folge von bewussten politischen und kirchlichen Maßnahmen wie der Verlegung der Hauptstadt von Rom nach Konstantinopel oder der Beschlüsse zur Aufwertung der heiligen Stätten auf dem Konzil von Nicaea. In der Folge kam es, um 326, zur legendären Auffindung des Kreuzes durch Kaiserin Helena. So wurde eine römische Randprovinz im Zuge der Christianisierung der römischen Welt durch Wege und Heiligtümer neu aktiviert und integriert, die sich durch syrische Kultstätten und die Anbindung der ägyptischen Klosterwelt in byzantinischer Zeit noch weiter bereicherte (vgl. Beitrag Eichner).

Ein Gegenstück zu den Wegen ins und im Heiligen Land entstand mit den Jakobswegen nach Santiago de Compostela auf der anderen Seite des Mittelmeeres. Erst im Zusammenhang mit der Reconquista und dem Ausbau der kastilischen Herrschaft wird das in regionaler Obhut entstandene Pilgerziel am Grab der in Galicien auf wunderbare Weise wieder aufgefundenen Gebeine des in Jerusalem (!) enthaupteten Apostels Jakobus überregional bekannt. Die alten, römischen Handels- und Militärstraßen werden ausgebaut und schließlich mit vielen Heiligtümern an der Strecke und einem sakralen Großbau am Ziel im 11. und 12. Jh. aufgewertet. Über die Pilgerwege mit ihren Kultorten wird auch hier eine vertiefte Christianisierung der beteiligten Regionen und ihrer kulturellen Integration in das katholische Westeuropa erreicht.

Auch außerhalb des europäischen Kulturraums sind solche Prozesse, z. B. anhand der ›Seidenstraße‹, zu beobachten. Sie durchzieht, ebenfalls nicht als einzelner Weg, sondern als Streckennetz zwischen den Kontinenten, einen ausgesprochen heterogenen Kulturraum mit im Unterschied zu Europa zahlreichen Religionen und großer Sprachenvielfalt. Und doch wird auch hier an den Knotenpunkten und wichtigen Teilstrecken ein eindeutig religiöses, nämlich buddhistisches Bild der Regionen gezeichnet, und der Kulturraum über die Streckenführung entsprechend interpretiert und integriert (vgl. Beitrag Durkin-Meisterernst).

Die Zusammenbindung verschiedener Orte und Räume über ein multifunktionales ›Mehrwegesystem‹ geschieht dabei auch, um eine dauerhafte Begehbarkeit und Erreichbarkeit der Ziele zu gewährleisten. Denn sollte eine Straße, aus welchen Gründen auch immer, ausfallen, so bleiben andere übrig, wie etwa das Beispiel der ›Inkastraße‹ zeigt, die durch einen Küsten- und einen Kammweg gebildet wird (vgl. Beitrag Pointecker). Das historische Wegenetz in all diesen Fällen zu eruieren und in ihrer Bedeutung zu sichern, ist ein schwieriges Unterfangen der Wegeforschung, die vielfach erst die Grundlagen für eine Beurteilung liefert (vgl. Beitrag Popović).[13]

Die Bedeutungen innerhalb der Wegenetze verschieben sich mit der Zeit, wie etwa die vielen Wege der *Via francigena* nach Rom zeigen, die u. a. durch die Anlage der Grabeskirche des hl. Franziskus in Assisi eine entscheidende ›Umleitung‹ erfuhr (vgl. Beitrag Metzner). Ein weiteres plastisches Beispiel hierfür ist die *Grand Trunk Road*, die Zentralasien mit Indien verbindet und im nördlichen Landesteil als Königsstraße fungierte, bevor sie in Zeiten der Großmogule ein prächtiger Zubringer zur Hauptstadt Delhi wurde. Unter englischer Herrschaft wurde sie wiederum zur Verbindungsstraße, die heute aufgrund der sie einst befahrenen bunten LKW als eine Art indische *Route 66* gilt (vgl. Beitrag Ertl). Tatsächlich ist sie, wie ihr amerikanisches Pendant, nur mehr in Teilen und zumeist in Nebenstrecken erhalten. Der aktuelle Verkehr zieht auf modernen Autobahnen an ihr vorbei. Die durch diese Geschichte vielfach eingeschriebenen Erinnerungen wach zu halten, ist eine der Aufgaben der heutigen Zeit.

Solche Verschiebungen und Überlagerungen führen zu Sedimentierungen, die dem touristischen Zugriff heute zahlreiche Möglichkeiten der Interpretation eröffnen, auch plakative Zuspitzungen der Geschichte auf bestimmte Bilder hin zu wagen, etwa der *Grand Trunk Road* auf ein buntes Vehikel oder der *Route 66* auf ein Verkehrsschild. Womit man schon fast bei den speziell für die Wiedererkennbarkeit bestimmter Kulturstraßen entworfenen Logos angelangt ist, wie sie recht eindrücklich für den Jakobsweg oder auch die *Straße der Romanik* gestaltet worden sind. Vorbilder hierfür finden sich bei der *Street Art*, die Straße als Manifestationsraum von Kunst begreift und vieles visualisiert, was später die Vermarkter von Kulturstraßen aufgegriffen haben (vgl. Beitrag Stahl).

V.

Kulturstraßen als Konzept sind Erfindungen der Moderne, Produkte einer späten Industrie- und postindustriellen Gesellschaft, die sich die überschießenden Relikte der Vergangenheit im Rahmen einer auf Konsum und Verwertung ausgerichteten Gesellschaft aneignet und dem individualisierten Freizeitvergnügen und/oder Bildungsverlangen in bestimmter Deutung zuführt und damit in die Gegenwart einbindet. Der Blick in die Vergangenheit zeigt, dass hierfür schon wesentliche Elemente vorliegen, ob im Kopf antiker Schriftsteller oder in den Berichten christlicher Pilgerreisender, die auf Grundlage der realen Handels- und Verkehrswege Menschen in Regionen von kultureller und religiöser Bedeutung führen. Gerade die Straßen zu maßgeblichen Kultstätten erweisen sich schon in der Vergangenheit als Manifestations- und Deutungsräume für Religion und Herrschaft. In der Regel mit einem unüberschaubaren Netz an ›Zubringern‹ verbunden, müssen schon im Mittelalter, wie im Falle des Jakobsweges, repräsentative Straßenverläufe selektiert und mit Namen versehen werden. Viele Wege wiederum sind Optionen für die Gegenwart, ihre einstige Unschärfe ein Gewinn für die Marke heute. Das Heilige Land, schon in der Vergangenheit ein Begriff und eine paradigmatische Zielregion für religiöse Erwartungen, Wünsche, Wunder und Abenteuer, wartet heute mit maßgeschneiderten Besichtigungstouren für Gläubige, Bildungs- und Bibeltouristen auf und gibt Raum für eine neue Generation von Kreuz(schiff-)fahrern, die mit dem Modell des ›Tagestourismus‹ das herkömmliche Kulturstraßenwesen durcheinanderbringt.

Inwieweit die einstigen Pilgerwege und -ziele in einer säkularen westlichen Welt zur Wiedererweckung religiösen Verhaltens beitragen, ist umstritten und empirisch eher negativ zu belegen (vgl. Beitrag Gamper). Angesichts der heutigen individuellen Erlebnisform von Tourismus (vgl. Beitrag Wöhler) ist dies auch kaum anders zu erwarten und Religiosität wird eher wie ein Angebotssegment unter dem Begriff ›spiritueller Tourismus‹ behandelt (vgl. Beitrag Schwillus). Glauben und Frömmigkeit verlassen beim Bereisen von Erbestätten hierbei nicht den Kontext modernen Erinnerns und verwandeln die einst als Heilsziele für die Gläubigen entstandenen Erinnerungsorte nicht zurück in solche. Nur bei Kulturen, die ein ungebrochenes spirituelles Verhältnis zu ihren Kultorten wie etwa die Hindus in Indien aufweisen, sind Pilgerwege noch in Reinform zu finden (vgl. Beitrag Kulke).

Der Konzeptcharakter von Kulturstraßen wird sich in Zukunft vielleicht noch deutlicher artikulieren, da dieselben schon heute stark medial aufbereitet sind. Das führt möglicherweise zur teils imaginären Kulturstraße der Vergangenheit zurück, zu Pausanias und den Pilgerberichten, die in der Neuzeit durch Reiseführer, Film und Video abgelöst worden sind. Reisestrecken und Zielorte werden heute mit großem Aufwand digitalisiert und in eine Parallelwelt überführt, die mit *web 2.0* auch interaktiv erfahren werden kann und die reale Begegnung irgendwann nicht mehr unbedingt braucht, was die Tourismusindustrie, die daran kräftig beteiligt ist, aufhorchen lassen sollte (vgl. Beitrag Wilke). Vielleicht werden auch besuchbare Kopien, wie es sie bei prähistorischen Höhlen schon zahlreich gibt, stärker in den Vordergrund treten. Die Frage von Originalität und Authentizität ist heute mehr denn je global in Diskussion.[14] Die Kulturstraßen ändern sich. Ob am Ende ein ›digitaler Tourismus‹ oder eine Surrogatkultur steht, wird die Zukunft zeigen.

Anmerkungen

1. Zusammenfassend dazu: Markus Tauschek: Kulturerbe. Eine Einführung, Berlin 2013.
2. Vgl. Wolfgang Schivelbusch: Geschichte der Eisenbahnreise. Zur Industrialisierung von Raum und Zeit im 19. Jahrhundert, München 1977.
3. Siehe URL: http://de.wikipedia.org/wiki/Liste_der_Ferien-_und_Themenstraßen (Zugriff: 31.05.2014).
4. Vgl. Rainer Babel (Hg.): Grand Tour. Adeliges Reisen und europäische Kultur vom 14. bis zum 18. Jahrhundert, Ostfildern 2005.
5. Siehe dazu die Homepage des *European Institute of Cultural Routes* in Luxemburg, URL: http://www.culture-routes.lu (Zugriff: 31.05.2014).
6. Dazu Kurt Luger / Karlheinz Wöhler (Hg.): Welterbe und Tourismus. Schützen und Nützen aus einer Perspektive der Nachhaltigkeit (Tourismus: transkulturell & transdisziplinär, 9), Innsbruck 2008.
7. Vgl. hierzu die Leitgedanken des *Netzwerks Cultural Heritage* an der Martin-Luther Universität Halle-Wittenberg URL: http://www.cultural-heritage.uni-halle.de (Zugriff: 31.05.2014). Weitergehende Ausführungen zu diesen Leitgedanken finden sich in dem Beitrag »Kulturerbe im Zeitalter des Massentourismus. Eine programmatische Einführung« von Burkhard Schnepel, in: Burkhard Schnepel / Felix Girke / Eva-Maria Knoll (Hg.): Kultur all inclusive. Identität, Tradition und Kulturerbe im Zeitalter des Massentourismus, Bielefeld 2013, 21–44.
8. Daneben ist auch das *außereuropäische* Welterbe sehr viel stärker in den Fokus gerückt, mithin hat sich die eurozentrische Perspektive auf das Welterbe etwas relativiert; siehe etwa: ICOMOS: The World Heritage List. Filling the Gaps – an Action Plan for the Future (Monuments and Sites, XII), Paris 2005. Auch wird das immaterielle Kulturerbe immer mehr berücksichtigt.
9. Die Welterbeliste der UNESCO unter URL: http://www.unesco.de/welterbeliste.html (Zugriff: 31.05.2014).
10. Siehe auch: Welterbe-Manual. Handbuch zur Umsetzung der Welterbekonvention in Deutschland (Deutsche UNESCO-Kommission e.V.), Bonn 2006.
11. Titel eines Aufsatzes von Thomas Szabó: Die Entdeckung der Straße im 12. Jahrhundert, in: Bernd Schneidmüller / Stefan Weinfurther (Hg.): Salisches Kaisertum und Neues Europa, Darmstadt 2007, 340–370.
12. Siehe dazu die Einleitung zum Reisebericht der Egeria ins Heilige Land, entstanden um 380, von Georg Röwekamp mit dem Hinweis auf das Itinerarium des Pilgers von Bordeaux, in: Fontes Christiani, Bd. 20, Freiburg i. Br. 1995. S. 9–10.
13. Siehe auch: Rainer Christoph Schwinges (Hg.): Straßen- und Verkehrswesen im Hohen und Späten Mittelalter (Vorträge und Forschungen des Konstanzer Arbeitskreises für mittelalterliche Geschichte, LXVI), Ostfildern 2007.
14. Vgl. Kat. Geschichte der Rekonstruktion. Rekonstruktion der Geschichte, hg. v. Winfried Nerdinger, Ausstellungskatalog TU München, München 2010.

KLAUS HERBERS

Von den Pilgern zu Pilgerstraßen. Fakten und Fiktionen

Festvortrag

I. Konzepte und Fragen – statt einer Einleitung

Verlasse Dein Haus oder Deine Wohnung und Du stehst auf einer Kulturstraße, heiße sie *Straße der Romanik*, *Romantische Straße*, *Benediktusweg*, *Weg der starken Frauen*, *Lutherweg*, *Via francigena*, *Camino de Santiago* oder *Jakobsweg*. Monatlich werden neue Wege geschaffen, erfunden, eingeweiht. Es ist kein Ende abzusehen. Machen wir die Wege? Oder haben Geschichte und Kultur sie geschaffen? Lagern wir unsere Vorstellungen an die Konzepte der Straßen an? Was haben sie überhaupt mit den Etiketten zu tun, die ihnen heute vielfach anhaften?

Fragen wir danach, was Namen ausdrücken. Heißt die *Straße der Romanik* so, weil an dieser Straße zahlreiche Kunstwerke dieser Schaffensperiode anzutreffen sind? Rechtfertigt sich die Bezeichnung Lutherweg, weil Luther hier reiste oder weil der Weg Orte berührt, an denen der Reformator wirkte? Wie steht es dann aber mit Pilgerstraßen? Wurden diese nur oder vor allem von Pilgern benutzt? Führten sie zu einem oder zu mehreren Pilgerzielen? Und der Jakobsweg: Berührt er vor allem Erinnerungsorte des hl. Jakobus? War er nur für Jakobspilger gedacht? Oder heißt er einfach Jakobsweg oder Santiagoweg, weil er an den Ort St. Jakob bzw. spanisch Santiago de Compostela führt?

Straßen verbinden Orte, aber sie werden häufig mit den Adern eines Nervensystems verglichen, die Vorstellungen, Konzepte und vieles andere mehr transportieren. Ohne Menschen gibt es keine Straßen, aber trotzdem sind auf ihnen nicht nur Menschen unterwegs. Straßen evozieren vielleicht ungewollte Vorstellungen, denn selbst wenn jemand noch nie auf der *Straße der Romanik* unterwegs war, dürfte er etwas mit diesem Namen assoziieren.

Pilgerstraßen und Jakobswege sind heute in aller Munde. Zwar werden stündlich angeblich neue Pilger- und Jakobswege ausgezeichnet, aber trotzdem glauben viele, dass insbesondere in Südfrankreich und Nordspanien die historischen Pilgerwege seit dem Mittelalter eine feste Größe gewesen seien. Entsprechend wird zuweilen scharf – so in der deutschen St. Jakobus-Gesellschaft – zwischen historischen Wegen und Themenwegen unterschieden. Sind aber die historischen Wege ihrerseits – anders als die vielen Straßen mit unterschiedlichen Etiketten – feste und nachweisbare Zeugnisse der Geschichte? Damit bin ich beim Thema des heutigen Abendvortrages.[1] Ich möchte Sie buchstäblich mit auf die Reise nehmen und an drei verschiedenen Stationen verweilen: zum Ersten bei den Pilgern, ohne die der Ausdruck Pilgerstraßen wenig Sinn hat. Zum Zweiten frage ich nach mittelalterlichen Traditionen und Quellen zum Jakobusweg. Schließlich geht es um die Konzeptionen von Pilgerstraßen, die Gelehrte zu Beginn des 20. Jhs. entwickelten und mit dem programmatischen Satz »Am Anfang war die Straße«[2] unterfütterten.

II. Im Anfang war der Pilger: ziellos oder zielgerichtet?

Was aber war wirklich am Anfang? Im Anfang war der Pilger, so will ich nach den Vorbemerkungen mein erstes Hauptkapitel überschreiben. Wenn heute von Pilgern geredet wird, so ist längst nicht klar, was gemeint ist. War Hape Kerkeling beispielsweise »mal weg«, um zu sich selbst zu kommen,[3] so werden Besucher des Weltjugendtages heute genauso als Pilger bezeichnet, obwohl sie wohl eher nach einem großen religiösen Gemeinschaftserlebnis streben. Bedeutete Pilgern nicht vielmehr das mühsame Unterwegssein zu einem spirituellen Ziel? Hat Pilgerschaft überhaupt ein Ziel, oder ist der Weg das Ziel, wie man heute – in Anlehnung an buddhistische Vorstellungen – vielfach hört?[4]

Obwohl unter Pilgern im Mittelalter meistens das Reisen zu heiligen Orten verstanden wird, so konnten die Begriffe ›Pilger‹ und ›Pilgerfahrt‹ anderes bezeichnen.[5] Dies lässt die Wortgeschichte erkennen. Das Wort *peregrinus* meinte im klassischen Latein allgemein den Fremden. Damit wurden Personen außerhalb der eigenen Gemeinschaft bzw. des eigenen Umfelds bezeichnet. Es bedurfte auch einer semantischen Entwicklung, bis man unter *peregrinus* fast ausschließlich nur noch die Personen verstand, die zu Orten reisten, um dort heilige Körper oder Dinge zu verehren. Trotz dieser Entwicklung blieb der klassische Sinn des Wortes erhalten und schwang weiterhin mit. Ein Pilger, ein *peregrinus*, war damit Fremder und Reisender zugleich.

Damit einher geht die Vorstellung, dass wir alle Fremde, also Pilger auf Erden sind. Angelehnt an biblische Traditionen wurde das Leben auch im Mittelalter als *peregrinatio* angesehen.[6] Beispiele dieser Lebensform hielten die biblischen Geschichten bereit: Adam oder Abraham brachen aus ihrer angestammten Lebenswelt auf. Seine eigene Heimat für Christus zu verlassen, prägte sich besonders stark in der irischen *peregrinatio* des frühen Mittelalters aus.[7] Die Glaubensboten aus dem irischen und angelsächsischen Bereich, die vom 6. bis zum 8. Jh. in Mitteleuropa missionierten, sahen ihr Wirken häufig als ein Umherziehen für Christus, was lateinisch *peregrinatio pro Christo* genannt wurde. Deshalb konnten *peregrinus* und *peregrinatio* auch auf die monastische Lebensform oder auf das Exil verweisen.[8] Neben dieser asketischen Heimatlosigkeit entwickelte sich aber im frühen Mittelalter ebenso die Pilgerfahrt zu heiligen Stätten (»ad loca sancta«). Schon im 5. Jh. unterstrich Hieronymus, dass eine Kenntnis der Stätten, an denen Christus gewirkt hatte, die Bibeltexte besser verstehen lasse. Dies machte Jerusalem zu einer Art Urpilgerort der Christenheit. Pilgerfahrten dorthin sind schon seit dem 4. Jh. bezeugt.[9]

Die Zahl der Orte, an denen der Herr selbst gewirkt hat, ist aber begrenzt. Außerdem liegen sie nicht im lateinischen Westen. Auch deshalb erlangten die Wirkungs- und Grabesorte der wichtigsten Zeugen des christlichen Glaubens, der Apostel, Märtyrer, später auch der Bekenner große Bedeutung. Entscheidend wurde aber der sich verbreitende Reliquienkult an deren Gräbern, der – oft mit einer bestimmten Förderung – zu regem Pilgerverkehr führte.[10] Da man den Gebeinen von Heiligen auch nach dem Tod noch übernatürliche Kräfte beimaß, schienen sich an deren Gräbern Himmel und Erde zu berühren. Die Bedeutung des Reliquienkultes auch für die Ausstattung der Altäre bestätigte ein Konzilskanon im Jahr 787.[11]

Der Wettstreit von vielen neuen Kultzentren dürfte den Aufschwung von Pilgerfahrten ebenso begünstigt haben wie die Vorstellung, an den Gräbern dieser Heiligen könne man Heil für Leib und Seele erwerben. Zu diesen Zentren brachen viele Gläubige freiwillig auf; man konnte aber auch strafweise an bestimmte Orte geschickt werden. In beiden Fällen suchten die Pilger an den aufgesuchten Zentren häufig die Wunderkraft, die das Wirken Gottes durch die Heiligen an ihren Gräbern unterstrich.[12] Nicht von ungefähr erzählten viele Wundergeschichten gleichermaßen von körperlicher Heilung und Seelenheil. Heilung und Heil gehörten im Idealfall zusammen. Dabei fanden die Wunder nicht immer an den Grabesstätten statt, sondern konnten auch an anderer Stelle erfolgen. Wenn ein Heiliger zum Beispiel am Aufbruchsort eines späteren Pilgers half, bewirkte dies oft eine Dankesreise zu seinem Schrein. Entsprechend unterscheidet man bei den freiwilligen Pilgerfahrten zu heiligen Orten auch Dank- und Bittpilgerfahrten. War das Wunder bereits erfolgt, so war eine Dankpilgerfahrt üblich und angemessen.

Der Wunderglaube im früheren und hohen Mittelalter erscheint uns Heutigen oftmals fast schon wie ein direkter Handel mit dem Jenseits. Dies kann eine Erzählung der Jakobusmirakel gut erläutern. Ein kinderloses Ehepaar unternahm eine Bittpilgerfahrt nach Santiago de Compostela, um dort durch Gebete und Gaben Nachwuchs zu erbitten. Nachdem ein Sohn geboren war, machte sich die kleine Familie nach einigen Jahren erneut auf den Weg nach Santiago, um dem Heiligen für die gewährte Hilfe zu danken. Als der Sohn unterwegs sehr schwer krank wurde, rief die Mutter ihren Wundertäter mit folgenden Worten an: »Lieber Jakobus, dem der Herr die Kraft gegeben hat, mir einen Sohn zu schenken, gib ihn mir nun zurück«. Und dann folgt sogar eine Drohung: »Wenn du ihn mir nicht gibst, werde ich mich auf der Stelle selbst töten«.[13] Diese Worte klingen handfest. Und die Selbstmordandrohung der besorgten Mutter dürften dieser Form für das Mittelalter zumindest selten sein, galt doch der Selbstmord im kirchlichen Recht als ein schweres Vergehen.[14]

Viele Wundergeschichten erzählen jedoch von einfachen Krankenheilungen, die in ihrer Typik oftmals biblischen Modellen folgen. Wenn das Bibelzitat »Blinde sehen, Lahme gehen, Aussätzige werden rein«, konkret werden sollte, waren die Wunder an heiligen Gräbern hierzu besonders geeignet. Manche Verfasser der Mirakelerzählungen fügten aber hinzu, dass viel wichtiger als solche körperlichen Heilungen die Vergebung von Sünde und Schuld sei. Vor diesem Hintergrund wundert es nicht, dass die formale Vergebung von Sündenstrafen bald zu einem weiteren Motiv der Pilgerfahrten avancierte.

Wenn Wunderhilfe und der Wunsch nach Selbstheiligung die wichtigsten Grundmotivationen der freiwillig auf den Weg ziehenden Pilger im Mittelalter ausmachten, dann hat die Entwicklung der Ablässe[15] diese Motivationen seit dem 11. Jh. ergänzt, aber nicht verdrängt. Allerdings rückten solche Ablässe für die Pilgerfahrten des Mittelalters besonders stark in den Vordergrund, seitdem Rom mit den sogenannten Jubiläumsablässen einen großen Erfolg als Pilgerzentrum errungen hatte. Dies wurde erstmals im Jahr 1300 mit dem römischen Heiligen Jahr praktiziert.[16]

Die verschiedenen Institutionen Roms, weniger das Papsttum selbst, profitierten von den Erfolgen eines solchen Heiligen Jahres. Sollte dieser Gnadenschatz – wie anfangs gedacht – nur alle »Jubeljahre« oder alle hundert Jahre wirksam werden? Schon bald senkte man die Intervalle zunächst auf 33, dann seit 1475 auf 25 Jahre. Andere Orte imitierten dieses System, indem sie sogar kürzere Zwischenräume vorsahen. In Santiago de Compostela ist spätestens seit dem 15. Jh. belegt, dass ein Heiliges Jahr dann zu feiern sei, wenn der Festtag des Heiligen auf einen Sonntag fällt.[17] In Aachen gab es einen Sieben-Jahr-Rhythmus der Heiligtumsfahrt.[18] Für die Pilgerorte bedeutete dieses periodische Pilgern einen gewissen Vorteil, weil man sich auf Pilgermassen einstellen konnte. Ob deshalb nur die Ziele oder sogar die Pilgerwege zu diesen Zentren verstopft sein konnten, lassen die Quellen allenfalls zuweilen erkennen.[19]

Betrafen die bisher genannten Formen vor allen Dingen freiwillig unternommene Pilgerfahrten, so sind dem die verordneten Buß- oder Strafpilgerfahrten gegenüberzustellen, bei denen im Spätmittelalter sogar Verurteilte aus niederländischen Städten zur Strafe auf Pilgerfahrt gesandt wurden.[20] Nicht freiwillig reisten ebenso wenig Delegationspilger, die sich für eine andere Person auf den Weg machten. Mehrfach verfügten spätmittelalterliche Testamente, eine bestimmte Summe für eine Pilgerfahrt zu einem bestimmten Zentrum vorzusehen.

Da aber der Pilgerstatus durchaus attraktiv sein konnte, verwundert es nicht, dass auch falsche Pilger zunehmend in den Quellen (auch als ›Landplage‹) erwähnt werden. Die Bezeichnung ›Jakobsbrüder‹ wurde im 15. und 16. Jh. vielfach als Synonym für Bettler verwendet und hatte einen keineswegs positiven Klang.[21]

Unter anthropologischen Gesichtspunkten wäre es verwunderlich, wenn Pilger nur auf Grund einer einzigen Motivation zu heiligen Stätten aufgebrochen wären. Viel eher ist von Motivknäueln auszugehen, wie gerade im Spätmittelalter manche Quellen zuweilen schlaglichtartig erkennen lassen. Reiselust, Fernweh, akute Sorgen in der Heimat und wirtschaftliche Motive könnten demnach Pilger vielfach auf den Weg gebracht haben. Manche spätmittelalterlichen Berichte reden sogar davon, dass man bei dieser oder jener Pilgerfahrt Land und Leute kennen lernen wolle.[22] Wirtschaftsquellen wie Zolltarife lassen sogar erkennen, dass manche Pilger Handels- und Pilgerfahrt miteinander verbanden.[23] Man muss vermutlich davon ausgehen, dass die meisten Personen, die im Mittelalter unterwegs waren – Krieger, Händler, Scholaren, Gesandte oder Handwerker … – zudem, wenn möglich, die entsprechenden Heiligtümer an ihren Wegen aufsuchten, was beispielsweise aus einem Jakobspilger schnell einen Martinuspilger machen konnte.

Pilger waren aber in der Regel auf den Pilgerstraßen nicht allein, sie trafen dort auch Händler, Krieger, Scholaren oder Handwerker.[24] Damit trug das Pilgern zum Austausch bei. Pilger erzählten davon, was sie auf dem Weg erlebt hatten: von helfenden Händen, von bösen Wirten, von gefährlichen Wegpassagen und anderem. Diese Äußerungen der Pilger zu dem, was sich auf den

Wegen abspielte, dringen aus früheren Zeiten nur selten in originaler Form an unser Ohr. Viel eher müssen wir auf Quellen zurückgreifen, die einiges zwischen den Zeilen erkennen lassen. Aber den direkten Bezug zu den Pilgern können wir allenfalls auf Umwegen herstellen. Dazu gehören vor allem Reiseführer und Reiseberichte, von denen ich den bekannten Pilgerführer nach Santiago aus dem 12. Jh. samt seinem Kontext in meinem nächsten Abschnitt vorstellen will.[25]

III. Im Anfang war der Pilgerführer: Vier Wege

Im Anfang war der Pilgerführer des 12. Jhs., der uns offensichtlich festgefügte Jakobswege präsentiert. Worauf konnte sich dieses Konzept stützen? Die ersten Pilger, die aus Gegenden nördlich der Pyrenäen zu Beginn des 9. Jhs. entdeckten Jakobsgrabs kamen, sind seit dem 10. Jh. belegt. Wenn sie die Pyrenäen überquert hatten, und dies geschah meistens über den Somportpass, in der Nähe von Jaca, so folgten sie in Nordspanien lange Zeit einer alten Römerstraße, die später als Frankenweg, als *Camino Francés* bezeichnet wurde. Dieser Weg durch den Norden der Iberischen Halbinsel war deshalb bis in die Spätantike wichtig geblieben, weil die Bodenschätze in der Nähe von Ponferrada (Las Medulas) in römischer Zeit in Richtung Gallien und Italien transportiert werden mussten. Diese Straßen verfielen zunehmend, als sie nicht mehr in großem Umfang genutzt und gepflegt wurden. Die *Historia Silensis* von etwa 1115 bemerkt, Sancho der Große von Navarra (1004–1035) habe zu Beginn des 11. Jhs. die Wege und Straßen verbessert, um militärische Züge im Zusammenhang mit den Kämpfen gegen die Muslime besser durchführen zu können.[26] Möglicherweise ist diese Notiz sogar schon auf einen Vorgänger Sanchos zu beziehen. Wichtig ist, dass die alte Römerstraße mit kleineren Abweichungen auch für militärische Unternehmungen genutzt wurde. Militärische Züge auf der alten Straße in den Nordwesten Spaniens unterstreichen auch die Bemerkungen in der noch vorzustellenden Geschichte über die Züge Karls des Großen in Spanien. In den entsprechenden Schriften des 12. Jhs. heißt es mehrfach, dass die Jakobsstraße die Truppen Karls und der Muslime trennte (»via iacobitana dividebat utrumque exercitum«[27]).

Als dritte wichtige Funktion des Weges durch Nordspanien ist der Handel hervorzuheben. Der Zolltarif von Jaca aus dem ausgehenden 11. Jh. lässt die wirtschaftliche Bedeutung von Passübergängen und Straßen erkennen. Das Dokument führt verschiedene Produkte auf, die mit Zoll belegt werden und nennt interessanterweise neben den Kaufleuten auch Pilger, die vom Zoll befreit werden müssten. Daneben nennt er sogar »Pilgerkaufleute«, die weitgehend vom Zoll befreit sein sollten: Was sie für den Hin- und Rückweg nach Compostela benötigten, sei frei, der Rest der mitgeführten Waren sei mit Zoll zu belegen. Insgesamt verweist also der Weg zum Jakobsgrab durch den Norden Spaniens auf drei wichtige Aspekte: römische Traditionen, militärische Funktionen und wirtschaftliche Nutzungen, erst dazu trat dann als vierter Punkt, dass die Pilger selbstredend die vorhandenen Achsen nutzten.

Blickt man auf eine Karte Spaniens und Europas, so wird schnell deutlich, wie sehr sich der bisher beschriebene Grabesort Compostela in einer Randlage befindet. Die Konsequenzen liegen auf der Hand. Auf der Iberischen Halbinsel im äußersten Nordwesten situiert, war es für einen Ort wie Compostela schwierig, bei fortschreitender Reconquista nach Süden in Konkurrenz zu neu eroberten Städten weiterhin Einfluss zu wahren; in einem geeinten kastilisch-leonesischen Reich blieb es besonders schwer, sich gegenüber Zentren wie Toledo oder Sevilla zu behaupten. Legitimationen für kirchenpolitische Erfolge, so die Erhebung zum Erzbistum 1120/24, erklären sich auch aus diesen geopolitischen Grundvoraussetzungen.

Die Randlage Compostelas ist aber auch aus einer europäischen Perspektive offensichtlich. Die Apostelstadt lag am Ende der damals bekannten Welt, weshalb das westlich von Santiago liegende Kap vielfach als *Finis terrae*, als Ende der Welt, bezeichnet wurde. Compostela befand sich an keiner Durchgangsstraße, allenfalls der Schiffsweg verband Galicien etwas direkter mit dem übrigen Europa. Die genannte, alte Römerstraße von den Pyrenäen führte vor allem in die Gegend von Astorga, eine Fortsetzung bis in das nahe gelegene Lugo – wie Astorga eine römische Gründung – berührte Compostela oder die unmittelbare Nähe nicht. Wenn aber Compostela so weit abgelegen war, wie konnte man den Ort für Pilger attraktiv machen?

Vermeintliche Ordnung schuf der Pilgerführer des 12. Jhs., der vier Wege in Frankreich und einen in Spanien unterscheidet. Es ist der fünfte Teil eines größeren Werkes, das die verschiedensten Traditionen um den Apostel Jakobus zusammenfasst und aufbereitet. Dieses Werk heißt heute meist nach einem gelehrten Vorschlag Liber Sancti Jacobi (Jakobsbuch), aber das Eingangskolophon nennt einfach Jacobus als Titel. Weil der Einleitungsbrief sowie einige weitere Passagen sogar angeblich von Papst Calixt II. (1119–1124) verfasst wurden, der die nachfolgenden Schriften legitimiert und ihre Lektüre und Benutzung empfiehlt, wird die Handschrift im Kathedralarchiv von Compostela auch zuweilen Codex Calixtinus genannt.[28]

Das Buch weicht von sonst üblichen hagiographischen *Libelli* ab. Es besteht aus fünf Teilen (Büchern), die jeweils verschiedene Bereiche betreffen. Nur noch die im ersten Buch eingefügte *Passio*, die *Translatio* mit der Geschichte zur Überführung der Gebeine von Palästina nach Spanien im dritten Buch und die Mirakelberichte des zweiten Buches gehören streng genommen zum klassischen Grundbestand eines Heiligendossiers. Insgesamt umfangreicher sind andere Passagen. Das Jakobsbuch bietet einen sehr ausführlichen Teil zur Umsetzung des Kultes in der Liturgie (Buch I) sowie neben der *Historia Turpini*, die Karl den Großen unter anderem als Maurenkämpfer und Jakobuspilger stilisiert (Buch IV), einen Teil, den schon genannten Pilgerführer (Buch V). Die für uns in diesem Zusammenhang wichtigen Bücher IV und V erzählen davon, wie Karl der Große nach Spanien zum Kampf gegen die Muslime und auch nach Compostela gezogen sei, weiterhin, auf welchen Wegen und in welchen Formen Pilger das Pilgerziel erreichen könnten. Die Beschreibungen scheinen zwar teilweise auf konkreten Erfahrungen zu basieren, sind jedoch insgesamt von dem Bestreben getragen zu beschreiben, wie man sich die Jakobs-Pilgerfahrt vorstellte, vielleicht sogar wünschte.

»Vier Wege führen nach Santiago, die sich zu einem einzigen in Puente la Reina in Spanien vereinen; einer geht über St-Gilles, Montpellier, Toulouse und den Somportpass, ein anderer über Notre-Dame in Le Puy, Ste-Foy in Conques und St-Pierre in Moissac, ein weiterer über Ste-Marie-Madeleine in Vézelay, St-Léonard im Limousin und die Stadt Périgueux, ein letzter über St-Martin in Tours, St-Hilaire in Poitiers, St-Jean in Angély, St-Eutrope in Saintes und die Stadt Bordeaux. Diejenigen Wege, die über Ste-Foy, St-Léonard und St-Martin führen, vereinigen sich bei Ostabat, und nach dem Überschreiten des Cisapasses treffen sie in Puente la Reina auf den Weg, der den Somportpass überquert; von dort gibt es nur einen Weg bis Santiago«[29] (Abb. 1).

Mit dieser Aufzählung beginnt der fünfte Teil des Jakobsbuches nach dem Kapitelverzeichnis. Unterschieden werden in diesem Pilgerführer des 12. Jhs. vier Ausgangswege nach Santiago, die alle in Frankreich anfingen: in St-Gilles, Le Puy, Vézelay und Tours. Schon diese wenigen Sätze schrieben die Wege der Pilger gleichsam fest und kanonisierten sie; es gibt heute kaum ein Buch zur Jakobuspilgerfahrt ohne Karte mit diesen Wegstrecken. Karten enthielten die mittelalterlichen Schriften mit Wegbeschreibungen aber in der Regel nicht. Bei Betrachtung der Topographie ist heute leicht nachvollziehbar, dass der Weg von Vézelay oder noch mehr der von Le Puy als besonders mühsam gelten musste. Obwohl Bergüberquerungen und entvölkerte Landschaften heutzutage erfreuen mögen, bedeuteten sie früheren Zeitgenossen vor allem Anstrengung, Bedrohung und Gefahr. Inzwischen ist nachgewiesen, dass Jakobspilger die Routen von Vézelay und Le Puy wesentlich seltener als die von Arles oder Paris beziehungsweise Tours nutzten. Zugespitzt könnte man sogar davon sprechen, dass der Autor dieser Zeilen einige der ›klassischen‹ Pilgerwege gleichsam ›erfunden‹ habe.

Bei der Durchsicht der weiteren Kapitel, in denen Etappen, Wasserstellen und Flussüberquerungen, die verschiedenen Völker an den Wegen sowie die zu besuchenden Orte und heiligen Leichname aufgezählt werden, fällt auf, dass der Autor wichtige konkurrierende Kultzentren in Frankreich einfach dem spanischen Jakobsgrab unterordnete, indem er im achten Kapitel zum Beispiel St-Martin in Tours, Ste-Foy in Conques, St-Leonhard im Limousin oder St-Sernin in Toulouse als Stationen zum Zielort, weniger als eigenständige Zentren würdigte. Damit avancierte zugleich der Weg zu einem wichtigen Teil der Jakobusverehrung. Das entfernte

Abb. 1: Karte der Pilgerwege. Aus: Klaus Herbers, Der Jakobsweg, Tübingen ⁷2001, Klappe.

Compostela an der geographischen Peripherie rückte ideell ins Zentrum. Auch Tagesstrecken in Spanien werden so definiert, dass der Weg kürzer erschien, als er in Wirklichkeit war, denn 13 Etappen von den Pyrenäen bis nach Santiago bedeuteten Tagesleistungen von mehr als 50 Kilometern!

Santiago stand in dieser Konzeption im Zentrum, obwohl der Ort geographisch an der Peripherie lag. Diesen Aspekt unterstützen einige Wundergeschichten, die im zweiten Teil des *Liber Sancti Jacobi* aufgeschrieben waren, denn anders als in sonstigen Sammlungen von Wundererzählungen sind Wegwunder hier besonders häufig. Neben den verschiedensten Anliegen, bei denen der Apostel helfend und strafend eingriff, boten vor allem die Pilgerfahrten und der mühsame und weite Weg Anlass zu Wundern.[30] So erzählen Mirakelgeschichten davon, dass der Apostel einen Pilger, der unterwegs dem Leben schon entrückt war, auf dem Rücken seines Pferdes in einer Nacht bis nach Compostela brachte. Weitere Kapitel des Führers und einige Passagen im ersten

Teil des Jakobsbuches machen die Vorstellungswelten der Zeit bestens anschaulich, so die Passagen zu den unrechtmäßig erhobenen Zollabgaben, zu den Warnungen vor den Fährleuten, die ihre Boote manchmal kentern ließen oder vor den Nachstellungen der Wirte, die es nur auf Geld sowie Hab und Gut der Pilger abgesehen hatten. Dabei sind Vorlieben und Reserven deutlich erkennbar. In einem Kapitel über die guten und schlechten Flüsse am Jakobsweg fällt auf, dass die todbringenden Wasser in Spanien fast alle in Navarra liegen und der Autor nachdrücklich auch vom Verzehr der Fische aus den Flüssen zwischen Estella und Logroño abrät. Ähnlich schlechte Noten erhalten die Navarresen in einem weiteren Abschnitt über die verschiedenen Völker am Weg: Sie sind nicht nur »gottlos« und barbarisch, böse und schurkisch, sondern angeblich treiben sie sogar mit dem Vieh Unzucht, und ihre Sprache erinnert an »Hundegebell«. Die geballten Ladungen negativer Vorurteile treffen immer wieder die Navarresen und Basken, und es ist kaum vorstellbar, dass dies alles nur auf Beobachtungen zurückgeht.

Die Leistungen der Straßen- und Brückenbauer, die zu einer sichereren Pilgerfahrt beitragen, und die Verdienste anderer Gruppen werden hingegen gerühmt. Und zum Schluss wird noch einmal an das Matthäusevangelium erinnert »Wer euch aufnimmt, nimmt mich auf« (Matthäus 10,40).

Waren aber diese verschiedenen Wege mit ihren Orten die authentischen und damit für uns historischen Pilgerwege und Pilgerorte oder unterlagen auch von Pilgern genutzten Wege der Veränderung? Der schon erwähnte Zolltarif aus dem ausgehenden 11. Jh. (1076–1094) zeigt, welche Güter man bevorzugt importierte und exportierte und in der aragonesischen Pyrenäenstadt Jaca mit Zoll belegte: Stoffe aus Brügge, Seide aus Konstantinopel, Purpur, Farben, Schwerter, gefangene Mauren, Metalle, Gewürze, sogar Lebensmittel und Goldmünzen, wohl aus dem arabisch dominierten Raum und weitere Dinge oder Herkunfts- beziehungsweise Zielorte werden genannt. Der Ort, an dem der Zoll erhoben wurde, ist jedoch ebenso aufschlussreich: Jaca war ein Eingangstor für das nordöstliche Spanien, am Fuße des Somportpasses gelegen. Diesen Weg nutzten auch die Jakobspilger. Das Dokument macht in seiner Schlusspassage deutlich, dass Pilger von jeder Zollabgabe frei seien. Der Übergang bei Jaca scheint – wie die Quelle suggeriert – für den Handel besonders wichtig gewesen zu sein. Dennoch wurde ab dem ausgehenden 12. Jh. bei der Pyrenäenüberquerung der Pilger Roncesvalles bedeutender. Es ist fraglich, ob dies nur an herrschaftlicher oder wirtschaftlicher Förderung lag. Der Pilgerführer im *Liber Sancti Jacobi* nennt anfangs beide Orte. Das Hospiz in Santa Cristina auf dem Somport wird weiterhin im vierten Kapitel kurz hervorgehoben. Liest man jedoch das achte Kapitel über heilige Stätten am Weg, so wird im Pyrenäenraum fast nur noch Roncesvalles ausführlich gewürdigt. Dabei fällt eines auf: Nach der Würdigung der wirtschaftlichen Bedeutung des Passes gewinnt ein eher ideologisches Argument die Oberhand, die Nutzung dieses Übergangs beim Zug Karls des Großen auf die Iberische Halbinsel.

»Ebenfalls im Baskenland verläuft der Jakobsweg über einen sehr bedeutenden Berg, der Cisapaß heißt, entweder weil er als das Tor Spaniens angesehen wird oder weil über diesen Berg Güter von einem Land ins andere transportiert werden. Sein Anstieg mißt acht Meilen und der Abstieg ebensoviel. Dieser Berg ist so hoch, daß er den Himmel zu berühren scheint; wer ihn besteigt, glaubt mit eigener Hand an den Himmel reichen zu können. Vom Gipfel kann man das Meer der Bretagne und des Westens sehen und auch die drei Länder Kastilien, Aragonien und Frankreich. Der Ort auf der Spitze wird ›Karlskreuz‹ genannt, weil dort Karl (der Große), als er mit seinem Heer nach Spanien zog, einen Pfad mit Beilen, Äxten, Hacken und anderen Werkzeugen bahnte, zunächst ein Kreuzzeichen aufstellte, dann das Knie beugte und nach Galicien gewandt Gott und den hl. Jakobus in einem Bittgebet anrief. Deshalb pflegen die Pilger hier niederzuknien, mit Blick auf das Land des hl. Jakobus' zu beten und ein Kreuz wie ein Feldzeichen aufzustellen. Man kann dort tausend Kreuze finden, dort ist der erste Gebetsort des hl. Jakobus.

Auf diesem Berg pflegten die gottlosen Navarreser und Basken, bevor das Christentum in Spanien vollkommen verbreitet war, die Pilger nicht nur auszuplündern, sondern sogar auf diesen wie auf Eseln zu reiten und sie zu töten. Nördlich, in der Nähe dieses Berges, liegt das als Valcarlos bezeichnete Tal, in das derselbe Karl (der Große) mit seinem Heer floh, als die Kämpfer in Roncesvalles getötet worden waren. Dieses Tal durchqueren viele Jakobspilger, wenn sie den Berg nicht besteigen wollen. Anschließend trifft man beim Abstieg von diesem Berg auf das Hospiz und die Kirche. Dort liegt der Fels, den der tapfere Krieger Roland mit einem dreifachen Schwertstreich von oben bis unten mitten durchgespalten hat. Dann gelangt man in den Ort Roncesvalles, wo einst die große Schlacht stattfand, in der König Marsirus, Roland, Oliver und vierzigtausend andere christliche und sarazenische Kämpfer getötet wurden. Anschließend erreicht man Navarra, reich an Brot, Wein, Milch und Vieh«.[31]

Die Passage des Pilgerführers greift auf, was im vierten Buch des *Liber Sancti Jacobi* (*Historia Turpini*) zu Karls Zug nach Spanien ausführlicher dargestellt wird.[32] Hier findet sich eine neue Version über den Spanienzug Karls des Großen, der 778 in den Pyrenäen bei Roncesvalles nach Ausweis der zeitgenössischen karolingischen Quellen eine empfindliche Niederlage einstecken musste. Das Beispiel Karl diente aber im 12. Jh. dazu, auch das Jakobsthema europäisch zu machen. Er erscheint in diesem Buch als Maurenkämpfer und als früher Pilger, der das vergessene Grab des Apostels aufsuchte. Diese neue europäische Sicht hob selbstredend seit dem 12. Jh. vor allem Roncesvalles hervor. Dieser Ort wurde nun zum wichtigen Zwischenziel bei der Pyrenäenüberquerung der Jakobspilger. Jedenfalls gehen auch spätere Pilgerführer aus dem 15. Jh. (so zum Beispiel der von Hermann Künig von Vach wohl 1495 verfasste Leitfaden) und andere Zeugnisse von einer Bergüberquerung mitteleuropäischer Jakobspilger bei Roncesvalles aus.

Was berichtet die *Historia Turpini*, die ein Zeitgenosse Karls des Großen (Erzbischof Turpin) geschrieben haben soll, genau? Dort lesen sich die Anfänge des Jakobskultes etwas anders als in den Compostellaner Traditionen. Berichtet werden die angeblichen Aktivitäten Karls des Großen in Spanien. Eine lokale Entdeckung des Grabes wird nicht erwähnt, vielmehr soll Karl der Große selbst bei seinem Zug nach Spanien das in Vergessenheit geratene Jakobsgrab besucht und den Kampf gegen die Muslime auf der Iberischen Halbinsel begonnen haben. Karls Spanienzug von 778 wird damit in neue Zusammenhänge gestellt. Die *Historia Turpini* ist zwar teilweise mit dem Rolandslied verwandt, verknüpft aber Karls Zug nachdrücklich mit den Jakobustraditionen. Die Erzählung wurde vor allem populär und vielfach kopiert, seitdem 1165 Friedrich Barbarossa erfolgreich die Heiligsprechung Karls des Großen betrieben hatte und diese Schriften im Umfeld für den Kult eines heiligen Karl herangezogen und (zuweilen in umgearbeiteter Form) verbreitet wurden. Die Reliefs des Aachener Karlsschreins, der etwa 1215 fertiggestellt wurde, greifen das Thema des Spanienkämpfers und Jakobspilgers Karl auf. Auf einem erscheint der Apostel Jakobus dem karolingischen Herrscher im Traum mit dem Auftrag, die Muslime zu bekämpfen und sein Grab zu befreien, damit die Pilger ihn dort aufsuchen könnten.

Diese Texte bzw. die entsprechenden Informationen könnten mithin auch den Jakobsweg im Pyrenäenraum verändert haben. Dies geht nicht nur aus der großen Verbreitung hervor, sondern auch aus der Gründung eines Hospizes in Roncesvalles 1127–1137 »bei der Kapelle Karls des Großen [...], wo Tausende Pilger umgekommen seien«, wie eine Quelle vermerkt.[33]

IV. Im Anfang war die Straße – Wege der Pilger und Wege der Wissenschaft

Die Verknüpfung der Pilgerwege nach Compostela und des Apostels Jakobus mit Karl dem Großen rückte epische Dichtung, Pilgerwesen, Heidenkampf und Pilgerstraßen in engen Zusammenhang. Das Rolandslied verarbeitete Karls Zug in ähnlicher Weise. Die Bedeutung des Pilgerweges im Zusammenhang mit Karl dem Großen in diesen und anderen Schriften führte zu Beginn des 20. Jhs. dazu, dass Philologen Pilgerstraßen für die Entstehung der Epik eine Schlüsselrolle zubilligten. Sie schufen damit das Konzept der Jakobs- und Pilgerwege, übertrieben gesagt: Sie benötigten das Pilgerstraßenkonzept für ihre groß angelegten Erklärungsversuche zur Entstehung der epischen Dichtungen.

Der Romanist Joseph Bédier ging dabei allerdings kaum von möglichen Veränderungen der Wege aus.

Eher weist seine These in die umgekehrte Richtung. Denn er formulierte in seinem vierbändigen Hauptwerk »Les légendes épiques« (1908–1913) fast apodiktisch: »Au commencement était la route«, im Anfang war die Straße.³⁴ Mit dieser Grundthese zielte er vor allem auf die Pilgerwege nach Compostela und versuchte so die schon lange anhaltende Diskussion über die Entstehungszeit der epischen Dichtungen zu entscheiden. An den Wegen, auf denen Pilger und vor allem französische Kreuzritter zur Unterstützung der spanischen Reconquista gezogen seien, müsse man laut Bédier den Ursprung der epischen Dichtungen suchen, die vor allem Themen zu Karl dem Großen und seinem Umkreis aufgegriffen hätten. Kleriker in St-Roman de Blaye – an einem der vier Pilgerwege gelegen – hätten den Pilgern und Kreuzrittern das angebliche Grab Rolands gezeigt, in Bordeaux hätten diese das legendäre Horn Rolands bewundern können. So hätten sich manche Kreuzritter des 11. Jhs. als Nachfahren Karls des Großen gefühlt. Mit Hilfe der lesekundigen Kleriker – denn die Mönche an den genannten Orten kannten vielleicht weitere Texte zu Karl dem Großen – nahmen dann die epischen Dichtungen Gestalt an. Damit entschied sich Bédier für eine Entstehung des Rolandsliedes und anderer epischer Dichtungen erst im 11. Jh.

Die Faszination dieses Erklärungsversuches hat lange nachgewirkt, obwohl kritische Stimmen inzwischen wieder eher eine langsame Entwicklung und frühere Aufzeichnungen von epischer Dichtung seit der Karolingerzeit ins Auge fassen. Die Erklärung Bédiers gehört zugleich in einen Zusammenhang der französischen Romanistik, bei der das Rolandslied von seinen germanischen Wurzeln im Karolingerreich befreit werden sollte. Historia Turpini und Rolandslied wurden so zu Meisterwerken eines hochgebildeten Franzosen des 11. Jhs., der auf Kreuz- und Pilgerfahrt nach Spanien unterwegs war. Vor diesem Hintergrund musste auch der Liber Sancti Jacobi aus Frankreich stammen, er war für Bédier das Werk eines Franzosen, wahrscheinlich aus Cluny, was inzwischen zumindest fraglich erscheint. Bédier bezog aber damit gegen die stärker europäische Position von Gaston Paris Stellung, der den Ursprung der Chansons de geste bereits in der Karolingerzeit und in mündlichen Traditionen sehen wollte.³⁵ Der Streit ist hier nicht zu entscheiden: Aber will man nicht konspirative Aktionen oder einen geplanten Propagandacoup annehmen, so bleibt Bédiers These bei aller Faszination vielfach Beweise schuldig. Deshalb werden inzwischen wieder eher mündliche Traditionen und eine lange Vorgeschichte der Epik seit der Karolingerzeit verstärkt ins Auge gefasst, wie auch immer man indirekte schriftliche Zwischenspuren einordnet. Mündliche Traditionen mit von uns kaum verfolgbaren Verformungen lassen sich zumindest kaum ausschließen.

Trotz vieler Kritik im Einzelnen und trotz weiter bestehender Fragen zur Textevolution von Historia Turpini und Rolandslied bleibt Bédiers Erklärung suggestiv. Sie erlaubt fast nur den Gedanken, dass klerikale Propaganda und epische Dichtung zusammengehören. Die Verbindung schuf dabei der ›Pilgerweg‹. Da dieser erst im 11. Jh. Gestalt annahm, waren frühere schriftliche Fassungen des Rolandsliedes auszuschließen. Stimmen aber die Grundannahmen? Oder hat Bédier den Pilgerweg zumindest teilweise vorausgesetzt, um zwei Sachverhalte zu verknüpfen? Ob die Straße am Anfang der Epik stand, ist mehr als ungewiss. Allerdings dürften epische Themen sicherlich durch Pilgerfahrten und indirekt über die von Pilgern benutzten Wege mit verbreitet worden sein, so dass besser zwischen Ursache, Wirkung und Begleiterscheinung unterschieden werden sollte.

Bédiers Erklärungsversuche wirkten über sein Fachgebiet hinaus, befruchteten insbesondere weitere kunsthistorische Forschungen. Bekannt sind Thesen vom Einfluss der Pilgerstraßen auf die Architektur romanischer Kirchen, auf Skulpturen und auf die Verbreitung ikonographischer Themengruppen. Auch hier bot der Pilgerführer des 12. Jhs. einen Anknüpfungspunkt: »Besuche auf diesem Wege an der Loire auch die ehrwürdigen Reliquien des hl. Bischofs und Bekenners Martin […]. Sein Schrein mit den hl. Reliquien ruht bei der Stadt Tours […] Darüber wurde die ehrwürdige Basilika zu seiner Ehre nach dem Abbild der Kirche des hl. Jakobus wunderbar erbaut«.³⁶ Schon diese Bemerkungen deuten auf ein Phänomen, das Kunsthistoriker noch an vielen anderen Orten entlang der »Pilgerwege« festzustellen glaubten.

Das Abhängigkeitsverhältnis des Kirchenbaus in Tours von Compostela machte sich in der Folge die amerikanische Forschung mit Arthur Kingsley Porter zu eigen.³⁷ Interessanterweise nahmen Émile Mâle und die französische Forschung eher umgekehrte Einflüsse an und sahen dabei Frankreich als gebendes Vorbild.³⁸ Bis heute erstaunt aber ohne Zweifel jeden Pilger und Kunstfreund, dass entlang dieser die Landschaft markierenden Routen künstlerisches Schaffen überdurchschnittlich reich anzutreffen ist. Dies könnte in mancher Hinsicht auch dem durch die zeitweilig besonders intensive Pilgerbewegung geförderten Austausch zwischen verschiedenen Kultstätten zuzuschreiben sein. Blickt man jedoch auf die Struktur der sogenannten Pilgerkirchen, so wird deutlich, dass fast alle wichtigen Orte mit solchen Bauwerken – Tours, Conques, Toulouse, Limoges und Compostela – gleichzeitig Pilgerzentren waren und mit den neuen Bauformen zugleich eine sinnvolle Abwicklung der Pilgerverehrung erleichterten. Die zusätzlichen Seitenschiffe und der Apsisumgang erlaubten es, die Menschenmassen zu lenken, die zweite Etage bot Ausweichraum und ermöglichte gute Sicht. Jedoch gilt außerdem – und dies hat die jüngere kunsthistorische Forschung deutlich gemacht –, dass die Abhängigkeiten komplizierter sind und nicht stets die Vorstellung einer Entwicklungslogik oder eines einseitigen Einflusses zutrifft, so dass die künstlerischen Zeugnisse nicht mit dem Zauberwort der Pilgerstraßenarchitektur allein erklärt werden können.³⁹

Deshalb bleibt nach wie vor vieles unbeantwortet, und heute dominieren differenziertere Erklärungsversuche. Vielfach scheinen die Austauschmöglichkeiten sogar weiter zu reichen, denn schließlich sollen die in Navarra zu findenden romanischen Bauten Eunate und Torres del Rio Bezüge erkennen lassen, die nach der Ansicht mancher Forscher sogar bis in das Heilige Land reichen könnten.⁴⁰ Die romanische Baukunst in Navarra gehört insgesamt weniger in den Zusammenhang der ›Pilgerkirchen‹. Es fanden sich hier vielmehr Zeugnisse eines Reichtums entlang der Pilgerstraßen, die zuweilen sogar, wie in Sanguesa, ihre ›Schauseiten‹ mit den Programmen der Portale zum Pilgerweg hin orientiert hatten.⁴¹

Damit scheinen für die Frage der Pilgerwege nicht nur die Bemerkungen des Pilgerführers aus dem 12. Jh. prägend geworden zu sein, sondern nach der Weiterentwicklung durch die Karlsepik konturierten Philologien und Kunstgeschichte dieses Konzept aus ihrer jeweiligen Perspektive.

V. Bilanz und Ausblick

Was also ist Fakt und was ist Fiktion, was war am Anfang, wenn wir über Pilgerstraßen und Jakobswege reden? Sicherlich haben die Pilgerstraßen ihre Geschichte. Das Beispiel ›Jakobswege‹ zeigt dabei eindrücklich, wie historische Traditionen um Wege und Straßen entstehen können. Konkret ergeben sich zumindest folgende Aspekte zu der generellen Frage nach der Erfindung, Entwicklung und Geschichte von Pilger- und anderen Straßen: Es war ein langer Weg – in übertragener Bedeutung – von den Traditionen der Römerstraßen über die vielfältigen Funktionen, die auf eine Nutzung von Händlern, Scholaren, Kriegern und Pilgern verweisen, bis hin zu den Konzepten eines mittelalterlichen Pilgerführers, der Wegeheiligtümer unterordnete und Zentrum und Peripherie in ein neues Verhältnis brachte oder zu den großen Erklärungsentwürfen der Philologen und Kunsthistoriker.

Wenn man diese Entwicklungen berücksichtigt, dann könnte man im Sinne meines Titels sagen, wenn Pilger Fakt sind, dann sind Pilgerstraßen in vielfacher Hinsicht Fiktionen. Aber die Fiktion eines Jakobspilgers Karl der Große wurde so wirkmächtig, dass auch die »Erfindung von Traditionen« im Sinne Hobsbawms selbst Geschichte macht und wirkmächtig wird. Während der Ausdruck Jakobsweg oder Romweg zunächst so verstanden werden kann, dass hiermit die Straßen zu den jeweiligen Orten bezeichnet werden, oder *Via francigena* und *Camino Francés* auf die Nutzer abhebt, so bleibt der Ausdruck Pilgerstraßen wie viele ähnliche Bezeichnungen vage. Dennoch haben solche Konzepte unsere Wirklichkeit und Wirklichkeitsaneignung maßgeblich beeinflusst, im Falle der Jakobswege nachweislich seit dem 12. Jh.

Versteht man damit das Konzept sogenannter historischer Straßen als einen fortdauernden Konstruktionsprozess, dann bleibt die Frage danach, was im Anfang war, zwar nicht überflüssig, aber zweitrangig. Vieles war untrennbar miteinander verschränkt: ohne Pilger keine Pilgerstraßen, ohne Straßen keine bevorzugt von Pilgern eingeschlagenen Routen. Angesichts solcher und vieler anderer Wechselbeziehungen geht es uns vielleicht ähnlich wie Faust in seinem Studierzimmer: »Geschrieben steht: ›Im Anfang war das Wort‹/Hier stock ich schon!, wer hilft mir weiter fort?« (V. 1224 f.). Faust gelangt dann bei seiner Übersetzung des Johannesevangeliums zum Sinn, zur Kraft und schließlich zur Tat: »Mir hilft der Geist! Auf einmal seh ich Rat/ Und schreib getrost: Im Anfang war die Tat« (Vers 1236 f.). Wenn die Schöpfung somit nach Faust bzw. Goethe aus Geist und Tat zu erklären sei, dann trugen vielleicht sowohl Konzeptionen als auch Taten zum Entwurf der Pilgerstraßen bei.

Of Pilgrims and Pilgrimage Routes. Facts and Fiction

The essay exploits three ways to approach the issue of pilgrimage routes. First, the actual meaning of the word *peregrinus* as well as its semantic context shall be analysed. Along, the numerous motives to pilgrimage will be examined as pilgrims did not only travel as aliens but treked more and more purposefully to certain holy places since the Early Middle Ages. Consulting a 12th century pilgrimage guide (5th Book of *Liber Sancti Jacobi*), a second chapter shall explore whether this happened on specialised tracks. This historical document defined, recommended and distinguished routes to Compostela. Different propagandistic aspects as well as the significance of tales connected with (that) pilgrimage are emphasised in particular. Therefore we cannot assume fixed routes as fundamental. A certain flexibility appears more immanent to the concept of routes than relatively rigid medieval sources would let us suppose. The essay's last chapter deals with the concept of pilgrimage routes as a historico-scientific model of explanation f.e. within philology as well as art history.

Anmerkungen

1 Die Vortragsform wurde für die Publikation beibehalten. Da ich bei den folgenden Überlegungen vielfach auf frühere Studien zurückgreife, habe ich den Anmerkungsapparat bewusst auf die notwendigen Quellenzitate eingeschränkt und verweise auf diese Studien; vgl. allgemein vor allem: Klaus Herbers: Jakobus – der Heilige Europas. Geschichte und Kultur der Pilgerfahrten nach Santiago de Compostela, Düsseldorf 2007; ders.: Jakobsweg. Geschichte und Kultur einer Pilgerfahrt (C. H. Beck Wissen, 2394), München 2006, ²2007, ³2011. Für Hilfe bei der Einrichtung zum Druck danke ich Franziska Kloeters (Erlangen).

2 Vgl. hierzu Anm. 34.

3 Vgl. Hape Kerkeling: Ich bin dann mal weg. Meine Reise auf dem Jakobsweg, München 2006 (zahlreiche Neuauflagen).

4 Vgl. hierzu allgemein Rudolf Hagmann (Hg.): Ich bin ganz Weg. Pilgernd unterwegs, Kevelaer 2011.

5 Zu den folgenden Bemerkungen vgl. meinen zusammenfassenden Beitrag: Warum macht man sich auf den Weg? Pilger- und Reisemotive im Mittelalter, in: Hans Ruh / Klaus Nagorni (Hg.): Pilgerwege. Zur Geschichte und Spiritualität des Reisens (Herrenalber Forum, 34), Karlsruhe 2003, 9–40, vgl. zuletzt auch ders.: Pilgerformen und -motive im Mittelalter, in: Patrick Heiser / Christian Kurrat (Hg.): Pilgern gestern und heute. Soziologische Beiträge zur religiösen Praxis auf dem Jakobsweg (Soziologie, 77), Berlin 2012, 75–90.

6 Hierzu existiert eine breite Literatur an Traktaten und anderem Schrifttum, vor allem aus dem späten Mittelalter. Damit zusammen hängen Ansätze, Pilgerfahrten im Geiste nachzuvollziehen, vgl. Klaus Herbers / Felix Fabris: »Sionpilgrin« – Reiseschilderung und ältester Kirchenführer Ulms. Ein Beitrag der Reichsstadt Ulm zur Pilgerliteratur des 15. Jahrhunderts, in: Klaus Herbers (Hg.): Die oberdeutschen Reichsstädte und ihre Heiligenkulte (Jakobus-Studien, 16), Tübingen 2005, 195–215.

7 Vgl. Arnold Angenendt: Monachi peregrini. Studien zu Pirmin und den monastischen Vorstellungen des frühen Mittelalters (Münstersche Mittelalter-Schriften, 6), München 1972, bes. 124–175.

8 Vgl. zu beidem bereits die Belege in Jan Frederik Niermeyer: Mediae Latinitatis Lexicon minus, Leiden 1976, 787, s. v. *pereger, peregrinari, peregrinatio* und *peregrinus*.

9 Zu spätantiken und frühmittelalterlichen Pilgerfahren nach Jerusalem existiert eine breite Literatur, vgl. klassisch Bernhard Kötting: Peregrinatio religiosa. Wallfahrten in der Antike und das Pilgerwesen in der alten Kirche (Forschungen zur Volkskunde, 33/35), Münster 1950; künftig Ute Verstegen: »Heiliger Ort – sakraler Raum. Kontinuität und Wandel in der Inszenierung der Herrenorte in Jerusalem« (ungedr. Habilschrift Erlangen 2013); zum zentralen Bericht der Egeria vgl. die Edition samt Einleitung: *Egeria*. Itinerarium. Reisebericht, hg. v. Georg Röwekamp (Fontes Christiani, 20), Freiburg 1995.

10 Zum Reliquienkult vgl. Anton Legner: Reliquien in Kunst und Kult zwischen Antike und Aufklärung, Darmstadt 1995; Arnold Angenendt: Heilige und Reliquien: die Geschichte ihres Kultes vom frühen Christentum bis zur Gegenwart, München 1997, bes. 167–182.

11 Conciliorum Oecumenicorum Decreta, 3 Bde., Bd. 1, Konzilien des ersten Jahrtausends, hg. v. Guiseppe Alberigo / Josef Wohlmuth [u. a.], Paderborn u. a. ²1998, 144–145 (can. 7).

12 Zur Bedeutung und zur Entwicklung des christlichen Mirakels vgl. Martin Heinzelmann / Klaus Herbers / Dieter R. Bauer (Hg.): Mirakel im Mittelalter. Konzeptionen, Erscheinungsformen, Deutungen (Beiträge zur Hagiographie, 3), Stuttgart 2002 sowie die exemplarischen Dossiers von Mirakeln und Mirakelsammlungen: Klaus Herbers / Lenka Jiroušková / Bernhard Vogel (Hg.): Mirakelberichte des frühen und hohen Mittelalters (Ausgewählte Quellen zur deutschen Geschichte des Mittelalters, 43), Darmstadt 2005; Gabriela Signori: Wunder. Eine historische Einführung (Historische Einführungen, 2), Frankfurt am Main u. a. 2007.

13 Der zweite Teil des Jakobsbuches enthält eine Wundersammlung mit 22 Mirakeln. Druck des hier zitierten 17. Mirakels: Liber Sancti Jacobi. Codex Calixtinus, hg. v. Klaus Herbers und Manuel Santos Noya, Santiago de Compostela 1999, 172–174, die Zitate folgen der

deutschen Übertragung in: Libellus Sancti Jacobi: Auszüge aus dem Jakobusbuch des 12. Jahrhunderts, hg. v. Hans-Wilhelm Klein (†) und Klaus Herbers, (Jakobus-Studien, 8) Tübingen 1997, 94–99.

14 Vgl. zur Interpretation dieses Mirakels aus dieser Perspektive: Klaus Herbers: La peur du pèlerin dans l'au-delà. Un regard sur l'hagiographie ibérique, in: Dominique Barthélemy / Rolf Grosse (Hg.): Moines et démons. Autobiographie et individualité au Moyen Âge (VIIe–XIIIe siècle), Genf 2014, 43–80, 133–143. Vgl. weiterhin Jean-Claude Schmitt: Le suicide au Moyen Age, in: Annales 31, 1976, 3–28; Harry Kühnel: ›Da erstach sich mit wiln selber …‹. Zum Selbstmord im Spätmittelalter und in der frühen Neuzeit, in: Karl Hauck / Karl A. Kroeschell (Hg.): Sprache und Recht. Beiträge zur Kulturgeschichte des Mittelalters. Festschrift für Ruth Schmidt-Wiegand zum 60. Geburtstag, Berlin/New York, 1986, 477 sowie Nicole Zeddies: Verwirrte oder Verbrecher? Zur Beurteilung des Selbstmordes von der Spätantike bis zum 9. Jahrhundert, in: Gabriela Signori (Hg.): Trauer, Verzweiflung und Anfechtung. Selbstmord und Selbstmordversuche in spätmittelalterlichen und frühneuzeitlichen Gesellschaften (Forum Psychohistorie, 3), Tübingen 1994, 55–90.

15 Zum Ablass nach wie vor grundlegend Nikolaus Paulus: Geschichte des Ablasses im Mittelalter vom Ursprunge bis zur Mitte des 14. Jahrhunderts, 3 Bde., Paderborn 1921–1923, bearb. v. Thomas Lentes, 3 Bde., Darmstadt ²2000, hier: Bd. II, 101–123.

16 Hierzu zuletzt mit neuen Gewichtungen zu den Interessen der Kanoniker von St. Peter und der Lateranbasilika Jochen Johrendt: Die Diener der Apostelfürsten. Das Kapitel von St. Peter im Vatikan (11.–13. Jahrhundert) (Bibliothek des Deutschen Historischen Instituts in Rom, 122), Tübingen 2014, 335–350; ders.: Alle Wege führen nach Rom. Zur Erfindung des ersten Heiligen Jahres (1300), in: Jochen Johrendt / Romedio Schmitz-Esser (Hg.): Rom – Nabel der Welt. Macht, Glaube, Kultur von der Antike bis heute, Darmstadt 2010, 87–101 (mit weiterer Literatur).

17 Vgl. vor allem Bernhard Schimmelpfennig: Die Anfänge des Heiligen Jahres von Santiago de Compostela im Mittelalter, in: Journal of Medieval History 4, 1978, 285–303; Fernando López Alsina: Años Santos Romanos y Años Santos Compostelanos, in: Santiago, Roma, Jerusalém. Actas del III Congreso International de Estudios Jacobeos, hg. V. Paolo Caucci von Saucken, Santiago de Compostela 1999, 213–242.

18 Vgl. Dieter P. J. Wynands: Zur Geschichte der Aachener Heiligtumsfahrt, Aachen 1986; vgl. auch Klaus Herbers: Stadt und Pilger, in: Franz-Heinz Hye (Hg.): Stadt und Kirche (Beiträge zur Geschichte der Städte Mitteleuropas, Schriftenreihe des Österreichischen Arbeitskreises für Stadtgeschichtsforschung, 12), Linz 1995, 199–238. Nachdruck in: Klaus Herbers / Gordon Blennemann u. a. (Hg.): Pilger, Päpste, Heilige. Ausgewählte Aufsätze zur europäischen Geschichte des Mittelalters, Tübingen 2011, 17–52, 222–229 (ND 41–48).

19 Zu Rom vgl. die Verse Dantes im 18. Gesang des Inferno; hierzu bereits Robert Davidsohn: Geschichte von Florenz, Bd. 3, Berlin 1912, 89; Anm. 6 sowie die in Anm. 16 zitierte Literatur; zu Aachen vgl. Herbers 1995 (wie Anm. 18), 222–224 (ND S. 41–43); allgemein zu Zahlen und Andrang: Ludwig Schmugge: Die Anfänge des organisierten Pilgerverkehrs im Mittelalter, in: Quellen und Forschungen aus italienischen Archiven und Bibliotheken 64, 1984, 1–83 und ders.: Kollektive und individuelle Motivstrukturen im mittelalterlichen Pilgerwesen, in: Gerhard Jaritz / Albert Müller (Hg.): Migration in der Feudalgesellschaft, Frankfurt a. M. 1988, 263–290.

20 Vgl. Jan van Herwaarden: Opgelegde bedevaarten. Een studie over de praktijk van opleggen van bedevaarten (met name in de stedelijke rechtspraak) in de Nederlanden gedurende de late middeleeuwen (ca. 1300 – ca. 1550), Assen/Amsterdam 1978; ders.: Auferlegte Pilgerfahrten und die mittelalterliche Verehrung von Santiago in den Niederlanden, in: Klaus Herbers / Dieter R. Bauer (Hg.): Der Jakobuskult in Süddeutschland (Jakobus-Studien, 7), Tübingen 1995, 311–343.

21 Vgl. zum falschen Pilger Ludwig Schmugge: Der falsche Pilger, in: Fälschungen im Mittelalter V. Frömmigkeit und Fälschung. Realienfälschungen (MGH Schriften 33, V), Hannover 1988, 475–484. Zu den Jakobsbrüdern zu Beginn der Neuzeit Klaus Herbers: Wol auf sant Jacobs straßen! Pilgerfahrten und Zeugnisse des Jakobuskultes in Süddeutschland, Ostfildern 2002, 148–150.

22 Dies geht zum Beispiel aus den Geleitbriefen der aragonesischen Kanzlei hervor, vgl. u. a. Johannes Vincke: Geleitbriefe für deutsche Pilger in Spanien, in: Kriss, Rudolf / Schreiber, Georg (Hg.): Wallfahrt und Volkstum in Geschichte und Leben (Forschungen zur Volkskunde, 16/17), Düsseldorf 1934, 258–265; auf erweiterter Quellenbasis Roser Salicrú i Lluch: Caballeros cristianos en el Occidente europeo e islámico, in: Klaus Herbers / Nikolas Jaspert (Hg.): »Das kommt mir spanisch vor«. Eigenes und Fremdes in den deutsch-spanischen Beziehungen des späten Mittelalters (Geschichte und Kultur der Iberischen Welt, 1), Münster 2004, 217–290.

23 Zum Zolltarif von Jaca aus dem ausgehenden 11. Jh. vgl. José Maria Lacarra: Un arancel de aduanas del siglo XI, Zaragoza 1950 (Edition auf S. 19–20); zur Interpretation vgl. Klaus Herbers: Mitteleuropäische Spanienreisende im Hohen Mittelalter: Krieger und Kaufleute – Pilger und Gelehrte, in: Wolfgang Georgi (Hg.): Reisen und Wallfahren im Hohen Mittelalter (Schriften zur staufischen Geschichte und Kunst, 18), Göppingen 1999, 66–93, 74–75.

24 Vgl. Herbers 1999 (wie Anm. 23).

25 Vgl. Der Pilgerführer nach Santiago lateinisch in: Liber Sancti Jacobi (wie Anm. 13), 235–258; deutsche Übertragung: Klaus Herbers: Der Jakobsweg. Ein Pilgerführer aus dem 12. Jahrhundert (Reclams Universal-Bibliothek, 18580), Stuttgart 2008 (Im Folgenden mit Herbers 2008 abgekürzt); zu spätmittelalterlichen Reiseberichten (mit Santiagobesuch) vgl. die Anthologie: Klaus Herbers / Robert Plötz: Nach Santiago zogen sie. Berichte von Pilgerfahrten ans »Ende der Welt« (dtv, 4718), München 1996; vgl. weiterhin die Bibliographien von Werner Paravicini und seinen Mitarbeitern, ders. / Christian Halm / Detlef Haberland: Europäische Reiseberichte des späten Mittelalters. Eine analytische Bibliographie, 3 Bde., Frankfurt am Main u. a. 1994–2000; Werner Paravicini / Christian Halm (Hg.): Europäische Reiseberichte des späten Mittelalters. Eine analytische Bibliographie. Tl. 1, Deutsche Reiseberichte, Frankfurt a. M. 1994; Werner Paravicini / Jacques Paviot / Jörg Wettlaufer: Europäische Reiseberichte des späten Mittelalters. Eine analytische Bibliographie. Tl. 2, Französische Reiseberichte, Frankfurt a. M. [u. a.] 1999; Werner Paravicini / Jan Hirschbiegel / Detlev Kraack: Europäische Reiseberichte des späten Mittelalters. Eine analytische Bibliographie. Tl. 3, Niederländische Reiseberichte, Frankfurt a. M. [u. a.] 2000; vgl. auch die Gesammelten Aufsätze von Werner Paravicini: Ders. / Andreas Ranft / Christian Ewert / Stephan Selzer (Hg.): Noblesse. Studien zum adeligen Leben im spätmittelalterlichen Europa. Gesammelte Aufsätze, Ostfildern 2012; zur Adelsreise außerdem Andreas Ranft: Die Hofesreise im Spätmittelalter, in: Rainer Babel / Werner Paravicini (Hg.): Grand Tour. Adliges Reisen und europäische Kultur vom 14. bis zum 18. Jahrhundert. Akten der Internationalen Kolloquien in der Villa Vigoni 1999 und im Deutschen Historischen Institut Paris 2000 (Beihefte der Francia, 60), Ostfildern 2005, 89–103 (und die weiteren Beiträge in diesem Sammelband).

26 Vgl. Historia Silensis, hg. v. Justo Pérez de Urbel / Atiliano González Ruiz-Zorilla, (Escuela de Estudios Medievales, 30) Madrid 1959, 179; vgl. Klaus Herbers: Via peregrinalis, in: Robert Plötz (Hg.): Europäische Wege der Santiago-Pilgerfahrt (Jakobus-Studien, 2), Tübingen 1990, 1–25, 6–7.

27 Liber Sancti Jacobi (wie Anm. 13), 208.

28 Vgl. hierzu und zu folgenden neben der in Anm. 13 genannten Edition und deren Teilübersetzungen auch zusammenfassend: Herbers 2006 (wie Anm. 1) bes. 41–46 sowie Herbers 2007 (wie Anm. 1), 60–65; jüngst Fernando López Alsina / Diego Gelmírez: Las raíces del *Liber Sancti Jacobi* y el Códice Calixtino, in: Fernando López Alsina u. a. (Hg.): O século de Xelmírez, Santiago de Compostela 2013, 301–386.

29 Lateinisch: Liber Sancti Jacobi (wie Anm. 13), 235; deutsch: Herbers 2008 (wie Anm. 25), 50–51.

30 Vgl. die Wundergeschichten in: Liber Sancti Jacobi (wie Anm. 13), 159–177; deutsch: Libellus (wie Anm. 13), 75–106.

31 Lateinisch: Liber Sancti Jacobi (wie Anm. 13), 239–240; deutsch: Herbers 2008 (wie Anm. 25), 65–69.

32 Vgl. den lateinischen Text dieses Teils im: Liber Sancti Jacobi (wie Anm. 13), 201–229. Vgl. die deutsche Übersetzung nach Aachener Handschriften: Die Chronik von Karl dem Großen und Roland. Der lateinische Pseudo-Turpin in den Handschriften aus Aachen und Andernach, hg., kommentiert und übersetzt v. Hans-Wilhelm Klein, München 1986.

33 Vgl. die Belege mit Zitat im klassischen Standardwerk von Luis Vázquez de Parga / José María Lacarra / Juan Uría Ríu: Las peregrinaciones a Santiago de Compostela, 3 Bde., Madrid 1949, 2. Bd., 95–96.

34 Joseph Bédier: Les légendes épiques. Recherches sur la formation des Chansons de geste, 4 Bde., Paris 1908–1913, Bd. 3 (1912), das Zitat 367.

35 Vgl. zu ihm und seinem Werk Ursula Bähler: Gaston Paris et la philologie romane (Publications romanes et françaises, 234), Genf 2004, 705–813 mit einer Bibliographie zum Werk von Gaston Paris (weitgehend korrigierter Nachdruck der Bibliographie von Bédier/Roques).

36 Lateinisch: Liber Sancti Jacobi (wie Anm. 13), 246, deutsch: Herbers 2008 (wie Anm. 25), 97–98.

37 Vgl. Arthur Kingsley Porter: Romanesque Sculpture of the Pilgrimage Roads, 10 Bde., Boston 1923.

38 Vgl. Émile Mâle: L'Art religieux du XIIe siècle en France, Paris 1922, ^{5}1947; ders.: L'Art religieux du XIIIe siècle en France, Paris 1923, ^{8}1948.

39 Vgl. aus der Vielzahl der Literatur zum Beispiel den Band: The Pilgrim's Guide to Santiago de Compostela, Bd. 2: A Gazetteer, hg. v. Paula Gerson / Annie Shaver-Crandell, with the assistance of Alison Stones, London 1995; vgl. ebenso die Studien von Serafín Moralejo (unten in Anm. 41).

40 Vgl. hierzu unter anderem Thomas Igor C. Becker: Eunate (Navarra): Zwischen Santiago und Jerusalem. Eine spätromanische Marienkirche am Jakobsweg (Jakobus-Studien, 6), Tübingen 1995; vgl. weiterhin Nikolas Jaspert: Secundum formam Sancti Sepulcri – Die Chorherren des Ordens vom Heiligen Grab und ihre Nachbildungen der Jerusalemer Grabeskirche, in: Miszellen aus dem Schülerkreis. Kaspar Elm dargebracht zum 23. September 1994 (FU Berlin 1994), 25–41.

41 Vgl. Patrimonio artístico de Galicia y otros estudios. Homenaje al profesor Serafín Moralejo Álvarez, 3 Bde., Santiago de Compostela 2004 (mit zahlreichen neueren Beiträgen und zugleich Nachweisen der wegweisenden Studien von Moralejo Álvarez).

20 JAHRE *STRASSE DER ROMANIK* – ERTRAG & PERSPEKTIVE

CHRISTIAN ANTZ

Die Straße der Romanik *und der Mythos von Sisyphos*

Von Arbeit und Erfolg im Kulturtourismus am Beispiel einer regionalen
und doch europäischen Kulturstraße von 1992 bis 2013

1. Tourismusstrategie und Kulturtourismus Sachsen-Anhalts im Wettbewerb

Das Land Sachsen-Anhalt ist eine Reise wert: Ob frühe Menschheitsgeschichte, ob Mittelalter, Reformation, Barock, ob Aufklärung oder klassische Moderne – kaum irgendwo findet sich auf so engem Raum eine derartige Vielfalt von kulturellen Zeugnissen, die zu touristischen »Wallfahrtsorten« geworden sind. Kein deutsches Bundesland besitzt mehr UNESCO-Weltkulturerbestätten oder mehr Erinnerungsorte der Barockmusik. Sachsen-Anhalt ist eine Schatzkammer für den Kultur-, Bildungs- und Städtetouristen, aber auch für den, der Bildung und Erholung auf einmalige Weise verknüpfen möchte. Denn auch beim Naturangebot braucht sich Sachsen-Anhalt nicht vor anderen touristischen Wettbewerbern zu verstecken. Das UNESCO-Biosphärenreservat Mittelelbe, der Nationalpark Harz, die Naturparke, die Seen- und Flusslandschaften von Saale, Goitzsche, Havel oder Arendsee mit dem Rückgrat der Elbe – die Liste der Einmaligkeiten ließe sich fortsetzen. Die Hauptgeschäftsfelder des Tourismus in Sachsen-Anhalt müssen deshalb aus gutem Grund der Kultur- sowie der Naturtourismus sein. Denn ohne ein herausragendes Angebot als sogenanntes Alleinstellungsmerkmal kann es auch keine Nachfrager, also Besucher, geben.

Diese Schwerpunktgeschäftsfelder sind aber auch vielen anderen Ländern Deutschlands und Europas eigen. Aus Wettbewerbsgründen muss das Landesangebot des Kultur- (einschließlich Städte) und Naturtourismus (einschließlich Aktiv und Gesundheit) auf Alleinstellungen im Themenmarketing heruntergebrochen sowie Ortsdestinationen eng miteinander vernetzt werden, die das Land nach außen touristisch klarer profilieren.

Gerade wenn fast jedes Bundesland von Brandenburg bis Baden-Württemberg mit dem Slogan »Kulturland x« wirbt, kann ein touristisches Leichtgewicht wie Sachsen-Anhalt nur ›auf der Strecke‹ bleiben. Stärke kann dagegen Sachsen-Anhalt zeigen mit den landesweiten Markensäulen *Straße der Romanik* (Kultur), *Blaues Band* (Natur und Aktiv), *Gartenträume* (Kultur und Natur) und der regionalen Markensäule *Himmelswege* (Kultur und Saale-Unstrut) sowie über weitere überregionale Schwerpunktthemen wie UNESCO-Welterbe Sachsen-Anhalt, Sachsen-Anhalt – Luthers Land oder Musikland Sachsen-Anhalt. Diese werden auch regional weiter untersetzt bzw. durch regionale Schwerpunktthemen ergänzt.

Daneben haben sich touristische Schwerpunktregionen (Reisezielgebiete, Destinationen) in Sachsen-Anhalt herausgebildet, die sich im Gegensatz zu anderen geographischen Einheiten bundesweit aus sich heraus und ohne jede Art von Erklärung begreifen, profilieren und vermarkten lassen. Dies sind in Sachsen-Anhalt von Nord nach Süd die Landschaften Altmark, Gartenreich Dessau-Wörlitz, Harz (Länder übergreifend mit Thüringen und Niedersachsen) und die Weinregion Saale-Unstrut (Länder übergreifend mit Thüringen). Dadurch entstand nach innen wie nach außen ein geradezu idealer touristischer Angebotsmix aus Regionen- und Themenmarketing, mit dem das Land Sachsen-Anhalt in den vergangenen Jahren große Erfolge bundesweit erzielen konnte. Die zentralen touristischen »Produkte«, die dem Land innewohnen und durch die das Land Gäste nach Sachsen-Anhalt zieht, müssen deshalb konsequent weiter profiliert und penetriert werden, wie jährlich durch – mit diesen verknüpften und nicht losgelösten – Verstärkerthemen, sogenannten Jahresthemen.

Das Land kann nur sinnvollerweise – mal mehr, mal weniger erfolgreich – versuchen, nicht mehr alles und jedes, einen touristischen ›Gemischtwarenladen‹, der für den Kunden immer unübersichtlicher wird, zu vermarkten, sondern wenige, gut profilierte Schwerpunkte. Dabei werden örtliche und regionale Angebote in keiner Weise ausgegrenzt. Aber das übergeordnete touristische Profil des Landes kann nach außen nur eindeutig und langfristig sein. Nur mit jahrelangem Penetrieren kommen im weltweiten Wettbewerb der Botschaften und Nachrichten die oben genannten Themen und Regionen Sachsen-Anhalts überhaupt in den Köpfen der Menschen an. Es sind dies zuallererst die Köpfe der Bevölkerung im Land und daran anschließend erst die der Besucher von außerhalb. Denn nur wenn wir selbst über unsere Themen Bescheid wissen und Stolz entwickeln, können wir etwas guten Gewissens und überzeugend ›verkaufen‹.

Diese zwanzigjährige Profilierung des Tourismus in Sachsen-Anhalt liest sich zunächst wie ein eindeutiges und strategisches tourismuswissenschaftliches Lehrbuch, doch die Realität sieht nicht immer so geradlinig aus. Immer wieder versuchen selbst ernannte Experten einerseits eine touristische ›Dachmarke Sachsen-Anhalt‹ zu erfinden, die es im Gegensatz zum Standortmarketing einfach nicht gibt und geben kann. Das Land kann sich touristisch nicht als ›Reiseland Sachsen-Anhalt‹ verkaufen, da das Bundesland an sich kein emotionales Reisegebiet (Destination) ist, sondern die oben genannten wenigen Schwerpunktthemen und Schwerpunktregionen innerhalb und unter dem ›Haus‹ Sachsen-Anhalt. Diese Situation ist kein Ausnahmezustand; Sachsen-Anhalt ist da eingebettet in den Kreis der meisten Bindestrich-Bundesländer. Andererseits wurden und werden von mehr oder weniger einflussreichen Lobbyisten immer wieder Randthemen zu vermarktungsfähigen Schwerpunkten hochstilisiert. Dieser Vorgang wiederholt sich in jedem Bundesland und in Wellen über Jahre hinweg, kann – je nach Einflussreichtum – viel Ärger und Unruhe verursachen sowie Arbeitskraft und Finanzmittel binden; die Themen werden aber auf dem Markt im Regelfall nicht angenommen und verschwinden, nachdem viel Energie und Geld eingesetzt wurde, in der ›Versenkung‹. Deshalb ist es um so bewundernswerter, dass es Sachsen-Anhalt über Parteigrenzen und Legislaturperioden hinweg geschafft hat, Destinationen kontinuierlich und langfristig aufzubauen, die dem Land eigen sind (Alleinstellungsmerkmale des Angebots) und vom Markt (Nachfrage großer Zielgruppen) angenommen wurden. Die Erfolgsbilanz bei den Gästen gibt dieser Strategie Recht. Nachfolgend sollen das zentrale Alleinstellungsmerkmal und die erste Markensäule des Kulturtourismus in Sachsen-Anhalt, die *Straße der Romanik* – eine Entdeckungsreise ins Mittelalter, kulturtouristisch vorgestellt und analysiert werden, um die Strategie und den Erfolg nachvollziehbar zu machen.

2. Mittelalterliche Kulturlandschaft Sachsen-Anhalt

Sachsen-Anhalt ist eine noch junge Verwaltungseinheit. Das im Wesentlichen aus preußischen und anhaltischen Gebieten 1947 gebildete Land wurde bereits 1952 aufgelöst und erst im Jahre 1990 wieder gegründet. Doch der Schein trügt. So wie Sachsen-Anhalt durch die deutsche Einigung wieder ins Zentrum Deutschlands und der Integration von West- und Osteuropa gerückt ist, so wurde hier bereits vor 1000 Jahren internationale Politik gemacht. Es gab eine Zeit, da war dieser Raum nicht nur geeint, sondern hat weit über seine Grenzen hinausgestrahlt, nämlich zwischen dem Zerfall des fränkischen Großreiches der Karolinger und dem Ende der Herrschaft der Hohenstaufen in Deutschland. Vor allem im 10. Jahrhundert, als die sächsischen Herzöge der Liudolfinger bzw. der Ottonen von ihrem Stammland aus als Könige und Kaiser das deutsche Reich einten, lag Sachsen-Anhalt im Zentrum der Macht.

Wie kein anderes Land der Bundesrepublik Deutschland besitzt Sachsen-Anhalt zudem einen unschätzbaren Reichtum an Kunst und Architektur der Ottonik und der Romanik. Das Gebiet des heutigen Bundeslandes war in der Zeit zwischen 950 und 1250 nicht nur ein politisches und kulturelles Zentrum in Europa. Von noch größerer Wichtigkeit ist es, dass sich hier in ungewöhnlicher Dichte die künstlerischen Zeugen des Mittelalters auch erhalten haben. Klöster und Dome, Dorfkirchen und Wohnhäuser, Stadtanlagen und Burgen, Straßen und Skulpturen, Malerei und Schatzkunst sind Ausdruck eines gemeinsamen abendländischen Denkens. Denn die

Romanik ist der erste Kunststil seit der Antike, der den Gesamtbereich des zum Christentum sich bekennenden Abendlandes umfasste und ihm einen einheitlichen künstlerischen Ausdruck verlieh. Von der antik-römischen Kunst beeinflusst, dominieren quadratische oder kubische Formen die romanische Baukunst in Deutschland und Europa. Zum größeren Teil besitzen die romanischen Kunstwerke Sachsen-Anhalts Europa- und Weltgeltung, gerade bezüglich der seltenen Werke der ›Ottonischen Renaissance‹. In Deutschland selbst kann sich in Hinblick auf Qualität und Anzahl der erhaltenen romanischen Kunst nur noch das Rheinland mit dieser Region messen. Diese historische und kunsthistorische Situation in ihrer Hochkarätigkeit und Internationalität ist es zunächst, die die Grundlage für den Erfolg der *Straße der Romanik* ausmacht. Ohne den dichten und exklusiven Humus der Geschichte und Kunstgeschichte lässt sich kein kulturtouristisches Erfolgsmodell entwickeln. Die strategischen Facetten des mittelalterlichen Gewebes Sachsen-Anhalts sollen in knappen Federstrichen mit Bezug zu den Orten der *Straße der Romanik* kulturtouristisch skizziert werden.

Erst Kaiser Karl der Große (768–814) hat um die Wende vom 8. zum 9. Jahrhundert Sachsen in das fränkische Reich integriert, das Christentum als Staatsreligion eingeführt und damit die Kultur und Kunst Westeuropas auch jenseits des Harzes gebracht. Planmäßig lässt er fränkische Burgbezirke wie Allstedt und Querfurt und Grenzburgen zu den Slawen wie Magdeburg, Nienburg und Merseburg anlegen. Auch die mächtigen karolingischen Reichsklöster Hersfeld, Fulda, Corvey und Werden sichern sich in den neuen fränkischen Gebieten Grundherrschaften, richten dort aber auch Stätten der Missionierung und Bildung ein. Vor allem das im Jahr 804 gegründete Bistum Halberstadt, das aus dem Missionsbistum Osterwieck hervorgeht, vereinigt das Gebiet zwischen Harz und Elbe organisatorisch und kirchenrechtlich unter dem Dach des Erzbistums Mainz. Mit dem von Karl eingesetzten ersten Bischof Hildegrim von Chalons wurde ein erfahrener Verwaltungsmann zum Neuaufbau dieses wichtigen Kirchenbezirkes gewonnen, der gemeinsam mit seinem Bruder Liutger, dem heiligen Bischof von Münster, das Familienkloster Werden bei Essen gegründet hatte. Bereits hier erkennt man die räumliche und geistige Mobilität des mittelalterlichen Menschen, die unter dem Eindruck moderner Technologie noch heute unterschätzt wird und die in Sachsen-Anhalt wirksam war.

Mit dem Zerfall des fränkischen Großreiches Karls, das vom Atlantik bis zum Harz und von Schleswig bis Rom reichte, werden auch die sächsischen Grafen immer selbständiger. Gerade die Liudolfinger als Grenzherzöge gegen die Slawen schaffen es, durch eine geschickte Heiratspolitik und einen großflächigen Grunderwerb eine mächtige Hausmacht aufzubauen. Mit der Wahl Herzog Heinrichs des Voglers 919 zum König der ostfränkisch-deutschen Länder wird Sachsen zur Kernlandschaft des deutschen Reiches. Die Königslandschaft wird nunmehr durchzogen von einem engmaschigen System aus Fluchtburgen wie Quedlinburg und Pfalzen wie Allstedt, Magdeburg, Merseburg, Memleben und Tilleda. Die Macht für sich und seine Nachkommen sichert sich Heinrich I. (919–935) aber vor allem nach außen mit strategischen Schlachten gegen Slawen- und Ungarneinfälle. Mit dem Sieg von Riade im Umland von Merseburg ist seine Königsmacht 933 endgültig gefestigt.

Sein Sohn und Nachfolger Otto der Große (936–973) schlägt 955 die Ungarn gemeinsam mit Bischof Ulrich von Augsburg in der Schlacht auf dem Lechfeld bei Augsburg vernichtend und kann sich danach dem organisatorischen und kulturellen Ausbau der Basislandschaft des sächsisch-deutschen Königtums, vor allem auf dem Gebiet des heutigen Sachsen-Anhalt, zuwenden. Nach der Unterwerfung der slawischen Gaue östlich der Elbe gründet er die Bistümer Brandenburg, Havelberg, Merseburg, Zeitz (Naumburg) und Meißen. Diese enge Verbindung von kirchlicher und politischer Organisation, die dynastische Erbfolgeregelungen ausschließen soll, ist kennzeichnend für das sogenannte ottonische ›Reichskirchensystem‹ zur Sicherung der Königsmacht. Seine Lieblingsresidenz Magdeburg lässt Otto I. in Konkurrenz zur karolingischen Kaiserpfalz Aachen ausbauen und mit dem neuen Moritzkloster, dessen Abt und Mönche aus der hoch angesehenen Benediktinerabtei St. Maximin in Trier kommen, verbinden. Klöster und Stifte wie Quedlinburg und Hamersleben werden durch ihn oder wie Gernrode und Frose durch den Markgrafen Gero, einem seiner engen Gefolgsleute, ins Leben gerufen. Auf dem Höhepunkt seiner Macht wird er 962 in Rom zum Kaiser in der Nachfolge des römischen Kaisers

Konstantin des Großen und des fränkischen Königs und römisch-deutschen Kaisers Karl des Großen gekrönt und kann 967 in Magdeburg ein neues deutsches Erzbistum neben den bestehenden Trier, Köln, Mainz und Salzburg errichten. Welche Internationalität sich damals in Sachsen-Anhalt breit macht, zeigen beispielhaft die Feierlichkeiten zu Palmsonntag des Jahres 973. Von Italien aus anreisend, trifft Kaiser Otto der Große mit seiner zweiten Frau Adelheid, Tochter König Rudolfs II. von Burgund und Witwe König Lothars von Italien, in Magdeburg ein. Am Grab seiner ersten Frau Editha, der Tochter König Edwards des Großen von Wessex, verharren sie im Dom gemeinsam mit dem in Rom frisch vermählten Sohn Otto II. und seiner Gemahlin Theophanu, der Nichte des byzantinischen Kaisers Johannes I. Tzimiskes.

Im Glanz dieser zu Hause aufgebauten Macht orientieren sich die Liudolfingerkaiser Otto II. (973–983), Otto III. (983–1002) und Heinrich II. (1002–1024) stärker auf die große Kaiser-, Reichs- und Italienpolitik. Dadurch bedingt beginnen die sächsischen Bischöfe und Markgrafen eine eigenständigere Landesherrschaft zu betreiben. Ausdruck dieser neuen dezentralen Macht ist der Ausbau von Burgen wie Westerburg, Falkenstein, Wanzleben, Seeburg, Goseck, Rudelsburg oder Neuenburg und die Stiftung von Familienklöstern zum ewigen Seelenheil wie Klostergröningen, Diesdorf, Hadmersleben oder Klostermansfeld. Aber auch Niederlagen werden mit der Schwächung der Königsmacht in Deutschland in Kauf genommen, wie 983 der Verlust der ostelbischen Gebiete mit den Bistümern Brandenburg und Havelberg an die Slawen.

Die Salier, die 1024 Königsmacht und Hausgut der Ottonen erben und nun im Rheinland ihre romanischen Großbauten wie den Dom von Speyer errichten, versuchen durch Krondomänen, die von schwäbischen Reichsministerialen verwaltet werden, die Macht der neuen Territorialherren im alten Kernland der Sachsenherzöge einzudämmen. Der an den häufigen Aufenthalten in Sachsen dokumentierte Kampf der Kaiser Heinrich III. (1039–1056) und Heinrich IV. (1056–1106) gerät jedoch in den Strudel des »Investiturstreites« zwischen Reformpapsttum und Kaisertum um die Abhängigkeit geistlicher Gebiete und Klöster von der weltlichen Macht. Der von Reformkräften sowie sächsischen Grafen unterstützte deutsche Gegenkönig Rudolf von Schwaben (1077–1080) stirbt zwar 1080 nach der Schlacht bei Hohenmölsen, doch kann sich das salische Kaiserhaus als starke Zentralgewalt in Sachsen nicht mehr durchsetzen. Dies dokumentiert auch die von antizentralistischen Kräften errichtete und an ein Heiligengrab erinnernde bronzene Grabplatte Rudolfs im Dom zu Merseburg. Selbst der 1125 gewählte, wieder aus sächsischem Hause stammende König Lothar III. von Supplinburg (1125–1137), der durch seine von lombardischen Baumeistern errichtete Stiftskirche in Königslutter entscheidenden Einfluss auf die romanische Baukunst Sachsen-Anhalts, gerade in Jerichow, nimmt, kann die politische Vormachtstellung der Landesherrschaften gegenüber dem Königtum nicht mehr rückgängig machen.

Die erstarkten Territorialkräfte sind es aber nun, die in den sogenannten Wendenkreuzzügen die von Otto I. schon einmal eroberten slawischen Gebiete östlich der Elbe ihrem und dem deutschen Herrschaftsbereich wieder unterordnen können. Da ist als Erster der Askanier Albrecht der Bär, dessen Wappentier später das der Reichs- und Bundeshauptstadt Berlin wird, zu nennen, der von seiner Stammburg Ballenstedt im Harz aus mit Bischof Anselm von Havelberg die Bistümer Brandenburg und Havelberg zurückgewinnt und sich seit 1157 Markgraf von Brandenburg nennt. Sein Nachfahre Bernhard aus der wittenbergischen Linie erhält 1080 nach der Entmachtung Heinrichs des Löwen durch Kaiser Friedrich I. Barbarossa (1152–1190) auch das Herzogtum Sachsen. In den nun askanischen Gebieten der Altmark werden besonders Neusiedler aus Flandern sesshaft und das Christentum durch den Bau von Dorfkirchen wie Sandau, Redekin, Rohrberg und Engersen heimisch. Auch die Erzbischöfe von Magdeburg, allen voran Wichmann von Seeburg, weiten ihr Territorium nach Osten aus und festigen es. Im Kampf mit Heinrich dem Löwen müssen sie dafür die Zerstörung Halberstadts und die Verwüstung des Magdeburger Umlandes in Kauf nehmen. Die Halberstädter Bischöfe können jedoch erst im 14. Jahrhundert ihr Gebiet durch das Erbe der Aschersleber Linie der Askanier abrunden. Als vierter expandierender Territorialherr müssen die Wettiner, die späteren Kurfürsten und Könige von Sachsen mit ihrer frühen Familiengrablege auf dem Petersberg bei Halle, genannt werden, die von ihrer Stammburg

Wettin aus unter Konrad dem Großen 1123 die Markgrafschaft Meißen und unter Heinrich dem Erlauchten 1247 die Markgrafschaft Thüringen von den ausgestorbenen Landgrafen erwerben.

Gerade zur Zeit der ›Ostkolonisation‹ der Territorialfürsten entwickeln sich die Städte Sachsen-Anhalts zu aufstrebenden Produktions- und Handelszentren. Noch unter der Fürsorge der Landesherren werden große Stadtkirchen wie in Sangerhausen, Freyburg, Merseburg und Salzwedel errichtet. Doch der vom 13. bis 15. Jahrhundert schwelende Kampf der wirtschaftlich erstarkten Bürger um Selbstverwaltung und Städtefreiheit, der sich auch in der Mitgliedschaft von bis zu 16 sachsen-anhaltischen Städten in der Hanse ausdrückt, lässt das politische Verhältnis zu den Landesfürsten abkühlen. Im Harz-Elbe-Saale-Raum schaffen es die Städte jedoch nicht zur Reichsunmittelbarkeit, der direkten rechtlichen Unterstellung unter den deutschen Kaiser. So können sich die Landesherren an den wirtschaftlichen und finanziellen Ressourcen ihrer Städte weiter schadlos halten.

In die Umbruchzeit des 11. Jahrhunderts fallen auch die kirchlichen Reformbewegungen, die ursprünglich vom lothringisch-trierischen Gorze-St. Maximin, dann vom burgundischen Cluny und dem süddeutschen Hirsau ausgingen. Mit ihrer Abkehr von Verweltlichung und ihrer Erneuerung der Mönchsregel des hl. Benedikt sowie mit eigenständigen Architektur- und Kunstformen finden sie eine große Resonanz im sächsischen Kernland. Als frühe Zentren klösterlicher Reform gelten das benediktinische Ilsenburg oder das augustinische Hamersleben. Gerade die neuen Reformorden halten in Sachsen-Anhalt früh Einzug. Die eigenwirtschaftlich arbeitenden Zisterzienser gründen Niederlassungen in Michaelstein, Helfta und Pforta. Der vom Magdeburger Erzbischof Norbert von Xanten gegründete Orden der Prämonstratenser erhält – von Prémontré in Ostfrankreich kommend – in Magdeburg sein zweites Mutterkloster und wird für die Missionierung der gerade eroberten ostelbischen Gebiete, von Leitzkau, Jerichow oder Havelberg aus, eingesetzt.

Auch die den Saliern folgenden Staufer, insbesondere der noch heute steinern im Kyffhäuser sitzende Friedrich I. Barbarossa, versuchen mit ihrer Reichspolitik Deutschland wieder erfolglos unter eine starke königliche Zentralgewalt zu zwingen. Sachsen-Anhalt als Ganzes, wie es die sächsischen Ottonen einst im Blick hatten, wird jedoch erst am Ende des 20. Jahrhunderts wieder Wirklichkeit. Die steinernen und künstlerischen Zeugen der Ottonik und Romanik geben uns aber ein deutliches Bild dieser bedeutenden Epoche sachsen-anhaltischer, deutscher und europäischer Geschichte.

Die regionaltypischen und dennoch internationalen Formen dieser Kunst sind eingebettet in eine ebenso vielfältige Naturlandschaft. In allen Regionen Sachsen-Anhalts finden sich außergewöhnliche Naturschönheiten: die Höhenzüge des Harzes mit dem Brocken, die Heidelandschaft der Altmark mit dem Arendsee, das Saale-Unstrut-Gebiet mit seinem Weinanbau oder die Auenlandschaft an Elbe und Mulde. Kulturdenkmäler und Naturschönheiten bilden in Sachsen-Anhalt eine untrennbare Einheit und so können auch die Bauzeugen des Mittelalters lediglich in Zusammenhang der regionalen Landschaftsbilder begriffen werden. Doch nur auf einer persönlichen Reise kann letztendlich die in die einzigartige Natur eingebettete internationale Kunst der *Straße der Romanik* erfasst werden.

3. *Straße der Romanik* – Entdeckungsreise ins Mittelalter

Diese historisch-geographische Bedeutung und die Fülle mittelalterlicher Kunst waren Anlass zur Projektierung der *Straße der Romanik*. Sie ist eine touristische Kulturstraße, die die bedeutendsten erhaltenen Denkmäler des Mittelalters, vor allem der Ottonik und Romanik, in Sachsen-Anhalt zusammenführt. Das auf wissenschaftlicher Grundlage von Geschichte und Kunstgeschichte basierende, dann aber auf sanften Kulturtourismus angelegte Projekt eröffnete dem Land vielfältige Chancen. Als Zielgruppen waren gerade am Anfang nicht nur auswärtige Besucher (Außenmarketing), sondern auch die Landesbevölkerung angesprochen (Innenmarketing). In einem Bundesland, dessen einzelne Regionen sich historisch unterschiedlich entwickelt haben und das dadurch eine erst junge gemeinsame Vergangenheit besitzt, trug die landesumgreifende, Orte und Regionen umfassende *Straße der Romanik* erstens zur Identitätsstiftung bei. Preußische, brandenburgische, magdeburgische, anhaltische oder wettinische Traditionen wurden auf der Grundlage der gemeinsamen romanischen Wurzeln zu einem neuen landestragenden Gefühl »Wir in Sachsen-Anhalt« zusammengeführt. Ihre Bedeutung im Deutschlandtourismus ermisst sich zweitens im Marketing darin, dass sie die erste Tourismusstraße in den neuen deutschen Bundesländern war. Durch ihre Regionen umgreifende Form ist sie aber auch die erste Tourismusstraße Deutschlands, die sich auf ein Bundesland beschränkt und dieses gleichzeitig flächendeckend umfasst.

Die touristische Landesstrategie Sachsen-Anhalts firmierte mit dem landesweiten Markenzeichen der *Straße der Romanik* auch nach außen lange Zeit unter dem Slogan »Ein Land macht Geschichte«. Die *Straße der Romanik* beschäftigt sich zwar mit Geschichte und Kunstgeschichte, doch zielt sie auf die Zukunft der Geschichte in Sachsen-Anhalt. Tourismuspolitik ist Wirtschaftspolitik, und der Kulturtourismus entwickelt sich seit Jahren zu einem der bedeutenden Faktoren dieses Wirtschaftszweiges in Deutschland und Europa sowie in Sachsen-Anhalt. Das Mittelalter wurde spätestens seit der Erstpublikation von Umberto Ecos Buch *Der Name der Rose* 1980 und dessen Verfilmung 1986 zum langanhaltenden Renner in diesem Kulturtourismuszweig. Sachsen-Anhalt ist auf diesen Zug frühzeitig aufgesprungen und hat die *Straße der Romanik* auf dem Reisemarkt eingeführt und etabliert. Ziel der *Straße der Romanik* war damit von Anfang an neben der Erfahrung eines Kulturraumes auch die Schaffung eines von Landschaft und Kultur geprägten Wirtschafts-, Arbeits- und Lebensraumes.

Die Idee zur *Straße der Romanik* entstand 1992 und kam über Umwege nach Sachsen-Anhalt. In Zusammenhang mit den Vorbereitungen zu der 1993 eröffneten Ausstellung *Bernward von Hildesheim und das Zeitalter der Ottonen* in Hildesheim wurde vom Wirtschaftsministerium Niedersachsens eine kulturtouristische Profilierung dieser Großausstellung angestrebt. Kulturtourismus steckte zu dieser Zeit noch in den Kinderschuhen; Kultur wurde von der Politik lächelnd, aber klar als sanfter Standortfaktor ohne Wirtschaftskraft abgetan. Zum ersten Mal wurde in Deutschland ein kulturtouristisches Landesprojekt denn auch erst 1986 mit dem Asam-Jahr in Bayern entwickelt; der Begriff des Kulturtourismus selbst ist, da auch im Gesamttourismus die Kultur nur als Nische wahrgenommen wurde, gerade so alt wie die Wiedervereinigung Deutschlands. Das damalige Partnerland Sachsen-Anhalts spielte zunächst mit dem Gedanken, das Jahr 1993 in Niedersachsen als »Jahr der Romanik '93« touristisch aufzuwerten, hat sich jedoch später für ein Pendant zu Sachsen-Anhalt, den »Wegen in die Romanik '93«, entschieden. Von Niedersachsen angefragt, sich an diesem Jahr der Romanik, also nur an einem zeitlich begrenzten Thema, zu beteiligen, griff das Wirtschaftsministerium Sachsen-Anhalts den Gedanken auf, erkannte den einmaligen kulturellen Bestand und das touristische Potential dieses Themas und entwickelte den Gedanken eines bleibenden Kulturtourismusprojektes: der *Straße der Romanik*.

Im Wirtschaftsministerium wurde 1992 die Projektentwicklung und -leitung der *Straße der Romanik* etabliert. Ein aus verschiedenen Fachgebieten gebildetes Expertengremium unter Teilnahme des Wirtschafts- und Kultusministeriums, des Landesamtes für Denkmalpflege, des Landestourismusverbandes wie der evangelischen und katholischen Kirchen, wurde berufen und mit der kritischen Auswahl der ottonischen und romanischen Objekte betraut. Als Kriterien dienten zunächst Qualität und Erhaltungszustand der Bauten wie geschichtliche Bedeutung, in zweiter Linie Abwechslungsreichtum und regionale Ausgewogenheit. Aus der Vielzahl der romanischen Objekte hatten sich 72 Kulturdenkmäler in 60 Städten und Gemeinden herauskristallisiert; eine Evaluierung 2007 erweiterte die Zahl der Objekte auf 80 in 65 Orten. Für das Außenmarketing ist diese Größenordnung an Orten und Objekten kaum zu händeln, da die Wahrnehmung bei den Kunden durch die Masse verschwimmt, nach innen aber durchaus ein Erfolgs- und Identitätsfaktor. Deshalb wurde 2007 auch eine Kategorisierung mittels Sterne-Klassifizierung nach touristischer Bedeutung eingeführt, die dem Kunden die Erschließung der *Straße der Romanik* vereinfacht und Leuchttürme in historischer wie touristischer Qualität aus der Masse hervorhebt. Im Expertengremium und in Abstimmung mit dem Landesamt für Straßenbau wurde auch die Streckenführung der Tourismusstraße festgelegt. In Form einer *Acht* mit dem Schnittpunkt Magdeburg führt sie auf einer Nord- und einer Südroute ungefähr 1000 Kilometer quer durch Sachsen-Anhalt. Je nach Zeitansatz können die Gesamtstrecke, die Nord- bzw. die Südroute oder nur Teilstrecken abgefahren werden.

In ihrer Gesamtheit stellt die *Straße der Romanik* ein einzigartiges, raumumgreifendes Kulturmuseum mittelalterlicher Geschichte dar – ein dezentrales Freilichtmuseum von Bauten europäischer Güte.

Die Idee ist das eine, die Umsetzung das andere. Die vielfältigen Aktivitäten zur Etablierung der *Straße der Romanik* aus den letzten 20 Jahren lassen sich nur summarisch aufführen. Ein fundamentaler Baustein war am Beginn erhebliche Investitionen mit Hilfe unterschiedlicher Fördermittel des Landes, des Bundes, der Europäischen Union, aus Kirchen oder Stiftungen. Es existiert bis heute kein eigenes Förderprogramm *Straße der Romanik*, so dass alle Maßnahmen aus bestehenden Programmen umgesetzt werden mussten. Gerade in den ersten 15 Jahren fanden sich die Fördergeber der verschiedenen Ministerien und Institutionen einmütig unter dem identitätsstiftenden Landesdach der *Straße der Romanik* wieder. Unterstützt wurden die Umsetzungsverfahren durch die Interministerielle Arbeitsgruppe Tourismus, in der Probleme und Strategien besprochen wurden. In Vorbereitung zur ersten Ottonen-Ausstellung 2001 setzte beispielsweise eine 1999 durchgeführte Bereisung der zehn Korrespondenzorte nochmals eine besonders konzertierte Sanierungswelle in Gang. Damit wurden in relativ kurzer Zeit die grundhafte Restaurierung der romanischen Objekte, deren räumliche und städtebauliche Gestaltung, Straßen-, Rad- und Wegebau, die Ausschilderung oder das Angebot in Gastronomie und Hotellerie geschaffen. Infrastruktur und Identitätsstiftung fanden bei der *Straße der Romanik* zu einer seltenen strategischen Gemeinsamkeit.

In Zusammenarbeit mit Tourismus- und Marketingagenturen entwickelte sich parallel zu den Investitionen ein umfängliches Außenmarketingportfolio von örtlichen und landesweiten Faltblättern, Broschüren und Werbeträgern aller Art und vielen Sprachen, die von anderer Seite über Buch- und Kartenpublikationen ergänzt wurden. Entscheidend positiv hat das bereits 1992 entwickelte und bis heute einprägsame weinrote Logo, von der Hallenser Grafikdesignerin Barbara Dimanski im Rahmen ihrer Diplomarbeit an der Hochschule Burg Giebichenstein entworfen, alle Maßnahmen an der *Straße der Romanik* begleitet und Besucher wie Bewohner, im Innen- wie im Außenmarketing, den Kern einer Corporate Identity vermittelt. Schwer war und ist die durchgängig wiedererkennbare Gestaltung von Werbemitteln von Orts-, Kreis-, Region- und Landesebene bis heute geblieben. Jeder möchte einen Teil des Kuchens abhaben, weiß aber nicht so recht, wie sich in den Gesamtkuchen integrieren. Dies ist ein Thema, das sich in allen Tourismusregionen Deutschlands mal mehr, mal weniger durchzieht. Ob ein Bürgermeister mit Grußwort aus einem Faltblatt heraus schaut, interessiert den Besucher der *Straße der Romanik* jedoch am allerwenigsten. Erfolgreich war neben dem strategischen Außenmarketing die Implementierung der *Straße der Romanik* in die Buch- und Kartenverlage. Damit entstand betriebswirtschaftliches Erfolgsinteresse neben staatlichem Initiativmarketing. Von Bildbänden über Reiseführern jedweder Dicke, über Videos bis Landkarten und Postkarten reicht die Palette der Druckwerke aus den Verlagen.

Jährliche Verstärkerthemen begleiten das nach fünf Jahren Aufbau dann eher statisch wirkende Produkt der *Straße der Romanik* ebenso wie feste und wechselnde Musik- oder Theaterveranstaltungen vor Ort. Das Rossini-Quartett organisiert jährlich Konzertveranstaltungen in den authentischen Objekten der *Straße der Romanik*; aber vor allem der MDR setzt strategisch seit Jahren auf die Anziehungskraft hochkarätiger romanischer Orte bei der Ausgestaltung des MDR Musiksommers. So konnten auch die 1200-jährigen Städtejubiläen in Magdeburg 2005 und Halle 2006 mit ihren Veranstaltungen an das Thema *Straße der Romanik* gebunden werden. Lang eingefädelter strategischer Glanzpunkt des kulturtouristischen Außenmarketings war die Etablierung des Themas zum zehnten Jahrestag in das gesamte Auslands- und Inlandsmarketing der Deutschen Zentrale für Tourismus 2003: »Faszination Romanik« machte Sachsen-Anhalt nochmals weit über seine engeren Zielgruppengrenzen hinaus bekannt. Auch war es kein einfacher, dann aber ein überaus erfolgreicher Weg, Museen an das Thema *Straße der Romanik* strategisch zu binden, Ausstellungen vor Ort zu Botschaftern der gesamten *Straße der Romanik* zu machen. Mit einem Paukenschlag hat dieses touristisch vernetzte Ausstellungskonzept, das mittlerweile von anderen und damit erfolgreichen Bundesländern übernommen wurde, Zeichen gesetzt: Zur Europarats- und Landesausstellung *Otto der Große, Magdeburg und Europa* kamen 2001 nicht nur über 350.000 Besucher in das damals nicht gerade kulturtouristisch bekannte Magdeburg, sondern auch in die zehn davon ausstrahlenden bzw. zur Ausstellung hinführenden Korrespondenzorte der *Straße der Romanik*. Unter anderem wurde das Konzept der Verknüpfung von Ausstellung und Region 2006 mit dem *Heiligen Römischen Reich Deutscher Nation* in Magdeburg, 2008 mit der Eröffnung der Domschätze in Halberstadt, Quedlinburg, Naumburg und Merseburg, 2011 mit dem *Naumburger Meister* in Naumburg und 2012 mit *Otto der Große und das Römische Reich* in Magdeburg erfolgreich wiederholt. Es fällt einem Museumsleiter ›kein Zacken aus seiner Krone‹, wenn er gleichzeitig mit seiner Ausstellung einen Bogen zur *Straße der Romanik* schlägt; aber aus den Bögen, die aus den korrespondierenden Orten zu Museum und Ausstellung zurückstrahlen, wird aus einem Museum oder einer Ausstellung ein Kulturanker einer ganzen Region, ein Initiator von emotionaler Kulturlandschaftsvermittlung. Und damit werden auch neue und jüngere Zielgruppen für Museen und Kultur erreicht.

Auch hier zeigt sich, dass nur die gemeinsamen Anstrengungen aller, vor allem von Kultur, Kirche und Wirtschaft, ein kulturtouristisches Projekt zum Erfolg führen können. Alle Vermarktungsaktivitäten nach außen sind jedoch nichts ohne die Dienstleistung vor Ort. Deshalb spielte die Entwicklung eines kontinuierlichen und auf Qualität gerichteten Innenmarketings, ständige Kommunikation und Schulung, Erweiterung von Öffnungszeiten, Gästeführerausbildung, Ausrichtung des Romanik-Preises oder Entwicklung buchbarer Angebote, einen zentralen, immer noch verbesserungsfähigen Baustein der Besucherbindung an die *Straße der Romanik*. Das gesamte Innenmarketing zur *Straße der Romanik* lag von Anfang an und heute verstärkter denn je als zentrale Aufgabe in den Händen des Landestourismusverbandes. Im Harz, der seit über 100 Jahren touristisch aktiv ist, fällt die Kundenorientierung und Dienstleistungsmentalität den Anbietern leichter, als in noch nicht so lange aktiven touristischen Regionen. Aber all das, was wir als Kultur- oder Tourismusanbieter in unserem Urlaub auch wünschen, Gastfreundschaft, das wünschen sich die Besucher an der *Straße der Romanik* auch. Und sie wünschen sich, dass diese Gastfreundschaft in allen Bereichen zu finden ist, dass die sogenannte Dienstleistungskette geschlossen ist und keinen Riss hat, der oft genug in persönlichen Abneigungen wurzelt. Denn der Museumsbesucher ist der gleiche wie bei Kirchen- oder Stadtführungen und in Hotel oder Gaststätte. Und überall sollte er wie ein mittelalterlicher König empfangen werden, auch wenn man ihm seine Wünsche nicht alle erfüllen kann. Freundlichkeit kostet kein Geld, sondern muss angeboren oder erlernt sein. Mittelalterliches Burgendenken – ich bin nur für mein Objekt und meine Aufgabe zuständig – erschwert dem Einzelnen wie dem Netzwerk vor Ort wie auch dem Gesamtprojekt der *Straße der Romanik* den weiteren Erfolg.

Am 7. Mai 1993, dem 1020. Todestag Kaiser Ottos der Großen, aber eigentlich der einzige Tag, an dem der Bundespräsident im Mai noch einen Termin in den neuen Bundesländern frei hatte, wurde die *Straße der Romanik* im Magdeburger Kloster Unser Lieben Frauen in Anwesenheit des deutschen Staatsoberhauptes, Dr. Richard von Weizsäcker, eröffnet (Abb. 1). Noch 15 Jahre später schärft er seinem Umfeld ein: »Nicht in Berlin stand die Wiege Deutschlands, sondern in Sachsen-Anhalt«. In der kurzen, aber intensiven Planungsphase wurde vieles auf die richtige Schiene gesetzt. Die *Straße der Romanik* ist mit ungefähr 1,6 Mio. Besuchern im Jahr 2012 immer noch das Zugpferd des (Kultur-)Tourismus Sachsen-Anhalts und eine der zehn bekanntesten (von insgesamt ca. 200) Tourismusstraßen Deutschlands. Tourismus schafft Bekanntheit und Sympathie, aber auch Umsatz und Arbeitsplätze. Durch die *Straße der Romanik* wurden in Sachsen-Anhalt seit 1993 erfolgreich Kulturschätze in Tourismuswerte umgemünzt. Dafür erhielt die Route im Rahmen des europäischen, ab 2007 als Verein geführten Netzwerkes TRANSROMANICA vom Europarat 2007 die Anerkennung als Europäische Kulturstraße.

4. Fazit und Plädoyer

Sachsen-Anhalt als Stiefkind bei Image und Profil hat im und über Tourismus im Laufe von 20 Jahren etwas Einmaliges erreicht. Von einem wechselnden Marketing des Diffusen hin zu einem kontinuierlichen Marketing durch Profilbildung in einer engen Durchdringung von Themen und Regionen sind die Gästezahlen bei den Ankünften von 1993 bis 2012 von 1,2 auf 3,0 Mio. und bei den Übernachtungen von 2,6 auf 7,4 Mio. gewachsen.

Abb. 1: Eröffnung *Straße der Romanik* am 7. Mai 1993 im Kreuzhof des Klosters Unser Lieben Frauen in Magdeburg, v. l. n. r: Ministerpräsident Prof. Dr. Werner Münch, Bundespräsident Dr. Richard von Weizsäcker, Bildhauer Heinrich Apel, Projektleiter Dr. Christian Antz, Magdeburgs Oberbürgermeister Dr. Willi Polte, Wirtschaftsminister Dr. Horst Rehberger. Foto: Christian Antz.

Und wenn die Besucher kommen, sollten die Gastgeber stolz sein auf die eigene Kulturlandschaft und auf das in 20 Jahren aus sich selbst heraus und selbst Geschaffene. Und in dem eigenen Stolz entsteht dann das Selbstbewusstsein, Gäste an den Schätzen des Landes Sachsen-Anhalt teilhaben zu lassen. In Zeiten gesellschaftlicher und wirtschaftlicher Umbrüche in Ostdeutschland – wie aber auch in Westdeutschland – nach der Wende, wie der noch dynamischeren Globalisierung in Ökonomie und Medien nach 2000, hat es Sachsen-Anhalt mit der *Straße der Romanik* geschafft, dem etwas Bleibendes und Unverrückbares entgegenzusetzen. Wo Staat oder Kirche, Schule oder Familie es vielleicht nicht mehr schaffen, Erinnerungskultur zu erhalten, so kann der Kulturtourismus mit der *Straße der Romanik* eventuell diese Lücke ausfüllen. Auch von Politik und Kultur kann der Kulturtourismus als Hebel genutzt werden, ein kollektives Gedächtnis für künftige Generationen am Leben zu erhalten.

Die *Straße der Romanik* mit ihren authentischen Kultur- und Erinnerungsorten kann künftig aber noch prägender und professioneller als Memoria für die Menschen vor Ort wie für Besucher gestaltet werden. Vor einer deutschland- und europaweiten Vermarktung eines touristischen Landesproduktes stand und steht immer der kontinuierliche und steinige Weg der inhaltlichen, infrastrukturellen und marketingmäßigen Produktentwicklung, wo Sachsen-Anhalt mit der *Straße der Romanik* ab 1993 Zeichen zu setzen versucht hat. »Nicht die Gärten oder Schlösser stehen im Mittelpunkt, sondern der Besucher, der Kunde!«, formuliert 2004 selbst Hartmut Dorgerloh als Leitbild für die ihm unterstehende Stiftung Preußische Gärten und Schlösser. Und wenn es ein Mann der Kultur ausspricht, sollte dies – so müsste man meinen – schon längst für alle Leistungsträger in der Tourismuswirtschaft zutreffen. Ob sich die Anstrengungen in Investitionen und Marketing für Sachsen-Anhalt kulturell und wirtschaftlich lohnen, liegt aber nun vor allem in der Hand jedes einzelnen Gastgebers vor Ort. Der Kunde ist König – und muss es auch bleiben, wenn Tourismus Erfolg haben will.

Eigentlich ist dieses Ziel einfach zu erreichen – nur ein bisschen Dienstleistungsbereitschaft und Gastgeberbewusstsein sind erforderlich. Aber den durch Medien, Technik, Convenience oder Bürokratie dem realen Menschen manchmal entwöhnten Gastgebern von Museen über Kirchen bis hin zu Gaststätten fällt der Service am Menschen doch mitunter schwer. Was statistisch keiner glaubt, aber jeder weiß, dort fällt nämlich die eigentliche Reiseentscheidung. Denn 70 Prozent der deutschen Bevölkerung fahren dahin in Urlaub, wo sie schon waren und äußerst zufrieden waren bzw. ihre Bekannten ihren Urlaub verbrachten und ebendiesen Eindruck mitbrachten. Die Reiseentscheidung fällt trotz noch so viel Marketings, von Broschüren über Messen bis zu Internet und Apps, klassisch beim Gastgeber vor Ort. Und hier muss die Qualität stimmen, und hier müssen alle weiter an sich arbeiten. Der ehemalige Trainer der Fußballmeister Bayern und Wolfsburg und Sachsen-Anhalter Neubürger Felix Magath hat die einfache Handlungsstrategie dafür geliefert: »Qualität kommt von Quälen!«. Und dieser hohe Qualitätsanspruch gilt auch weiter für das schon in Sachsen-Anhalt Erreichte auch und gerade für die Kultur-, Tourismus- oder Kirchenanbieter an der *Straße der Romanik* als europäischem Freilichtmuseum des Mittelalters am Anfang des 21. Jahrhunderts.

The *Romanesque Road* and the Myth of Sisyphus. Creating success in the field of cultural tourism – an example of a regional but nevertheless European cultural route between 1992 and 2013

Along with the German reunification, Saxony-Anhalt again became ›the heart‹ of Germany and Europe as a millennium ago international policy was made here already. From the fall of the Franconian empire of the Carolingians until the end of the Hohenstaufen rule in Germany these geographical areas renown spread beyond the frontiers. Unlike any other German federal state Saxony-Anhalt owns an inestimable richness and top density of art and architecture from the Ottonian and Romanesque era. This historico-geographical importance and the plenitude of medieval art were the reasons and the core for the development of the regional, cultural project the *Romanesque Road*. On the one hand this first touristic route within the new federal states of (eastern) Germany serves an inner identity. On the other hand it promotes economic exchange by its cultural and touristic orientation. Its long-term oriented strategy gained sustainable success for Saxony-Anhalt as well as the 80 buildings and 65 objects of the *Road*. Officially inaugurated by the German President Dr. Richard Weizäcker on May 7th 1993 – at the 1020th anniversary of the death of Emperor Otto the Great, in 2007 the cultural route received recognition as an European Cultural Route by the Council of Europe in the context of the frame of the European network TRANSROMANICA. Despite of more than 1.6 million visitors a year there is always a lot of work to be done perpetuating the quality of supply. Nevertheless, within the last 20 years the *Romanesque Road* in Saxony-Anhalt nevertheless successfully transformed cultural heritage into touristic benefits.

Literaturhinweise

Christian Antz: Die Straße der Romanik durch Sachsen-Anhalt. Entdeckungsreise in das deutsche Mittelalter mit postmodernem Tourismuskonzept, in: Standort. Zeitschrift für angewandte Geographie 20 (4),1996, 11–15.

Christian Antz: Die Zukunft der Geschichte. Chancen des Kulturtourismus in Sachsen-Anhalt, in: Mitteldeutsches Jahrbuch für Kultur und Geschichte 6, 1999, 147–157.

Christian Antz / Axel Dreyer: Handbuch Straße der Romanik in Sachsen-Anhalt (Tourismus-Studien Sachsen-Anhalt, 12), Magdeburg / Wernigerode 2002.

Christian Antz: Otto der Große als Baustein für Tourismus und Image Sachsen-Anhalts. Die Europaratsausstellung »Otto der Große, Magdeburg und Europa« und das Landesprojekt »Auf den Spuren Ottos des Großen« 2001, in: Jürgen Schmude (Hg.): Tegernseer Tourismus Tage 2002 – Proceedings (Beiträge zur Wirtschaftsgeographie Regensburg, 6), Regensburg 2003, 149–157.

Christian Antz / Bernd Eisenstein / Christian Eilzer: Slow Tourism. Reisen zwischen Langsamkeit und Sinnlichkeit (Schriftenreihe des Instituts für Management und Tourismus [IMT], 6), München 2011.

Christian Antz / Axel Dreyer: Handbuch Tourismus in Sachsen-Anhalt (Tourismus-Studien Sachsen-Anhalt, 1), Magdeburg / Wernigerode ²2005.

Christian Antz: Kulturtourismus. Empfehlungen für einen langfristigen Erfolg, in: Oliver Scheytt / Friedrich Loock (Hg.): Kulturmanagement und Kulturpolitik (Lieferung 8. D 1.6 Strategie und Steuerung), Berlin 2008, 1–18.

Axel Dreyer (Hg.): Kulturtourismus (Lehr- und Handbücher zu Tourismus, Verkehr und Freizeit), München / Wien ²2000.

Matthias Feige [u. a.]: Städte- und Kulturtourismus in Deutschland, hg. v. Deutscher Tourismusverband, Bonn 2006.

Bernd Günter / Andrea Hausmann: Kulturmarketing, Wiesbaden 2009.

Andrea Hausmann / Laura Murzik (Hg.): Neue Impulse im Kulturtourismus, Wiesbaden 2011.

Thomas Heinze: Kultursponsoring, Museumsmarketing, Kulturtourismus. Ein Leitfaden für Kulturmanager, Wiesbaden ²2005.

Kurt Luger / Karlheinz Wöhler (Hg): Kulturelles Erbe und Tourismus. Rituale, Traditionen, Inszenierungen, Wien 2010.

Heinz-Dieter Quack / Kristiane Klemm (Hg.): Kulturtourismus zu Beginn des 21. Jahrhunderts, München 2013.

Albrecht Steinecke: Kulturtourismus. Marktstrukturen, Fallstudien, Perspektiven, München/Wien 2007.

Albrecht Steinecke: Management und Marketing im Kulturtourismus. Basiswissen, Praxisbeispiele, Checklisten, Berlin 2012.

Otto der Große, Magdeburg und Europa – Auf den Spuren Ottos des Großen. Die 27. Ausstellung des Europarates und Landesausstellung Sachsen-Anhalts im Kulturhistorischen Museum Magdeburg und die Tourismusprojekte des Landes Sachsen-Anhalt im Jahr 2001, hg. v. Ministerium für Wirtschaft und Arbeit des Landes Sachsen-Anhalt, Kulturhistorisches Museum Magdeburg (Tourismus-Studien Sachsen-Anhalt, 9), Magdeburg 2002.

Alle »Tourismus-Studien Sachsen-Anhalt« können unter www.sachsen-anhalt.de/reisen und erholen eingesehen und heruntergeladen werden.

ULRIKE WENDLAND

Straße der Romanik *20 Jahre –*
Erfolge für die Denkmalpflege

Das Projekt *Straße der Romanik*, ein Gemeinschaftsprojekt touristischer und denkmalpflegerischer Vermittlung, ist eine Erfolgsgeschichte für beide Partner. Erfolg soll hier nicht quantitativ anhand von Besucherzahlen, Wertschöpfungseffekten für Gastronomie und Einzelhandel oder eingeworbenen Fördermitteln für die Instandsetzung und Restaurierung gemessen werden. Beiden Handlungsfeldern ›Tourismusentwicklung‹ und ›Denkmalpflege‹ liegt ja auch ein Vermittlungsauftrag zugrunde. Insofern sind Erfolge des Projektes auch dann gegeben, wenn gesellschaftlichen Oberzielen wie ›Bildung‹, ›Stärkung von Heimatbindung‹ oder ›Entwicklung und Erhaltung weicher Standortfaktoren‹ gedient wird. Das Messen dieser Effekte ist nicht leicht, doch gibt es in Sachsen-Anhalt Indizien, dass sich in den 20 Jahren der Existenz der *Straße der Romanik* die bürgergesellschaftliche Zuwendung zu mittelalterlichen Bauten – insbesondere zu Kirchen – gesteigert hat.

Erfolge des Projektes *Straße der Romanik (SdR)* sind aus Sicht der Denkmalpflege:

1. ›Denkmalwertschöpfung‹

Durch das kontinuierliche Werben für die ausgewählten Bauten und die Denkmale der Romanik schlechthin wurden deren spezifische Denkmalwerte auch innerhalb des Landes Sachsen-Anhalt bekannter. Die Tatsache, dass Kirchengebäude oder Burgen, deren Kunst- und Alterswert auch für unser heutiges Leben wichtig sind, derentwegen Touristen ggf. sogar in entlegene Dörfer fahren, konnte und kann gar nicht oft genug vermittelt werden. Denn 50 Jahre Ignoranz für Denkmale ›feudaler‹ Herrschaft oder für Sakralbauten hatten in der Gesellschaft den Wertekanon verändert. In der Folge war eine gefährdende Vernachlässigung vieler dieser Bauten eingetreten.

Für die überregional bekannten Denkmale der Romanik bzw. des Mittelalters bedeutet die *SdR* eine Stärkung, für einige der unbekannteren Denkmale bedeutete die touristische Priorisierung eine Erweckung.

2. Beiträge zur Stärkung regionaler und örtliche Identität

Das Projekt *SdR* trägt nicht nur zur Wiederaneignung von (Denkmal)Werten bei, sondern auch zur Stärkung regionaler Identität und des Stolzes auf einmaliges kulturelles Erbe – dies ist wichtig in einer Region und einer Epoche, in der oft nicht nur die kollektiven und individuellen Erschütterungen und Verwerfungen zwischen 1945 und 1989, sondern auch diejenigen nach 1990, zusammen mit ökonomischen und politischen Negativmeldungen, die interne und externe Wahrnehmung dominieren.

Eine selbstbewusste Heimatbindung der Bevölkerung ist aber Voraussetzung für die Bewahrung ideeller Werte, wie Denkmale es sind. Kaum ein Bundesland Ostdeutschlands ist aus geschichtlich so verschiedenen Regionen zusammengesetzt wie Sachsen-Anhalt. Die sich zu einer Acht formende Nord- und Südroute der *SdR* ist ein kleiner, aber nicht unerheblicher Beitrag zu einer Verbindung zwischen Altmark, Burgenlandkreis und den dazwischenliegenden Mikroregionen.

3. Ermutigung bürgerschaftlichen Engagements

Die gesteigerte allgemeine Wertschätzung mittelalterlicher Bauten durch touristische Inwertsetzung hat bürgerschaftliches Engagement für deren Erhaltung generiert – direkt an der *Straße der Romanik*, aber auch abseits ihrer Route.

4. Beschleunigte Instandsetzung von Denkmalen der Romanik

Die Aufmerksamkeit für die ausgewählten Denkmale auf der *SdR* hat sich für viele in Priorisierungen bei Fördermittelvergaben ausgewirkt. Projekte der Instandsetzung und Restaurierung sowie der Umfeldverbesserung konnten und können zügiger umgesetzt werden. Instandsetzungsmaßnahmen und touristische Aufwertung haben meist auch positive Folgewirkungen auf die Stadt- oder Ortsentwicklung im Umfeld. Viele Bauten auf der *SdR* sind in einem viel besseren Zustand als vor 20 Jahren.

5. Mehr Kommunikation zwischen Tourismusförderung und Denkmalpflege

Durch die Projekte *SdR*, *Gartenträume* sowie die Vermittlung der Welterbestätten in Sachsen-Anhalt haben sich die Handlungsfelder Tourismusförderung und Denkmalpflege, die sich zuweilen zu wenig Aufmerksamkeit und Verständnis für die Grundsätze und Handlungsweisen des jeweils anderen schenken, annähern können. Damit sind die Synergieeffekte und gemeinsamen Ziele in den Vordergrund getreten.

Ermutigung bürgerschaftlichen Engagements für Kirchen

Die offensive Beschäftigung mit Denkmalen der Romanik im Land hat positive Effekte für die Wertschätzung auch für nicht auf der *SdR* gelistete mittelalterliche Bauten in Gang gesetzt. Dafür sorgen regelmäßige Aktionen wie der Romanik-Rundbrief, die Website *www.strassederromanik.de*, der alljährliche *Romanikpreis*, aber auch lokale Projekte wie der *Altmärkische Romaniktag*, die Website *Nebenstraßen der Romanik,* die *Mitteldeutsche Kirchenstraße*, die Initiative *Entschlossene Kirchen*, der *Verein Mitteldeutsche Klosterlandschaft*, das *Europäische Romanikzentrum* und viele weitere regionale und lokale Initiativen. Am Beispiel der Kirchen kann gezeigt werden, dass mittelalterliche Bauten in der Region einen zunehmenden gesellschaftlichen Stellenwert haben.

In Sachsen-Anhalt gibt es über 2300 Kirchengebäude. Das Bundesland liegt in einer Region mit enorm hoher Dichte mittelalterlicher Kirchenstandorte gemessen an Flächenausdehnung und Einwohnerzahl. Schätzungsweise in der Hälfte dieser Standorte stehen auch heute noch mittelalterliche Bauteile aufrecht und sichtbar. Der größere Anteil der Kirchengebäude im Land entstand also, anders als in westlichen Bundesländern, nicht durch neuzeitliche Gemeindegründungen. Zwar gab es im 19. Jh. Neugründungen in den Erweiterungsquartieren der wachsenden Industriestädte Magdeburg, Halle, Dessau, Zeitz, Bernburg sowie Neubauten katholischer Kirchen für aus anderen Regionen zuziehende Land- und Industriearbeiter, doch fallen sie statistisch nicht stark ins Gewicht. Auch der Kirchenbau des 20. Jhs. fällt zahlenmäßig gering aus.

Über diese große Fülle mittelalterlicher Überlieferungen von Bauten und Ausstattungen wissen wir noch vergleichsweise wenig. Und dies, obwohl die Kirchen ja nicht allein Gottesdiensträume und Landmarken in der Kulturlandschaft sind, sondern auch Sachzeugen für die Siedlungs- und Baugeschichte, für die Bauforschung, die Kunstgeschichte, die Liturgiegeschichte, die Territorial- und Wirtschaftsgeschichte.

Vielerorts sind die Kirchen die ältesten bestehenden Bauten. Sie schaffen eine materielle und damit dinglich erlebbare Verbindung zwischen der Gründungszeit des Ortes und heute. Sie sind damit auch die sicht- und greifbarsten Sachzeugen der Generationenabfolge in einem Ort. Über diese Kirchenbauten entstehen Bindungen zu den Vorfahren, die hier ihre spirituelle und soziale Praxis, ihre Feste und Gedenktage, ihre Freude und Trauer erlebten. Kirchen und ihr Umfeld sind die Orte des Toten- und Gefallenengedenkens.

So erfahren Kirchengebäude, trotz eines im weltweiten Vergleich extrem geringen Anteils religiös gebundener Einwohner und trotz des demographischen Wandels, nach wie vor bzw. erneut Wertschätzung in Dörfern und Städten. Dies zeigen die unermüdlichen Aktivitäten zu ihrer Erhaltung und Nutzung durch die Kirchengemeinden selbst. Kirchen-Zugehörigkeit hat in Sachsen-Anhalt mehr als in anderen Regionen der Bundesrepublik den Charakter einer freiwilligen Entscheidung, da die beiden großen Konfessionen keine Volkskirchen mehr sind. Hinzu kommen die Aktivitäten der fast 300 Vereine, die sich mit Kircheninstandsetzungen und -nutzungen beschäftigen.

Ohne das erhebliche, oft auch über lange Zeiträume reichende ehrenamtliche Engagement, das in Planung und Organisation, eigener Arbeit am Gebäude und seinem Umfeld, Fördermittelanträgen und Fundraising-Aktivitäten sowie Überzeugungsarbeit, Betreuung und Vermittlung der Bauten besteht, wären viele Kirchengebäude in Sachsen-Anhalt Ruinen. Zu den Arbeiten an der Instandsetzung und Erhaltung der Gebäude kommen Aktivitäten der Nutzung und der Vermittlung ihrer Werte.

Dieses bürgerschaftliche Engagement motiviert wiederum öffentliche Fördermittelgeber, Stiftungen, Spender und Mäzene, Jahr für Jahr erhebliche Summen für die Instandsetzung von Kirchen selbst in kleinsten Dörfern zur Verfügung zu stellen. Aber auch Gebietskörperschaften engagieren sich für Kirchengebäude, indem sie Fördergelder einwerben und weiterreichen. So ist zwischen 2009 und 2014 die bemerkenswerte Zahl von 45 Kirchen in den Leader-Regionen »Rund um den Huy«, »Harz« und »Nordharz« mit EU-Fördermitteln für den ländlichen Raum instand gesetzt worden.

Interesse für das Mittelalter gesteigert

Doch ist es nicht nur Heimatverbundenheit und Interesse, die bürgerliches und öffentliches Engagement für mittelalterliche Kirchen erzeugen. Auch eine seit nunmehr zweihundert Jahren anhaltende Mittelalter-Faszination in weiten Kreisen der Gesellschaft ist ein Motiv, Gebäude weiter zu erhalten und zu nutzen, die objektiv schwer nutzbar, teuer im Unterhalt, schlecht oder gar nicht heizbar, nicht barrierefrei sind und deren Bildsprache fast niemand ohne Erläuterung versteht.

Zwar ist die nationalromantische Motivation dieser ungebrochenen Mittelalter-Faszination einer Rezeption gewichen, die durch kunst- und kulturgeschichtliche Blockbuster-Ausstellungen, Mittelalterromane und -filme, Mittelaltermärkte und -spektakel, Musikveranstaltungen u.v.a.m. getragen wird. Doch ist durch Studienreisen, durch Websites sowie eine große Zahl gut zugänglicher Veröffentlichungen, durch Führungen und Vermittlungsarbeit vor Ort, Tage des offenen Denkmals etc. auch eine nicht zu unterschätzende Mittelalter-Kompetenz beim Publikum entstanden. Bei weniger Vorinformierten ist die Faszination eines sicht- und fühlbar sehr alten Gebäudes mit seiner spezifischen Ästhetik, seiner geschichtlichen und/oder spirituellen Aufladung ebenfalls nahezu garantiert.

Das Projekt *SdR* ist eine Folge dieser hier skizzierten gesellschaftlichen Aufmerksamkeit für das Mittelalter. Da von Anfang an Vermittlung kulturellen Erbes auf hohem Niveau geleistet wurde, hilft dies bei der Sensibilisierung gegenüber bedrohten Werten.

Eigentlich mögen Denkmalpfleger Priorisierungen nicht gern. Die Grundsätze der Denkmalkunde besagen, dass alle ausgewählten Bauten und Objekte von besonderer Zeugnishaftigkeit für die Geschichte (mit allen ihren Zweigen) und die Bau- und Kunstgeschichte eines Landes sind. Die Dorfkirche neben dem Dom, das Tagelöhnerhaus neben dem Herrenhaus sind gleichberechtigte Denkmale, die jeweils ihre eigene Geschichte erzählen. Touristiker hingegen müssen auswählen – und dies möglichst noch in sich gestuft. So haben vor 20 Jahren und noch einmal bei der Überarbeitung und Erweiterung der *SdR* Touristiker, Kunsthistoriker und Denkmalpfleger gemeinschaftlich eine Denkmalauswahl – aus touristischer wie auch wissenschaftlicher Sicht – ausgehandelt. Die eingegangenen fachlichen Kompromisse werden bei weitem aufgewogen durch die oben genannten Effekte verstärkter Denkmalvermittlung und gesellschaftlichen Engagements für Denkmale.

Die *SdR* hat also für das in der Verfassung des Landes Sachsen-Anhalt verankerte Oberziel Denkmalpflege viele positive Effekte.

Ertrag der »Straße der Romanik« für die Denkmalpflege

Das Verhältnis von Touristikern und Denkmalpflegern, von Tourismus und Denkmalpflege als Institutionen ist immer wieder von gegenseitiger Ignoranz oder auch von gegenseitigem Unverständnis geprägt. Den einen ist der Tourismus zu oberflächlich in Inszenierung und Vermittlung der Denkmale – außerdem können zu viele Touristen monumentalen Schaden anrichten –, die anderen halten die Wünsche der Denkmalpflege nach Tiefgang und ernsthaftem Denkmalkultus nicht für vermittel- und schon gar nicht vermarktbar. Dabei ist jeweils eine der Kernaufgaben der Denkmalpflege und eine der Tourismuswirtschaft, Denkmale, Ensembles und historische Kulturlandschaften zur Erbauung und Bildung zu vermitteln. Jeder sollte wissen, dass das touristische Reisen aus den Bildungsreisen zu Monumenten hervorgegangen ist.

In Sachsen-Anhalt ist mit zwei Langzeit-Großprojekten gelungen, diesen latenten (Ziel)konflikt zu überwinden und mit beiderseitigem Gewinn zu den gemeinsamen Wurzeln zurückzukehren: mit den *Gartenträumen* und der *Straße der Romanik*. Ertrag gibt es für beide Arbeitsfelder: Erst durch die Auswahl aus der in Sachsen-Anhalt schier unübersehbaren Menge mittelalterlicher, insbesondere romanischer Denkmale, konnte überhaupt wieder eine Wahrnehmung dieser Werte innerhalb und außerhalb des Bundeslandes in Gang kommen. Die touristische Markenbildung hilft auch, der Gesellschaft eines Bundeslandes im Umbruch die eigenen Werte wieder bewusst zu machen.

The Twentieth Anniversary of the Romanesque Road – Effects on Monument Preservation

The relation of experts as well as institutions of tourism and monument preservation is quite often determined by mutual ignorance or even incomprehension. One of them discounts ›the‹ tourism as a superficial enactment or even dangerous concerning possible demolition by tourists, as the other part rejects the serious aims of monument preservation institutions as not communicable and marketable. However, a core of both ›economies‹ is to mediate monuments, ensembles and historio-cultural landscapes for public pleasure and education. Anyone knows that touristic travelling derived from educational journeys.

The federal state of Saxony-Anhalt successfully combined this contrasting aims by two major projects: the *Gartenträume* (garden dreams) as well as the *Romanesque Road*. Both sides do profit from an accurate and profiling selection among the great number of Medieval and Romanesque monuments. This touristic branding helps people from this state to acknowledge inherited values.

WOLFGANG SCHENKLUHN

Die Straße der Romanik *aus wissenschaftlicher Sicht*

Eine Betrachtung zu Ertrag und Perspektiven eines kulturtouristischen Konstrukts

I. Analyse des Konstrukts

Die vor 20 Jahren ins Leben gerufene *Straße der Romanik* kann auf ein sehr erfolgreiches Bestehen zurückblicken. Als Landesmarke und kulturtouristisches Konstrukt erlangte sie rasch überregionale Bekanntheit und errang in der Beliebtheit deutscher Ferienstraßen schnell eine Spitzenposition.[1] Dies ist bewunderungswürdig und allemal eine Jubiläumsfeier wert und das umso mehr, da ihre ungewöhnliche Konzeption keineswegs eine Erfolgsgarantie darstellte.

Die *Straße der Romanik* ist nämlich keine herkömmliche Reiseroute mit einem Anfangs- und Endpunkt, d. h., sie führt nicht von A nach B oder zu einem Ziel oder Höhepunkt der Reise (Farbabb. 1). Sie ist vielmehr als ein Rundkurs angelegt mit 80 Objekten in 65 Orten, die wie Perlen auf einer Schnur gereiht eine große Acht bilden. Man möchte fast meinen, sie habe ostasiatische Vorbilder, da es dort kreisartig geschlossene Kulturstraßen gibt, etwa der Shikoku-Pilgerweg in Japan, nicht jedoch im europäischen oder arabischen Raum, der allein die verbindende oder zielorientierte Straße kennt. Man kann an der *Straße der Romanik* anfangen wo man will, sie auch immer wieder verlassen, gleich wie viele Objekte man besichtigt hat oder nicht. Es gibt keine thematische Strukturierung, keine wirklichen Hierarchien der Orte und Denkmale, obgleich man mit einem Sternesystem vor einigen Jahren Orientierung schaffen wollte, was auf Bedenken stieß und teilweise wieder zurückgenommen wurde.

Die *Straße der Romanik* durchzieht dergestalt den sachsen-anhaltischen Raum fast flächendeckend mit Ausnahme des Wittenberger Landes und berührt die vier Großregionen Altmark, Magdeburg und die Börde, das Harzvorland und Süd-Sachsen-Anhalt um Halle und Naumburg. Am Schnittpunkt der beiden Kreise liegt mit Magdeburg, der Landeshauptstadt, gleichsam das Symbol der Landesbezogenheit dieser Figur, stellt aber wiederum kein Ziel oder Ausgangspunkt für die Reise zur Romanik dar.

Die länderzentrierte Konstruktion mit der Hauptstadt in der Mitte ist neben dem eigentümlichen Parcours die zweite Besonderheit der *Straße der Romanik*, die deutlich macht, dass der Landesbezug und nicht das kultur- oder kunsthistorische Interesse im Vordergrund ihrer Einrichtung stand. So schneidet die Straßenführung etwa das ottonische Erbe im Harzraum vom niedersächsischen rigoros ab.[2]

Wie kann bzw. konnte ein solches Gebilde aus kulturhistorischer Sicht jemals erfolgreich sein? Meine These lautet: weil sie die Idee der modernen Kulturstraße als thematische und identitätsstiftende Veranstaltung, wie sie 1987 mit der Wiederbelebung der Pilgerrouten nach Santiago de Compostela in Europa ihren Ausgang nahm, mit der älteren Vorstellung der Räume erschließenden Ferien- und Freizeitstraße verbindet, um für ein Bundesland eine identitätsstiftende Marke zu etablieren. Ziel war und ist es, über das Konstrukt einer landesbezogenen Themenstraße die Touristen in ein für sie damals und zum Teil ja auch noch heute unbekanntes Neues Bundesland zu locken. Trotzdem bleibt es ein Wunder, dass der bildungsbeflissene, etappen- und zielorientierte Tourist das so ohne Weiteres angenommen hat.

Der Erfolg der *Straße der Romanik* liegt also in der Verbindung unterschiedlicher Konzepte von Reiserouten zum Zweck der Profilierung eines aus sehr unterschiedlichen Teilen nach der Wende neu konstruierten Bundeslandes, das in dieser Form nur punktuelle Anknüpfungspunkte zur Vergangenheit besitzt. Umso erstaunlicher ist, mit welch sicherem Griff man die ›Romanik‹ als einen die heterogenen Teile verbindenden Gegenstand erkannte, der im Grunde in allen Regionen des Landes anschaulich vorhanden ist.³ Man denke nur an die anderen herausragenden Themen im Lande wie die Lutherstätten, das Dessau-Wörlitzer Gartenreich, die Franckeschen Stiftungen oder das Bauhaus. Sie finden sich fast alle auf der Liste des Weltkulturerbes der UNESCO wieder, sind folglich von globaler Bedeutung und haben doch aus Landessicht entweder eine regionale Verortung, können also nicht pars pro toto für das Landesimage stehen, oder sind wie Luther und Bauhaus länderübergreifende Ereignisse, die man mit anderen Bundesländern zu teilen hat.

Die ›Romanik‹ hingegen, und das ist ein weiterer Aspekt, den man hier nennen muss, existiert nicht bloß zufällig flächendeckend in Sachsen-Anhalt, sondern ist als Architekturepoche sowieso eine stark territorial gekennzeichnete Erscheinung, die Regionen im europäischen Maßstab kultur- und kunsthistorisch vergleichbar macht.⁴ So steht die ›sachsen-anhaltische‹ Romanik gleichberechtigt neben der katalanischen, burgundischen oder rheinischen Romanik, was auch die Idee der TRANSROMANICA berührt, die als Europäische *Straße der Romanik* im Grunde ein Netzwerk romanischer Regionen darstellt.⁵

II. Funktion von Kulturerbe heute

Die Belebung der ›Romanik‹ auf dem Territorium des neu gegründeten Bundeslandes bedeutet eine Form der Einspeisung von Vergangenem in den Kreislauf der Gegenwart.⁶ Sie ermöglicht erst die Bildung einer identitätsstiftenden, attraktiven Marke für Sachsen-Anhalt, indem sie eine selektive und anschaubare Wiederverwertung von Vergangenheit vollzieht, die in Teilen mit wesentlichen Etappen deutscher Geschichte, wie etwa dem ottonischen Königtum, verknüpft ist. Damit bringt sich Sachsen-Anhalt zugleich auch als ein wesentlicher Bestandteil des erweiterten deutschen Bundesstaates ein.

Der marketingtechnische Vorgang, der auf Wahrnehmung und touristischen Zulauf zielt, belegt, dass Kulturerbe heute ein wesentlicher ökonomischer, gesellschaftlicher und politischer Faktor ist. Dabei ist festzuhalten, dass Kulturerbe nicht einfach vorliegt, sondern gleichsam erzeugt wird – wie die *Straße der Romanik* anschaulich zeigt –, denn ihr entspricht keine historische Realität als Straße und es gab sie in dieser Form in der Vergangenheit nie, was nicht heißt, dass Teilstrecken nicht von ihr mal zur Salzstraße, zur Via Regia oder zu den zahlreichen Wegen nach Santiago de Compostela gehörten. Auch die Objekte, die sie verbindet, gehören unterschiedlichen Zeiten und Kontexten an, die in der Konstruktion tendenziell nivelliert werden.

So trifft auf die *Straße der Romanik* zu, was das *Netzwerk Cultural Heritage* der Martin-Luther-Universität in seinen Leitgedanken allgemein zum kulturellen Erbe formuliert hat:

> »Kulturelles Erbe ist etwas Neues; etwas, das seine Bedeutung, Funktion und Wirksamkeit im Hier und Jetzt besitzt bzw. entfaltet […] Dieses Neue zeichnet sich […] dadurch aus, dass es Bezug nimmt auf Altes und Vergangenes, welches entweder imaginiert wird oder tatsächlich existiert (hat) oder, wie in den meisten Fällen, eine Kombination von historischen Gegebenheiten und gegenwartsbezogenen Imaginationen darstellt.«⁷

Somit ist eine wesentliche Perspektive der Wissenschaft auf die *Straße der Romanik* die Perspektive auf ein kulturhistorisches Konstrukt, das eine Erscheinung der globalisierten Welt und deren Wettbewerbs ist. Sie reichert die ältere Bildungs- oder Kulturreise nicht bloß mit touristischen Aspekten an, sondern selektiert die Vergangenheit für eine vergnügliche Fahrt in der Gegenwart.

III. Wissenschaftliche Erträge

Kann die *Straße der Romanik* der Wissenschaft eine Perspektive eröffnen über die Reflexion der Bedeutung und des Umgangs mit Cultural Heritage in der Gegenwart hinaus? Werden die touristisch herausgehobenen Objekte der *Straße* stärker erforscht als andere der Zeit? In welcher Weise ruft der Kulturtourismus auf der *Straße der Romanik* Wissenschaft auf den Plan oder auch nicht?

Eine stichprobenartige Untersuchung im Rahmen eines kunsthistorischen Seminars an der Universität

Abb. 1: Grabung
Magdeburger Dom 2008.
Foto: ERZ / Heiko Brandl

Halle hat dazu ein wenig aussagekräftiges Bild ergeben und gezeigt, dass diese Fragen nicht so leicht, wie sie gestellt werden, zu beantworten sind.[8] Da gilt es zum einen, die großen Unterschiede der an der *Straße* beteiligten Regionen zu berücksichtigen, die wie im Falle des geschichtsträchtigen Vorharzes eine Vielzahl von Vermarktungsstrategien kennen, worunter die *Straße der Romanik* nicht unbedingt die führende Marke darstellt. In der Altmark, die als Nukleus Brandenburgs kulturell eher nach Nordosten ausgerichtet ist, bedeutet sie hingegen eine wichtige Anbindung an den Süden des Landes. Gleichwohl hat sie nicht unmittelbar zur Erforschung ihrer Objekte in diesem Landstrich beigetragen. Am Beispiel des Havelberger Doms (Farbabb. 2) wird rasch deutlich, dass es die Öffnung nach 1990 war, die im Allgemeinen dem Erhalt und der Erforschung des Bauwerks neue Impulse gegeben hat, insbesondere seine Aufnahme in die Domstiftung des Landes und die Förderung der Deutschen Stiftung Denkmalschutz. Der Einfluss der *Straße* lässt sich jedoch an der steigenden Zahl von Ausstellungen, Schulprojekten und populärwissenschaftlicher Literatur zum Havelberger Dom und

Abb. 2: Quedlinburg, Münzenberg. Foto: Wolfgang Schenkluhn.

Abb. 3: Beuster, St. Nikolai. Foto: Wolfgang Schenkluhn.

zur Romanik der Region erkennen. Die Tourismusmarke wirkt hier eher wie ein Verstärker, der ein helles Licht auf ein unumstritten hochrangiges Denkmal wirft, um das man sich seit Überwindung der Grenzen – u. a. auch wissenschaftlich – stärker bemüht.[9]

Der vermehrte Bedarf nach wissenschaftsbasierten Kenntnissen, der hier, wie auch andernorts, erkennbar wird, speist sich dabei nicht unbedingt aus aktueller Forschung, noch regt er diese einfach an. Der Wissenszuschnitt für die Besucher, der in der Regel anschaulich, kurz, pointiert und leicht verständlich sein muss, tendiert mehr zu Stereotypen, häufig auf Kosten der Komplexität historischer Zusammenhänge.

Die Wissenschaft wählt die Objekte, wie im Fall von Havelberg, zum Gegenstand ihrer Forschung nicht darum, weil sie Teil der *Straße der Romanik* sind, sondern weil sie zu einem etablierten Kanon von Denkmalen aus romanischer Zeit gehören, der sie nach der Wende auf die Liste der *Straße* gebracht hat. So sind es vor allem die Spitzenwerke, die UNESCO-würdig oder schon auf der UNESCO-Liste stehen, denen wissenschaftliche Aufmerksamkeit und Forschung zufließt, wie zuvorderst allen großen Domen im Lande, den einzigartigen Domschätzen sowie den Klöstern und Klosterkirchen. Sie sind auch unbestritten die Highlights der *Straße der Romanik*. Dabei sind einige davon nur in einzelnen Gebäudeteilen oder gar Ausstattungsstücken der Romanik zugehörig, wie die im Wesentlichen gotischen Bauten des Magdeburger und Halberstädter Doms. Gleichwohl gehören sie zu den Strahlpunkten auf der *Straße*.

Umgekehrt wird der zu beachtlichen Teilen romanisch geprägte Naumburger Dom wegen seines berühmten gotischen Westlettners und der Stifterfiguren im gotischen Westchor besucht. So hat es paradoxerweise die gotische Uta-Figur als Blickfang auf die Titelseite einer der Übersichtskarten zur *Straße der Romanik* gebracht (Farbabb. 3).

Zum romanischen Magdeburger Dom und seinem kulturellen Umfeld haben vor allem die Europaratsausstellungen zur Bedeutung und Wirkung Otto des Großen beigetragen,[10] gleichermaßen die Domplatzgrabung mit der Entdeckung einer großen ottonischen Kirche sowie die Grabungen im heutigen Dom (Abb. 1), welche die Vorgängerstrukturen unter der Kathedrale haben erkennen lassen, und nicht zuletzt die Anfertigung eines Großinventars, das unser Wissen über die gesamte Geschichte des Magdeburger Kirchenbaus versammelt.[11] Alles materielle wie immaterielle Zeugnisse der vorgotischen Zeit, die allerdings bislang keinen bleibenden Ort an der *Straße der Romanik*, etwa in Form eines Dommuseums, gefunden haben.

Ziehen die großen Bauten mit ihren offenen Problemen und ungelösten Fragen zur Kunst, Architektur und Geschichte die Wissenschaft gleichsam wie Magnete an, auch ohne Bezug auf das sie einbindende Marketingkonzept zur Romanik, so haben es die kleineren Objekte an der *Straße* da schon entschieden schwerer. Für ihre Aufmerksamkeit spielt vor allem die Privatinitiative einzelner Personen oder bestimmter Vereine, die sich dieser Denkmale annehmen, eine große Rolle und nicht die

Nähe oder Ferne zu etwa vorhandenen Forschungseinrichtungen oder Hochschulstandorten. Hier wirkt der Stolz der Teilhabe an einem landesweiten Projekt als Impuls für eine nähere Beschäftigung mit den Objekten.

Interessant dabei ist, dass durch Privatinitiative auch Bauwerke Untersuchungen erfahren, die gar nicht oder noch nicht zur *Straße der Romanik* gehören. Hierbei darf man an das ehrenamtliche Engagement des Arztes Siegfried Behrens erinnern, der aus seiner großen Affinität zu Quedlinburg seit 1995 die Krypta der ehem. Benediktinerinnenkirche auf dem Münzenberg arrondierte und museal aufbereitete (Abb. 2). Der Ort ist allerdings bis heute kein Teil der *Straße der Romanik*. Hingegen haben die vereinsgeförderten Grabungen und Forschungen an der Stiftskirche St. Nicolai in Beuster in der Altmark (Abb. 3), die diesen Bau als eine der ältesten Backsteinkirchen Norddeutschlands haben erkennen lassen, 2007 zum Eintrag auf die *Straße der Romanik* geführt. Beide Beispiele zeigen aber deutlich eine kulturtouristische Aufwertung infolge privat initiierten Engagements und wissenschaftlicher Erkenntnis.

IV. Wissenschaftliche Perspektiven

Angesichts des zweifellos lockeren Bandes zwischen touristischer Marke und Wissenschaft, wobei Letztere, wie gezeigt, in der Regel den Mehrwert für Erstere an den Objekten beschreibt, könnte man sich bei gegenseitiger Unvoreingenommenheit engere Beziehungen vorstellen. Der Wissensbedarf zu den Objekten, ihren Regionen, zum Umgang mit ihnen, zu ihrer Pflege und ihrem Erhalt sind groß, wozu es eine ganze Bandbreite von gut vernetzten Fachwissenschaften braucht und gibt, siehe das angesprochene *Netzwerk Cultural Heritage* der Martin-Luther-Universität und natürlich das *Europäische Romanik Zentrum* (ERZ).

Fraglos wäre die Anfertigung systematischer Studien zu den Bauwerken der *Straße* ein Anfang, die auch das bereits Vorhandene zusammentragen sollten. Dabei sind selbst größere Ensembles wie Jerichow und Hamersleben etwa wissenschaftlich noch nicht hinreichend erforscht. Betrachtungen mit stärkerer Reflexion der Denkmale in ihrer Region, ihrer Zusammenhänge untereinander, aber auch Studien zur Strategie ihrer Nutzung und ihres Erhalts im Sinne des Prinzips ›visitation and conversation‹ wären von großer Bedeutung für die weitere Entwicklung und den Bestand der *Straße*.

Ein Ausbau und eine stärkere Verknüpfung der magischen Acht ist im Grunde schon angelegt mit dem *Haus der Romanik* des Landestourismusverbandes in Magdeburg als Mittelpunkt der *Straße* und dem ERZ in Merseburg als wissenschaftliches Zentrum im Süden. Richtete man im Norden, im Kloster Jerichow, wie beabsichtigt, eine Ausstellung zur Romanik in den historischen Räumen ein, so gäbe es eine Nord-Süd-Achse auf der *Straße*, welche die musealen, touristischen und wissenschaftlichen Aspekte des Unternehmens versinnbildlichen könnte. Die oben sogenannte ›Einspeisung der Vergangenheit in die Gegenwart‹, oder anders: des kulturellen Erbes in die gegenwärtigen Bedürfnisstrukturen, wäre bewusst gemacht und ein nachhaltiges Thema aufgezeigt, das die *Straße der Romanik* als kulturgeschichtliches Rückgrat für Sachsen-Anhalt kritisch begleiten würde. Hierfür sollten die Verantwortlichen der *Straße* aus den Verkehrs-, Wirtschafts- und Kulturressorts enger zusammenarbeiten und Erhalt und Fortentwicklung der *Straße* aus dieser ganzheitlichen Sicht fördern und begreifen.

The Romanesque Road from an Academic Point of View. Reflections on gain and perspectives of a cultural-touristic concept

The Romanesque Road is an outstanding construct among modern Cultural Routes. Not only has it been arranged circular but it is furthermore exclusively based within the federal state of Saxony-Anhalt. It connects Romanesque buildings of different times and serves historico-cultural purposes. Furthermore, *the Romanesque Road* establishes a kind of trademark identity representing the more diverse state of Saxony-Anhalt. The academic research on the Road itself as well as its individual monuments is rarely connected with this touristic trademark identity. The paper examines the relation and further possibilities of scientific research and tourism.

Anmerkungen

1. Dazu schon der Bericht zum zehnjährigen Jubiläum: Handbuch Straße der Romanik in Sachsen-Anhalt (Tourismus-Studien Sachsen-Anhalt, 12), Magdeburg/Wernigerode 2002.
2. Länderübergreifende Überlegungen gab es Anfang der 90er Jahre, doch gingen Niedersachsen und Sachsen-Anhalt letztlich getrennte Wege (dazu: Handbuch 2002, wie Anm. 1, 11). Ein Reflex findet sich noch in den Publikationen von Thorsten Schmidt: Links und rechts der Straße der Romanik. Ein praktischer Reiseführer zu weiteren romanischen Bauwerken im mittleren Deutschland, und Helga Neumann: Romanik in Sachsen-Anhalt und Niedersachen. Eine geschichtliche Einführung, beide Wernigerode 1994.
3. Übrigens auch im Dessau-Wittenberger Raum, der vermutlich wegen seiner Bedeutung für das Bauhaus und Luther und/oder seiner Verkehrsanbindung damals nicht berücksichtigt worden ist.
4. Man vergleiche dazu die regional gegliederte Buchreihe der Edition Zodiaque zur Romanik in Europa, erschienen ab 1951. Darunter auch Walter Wulf: Romanik in der Königslandschaft Sachsen, Würzburg 1996. Zur Reihe insgesamt: Cédric Lesec: Zodiaque. Le monument livre, Lyon 2012.
5. Vgl. TRANSROMANICA. The Romanesque Routes of European Heritage (Tourismus-Studien Sachsen-Anhalt, 21), Magdeburg 2006.
6. Vgl. Karlheinz Wöhler: Heritagefication: Zur Vergegenwärtigung des Kulturerbes, in: Welterbe und Tourismus. Schützen und Nützen aus einer Perspektive der Nachhaltigkeit, Innsbruck 2008, 43–58; ders.: Kulturelles Erbe – Ausstieg aus der Moderne?, in: Kulturelles Erbe und Tourismus. Rituale, Traditionen, Inszenierungen, Innsbruck 2010, 47–67.
7. Die Leitgedanken des Netzwerkes sind abrufbar: URL: http://www.cultural-heritage.uni-halle.de/positionen/ (Zugriff: 04.11.2014).
8. Im Rahmen der »Forschungs- und Ausstellungspraxis« des Masterstudiengangs Kunstgeschichte der Martin-Luther-Universität Halle-Wittenberg wurden im Wintersemester 2012 verschiedene Fragen zur Straße erörtert, deren Ergebnisse in die folgenden Ausführungen eingegangen sind.
9. Vgl. Joachim Hoffmann: Die mittelalterliche Baugeschichte de Havelberger Doms, Berlin 2012; Leonhard Helten (Hg.): Der Havelberger Dombau und seine Ausstrahlung, Berlin 2012.
10. Kat. Otto der Große. Magdeburg und Europa, hg. v. Matthias Puhle, Ausstellungskatalog Magdeburg, Regensburg 2012.
11. Vgl. Rainer Kuhn [u.a.] (Hg.): Aufgedeckt. Ein neuer Kirchenbau am Magdeburger Domplatz (Archäologie in Sachsen-Anhalt, hrsg. v. Harald Meller / Wolfgang Schenkluhn, Sonderband 3), Halle 2005; Rainer Kuhn u.a. (Hg.): Aufgedeckt II. Forschungsgrabungen am Magdeburger Dom 2006–2009 (Archäologie in Sachsen-Anhalt, hrsg. v. Harald Meller / Wolfgang Schenkluhn / Boje Schmuhl, Sonderband 13), Halle 2009; Heiko Brandl / Christian Forster (Hg.): Der Dom zu Magdeburg. Architektur und Ausstattung, 2 Bde. (Die Bau- und Kunstdenkmäler von Sachsen-Anhalt, 1 und 2), Halle 2011; Wolfgang Schenkluhn / Andreas Waschbüsch (Hg.): Der Magdeburger Dom im europäischen Kontext (More Romano, 2), Regensburg 2012; Veit Dresely / Harald Meller (Hg.): Königin Editha und ihre Grablegen in Magdeburg (Archäologie in Sachsen-Anhalt, hrsg. v. Harald Meller / Wolfgang Schenkluhn / Boje Schmuhl, Sonderband 18), Halle 2012.

DIE STRASSE / DIE REISE AUS KULTURHISTORISCHER SICHT

DESMOND DURKIN-MEISTERERNST

Die Seidenstraße – Idee und Realität an Hand der Berliner Turfansammlung[1]

Die Seidenstraße bezeichnet ein weit verzweigtes Netzwerk von Handelsrouten, von denen jede einzelne für sich genommen lokal verlief, aber bei günstigen Bedingungen sich miteinander zu einem von China bis zum Mittelmeerraum erstreckenden ›Weg‹ verbanden (Abb. 1). Die Bezeichnung ist neu, sie wurde 1877 von Ferdinand Freiherr von Richthofen als ›Seidenstraßen‹ wohlweislich in der Mehrzahl geprägt.

Wie die sehr wenigen Reisenden, die es je wagten, den größten Teil des Weges in eigener Person zurückzulegen, diesen Weg genannt hätten, ist unbekannt. Sie hätten die ›Endpunkte‹ der Seidenstraßen (Abb. 1), etwa Xian, die chinesische Hauptstadt der Tang-Zeit (6.–9. Jh.), oder die Hafenstädte an der Ostmittelmeerküste nicht unbedingt als solche gesehen, genauso wenig wie sie entschieden hätten, dass irgendeiner der verschiedenen Wege durch Afghanistan oder den Kaukasus dazugehörte oder nicht. Normalerweise brauchte niemand die ›Seidenstraße‹ zu kennen, er brauchte nur die Wege von einem Umschlagplatz zum nächsten zu kennen und bewegte seine Waren dorthin auf den Markt, tauschte sie und kehrte auf demselben Weg mit neuen Waren zurück. Wenn das Angebot dadurch reichhaltiger war, dass immer mehr Bezugsquellen und Absatzmärkte einbezogen wurden, so profitierten alle davon. Vieles von diesen Handelsaktivitäten ist heute nicht mehr besonders auffällig, aber die Verbreitung von Seide aus China und Zentralasien bis nach Europa – teilweise mit Verarbeitung in den Zwischenstationen – ist ein in Sammlungen sichtbares Ergebnis, das gefeiert wird und zum Namen ›Seidenstraße‹ geführt hat. Beispielhaft ist ein Stück Seide aus dem 7.–9. Jh. mit der persischen Aufschrift *Zandaniji* im Tresor der Collégiale Notre-Dame in Huy, Belgien. *Zandaniji* nimmt Bezug wohl auf den Herstellungsort, Zandani nahe Bukhara in Sogdiana (Uzbekistan). Dieses Seidenstück führte eine beachtete Ausstellung in Brüssel 2009/2010 zur Seidenstraße an.[2] Viele der Teilstrecken verdienten durchaus andere Bezeichnungen, etwa ›Straße der Jade‹ für den Handel mit Jade aus Khotan oder ›Straße des Lapislazuli‹ für den Handel mit Lapislazuli aus Minen in Afghanistan. Seide, die in China in Stoffbahnen als Zahlungsmittel verwendet wurde, kam von dort auf den Weg, hauptsächlich um den Tribut an die jenseits der Grenze, d. h. der chinesischen Bollwerke befindlichen Reitervölker zu bezahlen. Eine große Menge Seide trat dann die Reise gen Westen an, wo sie im Iran und anderswo veredelt wurde. Andere Waren gab es auch; den meisten auf den Handelswegen gehandelten Gütern gemein ist ihr, gemessen an ihrem Wert, vergleichbar geringes Gewicht. Wer besondere Dinge, Seide, Juwelen usw. haben wollte, unterstützte dieses eurasische Netzwerk von etwa dem 2. Jh. vor unserer Zeit bis etwa dem 15. Jh. unserer Zeit. Der Gütertransfer über die Seidenstraße wurde durch den mit Schiffen durchgeführten Handel abgelöst, welche nicht nur wertvolle Güter, sondern auch Unmengen an Gütern fast jeder Gewichtsklasse bewegen konnten. Ihrer wirtschaftlichen Grundlage beraubt, verfielen die Städte an der Seidenstraße bestenfalls zu Dörfern; mit der Verbreitung des Islam im 14. Jh. in Ostzentralasien verloren die buddhistischen Heiligtümer und Anlagen ihre Funktion oder wurden durch islamische ersetzt. Erst im Laufe oder am Ende des 19. Jhs. wurden sie wiederentdeckt, zunächst von Reisenden, die die natürliche Welt, Geologie, Botanik usw. erfassen wollten. Die weiter westlich gelegenen Städte wie Samarkand und Bukhara, die schon im 7./8. Jh. Teil der islamischen Welt wurden und ohnehin inmitten einer fruchtbaren Landschaft lagen,

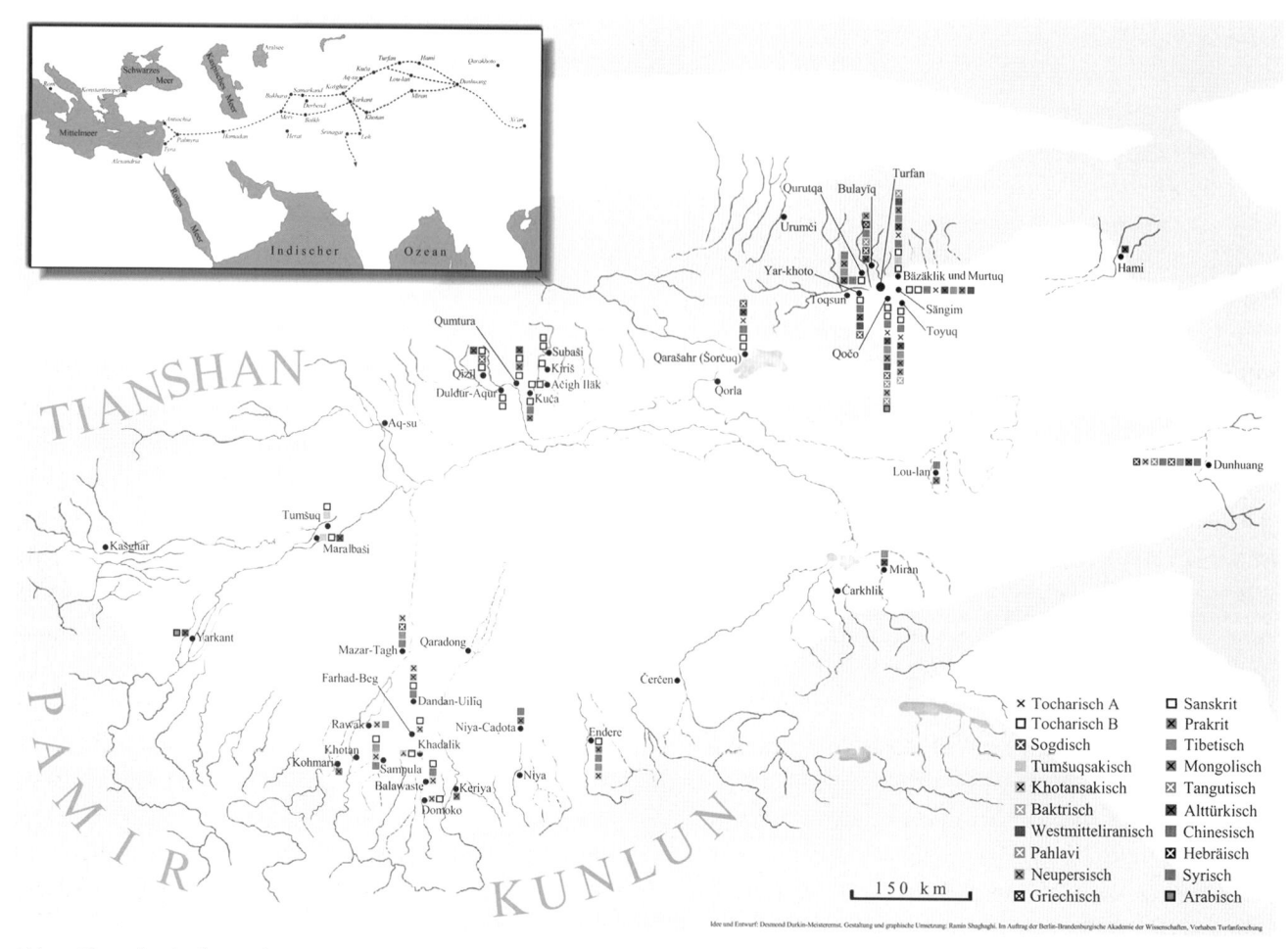

Abb. 1: Karte der Seidenstraße (oben links) und der Fundstätte in Xinjiang (VR China) mit Angabe der am jeweiligen Ort belegten Sprachen im Zeitraum 2. bis 14. Jh. Foto: Turfanforschung in der Berlin-Brandenburgischen Akademie der Wissenschaften.

konnten einen Teil ihres Glanzes behalten und sich weiterentwickeln. Auch sie wurden als Teil des romantisierten Orients im 18. und 19. Jh. wiederentdeckt.

Die Seidenstraße ist, als Route der vormodernen und vergleichsweise langsamen Globalisierung, auch eine Kulturstraße, denn auf ihr bewegten sich Luxusgüter – aber nicht nur das, auch Kultur an sich. Sie könnte genauso gut die ›Straße der Sprachen und Schriften‹ oder ›Straße der Religionen‹ genannt werden. Denn auf ihr verbreitete sich seit dem 1. und 2. Jh. der Buddhismus vom Nordwesten Indiens, dem Norden des heutigen Pakistan und dem angrenzenden Teil Afghanistans – dem Kuschanreich –, über Zentralasien bis nach China. Auf der anderen Seite, schon zwei Jahrhunderte davor, in der Mitte des 2. Jhs. vor unserer Zeit, begann das chinesische Reich der Han-Dynastie sich für Ostzentralasien zu interessieren und dehnte die chinesische Mauer, damals noch ein Erdwall, bis nach Dunhuang aus. Auch wenn militärisches Interesse im Vordergrund stand, folgte Handel gleich nach sowie Sprachen, Schriften, Ideen und Religionen. Unterwegs gestaltete der Buddhismus die Landschaft an verschiedenen Stellen um und schuf eine mitunter sakrale Landschaft nicht nur an bekannten Orten wie Bamyan, wo die großen Buddhastatuen in der Felswand die ganze Gegend dominierten und in ihrer gegenwärtigen Tristesse immer noch dominieren. Sondern der Buddhismus schuf bis nach China hinein – wie Perlen an einer Schnur – Heiligtümer, die man samt ihrer wundervollen bemalten Höhlen heute immer noch bewundern kann und die z. B. in der Reihe »Seidenstraße« eines japanischen Fernsehsenders Anfang der 80er Jahre eine wahre Begeisterung auslösten.

Die Landschaft, durch die sich die Hauptrouten der Seidenstraße ziehen, ist oft sehr karg. Zwischen Kashgar im Westen des Tarimbeckens und Dunhuang am östlichen Ende schlängeln sich zwei Wege, eine südliche und eine nördliche Route, auf einem relativ engen Gebiet zwischen den Bergen auf der einen Seite und der großen Wüste Taklamakan auf der anderen. Die Siedlungen und der Ackerbau sind hier zu finden; die Menschen leben im Austausch mit den Bergen, von denen sie das Schmelzwasser und die Produkte der halbnomadischen Viehzüchter beziehen. Durch die riesige Wüste ziehen sich einige z.T. saisonale Flüsse: Der größte von ihnen, der Tarim, stützt das Siedlungsgebiet der Nordroute vom Süden her. Turfan wiederum im Nordosten liegt in einer Senke mit eigenen, sehr trockenen Bedingungen. An beiden Enden dieser verzweigten Routen konnten die Händler ihre Sorgen immer noch nicht ablegen. Zwischen Dunhuang und Zentralchina reiste man weiterhin auf beschwerlichen Wegen zwischen kleinen und seltenen Siedlungen; von Kashgar aus gen Westen musste man hohe, ebenfalls kaum besiedelte Berge passieren, um Afghanistan, Indien, Sogdiana (Tadschikistan und Usbekistan) oder Iran zu erreichen.

Das besondere am Tarimbecken ist die Wasserversorgung von den Bergen, die Ackerbau und Siedlungen auf einem relativ engen Raum erlaubt, und durch die große Trockenheit Vergängliches bewahrt, das woanders längst zerfallen ist. So sind nicht nur die aus örtlichem Lehm errichteten Bauten und in den weichen Stein gehauene Höhlen, sondern auch darin angebrachte Wandmalereien und zurückgelassene Texte zu finden, die über die Jahrhunderte eine Vielfalt von Kulturen und Sprachen belegen, ob ansässig oder durch Handel, Missionstätigkeit und Völkerwanderung in das Gebiet gebracht. Vier besondere Zentren sind erkennbar: Khotan im Südwesten, Dunhuang im Osten, Kizil/Kucha im Norden und Turfan im Nordosten. Diese Zentren liefern Material vor allem in der Zeit zwischen dem 5. und dem 10./11. Jh., wobei Turfan auch bis ins 13./14. Jh. reicht. Loulan, ein weiteres wichtiges Zentrum, versandete im 4./5. Jh. und wurde abgehängt. Das bewegliche Material – Kleinobjekte und vor allem Texte – besteht zum größten Teil aus religiöser Literatur, denn nur solche Texte war wertvoll genug, um aufgeschrieben zu werden. Die nicht-religiösen Texte machen einen vergleichsweise kleinen Teil aus.

Auch wenn die religiösen Schriften, die kaum Bezug auf das tägliche Leben nehmen, uns große Missionstätigkeiten vor Augen führen, sind es die nicht-religiösen Texte, die seltene Einblicke gewähren. Wir bekommen durch einige Briefe in einer iranischen Sprache einen Einblick in das Leben weitgereister Händler, Sogder aus Samarkand im heutigen Uzbekistan, die am Anfang des 4. Jhs. bis nach China reisten – da ist sogar eine Frau dabei, die von Dunhuang am Ende der chinesischen Mauer zurück nach Loulau möchte und deswegen wahrscheinlich eigenhändig einen Brief an ihre Mutter schreibt. Der Weg, den sie sich vornehmen will, ist 400 km lang. Im Brief teilt sie der Mutter mit, dass der Priester der sogdischen Gemeinde in Dunhuang ihr etwas Geld leihen will, damit sie einen Mann anheuern und sich so mit einem Kamel einer Karawane in Richtung Heimat anschließen kann. Da sind wieder Sogder in Shatial im Norden Pakistans, die etwa im 6. Jh. bei durch das Wetter erzwungenen Pausen ihre Namen – insgesamt etwa 600 – mühsam in harte Steine im Bett des Indusflusses hoch in den Bergen schlugen, um sich zu verewigen und die Götter um Schutz für die bevorstehende Überquerung der hohen verschneiten Pässe zu bitten. Da sind es zwei jüdische Brüder, die in der Wüste Taklamakans rund um das Jahr 800 unterwegs sind. Ihre zwei Briefe in persischer Sprache – aber in hebräischen Lettern geschrieben – halten eine reiche Palette an Gütern, mit denen sie handelten, fest. Des Weiteren gibt es einige christliche Gesandte, die den Großkhan der Mongolen aufsuchten. Und es gibt Marco Polo und seinen Onkel, die im 13. Jh. nach Osten auf einer nördlich von der eigentlichen Seidenstraße gelegenen Route bis in die Mongolei reisen und dort mehr als ein Jahrzehnt leben. Am Vorabend der Moderne 1403–1406 reiste ein Botschafter von Kastilien, Ruy Gonzáles de Clavijo von Cádiz, nach Samarkand zum Hofe Tamerlans und hinterließ einen ausführlichen Bericht.

Es gibt auch ganz andere Reisende, die am Handel vorbei diese Wege nutzen und durch ihre Berichte in die Geschichte und die Fantasie eingehen: ein buddhistischer Mönch, Faxian, der von 399 bis 412 unterwegs war, über Dunhuang, Loulan, Khotan und Kashgar nach Indien ging und auf dem Meer nicht minder abenteuerlich nach China zurückgesegelt ist;[3] ein weiterer Mönch, Songyun, der zwischen 518 und 522 nach Indien über

Abb. 2: Takhti Bahi im Norden Pakistans. Foto: Desmond Durkin-Meisterernst.

Khotan unterwegs war (dessen Reisebericht nur in Auszügen erhalten ist); und schließlich der buddhistische Mönch Xuangzang, der von 629 bis 645 den Landweg hin und zurück nahm und unterwegs faszinierende Beschreibungen auch von den Stationen zwischen China und Indien lieferte, u. a. von Turfan, Khotan, Samarkand und Bamyan. Er erwähnt die zwei monumentalen stehenden Statuen in Bamyan, aber auch eine weitere, liegende Statue, die manche dort immer noch finden wollen.

Die Ausbreitung des Buddhismus auf der Seidenstraße zwischen Indien und China ist ein weltgeschichtliches Ereignis, das im Norden Indiens seinen Ausgangspunkt hat. Kanischka I., ein Herrscher des Kuschanreichs (mit Zentrum in Baktrien/Afghanistan) am Anfang des 2. Jhs. unserer Zeit, dehnte sein Reich nach Nordindien aus und eröffnete so buddhistischen Händlern und Missionaren den Zugang zu anderen Teilen seines Reichs, das sich über Nordafghanistan bis nach Zentralasien erstreckte. Einige seiner Goldmünzen zeigen ein Bild des Buddha auf der Rückseite und demonstrieren die Bedeutung dieser Religion in seinem Reich. Der Buddhismus war damals schon mehr als 500 Jahre alt und hatte sich vor allem im Norden Indiens etabliert, was die zahlreichen Steinbauten im heutigen Pakistan immer noch belegen.

Die buddhistische Kunst hatte sich auch schon herausgebildet (Abb. 2); ebenfalls die buddhistische Literatur in mehreren Schriftsprachen, z. B. Gāndhārī, die lokale Sprache des Gebietes um Peschawar, die ab dem 4. Jh. zunehmend von einer Standardsprache, dem Sanskrit, abgelöst wurde. Einer der ersten am Ende des 19. Jhs. im Tarimbecken gefundenen buddhistischen Texte war ein Lehrtext, *Gāndhārī Dammapada* genannt, den Dutreuil de Rhins 1892 in der Nähe von Khotan fand. Eben diese Sprache *Gāndhārī* fand in Niya, östlich von Khotan, einige Jahrhunderte lang als Verwaltungssprache Anwendung und belegt die Anwesenheit von Indern in diesem

Gebiet. In Niya und an anderen Orten wurden Verträge, Steuerlisten usw. in ihrer indischen Sprache (*Niya-Prakrit* oder *Niya-Gāndhārī*) gefunden. Ihre Aktivitäten beschränkten sich nicht auf dieses Gebiet. Ein sogdischer Brief vom Anfang des 4. Jhs. erwähnt Inder und Sogder in China und belegt damit auch, dass sogdische Händler, die später den Handel dominierten, sich zunächst in einem von Indern betriebenen Netzwerk bewegten. Die oben schon erwähnten sogdischen Namen auf Felsen in Shatial im Norden Pakistans – wohl aus dem 6./7. Jh. – belegen zu diesem Zeitpunkt die Aktivitäten von sogdischen Händlern hier.

Die erste Periode der Verbreitung des Buddhismus in der Sprache *Gāndhārī*, die in der Schrift *Kharoshthī* festgehalten wurde (Abb. 3), wurde durch Texte in Sanskrit und in der Schrift *Brāhmī* abgelöst.

Obwohl Texte aus der ersten Periode schon Schule im Tarimbecken machten und bis nach China gelangten, sind es heute vor allem Texte aus der späteren Periode, die in Kopien und in Übersetzungen in die im Tarimbecken beheimateten Sprachen sowie in Chinesisch nachweisbar sind. In Kizil z. B. können wir anhand von erhaltenen Texten die Beschäftigung der Mönche und Novizen mit buddhistischen Texten sowohl im Original in Sanskrit als in Übersetzungen in die lokale Sprache Tocharisch beobachten. Später, als aus der Mongolei die alttürkischsprachigen Uiguren in diesem Gebiet siedelten, wurden Übersetzungen derselben Texte aus dem Sanskrit und Tocharisch ins Alttürkische übertragen. Im Südwesten von Khotan sehen wir die Entstehung einer buddhistischen Literatur ebenfalls in der einheimischen Sprache Khotanisch; in Dunhuang im Osten entstehen u. a. teilweise direkt vor Ort nicht nur chinesische buddhistische Texte, sondern auch Übersetzungen ins Sogdische auf der Grundlage ebendieser chinesischen Versionen.

Der Buddhismus bedient sich auch einer besonderen Architektur. Das ist nicht nur in den zahlreichen Klosterbauten aus Stein in Pakistan immer noch sichtbar, zu den Klöstern gehören auch große Buddhastatuen, die Buddha meist sitzend darstellen. Diese Großplastiken setzen sich bis nach China hinein fort. Die stehenden Buddhafiguren in Bamyan, die die gesamte Landschaft dominieren, sind weltberühmt und finden schon bei Xuanzang im 7. Jh. gebührende Erwähnung: »Im Nordosten der Königsstadt an einem Winkel der Berge ist eine

Abb. 3: Darstellung einer Tafel mit *Kharoshthī*-Schrift auf einem Relief im Museum in Peschawar, Pakistan. Foto: Desmond Durkin-Meisterernst.

steinerne stehende Buddhastatue 140 oder 150 Fuß hoch, in einer glänzenden goldenen Farbe und geschmückt mit leuchtenden Juwelen. Östlich davon ist ein von einem früheren König des Landes erbautes Kloster. Östlich des Klosters ist eine kupferne stehende Buddhastatue, mehr als 100 Fuß hoch. Sie wurde in Teilen gegossen und dann zur richtigen Form zusammen geschweißt. Im Kloster zwei oder drei Meilen östlich der Stadt gibt es eine liegende Buddhastatue, mehr als 1000 Fuß lang, in der Haltung des Eintritts ins Nirvana.«[4] Über Kucha berichtet Xuanzang: »Es gibt zwei stehende Buddhastatuen mehr als 90 Fuß hoch, eine zu jeder Seite der Straße außerhalb des Westtores der Hauptstadt«.[5] Die buddhistische Anlage in Kizil (Abb. 4) weist dann auch eine recht hohe Nische auf, wenn auch nicht so hoch wie die Nischen von Bamyan.

Bemerkenswert ist, dass in Dunhuang die großen Buddhastatuen jeweils durch einen hölzernen Vorbau größtenteils verdeckt sind. Die von weitem sichtbaren Anlagen in Bamyan und Kizil und die in einer Schlucht gelegene Anlage in Dunhuang sind sehr ähnlich und

Abb. 4: Kizil. Foto: Desmond Durkin-Meisterernst.

stellen Bezüge zueinander und zu kleineren Anlagen her. Sie vermittelten den Reisenden Zuversicht und Vertrautheit. In Kizilgraha (Abb. 5) nahe Kucha gibt es eine beeindruckende freistehende Struktur.

Die Forscher sind sich uneins, ob es sich hier um einen Warnturm oder vielleicht doch um den Rest einer monumentalen Statue handelt. Es besteht die Möglichkeit, dass eine um diesen Stumpf gebaute Struktur im Laufe der Zeit abgetragen wurde. Jedenfalls war die Landschaft eindeutig buddhistisch besetzt und zur sakralen Landschaft umgewidmet. Xuanzang erwähnt (oben) eine liegende Statue, die den Buddha auf dem Sterbebett darstellt. In Kucha, Dunhuang und anderswo sind solche größtenteils überlebensgroßen Statuen erhalten; der sterbende Buddha wird auch unzählige Male in Wandmalereien dargestellt. Allerdings, auch wenn hier relativ große Ausmaße zu finden sind, stehen solche Strukturen nicht im Freien, sondern sind in an sich geschlossenen Höhlen untergebracht. Das sind nur einige der gemeinsamen visuellen und z. T. sehr imposanten Merkmale, die den Buddhismus in ganz Zentralasien erkennbar machen.

Es stellt sich die Frage, welche Reichweite solche zum Teil prächtigen Anlagen hatten. Gab es Pilgerfahrten zu bestimmten Anlagen? Waren diese Pilger auch Kaufleute und richteten sich ihre Wege manchmal nach Pilgerorten und Pilgerfahrtzeiten? Xuanzang berichtet Folgendes in einer Erzählung: »Einmal hörte ich alte Leute erzählen, dass einmal ein vorheriger König dieses Landes (= Kucha), der die Drei Juwelen verehrte, den Wunsch hatte, verschiedene Heiligtümer an unterschiedlichen Orten zu besuchen, und setzt seinen jüngeren Bruder als Regenten in seiner Abwesenheit ein.«[6] Über Bamyan sagt er: »Wenn kommende und gehende Kaufleute zufällig Zeugen himmlischer Gottheiten werden, ob als gute Vorzeichen oder als Hinweise auf Unheil, verehren sie die Gottheiten und beten um Segen.«[7] In mehreren buddhistischen Wandmalereien aus Bäzäklik sind eindeutig durch Bärte und große Nasen sowie durch Kleidung charakterisierte ausländische Kaufleute abgebildet, die dem Buddha huldigen; Darstellungen von buddhistischen Ausländern sind an anderen Orten in Malereien ebenfalls belegt, u. a. in Dunhuang.

Gemessen am flächendeckenden Erfolg des Buddhismus sind andere Religionen eher schwach oder punktuell vertreten. Neben dem Zoroastrismus, den manche Sogder mit aus der Heimat brachten, sind Christentum und Manichäismus vertreten. Dies ist in Turfan und Umgebung sehr gut zu beobachten, und so wenden wir uns Turfan zu.

Um die heutige Stadt Turfan/Tulupan liegen mehrere große und kleine Ruinenstätten, die auf beeindruckende Weise die Anwesenheit des Buddhismus, Christentums und Manichäismus belegen, zunächst in Strukturen und Anlagen, aber auch in Texten und Textfragmenten. Die religiösen Gemeinden Turfans sind mehrsprachig. Wir können buddhistische Texte in Sanskrit, Tocharisch, Chinesisch, Sogdisch und Alttürkisch, christliche Texte

Abb. 5: Kizilgraha. Foto: Desmond Durkin-Meisterernst.

in Syrisch, Mittelpersisch, Sogdisch und Alttürkisch und manichäische Texte in Aramäisch, Mittelpersisch, Parthisch, Sogdisch, Alttürkisch, Tocharisch und Chinesisch nachweisen.

Mani (216–276), ein Sprecher des Aramäischen, gründete eine dualistische Religion in Babylonien, die wir nach ihm ›Manichäisch‹ nennen. Mani verkündete eine fortlaufende Übersetzungstätigkeit: Im Gegensatz zu den anderen Religionen, die jeweils nur ›in einem Land und in einer Sprache‹ verkündet wurden, sollte seine Religion ›in jedem Land und in jeder Sprache‹ bekannt werden. Ob er das tatsächlich in Turfan nachweisbare Ergebnis gewünscht hatte, ist ungewiss. Denn – wie die anderen Religionsgemeinschaften – verwendet auch der Manichäismus in Turfan Texte in lokal nicht gesprochenen Sprachen, d. h. in Kirchensprachen.

Strenggenommen bedienten sich nur die christlichen Gemeinden einer heiligen Sprache, des Syrischen. Aus dem Syrischen ins Sogdische und Alttürkische übersetzte christliche Texte weisen noch starke Merkmale des Syrischen auf und sollen für den Zuhörer bzw. Leser nicht das syrische Original ersetzen, sondern es zugänglich machen. Die buddhistische Literatur zeigt eine große Offenheit für Übersetzungen und Adaptionen in andere Sprachen wie Tocharisch, Khotanisch, Chinesisch, Tibetisch und Sogdisch, aber immer wieder wird auf Originale in Sanskrit zurückgegriffen, und Funde in den tocharischen Klöstern belegen einen fundierten Unterricht in Sanskrit, das offenbar einen besonderen Status genossen hat. Der Manichäismus hat zwar auch keine heilige Sprache, dennoch ist es klar, dass die manichäischen Gemeinden in Turfan nicht nur lokale Sprachen wie Sogdisch und Alttürkisch verwendeten, sondern ihre Liturgie größtenteils in den Sprachen Mittelpersisch und Parthisch durchführten. Dies hat sicherlich mehrere Gründe. Offenbar genossen diese zwei Sprachen ein besonderes Ansehen; hinzu kam, dass die überwiegende Mehrzahl der zahlreichen manichäischen Hymnen in parthischer Sprache verfasst wurde und es nicht für nötig – oder vielleicht eher nicht für möglich – gehalten wurde, diese Texte durch gleichwertige Werke in sogdischer oder alttürkischer Sprache zu ersetzen. Wenn nötig wird ein wichtiger mittelpersischer Text mit einer sogdischen Paraphrase versehen. Manche Bücher, in denen in feinster Schreibkunst die parthischen Hymnen enthalten sind, verwenden sogdische und alttürkische Überschriften als Wegweiser. Es gibt sogar einige Abschriften von hymnischen Texten aus der manichäischen in die sogdische Schrift, um einen mittelpersischen oder parthischen Text für jemanden zugänglich zu machen, der die manichäische Schrift nicht beherrschte, aber den Wortlaut des Textes (den er möglicherweise nicht verstand) mitsingen zu können.

Trotz unterschiedlicher Vorsätze bildete jede der Religionen entlang der Seidenstraße und vor allem in Turfan sprachlich ganz komplexe Phänomene heraus. Das heißt auch, dass Anhänger der jeweiligen Religion, trotz gemeinsamer gesprochener Sprachen mit ihren Nachbarn, in diese Komplexität eingeführt werden und eine eigene Spezialisierung und Exotik erfahren, die die Religionen deutlich voneinander trennen. So verwenden Buddhisten eine indische Schrift und eine indische Sprache zusammen mit lokalen Sprachen, die sie aber gern auch in der indischen Schrift schreiben und in denen sie selbstverständlich indische Lehnwörter aufnehmen; Christen verwenden syrische Schrift und Sprache und schreiben auch Sogdisch und Alttürkisch in dieser Schrift und gebrauchen syrische Lehnwörter; Manichäer haben ebenfalls ihre eigene Schrift und mehrere in Turfan nicht beheimatete Sprachen, ihre sogdischen und alttürkischen Texte werden auch in dieser Schrift geschrieben und enthalten auch Lehnwörter. Sogdisch, eine lokal gut vertretene Sprache, auch wenn sie erst im Laufe der Zeit in Turfan und Dunhuang Fuß gefasst hat, findet man also in diesen unterschiedlichen Schriften – neben der ›eigentlichen‹ sogdischen Schrift – und in religiös gefärbten Varianten. Das Alttürkische folgt diesem Muster.

Auf die Frage, ob es realiter Verständigung und Austausch in Turfan und anderswo entlang der Seidenstraße gegeben hat oder ob diese eine vielleicht romantisierte Illusion war, kann man eine differenzierte Antwort geben. Einiges klang eben an. Generell muss man vorausschicken, dass die große Vielfalt der in Turfan und woanders im Tarimbecken aufgedeckten Sprachen zu einem Zeitraum von mehr als einem Jahrtausend gehören und nicht alle gleichzeitig oder an denselben Orten vorkamen.

Es gab bereits kulturelle Verständigung auf der Seidenstraße. Das kann man sehr gut in der Verbreitung von Gütern und Kunst, Sprachen und Schriften sehen. Es gab aber auch unübersehbar Streit und Abgrenzung.

Die sogdische Schrift wurde zur Schreibung des Alttürkischen übernommen und später zum Schreiben des Mongolischen verwendet. Irgendwann in diesem Prozess wurde nach chinesischem Vorbild die Schriftrichtung von waagrecht in senkrecht geändert; bemerkenswerterweise ist schon eine senkrecht geschriebene sogdische Inschrift in Samarkand des 7. Jhs. belegt, obwohl sogdische Bücher in Turfan aus dem 10. Jh. immer noch die waagrechte Schreibweise belegen. Die Etappen in der buddhistischen Kunst in Pakistan, Afghanistan, Kizil, Turfan, Dunhuang bis nach China, Korea und Japan sind mehrmals beschrieben worden und faszinieren durch Vielfalt, Wandel und Kontinuität.

Im Hinblick auf Abgrenzung zwischen den Religionen kann man natürlich zunächst auf die unterschiedlichen Lehren und die sehr verschiedenen Sichtweisen auf den Menschen und seinen Platz in der Welt hinweisen.

All das belegen die religiösen Texte. Aber darüber hinaus erfahren wir aus wenigen Texten, wie die Gemeinden sich gegenüber anderen definierten. Die christliche Gemeinde in Bulayiq, einem fern der Stadt gebauten Kloster, haben unter anderem einen Text verwendet, von dem ein Blatt mit der Signatur n145 erhalten ist. Sims-Williams zeigte, dass es sich um eine christliche Polemik gegen Manichäer handelt, und stellte die Frage, ob dieser sogdische Text die Übersetzung eines syrischen Originals oder eine eigene Komposition darstellt.[8] Nur im zweiten Fall würde der Text tatsächlich Bezug auf die Situation vor Ort in Turfan etwa im 10. Jh. nehmen. Er kam zum Ergebnis, dass eine Entscheidung nicht möglich ist, wies aber darauf hin, das mehrmals im Text eine korrekte manichäische Terminologie verwendet wird (z. B. δēnδār ›Auserwählter‹, wiδβāγ ›Predigt‹, *karm* ›üble Taten‹ – ein indisches Lehnwort, vgl. Karma).

Aufgrund von einigen erhaltenen manichäischen Texten können wir die Möglichkeiten etwas genauer einschätzen. So bieten die Strophen eines manichäischen polemischen Textes in mittelpersischer Sprache (M219 V 7–19) Folgendes:

> »Dies ist der Götzentempel, den sie ›Haus der Götter‹ nennen.
> Und entsprechend dem Namen des Hauses werden es viele Götter sein.
> Viele laufen umher, wenn man fragt: ›Wohin?‹,
> sagen sie: ›Zum Haus der Götter! Zur Verehrung, zur Liebe, zum Geschenke[geben] an sie!‹
> Auch die Tempelpriester rufen: ›Herbei zum Haus der Götter!‹
> Doch im Innern im ›Haus der Götter‹ gibt es keine Götter!«

Dies könnte sich auf jede Religion mit mehr als einer Gottheit beziehen und so könnte – je nach Auffassung – der Buddhismus gemeint sein. Allerdings deutet die mittelpersische Sprache des Textes eher auf einen Tempel in Mesopotamien, dem Heimatgebiet des Manichäismus hin. Diese Vermutung findet in zwei Hymnen ebenfalls in mittelpersischer Sprache Bestätigung, denn diese enthalten gegen Juden, Christen, Markioniten und Zoroastrier gerichtete Strophen. Der Buddhismus kommt nicht vor. Es hat also deutlich den Anschein, dass solche Texte, obwohl in Turfan kopiert, gebraucht und erhalten, nicht die Gegenwart Turfans widerspiegeln. Vielmehr gehört diese Literatur zur Identitätsbildung der Manichäer. Sie bleibt erhalten, auch wenn die Gegner (z. B. Markioniten, die in Mesopotamien eine Rolle spielten, aber nicht in Turfan) keine Relevanz mehr haben.

Wir erfahren durch die polemischen Texte nichts über das Zusammenleben der Religionen in der realen Welt. Leider haben wir keinen Bericht von einem Beobachter, der etwas über die Häufigkeit von öffentlichen Handlungen der unterschiedlichen religiösen Gemeinden in Turfan berichtet, etwa von Prozessionen – ähnlich der Hinweise bei Faxiang und Xuanzang aus frühere Zeiten, wobei allerdings nur vom Buddhismus die Rede ist. Waren ihre Festivitäten zeitlich und räumlich getrennt oder zeitlich aufeinander abgestimmt? Oder trauten sich manche Gruppen gar nicht erst in die Öffentlichkeit?

Die Christen sind eindeutig in der Minderzahl und die Art ihrer Präsenz ist schwer zu beschreiben. Aus der isolierten Lage des Klosters in Bulayiq in der Turfansenke können wir annehmen, dass diese Mönchsgemeinde das öffentliche Leben weitestgehend mied. Dennoch wissen wir auch, dass buddhistische Anlagen durchaus auch isoliert sein können, aber wohl vermögend waren, ob durch Gaben der Kleinbauern und Viehhirten vor Ort oder dadurch, dass sie mächtige Anhänger und wie die Klöster im europäischen Mittelalter durchaus adelige Äbte hatten. Eine christliche Präsenz in der Stadt ist auch annehmbar, aber bezeichnenderweise befindet sich eine Kapelle in Gaochang (Turfan) außerhalb der Stadtmauer. Ein christlicher Bau innerhalb der Stadtmauern ist möglicherweise viel später entstanden – da erhaltene Ruinen in der Regel die letzte Bebauungsphase eines Orts zeigen. Es gibt aber Belege für eine Tötung von buddhistischen Mönchen in Gaochang: In einer Ruine wurden die Leichen hingeschlachteter Mönche gefunden. Ob das auf gewalttätige Auseinandersetzungen zwischen Anhängern der örtlichen Religionsgemeinschaften deutet oder eher auf einen Angriff Fremder hinweist, ist unklar.

Die Manichäer treten vergleichsweise gut dokumentiert in Erscheinung. Eine Inschrift in der Mongolei berichtet von der Bekehrung eines Uigurenkhans ca. 762. Eine Miniatur in einem manichäischen Buch zeigt die Vereinbarung zwischen einem manichäischen Geistlichen und dem Uigurenkhan. Zwei Texte führen uns ein Hofzeremoniell vor und listen die sicherlich in einer wunderbaren Pracht eintretenden Manichäer namentlich auf. Die manichäischen Bücher zeigen in ihrer oft exquisiten Gestaltung den durch die staatliche Unterstützung ermöglichten Luxus und das nicht geringe Selbstbewusstsein der Manichäer und ihrer uigurischen (alttürkisch-sprachigen) Förderer. Allerdings gibt es auch gegenteilige Auskünfte. Offenbar waren nicht alle Machthaber von der Bekehrung überzeugt und so gab es gleich nach der ersten Bekehrung eine Gegenreaktion. Erst um ca. 800 konnte sich die pro-manichäische Fraktion etablieren. Dann genoss der Manichäismus 200 Jahre lang eine bevorzugte Stellung, währenddessen Gaochang im Jahr 840 eine der zwei Hauptstädte des Uigurenreichs wurde. Die räumliche Nähe einer großen manichäischen Anlage zum Palast in Gaochang lässt auf die große Prominenz des Manichäismus schließen. Aber der längst vor dem Manichäismus etablierte Buddhismus setzte sich auch unter der ›neuen‹ uigurischen Bevölkerung durch. Um das Jahr 1000 herum gibt es mehrere Hinweise, dass der Manichäismus seine Vormachtstellung eingebüßt hat. Yoshida hat aus einer Veränderung des manichäischen Kalenders am Anfang des 11. Jhs. den Schluss gezogen, dass die Manichäer zu dieser Zeit Einfluss verloren hatten und die Gunst des Herrscherhauses mit dem Buddhismus teilen mussten.[9] Die Manichäer konnten es sich nicht leisten, eine direkte Konfrontation zu wagen – also verlegten sie ihr Neujahrsfest um einen Monat. Eine weitere Quelle stammt sicherlich auch aus dieser Zeit. Es handelt sich um einen alttürkischen Brief mit der Signatur M112, der die Beschwerde eines Manichäers enthält. Anlass sind offenbar Bauarbeiten, denen ein buddhistischer Bau weichen muss. Ein Prinz geht also auf die Suche nach einem geeigneten Platz für den buddhistischen Bau. Der teilweise lückenhafte Brief berichtet unter anderem:

> »Im Jahr des Schafs und des Elements kuu, unter dem Planeten Saturn, hat auf Befehl des majestätischen Herrschers Arslan Bilgä IV., des Süngülüg Qaɣan, (der fürstliche Prinz) Tärkän Tigin Tngrim das dreitürmige buddhistische Kloster *(vihāra)* im Ostgebiet der alten Innen-Stadt umgesiedelt und während der Amtszeit des Mož[a]k

Istūd Frazēnd das manichäische Kloster *(mānistān)* zerstört und ein buddhistisches *(vihāra)* errichtet. Auch die Dekoration des …? manichäischen Klosters *(mānistān)* …? im Inneren von …? schnitt er heraus und nahm ab und brachte sie zum buddhistischen Kloster *(vihāra)*, um sie dort anzubringen. Vom großen Zentrum dieses heiligen, großen manichäischen Klosters *(mānistān)* nahm er die im oberen Teil mit Statuen versehene Dekoration und ließ damit das buddhistische Kloster *(vihāra)* schmücken. Ich, der schlechte (wörtl. giftige) Käd Oγul, habe außergewöhnlichen, unerträglichen Schmerz, und bevor ich es nicht mehr ertragen kann, will ich nochmals in dieser Notiz die Gestalt des manichäischen Klosters *(mānistān)* beschreiben. Ich schrieb und überreichte dies, damit auch die nachkommenden Novizen es verstehen. Mein Gott!«[10]

Offenbar stand der Berichterstatter dem Geschehen machtlos gegenüber. Dies war vielleicht schon ein Zeichen für eine bereits erfolgte Schwächung des Einflusses und des Ansehens des Manichäismus oder es deutet auf die Machtstruktur in Gaochang überhaupt hin. Es gab nämlich keine Ordnungsmacht, keine Polizei, könnte man sagen. Wenn man nicht mächtig genug war, musste man sich mit dem abfinden, was sich ereignete und allenfalls später um Regress bitten. Der im Brief erwähnte Uigurenfürst kann einer Fraktion angehört haben, die den Manichäismus ablehnte, und das vielleicht schon immer. Oder er hat einfach das getan, was möglich erschien und wartete ab, ob man das dulden würde. Interessanterweise vernichtete er das Gebäude nicht vollständig, denn er hatte Gefallen an den darin enthaltenen Ornamenten und ließ sie in das buddhistische Kloster einbauen. Das Geschehen lässt die Annahme zu, dass der Manichäismus im Niedergang war. Die hierin scheinbar wenig präsente Machtstruktur mag auch Folgen für das Zusammenleben der Religionen gehabt haben, auch hier war es sicherlich möglich, dass man aneinander vorbeilebte oder auf Konfrontation ging. Was vielleicht wie Toleranz ausgesehen haben mag, war wahrscheinlich ein Akt, grob definierte Grenzen nicht auszureizen.

Heutzutage spielt Tourismus auf der Seidenstraße eine große Rolle. Der massive Ausbau des Straßennetzes und anderer Verkehrswege in China ermöglicht es dem Touristen und dem Forscher, in wenig Zeit und ganz bequem dorthin zu kommen, wo noch vor 30 Jahren die Mühen fast unzumutbar schienen, ganz zu schweigen von den Strapazen der Händler in vergangenen Zeiten. Auch die zentralasiatischen Staaten westlich von China setzen auf den Tourismus und beschwören die Romantik der Seidenstraße. Die Einrichtungen rangieren zwischen hochkarätigen und wissenschaftlich betreuten Besucherzentren, Museen, restaurierten Originalstätten und sehr verkitschten Themenparks. Auch digital tut sich gerade recht viel: Wandmalereien werden in höchster Qualität digitalisiert, z. T. um sie zu dokumentieren und die Originalhöhlen vor allzu großen Touristenmassen zu schützen. Virtuelle Ausstellungen mit sehr vielen Vorteilen einschließlich Rekonstruktionsmöglichkeiten sind eine Folge. Auch die meisten Texte sind inzwischen digital verfügbar, z. B. im internationalen Verbund »Internationales Dunhuang-Projekt«.[11] Gab es schon früher irgendeine Art von Tourismus? Kann man pilgernde Menschen, die vielleicht auch Händler waren, als Touristen ansehen? Haben sie ihre Route mal geändert, um ein Heiligtum oder eine bestimmte Landschaft zu bewundern? Gab es Devotionalienhändler? Wahrscheinlich schon. Eine interessante Möglichkeit zur Reflexion hat die Tatsache ergeben, dass der chinesische Reisebericht des oben erwähnten Mönchs Xuanzang, der das Gebiet von Turfan usw. im 7. Jh. bereiste und beschrieb, etwa im 10. oder 11. Jh. ins Alttürkische übersetzt wurde. So offerierte sich die Gelegenheit, lokal relevante Angaben im Text durch Kommentare zu aktualisieren oder zu ergänzen. Aber meine turkologische Kollegin, Yukyio Kasai, sagt mir, dass man den Text nicht verändert hat. Die Verehrung für Xuanzang war wohl zu groß.

The Silk Road – Idea and reality as seen in the Berlin Turfan Collection

The Silk Road (or Silk Roads as F. von Richthofen called them in 1877) indicates a very extensive network of trade routes that, from antiquity up to the 15th century, linked Europe, Near East, India, Central Asia and China. It has long since become a legend of peaceful exchange of goods, cultural objects and achievements. The Berlin Turfan Collection of texts and objects – from places along a part of the Silk Road in present-day north-western China – displays an impressive multitude of languages, cultures and religions that seemingly co-existed quite easily. Besides the dominant religion of Buddhism, Manichaeism and Christianity are present in buildings, art and texts. The original objects tell us how the people there saw this network and how they constructed religious landscapes. We also gain rare but valuable insights into sometimes difficult relations between and even within the religious communities.

Anmerkungen

1   Gern möchte ich mich bei den Organisatoren für die freundliche Einladung zu der Veranstaltung bedanken. Meiner Kollegin in Berlin, Susann Rabuske, danke ich für ihre Hilfe.
2   Vgl. Kat. Susan Whitfield: La Route de la Soie. Un voyage à travers la vie et la mort. Ausstellungskatalog Bruxelles 2009/2010, Bruxelles 2009, 32–33.
3   Vgl. Max Deeg (Hg.): Das Gaosen-Faxian-Zhuan als religionsgeschichtliche Quelle. Der älteste Bericht eines chinesischen buddhistischen Pilgermönchs über seine Reise nach Indien mit Übersetzung des Textes (Studies in Oriental Religions, 52), Wiesbaden 2005.
4   Frei nach Rongxi Li: The great Tang dynasty record of the Western Regions, California 1996, 38.
5   Ebd., 23
6   Frei nach ebd., 24.
7   Ebd., 38.
8   Vgl. Nicholas Sims-Williams: A Christian Sogdian polemic against the Manichaeans, in: Carlo G. Cereti / Mauro Maggi / Elio Provasi (Hg.): Religious themes and texts of pre-Islamic Iran and Central Asia. Studies in honour of Prof. Gh. Gnoli (Beiträge zur Iranistik, 24), Wiesbaden 2003, 399–408.
9   Vgl. Yutaka Yoshida: Buddhist influence on the Bema festival?, in: ebd., 453–458.
10 Takao Moriyasu: Die Geschichte des uigurischen Manichäismus an der Seidenstraße. Forschungen zu manichäischen Quellen und ihrem geschichtlichen Hintergrund. Übers. v. Christian Steineck (Studies in Oriental Religions, 50), Wiesbaden 2004, 175–176.
11 Dazu URL: http://idp.bbaw.de/ (Zugriff: 17.02.2014).

HERMANN KULKE

Tirtha Yatra: *sakrale Topographie und Wallfahrt in Indien*

Wie aus dem Thema unserer Tagung hervorgeht, existiert das Konzept der *Straße der Romanik* als Kulturstraße seit 20 Jahren. Es ist, in wissenschaftlicher Umgangssprache ausgedrückt, ein ›Konstrukt‹ zeitgenössischer, kulturpolitischer und touristischer Planung. Diese basierte auf einer Auswahl historischer Bauten der Romanik, die sich an lokalen und regionalen kulturpolitischen Kriterien und der Existenz heutiger Straßen orientiert. Eine Darstellung indischer Pilgerwege als Kulturstraßen, insbesondere deren sakral-topographische Ordnungssysteme, steht vor ähnlichen Problemen. Auch wenn sich deren ›Konstrukt‹ bisweilen über Jahrhunderte erstreckte, so unterlagen Auswahl und Änderungen der heiligen Stätten, die sie verbanden, bis in die Gegenwart konkurrierenden und sich wandelnden regional-politischen und religiösen Einflüssen. Auch in Hinblick auf die Größe des südasiatischen Raumes sind die vielfältigen indischen Pilgerstraßen eher mit der Vielzahl der europäischen Pilgerwege nach Rom als mit dem bekanntesten europäischen Pilgerweg nach Santiago de Compostela zu vergleichen. Doch auch dieser heute scheinbar so klar festgelegte Weg ist ein historisches ›Konstrukt‹ widerstreitender lokaler und regionaler Kräfte und stützt sich auf legendäre Gründungsmythologien, die jenen indischer Tempelstädte sehr verwandt sind.

Im Folgenden sollen Geschichte und Wandel sakral-topographischer Ordnungssysteme indischer Wallfahrt dargestellt und am Beispiel zweier Tempelstädte erläutert werden. Dabei geht es weniger um die Pilgerstraßen, sondern in Umkehrung der Motivation vieler moderner Pilger ›der Weg ist das Ziel‹ um das Ziel. Denn für buddhistische und hinduistische Pilger war und ist bis heute das Ziel ihrer Wallfahrt die sakrale Stätte und die erlösende, persönliche Begegnung mit dem Numinosen, der Sphäre des Göttlichen.

I. Sakral-topographische Ordnungssysteme der *Tirtha Yatras*

›Kulturstraßen als Konzept‹ können in Indien als Pilgerwege auf eine ungebrochene Tradition seit dem 1. Jh. v. Chr. zurückblicken. Die ältesten, historisch dokumentierten Berichte über Wallfahrten (*tirtha yatra*)[1] dürften in den Inschriften Kaiser Ashokas (c. 268–233 v. Chr.) zu finden sein.[2] Nach seiner blutigen Eroberung Kalingas, dem heutigen ostindischen Bundesstaat Orissa,[3] bekannte er sich zum Buddhismus und überzog sein erstes gesamtindisches Großreich an 67 Orten mit einem Netz von Inschriften, in denen er mit missionarischem Eifer die Lehre (*dharma*) des Buddhismus verkündete.

Aus seinen Inschriften erfahren wir, dass er zweieinhalb Jahre nach seiner Bekehrung zum Buddhismus als Laienmönch zu einer 256-tägigen Pilgertour aufgebrochen ist. Jahre später besuchte er, wie er in seiner achten großen Felsinschrift berichtet, in Bodh Gaya den heiligen Pipal-Baum, unter dem der Buddha seine Erleuchtung erlangt hatte (Abb. 1). Er bezeichnete diese Wallfahrt jedoch nicht als *tīrtha yātrā,* sondern im buddhistischen Kontext ausdrücklich als *dharma-yatra,* als »Reise (*yatra*) [zum Ursprungsort] der buddhistischen Lehre (*dharma*)«. Eine weitere Pilgertour Ashokas galt Lumbini, dem Geburtsort des Buddha an der nepalesisch-indischen Grenze, an dem er eine seiner Pfeilerinschriften errichten ließ. In einer weiteren Inschrift berichtet er, dass er, sicherlich auch zum Wohle der Pilger, Banyan- und Mango-Bäume als Schattenspender für

Abb. 1: Mahabodhi Tempel, Bodhgaya, ca. 200 n. Chr. Foto: Hermann Kulke.

Abb. 2: Bodhgaya, tibetische Pilger. Foto: Hermann Kulke.

Menschen und Tiere an Straßen habe pflanzen, Brunnen graben und Rasthäuser erbauen lassen. Die ausführlichen Berichte der großen chinesisch-buddhistischen Pilger im 5.–7. Jh. (Faxian, Yi Jing und Xuanzang) sind weitere wichtige historische Dokumente über das buddhistische Pilgerwesen im frühen Indien, denen leider keinerlei vergleichbare Berichte hinduistischer Pilger gegenüber zu stellen sind.

Dem Buddhismus war es vergönnt, bereits in wenigen Jahrhunderten nach dem Tod des Buddha ein hoch entwickeltes Pilgerwesen mit bekannten Pilgerrouten zu entwickeln (Abb. 2). Seine Ziele waren historische bekannte Stätten vom Leben und Wirken des Buddha, wie z. B. die bereits genannten Orte Lumbini und Bodh Gaya, sowie Sarnath bei Benares/Varanasi, wo er seine erste Predigt gehalten hatte und Kushinagara, der Ort, an dem er ins Parinirvana einging. An all diesen Stätten entstanden in den kommenden Jahrhunderten Stupas, architektonisch kunstvoll erweiterte, halbkugel-förmige Bauten, die den Grabhügel des Buddha symbolisieren. Zahlreiche Stupas wurden von Ashoka gestiftet wie auch jener in Sanchi, der in den frühen Jahrhunderten n. Chr. zum kunstgeschichtlich bedeutendsten Stupa ausgebaut wurde und seit 1989 als eines der bekanntesten UNESCO Weltkulturerbe Indiens gilt (Abb. 3). Hinzu kamen all jene Orte, an denen Reliquien des Buddha verehrt wurden, deren bekannteste der Zahn Buddhas ist, der im 4. Jh. n. Chr. über Ostindien nach Sri Lanka gelangte und heute in Kandy im »Zahn-Tempel« *(Sri Dalada Maligawa)* verehrt wird und zusammen mit Bodh Gaya und Sarnath in Nordindien die wichtigste Wallfahrtsstätte für ostasiatische buddhistische Pilger in Südasien ist.

Zwar übte die hochentwickelte buddhistische Wallfahrt einen beträchtlichen Einfluss auf das hinduistische Pilgerwesen aus. Doch im Gegensatz zur buddhistischen Wallfahrt, die bereits sehr bald nach dem Parinirvana des Buddha die historisch bekannten heiligen Stätten seines Lebens und Wirkens durch Pilgerrouten in einem relativ begrenzten nordindischen Raum verbanden, galt es für das Pilgerwesen des Hinduismus die überaus vielfältige Sakralgeographie der schier unendlichen Weite des südasiatischen Raumes zu erschließen. Diese war von geographischen Faktoren der heiligen Bergen und Flüssen geprägt – wie z. B. dem Kailash-Berg Sivas im Himalaya und dem Ganges – und einer nicht geringeren Vielfalt

Abb. 3: Sanchi, Stupa, 1. Jahrhundert n. Chr. Foto: Hermann Kulke.

sakraler göttlicher Stätten, den heilige *Tirthas*. In ihnen wurden die gesamtindischen ›Großgötter‹ *(mahadeva)* in Tempelstädten wie z. B. Shiva in Benares oder regionale Manifestationen dieser Großgötter, wie z. B. Jagannatha-Vishnu im ostindischen Puri oder die Göttin Minakshi-Parvati im südindischen Madurai ebenso verehrt wie eine Vielzahl machtvoller lokaler Gottheiten tribaler Herkunft.[4] Weiterhin gilt zu bedenken, dass die sakrale Topographie des Hinduismus bei der Ausbreitung des nordindischen, brahmanischen Hinduismus über Zentralindien nach Südindien einer steten Entwicklung und Erweiterung unterworfen war. Hierbei spielten seit den frühen Jahrhunderten des 1. Jahrtausends n. Chr. der epische Mythenschatz des Mahabharata und Ramayana eine wichtige ›produktive‹ Rolle.[5] So werden zahlreiche Orte Zentral- und Südindiens, wie etwa der Mahendragiri in Südorissa, als Aufenthaltsorte der mythologischen Pandava-Heroen des Mahabharata-Epos während ihrer Verbannung aus der heiligen Königsstadt Ayodhya verehrt. Ebenso ›wanderten‹ mythologische Stätten des ursprünglich ebenfalls rein nordindischen Ramayana-Epos nach Zentral- und Südindien und stiegen dort zu örtlichen und regional oder bisweilen auch gesamtindisch bedeutenden Pilgerstätten auf. Am bekanntesten ist hierfür die machtvolle Tempelstadt Ramesvaram an der südöstlichen Küste Tamil Nadus, von der aus Rama seinen Angriff gegen den Dämonen Ravana auf Sri Lanka zur Befreiung seiner entführten Frau Sita führte. Für die hinduistische Wallfahrt war die regionale Entwicklung und deren Verwurzelung in lokalen Pilgerstätten ebenso bedeutend wie deren Einbindung in die gesamtindisch-brahmanische, mythologisch-legendäre Welt der klassischen Epen und der frühmittelalterlichen Purana-Texte der großen Sekten des Hinduismus.[6]

Der im Wesentlichen auf die historischen Wirkungsstätten des Buddha ausgerichteten sakralen Topographie des Buddhismus war eine derartige ›localization‹ und regionale Identitätsstiftung letztlich verwehrt. Eine Ausnahme bildet der buddhistische Reliquienkult, der allerdings kaum außerhalb Nordindiens anzutreffen ist.

In dieser Einengung der kanonisierten sakralen Topographie mag eine wesentliche Ursache für den Niedergang des Buddhismus im späten ersten Jahrtausend n. Chr. zu sehen sein. Denn in dieser Zeit stiegen die eng mit der *Bhakti-* Gläubigkeit verbundenen hinduistischen Pilgerstätten immer stärker zu den eigentlichen Zentren königlich geförderter Volksreligiosität auf.[7]

Der weite Raum Südasiens wurde im Laufe der gut zweitausend Jahre langen Entwicklung des hinduistischen Pilgerwesens von einem immer enger werdenden Netz heiliger Stätten *(tirtha)* vom Himalaya bis zur Südspitze Indiens überzogen. In den klassischen Epen und insbesondere in den frühmittelalterlichen Purana-Texten werden hunderte *Tirthas* genannt und in regionale und gesamtindische Netzwerke und sakral-topographische Ordnungssysteme integriert, die bis heute ein wesentliches Merkmal des hinduistischen Pilgerwesens bilden.[8] In Hinblick auf die Existenz und Geschichte hinduistischer Pilgerrouten gilt es jedoch Folgendes zu bedenken. Im umfangreichen *Tirtha Yatra*-Abschnitt des Mahabharata-Epos wird zwar ebenso wie in vergleichbaren Texten der Puranas die Reihenfolge der *Tirthas* angegeben, die bei einer Wallfahrt aufgesucht werden sollen. Doch enthalten diese Texte nahezu keine Angaben über die sie verbindenden Wegstrecken oder gar Prozessionswege.

Die älteste und noch heute eine der bekanntesten Kategorie heiliger Stätten sind seit den frühen Jahrhunderten n. Chr. die *Sapta Puris* (»Sieben Städte«).[9] Zu ihnen zählen Ayodhya, der Geburtsort Ramas;[10] Mathura, der Ort der Kindheit Krishnas (Abb. 4);[11] Ujjain, der Ort, an dem Krishna Schüler eines Rishis war; Dwarka, Aufenthaltsort und Hauptstadt eines mythologischen Königreichs Krishnas; Benares/Varanasi, der heiligste Ort Indiens und des Großgottes Shiva;[12] Haridwar, Stätte vishnuitischer und sivaitischer Tempel und heiliger Riten am Ganges, der hier den Himalaya verlässt und in die Ebene fließt; sowie Kanchi(puram), der Sitz der großen Göttin Kamakshi Amman.

Diese Sapta Puris bilden eine historisch gewachsene, facettenreiche Auswahl sieben heiliger Städte *(puris)* der urbanen Frühzeit. Denn es ist sicherlich kein Zufall, dass alle, mit Ausnahme von Haridwar, archäologische Zeugnisse aufweisen, die bis in die vor- und frühurbane Zeit des späten 1. Jhs. v. Chr. zurückreichen. Dies gilt besonders für Benares, die in Indien als älteste dauerhaft besiedelte Stadt der Welt gilt. Aufschlussreich ist ferner, dass vier von ihnen direkt mit dem Leben Krishnas und Ramas verbunden sind. Dies lässt auf den bereits erwähnten Einfluss der buddhistischen sakralen Topographie schließen, deren heilige Stätten ebenfalls mit dem Leben des Buddha verbunden sind. Auffallend ist weiterhin der eindeutig nordindische Schwerpunkt dieser Auswahl. Sechs nordindischen Stätten steht einzig Kanchipuram in Tamil Nadu entgegen (Abb. 5, Karte). Dies weist auf eine Entstehungszeit, in der die bedeutenden frühmittelalterlichen heiligen Stätten Zentral- und Südindiens wie etwa Madurai oder Tirupati, die heute wohl größte Tempelstadt Indiens, noch keine gesamtindische Bedeutung erlangt hatten.

Abb. 4: Mathura, rituelles Bad in der Yamuna in der Nähe des Krishna-Tempels. Foto: Hermann Kulke.

Doch gerade in Hinblick auf die Tempelstädte und ihre Architektur stieg Südindien im frühen Mittelalter zum ebenbürtigen Partner Nordindiens auf. Dies geschah besonders in der Zeit des großen Chola-Reiches, das vom späten 10. bis in das frühe 13. Jh. Süd- und Teile Zentralindiens beherrschte.[13] Anfang des 11. Jhs. errichtete Rajaraja, der Begründer der ›imperialen Cholas‹, in seiner Hauptstadt Tanjore den ersten monumentalen ›Reichstempel‹ Indiens und seine Nachfolger erweiterten mehrere heilige Stätten zu wahrhaften Tempelstädten und Pilgerzentren der südindischen Bhakti-Religiosität, wie am Beispiel Chidambarams aufgezeigt werden wird. Vom 14. bis 16. Jh. setzte das letzte hinduistische

TIRTHA YATRA: SAKRALE TOPOGRAPHIE UND WALLFAHRT IN INDIEN

Abb. 5: Karte, bedeutende Städte und sakrale Zentren in Indien.
Foto: Angelika Malinar, Hinduismus, Göttingen 2009.

Großreich von Vijayanagara diese Tradition ungebrochen fort, dessen Herrscher nahezu alle großen südindischen Tempelstädte erweitern ließen.[14] Es kann daher nicht verwundern, dass diese Zeit eigene südindische sakral-topographische Ordnungssysteme hervorbrachte. Zu dem bekanntesten zählt die Zuordnung der fünf Elemente zu den Lingas, dem phallischen Symbol Shivas, in fünf der größten Tempelstädte Südindiens: Äther in Chidambaram, Wasser in Tiruchirappali, Feuer in Tiruvannamalai, Erde in Kanchipuram und Wind in Kalahasti.[15] Diese Lingas und die Verdienste, die Pilger durch ihre Wallfahrt zu ihnen erwerben, werden in der hagiographischen Tamil- und Sanskrit-Literatur Südindiens hoch gepriesen.

Die südindische Kategorisierung findet eine gesamtindische Entsprechung in den zwölf Jyotir-Lingas. In nahezu gleichmäßig über Gesamtindien verteilten *Tirthas* wird das Linga Shivas in seiner uranfänglichen Selbsterschaffung *(svayambhu)* und der reinsten Form des göttlichen Strahlenglanzes *(jyotir)* verehrt. Als deren zwei bedeutendste gelten Viswanath in Benares und das Lingam des Somnath-Tempels in Saurashtra an der nordwestlichen Küste Gujarats, der mehrfach von muslimischen Invasoren und Herrschern zerstört wurde. Eine tragische Berühmtheit erlangte im Jahr 2013 das im Himalaya über 3500 m hoch gelegene Jyotir-Lingam von Kedarnath am oberen Ganges. Mehrere tausend Pilger und Pilgerführer fielen damals den unerwartet einbrechenden Monsun-Überschwemmungen und Schlammmassen zum Opfer. Zwei weitere Jyotir-Lingas werden in Nordindien, vier in Zentral- und Westindien, sowie zwei in Südindien verehrt, deren bekanntestes das Ramesvara-Linga in der bereits erwähnten Pilgerstadt Ramesvaram an der Südostküste Tamil Nadus ist.

Die heute wohl gebräuchlichste Kategorisierung sakraler Stätten Indiens sind die Char Dhams, die ›vier [göttlichen] Wohnstätten‹ *(dhaman)*, die in den vier Himmelsrichtungen liegen. Es sind dies die uns bereits begegneten *Tirthas* Puri im Osten, Rameswaram im Süden, Dwarka im Westen, sowie Badrinath im Norden, ähnlich wie Kedarnath im Himalaya auf 3100 m Höhe gelegen. Sie sollen nach traditioneller Deutung auf die vier Klöster *(matha)* zurückgehen, die Sankara, der größte hinduistische Philosoph im frühen 9. Jh. n. Chr. bei seiner als Welteroberung *(divijaya)* gepriesenen Pilgertour gegründet haben soll. Zwar haben neuere Forschungen gezeigt, dass diese Legende frühestens im späten 14. Jh., in einer Zeit hinduistischer Restauration nach den Einbrüchen des Islam in Südindien, Sankara zugeschrieben wurde.[16] Dennoch wird diese einleuchtende und angeblich auf den großen Shankara zurückgehende, sakrale Topographie Indiens in Büchern über den Hinduismus häufig als Inbegriff gesamtindischen Pilgerwesens dargestellt – und dies neuerdings besonders in hindu-nationalistischer Literatur.[17]

In Hinblick auf die Vielfalt hinduistischer Pilgerstätten gilt es, noch einige weitere Merkmale hervorzuheben. So sind zwar alle heilige Stätten und Tempelstädte letztlich einer bestimmten Gottheit gewidmet. Doch stehen ihre Heiligtümer nicht vereinzelt in einer säkularen Umwelt, sondern sind in ein *kṣetra,* ein ›sakrales Feld‹, eingebettet.

»Das Wort dient allgemein als Bezeichnung eines Tempelbezirks oder einer Tempelstadt, die von einem zentralen Tempel und seiner Gottheit do-

81

miniert werden, und zugleich zahlreiche weitere Götter, sowie verschiedene religiöse Gemeinschaften mit ihren Klöstern und Pilgerunterkünften beherbergt. Das ›sakrale Feld‹ hat seine eigene sakrale Topographie mit eigenen Grenzen, die zugleich die Pilgerrouten markieren. Oft wird das Territorium der kṣetra in Form eines Emblems der residierenden Gottheit abgebildet. So erscheint z. B. Puri auf den populären Pilgerkarten in Form einer Schneckenmuschel – eines der Embleme des Gottes Jagannātha.«[18]

Ein Charakteristikum der großen *Tirthas* ist es daher, dass die Nebentempel keineswegs immer nur derselben ›Sekte‹ angehören wie der dominierende Tempel der residierenden Gottheit. So beherbergt Kanchipuram, das *Tirtha* der Muttergöttin *(amman)*, mehrere spätmittelalterliche shivaitische Großtempelanlagen sowie zwei kleinere shivaitische und vishnuitische Tempel, die beide zu den architekturgeschichtlich bedeutendsten frühmittelalterlichen Tempeln Südindiens zählen. In dieser Vielfalt spiegelt sich nicht nur die wechselvolle Geschichte konkurrierender örtlicher Religionsgemeinschaften, sondern auch die selektive religiös-politische Ritualpolitik herrschender Dynastien.

Bezeichnend für die in den Weltreligionen wohl einzigartige Vernetzung der hinduistischen Pilgerstätten ist ferner die Überschneidung bzw. Verbindung einzelner sakral-topographischer Ordnungssysteme. So beherbergt Ujjain, das eine der heiligen Stätten Krishnas unter den Sieben Städten *(sapta puri)* ist, auch ein Shivalinga der zwölf Jyotir Lingas und feiert ferner alle drei Jahre im Verbund mit der ›Großen *(maha)* Kumbh Mela‹ in Allahabad eine eigene ›Kleine Kumbh Mela‹. Die Maha Kumbh Mela wird alle zwölf Jahre in Allahabad an dem allen Hindus heiligen Zusammenfluss des Ganges und der Yamuna mit dem unterirdischen, mythischen Saraswati-Fluss als sakrales Badefest begangen. Es folgen im Abstand von jeweils drei Jahren die sogenannten Kleinen Kumbh Melas in Ujjain, Haridwar und Nasik, die ebenfalls jeweils von mehreren Millionen Pilgern besucht werden. Die Maha Kumbh Mela in Allahabad stellt das größte Pilgerfest der Welt dar. Die Zahl der Pilger bei der letzten Maha Kumbh Mela im Jahr 2013 schätzte die indische Regierung auf 34 Millionen.[19]

II. *Tirthas:* Tempel und Tempelstädte

Nachdem wir uns bisher vorwiegend mit den vielfältigen regionalen und transregionalen Ordnungsparametern der *Tirthas* beschäftigt haben, sei nun unser Blick auf die Geschichte und die örtliche, sakrale Topographie der *Tirthas* gerichtet. Naturgegebene, heilige Stätten, wie sie noch heute z. B. im tribalen Hinterland von Orissa anzutreffen sind, dürften bereits seit der Sesshaftwerdung der Indo-Arya in Nordindien im frühen 1. Jh. v. Chr. existiert haben.[20] Überörtliche und regionale Bedeutung erlangten sie jedoch erst in der Zeit des beginnenden Fernhandels, der Urbanisierung und frühstaatlichen Entwicklung. Dabei dürfte der bereits erwähnte Einfluss des Buddhismus seit der Mitte des 1. Jhs. v. Chr. ebenso wichtig gewesen sein, wie die Mythen und Legenden der klassischen Epen in den Jahrhunderten vor und nach der Zeitwende. Eine bedeutende Rolle spielte dabei das Bemühen aufsteigender Dynastien, diese Mythen mit bereits existierenden sakralen Stätten ihrer Stammesfürstentümer und besonders mit den Hauptstädten ihrer frühen Königreiche zu verbinden.[21] Dabei wird die oft zitierte Konkurrenz das Geschäft der Appropriation und ›Lokalisierung‹ episch-mythologischer Legenden sehr belebt haben. Daran beteiligt waren jedoch nicht nur bekannte *Tirthas*, sondern auch lokale Stammesgottheiten, die im Verlauf ihrer Hinduisierung mit den Heroen der Epen, ihren Wanderungen und Taten in Verbindung gebracht wurden.[22] So wird eine Einkerbung in dem nahezu unikonischen ›Steinbildnis‹ der mächtigen tribalen Göttin Bhattarika in ihrem hinduistischen Tempel am Mahanadi-Fluss dem Einschuss eines Pfeiles Ramas zugeschrieben, den er vom anderen Ufer über den weiten Fluss geschossen haben soll.[23] Diese meist außerhalb der großen sakralen Zentren liegenden *Tirthas* hinduisierter indigener Gottheiten werden treffend als «centres out there» bezeichnet.[24]

Sofern nicht bereits ein direkter Bezug zu epischen Heroen im Mittelpunkt ihres Kultes stand, bildeten (und bilden noch heute) Ereignisse göttlicher Epiphanie den Kern der Ursprungsmythen und Legenden der großen *Tirthas*. Der volksreligiöse Glaube an das Erscheinen der Götter, ihre Hilfe für ihre bedrängten Verehrer und der Kampf gegen deren Widersacher und Dämonen verband sich seit frühmittelalterlicher Zeit mit der

Abb. 6: Puri, bengalische Pilger. Foto: Hermann Kulke.

Abb. 7: Chidambaram, Blick vom Süd-Gopuram, im NW der große Tempel der Göttin Parvati, NO die königliche »Tausend-Pfeiler-Halle«, im Zentrum unter vergoldetem Dach Shivas Tanzhalle *(nrtasabha)*, 10.–16. Jahrhundert. Foto: Hermann Kulke.

Gnadenreligiosität des Bhakti-Glaubens. Dieser Glaube findet seine Gewissheit in den hagiographischen Schriften der *Tirthas* und deren Botschaft an die Gläubigen, ihre Erlösung *(moksa)* durch eine *Tirtha Yatra* zu finden. Denn nur die heiligen Wallfahrtsstätten gewähren dem gläubigen Pilger den direkten Anblick *(darsan)* der zu ihrer Erlösung »herabgestiegenen« Gottheit (Abb. 6).[25]

Ein klassisches Beispiel einer hagiographischen heiligen Schrift einer südindischen Tempelstadt ist das in Sanskrit verfasste *Chidambara Mahatmya* (Cm) aus dem 12. Jh. Es preist die »Erhabenheit« *(mahatmya)* der Tempelstadt Chidambaram (Abb. 7), in der Shiva als »König der Tänzer« *(nataraja)* verehrt wird, weltbekannt durch die großartigen Bronzeskulpturen seines kosmischen »Wonnetanzes« *(ananda tandava)*. Bereits in seiner Einleitung verkündet das Mahatmya: »Unter den achtzehn Puranas ist dieses [das Cm] das bei weitem Verehrungswürdigste, es gewährt Genuss und sogar Erlösung, und wer es hört, dessen Sünden werden vernichtet.«[26] Weiterhin heißt es über die Heiligkeit des Cm, dass Shiva es seinem Reittier, dem Stier Nandin, selbst verkündet habe. In 28 Kapiteln mit 1358 Doppelversen preist es die vielen Begebenheiten der legendär-mythologischen Geschichte Chidambarams, die im Erscheinen Shivas und seinem kosmischen ›Wonnetanz‹ in Chidambaram gipfelt.

Die drei großen Abschnitte des Textes sind den drei Ortsheiligen, Vyaghrapada, Patanjali und Hiranyavarman, und ihrem Wirken gewidmet. Vyaghrapada ist der Sohn eines berühmten Munis und sucht auf Anraten seines Vaters die Stätte des künftigen Chidambarams auf, um dort im göttlichen Tillai-Wald an einem heiligen See ein Shiva-Linga zu verehren und Askese *(tapas)* zu üben.[27] Als er verzweifelt, weil am frühen Morgen stets Bienen die Baumblüten, mit denen er Shiva verehren wollte, vor ihm berührten und ›verunreinigten‹, gewährte ihm Shiva die Bitte, seine Füße mit Tigerkrallen auszustatten, damit er die Bäume vor den Bienen erklettern kann. So erhielt er den Namen Vyaghrapada, der ›Tigerfüßige.‹[28]

Der zweite, zentrale Patanjali-Abschnitt des Cm handelt von der tausendköpfigen Weltenschlange Shesha, auf der Vishnu nach der kosmischen Schöpfung im Ozean ruht. Als Shesha von Vishnu erfährt, dass Shiva seinen kosmischen Ananda Tandava-Tanz im Tillai-Wald vollbringen werde, gewährt ihm Vishnu die Bitte, gemeinsam mit ihm dem Tanz beiwohnen zu dürfen. Bei seiner Menschwerdung fiel *(pat)* Shesha jedoch einer Verehrerin, die sich Shesha als Kind gewünscht hatte, aus ihren gefalteten Händen *(anjali)* und erhielt daher den Namen Patanjali.[29] Sie begaben sich daraufhin in den Tillai-Wald, um gemeinsam mit Vyaghrapada den Tanz Shivas zu erwarten (Abb. 8). Die Ankunft Shivas sei etwas ausführlicher wiedergegeben, da deren Schilderung im Cm beispielhaft die Ekstase der Pilger indischer Tempel-

Abb. 8: *Chidambaram, Deckenbemalung der Tanzhalle, Götter (rechts), Tempelpriester (links), Vyaghrapada und Patanjali (unten in der Mitte) verehren Shivas »Wonnetanz« und die Göttin Parvati*, ca. 1700. Foto: Hermann Kulke.

städte vermittelt und deren literarisch-hagiographische Gestaltung und Deutung gelehrter brahmanischer Tempelpriester erkennen lässt.[30]

»Eines Tages geht die Sonne strahlend und früh auf. Nun erkennen die Munis Vyaghrapada und Patanjali, dass der Bhagavat Shiva vom Kailasa-Berg kommend, wahrhaftig das Tillavana erreichen wird, um den Tandava zu tanzen. Den beiden Ashrama-Bewohnern erscheinen günstige Zeichen, und als die Sonne den Zenit überschritten hat, verlassen sie ihre Einsiedelei. Da ertönen von oben Laute wie ›Gekommen‹ und heftige Schreie, Trommel- und Muschelhornklänge erschallen. Vor der Gewalt dieser Töne fallen die beiden im Freudentaumel zu Boden, während der tausendköpfige Maheshvara Siva, der Bergherr ohne Gleichen, durch seine Größe das Weltenei sprengt. Es erklingen die fünf Töne, und die beiden Munis hören den Klang des Speerträgers Shiva.

Als mächtiger Blumenregen vom Himmel fällt, rufen die in höchste Freude geratenen Munis Shiva an und bitten ihn, ihnen seinen Lotusfuß zu zeigen. Da schenkt ihnen, deren Körperhaare sich vor Entzücken aufgerichtet haben, der Großgott (*Mahadeva* = Shiva) Einsicht in die Erkenntnis[31] und er befreit sie von der Täuschung *(maya)*, die die Ursache des Samsara-Geburtenkreislaufes ist. Nun wird die Stärke des Glanzes von tausend Sonnen sichtbar, der an tausend Monde und die Macht des Götterberges Meru erinnert. In der Mitte der Lichtmasse erscheint ihnen der mächtige Shiva-Körper, den die beiden Munis nun in der Mitte der [künftigen] Chidambaram–Halle erkennen, welche den Gläubigen eine Vereinigung mit Shiva gewährt.

Und nun erkennen sie Shiva in seiner Ananda-Tandava-Erscheinung: Er steht auf seinem ewigen, unbeschreiblichen Lotusfuß. Sein linker, waagerechter und dann eingewinkelter Fuß ist mit Schmuck verziert. Sein Schenkelpaar ist von dem flatternden Fell des besiegten Tigers umgeben. Er hat ein Schlangenhaupt als Gürtelschmuck und einen von Juwelen verzierten Nabel. Auf seiner steinharten Brust leuchtet die Opferschnur. Seine linke Lotushand ist leicht geschwungen. Seine rechte, Schutz gewährende Hand trägt einen Juwelenarmreif. Sein anderes Armpaar ist mit einer sich bewegenden Damaru-Trommel und einem leuchtenden Feuer geschmückt. Ganga, Schlangen und die Mondsichel trägt er in den Haarsträhnen. Aus Schädeln besteht seine Halskette und sein Haupt ist mit weißer Asche bestrichen.«

Diese Beschreibung des tanzenden Shivas entspricht nahezu exakt der Ikonographie der berühmten südindischen Bronzeskulpturen des tanzenden Shivas des 11.–13. Jhs. (Abb. 9). Die Patanjali-Legende enthält weiterhin wichtige, lehrhafte Aussagen über die Ikonologie des kosmischen Ananda Tandavas und die sakrale Topographie Chidambarams. Sie erklären, warum Shiva Chidambaram zum *Kshetra* seines Tanzes und zum göttlichen Zentrum Indiens erkoren hat.[32] Hierzu werden mehrere Sanskritnamen Chidambarams herangezogen, mit deren philosophischer Bedeutung Chidambaram seine Mahatmya-Erhabenheit zu erhöhen trachtete. Einer dieser Namen ist Pundarikapura, die »Lotusstadt«, die in der frühen indischen Philosophie als Sitz des menschlichen Herzens von zentraler Bedeutung ist, denn in dessen Innerem befindet sich göttlicher Äther *(akasa)*. Chidambaram beansprucht damit, wie das Herz des Urwesens Purusha, durch dessen Opferung die Götter den Kosmos, Indien und die vier Kasten erschufen, den Platz des Herzens Indiens einzunehmen. Dieser An-

Abb. 9: Ananda Tandava Shivas, Madras Museum, ca. 1200. Foto: Madras Museum.

Abb. 10: Chidambaram, wie Bild 8, Vyaghrapada und Patanjali überreichen Hiranyavarman das Tigerbanner. Foto: Hermann Kulke.

spruch wird noch verstärkt durch Chidambarams Akasha-Linga, dem wir bereits als eines der fünf großen Lingas Südindiens begegnet sind. In ihm verkörpert sich das Innerste des kosmischen Akasha-Wesens Chidambarams. Eine ähnliche Bedeutung kommt dem Namen Chidambaram zu, der auf Tamil *chirrampalam* (›Kleine Halle‹) zurückgeht. Er bezeichnet die frühe Halle des tanzenden Shivas, während die Göttin Kali in ihrer ›Großen Halle‹ *(perampalam)* verehrt wurde. Nachdem Shiva-Nataraja zur dominanten Gottheit Chidambarams und zur Schutzgottheit und ›Reichsgottheit‹ *(rastra-devata)* er mächtigen südindischen Chola-Dynastie (8.–13. Jh.) aufgestiegen war, wurde der Name *chirrampalam* sanskritisiert und zur ›Halle des Geistes‹ *(chid)* umgedeutet, in dem Shiva seinen Gläubigen *darshan* seines kosmischen Wonnetanzes gewährt.

Der dritte Ortsheilige, der legendäre Hiranyavarman, ist der Kronprinz von Gauda (Bengalen). Gegen den Willen des besorgten Vaters verzichtete er zugunsten seiner jüngeren Brüder auf die Thronfolge, um Shiva-Nataraja in Chidambaram zu verehren. Dort angekommen, überzeugte ihn jedoch Vyaghrapada, zunächst seinen altersschwachen Vater zu unterstützen und Untertanen und Feinde seines Königreichs zu befrieden. Als Hiranyavarman mit 3000 Brahmanen aus dem heiligen nordindischen Antarvedi-Land, der Heimat reinen Brahmanentums, nach Chidambaram zurückkehrte, musste er zu seiner Bestürzung feststellen, dass einer von ihnen fehlte. Als er jedoch eine göttliche Stimme »Ich bin der Eine der Dreitausend« vernahm, erkannte er den ›Shiva-Körper‹ der Brahmanen.[33] Als er sie in Chidambaram angesiedelt hatte, weihten sie ihn in einer großen Zeremonie mit allen Insignien der Macht zum König und Vyaghrapada überreichte ihm ein Tigerbanner *(vyaghra-dvaja)* (Abb. 10). Nach seiner Königsweihe rief Hiranyavarman den Baumeister der Götter, Vishvakarman, und verkündete ihm, dass er für das Fest Shiva-Natarajas Chidambaram zu ›erneuern‹ wünsche.

»Der in allen Shastras (Architektur-Lehrbüchern) erfahrene Vishvakarman erschuf eine mächtige Manifestation, die von fünf Mauern umgeben und mit hohen Toren und Tortürmen (gopura)[34] geschmückt ist. In ihr erstrahlen zahlreiche Mandapa-Hallen, wunderbare Treppen und Fahnen. Er erschuf Obergeschosse, die mit Filigranfenstern aus Edelsteinen verziert sind, vergoldete Wände, korallengeschmückte Gewölbe und smaragdbelegte Terrassen. So erstrahlte Chidambaram wie zahllose Sonnen und wurde ein Schmuck der Erde. Es beschämte Vishnus göttliche Behausung, spottete des Palastes des Götterkönigs Indra und schmälerte die Herrlichkeit der Häuser der Weltenwächter. So erschuf Vishvakarman das heilige Chidambaram.«[35]

Nachdem der göttliche Bauherr sein Werk vollendet hatte, feierte Hiranyavarman mit den 3000 Brahmanen die zahlreichen Feste Chidambarams, die ihm zuvor Vyaghrapada erklärt hatte. So heißt es im Cm über das große Wagenfest *(ratha yatra)* des Natarajas im Monat Mithuna Mai/Juni, das Hiranyavarman auf Geheiß Vyaghrapada veranstaltete:

> »Als ihm die Konstellation des Krittika-Sternbildes (Pleiaden) bevorsteht, kommen sofort die 3000 Brahmanen zusammen und lassen einen Götterwagen für den höchsten Herrn herstellen. Dann rufen sie die Götter, die himmlischen Gandharvas und die Menschen herbei, um Shiva-Nataraja zu verehren, umschreiten die Stadt und stellen Stierbanner Shivas auf. Am nächsten Tag feiern die Götter und Brahmanen zusammen mit ihren ehrfürchtigen Frauen das Fest Natarajas. Herren verschiedener Länder aus dem Ostland und Punjab eilen zur Verehrung herbei. So feiern sie nach den Vorschriften der Agama-Texte, bis sie am neunten Tag den Gott der Götter auf dem Festwagen aufstellen, den herrlicher Schmuck und Girlanden zieren, die wie Honig vom Wagen herabfließen. Nachdem auch die Göttin und Ganesha (ihr elephantenköpfiger Sohn) zwei einzelne (kleinere) Wagen bestiegen haben, vollzieht Hiranyavarman mit ihnen die Umwandlungszeremonie (des inneren Tempelbezirks).[36]
>
> Wunderbarer Schmuck, wie kleine, im Winde klingende Glocken, goldene Krüge, herrliche Bananenzweige, Kokosnüsse und Betelnuss-Girlanden, Puppen, Spiegel, Wedel und Perlenketten zieren die Straßen. Hierüber sind alle Stadtbewohner über die Maßen erfreut und besprengen mit heiligem *Tirtha*-Wasser die Straße, andere streuen geriebenes Sandelholz und Moschus und harzige Flüssigkeiten. Wiederum andere schmücken die Straße mit wohlriechenden Bäumen, die sie vor den Häusern aufstellen. Durch den Klang der Trommeln und Kesselpauken, die göttlichen Töne der Brahmanen, das Freudengeschrei der Gläubigen *(bhaktas)*, das Gewieher der Pferde und Gebrüll der Elefanten und das Gepolter der Wagenräder, das Klingeln des Fußschmuckes der tanzenden Shiva-Mädchen und das Summen der Bienen, die die Blumengirlanden umschwirren, – durch all diese betörenden Geräusche, die sich bis an das Ende der Welt ausbreiten, geraten alle Geschöpfe in einen Wonnerausch. Einige tanzen, andere weinen Freudentränen. So erfreuen sie den Herrn.«[37]

Die hier verkürzt wiedergegebene Inhaltsangabe der mythologisch-legendären ›Geschichte‹ und Feste Chidambarams vermittelt das individuelle, emotionale Erlebnis der Begegnung mit dem Göttlichen in den heiligen Pilgerstätten. Es findet in der doppelten Bedeutung von *darshan* (Sehen, Anblick) seine tiefste Sinngebung, die vereinfachend mit ›sehen und gesehen werden‹ wiedergegeben werden könnte. Denn so wie der Gläubige einen Anblick *(darshan)* des Gottes erfährt, so gewährt Gott seinen Gläubigen den Anblick seiner Sichtbarwerdung. Das Schauen der Pilger und die Offenbarung Gottes sind die Essenz hinduistischer Wallfahrt.

In einer weiteren Hinsicht gewährt Chidambarams Hagiographie einen aufschlussreichen Einblick. Die beiden ersten Ortsheiligen, Vyaghrapada und Patanjali, stehen für die uranfängliche Entdeckung und Gründung Chidambarams und das Erscheinen seiner zentralen Gottheit, Shiva-Natarajas. Sie verkörpern damit die wichtigsten Begebenheiten der mythologischen Urgeschichte des sakralen Kshetra-Raumes von Chidambaram. Der dritte Kultheroe, der legendäre König Hiranyavarman, gilt als der eigentliche Gründer und Erbauer der Tempel- und Pilgerstadt Chidambaram. Diese Abfolge bzw. Symbiose einer mythisch-göttlichen und legendär-königlichen ›Geschichte‹ ist ein Charakteristikum der hagiographischen Texte hinduistischer Tempel- und Pilgerstädte.

In der Historisierung seiner legendären Geschichte geht das Cm jedoch noch einen Schritt weiter und gehört damit zu den sehr seltenen Beispielen hinduistischer Tempelliteratur, in denen mythologisch-legendäre Schilderungen mit einer historischen Periode oder gar direkt mit einer historischen Persönlichkeit verbunden werden. Da der König Hiranyavarman bei seiner Krönung in Chidambaram von dem Ortsheiligen Vyaghrapada eine Tigerstandarte, das Wappen der Chola-Dynastie, überreicht bekommt, kann seine Identifizierung mit der Chola-Dynastie als gesichert gelten. Vieles spricht dafür, dass sich hinter der legendären Gestalt Hiranyavarmans der historische Chola-König Kulottunga I. (1070–1118) verbirgt. Denn so wie Hiranyavarman im Cm als der Erbauer Chidambarams gepriesen wird, so gilt Kulottunga als der bedeutendste historische Bauherr Chidambarams.[38] Hinzu kommt, dass Kulottunga als Angehöriger einer verfeindeten Nachbardynastie den Chola-Thron unter dubiosen Umständen bestieg. Vieles spricht dafür, dass die Hiranyavarman-Legende und Kulottungas auffällige Bautätigkeit in Chidambaram, dem *Tirtha* der Schutzgottheit der Cholas, dieselbe Funktion hatten. Sie waren bemüht, die prekäre Legitimation Kulottungas als Chola-Herrscher zu stärken.[39]

III. Die Ratha Yatra Jagannathas, das Wagenfest des ›Herrn der Welt‹ in Puri

Die hinduistische *Tirtha Yatra*-Wallfahrt kann grundsätzlich zu allen Jahreszeiten und unabhängig von besonderen Festtagen vollzogen werden. Dies gilt insbesondere für die großen heiligen Stätten wie Benares. Für die meisten Pilger ist das Ziel ihrer Wallfahrt jedoch die Teilhabe an einem der jährlichen Großfeste der *Tirthas*. Diese können von astrologisch gedeuteten Naturereignissen bestimmt werden, wie dem Sonnenaufgang am Ganga-Yamuna-Zusammenfluss bei der Kumbh Mela von Allahabad. Die wesentliche Attraktion der großen hinduistischen Tempelstädte sind jedoch die Tempelfeste, die ihren jährlichen Höhepunkt häufig in den großen Wagenfesten *(ratha-yatra)* erreichen. Wie bereits am Beispiel Chidambarams gezeigt wurde, finden die Pilger bei diesen Festen in der Wahrnehmung *(darshan)* und der unmittelbaren Nähe der sich ihnen offenbarenden Gottheit die Erfüllung ihrer Wünsche.

Am Beispiel Puris, das Helmut von Glasenapp 1928 zu Recht als die in Europa bekannteste Tempelstadt In-

Abb. 11: Puri, Beginn des *Ratha Yatra*-Wagenfestes. Foto: Hermann Kulke.

diens bezeichnete,[40] soll nun abschließend ein Wagenfest und die Geschichte und Organisation der Wallfahrt zu diesem Fest erläutert werden (Abb. 11). Es wird erstmals im 10. Jh. in einer Sanskrit-Dichtung über das Ramayana-Epos als ›Yatra des Purushottama‹ (der frühere Name Jagannaths und Puris) genannt. Weiterhin berichtet in dieser Zeit eine undatierte Inschrift im fernen Madhya Pradesh von einem 16-jährigen Brahmanen, der in ›Purushottama im Odra (Orissa) Land‹ ertrunken sei. Er dürfte wohl der erste namenlos bekannte Pilger nach Puri gewesen sein, dessen Tempel ›an der Küste Orissas‹ im folgenden Jahrhundert in einem nordindischen Sanskrit-Drama genannt wird.[41] Selbst diese wenigen bekannten Nachrichten sprechen dafür, dass Puri bereits in seiner Frühzeit eine überregional bedeutende Wallfahrtsstätte war. Doch kennen wir, wie auch über die Frühzeit Chidambarams, keinerlei Einzelheiten über das Pilgerwesen. Dies gilt leider auch für das umfangreiche Purushottama Mahatmya, das im frühen 14. Jh. in Puri verfasst wurde. Es enthält zwar detaillierte Angaben über Größe und Ausstattung der Tempelwagen. Auch berichtet dieses Mahatmya Puris (ähnlich wie das Cm über Hiranyavaram in Chidambaram) in vielen Einzelheiten über den mythologisch-legendären König Indradyumna, der mit seinem ganzen Hofstaat aus Westindien nach Puri gepilgert sei, um dort den ersten Tempel Jagannaths zu erbauen.[42] Doch über sonstige Pilger und das Wallfahrtswesen Puris erfahren wir, wie auch im Cm über Chidambaram, in diesem hagiographischen Text leider nichts.

Abb. 12: Wagenfest in Puri, Dhanmandal in Nordorissa, jetzt Orissa State Museum, Bhubaneswar, ca. 1300. Foto: Hermann Kulke.

Abb. 13: Puri, Wagenfest, Pilger folgen in der Hauptstraße dem Wagen Jagannaths. Foto: Hermann Kulke.

Nach der Errichtung des heutigen monumentalen Jagannath-Tempels im 12. Jh. und der Verehrung Jagannaths als Reichsgottheit *(rastra devata)* durch die Könige der mächtigen Ganga-Dynastie Orissas erhalten wir immerhin einige wenige neue Informationen. So geben die zahlreichen Stiftungsinschriften, die unlängst an einem kleinen Nebentempel in dessen Tempelbezirk entdeckt wurden, Aufschluss über Herkunft und sozialen Stand wohlhabender Pilger des 12. und 13. Jhs. So stifteten bei ihrer Wallfahrt nach Puri u. a. hohe Angehörige der provinziellen Verwaltung und Gildenmeister für den Unterhalt ewigen Lichts oder die Erstellung von Blumengirlanden für Jagannath.[43] In Anbetracht der Bedeutung des Wagenfestes ist es verwunderlich, dass letztlich nur eine einzige Skulptur dieser Zeit aus Nordorissa bekannt ist (Abb. 12).

Einen weiteren Einblick gewähren uns Berichte aus der Zeit der Mogulen, die seit 1590 Orissa beherrschen. Aus der Höhe der von ihnen erhobenen Steuer, die Pilger bei ihrer Ankunft in Puri zu entrichten hatten, lässt sich erstmals auch deren große Zahl ermessen. So heißt es in einer bengalischen Chronik, dass im frühen 18. Jh. der Mogul-Gouverneur jährlich neun Laks (900.000) Rupien an Pilgersteuern einbüßte, da sich der lokale Raja von Khurda / Puri[44] den Angriffen des Gouverneurs durch eine Flucht in die unzugänglichen Berge Südorissas widersetze. Weil er dabei die Jagannath-Skulptur Puris als letztes Symbol seiner prekären Autorität mitführte, verringerte sich die Zahl der Puri-Pilger und entsprechend die Pilgersteuer drastisch. Aus der Tempelchronik Puris erfahren wir, dass daraufhin der Gouverneur durch einen überraschenden Angriff die Skulptur Jagannaths gegen den Willen des Rajas rechtzeitig vor Beginn des Wagenfestes wieder nach Puri zurückbringen ließ. Ein für einen muslimischen Gouverneur wahrlich ungewöhnliches Verhalten, das jedoch die politische und wirtschaftliche Bedeutung des Pilgerwesens erkennen lässt.[45] Auch wenn der Betrag von 900.000 Rupien sehr übertrieben gewesen sein dürfte, so lässt er dennoch den Schluss zu, dass wie in den frühen Jahrzehnten des 19. Jhs. unter britischer Herrschaft bereits im 18. Jh. jährlich mehr als hunderttausend zahlungsfähige Pilger Puri besucht haben, zu denen vermutlich eine kaum geringere Zahl armer Pilger hinzuzurechnen ist, die ohne bzw. mit sehr geringen ›Steuern‹ Einlass fanden (Abb. 13).

Einen interessanten, wenn auch sehr selektiven Einblick in das hinduistische Pilgerwesen Orissas gewähren die ›königlichen Briefe‹ *(chamu citau),* in denen die Rajas von Puri vom 17. bis ins frühe 19. Jh. den priesterlichen Verwaltern des Jagannath-Tempels die Ankunft hoher Pilger ankündigten. Insgesamt sind ca. 150 dieser Briefe bekannt, die überwiegend den Besuchen der Rajas aus den zahlreichen *Garjhat* (›Burg-geborenen‹) Fürstentümern im bergigen Hinterland Orissas galten. Um sich deren Unterstützung in ihrer Auseinandersetzung mit den muslimischen Provinzgouverneuren zu vergewissern, gewährten die Rajas von Puri in einer Art ›Ritualdiplomatie‹ den Fürsten bestimmte rituelle Privilegien bei ihren Besuchen des Jagannath-Tempels. Zu diesen zählten u. a. das Zufächern frischer Luft für Jagannath mit einem Wedel mit goldenem, silbernem oder stoffumhülltem Griff oder das große Privileg, Jagannath unter Ausschluss anderer Pilger verehren zu dürfen. Eine Analyse der königlichen Privilegienbriefe lässt eine klare Hierarchie der gewährten Privilegien nach Status, Loyalität und Gaben der Privilegienempfänger erkennen. Erhöhung und Herabsetzung der gewährten Privilegien an Angehörige der Fürstenhäuser Orissas war während der Zeit ihrer prekären Herrschaft vermutlich das wichtigste Herrschaftsinstrument der Puri-Rajas. Überaus aufschlussreich ist es, dass über ein Viertel der Privilegienbriefe aus den Jahren zwischen 1742 und 1751 stammt, als sich mit dem Niedergang der Macht der Mogul-Gouverneure von Bengalen auch in Orissa ein gefährliches Machtvakuum abzeichnete. In dieses stießen 1751 die Marathen vor und brachten Orissa unter ihre Herrschaft, bis die britische East India Company (EIC) 1803 Orissa eroberte.[46]

Da die Marathen in der kurzen Zeit ihrer Herrschaft über Orissa nicht nur die Pilgersteuer in Puri erhoben, sondern auch die direkte Verwaltung des Jagannath-Tempels übernommen hatten, folgte die East India Company diesem Vorbild nach ihrem Einmarsch in Orissa. Als John Melville, der Commissioner Orissas, 1805 das Wagenfest in Puri besuchte, wurde er von Priestern und Pilgern mit Rufen und Händeklatschen begrüßt und der allgemeine Eindruck sei «highly favourable to the British Government» gewesen. Einen ähnlich günstigen Eindruck vermittelt auch das Gemälde eines indischen Künstlers aus dem Jahr 1822, das einen hohen englischen Beamten beim Wagenfest zeigt (Abb. 14). Der Bericht, den Melville während des Wagenfestes an den Generalgouverneur in Kolkata schrieb, lässt die hohe Wertschätzung Puris und des Pilgerwesens durch EIC erkennen:

»On all occasions when the subject of that valuable acquisition of the province of Cuttack [Orissa] is under consideration, the important possession of the temple of Juggernaut must stand in a prominent point of view; in a political light its value is incalculable and even as a source of Revenue to the state it will be found of great consequence, as under the protecting influence of the British Government the number of pilgrims will so greatly incre-

Abb. 14: Teilnahme EIC-Angehöriger am Wagenfest in Puri, 1822, unbekannter indischer Maler. Foto: Victoria and Albert Museum, London.

ase that it becomes difficult to make a comparison between the amount which the tax formerly yielded and what it may now be reasonable expected to produce, it may be nearer eight lacks [800.000] than two per annum.«[47]

Doch sehr bald erwies sich für die EIC die Verwaltung einer hinduistischen Institution von der Größe des Jagannath-Tempels mit seinen ca. 5000 Priestern als eine schier unlösbare Aufgabe, zumal Angehörige der EIC ihn als Christen nicht betreten durften. Charles Groeme, der Collector der Pilger-Steuern in Puri, verfasste daraufhin 1805 einen umfangreichen Bericht, in dem er die Übergabe der Verwaltung in ›hinduistische Hände‹ nahe legte.[48] So wurde 1809 trotz großer Bedenken der Raja von Puri mit dieser Aufgabe betraut. Die EIC trieb jedoch weiterhin die Pilgersteuern ein, u. a. mit der Versicherung, um die geregelte Tempelwirtschaft sicherzustellen.

Doch gegen diese «state sanction of idolatry» führten die britischen Evangelikalen einen erbitterten Kampf.[49] Er begann 1806 mit einem Besuch der Ratha Yatra von Claudius Buchanan, dem Chaplain der EIC. Nach seiner Rückkehr schrieb er an den Court of Directors der EIC in Kolkata

»that Juggernaut is a fountain of vice and misery to millions of mankind; that the sanguinary and obscene character of the worship is in the highest degree revolting, and that it will be a most happy event when our Christian nation shall dissolve its connexion with that polluted place«.[50]

Im folgenden Jahr griff Buchanan in einem Schreiben an den Governor General erneut die tolerante Religionspolitik der EIC heftig an und wurde daraufhin seines Amtes enthoben. Doch setzte er in London seinen Kampf gegen Juggernaut umso heftiger fort, mit dem Erfolg, dass die EIC ab 1813 Missionare in Indien zulassen musste. Diese führten ihren ›Propagandakrieg‹ in Indien und England unvermindert fort, bis die EIC die Pilgersteuer 1840 endgültig einstellte und den Tempel statt dessen mit zusätzlichen Ländereien ausstattete. In dieser Zeit stieg der Jagannath-Kult und sein Wagenfest zu der bekanntesten, wenn auch umstrittenen hinduistischen Institution auf und fand als ›Juggernaut-Moloch‹ Eingang in die englischen Sprache.[51]

Der Kampf gegen ›Juggernaut‹ hatte jedoch zwei unerwartete Folgen: den Aufstieg der Rajas von Puri und den Aufschwung des Pilgerwesens. Ihre direkte Verwicklung in die Auseinandersetzung der EIC mit den Evangelikalen stärkte im 19. Jh. die Stellung der Rajas im Jagannath-Kult, da sie bei dessen Verwaltung für die EIC unersetzlich waren. Trotz des Verlustes ihrer Territorialherrschaft über Khurda gelang es ihnen, nun als ›Könige ohne Königtum‹ und ›Großkönige‹ *(maharajas)* von Puri wieder an die Spitze der Hierarchie in der traditionellen Gesellschaft Orissas zu treten. Dabei spielte ihre dominierende Stellung im Jagannath-Kult, als Erste Diener Jagannaths durch die rituelle Reinigung der Festwagen die jährliche *Ratha Yatra Puris* zu eröffnen, eine entscheidende Rolle.[52] Die Verehrung, die ihnen in Puri entgegengebracht wurde, zeigte sich deutlich, als der Raja von Puri 1882 in einen Mordprozess verwickelt war. Zu seiner Entlastung wandten sich 450 Priester von Puri in einer Petition an den Commissioner von Orissa. In ihr hieß es: «The Maharaja of Pooree is the most respectable person among the Hindus of India. Though there are many wealthier Rajas in Hindoostan, none of them is held with equal veneration.»[53] Es wurde auch zu Recht darauf hingewiesen, dass der Aufstieg der Rajas von Puri und der Aufschwung des Pilgerwesens einen beträchtlichen Einfluss auf die Entstehung des Oriya Nationalismus ausgeübt haben. 1936 wurde eine separate Provinz von Orissa geschaffen, aus der nach der Unabhängigkeit Indiens der heutige Bundesstaat von Orissa hervorging.[54]

Der Aufschwung des Pilgerwesens von Puri hing im 19. Jh. ebenfalls in eigenartig paradoxer Weise mit dem evangelikalen Kampf gegen Juggernaut zusammen, denn letztlich ging er aus ihm gestärkt als Sieger hervor. Die Propaganda der Evangelikalen zwang die EIC bestehende Missstände zu beseitigen oder doch zumindest einzuschränken. In den frühen Jahren britischer Herrschaft war es, wie bereits schon zuvor auf den Pilgerwegen nach Puri und beim Andrang der Pilger bei der Erhebung der Steuern an den Toren Puris zu Todesfällen gekommen. Und Buchanan geißelte besonders den Freitod, den bisweilen leprakranke Gläubige unter den Rädern von Jagannaths Tempelwagen gesucht haben sollen. Auch galt es, ähnliche Vorfälle beim Gedränge hunderter enthusiastischer Gläubiger zu verhindern, die beim Wagenfest mit langen Seilen die drei großen Wagen Jagannaths und seiner göttlichen Geschwister Balabhadra und Subhadra zu ihrer drei Kilometer entfernten ›Sommerresidenz‹ ziehen. Bis heute verhindert ein ›Schutzschild‹ aus Polizisten vor den Festwagen derartige Unfälle. Einen weiteren wichtigen Fortschritt bedeutete die Sicherung der Pilgerstraßen im Hinterland und der Ausbau der Straße von Kolkata nach Puri. Diese wurde von 1812–1825 mit großzügiger Unterstützung wohlhabender Bengalen, sowie lokaler Fürsten und Zamindar-Großbauern unter dem Namen ›Jagannath Road‹ erstmals zu einer Pilgerstraße mit Rasthäusern und mit Wasser versorgten Rastplätzen ausgebaut. Der Aufschwung, den das Pilgerwesen in Puri unter der Pax Britannica nahm, sowie dessen eigenartige Organisation sei abschließend kurz skizziert.[55]

Das Pilgerwesen in Puri stand im 19. Jh. und der ersten Hälfte des 20. Jhs. ganz im Zeichen der Pandas. Als eine Gruppe einflussreicher Tempelpriester organisierten sie die Anwerbung von Pilgern, ihre Wallfahrt nach Puri, ihre Unterbringung in eigenen Pilgerherbergen und ihre Betreuung beim Besuch der heiligen Stätten Puris und deren Tempelriten und Festen. Dieses ›Panda-System‹ hatten bereits die Marathen gefördert, da es ihnen half, den Ansturm der Pilger insbesondere beim jährlichen Wagenfest besser zu kontrollieren und die Pilgersteuer zu erheben.[56] Dieses System wurde jedoch erst unter britischer Herrschaft perfektioniert, als weite Gebiete der großen Bengal Presidency (die damals neben gesamt Bengalen auch Bihar, Assam und Orissa umfasste) schrittweise unter Puris Panda-Familien zur Anwerbung von Pilgern aufgeteilt wurden. In die Dörfer ihrer ›Pilger-Bezirke‹ *(yatri mahal)* sandten die Pandas regelmäßig Boten, um

Abb. 15: Puri, Ankunft einer Pilgergruppe. Foto: Hermann Kulke.

Abb. 16: Puri, Pilgerherbergen, Anfang des 20. Jahrhunderts. Foto: Hermann Kulke.

Bewohner erstmals oder erneut zu einer Wallfahrt anzuwerben, sie auf dem Weg nach Puri zu begleiten und auch zu schützen (Abb. 15). Um die Höhe der ›Gabe‹ (dana) an die Pandas festlegen zu können, trugen die Boten die von ihren Pandas geführten Listen mit sich, damit sie auf die großzügigen Spenden früherer Familienangehöriger hinweisen konnten. Da die ›Gaben‹ bisweilen kleine Landstiftungen in den Dörfern einbrachten, dienten die Besuche auch dazu, ausstehende Schulden einzufordern. Die Yatri Mahals waren somit wirtschaftlicher Besitz, deren Dörfer unter den Pandas ausgetauscht, und von ihnen vererbt und verpfändet werden konnten.

Das Pilgerwesen nach Puri nahm durch den Eisenbahnbau einen ungeahnten Aufschwung. 1869–1873 wurde die Strecke zwischen Kolkata und Madras / Chennai fertiggestellt, die 1897 noch durch die kurze Abzweigung von Khurda nach Puri ergänzt wurde. Die direkte Bahnverbindung von Kolkata nach Puri erleichterte es erstmals auch reichen Angehörigen der bengalischen Elite und den Großgrundbesitzern insbesondere Ostbengalens, eine Wallfahrt nach Puri zu unternehmen. Der Reichtum einiger großer Panda-Familien stieg seither ins Unermessliche. Im Umkreis des Jagannath-Tempels und entlang der Straße des Wagenfestes errichteten sie um die Jahrhundertwende große und moderne Pilgerherbergen für ihre neuen Kunden (Abb. 16). Und an der Küste außerhalb Puris entstanden zahlreiche prächtige Bungalows reicher Bengalen.[57] Allerdings verschärfte sich nun bereits am Bahnhof von Puri der Konkurrenzkampf zwischen den Pandas um die selbständig angereisten reichen Pilger. Anhand ihrer körbeweise mitgebrachten Pilgerlisten versuchten die Pandas, den Pilgern nachzuweisen, dass zumindest ferne Verwandte früher bereits ihre ›Kunden‹ waren.

Die Blüte des Pandawesens in Puri fand sein Ende mit der Unabhängigkeit Indiens und der Teilung Bengalens. Durch die Flucht und Verarmung eines Großteils der reichen hinduistischen Grundbesitzer und der städtischen Elite in dem nun muslimisch dominierten Ostbengalen, verlor über ein Drittel der ›Großpandas‹ von Puri seine einträglichen Yatri Mahals in Ostbengalen, dem damaligen Ostpakistan und heutigen Bangladesh. Die Folgen für das von ihnen dominierte Pilgerwesen waren verheerend. Der Streit um die Pilger wurde in Puri nun bisweilen gewalttätig von den als Gundas verrufenen Schutztruppen einzelner Pandas ausgetragen. Dies schadete in den 50er und 60er Jahren dem Ansehen der Pandas und auch dem Ruf Puris als gesamtindisches Pilgerzentrum für wohlhabende Inder. Doch dieser zeitweilige Rückgang der Attraktion Puris wurde seit den 90er Jahren des vergangenen Jhs. durch den neuen Pilgertourismus mehr als wettgemacht. Getragen von dem aufstrebenden und reichen Mittelstand, d. h. von etwa 200 Millionen Indern, bescherte der Tourismus Puri zahlreiche Drei- bis Fünfsternehotels.

Dieses neue, gesamtindische Phänomen von ›säkularisierten Pilgern‹ ist in gewisser Weise durchaus vergleichbar mit dem europäischen Kulturtourismus, allerdings mit einem kleinen, aber bezeichnenden Unterschied. In Indien sind selbst große Museen wie z. B. das Indian Museum in Kolkata und das National Museum in Delhi von einer gähnenden Leere gekennzeichnet, während indische Tempelstädte wie Puri eine immer stärkere Anziehungskraft ausüben. Sie wird zwar unterschiedlich erlebt, schließt aber deutlich an die Traditionen hinduistischen Pilgerwesens an. Am deutschen Kulturtourismus partizipieren dagegen in starkem Maße Museen, während Kirchen abseits stehen. Dies trifft selbstverständlich nicht für Kirchen wie den Kölner Dom zu, sehr wohl aber für die große Zahl berühmter romanischen Kirchen Kölns. Deutlich erkennbar dürften die unterschiedlichen Intentionen indischer Pilgertouristen und deutscher Kulturtouristen sein, wenn wir die Attraktion der Tempelstädte für den indischen Pilgertourismus mit dem großen Andrang auf die Museen in Magdeburg und Speyer bei ihren Sonderausstellungen über die Ottonen und die Salier vergleichen. Der Kulturtourismus auf der *Straße der Romanik* in Sachsen-Anhalt könnte sich hier als ein west-östlicher Kompromiss anbieten. Denn seine Attraktion sind ebenso die vielen auch dörflichen romanischen Kirchen wie die museologisch bestens ausgestatteten Museen, wie etwa in Merseburg oder im Schloss Neuenburg.

Summary

India is rich of highly developed regional and pan-Indian networks of pilgrim routes. The first regional network emerged in the mid first millennium BC after the death of the Buddha by interlinking the holy sites of his life and religious activities. The core of Hindu pilgrimage (tirtha yatra) is the sacred sites and shrines *(tirtha)* in which the Great Gods such as Shiva (like in Benares) and Vishnu (in Puri) as well as their incarnation like Krishna (in Mathura) and Rama (Ayodhya) are worshipped. In the early centuries AD holy scriptures such as the Mahabharata epos systematically canonised the Hindu pilgrimage routes and their rituals. In the Middle Ages, these tirthas grew into India's impressive temple cities.

Anmerkungen

1 Die ursprüngliche Bedeutung von *tīrtha* als ›Furt‹ hängt im Sanskrit mit *tīr* (Ufer) zusammen. Sakrale Orte sind im Hinduismus stets mit heiligem Wasser in Flüssen oder Tempelteichen verbunden und ermöglichen damit die Furt, die zur Begegnung mit dem Göttlichen und zur Erlangung der Erlösung dient. Hieraus leitet sich die Bedeutung von *tīrtha* als rechter Weg oder Ort und Wallfahrtsort ab. *Yātrā* bedeutet Reise, Fahrt, Prozession, Festlichkeit. *Tīrtha yātrā* wird daher als Wallfahrt und auch als Pilgerweg verstanden (siehe Eck 1981 und Malinar 2009).

2 Vgl. Hultzsch 1925; Thapar 1973; Schneider 1978; Kulke 2014.

3 2013 wurde Orissa offiziell zu Odisha umbenannt. Doch in diesem Beitrag wird weiterhin der bekanntere und außerhalb Indiens immer noch gängige Name Orissa benutzt werden.

4 Vgl. Bhardwaj 1973; Ensink 1974; Fuller 1984; Kulke 1992b; Mallebrein 2011.

5 Vgl. Brockington 1998.

6 Vgl. Nath 2007; Brinkhaus 2006; Tripathi 2014.

7 Vgl. Eschmann 1978; Kulke 1979, 1970, 1985; Teuscher 2010.

8 Siehe insbesondere »Section IV: Tīrtha Yātrā (pilgrimages to holy laces)«, in Kane 1973, 552–722. Eine Rekonstruktion der großen Pilgerrouten im Mahabharata und Auflistung einer Auswahl der wichtigsten *Tirthas* in den mittelalterlichen Puranas in Gesamtindien unternimmt Bharadwaj 1973, 45–80.

9 Vgl. Glasenapp 1928; Kane 1953; Bhardwaj 1973.

10 Vgl. Bakker 1986, 1991; Van der Veer 1988; Kulke 1994.

11 Vgl. Vaudeville 1997.

12 Vgl. Eck 1982.

13 Zur Ritualpolitik der Chola-Dynastie und den *Tirtha* in Tamil Nadu siehe Heitzman 1997.

14 Vgl. Kulke 1998, 239-249 und Karte 11, 486.

15 Malinar 2009: 167; Kulke 1970, 139 ff.

16 Vgl. Kulke 1985.

17 Es existieren weitere wichtige Kategorien sakraler Stätten. Zu ihnen gehören u. a. die 52 Shakti Pithas, die heiligen Stätten des Shakta-Kultes der Göttin. An ihnen werden Körperteile der Göttin Shakti verehrt, die Shiva in seiner Verzweiflung über die Selbstopferung seiner Gattin bei seinem kosmischen Tanz über ganz Indien verstreute (Sircar 1973; Shin 2013).

18 Malinar 2009, 166–167.

19 Für beeindruckende Bilder siehe Google »*Kumbh Mela: The Largest Gathering on Earth*«

20 Vgl. Kane 1973, 554 ff.

21 Vgl. Kane 1973, S. 565 weist zu Recht auch auf das Interesse der örtlichen Brahmanen: »New tirthas were added from time to time and the monetary benefits derived by the permanent residents and particularly by the tirtha priests led them to prepare numerous mahatmyas of an apocryphical character and father them on Vyasa, the reputed [divine] author of the Mahabharata and Puranas«.

22 Vgl. Eschmann 1978; Kulke 1993; Gutschow 2003.

23 Vgl. Kulke 1992b; Mallebrein 2011.

24 Vgl. Turner 1973.

25 Im Hinduismus ist die Lehre des göttlichen ›Herabsteigens‹ *(avatara)* vor allem mit Vishnus zehn Avataras verbunden, zu denen z. B. auch Rama zählt.

26 Kulke 1970, 2. Dies ist eine für *Tirthas* übliche überhöhte Einschätzung ihrer eigenen heiligen Schriften: Die 18 Puranas sind die großen frühmittelalterlichen Lehrbücher des pan-indischen Hinduismus,

während die Mahatmyas der einzelnen *Tirthas* allenfalls als lokale *Sthala-Puranas* bezeichnet werden können.

27 Dies ist eine in den Ursprungslegenden vieler *Tirthas* wiederkehrende, sakrale Topographie: inmitten eines Waldes ein Shiva-Linga am Rande eines Sees.

28 Dies ist eine in südindischen Tempellegenden häufig anzutreffende Gepflogenheit, ihre ursprünglich tamilischen Ortsnamen durch deren Sanskritisierung zu ›sakralisieren‹: *Puliyur* (›Tigerdorf‹), der ursprüngliche tamilische Name Chidambarams, fand durch Vyaghrapada, den Tigerfüßigen, Eingang in Chidambarams Ursprungslegende.

29 Die Patanjali-Legende ist ebenfalls beispielhaft für den ›Inklusivismus‹ und die ›Historisierung‹ der Tempellegenden: (i) sie inkorporiert den ebenfalls bedeutenden Vishnu-Kult Chidambarams in dessen shivaitischem Nataraja-Kult, (ii) sie verbindet den legendären Ursprung Chidambarams mit Patanjali, dem historischen Verfasser des Yoga Sutras, der in den Jahrhunderten um Christus lebte und ›datiert‹ damit Chidambaram in die Zeit der klassischen Epen, in denen zwar Kanchipuram, nicht aber Chidambaram genannt wird.

30 Das folgende Zitat enthält die zusammenfassende Inhaltsangabe der Kapitel XVII des Cm, siehe Kulke 1970, 15–16.

31 Der Begriff *jñāna-dṛṣṭi* bildet den Kern der *Tirtha*-Gläubigkeit, die anstrebte das erlösende Wissen *(jñāna)* durch das Erblicken *(dṛṣṭi)* der Gottheit des *Tirthas* zu erlangen.

32 Vgl. Kulke 1970, 134–145.

33 Chidambarams Legende der 3000 Brahmanen (für weitere Einzelheiten siehe Kulke 1970, 166–170) ist beispielhaft für die Bemühungen der *Tirthas*, zumindest für einen Teil seiner Priesterschaft einen nordindisch-brahmanischen Ursprung zu ›konstruieren‹. So soll auch der legendäre Erbauer des ersten historischen Jagannath-Tempels in Puri, König Yayati Kesari, sogar 10.000 nordindische Brahmanen eingeladen haben, um sie zehn Pferdeopfer vollziehen zu lassen.

34 Die Gopuras sind die für die südindischen Tempelstädte typischen hohen Tortürme des 10.–16. Jahrhundert (Harle 1963).

35 Kulke 1970, 26.

36 Leider enthält das Cm keine genauen Angaben über die *Ratha Yatra*, die »Umwandlungszeremonie«, bei der die Tempelwagen von Pilgern und Stadtbewohnern durch die Stadtstraßen Chidambarams gezogen werden.

37 Kulke 1970, S. 28

38 Vgl. Harle 1963.

39 Zu weiteren Übereinstimmungen zwischen Hiranyavarman und Kulottunga siehe Kulke 1969.

40 Vgl. Glasenapp 1928, 98.

41 Vgl. Tripathi, 2014, 87 ff; Rösel 2014, 472f

42 Siehe insbesondere Geib 1975. Für eine Übersetzung des *Purusottama Mahatmya* siehe Mohapatra 1979, 157–492.

43 Vgl. Tripathy 2010, 399–437 (siehe insbesondere die zahlreichen, von S. N. Rajaguru entdeckten Stiftungsinschriften am Narasimha-Tempel im Jagannath-Tempelbezirk).

44 Die späteren Rajas von Puri stiegen seit Ende des 16. Jhs. als Rajas von Khurda etwa 50 km von Puri entfernt als lokale Nachfolger der Großkönige Orissas auf, die 1568 von den Afghanen Bengalens vernichtend geschlagen worden waren. Spätestens seit der Annexion Khurdas durch die East India Company (EIC) 1804 und ihrer Übersiedelung in einen kleinen Palast in Puri hat sich ihr Titel als Rajas von Puri durchgesetzt. (Kulke 1974 und 1979a; Mubayi 2005; Hardenberg 2008).

45 Vgl. Kulke 1979, 194–195. In seiner Geschichte Orissas vermerkte A. Stirling hierzu 1822: »This religious warfare was at least set to rest by the institution of the tax on pilgrims which yielded the Moghul Government a revenue of nine lacs.«

46 Vgl. Kulke 2006, S. 270 und idem 1992.

47 Melville am 11. Juli 1815 in »Juggernauth« an den Privatsekretär des Generalgouverneurs Wellesley in Kolkata, siehe Kulke 1974, 70.

48 Vgl. Kulke 1974, 69–75; Mukherjee 2000; Behera 2002; Mubayi 2013.

49 Vgl. Banerjee-Dube 2001; Mubayi 2005; Kulke 2014.

50 Zitiert in Peggs, 1830, 279–280. Peggs war einer der beiden ersten Missionare, die 1822 nach Orissa kamen. Peggs kehrte bereits nach drei Jahren erfolglosen Missionierens in Puri nach England zurück, wurde dort aber einer der aktivsten Kämpfer gegen Juggernaut; siehe auch Mukherjee 2000, 95.

51 Im Oxford Dictionary heißt es über Juggernaut »1 (Brit esp. derog) very large articulated lorry: *Juggernauts roaring through our country villages*, 2 large, powerful and destructive force or institution: *the juggernaut of bureaucracy*«. Siehe auch Google Terminating the Bush Juggernaut »The Bush administration is presenting itself to the world as a juggernaut – a ›massive inexorable force that advances irresistibly, crushing whatever is in its path.‹«

52 Kulke 1979b; Hardenberg 2008.

53 Orissa State Archives, Bhubaneswar, Jagannatha Temple Correspondence, vol. VI, 1384; siehe auch Kulke 1979, 220–221.

54 Vgl. Dash, 2014; Banerjee Dubey 2002; Mubay 2005.

55 Für weitere Einzelheiten siehe die umfangreichen Studien von Jakob Rösel (1980, 1988, 2014), auf die ich mich hier beziehe.

56 »The Maratha Governors, interested in the pilgrim tax, had openly encouraged a system by which a section of the Puri priests, the Puri pandas, organized the annual pilgrimage and guided the pilgrims to Puri. Guidance and control of the pilgrims by the pandas made it easier to enforce the payment of taxes. On the other hand, the pandas protected the pilgrims from excessive demands by corrupt officials and also ensured that no person of low caste could enter the temple.« (Rösel 2014, 483).

57 Dies erinnert uns daran, dass die deutsche Aussprache von Bungalow nur eine fehlerhafte Aussprache der englischen Worte ist, das auf Bangala = Bengalen zurückgeht und das die Engländer jedoch mit ›u‹ schrieben, um es als ›a‹ aussprechen zu können.

Bibliographie

Bakker, H.: Ayodhya, 2 Bde., Groningen 1986.

Bakker, H.: ›Ayodhya: A Hindu Jerusalem‹, in: Numen, 38/1991, 80–109.

Bakker, H.: (Hg.): The Sacred Centre as the Focus of Political Interest, Groningen 1992.

Banerjee-Dube, I.: Divine Affairs. Religion, Pilgrimage, and the State in Colonial and Postcolonia India, Simla 2001.

Behera, K. S. et al.: Charles Grome's Report on the Temple of Jagannath 10 June 1805, Bhubaneswar 2002.

Bhardwaj, S. M.: Hindu Places of Pilgrimage in India (A Study of Cultural Geography), Berkeley 1973.

Brinkhaus, H.: Zentrum und Peripherie im heiligen Raum. Territoriale Sakralisierung durch Wallfahrt in Indien und Nepal, in: A. C. Messner / K. Hirschler (Hg.): Heilige Orte in Asien und Afrika. Räume göttlicher Macht und menschlicher Verehrung, Hamburg 2006, 139–162.

Brockington, J. L.: The Sanskrit Epics, Leiden 1998.

Brückner, H.: Fürstliche Feste. Texte und Rituale der Tulu-Volksreligion, Wiesbaden 1995.

Chakrabarti, K.: Religious Process. The Puranas and the Making of a Regional Tradition, Delhi 2001.

Chattopadhyaya, B. D.: Festival as Rituals: An Exploration into the Convergence of Rituals and the State, in: H. Kulke / U. Skoda (Hg.): State and Ritual in India, Vol. III, Section IV, Ritual Dynamics and the Science of Ritual, ed. by A. Michaels et al., Wiesbaden 2010, 627–646.

Dash, G. N.: Jagannātha and Oriya Nationalism, in: Eschmann, 2014, 451–470.

Eck, D.: India's Tirthas. ›Crossings‹ in Sacred Geography, in: History of Religions 21/1981, 323–344.

Eck, D.: Benares: City of Light, New York 1982.

Einsink, J.: Problems oft the Study of Pilgrimage in India, in: Indologica Taurinensia 2/1974, 57–79.

Eschmann, A. / H. Kulke / G. C. Tripathi (Hg.): The Cult of Jagannath and the Regional Tradition of Orissa, Delhi 1978; revised and enlarged edition, Delhi 2014.

Fuller, C. J.: Servants of the Goddess. The Priests of a South Indian Temple, Cambridge 1984.

Geib, R.: Die Indradyumna-Legende. Ein Beitrag zur Geschichte der Jagannātha-Kultes, Wiesbaden 1975.

Glasenapp, H. von: Heilige Stätten Indiens. Die Wallfahrtsorte der Hindus, Jainas und Buddhisten, ihre Legenden und ihr Kultus, München 1928.

Gutschow, N.: Ranpur-the Centre of a Little Kingdom, in: G. Berkemer / M. Frenz (Hg.): Sharing Sovereignty: The Little Kingdom in South Asia, Berlin 2003, 137–164.

Hardenberg, R.: König ohne Reich. Rituale des Königtums in Orissa, Berlin 2008.

Harle, J. C.: Temple Gateways in South India, Oxford 1963.

Heitzman, J.: Gifts of Power. Lordship in an Early Indian State, Delhi 1997.

Hultzsch, E.: Inscriptions of Aśoka. New Edition. (Corpus Inscriptionum Indicarum, Vol. I), Oxford 1925.

Kane, P. V.: History of Dharmasastras, Vol. IV, Poona 1953, 21973.

Kulke, H.: Funktionale Erklärung eines südindischen Māhātmyas. Die Legende Hiranyavarmans und das Leben des Cola-Königs Kulottunga I, in: Saeculum, 20/1969, 412–422 (englische Übersetzung in idem 1993, 192–207).

Kulke, H.: Cidambaramāhātmya. Eine Untersuchung der religionsgeschichtlichen und historischen Hintergründe für die Entstehung der Tradition einer südindischen Tempelstadt, Wiesbaden 1970.

Kulke, H.: »Kings without a Kingdom«, the Rajas of Khurda and the Jagannatha Cult, in: South Asia 4/1974, 60–77

Kulke, H.: Jagannatha-Kult und Gajapati-Königtum. Ein Beitrag zur Geschichte religiöser Legitimation hinduistischer Herrschaft, Wiesbaden 1979a.

Kulke, H.: Rathas and Rajas: the Car Festival at Puri, in: Mobile Architecture in Asia: Ceremonial Chariots, Floats and Carriages, D. Jones / G. Michell (Hg.), London 1979b, 19–26. (Nachdruck in idem, 1993, 66-81).

Kulke, H.: Mahārājas, Mahants and Historians: Reflections on the Historiography of Early Vijayanagara and Sringeri, in: A. L. Dallapiccola (Hg): Vijayanagara – City and Empire, Stuttgart 1985, 120–143.

Kulke, H.: Ksatra and Ksetra. The Cult of Jagannātha of Puri and the ›Royal Letters‹ (chāmu citāu) of the Rājas of Khurda', in: H. T. Bakker (Hg.): The Sacred Centre as the Focus of Political Interest, Groningen 1992a, 131–142 (Nachdruck in idem 1993, 51–65).

Kulke, H.: Tribal Deities at Princely Courts: the Feudatory Rajas of Central Orissa and their Tutelary Deities (istadevatas), in: S. Mahapatra (Hg.): The Realm of the Sacred, Calcutta 1992b, 56–78. (Nachdruck in idem, 1993, 114–136).

Kulke, H.: Kings and Cults. State Formation and Legitimation in India and Southeast Asia, New Delhi 1993.

Kulke, H. / D. Rothermund: Geschichte Indiens. Von der Induskultur bis heute, München ²1998.

Kulke, H. (Hg.): Themenschwerpunkt: Der Konflikt um Ayodhya, in: Internationales Asienforum 25,4/4 (1994), 213–390.

Kulke, H.: Der umkämpfte „Herr der Welt". Jagannath und die ostindische Tempelstadt Puri", in: A. C. Messner / K. Hirschler (Hg): Heilige Orte in Asien und Afrika. Räume göttlicher Macht und menschlicher Verehrung, Schenefeld 2006, 257–280.

Kulke, H. / N. Mohanty / G. N. Dash / D. Pathy (Hg): Imaging Odisha, Jagatsinghpur 2013a.

Kulke, H.: The Copenhagen Yatripata of Puri, in idem 2013a, 276–281.

Kulke, H.: "Juggernaut" under British Supremacy and the Resurgence of the Rajas of Khurda as the ›Rajas od Puri‹, in: A. Eschmann, 2014, 435–450.

Malinar, A., Hinduismus, Göttingen 2009.

Mallebrein, C.: Tutelary Deities at Royal Courts, in: H. Kulke / G. Berkemer (Hg.): Centres Out There? Facets of Subregional Identities in Orissa, Delhi 2011, 255–272.

Mohapatra, G.: The Land of Viṣṇu (A Study of the Jagannātha Cult), Delhi 1979.

Mubayi, Y.: Altar of Power. The Temple and the State in the Land of Jagannatha Sixteenth to Nineteenth Centuries, Delhi 2005.

Mubayi, Y.: Jagannath Under Colonial Rule: Groeme's Report of 1805, in: Kulke 2013a, 124–125.

Mukherjee, P.: Pilgrim Tax and Tempe Scandals. A Critical Study of the Important Jagannath Temple Records during British Rule, ed. by N. Gardner Cassels, Bangkok 2000.

Nath, V.: Puranic Tirtheas: A Study of their indigenous Origins and Transformation (Based Mainly on the Skanda Purana), in: Indian Historical Review 34/2007, 1–46.

Peggs, J.: India Cries to British Humanity Relative to Suttee, Infanticide, British Connections with Idolatry, Ghaut Murders and Slavery in India, London 1830.

Pieper, J.: The Spatial Structure of Suchindram, in: J. Pieper (Hg.): Ritual Space in India. Studies in Architectural Anthropology (aarp, Bd. 17), London 1980, 65–80.

Rösel, J.: Der Palast des Herrn der Welt. Entstehungsgeschichte und Organisation der indischen Tempel- und Pilgerstadt Puri, München 1980.

Rösel, J.: Tempelstadt Puri. Pilger und Priester am Hofe des Jagannath, Freiburg 1988.

Rösel, J.: Evolution and Organization of Pilgrimage to Jagannatha, in: A. Eschmann 2014, 471–496.

Schneider U.: Die großen Felsen-Edikte Aśokas. Kritische Ausgabe, Übersetzung und Analyse der Texte, Wiesbaden 1978.

Shin, J.-E.: Śākta Pīṭhas. The Making of Sacred Landscape and Religious Nexus in Early Medieval Eastern India, in: S. Ghosh et al. (ed.), Revisiting Early India. Essays in Honour of D.C. Sircar, Kolkata 2013, 179–202.

Sircar, D.C.: The Śākta Pīṭhas, Delhi 1973.

Smith, D.: The Dance of Śiva. Religion, Art and Poetry in South India, Cambridge 1998.

Sontheimer, G. D. / H. Kulke (Hg.): Hinduism Reconsidered, Delhi, ²2001.

Teuscher, U.: Creating Ritual Structure for a Kingdom. The Case of Medieval Mewar, in: H. Kulke / U. Skoda (Hg.): State and Ritual in India, Vol. III Section IV, Ritual Dynamics and the Science of Ritual, ed. by A. Michaels et. al., Wiesbaden 2010, 683–706.

Thapar, R.: Aśoka and the Decline of the Mauryas, Delhi ²1973.

Tripathi, G. C.: Communication with God. The Daily Pūjā Ceremony in the Jagannātha Temple, Delhi 2004.

Tripathi, G. C.: On the Concept of Puruṣottama in the Āgamas, in: Eschmann 2014, 81–112.

Tripathy, S.: Descriptive Topographical Catalogue of Orissan Inscriptions, Delhi 2010.

Turner, V.: The Centre out There. Pilgrim's Goal, in: History of Religions 12/1973, 191–230.

Van der Veer, P.: Gods on Earth. The Management of Religious Experience and Identity in a North Indian Pilgrimage Centre, London 1988.

THOMAS ERTL

Die Grand Trunk Road *von Kabul nach Kalkutta*

Eine Straße als Erinnerungsort

Die *Grand Trunk Road* (GT) führt von Kabul in Afghanistan bis Kalkutta am Golf von Bengalen. Die Straße durchquert auf dieser Strecke die Tiefebenen der Flüsse Indus sowie des Ganges und verbindet die meisten großen Städte im Norden des Indischen Subkontinents. Seit dem 19. Jahrhundert interessierten sich auch Reisende, Journalisten und Historiker für die *Grand Trunk Road* und beschrieben die wirtschaftliche, kulturelle, militärische und politische Bedeutung der wichtigsten Route durch das nördliche Südasien. Dabei wurde nicht mit Superlativen und globalen Vergleichen gespart. Die *Grand Trunk Road* wurde in ihrer Bedeutung mit der Via Appia in Süditalien oder der Route 66 in Nordamerika verglichen. Man hat die Straße »a broad scratch across the shoulders of India and Pakistan« oder »the greatest highway in the world« genannt.[1] Die Straße und die Schicksale von Menschen und Völkern, die mit ihr verbunden sind, haben Wissenschaftler und Dichter gleichermaßen interessiert und inspiriert. Längst ist die *Grand Trunk Road* zum Mythos geworden, ganz im Sinne von Rudyard Kipling, der 1901 in seinem Roman Kim über sie schrieb: »such a river of life as nowhere else exists in the world«.[2]

Man kann die *Grand Trunk Road* zweifellos als Kulturstraße bezeichnen. Allerdings handelt es sich bei ihr weder um eine Ferien- und Freizeitroute, die als Marke der touristischen Vermarktung dient, noch um einen der ›Kulturwege‹, wie sie vom Europarat zur Stärkung europäischer Identität und Wahrung des kulturellen Erbes gefördert werden.[3] Zwar sind auch heute westliche Reisende mit Fernweh auf der Straße unterwegs und berichten von Abenteuern und Begegnungen der besonderen Art,[4] dominiert wird der Verkehr auf der Grand Trunk (GT) jedoch seit Jahrzehnten von Lastkraftwagen.

Wenn die Straße dennoch als Kulturstraße gelten darf, so in dem Sinne, dass die Route seit der Antike das politische, soziale und wirtschaftliche Leben Nordindiens geprägt hat. Kaufleute mit ihren Waren, Heilige mit ihren Schülern und Könige mit ihren Soldaten zogen auf dieser Straße durch das Land und gingen ihren Geschäften nach. Auch im 19. und 20. Jahrhundert sind wichtige Prozesse und Ereignisse mit der *Grand Trunk Road* oder den an sie angrenzenden Regionen verbunden. Im Folgenden sollen Geschichte und Bedeutung der *Grand Trunk Road* anhand der topographischen Rahmenbedingungen sowie anhand von zwei geschichtlichen Querschnitten in der frühen Mogulzeit im 17. Jahrhundert und der Kolonialzeit um die Mitte des 19. Jahrhunderts dargestellt werden. Den Abschluss bildet die *Grand Trunk Road* als moderne Verkehrsachse sowie als *lieu de mémoire* im Indien des 21. Jahrhunderts.

Die topographischen Rahmenbedingungen

Die *Grand Trunk Road* verdankt ihre historische Bedeutung keiner willkürlichen menschlichen Entscheidung, weder ein großer Herrscher wie Ashoka noch ein Religionsgründer wie Gautama Buddha waren nötig, um die Straße zur wichtigsten Landverbindung im nördlichen Südasien zu machen.[5] Viel mächtiger und dauerhafter als jeder menschliche Erlass bestimmte die natürliche Topographie den Verlauf und die Bedeutung der *Grand Trunk Road*.[6] Im Norden wird der indische Subkontinent nämlich durch den Himalaya abgegrenzt. Das Gewicht dieses massiven Gebirges mit den höchsten Berggipfeln der Welt führte zum Absinken des Landes im Süden, so dass eine riesige Tiefebene entstand. Die Schmelzwasser des

Himalayas sammeln sich in den beiden großen Flüssen Indus im Westen und Ganges im Zentrum und im Osten, die der »Indo-Gangetic plain« auch ihren modernen Namen gaben. Im Süden trennt das in West-Ost-Richtung verlaufende Vindhyagebirge die Tiefebenen vom Dekkanhochland ab. Trotz struktureller Gemeinsamkeiten, beispielsweise der Ausrichtung des gesamten sozialen, wirtschaftlichen und militärischen Lebens am Monsun, und ständiger Austauschbeziehungen zwischen allen Regionen unterscheiden sich Nord- und Südindien in sprachlicher, wirtschaftlicher, kultureller und politischer Hinsicht deutlich voneinander – sowohl in der Vergangenheit als auch in der Gegenwart.[7]

Als zentrale Landschaft Südasiens galten lange Zeit die Indus- und Gangestiefebene, in deren indischen Teil auch heute die Mehrheit der hindi- und urdusprechenden Bevölkerung lebt. Seine frühe wirtschaftliche Bedeutung verdankt dieses Gebiet seiner Topographie: Die Böden der Tiefebene sind fruchtbar, erhalten von Flüssen und Monsun ausreichend Wasser und bieten daher gute Bedingungen für sesshafte Siedler, der ökonomischen Hauptstütze der Region. Zudem sind Reisen und Kommunikation in dieser Landschaft mit ihren großen, offenen Ebenen und den vielen schiffbaren Flüssen einfacher als im hügeligen Hochland im Süden. Mit der bronzezeitlichen Indus-Kultur entstand in diesem Raum eine der frühesten urbanen Zivilisationen. Auch die großen Imperien im klassischen Indien lagen in der nördlichen Tiefebene. Im Süden dominierten aufgrund der topographischen Hindernisse dagegen kleine Königreiche, zumindest bis in das Mittelalter hinein. Wenn es einem Herrscher in der vormodernen Geschichte Indiens gelang, die Grenzen seines Reiches über das Vindhyagebirge auszudehnen und damit nördliche Tiefebene und südliches Hochland zusammenzufassen, so hatte er sein politisches Zentrum stets im Norden. In diesem wirtschaftlich und politisch seit vielen Jahrhunderten dynamischen Nordindien kam der zentralen Verkehrsachse zu Lande zwangsläufig eine wichtige Rolle zu.[8]

Gekennzeichnet ist die physikalische Geographie und Humangeographie Nordindiens zudem durch mehrere Landverbindungen nach Zentralasien. Die wichtigste Strecke führt über den 1070 Meter hohen Khyber Pass, der Afghanistan und Pakistan verbindet. Seit der Bronzezeit bildet dieser Übergang eine Landbrücke, die Invasoren, Emigranten, aber auch Handelsgüter und religiöse Lehren von Zentralasien nach Indien brachte. Darius I. und Alexander der Große, Tamerlan und Babur kamen auf diesem Weg nach Indien (im alten geographischen Sinn), um zu plündern oder Reiche zu errichten. Sie alle folgten einem Straßensystem, das wir heute *Grand Trunk Road* nennen.[9] Die Passregion und die angrenzenden Straßen zwischen Kabul und Peshawar haben auch im 21. Jahrhundert nichts von ihrer strategischen Bedeutung verloren, wie zuletzt im Rahmen der NATO-Einsätze in Afghanistan und ihrer Versorgungstransporte über den Khyber Pass deutlich wurde. Die *Grand Trunk Road* bildete in der Vergangenheit also gleichermaßen die zentrale Verkehrsachse innerhalb eines bereits frühzeitig stark integrierten Raumes und verband diesen zudem mit einer anderen Weltregion. Beide Faktoren erklären die Bedeutung der Straße, sowohl in den Augen von Politikern und Militärs als auch in jenen von Reisenden und Dichtern.

Die »Königsstraße« der Mogulzeit

Im Jahr 1526 schlug Babur, ein Nachfahre sowohl von Tamerlan als auch von Dschinghis Khan, den letzten Sultan von Delhi in der Schlacht von Panipat. In den kommenden Jahren konnte sich der Kleinkönig aus dem Ferghanatal im Gebiet zwischen Lahore und Agra zum neuen Herrscher aufschwingen und damit den Grundstein für das Reich der Großmoguln legen, das im 17. Jahrhundert das vielleicht mächtigste und prächtigste muslimische Imperium darstellte, bevor es sich im 18. Jahrhundert aufzulösen begann.[10] Mit der neuen Dynastie kamen ethnisch bunt gemischte Gefolgsleute aus Zentralasien und Afghanistan in die nordindischen Tiefebenen. Die politischen Ambitionen von Akbar, Baburs Enkel und berühmtester aller Großmoguln, und seinen Nachfahren richteten sich über die Kernzone des Reichs zwischen Lahore und Agra auf den gesamten Subkontinent, vorrangig jedoch auf dessen nördliche Hälfte.[11] Zur Erreichung dieses Ziels war es unter anderem notwendig, die Straßen im Reich zum Austausch von Informationen und Handelsgütern sowie zum Transport von militärischen Truppen zu sichern und auszubauen.

Dabei konnten die Großmoguln auf einer Infrastruktur aufbauen, die bis in die Antike zurückreicht.

Die *Grand Trunk Road* hat keine Geburtsstunde und bestand zunächst aus unzähligen kleinen Teilabschnitten, die angrenzende Dörfer und Städte miteinander verbanden.[12] In dem Maße, in dem die überregionale Mobilität der Kaufleute und Eroberer stieg, wuchsen auch die vielen Straßenbruchstücke zu einem zusammenhängenden Verkehrsweg zusammen. Als überregionale ›königliche Straße‹ erkennbar wird die Grand Trunk, als die Maurya-Dynastie erstmals ein zentralisiertes Großreich in Nordindien errichten konnte (324–185 v. Chr.). Vor allem Ashoka der Große, der Nordindien von 268 bis 232 v. Chr. regierte und eine effiziente Zentralverwaltung aufbauen konnte, sorgte sich um den Ausbau und Erhalt der Reichsstraßen. Besonderes Augenmerk war auf die Ost-West-Achse gerichtet, die mit Wehrtürmen, Meilensteinen und Raststationen ausgerüstet wurde. Stolz berichtete Ashoka in einem seiner Edikte: »On the roads have I planted the banyan trees. They will offer shade to men and beast. I have grown mango-orchards. I have caused wells to be dug at every eight *kos* and I have had rest-houses. I have made many waiting sheds at different places for the enjoyment of man and beast.«[13] Die Kunde von der Königsstraße gelangte bis an das Mittelmeer, da der griechische Diplomat, Geschichtsschreiber und Geograph Megasthenes († um 290 v. Chr.) und andere griechische und römische Autoren von ihr berichteten.[14]

Seit dem Beginn unserer Zeitrechnung investierten regionale und überregionale Könige und Fürsten in das Straßensystem.[15] Insbesondere unter den Königsdynastien der Guptas (220–495 n. Chr.) unter Harsha Vardhana im siebten Jahrhundert wurden Wälder beschnitten, alte Straßen erneuert und neue angelegt.[16] Reisende wie Al Biruni (972–1050) und andere berichteten beeindruckt von den großen Straßen in Nordindien und erwähnten dabei in der Regel auch jene Straße, die von Afghanistan in die nordindischen Tiefebenen führte und auf der viele dieser arabischen und persischen Reisenden nach Indien gekommen waren. Die Bedeutung dieser Route, die erst Jahrhunderte später als *Grand Trunk Road* bezeichnet werden sollte, steigerte sich seit dem 11. Jahrhundert, als muslimische Eroberer aus Afghanistan ihre Plünderungszüge ins verlockend reiche Hindustan begannen. Zunächst handelte es sich dabei um Reiterhorden, die ebenso schnell auftauchten wie verschwanden. Das änderte sich um 1200, als die Invasoren sich erstmals dauerhaft in Nordindien niederließen und das Sultanat von Delhi gründeten. Damit war nicht nur erstmals ein muslimisches Reich in Nordindien entstanden, sondern auch die Verbindung zwischen Nordindien und Zentralasien auf eine neue und dauerhafte Grundlage gestellt worden. Denn mit den neuen Herren gelangten auch die persische Kultur und Sprache sowie Emigranten aus der persisch geprägten Welt Zentralasiens und des Nahen Ostens nach Indien. Die Herrscher des Sultanats von Delhi bemühten sich um den Aufbau eines zentralisierten Reichs und kümmerten sich dabei auch um das Straßensystem. Die überlieferten Informationen erwähnen zahlreiche Baumaßnahmen von Straßen und Brücken sowie von Karawansereien, Garnisonen, Brunnen und Poststationen. Vor allem die Straßen, die Nordindien mit Zentralasien verbanden und auf der Muslime unterschiedlicher ethnischer Herkunft nach Indien einwanderten, wurden von den Sultanen ausgebaut. Zudem bemühten sie sich um Sicherheit auf den Straßen, damit ein florierender Handel sowie eine funktionierende Kommunikation dem Sultanat von Nutzen sein konnten.[17]

Mitte des 16. Jahrhunderts ließ Sher Shah (auch Sher Khan) Abschnitte der *Grand Trunk Road* erneuern. Sher Sha stammte aus einer afghanischen (paschtunischen) Familie und hatte nach einer erfolgreichen Militärkarriere den Gouverneursposten in Bihar erhalten. Im Jahr 1540 stürzte er den Mogulkaiser Humayun vom Thron. Das von Sher Shah gegründete Reich überdauerte seinen Tod 1545 nur um wenige Jahre. Doch für die Grand Trunk und ihre Zukunft im Reich der zurückgekehrten Moguldynastie war diese Periode von großer Bedeutung.[18] Sher Shah ließ die wichtigsten Landstraßen durch sein Reich von Chittagong in Bengalen (heute in Bangladesch) bis Kabul erweitern und befestigen. Dabei griff er auf antike und mittelalterliche Vorarbeiten zurück und schuf gleichzeitig das Fundament für die Bautätigkeit der späteren Großmoguln. Den klimatischen Bedingungen und der damaligen Reisegeschwindigkeit entsprechend, wurden die Straßen zu beiden Seiten mit schattenspendenden und fruchttragenden Bäumen bepflanzt und möglichst alle zwei *kos*, das sind etwas mehr als acht Kilometer,[19] Karawansereien angelegt. Angeblich wurden in seiner Regierungszeit mehr als 1700 solcher öffentlichen Raststationen errichtet, in denen die Reisenden Verpflegung und Unterkunft erhielten. Die Maßnahmen von Sher Shah haben sich in die kollektive Erinnerung eingegraben, so dass die *Grand Trunk Road* trotz der Kurzlebigkeit der Sur-Dynastie noch heute mit seinem Namen verbunden ist und gelegentlich als Sher Khan Marg bezeichnet wird.[20]

Besser fassbar wird der Straßenbau allerdings erst unter den Großmoguln seit der zweiten Hälfte des 16. Jahrhunderts.[21] Wie ihre zentralasiatischen Vorgänger pflegten auch die Großmoguln einen mobilen Herrschaftsstil. War der Kaiser unterwegs, begleiteten ihn stets ein mehrere Tausend Personen umfassender Hofstaat. Um eine sichere und bequeme Reise zu gewährleisten, eilten 500 und mehr Arbeiter voraus, um die Straßen zu reparieren.[22] Falls nötig, wurden vor Ort zusätzliche Arbeiter zwangsrekrutiert. Der Kaiser und sein Hof oder seine Armee konnten auf diese Weise auf geräumten Routen reisen und Flüsse auf hölzernen oder schwimmenden Brücken überqueren. Die Maßnahmen waren häufig umfangreich und umfassten das Abtragen von Hügeln und das Abschlagen von Waldzonen. Gepflastert wurden die Straßen jedoch außerhalb der Städte nicht.[23] Sowohl die Bau- als auch die Reisetätigkeit kam gewöhnlich in der Regenzeit zum Erliegen, da selbst die großen Straßen in dieser Zeit unpassierbar waren. Auf diese Weise wurden jene Routen verbessert, die der Kaiser gerade benötigte. Eine regelmäßige Aufsicht und Instandhaltung gab es daneben vermutlich nur an den wichtigsten Straßen des Reichs. So verfügte Jahangir (r. 1605–1627), der Sohn Akbars, dass die Zamindars (Grundherrn) entlang der Route Agra-Lahore in allen Städten, Dörfern und an allen Rastplätzen Maulbeerbäume und andere große Bäume pflanzen sollten, vor allem solche mit großen Blättern und ausladenden Ästen, damit die ermüdeten Reisenden zu allen Zeiten in ihrem Schatten Erholung und Schutz vor den Strahlen der Sonne während der Sommerhitze finden mögen.[24] Zudem befahl der Kaiser, dass alle acht *kos* geräumige und dauerhafte Karawansereien aus Ziegeln oder Stein gebaut werden sollten, die mit Bädern und einem Wassertank auszustatten waren.[25]

Während aus dem Mittelalter nur schriftliche Zeugnisse, aber keine baulichen Überreste erhalten sind, blieben von der Bautätigkeit der Großmoguln vor allem des 17. Jahrhunderts zahlreiche Bauwerke oder zumindest deren Ruinen erhalten. Viele architektonische Überreste befinden sich allerdings in schlechtem Zustand und sind in den letzten Jahrzehnten zusehends verfallen. Von einigen Bauten, die Anfang des 20. Jahrhunderts noch in Reiseberichten und anderen Schriften beschrieben wurden, fehlt heute jede Spur.[26] Das Archeological Survey of India kann Instandhaltung und wissenschaftliche Aufnahme der Denkmäler nicht überall sichern, und die Bevölkerung bedient sich am vorhandenen Baumaterial oder benutzt die alten Gemäuer als Unterkunft, Lagerstätte oder ähnliches.[27] Dennoch bilden die vorhandenen Überreste weiterhin ein wichtiges Zeugnis der Verkehrsinfrastruktur der Mogulzeit.

Besonders gut dokumentiert sind die frühneuzeitlichen Baudenkmäler auf der Strecke zwischen Agra und Lahore, dem Kernland des mogulischen Reiches.[28] Diesen Abschnitt bereisten auch die meisten europäischen Diplomaten, Missionare und Abenteurer, die im 17. Jahrhundert an den Mogulhof kamen. Thomas Roe, der Botschafter des englischen Königs James I, schrieb in seinem Reisebericht aus dem Jahr 1618 über die Strecke: »From Agra to Lahor […] is all a playne and the highway planted on both sides with trees like a delicate walke; it is one of the great woorks and woondors of the world«.[29] Nicht weniger beeindruckt zeigten sich die englischen Reisenden Richard Steel und John Crowther, die etwa zeitgleich auf der Straße unterwegs waren: »Betwixt Agra and Lahore … the way is set on both sides with trees … Every five or six Course, there are seraes bult by the King or some great men, very faire for the beautying the way, memory of their names, and entertainment of Travellers«.[30] Dieser Eindruck schlug sich auch in den von Europäern gezeichneten Landkarten nieder. In der Karte des Mogulreiches, die der britische Kartenzeichner William Baffin 1619 in Zusammenarbeit mit Thomas Roe anfertigte, ist der Korridor zwischen Agra und Lahore via Delhi deutlich als Allee hervorgehoben und mit »The Long Walke« bezeichnet.[31] Die Route zwischen Delhi und Lahore und weiter bis Kabul ist auch in der Karte des französischen Reisenden François Bernier von 1672 deutlich verzeichnet. Nach Süden ist die Route verlängert bis nach Gujarat und der Hafenstadt Surat.[32] Die europäischen Kartenzeichner dieser Zeit waren vor allem an den Küstenlinien und Küstenstädten interessiert, verzeichneten gelegentlich aber auch andere Abschnitte der alten Hauptstraße dem Ganges entlang.[33] Aus dem 18. Jahrhundert existiert dagegen eine mogulische Karte, auf der die Route von Delhi über Lahore nach Zentralasien detailliert mit Meilentürmen und Brunnen eingezeichnet wurde.[34]

Von zentraler Bedeutung für die Reisenden waren die Karawansereien.[35] Bis ins 19. Jahrhundert waren die Reisenden entweder zu Fuß unterwegs, ritten auf einem Lasttier – gewöhnlich einem Ochsen oder einem Maultier, einem Kamel in den Wüsten, einem Pferd oder Elefanten bei Reisenden von Rang – oder saßen auf einem Karren, auf dem auch zusätzliche Lasten transportiert wurden.[36] Gezogen wurden die Fuhrwerke meist von Ochsen, manchmal von bis zu acht Stück. Die Reisegeschwindigkeit war daher nicht hoch, und eine Tagesetappe umfasste durchschnittlich acht *kos* (circa 32 km).[37] Aus dieser Tatsache erklärt sich die kaiserliche Vorschrift Jahangirs, alle acht *kos* eine Karawanserei einzurichten.[38] Am Ende des 17. Jahrhunderts hatten die Bauherren dieses Ziel sogar übertroffen und durchschnittlich alle fünf *kos* einen Sarai errichtet. Ihre große Bedeutung verdankten die Raststationen nicht zuletzt der Unsicherheit der Straßen. Die Reisenden schlossen sich daher zu Gruppen oder Karawanen zusammen und suchten in der Nacht Schutz in den fest ummauerten Karawansereien. Die Sarais auf den wichtigen Handelsrouten waren allerdings nicht nur Raststationen, sondern selbst Marktplätze, auf denen Informationen und Handelsgüter getauscht wurden. Viel buntes Volk lebte und arbeitete hier: Wärter, Muezzine, Köche und Stoffhändler, aber auch »Musiker, weibliche und männliche Tänzer, Barbiere und Schneider, Wäscher, Hufschmiede mit Hufeisen, unzählige betrügerische Quacksalber, viele Verkäufer von Gras und Heu für die Pferde« sowie immer auch genügend »women of pleasure« – so der italienische Reisende Niccolo Manucci in seinem Bericht.[39] Zuletzt diente ihre Errichtung den Mitgliedern der Herrscherfamilie, vor allem aber der adligen Elite des Reiches der Zurschaustellung der eigenen Stellung und der Möglichkeit, vom Reise- und Handelsverkehr durch Abgaben und Kaufmöglichkeiten zu profitieren.[40]

Auf der Strecke von Agra nach Lahore wissen wir von der Existenz von zumindest 37 Sarais, von denen alle nicht vor 1605 gebaut wurden und von denen neun völlig und neun weitere teilweise erhalten sind.[41] Architektonisch folgen alle Sarais ähnlichen Prinzipien.[42] Ihre Grundform ist ein rechteckiger, oft quadratischer Hof, umgeben von einer starken und hohen Mauer. Unter den Sarais zwischen Agra und Lahore ist jener bei Chata der flächenmäßig größte mit einer Seitenlänge von 210 Metern. Aufgrund der Ecktürme erinnern die Sarais an militärische Anlagen und werden von den Einheimischen auch häufig als Forts bezeichnet. Gewöhnlich hatten die Sarais zwei große und mit Schmuckelementen ausgestaltete Eingangstore auf gegenüberliegenden Seiten. Die Torgebäude umfassten meist mehrere Räume über den Portalen, in denen Wächter und anderes Personal hausten. An allen vier Innenwänden reihten sich einstöckige Zellen, meist zwischen 80 und 150 Stück insgesamt, in denen die Reisenden unterkamen. In der Mitte der beiden Zellenreihen ohne Portal sowie in den Ecken befanden sich größere Gebäude für Reisende von Rang. In der Mitte des Hofes gab es gewöhnlich einen Brunnen. Zudem gehörten zu einem Sarai auch immer eine Moschee für das seelische und ein Hamam für das körperliche Wohl der Gäste. Die Ausgaben für den Unterhalt des Sarai und das Personal wurden unter anderem durch Landstiftungen der königlichen oder adligen Gründer gedeckt.

Ein bekanntes Beispiel ist der Sarai Nurmahal in der Stadt Jalandhar an der GT im Punjab. Der Sarai wurde 1618 von Noor Jahan, der Frau des Kaisers Jahangir, in Auftrag gegeben und wurde bis 1884 in seiner ursprünglichen Funktion genutzt. Die Hälfte der Gebäude aus dem 17. Jahrhundert ist erhalten, wird allerdings von einer Schule und anderen öffentlichen Einrichtungen genutzt. Der aus Ziegel und rotem Sandstein errichtete Sarai folgt dem üblichen quadratischen Grundriss, hat eine Seitenlänge von circa 100 Metern, zinnenbewehrte Mauern, die in den Ecken durch Türme verstärkt sind. An den Innenseiten der Mauer befinden sich an jeder Seite 32 Räume. Auf dem Hof stehen eine überkuppelte Moschee, drei Brunnen sowie ein Hamam, der zur öffentlichen Toilette umgewidmet wurde. Während das Osttor stark beschädigt wurde, ist das Westtor vollständig erhalten. Die prächtige Dekoration dieses Westtors verleiht dem Sarai seine besondere Bekanntheit. Das Tor steht auf einem Grundriss von 18 mal 13 Metern und besitzt drei Stockwerke mit mehreren Räumen, die der

Unterbringung von Torwächtern und anderem Personal dienten. Die Fassade des Tores ist durch Erker, Zinnen, Türme, Spitzbogenfenster und eine stark gegliederte Wandfläche reich geschmückt. Die künstlerische Ausführung entspricht dem Stil der frühen Mogulzeit, ist allerdings von besonderer Qualität und Quantität.[43]

Am Westtor sind auch zwei Inschriften erhalten, von denen die erste die Stiftung des Sarais durch die ›engelgleiche Nur Jahan‹ im Jahr 1618 sowie die Fertigstellung im Jahr 1620 erwähnt. In der zweiten Inschrift mahnt der Bezirksgouverneur, dass es verboten sei, von Reisenden Geld zu fordern. Eine dritte Inschrift am Osttor ist nur dank einer Aufzeichnung aus dem 19. Jahrhundert überliefert. Die persische Inschrift lautete in englischer Übersetzung:

> »During the reign of Jahangir Badshah, lord of the Universe,
> King of kings of this world and his time, the Shadow of God.
> The fame of whose goodness and justice overspread the earth
> Until it reached even the highest heavens above.
> His wife and trusted companion, Nur Jahan,
> commanded the erection of this Sarai, wide as the heavens.
> When this fortunate building rose upon the face of earth,
> May its walls last forever and ever.
> The date of its foundation wisdom found in the words:
> ›This Sarai was founded by Nur Jahan Begam‹.«[44]

Die Ausstattung und die Inschriften machen deutlich, dass die Errichtung von Sarais wie überhaupt die Anlage sowie die Betreuung von Straßen und mit ihnen verbundenen Bauwerken in der königlichen und fürstlichen Herrschaftsrepräsentation des Mogulreichs des 17. Jahrhunderts eine wichtige Rolle spielten.[45]

In der Mogulzeit wurden erstmals auch Steinbrücken nicht nur über kleine Flüsse gebaut.[46] Ein berühmtes Beispiel ist die Brücke über den Gumti bei Jaunpur in Uttar Pradesh, die im Jahr 1567 fertiggestellt wurde und noch heute erhalten ist.[47] Auch auf der Strecke Agra-Lahore wurden einige Steinbrücken gebaut. Gemeinsam ist den Brücken die architektonische Grundform von Stützen und Bögen. Gewöhnlich erhöhten sich die Brücken zur Mitte hin. Die längste erhaltene Brücke zwischen Agra und Lahore ist die 196 Meter lange Brücke bei Nizamuddin (Delhi), bekannt unter dem Namen Barahpula (›Zwölf-Brücke‹). Sie stammt aus der Regierungszeit Jahangirs, besteht aus elf Bögen und zwölf Stützen.

Ein weiteres Relikt aus der Mogulzeit sind die Meilensteine, *kos minar* genannt.[48] Der persische Name bedeutet wörtlich ›Kos-Turm‹, also ein Turm, der die Entfernung in der Einheit *kos* angibt. Während Meilensteine vor der Ankunft der Moguln in Indien zwar bekannt, jedoch nicht systematisch gesetzt worden waren, strebten die Moguln eine umfassende Vermessung des Straßennetzes durch Meilensteine an.[49] Symbolisch wurde damit das Reich von seinem Zentrum her in alle Richtungen erschlossen. Jahangir hatte 1619 bestimmt, dass jedes *kos* zwischen Agra und Bengalen ein solcher Stein gesetzt werden sollte. Die über 600 km lange Strecke von Agra nach Lahore entspricht ca. 150 *kos*.[50] Ob jemals tatsächlich so viele Meilensteine existierten, ist unsicher. Die noch heute erhaltene Anzahl von über 100 Stück legt dies allerdings nahe.

Die Meilensteine waren alle ähnlich gestaltet, wenngleich die Feinheit der Ausführung unterschiedlich war und manche Steine auch Dekorelemente aufweisen. Die Grundform ist ein bis zu zehn Meter hoher kegelförmiger Turm aus verputztem Ziegel oder Stein.[51] Meist steht der Turm auf einer achteckigen Basis, die bis zur Hälfte der Gesamthöhe umfassen kann. Die achteckige Basis ist häufig durch ein Band vom Kegel darüber abgesetzt. Als der Engländer James Forbes um 1900 durch Indien reiste und an diesen Meilentürmen vorbeikam, bezeichnete er sie als »hübsche Ziegelminarette von beträchtlicher Größe, die anstelle von Steinen wie in Europa üblich, die Distanz zwischen Agra und Delhi messen«.[52] Möglicherweise waren diese Türme ursprünglich bemalt und beschriftet und lieferten dem Reisenden über die Entfernung hinausgehende Informationen.[53]

So hatte die *Grand Trunk Road* unter den Moguln im 17. Jahrhundert einen intensiven Ausbau erfahren und kann ohne Einschränkung als ›königliche Straße‹ bezeichnet werden. Seit Ashokas Zeiten war über beinahe 2000 Jahre an der Hauptroute durch die Indus-Ganges-Tiefebene und ihrer Verbindung mit Zentralasien gebaut worden. Die Nachhaltigkeit, mit der die Mogulkaiser und der Adel des Reiches sich straßenbaulich engagierten, nahm jedoch in der frühen Neuzeit zu, auch in anderen Teilen Indiens.[54] Dementsprechend gehen auch die vorkolonialen baulichen Monumente und Relikte Nordindiens zum großen Teil auf die Zeit zurück, in der das Reich unter den Moguln geeint war.[55] Trotz aller straßenbaulichen Anstrengungen blieb die *Grand Trunk Road* ein Weg ohne feste Pflasterung. Das mag in trockenen Zeiten dem Fuhrwerk den Weg erleichtert haben, in der Regenzeit blieben die Straßen weiterhin kaum passierbar.[56] Man hat der Elite des Mogulreichs insgesamt eine zu geringe Förderung des Gemeinwohls und der gesamtwirtschaftlichen Entwicklung vorgeworfen. Kann man das Ausbleiben der Straßenpflasterung als ein Indiz hierfür werten? Ein Blick auf die Ausstattung der Straße mit Bäumen, Brücken, Brunnen, Sarais und Meilentürmen verbietet ein vorschnelles Urteil,[57] ein Vergleich mit den ähnlichen Verhältnissen in Europa ebenfalls,[58] wenngleich in einigen europäischen Regionen der Straßenbau im Mittelalter und der Frühen Neuzeit besser dokumentiert ist.[59] Wie bereits erwähnt scheinen auch die europäischen Reisenden des 17. Jahrhunderts den Straßenbau im Mogulreich zumindest auf der Königsstraße durchaus geschätzt zu haben. In diesem Sinne kam auch der französische Kaufmann Tavernier Ende des 17. Jahrhunderts zu dem Schluss, dass das Reisen im Mogulreich nicht weniger bequem als in Frankreich oder Italien gewesen sei.[60]

Die *Grand Trunk Road* in der Kolonialzeit

In der zweiten Hälfte des 18. Jahrhunderts wurde die East India Company nach der Schlacht von Plassey 1757 zunehmend zu einer Territorialmacht auf dem indischen Subkontinent. Innerhalb weniger Jahrzehnte gelang es ›John Company‹ durch geschicktes Ausnützen der Rivalität der vielen indischen Fürsten eine ständig anwachsende Zahl von kleineren und größeren Gebieten zu kontrollieren. Anfang des 19. Jahrhunderts hatten die Briten bereits große Teile des Kontinents unter ihrer Herrschaft vereint oder durch Verträge an sich gebunden. Damit war ein Empire entstanden, wie es dies in Indien noch niemals zuvor gegeben hatte.

Vor 1780 kümmerten sich die Briten kaum um die Infrastruktur im Landesinneren. Das war auch nicht nötig, da der Handel vorrangig in den Hafenstädten mit der Hilfe von einheimischen Vermittlern abgewickelt wurde. Auf diese Weise entwickelten sich Surat, Bombay, Madras und vor allem Kalkutta zu den Hauptstützpunkten britischer Präsenz in einem Land, das erst in einem Jahrzehnte andauernden Prozess der direkten Herrschaft und Administration der Englischen Ostindienkompanie unterstellt wurde. Entsprechend gering war in den ersten Jahren nach Plassey das Interesse der führenden Köpfe der Kompanie, Geld in den Ausbau indischer Straßen zu stecken.[61] Kommunikation und Transport von Menschen und Waren im Landesinneren erfolgten am Ende des 18. Jahrhunderts daher noch weitgehend in den Formen, die in der Mogulzeit am Beginn des 17. Jahrhunderts geschaffen worden waren. Auf den Landstraßen dominierten die Ochsenkarren, Esel und Kamele, auf den Flüssen größere und kleinere Ruder- und Segelboote.

Ab 1780 erwachte das Interesse der Handelskompanie am Ausbau der indischen Infrastruktur. Dabei waren es zunächst vor allem militärisch-strategische Überlegungen, die zu Investitionen in Land- und Wasserwege führten. Am Beginn stand die Anlage einer Militärstraße von Kalkutta, dem Hauptsitz der East India Company (EIC) in Indien, nach Benares (Varanasi). Die Bauarbeiten an dieser etwa 700 km langen Route begannen 1781, und man folgte nur teilweise der alten ›Königsstraße‹.[62] Die topographischen Rahmenbedingungen, die seit Jahrhunderten den Verlauf der Wasserläufe und Landrouten Nordindiens mitgeformt hatten, verloren auch in der Kolonialzeit nicht ihre Bedeutung. Die Briten folgten auf ihrem Weg ins Landesinnere ausgetretenen Pfaden. Mit der Anlage der Straße dem Ganges entlang machten die Briten zudem deutlich, dass sie es ernst meinten mit der administrativen und militärischen Durchdringung ihres Kolonialreiches.

Damit einher ging auch die Initiative von James Rennell, der die Provinzen entlang des Ganges bis kurz vor Delhi kartographiert und 1781 im Bengal Atlas veröffentlicht hatte.[63] Wenige Jahr später erschien die erste geographisch exakte Karte Indiens. Ein weiterer Beleg für die ›britische Aneignung des Subkontinents‹ war die ›Große Trigonometrische Vermessung‹ (*Great Tri-*

gonometrical Survey), die Grundlagenvermessung des Indischen Subkontinents durch trigonometrische Vermessungsnetze, die kurz nach 1800 begann und sich über den größten Teil des 19. Jahrhunderts erstreckte.[64] Ergänzt wurde diese Maßnahme durch die Messung eines Meridianbogens zwischen dem Kap Komorin an der Südspitze Indiens und einem Berg an den Ausläufern des Himalaya. Der 2500 km lange Bogen wurde als *The Great Arc* bekannt.[65] Die Vermessung Indiens war ein Projekt, das gleichermaßen wissenschaftlichen wie politisch-militärischen Zwecken diente.

Die Herrschaft der EIC über Indien war niemals unangefochten, weder innerhalb Indiens noch zu Hause in Großbritannien. Im Jahr 1806 meuterten die Sepoys, die indischen Soldaten in den Streitkräften der Kompanie, in der Garnison von Vellore in Südindien und töteten dabei 114 britische Offiziere und Soldaten. Trotz der raschen Niederschlagung und der Vollstreckung von 19 Todesurteilen war das Verhältnis zwischen Briten und Indern auch in den folgenden Jahrzehnten nicht spannungsfrei. Hinzu kamen militärische Konflikte, die mit der Sicherung oder Ausdehnung des Kolonialreiches verbunden waren, insbesondere die verlustreiche Niederlage im Ersten Anglo-Afghanischen Krieg sowie die siegreichen Kriege gegen die Sikhs zwischen 1845 und 1849 und die damit verbundene Annexion des Punjab mit der Hauptstadt Lahore.

Unter Druck stand die East India Company auch durch London. Kaufleute und Industrielle in England klagten darüber, dass das wirtschaftliche Potential Indiens nicht ausgeschöpft werde, weder als Rohstofflieferant für die britische Industrie noch als Abnehmer britischer Erzeugnisse. Die Forderungen führten dazu, dass die wirtschaftliche Monopolstellung der EIC ab 1813 zunehmend eingeschränkt wurde. Als ein Hauptgrund für die mangelhafte Ausbeutung der Kolonie wurde die schlechte verkehrstechnische Erschließung Indiens betrachtet. Sowohl die Anbindung Indiens an Großbritannien als auch die Verbindung des Hinterlandes mit den Hafenstädten sollten verbessert werden, um die Ausfuhr indischer Rohstoffe und die Einfuhr britischer Fertigwaren zu erleichtern. Die Debatten in England drehten sich dabei in den 1830er Jahren vorrangig um den Einsatz von Dampfschiffen zwischen den britischen Inseln und Indien und ab den 1840er Jahren um die Errichtung eines Eisenbahnnetzes in Indien selbst. Aus den Diskussionen erwuchsen bald Investitionen, die zu einer regelmäßigen Dampfschiffverbindung sowie dem Beginn des Eisenbahnbaus in Indien führten.[66] Die erste Eisenbahnlinie, das kann nach den bisherigen Bemerkungen zum Verkehrswesen in Indien nicht überraschen, verband Kalkutta und Delhi und verlief größtenteils entlang der alten ›Königsstraße‹.[67]

Bereits zwei Jahrzehnte zuvor hatte Generalgouverneur Lord William Bentinck dafür gesorgt, dass die Landstrecke zwischen Kalkutta und Delhi ausgebaut wurde. Die Baumaßnahmen begannen 1829 und entsprachen Lord Bentincks Bestreben, die Administration insgesamt effizienter zu gestalten sowie alle Hindernisse für den sicheren Verkehr von Personen und Waren auf Indiens Straßen zu beseitigen.[68] Nach seinen Plänen sollte die Straße in ihrer gesamten Länge 1 ft. 6 in., also etwas weniger als einen halben Meter, über der Höhe einer Monsunflut angelegt werden. Auf beiden Seiten der Straßen sollten im Abstand von 60 ft. (circa zwanzig Meter) Bäume gepflanzt werden. Um die Wetterbeständigkeit im extremen Klima Indiens zu garantieren, erhielt die Straße eine Pflasterung mit einem *kankar* genannten, Lehm enthaltenden Kalkstein, der sich durch den Kontakt mit Wasser verhärtet und zementartige Eigenschaften annahm.[69] Mitte des 19. Jahrhunderts hatte der Ausbau der Straße Delhi erreicht. Im *Calcutta Review* erschien bereits 1853 ein ausführlicher Reisebericht über die Strecke mit historischen Exkursen, Bemerkungen zu Land und Leuten sowie den wichtigsten Sehenswürdigkeiten, geschrieben für die britischen Bewohner Kalkuttas sowie Touristen aus Großbritannien. Gefeiert wurden in dem Artikel allerdings in erster Linie die Leistungen der britischen Kolonialmacht, die sich für die Autoren nicht zuletzt in der Anlage der soeben fertiggestellten *Grand Trunk Road* offenbarten.[70]

Nach der Annexion des Punjab 1849 wurde ein eigenes Public Works Department eingerichtet, das den Ausbau der Straße von Delhi durch diese Provinz bis nach Peshawar organisieren sollte. Die Bedeutung, die man diesem Projekt beimaß, wird aus amtlichen Dokumenten der britischen Verwaltung deutlich, beispielsweise in einem *Administration Report* von 1852–53, in dem es hieß:

»The project has the special approval of the most Noble the Governor General (Dalhousie). From a political and military point of view its consequence can hardly be over-rated as binding together all our important Northern Cantonments and maintaining communication with Peshawar, our greatest frontier station. In this respect it is of the greatest strategic importance to the Punjab and to India. But to the Punjab it confers another great benefit by forming a great highway, passing through the upper districts and the chief cities (…). It thus constitutes a great artery from which numerous branches separate off in various directions. Lastly, it is the great outlet and channel for the import and export trade between India, Central Asia and the West.«[71]

Trotz der teilweise schwierigen geographischen Bedingungen machten die Arbeiten an der 563 Meilen langen Straße rasche Fortschritte. Im Jahr 1856 war der größte Teil der Strecke fertiggestellt, durchgehend gepflastert, mit Hunderten Brücken sowie mit Raststationen und Bäumen am Straßenrand ausgestattet.[72] Entlang der Straße befanden sich nicht nur die größten Städte der Region, sondern auch die wichtigsten militärischen Einrichtungen der britischen Kolonialherrschaft.

Insgesamt hatten die Engländer bis zum Jahr 1857 in Indien an die 3.600 Meilen Straßen gebaut, 800 Meilen befanden sich im Bau, weitere 800 Meilen waren geplant.[73] Die alte ›Königsstraße‹, die spätestens seit der Maurya-Dynastie im dritten vorchristlichen Jahrhundert bekannt war und im Laufe der Jahrhunderte viele Namen getragen hatte, wurde nun zu einer modernen Straße und erhielt den englischen Namen *Grand Trunk Road*, den sie noch heute neben anderen Namen trägt. Der Ausbau der Straße scheint bereits Briten wie Inder beeindruckt zu haben, auf humoristische Weise belegt in dem Spruch: »Sollten die Briten Indien jemals verlassen, würde sie zwei Dinge zurücklassen: die GT und einen Haufen leerer Bierflaschen«.[74] Zugleich nahm die Vorstellung Gestalt an, dass erst die Kolonialmacht dafür gesorgt habe, dass man auf Indiens Straßen sicher reisen konnte, sicher vor Straßenräubern und sicher aufgrund der stabilen Bauweise.[75]

Tatsächlich ermöglichte die *Grand Trunk Road* eine ›Transportrevolution‹ in Nordindien.[76] An die Seite der langsamen Ochsenkarren traten schnellere Pferdewagen (Gharries), die an einem Tag bis zu 100 Meilen zurücklegten. Als erster indischer Unternehmer gründete Lalla Tantimul um 1849 ein Transportunternehmen, das Post und Menschen beförderte.[77] Einige Jahre später nahm in Kalkutta die europäische North-West Dak Company ihre Tätigkeit auf, die bald auf einem Straßennetz von 1.200 Meilen operierte. Der Handels- und Personenverkehr auf der Hauptroute durch die Gangestiefebene, aber auch auf anderen von den Briten ausgebauten Straßen nahm beständig zu. Der damit verbundene wirtschaftliche Nutzen kam allerdings in erster Linie den Kolonialherren und der britischen Industrie zugute, während das indische Gewerbe an vielen Orten spätestens ab 1830 in einen Prozess der ›Deindustrialisierung‹ eintrat.[78] Für die Briten bildeten die neuen Straßen jedoch ein weiteres Zeugnis ihrer erfolgreichen Tätigkeit als Kolonialherren,[79] die in ihrer Anschauung sowohl die eigenen als auch die indischen Interessen beförderten – gemäß dem Leitspruch »British Greatness and Indian Happiness«[80].

Allerdings reisten auf den erneuerten Straßen nicht nur Zivilisten. Bei den Investitionen in das indische Straßennetz hatte die EIC von Anfang an auch militärisch-strategische Ziele. Für die kleine Minderheit in einem riesigen Kolonialreich war eine rasche Verschiebung ihrer Truppen eine Notwendigkeit. Als man in den 1840er Jahren über den Bau einer Eisenbahn in Indien diskutierte, wurde unter anderem dieses Argument vorgebracht und behauptet, für die Kriege in Afghanistan und im Punjab hätte der Einsatz der Eisenbahn dem britischen Militär gute Dienste leisten können. Eine Investition in die Infrastruktur wäre daher keine Ausgabe zum Wohle der armen Bevölkerung, sondern stünde im Dienste der Herrschaft der EIC und läge in ihrem eigenen Interesse.[81] Und tatsächlich sollte sich der Ausbau der Straßen, allen voran der *Grand Trunk Road*, für die britische Sache lohnen, ja vielleicht sogar ihr Überleben retten, als im Jahr 1857 indische Soldaten zu meutern begannen.[82]

Die kriegerische Auseinandersetzung zwischen britischer Kolonialherrschaft und indischen Truppen wird aus britischer Sicht die ›Indische Meuterei‹ (Indian Mutiny), aus indischer Sicht jedoch als Erster Unabhängigkeitskrieg bezeichnet.[83] Im Verlauf von zwei Jahren kam es an verschiedenen Orten, vor allem im oberen Gangestal zwischem dem Punjab und Bihar sowie in der Region um Delhi, zu Kampfeshandlungen. Massaker an Briten und Kollaborateuren durch Sepoy und Teile der indischen Zivilbevölkerung standen einer grausamen Kriegsführung der britischen Truppen gegenüber. Bereits 1858 gewannen die Briten und ihre indischen Verbündeten jedoch verloren gegangene Städte und Garnisonen zurück, so dass sie 1859 die letzten ›Rebellen‹ besiegen und die unangefochtene Herrschaft zurückgewinnen konnten. Es war nicht zuletzt die schnelle Verlegung britisch-indischer Truppen aus dem Punjab in die Krisenregion um Delhi, die dazu geführt hatte.[84] Der Bericht des *Punjab Government* aus den Jahren 1856–58 macht deutlich, dass dies den Zeitgenossen bewusst war:

> »It was along this road that the troops, stores and siege-trains proceeded to the siege in Delhi. It may be truly affirmed that, at that rainy season of the year, if there had not been this good road; if the line had been in the same condition as it was five years ago, the vast amount of material and munitions of war could not have reached the scene of action: and that without this road it might hardly have been possible to take Delhi at least during the Autumn of 1857.«[85]

Erfolgreich überstanden hatte die britische Kolonialherrschaft die Kämpfe mit den indischen Aufständischen oder Unabhängigkeitskämpfern also nicht zuletzt aufgrund einer guten Infrastruktur sowie erfolgreicher Logistik, die neben strategischem Geschick auch auf der Eisenbahn, guten Straßen und einer raschen Kommunikation zwischen Kalkutta und den Zentren der militärischen Ereignisse in und rund um Delhi basierten.[86] Der Ausbau der *Grand Trunk Road* hatte sich für die Briten also bezahlt gemacht. Zugleich lenkte der Aufbau einer kolonialen Infrastruktur, zu der neben Eisenbahnen und Dampfschiffen auch die neu angelegten Straßen gehörten, den Verkehr und Transport auf dem Subkontinent in neue Bahnen, die zum beträchtlichen Teil noch heute Indiens Infrastruktur prägen,[87] und förderte zugleich soziale Formierungsprozesse wie beispielsweise die Marginalisierung von nomadisierenden Völkern.[88]

Die Gegenwart: »Fast Lane to the Future« und *lieu de mémoire*

Auch nach der Unabhängigkeit Indiens blieb die Straßenverbindung zwischen Kabul und Kalkutta eine wichtige Verkehrsachse in Nordindien. Zunächst bildeten die *Grand Trunk Road* sowie die Eisenbahnlinie im Punjab zwischen Lahore und New Delhi jedoch einen zentralen Schauplatz der Massenmigration von etwa 10 Millionen Menschen, die nach der *Partition of India* ihre Heimat verließen und ins muslimische Pakistan oder mehrheitlich hinduistische Indien flüchteten.[89] Bis zu 500.000 Menschen starben im Zuge des gewaltsamen Bevölkerungsaustausches, eine große Anzahl von ihnen auf der alten Königsstraße und den angrenzenden Städten und Dörfern.[90]

Die Bedeutung der Straße blieb auch in den unabhängigen Staaten Pakistan und Indien erhalten. Zwischen der Mitte des 19. Jahrhunderts und etwa 1960 stand die *Grand Trunk Road* zwar im Schatten der Eisenbahn, deren Ausbau in der zweiten Hälfte des 19. Jahrhunderts Transport und Kommunikation auf dem Subkontinent auf neue Grundlagen gestellt hatte. Nicht umsonst hat man die Eisenbahn trotz aller Kritik als »the most useful of British enterprises in India« bezeichnet.[91] Aus diesem Schatten trat die *Grand Trunk Road* ab den 1960er Jahren wieder hervor. Zu verdanken hatte die Straße die Wiedererlangung ihrer überragenden Stellung als Hauptverkehrsweg der Motorisierung der indischen Wirtschaft und Gesellschaft und dabei vor allem dem Aufkommen der Lastkraftwagen.[92] Während die Eisenbahn »the bloodstream of the Raj« (Paul Theroux) gewesen sein mochte,[93] so stützt sich die moderne indische Wirtschaft trotz Steigerungsraten auch beim Schienenverkehr[94] zu weiten Teilen auf den Transport auf der Straße.

Seit dem Mittelalter prägten Prozesse der sozialen, vor allem aber der regionalen Mobilität die indische Gesellschaft.[95] Eine herausragende Rolle spielte dabei stets die Arbeitsmigration, sowohl von Kaufleuten und ihren Karawanen[96] als auch von Handwerkern und Bauern,[97] die auf der Suche nach besseren Einkunftsmöglichkeiten ihre Heimat für kurze oder längere Zeit verließen. Hinzu kamen die reisenden Fürsten mit ihrem Gefolge, ihre Gesandten sowie Soldaten und wandernde Gelehrte. Die räumliche Mobilität nahm seit der Einführung motorisierter Verkehrsmittel im 19. Jahrhundert sprunghaft zu. Eine zweite Phase dramatischer Verkehrszunahme erlebte Indien in der Nachkriegszeit und vor allem seit der Liberalisierung und Öffnung der indischen Wirtschaft seit 1991.[98] Mit den damals verabschiedeten Reformen begann in Indien eine Phase des raschen und nachhaltigen Wirtschaftswachstums, das mehr oder weniger bis heute anhält.[99] Die Konsequenzen dieser erfolgreichen Wirtschaftspolitik führten nicht nur zu einem Anstieg des indischen GDP und einer Ausweitung der Mittelklasse, sondern auch zu einer enormen Zunahme der räumlichen Mobilität sowie des Verkehrs.[100] In großen Städten wie New Delhi und Mumbai wird versucht, den Anstieg des Straßenverkehrs durch Abgasbeschränkungen, den Umstieg auf Gas als Treibstoff oder den Ausbau des öffentlichen Verkehrs in den Griff zu bekommen. Auf den indischen Überlandstraßen ist der Verkehr ebenso stark gewachsen, allerdings sind es noch immer wenige Personenfahrzeuge, die hier unterwegs sind. Geprägt sind die Landstraßen einerseits vom lokalen Verkehr zwischen den Dörfern, häufig mit Ochsen, Karren, Fahrrad oder zu Fuß und mit Lasten auf dem Kopf, und andererseits vom überregionalen Fernverkehr mit Lastkraftwagen.[101]

Die Fahrt mit diesen Lastkraftwagen ist nicht ungefährlich.[102] Der äußere Schein verrät davon wenig. Wie ›art in motion‹ werden die Fahrzeuge mit viel Liebe zum Detail bemalt und strahlen in leuchtenden Farben. Zum üblichen Repertoire zählen Slogans vom einfachen Blow Horn über *Ta, Ta* (»Bye, bye«) und Frauennamen bis zur Schadensabwehr wie *Buri nazar wale, tera muh kaala* (»You, the person with an evil eye, may your face be blackened«) oder philosophischen Einsichten wie *Maalik ki zindagi, fruit aur cake pe, driver ki zindagi steering aur brake pe* (»While the owner lives on fruits and cake, the driver survives on steering and brake«). Daneben werden die meisten Flächen mit ornamentalen oder floralen Mustern sowie Bildern von Tieren, Heiligen oder Bollywood-Helden gefüllt. Dieses Farbenspektakel verhindert freilich nicht, dass die Lastwagen in der Regel überladen sind und nur mangelhaft gewartet werden. Hinweise auf die Gefahren der Straße, die vielen Unfälle und die liegengebliebenen Trucks gehören daher zum beliebten Thema der modernen Reiseautoren und der indischen Tageszeitungen.

Die Route der modernen *Grand Trunk Road*, die als NH 1 (National Highway) und NH 2 von der pakistanischen Grenze über Delhi bis nach Kalkutta führt, folgt in weiten Teilen der alten Streckenführung. Der Ausbau der Straßen im 20. und 21. Jahrhundert führte aber dazu, dass die architektonischen Überreste der Vergangenheit mehr und mehr verschwinden. Eine ähnliche Konsequenz hat die starke Urbanisierung in weiten Teilen Nordindiens. Die Expansion der Städte überlagert ältere Bausubstanz oder diese wird für Neubauten verwendet. Davon betroffen sind unter anderem Karawansereien, die vom städtischen Wachstum überwuchert wurden.[103] Die indischen Behörden und auch die Bevölkerung haben häufig wenig Skrupel, die Denkmäler der Vergangenheit den Zukunftsprojekten einer stark wachsenden Bevölkerung und Wirtschaft zu opfern.[104]

Als moderner Highway spielt die *Grand Trunk Road* auch im Indien des 21. Jahrhunderts eine wichtige Rolle. Sie bildet die Nordachse des *Golden Quadrilateral Project*, in dessen Rahmen in den letzten zehn Jahren ein Autobahnnetz durch Indien gebaut wurde, das die Metropolen Mumbai, Chennai, Kalkutta und Delhi miteinander verbindet. Auf der Strecke dieses 5.846 km langen Netzwerks liegt eine Reihe wirtschaftlich bedeutsamer Städte, so dass durch das ›Goldene Rechteck‹ ein großer Teil der indischen Bevölkerung und Wirtschaft erfasst wird. Im Jahr 2001 wurde mit den Bauten begonnen, die im Jahr 2013 abgeschlossen werden konnten. Spätestens in dieser Zeitspanne haben sich die GT und andere Überlandrouten von vormodernen Straßen mit nur einer Asphaltspur in der Straßenmitte in moderne, mehrspurige Highways verwandelt. Indien hat seine »Fast Lane to the Future« (National Geographic, October 2008) erhalten. Wie so häufig auf dem Subkontinent führt die neue Schnellstraße zu einer unvermittelten Begegnung zwischen Tradition und Moderne, zwischen dem Indien von gestern und jenem von morgen.[105] Zweifellos ist das *Golden Quadrilateral* aber ein Symbol vom neuen Indien, das als Supermacht des 21. Jahrhunderts mit hohen wirtschaftlichen Wachstumsraten nicht nur seiner Bevölkerung von mehr als einer Milliarde Menschen ein immer besseres Leben bieten will, sondern auch eine angemessene Rolle im Konzert der global agierenden Großmächte zu finden versucht.[106] Die *Grand Trunk Road* ist ein sichtbares Zeichen für diese Wunschvorstellung. Allerdings ist die

Straße nicht nur Symbol einer imaginierten goldenen Zukunft, sondern zudem auch ein *lieu de mémoire*, der die Vergangenheit mit der Gegenwart verbindet.

Die GT wurde bisher nicht als ein ›Erinnerungsort‹ bezeichnet. Das hat zwei Gründe: Straßen, Strecken und Routen scheinen von Historikern generell kaum zum Kanon nationaler oder übernationaler Erinnerungsorte gerechnet zu werden,[107] trotz umfangreicher Studien zu wichtigen Pilger- und Transitrouten wie dem Jakobsweg,[108] der Via Francigena,[109] der Bernsteinstraße oder der ganz Europa durchquerenden *via regia* zwischen Santiago de Compostela in Spanien und Kiew in der Ukraine[110]. Zum anderen ist die Kategorie der ›Erinnerungsorte‹, die vor allem in Kontinentaleuropa inzwischen fest etabliert ist, nicht einfach auf Indien übertragbar.[111] Dabei gehört die *Grand Trunk Road* zum kollektiven Erinnerungsschatz Indiens, wie folgender Zeitungsbericht der *Times of India* aus dem Jahr 2004 über eine Schulinspektion in Patna im Bundesstaat Bihar belegt: Bei der Inspektion einer Highschool in der Nähe von Patna fragte der Schulinspektor die Schüler einer zehnten Klasse, wer die *Grand Trunk Road* gebaut hätte. Da die Schüler keine Antwort wussten, wandte sich der Inspektor an den anwesenden Geschichtslehrer, der prompt verkündete: »Schah Jahan« (Großmogul von 1627 bis 1658). Bei der Inspektion wussten Schüler anderer Klassen nicht, wer Jawarhalal Nehru (erster Ministerpräsident von 1947 bis 1964) und wer Akbar (Großmogul 1552–1605) war. Der Artikel schließt mit dem Seufzer: »Wenn dies die Situation in einer Highschool nahe der Hauptstadt Patna ist, wie muss es erst in Schulen im Inneren des Staates aussehen?«.[112] Der Bericht macht drei Dinge deutlich: Erstens, nicht nur in Europa wird über mangelnde Geschichtskenntnis der Schüler geklagt. Zweitens, über die Ursprünge der *Grand Trunk Road* gehen die Meinungen im modernen Indien auseinander. Drittens, die Kenntnis der *Grand Trunk Road* gilt als elementares Geschichtswissen.

Die Erinnerung an die *Grand Trunk Road* ist eine vielschichtige Angelegenheit,[113] so dass sich die Straße nicht für jede Form der Erinnerungspolitik eignet. Doch diese Einschränkung gilt vermutlich für jeden *lieu de mémoire*. Einerseits symbolisiert die Straße die glorreiche Vergangenheit einer Region, die seit vielen Jahrhunderten durch interkulturellen Austausch und den Aufstieg und Niedergang großer Reiche geprägt war. Die GT bildete das Rückgrat dieses politischen Gravitationsraums innerhalb Südasiens, besser gesagt: Erst die Reise- und Kommunikationsmöglichkeiten in den nordindischen Tiefebenen, die sich in der GT bündelten und materialisierten, schufen die Grundlagen für diesen Austausch- und Verdichtungsprozess.[114] Die Straße erinnert aus dieser Perspektive an eine große Vergangenheit mit mächtigen Imperien und wichtigen kulturellen Leistungen. Andererseits ist die Erinnerung an die großen Reiche der Vergangenheit und ihre Auflösung mit der Erinnerung an Fremdherrschaft, Vertreibung und Gewalt verbunden. Die Moguldynastie war ein muslimisches Herrscherhaus, das den Subkontinent dem Einfluss des Islam und der persischen Kultur öffnete. Die britische Kolonialherrschaft bescherte Indien moderne Straßen und Eisenbahnen sowie die Integration in die Weltpolitik und den Welthandel, wird umgekehrt aber auch für den wirtschaftlichen Niedergang Indiens im 19. Jahrhundert verantwortlich gemacht.

Noch heute sind die *Grand Trunk Road* und ihr Hinterland auf besonders enge Weise mit der ehemaligen Kolonialmacht verbunden, stammt doch ein beträchtlicher Teil der heute in Großbritannien lebenden Inder und Pakistani aus den an die Straße grenzenden Regionen. Das hat Gründe, die ins 19. Jahrhundert zurückreichen, denn nach dem Aufstand von 1857 rekrutierten die Briten einheimische Soldaten, Diener und Arbeiter vorrangig entlang der Strecke zwischen Delhi und Peshawar. Dadurch entstand ein besonderes Verhältnis zwischen Briten einerseits und Sikhs, Punjabis und Pathans andererseits, das auch das Ende der Kolonialzeit, die Weltkriege und die Teilung Indiens überdauerte.[115] In England symbolisiert die Straße bis heute diese Verbindung. So heißt es in einem Artikel des *Daily Mail* vom 7. Januar 2014 über pakistanische Frauen, die von ihren Eltern mit britischen Pakistani verheiratet und nach England geschickt werden: »Many of these stories begin in the settlements along the *Grand Trunk Road*, that fabled highway that runs 1,500 miles from modern-day Bangladesh through India and Pakistan to the Afghan capital Kabul«.[116] Zu dieser Sichtweise der *Grand Trunk Road* als Verbindungsglied von den ehemaligen Kolonien und dem ehemaligen Mutterland Großbritannien trat im Westen eine romantisierende Sichtweise, die die GT als bunte und aufregende Abenteuerstrecke begreift.¹¹⁷

In Südasien selbst ist die Erinnerung an die Straße gegensätzlicher und politischer als im Westen. Für das intellektuell-liberale Indien ist die Straße das Symbol einer untergegangenen Welt, in der noch keine unüberwindlichen Grenzen den Subkontinent teilten. Sie erinnert an eine Epoche vor der Teilung Indiens 1947, als Hindus und Moslems in Südasien zwar nicht spannungsfrei, aber doch meist friedlich zusammenlebten oder zumindest koexistierten.¹¹⁸ Während heute Lastkraftwagen an der indisch-pakistanischen Grenze zwischen Lahore und Amritsar, der ›Berlin wall of Asia‹, umkehren und ihre Ladung von Trägern über die Grenze getragen und auf dort wartende Lastkraftwagen geladen wird,¹¹⁹ zogen seit dem Altertum Karawanen, Pilger, aber auch Invasoren mehr oder weniger ungehindert über die alte ›Königsstraße‹. Aus dieser Perspektive ist die *Grand Trunk Road* das Symbol einer glorreichen Vergangenheit. So beschreibt etwa Saifur Rahman Dar in seiner Studie über die zum größten Teil zerstörten Karawansereien im pakistanischen Teil die *Grand Trunk Road* mit folgenden Worten:

> »As a result of this exchange of people and ideas along this ancient road and in its caravanserais, beside the cooling waters of the stepped wells and in the cool shade of their pavilions, waiting at the crossroads and under the shadows of the mighty kos minars, the seeds of new ways of life, new cultures, and new peoples took roots. This was the role of this mighty highway that connected Central Asia with the subcontinent of Pakistan and India. The devastation brought by invading armies has been forgotten. Merchandise bought and sold has been lost. But the seeds of cultural exchange sown along this road haven taken root and given shape to new cultural phenomena that have determined the course of life today along these routes. Here lies the value of the ancient *Grand Trunk Road* and the halting stations on it.«¹²⁰

Dieser liberal-säkularen Sichtweise steht in Indien die Sichtweise der Hindu-Nationalisten gegenüber. Deren Ziel ist die Stärkung der Bharat Mata (Mutter Indien), in der die islamischen und christlichen Einflüsse zurückgedrängt und die ursprüngliche Einheit der hinduistischen Nation wiedererweckt werden soll. Die Invasoren der Vergangenheit, seien es muslimische Moguln oder christliche Briten, und ihr Erbe werden als Feinde Indiens verteufelt.¹²¹ Ihre Hinterlassenschaft wird negiert oder ausdrücklich abgelehnt, Monumente der ›Invasoren‹ werden benutzt, um die Erinnerung an die Schrecken der Vergangenheit hochzuhalten.¹²² Als ein Bauwerk, das maßgeblich von nicht-hinduistischen Invasoren stammt und das eng mit den Ereignissen der Partition verbunden ist, spielt die *Grand Trunk Road* in einer hindu-nationalistischen Weltsicht keine positiv besetzte Rolle.

So ist die Erinnerung an die *Grand Trunk Road* insgesamt ein Beispiel für die Komplexität moderner Erinnerungskultur. Der Umgang mit der Erinnerung an diese Straße ist eben immer auch ein Spiegel der in der Gegenwart herrschenden Einstellungen und Interessen.

The *Grand Trunk Road* from Kabul to Calcutta. A road as a *lieu de mémoire*

The *Grand Trunk Road* connects Kabul in Afghanistan with Kolkata at the Bay of Bengal and traverses the Great Plains of the northern Indian subcontinent. In pre-Christian times commonly referred to as the »King's Highway«, the road was instantly perceived as »the greatest highway in the world«, while simultaneously notorious for being »the most dangerous highway in the world«. Undoubtedly, the GT deserves recognition as a cultural route, not in terms of a traditional scenic or holiday route but as a South Asian *lieu de mémoire*. More precisely, the road symbolizes a vivid memory of a South Asia, when cultural and economic exchange between Central Asia and the Indian subcontinent crossed all sorts of borders and considerably influenced distinct regions. The significance and history of the *Grand Trunk Road* are emphasized in this paper by investigating topographic parameters and employing two historical cross-sections, one in the early Mughal Empire (1600), the other in the midst of the colonial era (1850). Subsequently, its contemporary function as a modern transport axis as well as a *lieu de mémoire* is thoroughly examined.

Anmerkungen

1 John Wiles: The Grand Trunk Road in the Punjab: Khyber to Calcutta, London 1972, 7; K. M. Sarkar: The Grand Trunk Road in the Punjab: 1849–1886 (Punjab Government Record Office Publications, Monograph, 1), Lahore 1926, vii.

2 Rudyard Kipling: Kim, London 1901, 41: »Look! Brahmins and chumars, bankers and tinkers, barbers and bunnias, pilgrims – and potters – all the world going and coming. It is to me as a river from which I am withdrawn like a log after a flood. And truly the Grand Trunk Road is a wonderful spectacle. It runs straight, bearing without crowding India's traffic for fifteen hundred miles – such a river of life as nowhere else exists in the world«.

3 Vgl. die Website des European Institute of Cultural Routes: http://www.culture-routes.lu. (Zugriff: 17.01.2014).

4 Vgl. Anthony Weller: Days and Nights on the Grand Trunk Road. Calcutta to Khyber, New York 1997; Irna Qureshi / Tim Smith: The Grand Trunk Road from Delhi to the Khyber Pass, Stockport 2011. – Zur GT als Ausgangspunkt und ›Aufhänger‹ für eine Darstellung von Gesellschaft, Politik und Wirtschaft im modernen Südasien vgl. Steve Coll: On the Grand Trunk Road. A Journey into South Asia, New York 1994.

5 Zur *Grand Trunk* und zu anderen Hauptrouten im alten Indien vgl. Moti Chandra: Trade and Trade Routes in Ancient India, New Delhi 1977, 1–22.

6 Vgl. Abul Khair Muhammad Farooque: Geographic and Economic Background to the Mughal Roads and Communications Systems, in: ders., Roads and Communications in Mughal India, Delhi 1977, 1–20, hier 2–3; Jean Deloche: La circulation en Inde avant la revolution des transports, vol. I: La voie de terre (Publications de l'École Française d'Extrême-Orient, 122), Paris 1980, 7–12 und 34–46. – Grundsätzlich zu den »geographical elements of the route« vgl. Yann Morvran Goblet: Political Geography and the World Map, New York 1956, 121–146.

7 Zu den antiken und mittelalterlichen Straßen zwischen Tiefebene und Dekkan bzw. Südindien vgl. Dilip K. Chakrabarti: The Archeology of the Deccan Routes. The Ancient Routes from the Ganga Plain to the Deccan, New Delhi 2005; ders.: The Ancient Routes of the Deccan and the Southern Peninsula, New Delhi 2010.

8 Vgl. Catherine B. Asher / Cynthia Talbot: India before Europe, Cambridge 2006, 2–12.

9 Vgl. Harish Chandra Verma: Medieval Routes to India: Baghdad to Delhi. A Study of Trade and Military Routes, Calcutta 1978, 24–132.

10 Vgl. Lisa Balabanlilar: Imperial Identity in Mughal India. Memory and Dynastic Politics in Early Modern South and Central Asia, London/New York 2012, 37–70.

11 Vgl. Asher / Talbot 2006 (wie Anm. 8), 115–185.

12 Ein Überblick über die Geschichte der Straße »from early days to Modern Times« bei Sarkar 1926 (wie Anm. 1), 1–6.

13 Devadatta Ramkrishna Bhandarkar: *Aśoka,* Calcutta 1925 / New Delhi 2000, 319; Dines Chandra Sircar: Inscriptions of Aśoka, rev. ed. Delhi 1975, 67. – Zur Bedeutung der Grand Trunk Route zur Zeit der Maurya-Dynastie vgl. Chandra 1977 (wie Anm. 5), 70–89.

14 Vgl. Ancient India as Described by Megasthenes and Arrian, hrsg. v. John W. McCrindle, London 1877, 50: »The length from west to east as far as Palibothra can be stated with greater certainty, for the royal road which leads to that city has been measured by schoeni (= Längenmaß von 40 stadia), and is in length 10.000 stadia (= ca. 1000 Meilen)«.

15 Zu den frühesten Nachrichten über Straßen in Indien vgl. Maxwell G. Lay: Ways of the World. A History of the World's Roads and of the Vehicles That Used Them, New Brunswick 1992, 49.

16 Vgl. Chandra 1977 (wie Anm. 5), 169–212.

17 Vgl. Verma 1978 (wie Anm. 9), 183–225, insbesondere 184, 233–250.

18 Vgl. Nader Purnaqchéband: Strategien der Kontingenzbewältigung. Der Mogulherrscher Humāyūn (r. 1530–1540 und 1555–1556) dargestellt in der »Taẕkirat al-Wāqiʿāt« seines Leibdieners Jauhar Āftābčī (Bonner Islamstudien, 5), Schenefeld 2007.

19 Zum *kos* als Längenmaß vgl. Verma 1978 (wie Anm. 9), 138–140.

20 Vgl. The Times of India, Feb 11, 2009: BJP fooling people: Sonia (Dipak Mishra): »Referring to the corridor project [= Ausbau einer Eisenbahnlinie zur Frachtbeförderung in Uttar Pradesh], Lalu [Lalu Prasad, railway minister] said Sonia [Gandhi] is going to repeat the feat of Sher Shah who made the Grand Trunk Road from Kolkata to Peshawar.« URL: http://articles.timesofindia.indiatimes.com/2009-02-11/patna/28008999_1_railway-minister-lalu-prasad-lalu-and-rabri (Zugriff: 17.01.2014).

21 Vgl. Abul Khair Muhammad Farooque: Roads and Bridges in Mughal India, in: ders. 1977 (wie Anm. 6), 21–52, hier 21–28, 33–39 (über Straßen in den Städten) und 40–54 (Brücken); Jean Deloche: Recherches sur les routes de l'Inde au temps des Mogols (Étude critique des sources) (Publications de l'École Française d'Extrême-Orient, 67), Paris 1968.

22 Vgl. Deloche 1980 (wie Anm. 6), 119–123.

23 Zu Einzelfällen siehe Verma 1978 (wie Anm. 9), 187; Deloche 1980 (wie Anm. 6), 101–112.

24 Zur Anpflanzung von Bäumen am Straßenrand vgl. Deloche 1980 (wie Anm. 6), 144–153 (zu Jahangir 147–149).

25 Vgl. Memoirs of Emperor Jahangir, trans. Major David Price, Delhi o. J., 157.

26 Vgl. Saifur Rahman Dar: Caravanserais along the Grand Trunk Road in Pakistan, in: Vadime Elisseeff (Hg.): The Silk Roads. Highways of Culture and Commerce, New York 2000, 158–184.

27 Vgl. Weller 1997 (wie Anm. 4), 190 (über den Sarai in Gharaunda).

28 Zur wirtschaftlichen Bedeutung der Gebietes an der Straße von Lahor über Delhi nach Patna vgl. Irfan Habib: An Atlas of the Mughal Empire. Political and Economic Maps with Detailed Notes, Bibliography and Index, Delhi 1982, Karte 4B und 8B.

29 Thomas Roe: The Embassy of Sir Thomas Roe to the Court of the Great Mogul (1615–1619), hrsg. v. William Foster, vol. I, London 1899, 493.

30 Richard Steel / John Crowther: Journall, 1615–16, in: Samuel Purchas: Hakluytus Posthumus or Purchas his Pilgrimes, vol. IV, Glasgow 1905, 268.

31 Vgl. Manosi Lahiri: Mapping India, New Delhi 2012, 74–79, vor allem 78.

32 Vgl. ebd., 82–83.

33 Zum Abschnitt zwischen Benares (Varanasi) und Patna vgl. Comprehensive Atlas of the Dutch United East India Company, vol. VI, hrsg. v. Jos Gommans / Jeroen Bos / Gijs Kruijtzer, Voorburg 2010, 408.

34 Vgl. Joseph E. Schwartzberg: South Asian Cartography, in: John B. Harley / David Woodward: The History of Cartography, Bd. 2: Cartography in the Traditional Islamic and South Asian Societies, Chicago/London 1992, 293–509, plate 32. Im 17. Jahrhundert wurde der Grand Trunk Road auf mogulischen Karten dagegen wenig Aufmerksamkeit geschenkt, vgl. ebd., 400–409.

35 Vgl. Deloche 1980 (wie Anm. 6), 167–185.

36 Zu den Arten des Reisens und des Transports vgl. Deloche 1980 (wie Anm. 6), 205–278.

37 Zu den Reisebedingungen im vormodernen Indien vgl. Abul Khair Muhammad Farooque, Travel and Transport, in: ders. 1977 (wie Anm. 6), 57–124.
38 Zu Bauwerken aus dieser Zeit vgl. Wayne E. Begley: Four Mughal Caravanserais Built During the Reigns of Jahāngīr and Shāh Jahān, in: Muqarnas 1, 1983, 167–179.
39 Vgl. Niccolao Manucci: Storia do Mogor; or, Mogul India 1653–1708. Engl. transl. by William Irvine, vol. 1, London 1906, 116.
40 Zu Zöllen und Abgaben für die Straßenbenutzung vgl. Abul Khair Muhammad Farooque, 164–213, hier 190–209, in: ders. 1977 (wie Anm. 6), 1–20; Verma 1978 (wie Anm. 9), 225.
41 Vgl. Subhash Parihar: Land Transport in Mughal India. Agra-Lahore Mughal Highway and its Architectural Remains, New Delhi 2008, 80–87.
42 Vgl. Ravindra Kumar: Planning and Lay-Out of Mughal Sarais, Proceedings of Indian History Congress 38 (1977) 354–361; Begley 1983 (wie Anm. 38).
43 Zum Sarai und seiner Ausstattung vgl. Parihar 2008 (wie Anm. 42), 231–241.
44 Die letzte Zeile bildet ein Chronogramm und enthält die Jahreszahl 1028 (=1618/19 n.Chr.). Ein Abdruck der Inschrift in Persisch und English bei Parihar 2008 (wie Anm. 42), 241–242.
45 Zum Bau dieser Anlagen als »act of public spirit and religious merit« sowie als wirtschaftliche Investition vgl. John F. Richards: The Mughal Empire, Cambridge 1993, 62.
46 Vgl. Parihar 2008 (wie Anm. 42), 87–88. Zum Brückenbau in der Zeit des Sultanats vgl. Verma 1978 (wie Anm. 9), 188–196.
47 Vgl. ebd., 50–51.
48 Vgl. Deloche 1980 (wie Anm. 6), 153–160.
49 Vgl. Schwartzberg 1992 (wie Anm. 33), 324.
50 Vgl. Parihar 2008 (wie Anm. 42), 89–90.
51 Zur Verwandtschaft mit den Jagdtürmen von Akbar vgl. Ebba Koch: Mughal Architecture, München 1991, 62–67.
52 James Forbes: Oriental Memoirs, London 1813, III 60.
53 Vgl. Verma 1978 (wie Anm. 9), 223–224; Deloche 1980 (wie Anm. 6), 157. Der europäische Reisende Niccolo Manucci berichtet von einem weiteren Verwendungszweck der Meilentürme. Nach seinen Angaben pflegten Akbars Generäle nach siegreichen Schlachten die Leichen ihrer besiegten Feinde zur Abschreckung auf Bäumen und Meilentürmen aufzuhängen, vgl. Manucci 1906 (wie Anm. 39), 134.
54 Vgl. Robert Alan Simpkins: The Road to Golconda: European Traveler's Routes, Political Organization and Archeology in the Golconda Kingdom (1516–1687), PhD Thesis, University of Wisconsin-Madison 2011.
55 Zu den wichtigsten Handelsrouten im Mogulreich, insbesondere den Landrouten durch die Gangestiefebene, vgl. Ashin Das Gupta: Trade and Politics in Eighteenth-Century India, in: ders.: The World of the Indian Ocean Merchant, 1500–1800, Delhi 2001, 141–179.
56 Vgl. Deloche 1980 (wie Anm. 6), 279–281.
57 Zum Mangel an Baumaterial vgl. Deloche 1980 (wie Anm. 6), 112–114.
58 Zur Straßenpflasterung in Europa vgl. Lay 1992 (wie Anm. 15), 203–251. Zum Ausbau der ›Kunststraßen‹ vgl. Uwe Müller: Infrastrukturpolitik in der Industrialisierung. Der Chausseebau in der preußischen Provinz Sachsen und dem Herzogtum Braunschweig vom Ende des 18. Jahrhunderts bis in die siebziger Jahre des 19. Jahrhunderts (Schriften zur Wirtschafts- und Sozialgeschichte, 57), Berlin 2000.
59 Zum Mittelalter vgl. Thomas Szabó: Die Straßen in Deutschland und Italien im Mittelalter, in: Rainer Christoph Schwinges (Hg.): Straßen und Verkehrswesen im hohen und späten Mittelalter (Vorträge und Forschungen, 66), Ostfildern 2007, 71–118. Zu den intensiven Straßenbesserungsmaßnahmen im frühneuzeitlichen Italien vgl. exemplarisch Piante di popoli e strade: Capitani di Parte Guelfa, 1580–1595, A cura di Giuseppe Pansini. Saggio cartografico di Leonardo Rombai, Firenze 1989.
60 Vgl. Jean-Baptiste Tavernier: Travels in India, London 1899 (urspr. Paris 1676), vol. I, cap. 3, 39.
61 Zum langsamen Strukturwandel des britisch-indischen Handels vgl. Shubhra Chakrabarti: Colonized Trade: Major Shifts in India's Trade and Commercial Organizations, 1700–1860, in: Economic History of India from Eighteenth to Twentieth Century (History of Science, Philosophy and Culture in Indian Civilization, VIII,3), New Delhi 2005, 57–196.
62 Vgl. David Arnold: Science: Technology and Medicine in Colonial India (The New Cambridge History of India, III.5), Cambridge 2000, 105–106. Zur Streckenführung vgl. Deloche 1980 (wie Anm. 6), 45–46.
63 Vgl. Michael T. Bravo: Precision and Curiosity in Scientific Travel: James Renell and the Orientalist Geography of the New Imperial Age (1760–1830), in: Jaś Elsner / Joan-Pau Rubiés: Voyages and Visions. Towards a Cultural History of Travel, London 1999, 162–183; Lahiri 2012 (wie Anm. 31), 162–168.
64 Vgl. Matthew Edney: Mapping an Empire. The Geographical Construction of British India, 1765–1843, Chicago 1997; Kapil Raj: Circulation and the Emergence of Modern Mapping: Great Britain and Early Colonial India, 1764–1820, in: Claude Markovits / Jacques Pouchepadass / Sanjay Subrahmanyam (Hg.): Society and Circulation. Mobile People and Itinerant Cultures in South Asia 1750–1950, (Anthem South Asian Studies), London 2003, 23–54.
65 Vgl. John Keay: The Great Arc, London 2000.
66 Vgl. Daniel Thorner: Investment in Empire, New York 1977.
67 Vgl. ebd., 44–95.
68 Vgl. John Rosselli: Lord William Bentinck. The Making of a Liberal Imperialist 1774–1839, London 1974, 180–188. Zur Streckenführung vgl. Deloche 1980 (wie Anm. 6), 45.
69 Vgl. Arnold 2000 (Anm. 60), 106.
70 Vgl. The Grand Road – Its Localities (Joseph's Map of the Grand Trunk Road, from Calcutta to Benares; Ditto Ditto, From Benares to Agra; Sherwill's Geological Map of the Districts North and South of the Grand Trunk Road, Between Calcutta and Allahabad) in: Calcutta Review 21/41 (July) 1853, 170–224.
71 Sarkar 1926 (wie Anm. 1), 11–12.
72 Vgl. Sarkar 1926 (wie Anm. 1), 14–30 und 48–51 (Raststationen und Bäume).
73 Vgl. Manindra N. Das: Studies in the Economic and Social Development of Modern India 1848–1866, Calcutta 1959, 10.
74 S. Weller 1997 (wie Anm. 4), 15.
75 Vgl. Claude Markovits / Jacques Pouchepadass / Sanjay Subrahmanyam: Circulation and Society under Colonial Rule, in: dies.: Society and Circulation. Mobile People and Itinerant Cultures in South Asia, 1750–1950, (Anthem South Asian Studies) London 2006, 1–22, hier 8–9.
76 The Grand Trunk Road – Its Localities (wie Anm. 70), 181, 206.
77 The Grand Trunk Road – Its Localities (wie Anm. 70), 178. Zu mittelalterlichen Vorläufern vgl. Verma 1978 (wie Anm. 9), 216–223.
78 Vgl. Indrajit Ray: Bengal Industries and the British Industrial Revolution (1757–1857), London 2011.
79 Vgl. Arnold 2000 (Anm. 60), 107.
80 Rosselli 1974 (Anm. 68), 123.

81 Vgl. Thorner, 1977 (Anm. 66), 44–68. Zum Bau der Eisenbahn in Indien ab 1848 vgl. Das 1959 (wie Anm. 73), 26–108.

82 Dazu Sarkar 1926 (wie Anm. 1), 51: »The Grand Trunk Road saved India«.

83 Zum Aufstand als *lieu de mémoire* vgl. Astrid Erll: The ›Indian Mutiny‹ as a Shared Site of Memory: A Media Culture Perspective on Britain and India, in: Indra Sengupta (Hg.): Memory, History, and Colonialism. Engaging with Pierre Nora in Colonial and Postcolonial Contexts, London 2009, 117–148.

84 Vgl. Sarkar 1926 (wie Anm. 1), 51; Christopher Hibbert: The great Mutiny, London 1978, 284, 297

85 Sarkar 1926 (wie Anm. 1), 52.

86 Zur Bedeutung des ebenfalls in diesen Jahren ausgebauten Telegraphenwesens in Nordindien entlang der Grand Trunk Road vgl. Sarkar 1926 (wie Anm. 1), 47–48.

87 Zu Weiterbau und Fertigstellung der Grand Trunk Road 1857–1886 vgl. Sarkar 1926 (wie Anm. 1), 35–45.

88 Vgl. Arnaud Sauli: Circulation and Authority: Police, Public Space and Territorial Control in the Punjab, 1861–1920, in: Markovits / Pouchepadass / Subrahmanyam 2006 (wie Anm. 75), 215–239.

89 Vgl. Marian Aguiar: Tracking Modernity. India's Railway and the Culture of Mobility, Minneapolis 2011, 73–99 (»Partition and Death Train«).

90 Zur Teilung Indiens vgl. Ian Talbot / Gurharpal Singh: The Partition of India (New Approaches to Asian History), Cambridge 2009.

91 Das 1959 (wie Anm. 73), 106.

92 Vgl. Sarkar 1926 (wie Anm. 1), 52–53.

93 Vgl. Vinoo N. Mathur: Bridges, Buildings and Black Beauties of Northern Railway. Glimpses of the Rich Heritage of India's Premier Railway, New Delhi 2008. – Zur Eisenbahn als »icon of Partition« sowie in der modernen Imagination Indiens vgl. Aguiar 2011 (wie Anm. 89), 83–87, 100–148.

94 Vgl. Mathur 2008 (wie Anm. 93), 384, 390.

95 Zum Mythos des ›ewigen Indien‹ als einer »immobile and unchanging agrarian society in the longue durée« s. Claude Markovits / Jacques Pouchepadass / Sanjay Subrahmanyam: Circulation and Society, in: dies. 2006 (wie Anm. 75), 1–22, hier: 1–4, 12–13.

96 Vgl. Claude Markovits: Merchant Circulation in South Asia (Eighteenth to Twentieth Centuries): The Rise of Pan-Indian Merchant Networks, in: ebd., 131–162.

97 Zur bäuerlichen und gewerblichen Migration vgl. Dharma Kumar: Land and Caste in South India: Agricultural Labour in the Madras Presidency during the Nineteenth Century, Cambridge 1965; Douglas E. Haynes / Tirthankar Roy: Conceiving Mobility: Weavers' Migrations in Pre-Colonial and Colonial India, in: The Indian Economic and Social History Review 36, 1999, 35–67.

98 Vgl. Manoj Pant: Evolution of the Indian Economy since 1991, New Delhi 2010 (Eine Sammlung von Zeitungsartikeln zu verschiedenen Facetten des Themas).

99 Vgl. Raghbendra Jha: The Indian Economy: Current Performance and Short-run Prospects, in: Raghbendra Jha (Hg.): The Indian Economy Sixty Years after Independence, London 2008, 17–38.

100 Vgl. ebd, 35; Véronique Dupont / Frédéric Landy (Hg.): Circulation and Territory in Contemporary South Asia (Collection Puruṣārtha, 28), Paris 2010.

101 Vgl. Weller 1997 (wie Anm. 4), 34.

102 Vgl. Weller 1997 (wie Anm. 4), 32.

103 Zum Beispiel der Sarai von Gharaunda im Bundesstaat Haryana nördlich von Delhi. Vgl. dazu Weller 1997 (wie Anm. 4), 190–191.

104 Times of India, January 9, 2013. »Varanasi: A Piece of History lies Neglected: Amidst the crowded and old Grand Trunk Road that passes from Cantonment Railway Station stands a huge milestone bearing the distance and other non-readable information. The surrounding of the milestone has become a dumping site of garbage and the residents of the area have covered it with papers posters bearing advertisements«. URL: http://articles.timesofindia.indiatimes.com/2013-01-09/varanasi/36236298_1_milestone-grand-trunk-road-gt-road (Zugriff: 17.01.2014).

105 Das Zukunftsprojekt *Golden Quadrilateral Project* liegt häufig unter Müll begraben: Times of India, September 18, 2013. Varanasi: »GT Roads Turns into Garbage Zone. VARANASI: The laxity of Varanasi Municipal Corporation has turned a part of the Grand Trunk Road into a one big garbage dumping zone. Almost half a kilometer of the road has transformed into one big dumpsite.« URL: http://articles.timesofindia.indiatimes.com/2013-09-18/varanasi/42182200_1_garbage-gt-road-ssp-verma (Zugriff: 17.01.2014).

106 Vgl. Robert D. Kaplan: Monsoon. The Indian Ocean and the Future of American Power, New York 2010.

107 Keine ›Straße‹ gibt es etwa in den Sammlungen französischer und deutscher Erinnerungsorte. Vgl. Pierre Nora (Hg.): Le lieux de mémoire, 3 Bde., Paris 1986; Etienne François und Hagen Schulze (Hg.): Deutsche Erinnerungsorte, 3 Bde., München 2001. Diese Beobachtung gilt auch für transnationale Sammlungen. Vgl. Bernd Henningsen [u. a.] (Hg.): Transnationale Erinnerungsorte: Nord- und südeuropäische Perspektiven (The Baltic Sea Region: Northern Dimensions – European Perspectives, 10), Berlin 2009; Pim den Boer [u. a.] (Hg.): Europäische Erinnerungsorte, 3 Bde., München 2012. Auch in der Sammlung mittelalterlicher und antiker Erinnerungsorte finden sich keine Straßen. Vgl. Frank Meier / Ralf H. Schneider (Hg.): Erinnerungsorte – Erinnerungsbrüche. Mittelalterliche Orte, die Geschichte mach(t)en, Ostfildern 2013; Johannes Fried / Olaf B. Rader (Hg.): Die Welt des Mittelalters. Erinnerungsorte eines Jahrtausends, München 2011; Elke Stein-Hölkeskamp / Karl-Joachim Hölkeskamp (Hg.): Erinnerungsorte der Antike, 2 Bde., München 2006/2010. – Vgl. allerdings zu Mauern Arnold Esch: Antike Mauer im Mittelalter, in: Fried / Rader 2011 (wie Anm. 107), 85–99.

108 Vgl. Klaus Herbers: Jakobus – der Heilige Europas: Geschichte und Kultur der Pilgerfahrten nach Santiago de Compostela, Düsseldorf 2007.

109 Vgl. Reinhard Zweidler: Der Frankenweg – Via Francigena. Der mittelalterliche Pilgerweg von Canterbury nach Rom, Stuttgart 2003.

110 Zur *via regia* als »Major Cultural Route of the Council of Europe«, vgl. Inge Küken / Lothar Küken: Via regia. Kulturstraße mitten durch Europa, Görlitz 2007, 5.

111 Vgl. Monica Juneja: Architectural Memory between Representation and Practice: Rethinking Pierre Nora's Les Lieux de mémoire, in: Indra Sengupta (Hg.): Memory, History, and Colonialism. Engaging with Pierre Nora in Colonial and Postcolonial Contexts, London 2009, 11–36. Zur Kulturerbediskussion, die auf Religion, Philosophie, Literatur und Wissenschaft konzentriert ist, vgl. Sarvepalli Radhakrishnand (Hg.): The Cultural Heritage of India. Second Edition: Revised and Enlarged, 6 Bde., Kalkutta 1958–1986. Zum Museumswesen vgl. exemplarisch Shaila Bhatti: Translating Museums. A Counterhistory of South Asian Museology, Walnut Creek 2012.

112 The Times of India/Patna am 29. September 2004: »At Dumri Government High School, a few km away (from Patna), class X

students couldn't answer Sharma's (Bihar School Examination Board chairman) question who built the Grand Trunk Road. As the officer turned to history teacher Navin Kishore for an answer, he promptly -- and proudly -- replied, ›Shah Jehan‹. Class VIII students here were not aware about Jawaharlal Nehru. One said Nehru was our ›vidhayak‹ or legislator. Class IX students did not know who was Akbar. (…) If such is the scenario in government high schools located near Patna, one can well imagine the state of schools located in interiors of the state, a board official later told TOI.« URL: http://articles.timesofindia.indiatimes.com/2004-09-29/patna/27171122_1_class-x-students-history-teacher-school-management (Zugriff: 17.01.2014).

113 Zu Erinnerungskultur und ›heritage making‹ in postkolonialen Gesellschaften vgl. Daniel Herwitz: Heritage, Culture, and Politics in the Postcolony, New York 2012, 4–12. Zu Indien vgl. Juneja 2009 (Anm. 111), 35.

114 Zur Bedeutung der alten Straßen und Routen für die Geschichte Europas vgl. Jan Kusber: Die Erschließung des Raumes, in: Boer 2012 (wie Anm. 108), Bd. 1, 237–245, hier: 242–244.

115 Vgl. Qureshi / Smith 2011 (wie Anm. 3), 62–75, insbesondere 65: »Since 1945, both Britain and the GT Road have been transformed by the process of migration and settlement, and will remain linked by it for many generations to come«.

116 Daily Mail vom 7. Januar 2014, 32. URL http://www.dailymail.co.uk/news/article-2534906/Beaten-abused-raped-brides-lured-wretched-lives-Britain.html (Zugriff: 17.01.2014).

117 Zur kulturellen Vielfalt Indiens entlang der GT vgl. Raghubir Singh / Jean Deloche: The Grand Trunk Road, New York 1995 (Bildband); Anirudh Arora / Hardeep Singh Kohli: Food on the Grand Trunk Road. Recipes of Rural India from Bengal to the Punjab, London 2011.

118 Vgl. allerdings Gijs Kruijtzer: Xenophobia in Seventeenth-Century India, Leiden 2009.

119 Zum Grenztransit vgl. Weller 1997 (wie Anm. 4), 247–261.

120 Dar 2000 (Anm. 26), 178.

121 Zur Instrumentalisierung der Vergangenheit durch die Hindunationalisten vgl. Sheldon Pollock: Ramayana and Political Imagination in India, in: The Journal of Asian Studies 52, 1993, 261–297.

122 Vgl. Sunil Kumar: Qutb and Modern Memory, in: Suvir Kaul (Hg.): The Partitions of Memory: The Afterlife of the Division of India, New Delhi 2001, 140–182, hier 175–176.

KARLHEINZ WÖHLER

Touristische Verortungen

Reisen im Tourismusmodus:
zur Persistenz der Romantik im Reise-Ich

1. Hinführung

Angesichts der Übel in dieser Welt, so führte Sokrates aus, »muss man auch versuchen, von hier so schnell als möglich dorthin zu fliehen. Die Flucht geschieht in der Verähnlichung mit Gott so weit als möglich«.[1] Die Lebensverhältnisse unserer Alltagswelt müssen voller Übel sein, lassen doch jährlich Dreiviertel der Deutschen ihre Alltagswelt immer wieder hinter sich und erwarten in touristischen Räumen vorübergehende Erlösungen vom Alltag. Betrachtet man die touristischen Angebote als nachgefragte Erlösungen vom Alltagslos, dann umfasst es vom A (Altern) bis Z (Zusammensein mit Kindern) alles, was normale, gewöhnliche Lebensläufe auszeichnet und bestimmt und dies als wahrgenommene Übel bzw. Negationen. Offensichtlich lebt der Tourismus von solchen Wahrnehmungen und wenn ja, dann hat er einen immensen Negativitätsbedarf.

Menschen, die diesem übelbeladenen Alltag entfliehen, sind jedoch keine Deserteure. Sie führen vielmehr ein Doppelleben. Sie wechseln wiederholt vorübergehend die Seiten und kehren wieder in ihren normalen Alltag zurück. Sie vollziehen also eine Kreisbewegung – eine ›tour‹ – und gelten daher seit dem ausgehenden 18. Jh., dem Zeitraum der Demokratisierung des Reisens (das Bürgertum ahmte den Adel nach und löste damit den ersten Reiseboom aus) und der Modernisierung der Infrastrukturen,[2] als Touristen, die bei ihren Reisen auf funktionale Infrastrukturen zurückgriffen. Diese kreisförmige Bewegung – die Reise – stellt eine phasenhafte, rituelle Abfolgeordnung von Übergängen bzw. Grenzüberschreitungen dar.[3] Zwischen der Phase der Ablösung von einem bekannten Alltagszustand und der Phase der Reintegration in die Alltagswelt liegt die prekäre Schwellenphase: Die zurückgelassene alltägliche Lebenswelt soll bzw. kann dort nicht mehr gelten, gehören doch Reisende / Touristen im anderweitigen Raum niemals ganz zu jenen, mit denen sie temporär zusammenleben. Dieser Schwellenzustand, die Liminalität, offenbart sich ihnen demzufolge in Relation zum institutionellen bzw. funktionalen Charakter der alltäglichen Lebenswelt als eine Antistruktur oder -ordnung,[4] die eines sicherstellen soll: dass sie Touristen von ihren Übeln erlöst. Sich in Räumen der Liminalität, den Tourismusräumen, aufzuhalten, bedeutet demnach, in Gegenräumen zu sein, die in der Welt und gleichzeitig außerhalb sind – in Heterotopien.[5] Es sind ›andere‹ Räume, die über den Alltag hinausweisen und Erfahrungen einer innerweltlichen Transzendenz ermöglichen.

Eine neuerliche repräsentative Befragung förderte folgende Reisemotive – also Beweg- und Fortbewegungsgründe; Emotion und Motion sind eins – zutage: Sonne und Meer, Kontrasterlebnisse, Erholung, soziale Kontakte und intakte Natur samt Aktivitäten in ihr.[6] Offensichtlich fallen die Befragten von dem Glauben ab, die Verhältnisse und Strukturen ihrer heimischen Umwelt können all dies bieten bzw. ermöglichen. Stattdessen huldigen sie imaginierten Räumen, einer andere Maße setzenden, einer idealisierten Welt, die nicht mit ihrer Alltagswelt kompatibel ist. Durch einen Aufenthalt in Tourismus- bzw. Fremdräumen glaubt man, alltäglich erlebte Mangelzustände umzukehren und dort ein gutes und schönes Leben zu führen. Insofern drückt sich im touristischen Ortswechsel ein Stück weit eine Sozialpathologie und vor allem eine Erlösungsbedürftigkeit des spätmodernen Individuums aus.

Es leidet wie einst die Romantiker in der ›Sattelzeit‹[7] an der gesellschaftlichen Wirklichkeit. Es sehnt sich wie diese nach einer heilmachenden Welt, der man damals wie heute nicht zuletzt auch durch die Reise teilhaftig zu werden hoffte. Wie seinerzeit fühlt man sich als Opfer der ›Verhältnisse‹ und man kann sich nicht damit abfinden, das empfundene Leiden als ein Opfer für ein je gegenwärtiges ›Ganzes‹ oder ›Höheres‹ heroisch, pflichtgetreu, demütig, stoisch oder resignativ zu ertragen und dieses zu justifizieren. Was als Leiden empfunden wird, lässt das Subjekt nicht in passiver Betroffenheit oder starr im Gefängnis seiner Gefühle verharren. Diese Betroffenheit ist ihm vielmehr Anreiz und Anlass abzureisen; es versetzt ihn in eine transgressive Aufbruchstimmung.

Rudolf Wendorff zufolge ist die Romantik ein »Protest gegen das lineare Zeitbewußtsein« und daher wirkt ihre Idee bis heute als »Symbol für den Protest gegen die herrschende Fortschrittstendenz«.[8] Dass die Romantik kein Epochenbegriff, sondern eine Bezeichnung von andauernden gesellschaftlichen Entgegensetzlichkeiten und Verwirklichungsmöglichkeiten des Menschen ist, dies wird ebenso nachgewiesen wie der Umstand, dass das ›romantische‹ Ich auch im Modus des Reise-Ichs fortlebt.[9] Und dies nicht als ein situativ changierendes Ich, sondern als zentraler Bestand des Reise-Ichs.[10] Dieses Fortleben der Romantik basiert nicht auf einfachen sozialstrukturelle Homologien, sondern auf phänomenlogisch-anthropologischen Konstitutionen des Menschen, der sich mit der Welt auseinandersetzen muss – heute wie einst.

2. Entschlüsselung der touristischen DNA

Romantiker erkannten, dass sie bei der Suche nach einem innerweltlichen Heil auf keinen Fremderlöser setzen konnten. Sie verbanden weder mit den republikanischen Verheißungen à la Frankreich noch mit einer rationalistisch aufgefassten, sich in einer Differenzierung der Gesellschaft und im Fortschrittsglauben niederschlagenden Aufklärung Heilserwartungen – sprich ihre diesseitige Glückseligkeit. Wurden die Hoffnungen auf eine politische Selbstbestimmung durch die Restauration des Feudalsystems enttäuscht, so erschlossen sich dem Bürgertum aber mit der funktionalen Differenzierung Möglichkeitsräume anderweitiger Selbstbestimmungen (insbesondere im Wirtschafts- und Bildungssystem).

Doch Romantiker und auch Apologeten des Sturm und Drangs[11] sahen sich einerseits in der je spezifischen Funktionalität der disparaten, sich immer rascher wandelnden Teilsysteme gefangen und (damit) Lebensformen ausgeliefert, die auf Zweckmäßigkeit und Nützlichkeit ausgerichtet waren. Und andererseits sahen sie sich – als Kehrseite dazu – mit heterogenen Ordnungsvorstellungen konfrontiert, die sich in keinem beständigen Zentrum bzw. keiner Einheit ganzheitlich zusammenfügen und repräsentieren ließen. Fremdbestimmung und Entfremdung waren die entsprechenden Affekte. Kurzum, für Romantiker enthielt ihre Alltagswelt keine ›letzten‹ sinnstiftenden Quellen des Selbst.[12] Um solcher Quellen gewahr zu werden, sahen sie sich ureigens auf sich selbst zurückgeworfen; man hielt sich selbst für die Quelle einer gesamtexistenziellen Sinngebung. Das romantische Subjekt verlegt danach seine Selbst- und Welterkenntnis in sein Inneres, dem ›Ich‹, das sich einem diskursiven Zugang entzieht und daher unbedingt ist.

Dies läuft jedoch weder auf einen Autismus noch auf eine ›Selbstvergottung‹[13] hinaus. Denn das ›unbedingte Ich‹ oder ›absolute Sein‹ bleibt vielmehr transzendent: In ›unendlicher freier Tätigkeit‹ erschließt sich dem romantischen Subjekt durch sinnliche Wahrnehmung (Anschauung) und Empfindung der Gegenstände (Raum/Welt) sein ›Ich‹, das diese – also auch den Raum – demzufolge als Einigkeit erfährt, ist doch das Subjekt selbst Produzent und Träger dieser Vereinigung.[14] Aus der Gegenwart einer solchen Erfahrung, die sich selbst bezeugt, schöpft das Subjekt Gewissheit (Evidenz) und sein Selbst- sowie Weltverständnis. Damit – dass all dies im Inneren des Menschen gründet – inthronisieren Romantiker die Subjektivität. Die Bedingungen dieser romantischen Subjektformation sind eindeutig: Selbst- und Gesellschaftsreflexion, Loslösung von Bindungen und Autonomie, um künftig das Leben auf der Basis des Ichs zu gestalten. Was sein Ich ausmacht, dies ist jedoch dem Subjekt weder a priori noch prädikativ vorgegeben; es ist in Erscheinung zu bringen.

Gerade weil Romantiker keine Kontinuität erlebten, waren sie sich der Kontingenz bewusst – dass sie auch anders sein könnten als das, was sie im sozialen Alltag auszeichnet und durch was sie von ihm (begrifflich, strukturell) gezeichnet werden. In ihrer kontingenten Beobachtung des Alltags erblickten sie keine Korrelate eines möglichen anderen Selbst. Es wurde durch Disziplinierung enteignet bzw. durch Sozialisationsprozesse auf ein vernünftiges, normales, fungibles und strukturkompatibles Maß reduziert.[15] Daher hofften sie, in Freiheit anderswo und anderswie – in der Reise und in den schönen Künsten[16] – ihr ›eigentliches‹ Selbst zu reanimieren bzw. freizulegen, indem es – Emanationen gleich – ungehindert und unvermittelt ausströmen kann und dabei eine geistige und sinnliche Welt hervorbringt, in der sie nicht nur ureigens zur Geltung kommen, sondern mit der sie sich definieren und in der sie sich verorten. An der Erfahrung dieses sich nach Außen hin entfaltenden Inneren macht das romantische Subjekt seine und die räumliche Authentizität fest.[17] Wird die Erlösung vom gesellschaftlichen Leiden anderswo erfahren, dann ist es nicht der anderweitige Raum (Welt) oder alltagsabgewandte Ort, der Heilung bringt. Es ist vielmehr dieser performative Akt der Authentifizierung, der den Ort heiligt bzw. den Ort als heilswirksam hervorbringt.

Die (Objekt-)Welt soll also nicht in das Innen-Ich hineinströmen, würde doch sonst das Subjekt zugleich Objekt, d. h. mit dem Hölderlin-Verehrer Michel Foucault: eine ›Reduktion des Menschen‹ auf Strukturen vollzogen, die den Menschen – und dies resümierte er auch für seine Zeit – verschwinden, gar sich auflösen lassen.[18] Dieses Ich soll vielmehr – und dies ist das Begehren der Romantiker – mit seiner unvermittelten Gestaltungskraft derart herausströmen, dass es zur Vereinigung von Ich und Welt, Ich und Anderer kommt, sprich: Subjekt und Objekt sind nicht länger entzweit, sondern es ist eine Kongruenz von Subjekt und Objekt gegeben.[19] Diese Übereinstimmung setzt eine Souveränität des Subjekts als auch das Beschreiten des Weges der Kontingenz voraus, um sich den vielfältigen erlebten Ereignissen aussetzen zu können und unter ihnen auszuwählen. Denn nur solche Ereignisse – also interne Abläufe wie Vorstellungen und Erinnerungen sowie externe Gegebenheiten wie Gegenstände, Personen, Geschehnisse und Handlungen – affizieren und erlangen somit eine inkorporierte Aufmerksamkeit, die, wie es der ebenfalls Hölderlin zugeneigte Adorno ausdrückte, eine ›Versöhnung‹ von Subjekt und Objekt verbürgen. Diese ›höhere Wirklichkeit‹ wäre ihm zufolge das Absolute, das das ›schlechte Gegebene‹ mit seinen Widersprüchlichkeiten überschreitet, also transzendiert. Wenngleich seiner Zeitdiagnose nach diese Versöhnung ausbleibt, so träumt er von diesem versöhnenden Zustand und räumt ein, dass bei allem dem Menschen die Idee der Transzendenz eigen ist.[20] Dies eint ihn mit den Romantikern; sie glauben an die Möglichkeit einer höheren Wirklichkeit, an die Romantisierung der Welt.[21] Diese zu erfahren, bringt und hält das romantische Subjekt in Fortbewegung. Die Sehnsucht[22] nach einer höheren Wirklichkeit – wie sie in den oben genannten Reisemotiven zum Ausdruck kommt – ist also eine räumlich-zeitliche Sehnsucht nach Transzendenz.

Zur sich stetig entzaubernden Welt entwickelte die Romantik ein Gegenprogramm. Es insistierte auf die Inwertsetzung der exkludierten Subjektivität und rückte die Subjektivierung kognitiven Denkens in den Mittelpunkt; es opponierte gegen jegliches Festgelegtsein und vermeintlich universelle Notwendigkeiten. Infolgedessen weckte es Sehnsüchte nach einer keine Grenzen setzenden Handlungsfreiheit und der Hervorbringung einer eigenen Sinnwelt. Dies ist ein Verlangen nach ›Selbstverwirklichen‹, also das erkannte Selbst in die Tat umzusetzen,[23] oder – um mit dem romantisch kontaminierten Heidegger[24] zu sprechen – die Sehnsucht nach ›Eigentlichkeit‹, die durch das durchschnittliche, uneigentliche ›Man‹ im normalistischen Alltag verdeckt und daher verkümmert bzw. mit der Konsequenz wegsozialisiert wird, dass sich der Mensch in vorgegebenen Rollengefügen (Strukturen) und herrschenden Deutungsmustern (Begriffen/Semantiken) verstellt oder gar verstellen muss. Offensichtlich wollte sich Goethe nicht durchweg verstellen und war deshalb zeitlebens unterwegs. Nach all seinen Reisen resümierte er, dass nur Abwesenheit vom Alltag frei mache.[25]

Vor nicht zu ändernden Verhältnissen des Alltags floh der Weimarer Geheimrat von Goethe und reiste 1786 der Selbstsuche wegen nach Italien. Dort, mithin auch sukzessive auf der Hinreise dorthin, befand er sich – und ebenso die vielen anderen romantischen Reisenden[26] – in dem bereits oben erwähnten Erfahrungsraum des Schwellenzustandes, also der Phase der Liminalität. Sie zeichnet sich gegenüber der durch das Reisen verlassenen alltäglichen Lebenswelt durch eine Antistruktur im Sinne einer zeitweiligen Befreiung der »kognitiven, affektiven, volitionalen, kreativen usw. Fähigkeiten des Menschen von den normativen Zwängen«[27] aus. Diese

Emanzipation von der alltäglichen Mittelbarkeit verleiht Subjekten nicht nur einen Souveränitätsstatus, sondern sie wirkt auch kathartisch, so dass dergestalt sozial und mithin auch moralisch Gereinigte bislang Verschlossenes, Verborgenes, Verdrängtes, Unterdrücktes oder Verkümmertes aus ihrem Inneren herausholen bzw. herausfließen lassen und dabei ihr ›wahres‹ Ich insofern entdecken können, als sie nun innerpsychisch – dem Gefühl nach – echte (Ver)Bindungen mit den Objekten und Subjekten des liminalen Reiseraumes eingehen.

Indem in der Schwellenphase von Bindungen an normative Zwänge des Alltags Abstand genommen wird, eröffnet sich ein Raum für ein Einlassen auf andere Wirklichkeiten. Das Heraustreten aus den Strukturen der alltäglichen Lebenswelt und damit das Verwiesensein auf sich selbst macht Reisende empfänglich für – mit Heidegger ausgedrückt – einen ›echten‹, sprich eigentlichen ›Anfang‹ mit einer »unerschlossenen Fülle«,[28] die fortgesetzt in der Zukunft liegende Momente reiner Potenzialiät und Selbstbestimmung generiert. Der durch Raumüberschreitung konstituierte liminale Erfahrungsraum markiert demnach mithin eine Umwandlungsphase, in der es bis hin zur totalen Identitätsumwandlung des Individuums kommen kann. Und er ist ein performativer Raum, in dem Bedeutungen generiert, mit symbolischen Ausdrucksformen gespielt und personale ebenso wie soziale Möglichkeiten getestet werden sowie, vor allem, in dem sinnliche Wahrnehmungen (aisthesis) und expressives Handeln nicht nur einen unhinterfragbaren Eigenwert, sondern auch einen Erkenntniswert besitzen; sie sind zugleich Wissensorgan und Wissensobjekt. Wenn die romantische Disposition auf einer ›Selbstexploration‹ gründet und das romantische Subjekt »Konstrukteur seiner eigenen Sinnwelt«[29] ist, dann ist der liminale Erfahrungsraum der Reise mit dieser performativen Chiffrierung genau der Ort, an dem sich diese Selbstbezüglichkeiten realisieren können. In der Konsequenz transformieren Reise-/Tourismusräume zu Sinnräumen.

Im 18. Jh. taucht im Sprachgebrauch ›sinnen‹ auf; es verweist etymologisch auf Reise, sich auf den Weg begeben, Richtung und verwandte Inhalte. Die Reiserichtung ist für Romantiker unzweideutig. Sie waren – und die heutigen Touristen, Backpacker eingeschlossen, stehen dem nicht nach[30] – keine Fatalisten des Zufalls, die sich in alltagsabgewandten Räumen ihrem Schicksal anomisch hingaben. Eben weil ihnen bewusst war, dass der vermaledeite bürgerliche Alltag mit seinen Objektivationen und Vermittlungen ihre individuelle Subjektwerdung verunmöglichte, trieb sie bei ihren Reisen die Sehnsucht nach dem Unbedingten[31] bzw. der Unmittelbarkeit mit ihren verwandten Phänomenen des Unbestimmten, Unverfälschten, Unbeschränkten, Ursprünglichen, Unvergänglichen, Unverwüstlichen, Unbegrenzten, Unvorherbestimmten, ja Unendlichen – also kurzum Wirklichkeiten, die über das alltäglich Gewohnte hinausweisen und vom Vertrauten entkleidet sind. Dieses Leerräumen wirkt befremdend, eröffnet aber zugleich die Möglichkeit, Raumwirklichkeiten in einem höheren Sinn – dem Romantischen – in Erscheinung zu bringen.

Wie man sich solch einen Reiseraum denkt, genauer ausdenkt oder ihn gedanklich bestimmt, ist also kein Raum der materiellen und immateriellen Objekte, denen man auf den realen funktionalen, physischen oder sozialen Grund gehen will. Im Gegensatz zur enzyklopädischen bzw. kritischen, faktensammelnden, daten- und zivilisationsvergleichenden und belehrenden Reise mit ihrer präkonditionierenden apodemischen Literatur wollen die romantischen Reisenden nicht Objekte erfahren, sondern diese in ihren Phänomenen, also in Erscheinungen oder Qualitäten, erleben. Und diese Phänomene sind noch in einer Ruhestellung wie der des Unbedingten. Das Unbedingte besitzt (wie jedes Phänomen) aber per se die Möglichkeit und Fülle der Gestaltung und Bewegung, in die dann auch Objekte unweigerlich geraten, wenn sie als Erscheinungen ›realisiert‹ werden. Kurzum: Einen Raum hinsichtlich seiner Phänomene zu betrachten oder sich ihn – wie z. B. vor Antritt einer Reise – in Erscheinungen vor Augen zu halten, konstituiert einen vorgestellten, entobjektivierten Raum, der damit Wahrnehmungen und Subjektivierungen anheimfällt. Die Effekte beider sind: Der Raum ist an diese beiden Aneignungsmodi gebunden[32] und nur durch sie wird er Realität. »So hat die Realisierung den Vorrang vor der Realität«, und weiter Gaston Bachelard: »Ein Physiker kennt erst dann eine Realität wirklich, wenn er sie realisiert hat. […] das Ideal der Realisierung [ist] ausgesprochen streng: die Theorie.«[33] Theorie heißt: Gedankenarbeit ohne Bezug zur Wirklichkeit, Gedankengebäude, in Erscheinung treten, Untersuchung.

Romantiker sind Theoretiker; sie hypothetisieren: Wenn der aufklärungsrationalistisch objektivierte Alltagsraum verlassen wird, dann erschließt sich dem Subjekt Unbedingtes bzw. Unmittelbarkeit. In diesem postulierten Kausalzusammenhang ist die intervenierende Variable eingebaut; sie beeinflusst ihn essentiell: das Subjekt, dem sich eine Unmittelbarkeit der räumlichen Gegenstände erschließt. Es steht für Romantiker im Zentrum der Vermittlung. Was auch immer sich dem Subjekt direkt präsentiert – sich ihm also als Wirklichkeit offenbart – ist die Existenz durch ihn selber vermittelte Beziehungen. Es liegt demnach eine vermittelte Unmittelbarkeit vor.[34] Im Raum Bestehendes (Dinge, Subjekte, Praktiken, Natur) weist daher jedwede erscheinungsmögliche Wirklichkeit aus. Denn nach den Romantikern – da schließen sie sich der Kantschen transzendentalen Ästhetik und nicht dessen transzendentalen, begriffsbildenden Logik[35] an – ist dem Subjekt die Welt im Modus der Anschauung gegeben. Dies aber nur

> »so fern uns der Gegenstand […] das Gemüt auf gewisse Weise affiziere. […] die Art, wie wir von Gegenständen affiziert werden, […] heißt **Sinnlichkeit**. Vermittelst der Sinnlichkeit also werden uns Gegenstände gegeben, und sie allein liefert uns Anschauungen; […] Die Wirkung eines Gegenstandes auf die Vorstellungsfähigkeit [Rezeptivität. Karlheinz Wöhler], so fern wir von demselben affiziert werden, ist / Empfindung. Diejenige Anschauung, welche sich auf den Gegenstand durch Empfindung bezieht, heißt empirisch. Der unbestimmte Gegenstand einer empirische Anschauung heißt Erscheinung.«[36]

Auf den Raum bezogen bedeutet dies, dass er als Anschauungsraum nur in einer Ich-Bezüglichkeit existent ist bzw. in seiner Erscheinung auf die Innerlichkeit, das Empfinden oder die Innenwelt, des Menschen zurückführbar ist und so zur subjektiven Wirklichkeit wird. Die räumliche Erscheinung auf das anschauende Ich zu beziehen, bedeutet auch, den Standort bzw. die Position des Menschen anzugeben. Sinnlichkeit allein als Körperlichkeit des Lebens – Sehen, Hören etc. – greift für eine Standortbestimmung zu kurz. Er lebt vielmehr als Seele (im Körper als Innenleben) und als Körper – zusammengefasst als sinnlicher Leib. In dieser Einheit befindet er sich in der Welt.[37]

Wie sich dem Subjekt Gegebenheiten des bereisten Raumes darbieten und wie sie von ihm erlebt werden, dies ist demnach unweigerlich an diese so verstandene sinnlich-körperliche Vermittlung gebunden.[38] In diesem Modus des Sich-in-Beziehung-Setzens mit dem Raum fällt die physische Lokalisation mit der eigenleiblichen Lokalisation zusammen: Im Befinden spürt man, wo man sich befindet. Mit dem Hineingehen in die Raumwelt ist unhinterfragbar ein Eintreffen in die Innenwelt verquickt. Goethe sah das Glück der Reisenden bei denen, »die sehen und gehen«.[39] Dabei geht das Sehen z. B. in ein stilles Betrachten und das Gehen etwa in sanft klingende Bewegungen über. Solche Doppelempfindungen (Synästhesien[40]) interferieren bisweilen zu einem multimodalen, um taktile, gustatorische und olfaktorische Sinnesmodalitäten erweiterten synästhetischen Wahrnehmungsschema, nach dem Gegebenheiten authentifiziert werden – eben weil sie Eindrücke im leiblichen Raum, wie er sich im Spüren/Empfinden als »Eigensein des Körpers«[41] auskristallisiert, hinterlassen. Maurice Merleau-Ponty spricht von einem ›stimmhaften Sein‹, das die ›Präsenz des Anderen‹ durch Sehen und Bewegung augenblicklich spürend/empfindend vergegenwärtigt,[42] so dass sich eine Atmosphäre einstellt, in der »etwas […] von den Dingen, von Menschen oder deren Konstellationen ausgeht. […] Doch sind sie subjekthaft, gehören zu den Subjekten, insofern sie in leiblicher Anwesenheit durch Menschen gespürt werden und dieses Spüren zugleich ein leibliches Sich-Befinden der Subjekte im Raum ist.«[43] Um etwa das ›Geheimnis‹ der Natur zu erfahren, sind Worte ›unnütz‹, da man sie ›nicht ungestört und aufmerksam genug […] beschauen kann‹. Allein durch deren leibliches Fühlen/Spüren – wie am ›Busen seiner züchtigen Braut‹ – erfährt man Glück und Einheit. So Novalis, der hiermit die Wirklichkeit des Raumes in seinem Wirken auf die leibliche Anwesenheit, die das zentrale Element der Atmosphäre ist, erläutert und zugleich paternalistisch ermahnt, dass nur durch diese leibliche Vermittlung die Natur, ja die Welt, in ihrer »tiefen Bedeutung« erkannt wird.[44] In Atmosphären, die reisende Romantiker sattsam synästhetisch ausmalen, erscheint die bewegte Welt in Ruhestellung: erlebte Eindrücke, Empfindungen, Gefühle und auch Phantasmen sind an einen »*bestimmten* Ort gerückt«.⁴⁵

Romantikern – wie Novalis zufolge⁴⁶ – ist dieses eigenleibliche, ›herzerhebende‹ synästhetische Spüren bzw. Fühlen der ›höchste Sinn‹. Er ist ein ›heiliges Organ‹, ein ›Sinn des Unsichtbaren‹, der durch die fünf Sinne insofern ›getrübt‹ und ›gelähmt‹ würde, als die Eigenschaften der Körperlichkeit den ›äußeren Wissenschaften‹ wie der Physik anheimfallen, die – weil sie ›naturhistorische Classificationen‹ ›symmetrisch‹ allen Gegegenheiten anlegen, ›nichts ungerüttelt, unbeurtheilt, undurchsucht‹ lassen – die Welt ›immer dürftiger‹ aussehen lassen und letztlich den Menschen von ihr trennt, gar entfremdet. Und dies dadurch, dass die Welt bzw. Dinge in Begriffen erkannt und erfasst werden, so als ob sie außerhalb und unabhängig von uns Menschen existieren. In einem noch umfassenderen Maße sieht Morris Berman 180 Jahre später diese von Novalis kritisierte ›neue Kirche‹, genannt Aufklärung,⁴⁷ weiterhin am Werk und hält ihr entgegen, dass sich das Realitätssystem des Menschen in einer ›ursprünglichen Partizipation‹ mit der Welt konstituiert; Ursprünglichkeit ist für ihn leibliche Erfahrung.⁴⁸ Dem würde Novalis vollends zustimmen.

Die Leibvergessenheit, ja die »Ahndung […] der heiligen Eigenthümlichkeit und der Allfähigkeit der inneren Menschheit«, schreibt Novalis dem ›modernisierten‹ Leben zu. Danach – der Gegenwartsanalyse Hartmut Rosas gleich⁴⁹ – verwendet der habgierige Mensch in einer turbulenten, unruhigen und komplexen Welt viel Zeit und viele Mühen sowie alle Mittel, um seine ›verwickelten‹ Bedürfnisse zu befriedigen, infolgedessen ›keine Zeit zum stillen Sammeln des Gemüths‹, zur aufmerksamen Betrachtung der inneren Welt übrig bleibt‹. Um die ›höheren Sinne‹ ›wieder‹ gedeihen zu lassen, benötigt man eine ›gewisse Einsamkeit‹; man muss dem Alltag entfliehen und die ›Götter‹ dieser Unruhe verscheuchen. Wieder gedeihen kann der höchste Sinn, da er unsterblich sei und gerade »das Land zuerst treffen (mußte), das am meisten modernisirt war, und am längsten aus Mangel an Freiheit in asthenischen Zustand gelegen hatte.« Gemeint ist das westliche Europa, in dem auch das ›ächte‹ (katholische) Christentum mit dem Keim des Protestantismus derart kontaminiert wurde und weiterhin wird, dass überall die ›wahrhaft heiligen Gemüther‹ (innere Welt) verdrängt und verspottet wurden. Novalis forderte eine ›zweite Reformation‹, die die Geschichte vollendet, und dies bedeutet, eine Verlebendigung des ›Zaubers des katholischen Glaubens‹, der nicht nur in der unruhigen Zeit einen Halt bietet, sondern auch der inneren Welt (dem Gefühl) wieder eine selbstbewahrende Kompassfunktion einräumt.⁵⁰ Angesichts der gotischen Baukunst des Kölner Domes versank Friedrich Schlegel tief – ›innegreifend‹ – im Religiösen und seine Rheinfahrt erlebte er als ›Fühlen der Natur‹ sowie als begeisterndes, ›ergießendes‹ Eintauchen in die Vergangenheit der menschlichen, sprich: deutschen ›Heldenzeit‹. Dieses Erregen, Versinken und Eintauchen versetzt ihn nicht nur in eine »andere leichtere Welt, ist uns ein erquickendes Labsal, wo wir das Einerlei der Fläche vergessen und neuen Lebensmut einsaugen im Anblick des herrlichen Erdbodens.«⁵¹ Zugleich akkumulieren sich in diesen Räumen des intensiven Spürens und Empfindens verschiedene Zeiten und Zeitschichten, die im präsentischen Erfahren etwa der Gotik, Ruinen, Denkmäler oder des Rheinstromes als Zeiten der Einheit, Bindung und des Vaterländischen »in großen Zügen vor unser Auge tritt«.⁵² Eine zeitliche Referenz, die auf einen Evidenz- und Wiedererkennungseffekt abzielt, ist stets präsent: der einfache frühere Naturzustand der Menschheit und des Menschen (Kindheit). Ihn wieder herzustellen heißt für Romantiker, dass es zur vollkommenen Übereinstimmung der umgebenden Welt mit der inneren Welt des Menschen kommt.

Geschieht dies, verschmilzt – anders ausgedrückt – das erlebende Ich mit den andernorts erlebten Objekten,⁵³ dann sieht sich dort das Subjekt in einer ›stimmigen Ordnung‹ mit einer ›eigenen Sinnganzheit‹,⁵⁴ also in einen Kosmos, eingebettet. Eine solche Vorstellung bzw. Einbildung (Imagination)⁵⁵ des kosmischen Eingebettetseins besitzt demnach eine transzendentale Funktion, wird doch das Mannigfaltige eines Raumes zur einheitlichen, stimmigen Ordnung verknüpft, und das bedeutet, Einbildung / Vorstellung als synthetisierender Erkenntnismodus zu konstituieren.⁵⁶ Es kommt also zu einer Entkontingentisierung. Produktiv sind Vorstellungen bzw. Einbildungen noch dadurch, dass sie – ›wenn sie sich selbst überlassen‹ und interessenlos sind sowie ganz in das Gefühl des Subjekts verlegt sind – einerseits ästhetische Beurteilungen evozieren und sich andererseits schöpferisch in Gestalt von Kunst und

Literatur / Poesie (= ›Künste‹) entäußern, die Produkte einsamer Genies hervorbringen.⁵⁷ Letztlich waren sich Romantiker über eine Generalisierung der Künste einig. Deren geniale Schöpfer müssten eine ›Poesie der Poesie‹, eine ›Transzendentalpoesie‹ verkünden.⁵⁸ Die sich im Präsentationsmodus der Künste abzeichnende räumliche Ordnung ist eine raumgestaltende Ordnung im Medium der Dichtung, d. h. eines Zeichensystems, das die innere Gegenwart der Ansichten der Schöpfer – ihr leibliches Raumaneignen und -erleben – darstellt und damit Räume entgrenzt. Räume werden zwar dadurch gerahmt, doch zugleich wird Komplexität durch die Zunahme der Zahl dessen eingeführt, was – welche Dinge, Menschen, Praktiken etc.: die Welt – der künstlerischen Selektion anheimfällt. Diese Entgrenzung sollte in der Ästhetisierung von nahezu Allem in den 20er Jahren des letzten Jahrhunderts seinen ersten Höhepunkt erreichen und bis dato kein Ende finden.⁵⁹ In Schrift und Bild machen diese Schöpfer des Romantischen das Stimmungs- und Erlebnishafte in ›verräumlichten Augenblicken‹⁶⁰ fest. Damit geht eine Verzeitlichung von Räumen einher, bleibt es doch ihnen überlassen, welche ›Zeithorizonte als Selektion‹ für solche Augenblicke herangezogen werden. Um den Sinn des Lebens in der ›gegenwärtigen Gegenwart‹⁶¹ vor Augen zu führen, beziehen sich Romantiker durchweg auf vergangene und zukünftige Möglichkeiten, d. h., ihre Texte und Bilder enthalten prägnante raumzeitliche Schlüsselszenen, in denen anhand real gegebener und wahrnehmbarer Wirklichkeiten Vergangenes und Zukünftiges als Zeichenschichten auftauchen: Natur, materielle Artefakte, Volkstümliches, Lusthäuser, Handwerker, Praktiken, unterschiedslose Geselligkeit u. Ä., die auf der Ebene von Erscheinungen transportiert und so im Hier und Jetzt im Inneren des Subjekts als Anderes wahrnehmbar werden.

Wo sich diese verräumlichten Augenblicke des Empfindens des Anderen oder des Höheren in situ offenbaren, ist ebenso egal wie die materiellen und immateriellen Dinge, die die romantischen Reisenden zu Gesicht bekommen bzw. genauer, die sie sich leiblich aneignen und in diesem Sinne konsumieren.⁶² Hauptsache ist, dass solche transzendenten Heimsuchungen irgendwo und an oder bei irgendetwas erlebt werden; insofern sind reisende Romantiker und Touristen ortlos bzw. atopisch. Sie sind beide Nomaden und in der ganzen Welt zu Hause, also auch in der nahen Ferne. Räume sind zur freien Auswahl stehende Medien zur Erzeugung von subjektiven Vorstellungen und Erlebnislandschaften. Bereits um 1800 setzte das englische Bürgertum ein Zeichen: Sein Begehren richtete sich nicht auf Dinge, sondern auf emotionale Befindlichkeiten, die der Dingkonsum affizierte.⁶³ Die Erlebnisqualität der Konsumgüter und auch der angeeigneten Räume wie etwa der Riviera mutierten seit der ersten Hälfte des 19. Jhs. zu Projektionsflächen des leiblichen Erlebens des Anderen.⁶⁴ Reisende / Touristen (Konsumenten) verherrlichen also derart ergreifende Geschehnisse; Räume sind Sinnbilder dafür. Dieses Ergriffensein – dass man sich selbst verwirklichen und authentisch sein kann, Einheit und Ganzheit erfährt – ist nicht nur immateriell bzw. intangibel, weil es, wie wohl zu Genüge dargelegt, im Subjektinneren Platz nimmt. Es ist vielmehr, da es geschieht, sich augenblicklich ereignet, irreversibel. Geschehnisse, Ereignisse, Erfahrungen und Erlebnisse sind eben Prozesse; »sie können nicht rückwärts laufen.«⁶⁵ Die Irreversibilität der Zeit wird durch den festen Glauben kompensiert, während der alltagsentleerten Zeit andernorts – also dem Verreisen – immer wieder Erfahrungen zu machen, die über die alltägliche Lebenswelt hinausweisen und »als solche in einer *letzten Bedeutsamkeit* [...] erlebt werden.«⁶⁶ Dieser Glauben an eine wiederkehrende heilende Zeit andernorts macht also das Erleben solcher Erfahrungen erst möglich. ›Letzte Bedeutsamkeiten‹ adressieren keine ›großen‹, jenseitige Transzendenzen, sondern ›kleine‹, räumliche und zeitliche Grenzen überschreitende Transzendenzen,⁶⁷ wie sie in den eingangs erwähnten Reisemotiven zum Ausdruck kommen.

3. Touristischer Transport des Romantischen

Zweifelsohne weisen dies Erwünschte und Erhoffte über den Alltag hinaus – es sind Außeralltäglichkeiten, würde man doch sonst zu Hause bleiben. Doch die andernorts erfahrenen räumlichen Gegenstände sind nicht mehr transzendent, sondern – wie dargelegt – transzendental: Da die Wahrnehmung der Welt nicht von der Objektseite ausgeht, sondern von der Aktivität des sehenden, hörenden etc. und fühlenden Subjekts, empfängt es Empfindungsdaten und Denkformen, durch die nicht nur die objektive Bestimmtheit (das ›Sein‹) der Gegenstände erzeugt wird. Im sinnlichen Empfinden – der innerlichen Erscheinungsweise des Äußeren – findet der Mensch auch einen Weltzugang und eine Weltdeutung vor, also eine Sinndimension als ein ›Seiendes‹, das »erlebt und ein Er-lebnis wird.«[68] Was Romantiker in diesem Nexus als ›letzte Bedeutsamkeiten‹ in Reiseräumen erlebten, sind: Selbstverwirklichung, Autonomie und Authentizität sowie stimmige Ordnung, Einheit sowie Ganzheit – Modalitäten der Vereinigung von Subjekt und Objekt und damit der Selbstverortung.

Dies waren Alternativen zum Faktischen. Sie standen konträr zum rationalen, vernunftbasierten Erkenntnis- und Gestaltungsmodus, so dass sich die Frage stellt, ob »solche Erfahrungen nicht nur einen flüchtigen, sondern einen bleibenden Anspruch auf Wirklichkeit […], also einen Wirklichkeitsanspruch, der auch nach der ›Rückkehr‹ in den Alltag seinen *Vorrang* behält?«[69] War eine öffentliche Resonanz gegeben, so dass es zu einer »kulturellen Vergesellschaftung«[70] kam? Ja, Massenmedien und Lesen[71] ermöglichten sie. An dem in Mode kommenden Reisefeuilleton – einer Mischung von Populärwissenschaft, Journalistik und literarischem Reisebericht[72] und der sich bahnbrechenden ›Leserevolution‹ mit Vorliebe für Reisebeschreibungen, Geographie und Geschichte[73] einerseits und andererseits an den sich ausbreitenden Lesegesellschaften[74] – partizipierten schreibende und reisende Romantiker. Ob es fiktive, fingierte oder tatsächlich durchgeführte Reisen[75] waren, die in einer literarisierten oder poetisierten Form diesen Plattformen des bürgerlichen öffentlichen Lebens zugeführt wurden, so ist wesentlich, dass es Texte des Reisens sind, durch die das Evangelium der Letztbedeutsamkeiten vermittelt wurde.

Damit diese Frohbotschaft aufgenommen werden konnte, musste das Erlebte sprachlich verarbeitet werden. Es mussten Texte der Sinnlichkeit und synästhetischen Atmosphären produziert werden, durch die die Orientierung im Raum von einem beweglichen Standpunkt der Wahrnehmung aus erfolgt und die zugleich in keiner Abhängigkeit von gesellschaftlichen Zwängen stehen sowie von Potenzialitäten sprechen, die dem Menschen an sich eigen sind: dem Sich-Fühlen. Seine Rheinreise als Bewegung führt Schlegel nicht nur durch Zeiten, sondern auch in einen mehrsinnig gestimmten Raum, in dem die Trennung von Subjekt und Objekt aufgehoben ist.[76] Seine äußere und innere Begegnung mit der Welt wird in mehr oder weniger poetische Worte gefasst, um so seinem Selbst und seinen Erfahrungen Kontur zu geben. Die Welt wird damit gleichsam objektiviert (durch sprachliche Zeichen / Symbole, reale Räume) und romantisiert. Aus (sprachlichen) Symbolbildungen wie Berg, Aussicht, Weite, Höhle, Tiefe, Dämmerung, Nacht, Schall, Licht, Sonne, Himmel, Blüten, Quelle, Wasser, Paradies, Archaik, Kindheit, Jungfräulichkeit und allemal Natur sowie Jahreszeiten gewinnt die vertextete Romantik Chiffren des Ursprünglichen, Beständigen, Unverfälschten, Unbegrenzten, Offenen und auch des Zaubers, die zwar unter dem Zwang des rationalen und normalen Alltags aussortiert wurden, aber im Inneren des Subjekts nicht abhanden gekommen sind. Die romantische Symbolik besitzt also sowohl einen sinnlich-emotionalen Unterbau als auch Realitätsunterbau. Außenräume, die durch Projektionen des Inneren – des sinnlichen Empfindens bzw. der subjektiv-innerlichen Erscheinungsweise – hergestellt werden, sind nun erfahrbar und dies bedeutete, sich auf Reisen zu begeben.[77] Nicht zu einem utopischen Land, sondern zu realen Räumen, die Orte der alltäglichen Lebenswelt in anderen Perpektiven zurücklassen.

Die Selbst- und Weltdeutungen in den romantischen Texten wurden zu Motiven. Deren Sprache und Symbolik besaßen eine performative Kraft und Macht; sie bewirkten Reflexionen und Handeln. Findige innovative Unternehmer boten alsbald ›empfindsame Reisen‹ an.[78] In der romantisierten Reiseliteratur wurden Transzendenzerfahrungen »mythologisiert und zur Wiedererzählung bereitgestellt«[79] und infizierten die bürgerliche Gesellschaft des ›langen‹ 19. Jhs. mit dem romantischen Virus. Dies umso intensiver und umfassender,[80] als die Temporalisierung im Zeichen des industriellen und technischen Fortschritts drastisch zunahm, die Säkularisierung zusätzlich Gewissheiten desavouierte, die Differenzierung der Gesellschaft den Menschen in unterschiedlichen Rollen fragmentierte und die große Nationsbildung ausblieb. Die aufklärerische Emanzipationsidee wurde zwar mit Nachdruck vertreten, doch sie zielte auf eine partizipative Inklusion des Bürgertums und der Arbeiterklasse in die ausdifferenzierten Politik- und Ökonomiesysteme ab. Nur unter diesen universalisierten modernen Bedingungen das Lebens zu leben, das reicht nicht aus; man müsse auch auf Distanz zu diesem Leben gehen – zumindest vorübergehend. Diese Selbstreflexion ist ebenso ein fortwährender Bestandteil bürgerlicher Kommunikation wie eine Realisierungsmöglichkeit der Distanzierung vom Alltag: den Reiseerlebnissen, die einen Gegen-Alltag erschließen.[81] Offensichtlich gab und gibt es doch im ›schlechten‹ Leben ein ›gutes‹ und ›schönes‹ Leben.

Die Reise avancierte im Verlauf des ›langen‹ 19. Jhs. zum festen Zubehör des kulturellen ›Warenkorbs‹ des Bürgertums,[82] das nun andernorts das Reklamierte und sehnsüchtig herbeigesehnte Nicht-Mehr und Noch-Nicht bzw. Noch-Nicht-Vollendete – Selbstverwirklichung, Autonomie und Authentizität sowie stimmige Ordnung, Einheit und Ganzheit – im Modus des sinnlichen Erscheinens (Empfindung) als wieder und schon Gegebenes wahrnahm und daher als Wirklichkeit erlebte. Diese derart gerahmten Erlebnisse und objektivierten Transzendenzerfahrungen wurden kommuniziert und gelangten in den öffentlichen medialen Kreislauf. Dass Reisende etwa eine aus sich selbst heraus geschaffene Wirklichkeit als Einheit oder Ganzheit er-leben, dessen Wozu sich mit der Selbstbezüglichkeit und dem leiblichen In-der-Welt-Sein jedweden Subjekts beantwortet, kann einer Kritik nicht folgen, wonach die Romantik die Geburtsstunde des einheitsstiftenden Nationalen oder des ursprünglichen Deutschen ist und schnurgerade über das Zweite Deutsche Reich Bismarcks zum Dritten Reich Hitlers führte. Was sie vorwegnahm und weiterhin lebendig hielt und hält, ist die nicht hinzunehmende Entzweiung von Subjekt und Objekt, dessen Aufhebung die Diskurse im letzten Drittel des vergangenen Jahrhunderts prägen, in dem just eine Ästhetisierung und Individualisierung des Lebens diagnostiziert und die Reise sowie Freizeit zentrale Felder der nun vorherrschenden Innenorientierung des Menschen ausgewiesen wurden. Was die obenstehende phänomenologisch-anthropologische Analyse des Romantischen offenlegte, wird auf den Punkt gebracht: In der Welt realisiert sich das Subjekt in Erlebnissen, aus denen es besteht.[83] In Erlebnissen findet es seinen Platz und seine Orientierungen. Heutzutage gibt es kein Gut, kein touristisches Angebot, das sich nicht mit Erlebnisqualitäten auslobt. »Liebe Reisende, einzigartige Landschaften, unbekannte Gerüche, lächelnde Gesichter. Wir wollen Neues entdecken und Unbekanntes wagen. Wir wollen die Sorgen zurücklassen und uns entspannen. Wir wollen aufbrechen und etwas erleben,« so die Begrüßung im Reiseprospekt 2014 ›Reiseperlen‹ des Forums *Anders Reisen*.[84]

Befreiung von Sorgen (Übel) durch Erlebnisse in anderen Räumen – damit dies geschieht, werden unterschiedliche thematische Programme angeboten, die Erwartungen erzeugen. Mit der öffentlichen Kommunikation der objektivierten Transzendenzerfahrungen und der Symbolik der Letztbedeutsamkeiten einerseits und der Wiederholung von Reisen andererseits ist die Möglichkeit gegeben, dass die dadurch bekannt gewordenen Ausdrucksformen des Romantischen von »Fachleuten in Verwahrung genommen werden […] und für praktische, mit Herrschafts- und Wirtschaftsinteressen verbundene Zwecke des täglichen Lebens verwendet werden.«[85] Mittelalterliche Pilgerreisen fielen dem ebenso anheim wie das bürgerliche Reisen, dem dann das Wertzeichen ›konservativ‹, ›volkstümlerisch‹ oder ›nationalistisch‹ angehängt werden konnte. Eine öffentliche und institutionelle Resonanz des Reisens ist auch ohne solche Zusätze gegeben. Betrachtet man beispielsweise die Entwicklung des Bodensee-Tourismus im 19. Jh.,[86] dann fiel die touristische Aneignung der ›Bodenseelandschaft‹ – wie überall – in die Hand politischer und wirtschaftlicher Interessen und damit in die Strukturen dieser beiden ausdifferenzierten Systeme. Um den Erlebniserwartungen der Touristen nachzukommen, musste – systemtheoretisch gesprochen – das psychische System der Touristen mit diesen beiden Systemen so gekoppelt werden, dass romantisches Erleben – dem Spüren von Atmosphären, durch die man sich in einer anderen Welt befindet – Platz greifen konnte. Solch ein Erleben ist, wie oben dargestellt, augenblicklich und irreversibel; es besteht aus irreversibel empfundenen Ereignissen. Damit sie wiederholt und für immer weitere Touristen erlebbar gemacht werden, müssen sie in Reversibilität überführt werden. Dies gewährleisten Strukturen; sie ›halten die Zeit reversibel fest‹; Strukturwandel als Reaktion auf irreversible Ereignisse ist möglich und stellt keine Ausnahme dar.[87]

Wie Erlebniserwartungen touristische Strukturen, die dem Polit- und Wirtschaftssystem obliegen, bilden und binden sowie deren Wandel hervorrufen, wenn sich sie verändern, dies dokumentiert die Tourismusgeschichte des Bodenseeraumes. Wie heute bewirkte das ›Branding‹ einen Strukturwandel, der touristische Räume mit je optionalen, zeitgeistangepassten Stimmungsqualitäten belegte und belegt.[88] Ist der semantische Rahmen erlebnisstiftender Ereignisse durch deren öffentliche Kommunikation mehr oder weniger festgelegt, so konstruieren touristische Strukturen einen ›Rahmen um den Rahmen‹, einen ›liturgischen Kontext‹:[89] Dekontextualisierung des Seins – denn nach wie vor essen, schlafen, gehen etc., sprich, leben Touristen – definiert eine ›neue Realität‹; Rekontextualisierung bezieht sich auf die Zeitstrukturierung als Zeit garantierter erlebnisstiftender Ereignisse, von denen synästhetische Wirkungen und ein innerliches Gewahrwerden der ›letzten Bedeutsamkeiten‹ ausgehen – Einheit, Ganzheit, stimmige Ordnung, Selbstverwirklichung, Autonomie und Authentizität als das Romantische.

Indem touristische Strukturen solche »sinnlichen Items«[90] setzen und Infrastrukturen die Begegnung mit ihnen sicherstellen, fungieren sie als »zeremonielle Führer, die uns alle von den weltlichen Dingen fortführen und die den Eingang […] in den Bereich des Heiligen verkörpern,«[91] von dem wir uns Erlösung vom Alltag erhoffen, ja, diese spüren bzw. empfinden, und dies heißt, sie als Realität und nicht als Fiktion wahrzunehmen.

Seit geraumer Zeit erfahren wir Transzendenzen in ihren Letztbedeutsamkeiten in Strukturen ausdifferenzierter Systeme, gemeinhin als ›Tourismusindustrie‹ bezeichnet. Das Verreisen ist eine wiederkehrende Praxis aus dem Alltag heraus; es ist ebenso zur Alltagsroutine geworden wie auch das Verhalten im Tourismusraum. Und bei all dem erleben wir als Reisende andernorts, wenn nicht zur Gänze, so doch zumindest eine Letztbedeutsamkeit wie etwa Authentizität, die mit der Autonomie korrespondiert. Insofern sind Touristen – sind wir – bürgerliche Subjekte wie die reisenden Romantiker. Sie verweigerten nicht ihr Alltagsgeschäft; Novalis starb als Amtshauptmann im Bergbaugeschäft. Obwohl das Denken und Handeln der Romantiker Möglichkeiten zum geschichtlichen Handeln eröffnete, so blieben sie bei ihren Leisten und sahen in der Reise, dem Aufenthalt in einem alltagsabgewandten Raum, eine Wirklichkeit neben anderen Wirklichkeiten. Das Bürgertum im 19. Jh. sah das ebenso und lebte nach den Leitmustern der Aufklärung (wie Rationalität, Technik, Fortschritt und Funktionalität) sowie dem Normalismus (wie Realismus, Gebot des Alltags und Akzeptanz der Rahmenbedingungen) und der Romantik (wie Ästhetik, Selbstverwirklichung und Verzauberung).[92] Und das Bürgertum war froh, dass das Reisen immer funktionaler, durch Infrastrukturen unbeschwerlicher wurde, akzeptierte aber auch die Bedingungen vor Ort, dem es gar Romantisches abgewann. Das bürgerliche Subjekt vereinigte in seinem Ich diese drei Leitmuster bzw. Kulturen. So ist es auch heute noch mit den Touristen, die wie einst die Romantiker ihr Reise-Ich auf das Romantische gründen.

Touristic mapping. Travelling in tourist mode

The sense of modern travelling is the experience of transcendence – experiences of realities exceeding the woebegone everyday life. The manifestations of transcendences are »er-lebte« »last significances« cumulating at the congruence of subject and object. This congruence characterizes the romantic syndrome including self-realization, autonomy, authenticity, unity, wholeness and coherent arrangement. Experiencing (›im *Erleben*‹) such qualities means that travellers/tourists perceive themselves localized.

The bourgeoisie experienced on the threshold of 19th century a fundamental divisiveness of subject and object. The Enlightenment regime disenchanted the world. What reality is and how it will be recognize, that was a matter of quantifying given objects. Objects – and also the reality of spaces – exist as something outside of the subject. Therefore contrasting Romantics: the world exists within the subject and not outside of it. The world becomes evident by the sensual perception (›sinnliche Anschauung‹). The inner-world of the subject, it sensual feeling, recognizes the world as reality. The phenomenological anthropology supports this constitution of the world and with that the spaces.

The protagonists of the Romantic era were travelers. They literalized their experiences respectively perceptions and the occurrence of the unification of subject and object (world/space). An essential principle constituting this unification is the synaesthetic perception. By semantification of romantic travel experiences, the tourism industry obtained objectivated sign-systems enabling to arrange optional structure. Until now the tourists experience themselves as romantic subjects within these structures as an experienced self-centered inner reality. The tourism industry knows that as products are offered as ›Erlebnisse‹ (experiences).

Anmerkungen

1 Theaitetos, in: Platon: Spätdialoge I, eingel. v. Olof Gigon und übertr. v. Rudolf Rufener, Zürich / München 1974, 4–124, 62.
2 Vgl. Isa Hofmann: Reisen und Erzählen. Stilkritische Untersuchungen zur französischen Literatur des 19. Jahrhunderts, Frankfurt a. M. 1988, 26–27. Frankreich steht beispielhaft für Westeuropa.
3 Vgl. Victor Turner: Das Ritual. Struktur und Antistruktur, Frankfurt a. M. 1989, 94–95.
4 Vgl. Turner 1989 (wie Anm. 3), 105–127.
5 Vgl. Michel Foucault: Die Heterotopien, in: ders.: Die Heterotopien. Der utopische Körper, Zwei Radiovorträge, Frankfurt a. M. 2005, 7–22.
6 Vgl. Stiftung für Zukunftsfragen: Tourismusanalyse, Hamburg 2013, 27.
7 Vgl. Reinhart Koselleck: *Über die Theoriebedürftigkeit der Geschichtswissenschaft*, in: Werner Conze (Hg.): Theorie der Geschichtswissenschaft und Praxis des Geschichtsunterrichts, Stuttgart 1972, 10–28, hier: 14–15. Koselleck setzt diese Sattelzeit, den Aufbruch in die Moderne, zwischen 1750 und 1850 an, in die also auch die Zeit der Romantik von etwa 1794 bis etwa 1830 fällt.
8 Vgl. Rudolf Wendorff: Zeit und Kultur. Geschichte des Zeitbewußtseins in Europa, Opladen, ³1985, 358. Zu Idee und Denkraum der Romantik vgl. neben Wendorff (357–376) Cornelia Klinger: Flucht Trost Revolte. Die Moderne und ihre ästhetischen Gegenwelten, München / Wien 1995; Andreas Reckwitz: Das hybride Subjekt. Eine Theorie der Subjektkulturen von der bürgerlichen Moderne zur Postmoderne, Weilerswist 2006, 97–273; Charles Taylor: Quellen des Selbst. Die Entstehung der neuzeitlichen Identität, Frankfurt a. M., ²1996, 639–679, sowie die Textsammlung maßgeblicher Apologeten der Romantik von Herbert Uerlings (Hg.): Theorie der Romantik, Stuttgart 2000.
9 Vgl. Thomas Düllo: Kultur als Transformation. Eine Kulturwissenschaft des Performativen und des Crossover, Bielefeld 2011; Eva Illouz: Der Konsum der Romantik. Liebe und die kulturellen Widersprüche des Kapitalismus, Frankfurt a. M. 2003; dies.: Gefühle im Kapitalismus. Frankfurter Adorno-Vorlesungen, Frankfurt a. M. 2007; Reckwitz 2006 (wie Anm. 8).
10 In John Urrys dritter Auflage von *The Tourist Gaze* ist der ›romantic gaze‹ weiterhin ein, wenn auch wesentlicher, ›gaze‹ neben anderen; vgl. John Urry / Jonas Larsen: The Tourist Gaze 3.0, Los Angeles ³2011, 19–20.
11 Vgl. Marianne Willems: Vom bloßen Menschen zum einzigartigen Menschen. Zur Entwicklung der Individualitätssemantik in Rationalismus, Empfindsamkeit und Sturm und Drang, in: Herbert Willems / Alois Hahn (Hg.): Identität und Moderne, Frankfurt a. M. 1999, 102–137.
12 In dem Maße, wie sich die Träger des Bürgertums nicht mehr über Zugehörigkeiten, sondern über spezifische Fähigkeiten definierten bzw. definieren konnten, mussten sie selbst diese Fähigkeiten erwerben. Zweifelsohne bedeutete dies einen Freiheitsgewinn, der allerdings um den Preis einer permanenten Anpassung erkauft wurde. Romantiker rubrizierten dies als Fremdbestimmung.
13 Vgl. Peter Strasser: Der Weg nach draußen. Skeptisches, metaphysisches und religiöses Denken, Frankfurt a. M. 2000, 202.
14 Vgl. die Unterscheidung von ›Ich‹ und ›Nicht-Ich‹ bei Johann Gottlieb Fichte: Grundlage der gesamten Wissenschaftslehre (1794), Hamburg 1997, 91, dessen Philosophie die Frühromantiker maßgeblich beeinflußte. Er spricht jedoch nicht von einer Einigung beider, sondern von einer Unterwerfung des Nicht-Ichs (Objekt) durch das Absolut-Ich.
15 Sofern Subjektivität eingeräumt wurde, zielte die pädagogische Gegensteuerung – nicht zuletzt mittels Bildungsromanen – auf die Internalisierung einer aufklärerischen Vernunft dahingehend ab, dass man selbst das will, was allgemein sein soll; vgl. Hans-Christoph Koller: Arbeit und Bildung in deutschen Romanen 1770–1790, in: Internationales Archiv für Sozialgeschichte der deutschen Literatur 17 (2), 1992, 17–60.
16 Gemeint sind Poesie, Literatur, Malerei und Musik sowie nicht zuletzt Philosophie; vgl. dazu entsprechende Autorentexte in Uerlings 2000 (wie Anm. 8).
17 Nach Erik Cohen und Scott Cohen ist die ›hot authentification‹ von Gegenständen »emotionally loaded, based on belief«; vgl. Erik Cohen / Scott A. Cohen: Authentification. Hot and Cool, in: Annals of Tourism Research 39, 2012, 1295–1314.
18 Vgl. Michel Foucault: Dits et Ecrits, Schriften 1, Frankfurt a. M. 1991, 778–779.
19 Vgl. Illouz 2007 (wie Anm. 9), 164–165. Sie macht diese Kongruenz als den Kern des romantischen Syndroms aus. In ihrem Buch *Der Konsum der Romantik* (wie Anm. 9) macht sie die Freizeitreise geradezu als räumlich-zeitlichen Ausbund der Romantik aus.
20 Vgl. Theodor W. Adorno: Negative Dialektik, Frankfurt a. M. 1970, 394: »Kein Licht ist auf den Menschen und Dingen, in dem nicht Transzendenz widerschiene.«
21 Vgl. Novalis: Die Welt muß romantisiert werden, in: Uerlings 2000 (wie Anm. 8), 5–52.
22 Sehnsucht und Alltag tauchen im 18. Jh. im Sprachgebrauch auf.
23 ›Selbstverwirklichung‹ ist in der 2. Hälfte des 18. Jhs. in die Sprache eingegangen.
24 Vgl. Martin Heidegger: Sein und Zeit, Tübingen ¹⁹2006, 126–130.
25 *Die Leiden des jungen Werther* beginnen mit »Wie froh bin ich, daß ich weg bin!« (Johann Wolfgang Goethe: Die Leiden des jungen Werther [1774], Zürich 1986). Zu mentalen Verfassung des reisenden Goethe vgl. Arnd Rühle: Mit Goethe reisen. Goethes Orte. Ein Alphabet des Reiselebens, Frankfurt a. M. 2009.
26 Eine Auswahl ihrer Reisebriefe siehe in Rudolf Walbiner (Hg.): Reisebriefe deutscher Romantiker, Berlin 1979.
27 Victor Turner: Vom Ritual zum Theater. Der Ernst des menschlichen Spiels, Frankfurt a. M./New York 1989, 68.
28 Martin Heidegger: Holzwege, Tübingen, ²1950, 63.
29 Reckwitz 2006 (wie Anm. 8), 213.

30 Vgl. Jana Binder: Globality. Eine Ethnographie über Backpacker, Münster 2005.
31 »Wir suchen überall das Unbedingte, und finden immer nur Dinge«, die bereits durch ›Buchstaben‹ / ›Wörter‹ bezeichnet, also soziokulturell vermittelt, sind, so Novalis: Vermischte Bemerkungen / Blüthenstaub (1797/98), in: ders: Werke in einem Band, hg. v. Hans-Joachim Mähl / Richard Samuel, München/Wien 1982, 423–483, hier: 425. Diese Differenz war zuerst da und nicht diese Sehnsucht und schon gar nicht ein konkretes Reiseziel; die Reflexion darüber brachte diese Sehnsucht hervor, die sich also in der alltäglichen Lebenswelt konstituierte.
32 Vgl. Rudolf Behrens: Räumliche Dimensionen um 1800 (Rousseau, Senancour, Chateaubriand), in: Gerhard Neumann / Inka Mülder-Bach (Hg.): Räume der Romantik (Stiftung für Romantikforschung, 42), Würzburg 2007, 27–63, hier: 38. Er sieht Imaginationen, wie dies auch in der ›imaginative geography‹ der Fall, nicht (ausschließlich) als Vortäuschungen von Repräsentationen an, sondern er begreift sie phänomenologisch.
33 Vgl. Gaston Bachelard: Die Philosophie des Nein. Versuch einer Philosophie des neuen wissenschaftlichen Geistes, Frankfurt a. M. 1980, 49–50.
34 Vgl. Helmuth Plessner: Die Stufen des Organischen und der Mensch. Einleitung in die philosophische Anthropologie, Berlin/New York ³1975, 321–341, der diese auf die Exzentrizität der Position des Menschen zurückführt.
35 Nicht die folgend beschriebene sinnliche Anschauung bringt danach Wirklichkeit hervor, sondern durch den Verstand, dem Begriffe, Merkmale und damit Messbarkeit und Quantifizierungen entspringen, vollzieht sich die Anschauung; vgl. Immanuel Kant: Kritik der reinen Vernunft (1787), hg. v. Ingeborg Heidemann, Stuttgart 2013, 119–860. Eben gegen diese aufklärerische Rationalität wenden sich Romantiker, okkupieren aber dessen transzendentale Ästhetik. Insofern lassen sie sich als ›aufgeklärte‹ Romantiker bezeichnen.
36 Vgl. Kant 2013 (wie Anm. 35), 80–81; Fettdruck und sonstige Hervorhebungen im Original.
37 Vgl. Plessner 1975 (wie Anm. 34), 288–293.
38 Vgl. Eric J. Leed: Die Erfahrung der Ferne. Reisen von Gilgamesch bis zum Tourismus unserer Tage, Frankfurt a. M./New York 1993, 85–87. Leed ist einer der wenigen Autoren, die das »Selbst« der Reisenden auf diesen Erkenntnismodus zurückführen.
39 Johann Wolfgang Goethe: Italienische Reise, Frankfurt a. M. 2009, 158.
40 Vgl. Gernot Böhme: Atmosphäre. Essays zur neuen Ästhetik, Frankfurt a. M. 1995, 85–98.
41 Plessner 1975 (wie Anm. 34), 47.
42 Vgl. Maurice Merleau-Ponty: Phänomenologie der Wahrnehmung, Berlin 1966, 166, 417. Bewegungen beschränken sich nicht auf pedestrischen Praktiken. Berhard Waldenfels (Sinnesschwellen. Studien zur Phänomenologie des Fremden, Frankfurt a. M. 1999, 53–85.) legt dar, dass und wie alle Sinne in Aktion Bewegungen bewirken, »die das Ich sich selbst zuschreibt« (69), also seinem Leib; vgl. hierzu auch den ›Bewegungsraum‹ von Karlfried Graf von Dürckheim (Untersuchungen zum gelebten Raum. Erlebniswirklichkeit und ihr Verständnis. Systematische Untersuchungen II, in: Jürgen Hasse [Hg.]: Graf Karlfried von Dürckheim. Untersuchungen zum gelebten Raum, Frankfurt a. M. 2005, 11–108, hier: 47–52).
43 Böhme 1995 (wie Anm. 40), 33–34.
44 Vgl. Novalis: Die Lehrlinge zu Saïs, in: Novalis (wie Anm. 31), 199–236, hier: 231. Vieles Reden würde so, an Lehrer gewandt, die »ursprünglich günstige Anlage eines solchen Gemüths« der Jugend verkommen lassen.
45 Vgl. Arnold Gehlen: Anthropologische Forschung. Zur Selbstbegegnung und Selbstentdeckung des Menschen, Reinbek 1963, 34; Hervorhebung im Original.
46 Das Folgende bezieht sich auf Novalis: Die Christenheit oder Europa (1799), in: Novalis (wie Anm. 31), 525–544.
47 Vgl. Novalis (wie Anm. 44), 535.
48 Vgl. Morris Berman: Wiederverzauberung der Welt. Am Ende des Newtonschen Zeitalters, Reinbek 1985, 144–165.
49 Vgl. Hartmut Rosa: Weltbeziehungen im Zeitalter der Beschleunigung. Umrisse einer neuen Gesellschaftskritik, Berlin 2012.
50 Vgl. Novalis 1982 (wie Anm. 44), 529.
51 Friedrich Schlegel: Grundzüge der gotischen Baukunst (1804/05), in: ders.: Werke in einem Band, hg. v. Wolfdietrich Rasch, Wien/München 1982, 543–583, hier: 560–474.
52 Schlegel 1982 (wie Anm. 49), 573. Insofern stellen Reiseräume Heterotopien der Zeit – Heterochronien verwandt – dar; vgl. hierzu Foucault 2005 (wie Anm. 5), 16–17.
53 Vgl. Karlfried Graf von Dürckheim, Vom doppelten Ursprung des Menschen, Freiburg 1973, 31, wonach in der rationalen Wahrnehmung die Verschmelzung mit dem Anderen zu einem ›Etwas‹, gar ein ›Nichts‹ wird, sprich: es ist unsagbar. So bewirbt etwa die TUI ein Kreuzfahrtangebot mit: »Wohlfühlen lässt sich nicht beschreiben. Aber erleben!«
54 Zur leiblichen Konstitution dieser beiden Seinswesen vgl. insbesondere Dürckheim 2005 (wie Anm 40).
55 Sich in einer kosmogenen Welt ›eingebettet zu sehen‹, bedeutet ja, sich ein geistiges, im Bewußtsein zustande gekommenes Bild von einem Gegenstand zu machen, wodurch auch ›Vorstellung‹ und damit ebenso Repräsentation benannt sind.
56 Vgl. Kant 2013 (wie Anm. 35), 191–193.
57 Zu diesen beiden produktiven Formen der Einbildung siehe Immanuel Kant: Kritik der Urteilskraft (1799), hg. v. Karl Vorländer, Hamburg, ⁷1990, 82–86, 167–174.
58 Vgl. die Reflexionen und Diskurse über die Künste in Uerlings 2009 (wie in Anm. 8).
59 Vgl. Andreas Reckwitz: Die Erfindung der Kreativität. Zum Prozess gesellschaftlicher Ästhetisierung, Berlin 2012.
60 Vgl. Jörn Steigerwald: Narrative Visualisierungen in Mme de Staëls *Corinne* und Goethes *Wahlverwandtschaften*, in: Erich Kleinschmidt (Hg.): Die Lesbarkeit der Romantik. Material, Medium, Diskurs, Berlin 2009, 251–272, hier: 252.
61 Zu Zeithorizonten als Selektion vgl. Niklas Luhmann: Soziale Systeme. Grundriß einer allgemeinen Theorie, Frankfurt a. M., ²1985, 70–83.
62 Beim Reisen werden keine materiellen Dinge, sondern Raumnutzungsrechte erworben, mittels derer etwas im und / oder am Körper / Leib des Reisenden bewirkt wird, also etwas Immaterielles! Gleichwohl sind Räume materiell in Wert gesetzt, und dies schlägt sich im Preis nieder: Hier das Luxushotel und dort die einfache Bleibe.
63 Vgl. Colin Campbell: The Romantic Ethic and the Spirit of Modern Consumerism, Oxford 1987, 69.
64 Vgl. Anne Goebel: An südlichen Gestaden. Die italienische Riviera der Künstler und Literaten. Berlin 2013.
65 Luhmann 1985 (wie Anm. 61), 74.
66 Johann Figl: Einleitung Religionswissenschaft – historische Aspekte, heutiges Fachverständnis und Religionsbegriff, in: ders. (Hg.): Hand-

66 buch Religionswissenschaft. Religionen und ihre zentralen Themen, Innsbruck 2003,18–80, hier: 76; im Original kursiv; statt von alltäglicher Lebenswelt spricht er von einer ›gewöhnlichen (alltäglichen) Erfahrungswelt.‹ Mit solchen transzendenten Erfahrungen und solch einer Erlebnisqualität bringt Figl das substantialistische und funktionalistische Verständnis von Religion und des Religiösen auf einen gemeinsamen Nenner. Vgl. in diesem Zusammenhang auch Thomas Luckmann: Die unsichtbare Religion, mit einem Vorwort von Hubert Knobloch, Frankfurt a. M., ³1996.
67 Gefolgt wird damit Thomas Luckmann: Schrumpfende Transzendenzen, expandierende Religion, in: ders., Wissen und Gesellschaft. Ausgewählte Aufsätze 1981–2002, hg. v. Hubert Knoblauch / Jürgen Raab / Bernt Schnettler, Konstanz 2002, 139–154, der eine ›Schrumpfung‹ der Transzendenzen bis hin zu jenen des modernen Solipsismus konstatiert.
68 Heidegger 1950 (wie Anm. 28), 86.
69 Luckmann 1996 (wie Anm. 66), 169–170; im Original kursiv.
70 Friedrich H. Tenbruck: Bürgerliche Kultur, in: Kölner Zeitschrift für Soziologie und Sozialpsychologie, Sonderheft 27, 1986, 274.
71 Und beim Hören (Musik) und Sehen (Malerei); darauf wird hier nicht eingegangen.
72 Vgl. Hofmann 1988 (wie Anm. 2), 49–50.
73 Dies sind die umfassendsten Sachgebiete der Hamburger Bibliothek um 1830; vgl. Michael North: Genuss und Glück des Lebens. Kulturkonsum im Zeitalter der Aufklärung, Köln 2003, 22.
74 Vgl. Richard van Dülmen: Die Gesellschaft der Aufklärer, Frankfurt a. M. 1986, 82.
75 All die in Uerlings 2000 (wie Anm. 8) aufgenommenen Theoretiker der Romantik reisten.
76 Vgl. Schlegel 1982 (wie Anm. 51), 571: »Von der flachen Gegend hinaufwärts macht den Anfang unter den vielen Ruinen, welche den Rhein verherrlichen, der Godesberg; eine der schönsten, nicht wegen der Höhe und Kühnheit, wohl aber wegen der reichen Aussicht und anmutigen Lage.«
77 Erfahrung führt etymologisch auf Reisen zurück.
78 Vgl. Gerhard Sauder: Sternes »Sentimental Journey« und die »Empfindsamen Reisen« in Deutschland, in: Wolfgang Griep / Hans-Wolf Jäger (Hg.): Reise und soziale Realität am Ende des 18. Jahrhunderts, Heidelberg 1983, 303–319.
79 Luckmann 1996 (wie Anm. 66), 17.
80 Vgl. hierzu Franz J. Bauer: Das ›lange‹ 19. Jahrhundert (1789–1917). Profil einer Epoche, Stuttgart 2004.
81 Vgl. Philipp Prein: Bürgerliches Reisen im 19. Jahrhundert. Freizeit, Kommunikation und soziale Grenzen, Münster [u. a.] 2005. Auch die mit kleinen Ausflügen erreichbare nahe Ferne konstituiert solche Erlebnisse.
82 Vgl. Hasso Spode: Homogenisierung und Differenzierung. Zur Ambivalenz touristischer Chronotopie-Konstruktion, in: Burkhard Schnepel / Felix Girke / Eva-Maria Knoll (Hg.): Kultur all inclusive. Identität, Tradition und Kulturerbe im Zeitalter des Massentourismus, Bielefeld 2013, 93–115. Spode bezeichnet zu Recht das bürgerliche Reisen als romantisch kontaminiert.
83 Vgl. Gerhard Schulze: Die Erlebnisgesellschaft. Kultursoziologie der Gegenwart, Frankfurt a. M./New York 1992, 46.
84 Vgl. URL: http://forumandersreisen.de/index.php (Zugriff: 28.02.2014).
85 Luckmann 1996 (wie Anm. 66), 178.
86 Vgl. Internationaler Arbeitskreis Bodensee-Ausstellung (Hg.): Sommerfrische. Die touristische Entdeckung der Bodensee-Landschaft, Rorschach 1991.
87 Vgl. Luhmann 1985 (wie Anm. 61), 63 das Zitat; sonst hierzu: 470–486.
88 Vgl. Anja Saretzki: Destination Building und Destination Branding als räumliche Konstruktionsprozesse, in: Karlheinz Wöhler / Andreas Pott / Vera Denzer (Hg.): Tourismusräume. Zur soziokulturellen Konstruktion eines globalen Phänomens, Bielefeld 2010, 271–294.
89 Übers. v. Karlheinz Wöhler aus: Daniel Dayan / Elihu Katz: Media Events. The Live Broadcasting of History, Cambridge, Mass. 1992, 103–108.
90 Böhme 1995 (wie Anm. 40), 97. Als »sinnliche Items« lassen sich Berge, Seen, Höhlen, Ruinen, materielles und immaterielles Kulturerbe etc., also gemeinhin touristische Attraktionen verstehen.
91 Vgl. Dayan / Katz 1992 (wie Anm. 89), 105.
92 So – Düllo 2011 (wie Anm. 9), 35-42, folgend – die drei »Leitmuster der Moderne seit 1800 bis heute«.

MARKUS GAMPER

Postpilger[1] auf historischen Kulturwegen
Eine soziologische Studie zur Pilgerkultur auf dem Jakobsweg

Im Jahr 2012 feierten die Kulturwege[2] des Europarats 25-jähriges Jubiläum. Die von dem »Europäischen Institut für Kulturrouten« in Luxemburg unterstützten Straßen umfassen seit ihrer Einführung im Jahre 1987 mittlerweile 29 Wege (Stand: 2014).[3] Was kann aber nun als Kulturweg im Allgemeinen und unter einem europäischen Kulturweg im Besonderen verstanden werden? Zuerst setzt sich der Begriff aus den Wörtern »Kultur« und »Weg« zusammen. Der Begriff des Weges ist eher einfach zu definieren: Ein Weg ist ein zu begehender Streifen zwischen einem Start- und einem Endpunkt.[4] Der Kulturbegriff hingegen scheint (noch) kaum konkret fassbar. Nach der Definition von Taylor im Jahr 1871, der Kultur als »[…] that complex whole which includes knowledge, belief, art, morals, law, custom and any other capabilities and habits acquired by man as a member of society«[5] definierte, zählen Kroeber und Kluckhohn knapp 80 Jahre später bereits 164 Definitionen.[6] Speziell nach dem sogenannten Cultural Turn in den Kultur-, Geistes- und Sozialwissenschaften kamen noch unzählige Beschreibungen und Definitionen hinzu.[7] Der größte Einfluss auf das heutige (Alltags-)Verständnis von Kultur kann wohl auf Cicero zurückgeführt werden. Dieser stellte die philosophische Erziehung und damit die Pflege des Geistes als wichtige Prämisse für das »Menschsein« heraus (»Cultura autem animi philosophia est«[8]). Daran anknüpfend wird daraus »cultura animi« oder »cultus animi«, die Pflege des Geistes durch beispielsweise Kunst, Musik und Wissenschaft.[9] Diese Beschreibung von Kultur bekommt in der Philosophie des Mittelalters eine starke christlich-religiöse Färbung, während es im 17. Jh. durch Samuel von Pufendorf zu einer starken Trennung von Natur und Kultur kommt, wobei Kultur als das definiert wird, was vom Menschen geschaffen ist. Der »status culturalis« ist hierbei der wertvolle Zustand und wurde als Art Veredelung angesehen. Herder verweist auf den genealogisch-historischen Aspekt der Kultur und spricht von der Zunahme der Kultur-Nationalstaaten.[10] Er legt damit den Grundstein für die ethnische kollektive Identität. »›Kultur‹ bezeichnet [demnach] das, was sein soll, was einen Wert in sich hat, und der Begriff ›Kulturwert‹ macht explizit, was implizit mit ›Kultur‹ schon gemeint ist. ›Kultur‹ ist damit kein neutraler Begriff, sondern normativ stark aufgeladen: Kultur zu haben und Kultur zu machen ist von vornherein etwas Positives«[11].

Vor der Diskussion des Phänomens Kulturweg soll zwischen engem und weitem Kulturbegriff unterschieden werden. Unter Kultur können im engeren Sinne Musik, Literatur, Filme, bildende und darstellende Kunst und die Konservierung wie auch die Pflege durch Stiftungen, Museen oder auch staatliche Institutionen, wie beispielsweise UNESCO, subsumiert werden. Der enge und zum Teil hoch wertende Kulturbegriff geht laut Bolten zurück auf die Trennung von »Kultur« und »Zivilisation«.[12] Diese meist im deutschsprachigen Raum vollzogene Trennung zeigt sich nach Bolten im Alltagssprachgebrauch, wie beispielsweise: »Zivilisation ist, wenn man eine Gabel besitzt; Kultur, wenn man sie benutzt«.[13] Kultur ist damit das Schöne, das Erhaltenswürdige und das Qualitative, Hochwertige. Der weitere Kulturbegriff umfasst viel mehr als nur die klassischen Aspekte. Hier rücken die Lebenswelten von Menschen in den Blickpunkt. Im Fokus steht insbesondere die Konstruktion von Kultur und hier vor allem Alltagskultur.[14] Ferner geht es jedoch auch um z. B. kulturelle, ethnische und religiöse Identitätsentwicklung und Machtstrukturen in einem Feld von Fremd- und Selbstzuschreibung.[15]

Die Definition von Kulturstraße des Europarats, die dem engeren Kulturbegriff zuzuordnen ist,[16] lautet wie folgt: »Eine europäische Kulturstrasse ist ein Weg durch ein oder mehrere Länder oder Regionen, der sich mit Themen befasst, die wegen ihres geschichtlichen, künstlerischen und sozialen Interesses, europäisch sind, sei es auf Grund der geographischen Wegführung, oder des Inhaltes und der Bedeutung«.[17] Die Ziele sind Kulturerhaltung, Identitätsstiftung und ökonomischer Aufschwung. Ferner soll ein Bewusstsein einer europäischen Kultur geschaffen bzw. gestärkt, Regionen miteinander verbunden und europäische Identitäten gekräftigt werden. Der Fokus liegt vor allem darauf, philosophische, religiöse, kulturelle, künstlerische, wissenschaftliche, technologische und wirtschaftliche Errungenschaften zu sichern.[18]

Auch wenn bisher 29 dieser Straßen existieren, ist das Konzept sehr eng mit dem ersten europäischen Kulturweg, dem Pilgerweg zum Grab des Apostels Jacobus in Santiago de Compostela, verbunden. Der Pfad, der sich wie ein Spinnennetz über (fast) ganz Europa spannt, scheint immer populärer zu werden. Dies zeigen vor allem die Erfolge der Bücher von Paulo Coelho *Auf dem Jakobsweg: Tagebuch einer Pilgerreise nach Santiago de Compostela* und Hape Kerkeling *Ich bin dann mal weg*.[19] Daneben gibt es jedoch unzählige Praxishandbücher, Reiseführer und Erlebnisberichte off- wie online. Hinzu kommen noch sehr erfolgreiche Kinofilme, wie *Pilgern auf Französisch* oder *Dein Weg*.[20] Auch die Zahl der Pilger wächst stetig an. Ließen sich 1970 noch knapp 70 Personen im Pilgerbüro in Compostela eine Urkunde für die erfolgreiche Pilgerschaft ausstellen, waren es im Jahr 2013 schon mehr als 210.000, und diese Zahl wird wohl noch weiter steigen.[21] Unter diese Statistik fallen nicht die Personen, die lediglich bestimmte Teiletappen (z. B. Deutschland, Polen) wandern oder die, die auf eine Compostela (Urkunde des Pilgerbüros) verzichten, wodurch von einer noch höheren Pilgeranzahl ausgegangen werden kann.

Dienen die Wege zum Erhalt des klassisch-christlichen Pilgers oder ist dieser längst, wie von Säkularisierungstheoretikern behauptet, eine »aussterbende Art«? Welche Bedeutung haben transnationale Sozialität auf diesem Weg und wie wird diese Vergemeinschaftung gelebt? Diesen Fragen soll in diesem Beitrag des Sammelbandes nachgegangen werden. Dafür werden zunächst der Forschungsüberblick sowie die Forschungsmethode skizziert. Anschließend werden auf Basis von qualitativen wie auch quantitativen Interviews das Verständnis von Gemeinschaft und Motivation erörtert und der Frage nachgegangen, inwieweit das Bild des klassischen Pilgers heute noch existiert. Ein Fazit fasst die zentralen Aussagen zusammen.

Forschungsstand und methodisches Vorgehen

Theoretische wie auch empirische Arbeiten zum Thema Pilgern und Wallfahren,[22] speziell nach Compostela, finden sich in verschiedenen Disziplinen und werfen ganz unterschiedliche Blicke auf dieses vielschichtige Phänomen. Zur Verortung der vorliegenden Studie soll daher zuerst ein allgemeiner, jedoch nur kurzer Forschungsüberblick gegeben werden.[23] Eine intensive wissenschaftliche Auseinandersetzung mit der Thematik »Pilgertum« ist in der Tourismus- und Reisekulturforschung zu finden.[24] Das Hauptaugenmerk liegt auf der Frage der wirtschaftlichen Dienlichkeit des Tourismus' für z. B. bestimmte Regionen, den ökonomischen Transformationsprozessen und der Kommerzialisierung des Pilgerweges. Sehr frühe wissenschaftliche Abhandlungen sind in der Geschichts- und Kunstgeschichtswissenschaft verortet. Im Fokus der historischen Deskriptionen steht das Pilgertum und dessen Charakteristikum in bestimmten Epochen (z. B. Mittelalter) unter Gesichtspunkten religiöser, ökonomischer wie auch politischer Prozesse.[25] Andere Arbeiten rücken die historische Entwicklung und Bestimmung von Architektur und den bildenden Künsten in den Mittelpunkt. Diese umfassen die Kunstwerke des Mittelalters auf dem Weg nach Compostela, bestimmte Reliquien (z. B. Jakobusaltar) oder auch die Kathedrale selbst.[26] Theoretische Abhandlungen zum Thema »Pilgern« als Eventisierung[27] und zum Prinzip des Pilgerns als gesellschaftliches Phänomen[28] finden sich vor allem in der Soziologie und Theologie. Indes fokussieren die Veröffentlichungen in letzterem Fachbereich eher auf die Rolle des Pilgerns sowie dessen Zusammenhang mit religiösen Traditionen und Überlieferungen und stellen vereinzelt auch den Faktor der Identitätsstärkung mit dem Bezug zum Glauben in den Vordergrund.[29] Nicht-texttheoretische Arbeiten, wie

POSTPILGER AUF HISTORISCHEN KULTURWEGEN

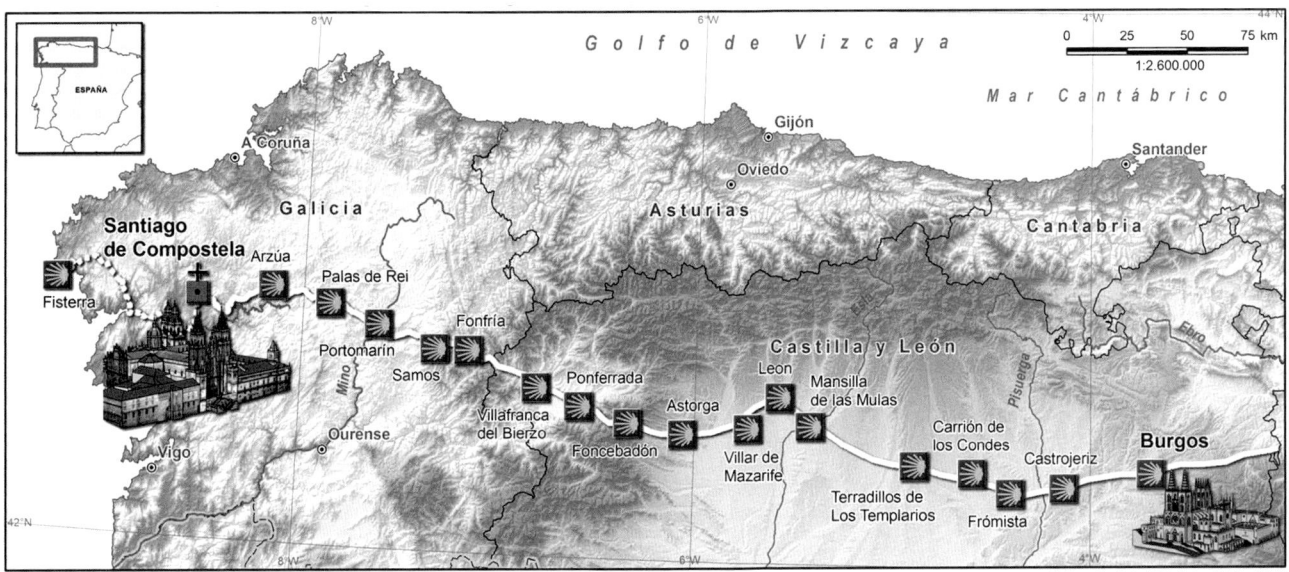

Abb. 1: Weg der vierwöchigen Feldforschung. Foto: Michael Grün für das Forschungsprojekt.

beispielsweise die Studie von Markus Nicolay, stellen hier eher die Ausnahme dar.[30] In der Psychologie wird das Thema »Pilgern« unter dem Aspekt des Lebenssinns und Wohlbefindens oder auch unter therapeutischen Gesichtspunkten erforscht.[31] Vereinzelt finden sich auch Abhandlungen in der Wanderforschung.[32] Insbesondere in den Sozialwissenschaften rücken seit neuester Zeit die Motivlage und die Beschreibung des Pilgertums immer stärker in den Vordergrund. Die Studien zeigen die starke Heterogenität der Motive,[33] die hohe Bedeutung sozialer Kontakte und Vergemeinschaftung auf dem Pilgerweg[34] sowie die geringere Bedeutsamkeit klassischer Motive, wie Seelenheil, Buße oder Danksagung[35] oder befassen sich mit Körperlichkeit.[36] Auffällig ist, dass besonders die Themen »Pilgermotive« und »doing pilgrimage« immer stärker in den sozialwissenschaftlichen empirischen Forschungsfokus rücken. Grenzen dieser Studien zeigen sich jedoch im Forschungsdesign. Entweder handelt es sich um reine qualitative oder reine quantitative Studien oder es handelt sich um Studien mit einer kleinen Stichprobengröße (dies gilt vor allem für die quantitativen Erhebungen) beziehungsweise haben sie einen eindimensional-nationalen Fokus (z. B. nur deutsch oder spanisch). Bei den quantitativen Befragungen kommt hinzu, dass der Religionsbegriff und die Vergemeinschaftungsfaktoren, die bei den qualitativen Forschungen in den Ergebnissen hervorgehoben

werden, kaum bis gar keine Differenzierung erfahren. Unterscheidungen zwischen kirchlicher Religiosität, nicht institutionalisierter Religion und Spiritualität oder die Berücksichtigung der Kontakte zu Mitpilgern fehlen meist völlig.

Vor diesem Hintergrund wurde das Projekt »Glaube in Bewegung: Spirituelle Netzwerke von Pilgern«[37] ins Leben gerufen. Zum ersten Mal sollten neben der soziodemographischen Struktur der Pilger auch ihre Einstellungen und Motive, aber auch konkrete Pilgerpraktiken und -erfahrungen in einer großangelegten Studie triangulativ eruiert werden.[38] Der sogenannte Between-Method-Ansatz[39] setzte sich im Einzelnen aus (1) Experteninterviews,[40] (2) teilnehmender Beobachtung,[41] (3) problemzentrierten Interviews,[42] (4) einer standardisierten schriftlichen Befragung,[43] (5) Tagebuchanalysen und schlussendlich aus einer (6) egozentrierten Onlineumfrage[44] zusammen. Bei dieser Methode wurde mehrstufig vorgegangen: Zu Beginn wurden Experteninterviews mit Mitgliedern der St. Jakobusbruderschaft Trier e. V. geführt. Darauf aufbauend wurde ein Leitfaden für die qualitativen Interviews und der teilnehmenden Beobachtung entwickelt. Aufbauend auf den Expertenbefragungen wurde ein standardisierter Fragebogen entwickelt. 3000 Exemplare in fünf Sprachen (Deutsch, Englisch, Französisch, Spanisch, Italienisch) wurden zwischen Juli und September 2010 in den Pilgerunterkünften entlang des spanischen Jakobsweges ausgelegt.[45] Mithilfe der Jakobusgesellschaft konnte das Forschungsteam 1147[46] Fragebögen, 38 problemzentrierte Interviews,[47] drei Beobachtungsberichte und fünf Tagebücher auswerten. Ergänzt wurde diese Erhebung um eine vierwöchige Feldforschung[48] zwischen Juli und August 2010 auf dem mehr 600 km langen Endstück des Jakobswegs von Burgos, über Compostela bis zum Kap Finisterre (Camino Francés) (vgl. Abb. 1).[49] Ziel war es, gemäß den Leitlinien einer qualitativen Religionsforschung, die sich an der lebensweltlichen Ethnographie orientiert,[50] eine Binnenperspektive einzunehmen, um das Phänomen besser verstehen und deuten zu können.

Postpilgertum und interkulturelle Vergemeinschaftung

Auch wenn die Stichprobe nicht als repräsentativ gelten kann, deckt sie sich in den Hauptkategorien Geschlecht, Alter, Art und Fortbewegungsart des Pilgerns nahezu mit den offiziellen Daten des Pilgerbüros in Compostela.[51] Das Sampling besteht aus 54 % männlichen (n = 621) und 46 % weiblichen (n = 516) Personen. Hinsichtlich der angegebenen Religionszugehörigkeit zeigt sich, dass Pilger mit römisch-katholischer Religionszugehörigkeit mit 66 % die größte Gruppe stellen. Personen, die sich keiner Religionsgemeinschaft zuordnen, kommen bereits auf Rang zwei mit 21 %, gefolgt von den Mitgliedern der evangelischen Kirche (8 %), worunter hier auch die Freikirchen (2 %) gezählt werden. Überrascht hat auch die Anzahl anderer religiöser Richtungen, wie z. B. orthodoxe Christen und Buddhisten, die ca. 3 % ausmachen. Hinsichtlich der religiösen bzw. spirituellen Selbsteinschätzung zeigt sich, dass sich 36 % als mindestens religiös, sich hingegen 55 % als mindestens spirituell wahrnehmen.[52] Hier zeigen sich schon Anzeichen des religiösen Wandels auf dem Jakobsweg, der später nochmals vertieft aufgegriffen wird.

Hinsichtlich des Alters wird deutlich, dass Pilgern stärker jüngere bzw. Menschen mittleren Alters anspricht. Den größten Teil stellen die 20- bis 29-Jährigen (33 %), gefolgt von den 30- bis 39-Jährigen mit 20 % sowie den 50- bis 59- und den 40- bis 49-Jährigen mit jeweils knapp 14 %. Die über 60- (11,2 %) und die unter 19-Jährigen (8 %) stellen den kleinsten Teil. Im Durchschnitt sind die Pilger 37 Jahre alt (SD = 15,4; Median = 33 Jahre).[53] Hier zeigen sich Unterschiede zu den Wanderstudien von Brämer und Dähler, die davon ausgehen, dass das Pilgern eher ältere Personen anspricht.[54] Generell besitzen Pilger ein höheres Bildungsniveau. Knapp 80 % der Befragten haben einen formal hohen Bildungsabschluss.[55] Einen formal-mittleren Bildungsabschluss haben 0,8 % und einen niedrigen 3,7 % der Pilger.[56] Von den Befragten sind 45,3 % berufstätig, 22 % Studierende, 10,5 % Rentner und 5,6 % gehen einer sonstigen Tätigkeit nach.[57] Schüler stellen 5,5 %, Hausfrauen und -männer 1,9 % und Auszubildende 1,5 % der Stichprobe.

Hinsichtlich der Nationalität wird deutlich, dass die Spanier mit 33 % den größten Teil der Stichprobe bilden, gefolgt von den Deutschen mit 22 %, den Italienern mit 14 % und den Franzosen mit 10 %. Österreicher und Polen machen jeweils 2 % aus.[58] Unter die Kategorie »Sonstige Herkunft« (16 %) fallen alle, die den Wert 2 % nicht überschreiten. Diese Kategorie umfasst Pilger aus europäischen Ländern, wie beispielsweise England, aber auch aus den Staaten Afrikas oder Nord- und Südamerikas.[59] 94 % der Pilger waren zu Fuß und 8 % mit dem Fahrrad unterwegs, während weniger als 1 % mit einem Esel bzw. einem Pferd pilgerten. 2 % der befragten Pilger nahmen die Hilfe eines anderen Transportmittels (z. B. Bus, Bahn) in Anspruch. Von den Befragten besuchten ca. 70 % zum ersten Mal das Grab des heiligen Jakobus'.

Sind Pilger nun Einzelgänger und individuelle Sinnsucher, wie häufig in den religionssoziologischen Theorien dargelegt wird,[60] oder spielt Sozialität, welche nicht selten auch als spirituelle Erfahrung gedeutet wird, eine größere Rolle, wie qualitative Studien es behaupten?[61] Diese hier zugespitzten Gegenpole sind nicht unauflöslich. Werden die unterschiedlichen Phasen des Pilgerns – (1) Beim Start der Reise, (2) bei anderen Betätigungen auf dem Pilgerweg (z. B. Abendessen, Gottesdienst) und (3) beim Prozess des Gehens – in den Blick genommen, finden sich beide Thesen wieder.

»Nur« 39,2 % der von uns befragten Pilger haben die Reise alleine und 60,8 % mit einer oder mehreren Personen angetreten. Von diesen sind 55,6 % mit einem guten Freund, 27,9 % mit dem Lebenspartner und 22,6 % mit anderen Familienmitgliedern angereist. Vereinzelt sind

ALTERS-GRUPPEN	MITTEL-WERT	STANDARD-ABWEICHUNG	SIGNIFIKANZ (2-SEITIG)
<20	1,86	,352	
21-29	1,69	,464	
30-39	1,49	,501	,00
40-49	1,45	,499	
50-59	1,55	,499	
>60	1,58	,495	

Tabelle 1: ANOVA-Mittelwertvergleich zwischen alleine oder in einer Gruppe pilgern und Alter. Quelle: eigene Berechnung (n = 1133); 1 = alleine; 2 = in einer Gruppe.

Abb. 2: Pilgergruppe auf den letzten 100 km vor Compostela. Foto: Markus Gamper.

auch kirchlich-organisierte Pilgergruppen (vgl. Abb. 2) oder auch kleinere Reisegruppen anzutreffen (8 %).

Ein ANOVA-Mittelwertvergleich hinsichtlich des (1) Starts der Pilgerreise zeigt folgende signifikanten Ergebnisse: Insbesondere die Gruppe der 30- bis 39-Jährigen (Mittelwert 1,49) und die der 40- bis 49-Jährigen (Mittelwert 1,45) pilgert alleine, während jüngere Pilger, insbesondere die unter 20-Jährigen, aber auch die 21- bis 29-Jährigen häufiger in Begleitung pilgern (Mittelwert 1,86) (vgl. Tabelle 1).[62] Bei Jugendlichen, die noch nie eine lange Reise alleine unternommen haben, birgt die begleitete Reise eine Art Sicherheit in der Fremde. Sie wissen, dass sie sich beispielsweise bei Verständigungs- oder Verletzungsproblemen auf einen Pilgerpartner verlassen können. In abgeschwächter Form gilt das auch für die weiblichen Pilgerinnen, die sich im Vergleich zu den männlichen Pilgern, auch eher mit mehreren auf dem Weg machen.

(2) Die Sozialität zeigt sich – neben der Anreise – besonders in Situation, wie dem gemeinsamen Abendessen, Frühstück, Gottesdienst oder den gemeinsamen Reiseplanungen (s. Abb. 3 a, b).[63] Es ist dieses selbstbestimmte und als unverkrampft erlebte Maß an Geselligkeit, das die Pilger dabei schätzen.

Während des Laufens oder in den Herbergen lernen die Pilger schon nach wenigen Tagen neue Menschen aus vielen anderen Nationen kennen, die zu Weggefährten auf der Reise bis an das »Ende der Welt«[64] werden können. Aufgrund des gleichen Tagesablaufs und relativ identischen Etappenplans verläuft das Miteinander-in-

Abb. 3 a, b: Gemeinsames Kochen und Abendessen. Foto: Markus Gamper.

Kontakt-Treten der Pilger relativ unkompliziert. Erstaunlich hierbei ist, dass viele dieser lose gesponnenen sozialen Netzwerke während des Pilgerns relativ konstant bleiben, wie etwa das Beispiel der 25-jährigen Kathrin illustriert: »Ich hätte nicht gedacht, dass man so schnell Leute kennenlernt und dass auch so schnell wirklich Gemeinschaften entstehen. Also Gemeinschaften, die auch über mehrere Tage halten« (Kathrin, 25 Jahre, Deutschland). Einige sprechen sogar von einer (Pilger-)Familie: »Und auch das Zusammentreffen am Abend, dieses Familiäre. Ich bin da in einer Gruppe, wo Italiener sind usw., das ist wie eine Familie. Für eine kurze Zeit hast du eine Ersatzfamilie« (Rainer, 41 Jahre, Österreich).

Auch die Beobachtungen, die bei dieser Untersuchung gemacht wurden, unterstreichen, dass sich diese Gemeinschaftsbildung unabhängig von nationalen oder kulturellen (Sprach-)Barrieren, sozialen, Alters- oder Geschlechtergrenzen ereignen. Speziell der interkulturelle Austausch und der transnationale Charakter des Pilgerns werden hervorgehoben: »Ich find, das spielt insofern eine große Rolle, als dass es zeigt, dass die Nationalität keine Rolle spielt, dass wirklich alle Leute das machen. Jeder hat seine persönlichen Gründe, aber trotzdem, im Großen und Ganzen, immer wieder die gleichen Gründe. Da spielt dann die Nationalität eben keine Rolle mehr« (Lisa, 22 Jahre, Deutschland).

(3) Auch wenn viele nicht alleine anreisen und der Camino auch in Gruppen bewandert wird, wählt jeder Pilger auf Basis seiner körperlichen Verfassung oder aus anderen Gründen (z. B. Interesse, Wahl des Fortbewegungsmittels) sein eigenes Tempo. Dies sorgt dafür, dass große Teile auf bestimmte Weise individuell bewältigt werden müssen. Besonders in diesen Phasen stellen sich, wie in den soziologischen Abhandlungen behauptet, viele Pilger die Sinnfragen für sich selbst. Diese dienen jedoch häufig als Grundlage für Gespräche bzw. Diskussionen mit anderen Pilgern. Als Beispiel kann hier Nicole angeführt werden: »Ich bin alleine gestartet, pilgere auch alleine. Ist aber schön, wenn man weiß, man hat sich für einen Abend mit Leuten verabredet in einer Herberge, wo man sich trifft. Wo man schön essen kann; einen gemeinsamen Abend verbringen kann. Das ist so mein Pilgerweg. Also, am Tag sehr, sehr gerne alleine laufen und dann aber schon sich vielleicht auch zwischendrin einmal treffen oder sich einfach mal für den nächsten Tag verabreden und dort mal treffen. Das finde ich sehr schön. Aber es muss für mich nicht sein, dass jemand Schritt an Schritt mit mir läuft« (Nicole, 31 Jahre, Deutschland).

Auch wenn soziale Kontakte auf dem Weg von Bedeutung sind, waren und sind diese nicht die Hauptpilgermotive. In kulturgeschichtlichen Abhandlungen werden vor allem religiöse Gründe wie Verehrung, also die Dank- und Lobpreisung von Heiligen, als zentrales Pilgermotiv hervorgehoben.[65] Aber auch die Erlösung von Armut, Krankheit und anderen Leiden sowie die Vergebung von Sünden bzw. Buße waren wichtige Beweggründe. Ebenso spielten Straferlass, bei Adligen auch die Anfrage für Glück in den Schlachten oder auch das Stärken des Ansehens in der Bevölkerung eine bedeutende Rolle. Im Laufe der Zeit kamen Aspekte wie Abenteuerlust und der Wunsch nach Ausbruch aus dem Alltag hinzu.[66] Diese Aspekte scheinen im Laufe der Geschichte des Pilgerns an Bedeutung zu gewinnen, so dass sich das Pilgerwesen hinsichtlich seiner Motivlagen zunehmend individualisiert, was die hier beschriebene Studie zeigt (vgl. Tabelle 2):[67] Über die Hälfte der befragten Pilger betonten den Aspekt des »Zu-sich-selbst-Findens« (51,8 %) als ausschlaggebendes Pilgermotiv. »Ausklinken aus dem Alltag« (40,2 %), »Stille genießen« (39,2 %), »Spirituelle Atmosphäre fühlen« (34,6 %), »Natur genießen« (34,4 %) sowie »Anblick schöner Landschaft« (32,9 %) wurden ebenfalls als »sehr wichtig« empfunden. Erst mit großem Abstand folgen die klassische Motive, die sich mit denen der früheren Pilger vergleichen ließen. 23,4 % pilgern »aus religiösen Gründen« und nicht selten wurden daneben auch Beweggründe, wie »andere Religionen kennenlernen« (22,4 %), »Buße vor Gott tun« (16,6 %) oder »christliche Orte aufsuchen« (12,1 %) genannt. Aber auch Motive, wie »Sport machen«, »Abenteuer erleben«, »das Interesse an anderen Kulturen« und »dem sozialen Austausch« sind hier vertreten (Tabelle 2). Kaum eine Rolle spielen hingegen Faktoren, wie »das Interesse an Tieren und Pflanzen« (9,5 %), das »Feiern von Partys« (7,4 %) oder das Motiv des »preiswerten Urlaubs« (5,2 %). Auffällig ist, dass kaum jemand ausschließlich pilgert, »um das Wallfahrtziel zu erreichen« (6,6 %). Zugespitzt ausgedrückt zeigt sich, dass für heutige Pilger nicht das Grab des Jakobus' in Santiago de Compostela, sondern der Weg (zu sich selbst) das Ziel ist.

MOTIVE DER PILGER	SEHR WICHTIGE IN %
Zu sich selbst finden	51,8
Ausklinken aus dem Alltag	40,2
Stille genießen	39,4
Spirituelle Atmosphäre fühlen	34,6
Natur genießen	34,4
Anblick schöner Landschaften	32,9
Menschen aus anderen Kulturen kennenlernen	23,7
Aus religiösen Gründen	23,4
Andere Religionen kennenlernen	22,4
Mit meiner Familie zusammen sein	22,2
Ferne Abenteuer erleben	20,9
Teil einer Pilgergemeinschaft sein	19,1
Sich bewegen/Sport treiben	17,3
Kulturelle Sehenswürdigkeiten besichtigen	17,2
Buße vor Gott	16,6
Eine Lebenskrise verarbeiten	14,2
Christliche Orte aufsuchen	12,1
Interesse an Tieren und Pflanzen	9,5
Mit anderen Leuten feiern	7,4
Um das Wallfahrtsziel zu erreichen	6,6
Kostengünstig Urlaub machen	5,2

Tabelle 2: Motive der Pilger, geordnet nach der Häufigkeit, in der sie von ihnen angegeben wurden. Quelle: eigene Berechnung (n = zwischen 1011–1081).

Um bestimmte Pilgertypen herauszufiltern, sollen mithilfe einer Faktorenanalyse die oben genannten Motive statistisch zu Idealtypen zusammengeführt werden. Ziel dieses Vorgehens ist es, mehrere Variablen zu koppeln, um herauszuarbeiten, welche Faktoren (z. B. »Stille genießen«) alleine oder mit anderen Faktoren zusammenlagen und damit eine Art Kategorie bilden. Gleichzeitig sollen untereinander unabhängige Beschreibungs- und Erklärungsvariablen entdeckt werden. Vor diesem Hintergrund wurde eine Hauptkomponentenanalyse durchgeführt und die fehlenden Werte paarweise ausgeschlossen. Der Kaiser-Meyer-Olkin-Wert beträgt 0,813 und der Signifikanztest nach Bartlett ergibt ,000. Es konnten aus den oben genannten Motiven (vgl. Tabelle 2) somit fünf Gruppen (vgl. Tabelle 3) gebildet werden, die im Folgenden mithilfe der in der Feldstudie erhobenen qualitativen Daten näher beschrieben werden sollen.[68]

Der »Tourigrino« möchte vor allem »Landschaft« und »Tierwelt genießen«, »in die Kultur Spaniens eintauchen« sowie »Menschen aus anderen Kulturen« kennenlernen (Typ 1). Beispielsweise beschreibt Lena das Pilgern als eine Art Urlaub mit ihrer Familie: »Mit meiner Familie zusammen war ich doch sehr erstaunt, wie lustig das ist, sozusagen einen Familienurlaub zu verbringen. Wir haben einfach irre viel gelacht über irgendwelche Bananenschalen, die in Bäumen hängen, und so ein Kram« (Lena, 17 Jahre, Deutschland). Ein weiterer Idealtyp ist der zielorientierte »Sportpilger« (Typ 2), der Compostela erreichen und körperlich an seine Grenzen gehen möchte. Als Beispiel kann hier ein Schweizer angeführt werden, der seinen Militärdienst beendet hat und täglich 40 oder mehr Kilometer zurücklegte, oder auch Tim, der seine Motive wie folgt beschreibt: »Ich will es einfach schaffen, durchziehen und ich will das Gefühl haben, wenn ich da bin. Das sehne ich herbei« (Tim, 22 Jahre, Deutschland). Der dritte Typ will feiern, günstig Urlaub machen und kleine Abenteuer erleben.[69] Für die meist jüngeren Pilger bietet der Camino im Vergleich zu klassischen Pauschalreisen mehr Abwechslung, aber gleichzeitig auch mehr Sicherheit, im Gegensatz zu exotischeren Erfahrungen, welche als Gefahr wahrgenommen werden. Parallelen zeigen sich hier zum klassischen Backpacker.[70] Religiöse oder spirituelle Aspekte zeigen sich sowohl beim traditionell-religiösen Pilger (Typ 4) als auch beim Postpilger (Typ 5). Ersterer ist noch in seiner idealtypischen Form vorhanden, auch wenn dieser im Vergleich zum Postpilger zahlenmäßig weit weniger ins Gewicht fällt. Seine Motive sind vor allem die klassischen, wie »Buße vor Gott«, »Danksagung an Gott« oder die Erfüllung einer »religiösen Pflicht« (s. Abb. 4). Zwar möchte auch der religiöse Pilger Teil der Pilgergemeinschaft sein und die spirituelle Atmosphäre fühlen, – hier zeigen sich Parallelen zum Postpilger – aber Ersterer hat weniger den Wunsch, sich zu verändern, als vielmehr seinen Glauben zu bestätigen oder zu vertiefen und nicht, diesen zu suchen.

Viele Pilger sehen in ihrer Reise eine Art Kontaktaufnahme mit Gott. Beispielsweise bedankt sich Hilde

MOTIVE	KOMPONENTE				
	Tourigrino	Zielorientierte Sportpilger	Spaßpilger	Traditionell-religiöse Pilger	Postpilger
Andere Religionen	,647				
Mit der Familie zusammen sein	,510				
Natur genießen	,727				
Kulturelle Sehenswürdigkeiten besichtigen	,727				
Menschen aus anderen Kulturen kennenlernen	,537				
Interesse Tiere und Pflanzen	,467				
Anblick schöner Landschaft	,645				
Sich bewegen/Sport treiben		,542			
Das Wallfahrtziel erreichen		,683			
Ferne Abenteuer erleben			,594		
Mit anderen Leuten feiern			,756		
Kostengünstig Urlaub machen			,582		
Teil der Pilgergemeinschaft sein				,469	
Buße vor Gott				,734	
Aus religiösen Gründen				,833	
Christliche Orte aufsuchen				,795	
Spirituelle Atmosphäre fühlen				,526	,544
Ausklinken aus dem Alltag					,591
Stille genießen					,688
Zu sich selbst finden					,781
Eine Lebenskrise verarbeiten					,604

Tabelle 3: Rotierte Komponentenmatrix der Pilgermotive. Extraktionsmethode: Hauptkomponentenanalyse, Rotationsmethode: Varimax mit Kaiser-Normalisierung. Die Rotation konvergiert in 7 Iterationen. Quelle: eigene Berechnung.

für die Heilung einer schweren Krankheit: »Ich hab das Ganze durchgestanden und da habe ich gedacht, Gott ich danke dir, du hast mir noch einmal das Leben geschenkt und aus Dankbarkeit möchte ich den Camino gehen« (Hilde, 75 Jahre, Deutschland).

Der letzte Typ (5) kann als Postpilger bezeichnet werden. Wichtig für ihn sind Aspekte, wie »Stille genießen«, »zu sich selbst finden«, »sich aus dem Alltag ausklinken«, »die spirituelle Atmosphäre fühlen« und/oder »eine Lebenskrise verarbeiten«.[71] Viele Pilger berichten von einem Leben zu Hause, in dem sie kaum Zeit für sich fanden, da sie zu stark in Familien- und Berufsalltag eingespannt waren, um über eigene Bedürfnisse, Wünsche, Ziele oder Gefühle nachzudenken. Sie finden ihr Leben sinnentleert oder fühlen sich überfordert und suchen daher eine Antwort im »einfachen Pilgerleben«, wo es sich auf das Wesentliche zu reduzieren gilt. »Die Wirkungen eigener Aktivitäten und Entscheidungen erscheinen überschaubar, man beginnt sich wieder auf sich selbst zu verlassen«[72] und nützt die Chance, jenseits sozialer Zwänge über sein Leben nachzudenken. Als Bei-

Abb. 4: Pilger auf dem Jakobsweg. Foto: Markus Gamper.

spiel kann hier Karin angeführt werden: »[M]ein Grund war einfach: Ich wusste, ich muss einen anderen Weg gehen, d. h., ich musste meine Ehe beenden und ich wollte irgendwo, ja, eine Antwort. Einfach, um eine Antwort zu finden. Ich habe mir sogar, hier, die Jakobsmuscheln tätowieren lassen und Mohnblumen, hier« (Karin, 54 Jahre, Deutschland). Die Pilgerreise wird als Zäsur oder Passageritual[73] mit dem Wunsch konstruiert, sich und den Alltag nach der Rückkehr zu verändern. Selbstfindung meint hier jedoch nicht nur die alleinige Reise zu sich selbst, sondern vor allem »[…] eine Reise zu dem, was man an der Welt und den anderen findet«.[74] So individuell die Geschichten zum Teil sind, stehen sie doch prototypisch für die Mehrzahl der »spirituellen Pilger«, die ihr alltägliches Leben als profan oder sinnentleert empfinden und auf der Suche nach besonderen, tiefgehenden Erfahrungen sind, vor allem aber auf der Suche nach Veränderung.[75]

Fazit

Kulturwege des Europarats, dazu zählt vor allem der bekannte Pilgerweg nach Compostela, sollen der Kulturerhaltung und Identitätsstiftung dienen und positive ökonomische Veränderungen bewirken. Bezogen auf den Camino soll dieser ein Bewusstsein einer europäischen Kultur stärken, Regionen sowie Menschen verbinden und Toleranz vermitteln. Im Blickpunkt der triangulativen Studie stehen deshalb vor allem die Fragen nach dem interkulturellen Austausch sowie der heutigen ›Pilgerkultur‹, und inwieweit diese in dem traditionellen Pilgertum und in der aktuellen Pilgerpraxis vorzufinden ist.

Sozialität spielt beim Pilgern eine bedeutende Rolle. Zum einem begibt sich der größte Teil – besonders junge Pilger und Frauen – nicht alleine auf den Camino, sondern reist mit Freunden oder dem Lebenspartner an. Zum anderen, auch wenn Teile der Strecke alleine und auch zum Teil stillschweigend gegangen werden, suchen die meisten den aktiven, selbstbestimmten und lockeren Kontakt zu anderen Pilgern, z. B. beim Abendessen oder Lagerfeuer. Die Pilger finden schnell Weggefährten, mit denen sie sich automatisch über das »Woher« und »Wohin«, vor allem aber über das »Warum« austauschen. Einige Pilger sprechen hier schon von einer Art »Familie«. Hervorgehoben werden hier vor allem die transnationale Vergemeinschaftung und der kulturelle Austausch, der sich weit über lediglich europäische Beziehungen aufspannt.

Der Camino ist längst eine Spielwiese für unterschiedliche Arten des Pilgertums geworden. Neben klassisch religiösen und spirituellen Beweggründen spielen auch körperliche Grenzerfahrungen oder der Spaßfaktor beim allabendlichen Zusammensein eine Rolle. Zum Teil sind es touristische Motive, die die Menschen auf den Jakobsweg führen, wie etwa die Natur und Landschaft Spaniens per pedes kennenzulernen, und das dazu noch relativ kostengünstig. Deutlich wird auch, dass im Laufe der letzten Jahre besonders spirituelle Motive (z. B. sich selbst finden) an Bedeutung gewinnen. Pilgern entspricht längst nicht mehr nur der traditionellen Vorstellung bzw. dem kirchlichen Wunschbild einer Bitte um oder des Dankes für göttliche Hilfe. Die Wiederentdeckung der Pilgerpraxis ist somit keine Rückkehr der Religion,[76] sondern vielmehr eine bedeutsame Form der selbstinitiierten, nicht konfessionell gebundenen Sinn- und Selbstsuche zu Fuß.[77] Dieser Postpilger sucht nach individuellem Sinn und avanciert damit zum Prototyp eines spätmodernen Bedürfnisses nach Spiritualität, deren kennzeichnende Ideologie die der subjektiven Ganzheitlichkeit und Authentizität ist. Dies ist nicht unbedingt als eine Kontrastierung zum institutionalisierten Christentum und zur Kirche zu sehen, dennoch ist der zeitgenössische Pilgerboom wohl weniger das Ergebnis eines kirchlichen, z. B. bischöflichen oder professoralen Pastoralplans.[78] Die Praxis des gegenwärtigen Pilgerns ist vielmehr eine nicht-institutionell verortete und verordnete Veranstaltung.

Post-Pilgrims on Cultural Heritage Trails. A sociological study about pilgrimage culture on the Camino de Santiago de Compostela

In the year 2012 Cultural Heritage Trails – elected by the Council of European – existed for almost 25 years. These trails should help to construct a European identity and preserve European culture as i.e. religion, architecture and art. The first and the most famous trail is the Camino, a trail to the grave of St. James in Santiago de Compostela. In the 2013 around 210.000 pilgrims were counted by the public office. This statistical and qualitative study focuses on transnational community and the culture of pilgrimage today. The results reveal a transnational character of the communities which were set up by the pilgrims from different countries during their pilgrimage. Hence a new form of pilgrims was discovered. These neo-pilgrims are not walking the trail because of traditional religious reasons like ›penance for God‹. Rather, they are looking for a time out from everyday life and a totally unique spiritual experience of transcendence.

Anmerkungem

1 Der einfacheren Lesbarkeit wegen wird bei personenbezogenen Substantiven das generische Maskulinum verwendet. Dieses versteht sich aber als geschlechtsneutral und schließt Personen jeglichen Geschlechts ein.
2 Der Europarat spricht sowohl von Kulturwegen wie auch von Kulturstraßen. Vor diesem Hintergrund werden die Begriffe auch hier synonym verwendet.
3 Nach offiziellen Informationsquellen schwankt die Anzahl dieser Wege zwischen 19 [vgl. Informationszentrum Thüringen: Das europäische Kultur- und Informationszentrum in Thüringen präsentiert: VIA REGIA – Kulturstraße des Europarates. 2007. URL: http://www.via-regia.org/kulturstrasse/laender.php (Zugriff: 21.03.2014)], 24, [vgl. Europarat: 25 Jahre Kulturwege des Europarates. 2012. URL: http://hub.coe.int/de/cultural-routes-forum-2012 (Zugriff: 09.04.2014)] und 29 [vgl. Europäisches Institut für Kulturrouten: Atlas of Cultural Routes. O. J. URL: http://www.culture-routes.lu/php/fo_index.php?lng=en&dest=bd_no_det&id=00000030 (Zugriff: 09.04.2014)].
4 Eine Abgrenzung zu Pfad oder Straße ist fließend. Meist ist ein Weg weniger befestigt als eine Straße und größer als ein Pfad.
5 Edward B. Taylor: Primitive Culture. New York [u. a.] 1958 [1871], 1.
6 Vgl. Alfred Kroeber / Clyde Kluckhohn: Culture. A Critical Review of Concepts and Definitions, New York 1952.
7 Vgl. Oliver Marchart: Cultural Studies, Konstanz 2008.
8 Marucs Tullius Cicero: Tusculanae disputationes / Gespräche in Tusculum. lateinisch/deutsch, hg. v. Ernst A. Kirfel, Ditzingen 1997, 13.
9 Vgl. Günter Seubold: Das Barbarische der Kultur. Kulturtheoretische Analysen von Platon bis Adorno, Bonn 2003; Andreas Reckwitz: Die Kontingenzperspektive der ›Kultur‹. Kulturbegriffe, Kulturtheorien und das kulturwissenschaftliche Forschungsprogramm, in: Friedrich Jaeger [u. a.] (Hg.): Themen und Tendenzen. Handbuch der Kulturwissenschaften, Bd. 3, Stuttgart / Weimar 2004, 1–20.
10 Vgl. Johann Gottfried Herder: Auch eine Philosophie der Geschichte zur Bildung der Menschheit, in: Hans Dietrich Irmscher (Hg.): Von deutscher Art und Kunst: einige fliegende Blätter, Stuttgart 2006; Reckwitz 2004 (wie Anm. 9).
11 Seubold 2003 (wie Anm. 9), 10.
12 Vgl. Jürgen Bolten: Interkulturelle Kompetenz. 2007. URL: http://www.franz-schreiber.com/wp-content/uploads/2013/09/72153412-Interkulturelle-Kompetenz-Jurgen-Bolten.pdf (Zugriff: 09.04.2014); zur Diskussion auch Norbert Elias: Über den Prozess der Zivilisation, Frankfurt a. M. 1976.
13 Bolten 2007 (wie Anm. 12), 12.
14 Vgl. Karl H. Hörning / Julia Reuter (Hg.): Doing culture: Neue Positionen zum Verhältnis von Kultur und sozialer Praxis, Bielefeld 2004.
15 Vgl. Stuart Hall: The West and the rest: Discourse and power, in: Stuart Hall / Bram Gieben (Hg.): Formations of Modernity, 1992, 275–331; Homi K. Bhabha: The location of culture, London [u. a.] 1994; Markus Gamper: Islamischer Feminismus in Deutschland. Religiösität, Identität und Gender in muslimischen Frauenvereinen, Bielefeld 2011. Damit verweist die Strömung der Cultural Studies und der Postkolonial Studies auch gleichzeitig auf die Deutungsmacht von schöner und erhaltungswürdiger Kultur. Während der erste Ansatz sehr eng und wertend ist, ohne häufig Strukturen der Definitionsmacht zu hinterfragen, ist der zweite oft sehr weit gefasst und ein wenig unpräzise.
16 Es werden bestimmte Wege als erhaltungs- und unterstützungswürdig erachtet und damit zur »Hochkultur« stilisiert.
17 Europarat: Resolution CM/Res(2007)12 on the cultural routes of the Council of Europe. 2007. URL: https://wcd.coe.int/ViewDoc.jsp?id=1194679 (Zugriff: 09.04.2014).
18 Zum Thema Jakobsweg und der Bedeutung von Kultur bei der Entstehung und Entwicklung dieses Weges siehe auch: Andrei V. Serikov: Wallfahrtswege als Kulturstraßen, in: Josef M. Häußling (Hg.): Auf dem Weg nach Santiago de Compostela. Der Jakobsweg – Kulturstraße Europas, Münster 2005, 77–94.
19 Vgl. Paulo Coelho: Auf dem Jakobsweg. Tagebuch einer Pilgerreise nach Santiago de Compostela, Zürich 2007; Hape Kerkeling: Ich bin dann mal weg. Meine Reise auf dem Jakobsweg, München 2006. Kerkelings Buch ist mit knapp vier Millionen verkauften Exemplaren eines der meist verkauften Sachbücher in Deutschland (Stand: 2011).
20 Vgl. Coline Serreau: Saint Jacques … Pilgern auf Französisch. Téléma/France 2 Cinéma/Eniloc Films, Frankreich 2005; Emilio Es-

tevez: Dein Weg. Elixir Films/Icon Ent./Filmax Ent, USA/Spanien 2010.
21 Vgl. Pilgerbüro: Online-Statistiken. 2014. URL: http://peregrinossantiago.es/deu/das–pilgerburo/estadisticas/ (Zugriff: 09.04.2014). Die Statistiken von 1970 bis 1989 finden sich auf Webseiten von einzelnen Jakobusgemeinschaften (vgl. Josef Schönauer: Pilgern auf dem Jakobusweg. 2014. URL: www.pilgern.ch (Zugriff: 09.04.2014); Thekla Schrange / Aloys Schäfer: Jakobus–Sitemap. 2014. URL: www.jakobus–info.de (Zugriff: 09.04.2014)). Inwieweit diese als seriös im Sinne von vollständig und systematisch erhoben beurteilt werden können, kann an dieser Stelle nicht geklärt werden.
22 Auch wenn vereinzelt deskriptiv interkulturell-vergleichende Perspektiven auf das Pilgerwesen existieren (vgl. Gerhard Schweizer: Pilgerorte der Weltreligionen: Auf Entdeckungsreise zwischen Tradition und Moderne, Ostfildern 2011), liegt der Fokus stark auf westlich-katholischen Pilgerwegen.
23 Hier wird kein Anspruch auf Vollständigkeit erhoben. Eine detaillierte Darstellung findet sich bei: Julia Reuter / Markus Gamper: Glaube in Bewegung: Pilgern im Spiegel soziologischer Forschung, in: Lukas Clemens / Daniel Bauerfeld (Hg.): Religiöse Differenz und soziale Netzwerke, Bielefeld 2013, 215–272.
24 Vgl. Christoph Henning: Reiselust. Touristen, Tourismus und Urlaubskultur, Frankfurt a. M. 2000; Xose M. Santos: Pilgrimage and Tourism at Santiago de Compostela, in: Tourism Recreation Research 2, 2002, 41–50; Stephan Dähler: Berner-Erhebung zum Jakobspilgern in der Schweiz, Spiez 2009; Rubén González / José Medina: Cultural Tourism and Urban Management in Northwestern Spain: The Pilgrimage to Santiago de Compostela, in: Tourism Geographies 4, 2003, 446–460; Karlheinz Wöhler: Pilgern und touristisches Reisen, in: Karlheinz Wöhler (Hg.): Touristifizierung von Räumen, Wiesbaden 2011, 227–250; Julia Reuter / Veronica Graf: Spiritueller Tourismus auf dem Jakobsweg. Zwischen Sinnsuche und Kommerz, in: Patrick Heiser / Christian Kurrat (Hg.): Pilgern gestern und heute: Soziologische Beiträge zur religiösen Praxis auf dem Jakobsweg, Münster 2012, 139–160.
25 Vgl. Klaus Herbers: Der Jakobsweg: Mit einem mittelalterlichen Pilgerführer unterwegs nach Santiago de Compostela, Tübingen 1986; Klaus Herbers: Jakobsweg: Geschichte und Kultur einer Pilgerfahrt, München 2006; Irmgard Jehle: Wallfahrt, Wallfahrtsorte, III. Christentum, in: Hans Betz [u. a.] (Hg.): Religion in Geschichte und Gegenwart, Bd. 8, Tübingen 2005, 1282–1285; Conrad Rudolph: Pilgrimage to the End of the World: The Road to Santiago de Compostela, Chicago 2004; Hartmut Kühne / Daniel Doležal (Hg.): Wallfahrten in der europäischen Kultur: Tagungsband Příbram, 26.–29. Mai 2004, Frankfurt a. M. 2006.
26 Vgl. Vera Hell / Helmut Hell / Hermann J. Hüffer: Die grosse Wallfahrt des Mittelalters: Kunst an den romanischen Pilgerstrassen durch Frankreich und Spanien nach Santiago de Compostela, Tübingen 1985; Natascha Kubisch: Der Jakobsweg nach Santiago de Compostela: Unterwegs zu Kunst und Kultur des Mittelalters, Darmstadt 2002; Ronny Horst: Santiago de Compostela – Die Sakraltopographie der romanischen Jakobus-Kathedrale, Affalterbach 2012.
27 Vgl. Michael Ebertz: Transzendenz im Augenblick: Über die »Eventisierung« des Religiösen – dargestellt am Beispiel der Katholischen Weltjugendtage, in: Winfried Gebhardt / Ronald Hitzler / Michaela Pfadenhauer (Hg.): Events. Soziologie des Außergewöhnlichen, Opladen 2000, 345–362; Forschungskonsortium WJT: Megaparty Glaubensfest, Frankfurt a. M. 2009; Babette Kirchner: Posttraditionale Vergemeinschaftungen durch religiöse Efferveszenzen – Über den Katholischen Weltjugendtag in Köln und das Fusion Festival in Lärz, in: Peter A. Berger / Klaus Hock / Thomas Klie (Hg.): Religionshybride, Wiesbaden 2013, 217–229.
28 Vgl. Zygmunt Bauman: Vom Pilger zum Touristen, in: Das Argument 36.3, 1994, 389–407; Danièle Hervieu-Léger: Pilger und Konvertiten. Religion in Bewegung, Würzburg 2004; Hubert Knoblauch: Populäre Religion. Auf dem Weg in eine spirituelle Gesellschaft, Frankfurt a. M./New York 2009; Winfried Gebhardt: Kein Pilger mehr, noch kein Flaneur. Der »Wanderer« als Prototyp spätmoderner Religiosität, in: Winfried Gebhardt / Roland Hitzler (Hg.): Nomaden, Flaneure, Vagabunden: Wissensformen und Denkstile der Gegenwart, Wiesbaden 2006, 228–265; Michael N. Ebertz: Der ›alte‹ und der ›neue‹ Pilger, in: Patrick Heiser / Christian Kurrat (Hg.): Pilgern gestern und heute: Soziologische Beiträge zur religiösen Praxis auf dem Jakobsweg, Berlin/Münster 2012, 91–112.
29 Vgl. Anselm Grün: Auf dem Wege. Zu einer Theologie des Wanderns. Münsterschwarzacher Kleinschriften, Bd. 22, Münsterschwarzach 1983; Hans-Joachim Lange: Pilgern theologisch – wie es wurde, was es war und was evangelisch pilgern ist, Rinteln 2006. URL: www.kirche–im–tourismus.de/texte/pilgern–hj–lange.htm (Zugriff: 28.09.2007); Barbara Kaminski: Die Santiago-Wallfahrt und Theologie. Implikationen eines europäischen Phänomens, in: Josef M. Häußling (Hg.): Auf dem Weg nach Santiago de Compostela, Münster 2005, 17–33; Michael Stausberg: Religion im modernen Tourismus, Berlin 2010; Detlef Lienau: Sich erlaufen. Pilgern als Identitätsstärkung, in: International Journal of Practical Theology 13.1, 2009, 62–89.
30 Vgl. Markus Nicolay: »Nehmt nichts mit auf eurem Weg!« Von den Erfahrungen der Pilger. Pilgerwesen in Geschichte und Gegenwart, Trier 2006.
31 Vgl. Beate Brieseck: Der Jakobusweg als Therapie? 2007. URL: https://eldorado.tu–dortmund.de/handle/2003/24285 (Zugriff: 09.04.2014); Sarah Pali: »Ein Pilger ist der, welcher geht, und der, welcher sucht.« Eine Längsschnittstudie zu Lebenssinn und Lebensbedeutungen bei Pilgern des Jakobswegs. 2010. URL: http://www.sinnforschung.org/wp-content/uploads/2010/11/diplomarbeit–fertigf%C3%BCrwebside.pdf (Zugriff: 09.04.2014); Karin Krautwurst: Pilgern auf dem Jacobsweg: Eine retrospektive Untersuchung zu Veränderungserleben und subjektivem Wohlbefinden unter Berücksichtigung der religiösen Orientierungen und Beweggründe der Pilger, Unveröffentl. Diplomarbeit, Trier 2008.
32 Vgl. Rainer Brämer: Wandern 2010 – Aktuelle Studien im Kurzüberblick. 2010. URL: http://wanderforschung.de (letzter Abruf: 12.01.2011); Judith Specht: Fernwandern und Pilgern in Europa. Über die Renaissance der Reise zu Fuß, München [u. a.] 2009.
33 Vgl. Michael Murray / Brian Graham: Exploring the Dialectics of Route–based Tourism: The Camino de Santiago, in: Tourism Management 18.8, 1997, 513–24; Jehle 2005 (wie Anm. 25); Markus Gamper / Julia Reuter: Pilgern als spirituelle Selbstfindung oder religiöse Pflicht? Empirische Befunde zur Pilgerpraxis auf dem Jakobsweg, in: Doing Modernity – Doing Religion, Wiesbaden 2012, 207–231.
34 Vgl. Sean Slavin: Walking as Spiritual Practise: The Pilgrimage to Santiago de Compostela, in: Body and Society 3, 2003, 1–18; Adrian J. Ivakhiv: Nature and Self in New Age Pilgrimage, in: Culture and Religion 4, 2003, 93–118; Markus Gamper / Julia Reuter: Glaube in Bewegung. Pilgern im Spiegel soziologischer Forschung, in: Daniel Bauerfeld / Lukas Clemens (Hg.): Religiöse Differenz und soziale

Netzwerke, Bielefeld 2014, 253–274; Patrick Heiser / Christian Kurrat (Hg.): Pilgern gestern und heute: Soziologische Beiträge zur religiösen Praxis auf dem Jakobsweg, Münster 2012.

35 Vgl. Nicolay 2006 (wie Anm. 30); Specht 2009 (wie Anm. 32).
36 Vgl. Markus Gamper / Julia Reuter: Sinnsuche per Pedes: Pilgern als körperliche Herausforderung und spirituelle Erfahrung, in: Sozialwissenschaften und Berufspraxis 35.1, 2012b, 30–47. Seit Neuestem finden sich auch Veröffentlichungen, die das Pilgern aus pädagogischen Blickwinkeln betrachten (vgl. Jutta Ströter-Bender: Welterbepädagogik und Kunstpädagogik. Der Jakobsweg nach Santiago de Compostela. O. J. URL: http://www.schroedel.de/kunstportal/didaktik_archiv/2007-06-stroeter-bender.pdf (Zugriff: 09.04.2014); Kerstin Gonzales: Dem Regenbogen entgegen: Kinder auf dem spanischen Jakobsweg, Berlin 2013).
37 Diese Studie ist ein Teilprojekt des Landes-Exzellenzclusters der Universitäten Trier und Mainz zum Thema »Gesellschaftliche Abhängigkeiten und soziale Netzwerke«. Finanziert wurde das Projekt vom Land Rheinland-Pfalz. Geleitet wurde das Projekt von Prof. J. Reuter.
38 Vgl. Uwe Flick: Triangulation. Eine Einführung, Wiesbaden 2004.
39 Vgl. Norman K. Denzin: The Research Act in Sociology. A Theoretical Introduction to Sociological Methods, London 1970.
40 Vgl. Jochen Gläser / Grit Laudel: Experteninterviews und qualitative Inhaltsanalyse, Wiesbaden 2004.
41 Vgl. Jürgen Friedrichs / Hartmut Lüdtke: Teilnehmende Beobachtung. Einführung in die sozialwissenschaftliche Feldforschung, Weinheim / Basel 1973.
42 Vgl. Andreas Witzel: Das problemzentrierte Interview, in: Forum Qualitative Sozialforschung 1, 2000, 1.
43 Vgl. Horst O. Mayer: Interview und schriftliche Befragung, Bd. 3, Oldenbourg 2004.
44 Vgl. Andreas Herz / Markus Gamper: Möglichkeiten und Grenzen der Erhebung ego-zentrierter Netzwerke im Online-Fragebogen und über digitale Netzwerkkarten, in: Markus Gamper / Linda Reschke / Michael Schönhuth (Hg.): Knoten und Kanten 2.0. Soziale Netzwerkanalyse in Medienforschung und Kulturanthropologie, Bielefeld 2012, 57–87.
45 Ein ganz besonderer Dank gilt der Trierer Jakobusbruderschaft und speziell Frau Smith und Herrn Wilke für ihre Unterstützung.
46 Die Stichprobe deckt sich in den meisten Kategorien (z. B. Geschlecht, Alter, Art des Pilgerns) nahezu mit den offiziellen Daten des Pilgerbüros in Compostela.
47 Von den 38 transkribierten Interviews wurden 18 mit weiblichen und 20 mit männlichen Pilgern zwischen 17 und 75 Jahren geführt, die aus unterschiedlichen Nationen stammen (z. B. Deutschland, Belgien, England, Spanien, Italien, Österreich). Die Interviews fanden zumeist in den Herbergen statt; einige wurden aber auch unterwegs an Rastplätzen geführt und dauerten zwischen 15 Minuten und einer Stunde.
48 Vgl. Roland Girtler: Methoden der Feldforschung, Wien 2001.
49 Die Streckenplanung und -erfahrung des Forschungsteams wurde in Form eines tagebuchförmigen Pilger-Blogs während der Reise dokumentiert [vgl. Markus Gamper: Online–Forschungstagebuch zum Projekt »Glaube in Bewegung: Spirituelle Netzwerke von Pilgern«. 2010. URL: www.pilgern.eu (Zugriff: 09.04.2014)].
50 Vgl. Hubert Knoblauch: Qualitative Religionsforschung. Religionsethnographie in der eigenen Gesellschaft, Stuttgart 2003.
51 Vgl. Pilgerbüro Compostela: Pilgerstatistik Santiago. 2011. URL: http://peregrinossantiago.es/esp/post-peregrinacion/estadisticas (letzter Abruf: 17.09.2011). Aufgrund der fehlenden Auswahlgesamtheit (»sampling frame«), also dem Fehlen von Informationen über alle Pilger auf den Camino ist eine repräsentative Studie schwierig zu realisieren. Bei dieser Stichprobe handelt es sich um Personen, die das spanische Stück des Camino Francés gegangen sind. Dennoch gehört diese Erhebung zu den wohl umfangreichsten in diesem Forschungsbereich und stellt so eine sehr gute Annäherung dar.
52 Diese Ergebnisse zeigen sich nicht nur in der Selbsteinschätzung, sondern auch in der religiösen / spirituellen Praxis, im Wissen und in Erfahrungen. Jedoch können diese Ergebnisse hier leider nicht näher erörtert werden.
53 Aufgrund der Experteninterviews ist jedoch davon auszugehen, dass das Pilgerpublikum nach Jahreszeit variiert. In den Herbst- und Wintermonaten zeichnet sich die Gemeinschaft durch ein höheres Durchschnittsalter und eine geringere Pilgeranzahl aus.
54 Vgl. Rainer Brämer: Profilstudie Wandern. 2008. URL: http://www.wanderforschung.de/files /prostu08kz1220265399.pdf (Zugriff: 19.02.2011); Dähler 2009 (wie Anm. 24).
55 Aufgrund der Internationalität der Befragten und damit auch der Schulabschlüsse wurden die einzelnen Bildungsabschlüsse in drei Kategorien unterschieden (niedriger, mittlerer und hoher Bildungsabschluss). Unter den höchsten Abschluss fallen Universitäts- bzw. ähnliche Abschlüsse und Abschlüsse, die zu einem Universitätsbesuch (Fachhochschule) befähigen.
56 6,9 % der Antworten konnten keiner der Kategorien zugeordnet werden.
57 Darunter fallen Tätigkeiten, die keiner der hier genannten Kategorien zugeordnet werden konnten.
58 Hinsichtlich der nationalen Minoritäten zeigt sich ein geringfügiger Unterschied zu den öffentlichen Statistiken. Während die ersten vier Gruppen sehr gut abgebildet werden, zeigen sich kleine Unterschiede bei den Gruppen unter 10 %.
59 Zum Erhebungszeitpunkt waren speziell Koreaner anzutreffen, was mit der dortigen medialen Präsenz des Jakobsweges erklärt werden kann (es gibt in Korea eine Fernsehshow und ein berühmtes Sachbuch über den Jakobsweg).
60 Vgl. exemplarisch Karl Gabriel: Religiöse Individualisierung oder Säkularisierung. Biographie und Gruppe als Bezugspunkte moderner Religiosität, Gütersloh 1996.
61 Vgl. beispielsweise Specht 2009 (wie Anm. 32); Ivakhiv (wie Anm. 34) oder Patrick Heiser: Lebenswelt Camino. Eine einführende Einordnung, in: Patrick Heiser / Christian Kurrat (Hg.): Pilgern gestern und heute: Soziologische Beiträge zur religiösen Praxis auf dem Jakobsweg, Münster 2012, 113–138.
62 Mittelwert: Männer = 1,57/Mittelwert: Frauen = 1,65 (sig. 2seitig = 0,01).
63 Während des Gehens zeigt sich jedoch auch die Solidarität zwischen den Pilgern, indem bei Verletzungen Hilfe und Unterstützung angeboten wird.
64 Beispielsweise lernte ich mehrere Personen kennen, mit denen ich bis an das Kap Finisterre (auch bezeichnet als »Ende der Welt«) gepilgert bin.
65 Vgl. Robert Plötz: Deutsche Pilger nach Santiago de Compostela bis zur Neuzeit, in: Klaus Herbers (Hg.): Deutsche Jakobspilger und ihre Berichte (Jakobusstudien, 1), Tübingen 1988, 1–27.
66 Vgl. hierzu: Christian Nolte: Identität der Wallfahrer, in: Christian Nolte / Joseph M. Häußling (Hg.): Auf dem Weg nach Santiago de Compostela. Der Jakobsweg – Kulturstraße Europas, Bd. 1, Münster 2005, 17–32; Ursula Ganz-Blättler: Andacht und Abenteuer: Berichte europäischer Jerusalem- und Santiago-Pilger (1320–1520), Tübingen

1990; Herbers 2006 (wie Anm. 25); Norbert Ohler: Pilgerstab und Jakobsmuschel: Wallfahrten im Mittelalter und Neuzeit, Düsseldorf 2000.

67 Um die Motivation der Pilger quantitativ zu erfassen, haben wir den Pilgern im Fragebogen folgende Frage gestellt: »Es gibt viele Gründe, um nach Compostela zu pilgern. Wir haben hier einige Gründe aufgezählt. Bitte gib auf einer Skala von 1 (sehr wichtig) bis 5 (völlig unwichtig) an, wie wichtig Dir die jeweils hier aufgezählten Gründe sind.« Die Antwortvorgaben orientierten sich dabei an der »Profilstudie Wandern« von Brämer 2008 (wie Anm. 54) und an den klassisch-religiösen Motiven aus der Literatur der Geschichtswissenschaften (s. oben).

68 Eine erste und detaillierte Darstellung der Pilgertypen findet sich in Gamper / Reuter 2013 (wie Anm. 23).

69 Viele Orte auf der Pilgerstrecke sind mit sogenannten Billigfluglinien zu erreichen. Zahlreiche Pfarreien, Klöster, Paradores, Landhäuser, kirchliche wie private Pilgerherbergen stehen ganzjährig den Pilgern ohne Voranmeldung offen und sind teilweise umsonst. Fast überall findet sich das günstige (klassische) Pilgermenü mit einem halben Liter Wein, einer Vor-, Hauptspeise und einem Nachtisch.

70 Vgl. Anders Sørensen: Backpacker Ethnography, in: Annals of Tourism Research 4, 2003, 847–867.

71 Zum theoretischen Konzept auch: Knoblauch 2003 (wie Anm. 50).

72 Rainer Brämer: Heile Welt zu Fuß. Empirische Befunde zum spirituellen Charakter von Pilgern und Wandern. 2010, 7. URL: http://wanderforschung.de, 2/2010: 1–10 (Zugriff: 23.04.2011).

73 Vgl. Specht 2009 (wie Anm. 32).

74 Knoblauch 2009 (wie Anm. 28), 178.

75 Nicht immer sind es Trennungen vom Partner, Karriereknicke oder Erkrankungen, die den Auslöser bilden; häufig sind es auch relativ zufällige Gelegenheiten, die die Reiseplanung konkret werden lassen.

76 Vgl. Martin Riesebrodt: Die Rückkehr der Religionen: Fundamentalismus und der »Kampf der Kulturen«, München ²2001.

77 Vgl. Winfried Gebhardt: Authentizität, Erfahrung, Körperlichkeit. Über religiöse Bindung in Zeiten religiöser Selbstermächtigung, in: Andreas Hoffmann-Ocon / Katja Koch / Adrian Schmidtke (Hg.): Dimensionen der Erziehung und Bildung. Festschrift zum 60. Geburtstag von Margret Kraul, Göttingen 2005, 147–159; Gebhardt 2006 (wie Anm. 28).

78 Vgl. Nicolay 2006 (wie Anm. 30).

THOMAS WILKE

Virtuelles Reisen – Digitales Reisen?
Zu einigen Tendenzen der medialen Vermittlung, Vernetzung und Transformation im digitalen Zeitalter

Reiseideen

Seinem *Handbuch für Reisende in Deutschland und dem Oesterreichischen Kaiserstaat* stellte Karl Baedeker 1855 einen kleinen Sechszeiler voran: »Wer Reisen will, der schweig fein still, geh steten Schritt, nehm nicht viele Sachen mit, tret an am frühen Morgen, und lasse heim die Sorgen.«[1] Diese Zeilen Philander von Sittwalds, zu dem Zeitpunkt selbst schon über 200 Jahre alt, beinhalten das Konzentrat einer Reise: die (ziel-)gerichtete Bewegung im Raum, den Zeitpunkt des Aufbruchs, den Gepäckumfang und die Fähigkeit zur Beobachtung. Was braucht es da noch mehr? Reisen als ein Prozess, als Idee des Auf- und Ausbruchs betrachtet, umfasst neben demjenigen der reist, einen Ausgangspunkt, einen Weg und ein Ziel. Die notwendigen Informationen publizierte unter anderem Baedeker.

Das nichtgeschäftliche Reisen ist im 19. Jahrhundert eine vergleichsweise junge und noch minoritäre Angelegenheit gewesen, auch wenn die Mobilität des Einzelnen durch die Eisenbahn und die Post stetig zunahm.[2] Das betraf die räumliche Ausweitung des je eigenen Handlungsraumes und die zeitliche Dauer zur Überwindung einer Strecke. Noch viel jünger sind dagegen die Veränderungen durch Massentourismus, individualisierte Mobilitäts- und Freizeitzunahme[3] und nicht zuletzt durch die Digitalisierung. Die Digitalisierung stellt die Weichen für viele kommunikative und mediale Gewohnheiten neu. Das Plattenregal auf Festplatte, dazu die Lieblingsfilme, den Fotoapparat braucht es nicht mehr zwangsläufig, denn das erledigen Smartphones und Tablets und dazu gleich noch der mobile Zugang zum Netz, der den E-Mail-Check für Zwischendurch und die vernetzt-digitale Anschlusskommunikation diskret zulässt.

Der Alltag, die Organisation desselben und damit nicht nur das Reisen als bisher klar verstandener Gegenpol zum Alltag verändern sich. Das bedeutet nicht, dass nun die Angebote von Reisebüros im Internet zu finden sind oder sich der Reiselustige über Billigflugangebote selbst einen Flug oder ein Bahnticket bucht. Es geht sehr viel weiter. Die Digitalisierung und die dauerhafte ubiquitäre Bereitstellung von Informationen jeder Art beeinflussen nicht nur den Entscheidungsprozess eines jeden, der sich auf eine Reise macht, sondern auch die Reise als Informationsproduktion selbst.[4] Denn die mögliche Identitätsfrage ›wer bin ich denn‹, wenn ich mich auf die Reise begebe, wird heute zunehmend zu einem Fragenkomplex, der sich daraus speist, welche Daten ich beim Reisen produziere, wo und wann und in welchem Umfang ich diese teile und wer schließlich ein Interesse daran hat. Der letzte Aspekt zielt auf eine Differenzierung, nämlich dem Interesse an den subjektiven Reiseerlebnissen als im sozialen Umfeld mitteilenswerte Information und dem Interesse an objektiven und quantifizierbaren Reisedaten. Wer speichert diese, um sie dann in einen Kreislauf zu speisen, der einen Mehrwert produzieren soll.

Die grundsätzliche Unterscheidung gilt hier dem Reisen unter digitalen Bedingungen und dem dauerhaften Online-Kontakt als einer korrelierenden Praxis, die aufgrund ihrer Veralltäglichung und gesellschaftlichen Durchdringung nicht mehr voneinander zu trennen sind. Permanent online sein bleibt nicht ohne Konsequenzen, gleichwohl soll hier keinem verallgemeinerten Kulturkritik-Statement Vorschub geleistet werden. Vielmehr geht es darum, zu erörtern, inwieweit sich durch die Digitalisierung Relationen aufzeigen lassen, die eine substanzielle Veränderung im Reisen vermuten lassen.

Der folgende Text arbeitet sich damit nicht nur an der Unterscheidung analog / digital mit dem besonderen Fokus auf das Reisen ab. Sondern es rückt damit auch die Frage in das Zentrum der Aufmerksamkeit, wie sich Reisen durch den gesellschaftlich weit umfassenden Prozess der Digitalisierung verändert. Dass dieser Prozess stattfindet, wird mittlerweile ohne Einschränkung weitestgehend akzeptiert, katalysiert und kritisiert. Was das allerdings für die unmittelbare Lebenswirklichkeit bedeutet, ist in seinem Umfang nach wie vor noch nicht abzuschätzen, wie aktuell die vielfältigen Diskussionen um Datensicherheit und deren Verfügbarkeit zeigen. Im Folgenden geht es daher unter den gegenwärtigen digitalen Bedingungen und den sich gegenwärtig abzeichnenden Entwicklungen um Aspekte der Reiseplanung, der Optimierung, der Bewertung und der Beobachtung. Sehr viel weniger geht es im Folgenden um eine mittlerweile nicht mehr zutreffende Differenz zwischen virtuell und real, in der eine virtuelle Realität im Sinne einer virtualisierten Realität als ein mit Helm und Datenhandschuh parallel zu erfahrender Raum diskutiert wird.

Reise(n) in der Planung

Die gegenwärtige westliche Gesellschaft normalisiert die Selbstwahrnehmung ihrer medialen Prägung mit den damit in Verbindung stehenden Konsequenzen für die jeweiligen Wirklichkeitskonstruktion:

»Medien heben durch ihre Berichterstattung aus der Kontingenz der Ereignisse einige hervor, bebildern und beschriften sie, vertonen und platzieren sie im öffentlichen Diskurs. Die Medien schaffen so eine Narrationsstruktur für Ereignisse und ihre Geschichten, indem sie die Linearität der kontingenten Ereignisse, die für sich ›bedeutungslos‹ sind, in Geschichts-Erzählungen einbinden. […] Für solche Erzählungen gilt, dass sie nie in sich abgeschlossen sein können, sondern dazu da sind, sich zu wiederholen. Indem die Medien heute Lokales und Globales, Partikulares und Allgemeines sinnstiftend verbinden, bilden sie das große Repertoire, auf das sich alle beziehen können, die das eine aus dem anderen erklären oder rechtfertigen wollen.«[5]

Damit verändern sich konstitutiv nicht nur die Bedingungen für die Wahrnehmung von Wirklichkeit, sondern zugleich auch Handlungsmodalitäten. Denn mit Blick auf die technische Entwicklung und gesellschaftliche Dynamik in der letzten Dekade ist es nicht mehr der Alleinvertretungsanspruch der Massenmedien, der das ›Repertoire‹ bildet, sondern in großem Maße und auf den unterschiedlichsten gesellschaftlichen Ebenen der User Generated Content, der über Soziale Netzwerke Anschlusskommunikation und Relevanz produziert und so diskursfördernd wirkt.[6]

Die noch vor einigen Jahren stark gemachte Differenz zwischen dem Reisen im virtuellen Raum und dem wirklichen Reisen lässt sich heute nicht mehr halten.[7] Denn zunehmend entwickeln sich im und durch das Internet Anwendungen, kurz Apps, die – wie später noch auszuführen sein wird – situationsbezogen sind und einer Auslagerung kommunikativer Kompetenzen gleichkommen. Hierfür drei kurze Beispiele: Von der App der *Deutschen Bahn*, über den Coffee Shop Lokator for *Starbucks* bis zu *My Travel World* gibt es ganz offensichtlich für jeden denkbaren Bereich des Reisens und Unterwegsseins eine App. Die erste versetzt den Bahnreisenden mittlerweile in einen relativ souveränen Handlungsmodus: Verbindungswahl, Ticketreservierung, Buchung und digitales Ticket funktionieren via App am Smartphone. Zudem versetzt die App den Reisenden über Verspätungsalarm, Verzögerungen und sofortige Anschlussmöglichkeiten in den gleichen Kenntnisstand wie das Servicepersonal des Zugs. Die zweite gibt – speziell für die USA und Kanada – im App-Store mehr als 11.600 Filialen an, die an das Smartphone jeweils als individualisierte Route gesendet werden können: »Any Starbucks location can be sent to our Road trip planner App (available at the App Store) to make planning your road trip easier«. Und falls das nicht ausreicht, dann kann der Nutzer über die Verlinkung mit Flickr zudem noch Bilder der jeweiligen Kaffeestation einsehen. Das dritte Beispiel – *My Travel World* – ermöglicht es dem Nutzer, alle bereits bereisten Länder im Programm zu markieren, wie es etwas holprig ebenfalls im App-Store angepriesen wird: »Somit erhalten Sie eine Übersicht und Statistik wieviele Länder der Erde sie schon besucht haben. Das Programm zeigt in der Statistik wieviel Prozent der Länder oder anteilig wieviel Prozent der Erdoberfläche sie schon besucht haben.« Die gemachten Reisen, die über die Erzählungen ›weiterleben‹, werden hier über ein Computerprogramm statistisch quantifiziert und so zu einem ganz eigenen Narrativ, das sich von der individuellen Reiseerzählung ganz wesentlich unterscheidet. Der je eigene und ganz individuelle Erlebnisgehalt wird in ein Verhältnis zu den noch nicht bereisten Zielen gestellt. Die im Gegensatz zu den anderen Apps nicht kostenfreie App ist ebenso mit den gängigen Sozialen Netzwerken verbunden, zudem können interessante Punkte per Mail weitergeleitet und verlinkt werden, wenn sie nicht schon laut Ankündigungstext »zu Googlemaps, Wikipedia und Wikimedia automatisch (!)« verbunden worden sind. Die mittelbare und unmittelbare Nutzanwendung steht im Zeichen einer individualisierten Publizität, die zugleich funktionalisiert wird, indem der Gedanke des Archivierens, des Sortierens, des scheinbar souveränen Handelns mittransportiert wird. Allein diese drei kleinen Beispiele zeigen, dass sich der Handlungsspielraum des Reisenden über derartige Anwendungen im Internet deutlich erweitert und die Aufarbeitung, das Archivieren des Reisens verändert.

Wenn einer eine Reise tut, dann kann er, frei nach Matthias Claudius, etwas Erzählen. Das heißt eben auch, sich auf den Weg zu machen. Möglicherweise ist es ein Weg, den man noch nicht kennt. Beschrieben sind bisher in den meisten Fällen die Reiseziele als Movens der Reise gewesen, aber der Weg dorthin galt bis zum programmatischen Ausbau eines dichten Verkehrsnetzes als tendenziell unbestimmbar. Das exotische Moment des Reisens verschwindet auf der Autobahn, der Weg wird zur Last, was zählt, ist das Ziel. Das scheint man ja bereits zu kennen: Eine Vielzahl medialer Angebote, wie Fernseh- und Filmdokumentationen, Reportagen, Reiseberichte in unterschiedlichen Formaten aufbereitet, Reiseführer, Blogs im Netz, Werbebroschüren und -filme, die von Reisezielen berichten – es finden sich kaum noch nicht medial erschlossene Reiseziele. Und der ›Geheimtipp‹ entpuppt sich zumeist als Marketingstrategie.

Allerdings steht vor dem Aufbruch die Frage: Wo beginnt eigentlich eine Reise? Mittlerweile bereits am Schreibtisch vor dem Rechner, Urlaubsziele recherchierend und Informationen dazu sammelnd. Während beispielsweise der ADAC noch bis Mitte der 2000er Jahre

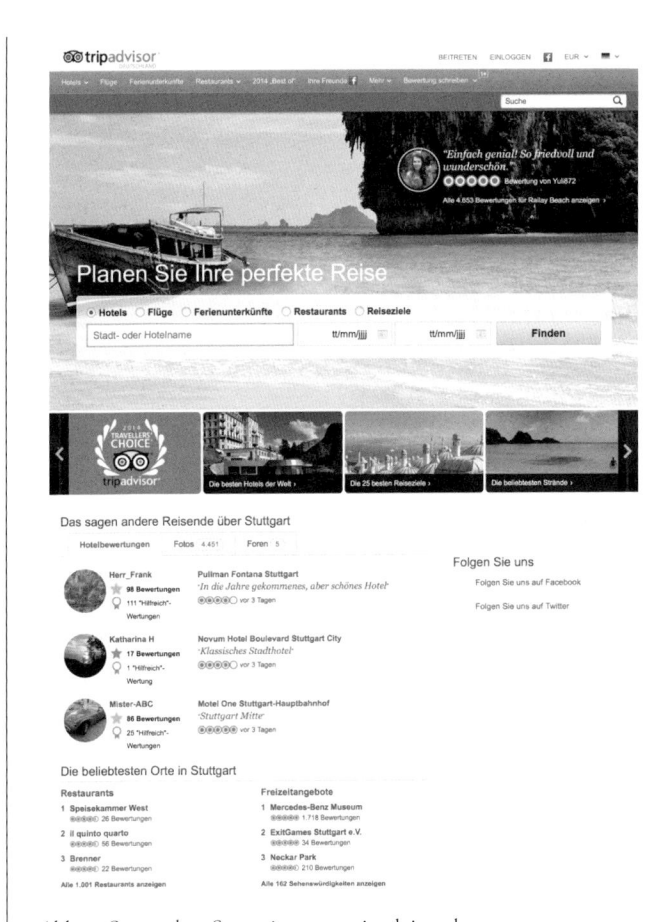

Abb. 1: Screenshot Startseite www.tripadvisor.de (Zugriff: 05.08.2014).

an interessierte Mitglieder Reisekarten verschickte bzw. ganze Mappen kostenlos zusammenstellte, liegen nun das mögliche Reiseangebot, die detaillierte Routenplanung sowie die persönliche Eventbestellung digital vor (Abb. 1). Da dies der scheinbar einfachere Weg über die Suchmaschine ist, werden nach wie vor analog vorliegende Angebote tendenziell nachrangig.

Am Computer sitzend, wird der Weg nicht erfahren, denn er ist die Datenautobahn. Das Ziel steht im Vordergrund und ist – wie bei jedem nicht redundanten digitalen Code – ohne Abweichung. Eine Website ist klar adressiert, der von da aus weiterführende Link ebenso. Das bedeutet, der Surfende ist nicht ziellos unterwegs, sondern vielmehr planlos. Denn einen Wegeplan, der es erlaubt, gleiche Wege noch einmal zu gehen, gibt es in der digitalen Form für den Laien nicht.[8] Die erneute Fahrt der gleichen Strecke mit dem Zug oder dem Auto zeigt möglicherweise eine durch die Jahreszeit veränderte Landschaft. Das ist beim Surfen ausgeschlossen und betrifft das Surfen allgemein und nicht das virtuelle Reisen im Speziellen. Alles, was ich im Internet ansteuere, hat eine Adresse. Wenn ich surfe, bin ich selten in einem nur ungefähr anzugebenden ›Dazwischen‹, sondern zumeist auf einer Seite, die adressierbar ist. Dabei ist die Adresse nicht zu vergleichen mit einer Ortsangabe – dies würde fehlleiten, denn es besteht ein substantieller Unterschied zwischen der Feststellung, dass ich in Berlin am Brandenburger Tor stehe oder auf der Website www.brandenburger-tor.de, von der ich zwar das Abbild des Brandenburger Tors bekomme, allerdings nicht die unmittelbare Präsenz in der Verhältnisbestimmung von Subjekt und Objekt, möglicherweise in der Auseinandersetzung mit, der Abgrenzung zur oder dem Aufgehen in einer Gruppe.

Reise(n) zwischen Optimierung und Autonomie

Der sich heute auf eine Reise Begebende hinterlässt nicht nur bei der Planung digitale Spuren. Einmal auf die Reise begeben, entwickelt sich ein mittlerweile komplexer multimodaler Kommunikationsvorgang, der keinesfalls subjektzentriert stattfindet, sondern mehr und mehr die Kommunikation zwischen Objekten meint. Im Auto steuert das Navigationsgerät, ob nun extern oder via Smartphone, es leitet metergenau und gibt die sogenannten Points of Interest an, Tankstellen, Krankenhäuser, Banken und noch vieles mehr. Zugleich wird die aktuelle Geschwindigkeit gemessen, die Kommunikation zwischen Satelliten und Navigationsgerät unterbrechen lediglich längere Tunnel. Gleichwohl ist diese Objektkommunikation noch nicht zwangsläufig personenzentriert, erst wenn der persönliche Account des Navigationsgerätes ins Spiel kommt, lassen sich die Daten adressieren. Aber nicht nur im Auto, auch in der Bahn lassen sich Echtzeitinformation über die DB-App laden und der Reisende kann bei Verzögerungen mit dem Zugbegleiter die gleichen Informationen auf dem Display abgleichen. Der Schaffner, früher derjenige, der Alternativrouten zusammenstellen konnte, wird in seiner Expertise letztlich darauf beschränkt, die Leitstelle anzurufen und zu fragen, ob der bestimmte Anschlusszug noch wartet oder nicht. Das ehrfurchtsgebietende Durchblättern des für den Außenstehenden kaum verständlichen Abfahrts- und Verbindungsplans ist entschwunden, der Fahrgast kann sich die gewünschten Informationen selbst zusammenstellen und vor allem so oft abrufen, wie er möchte. Die Echtzeitinformationen suggerieren eine Form von nie da gewesener Sicherheit, denn alle Alternativrouten und ansteuerbaren Bahnhöfe sind sofort abrufbereit. Ebenso sind die Daten bei einem Flug überprüfbar und gespeichert und bei jeder anderen Fortbewegungsmöglichkeit ist eine Handy-Ortung via GPS problemlos möglich.[9]

Unterwegs zu sein heißt, sich aus dem Haus zu begeben und sich in einem Raum zu bewegen, einen Raum zu durchqueren, zu passieren, ihn wahrzunehmen, sich in ihm zu positionieren oder sich ihm gegenüber zu verhalten – die emotionale Skala reicht von Wohlbefinden bis Abneigung. Verzögerungen auf einer Reise, die durch den Verkehr zustande kommen, sind weniger positiv besetzt; dies wird stets vor dem potentiellen und in seinem Umfang erst im Nachhinein messbaren Zeitverlust wahrgenommen. Seit einigen Jahren gibt es eine Initiative der Bundesregierung in einem Verbundprojekt mit Belgien und Österreich, in dem Intelligente Verkehrssysteme (IVS) nicht nur für mehr Sicherheit auf den Straßen sorgen sollen, sondern in einem ›Verkehrskorridor‹ zudem Echtzeitinformationen zu Baustellen in die individuelle Fahrplanung während der Fahrt verfügbar gemacht werden sollen.[10] Als ›Intelligente Verkehrssysteme‹ werden Systeme bezeichnet, bei denen Informations- und Kommunikationstechnologien (IKT) im Straßenverkehr und an den Schnittstellen zu anderen Verkehrsträgern eingesetzt werden. »Der Wortanteil Intelligenz von IVS steht dabei als Synonym für Informationen und Erkenntnisse, die durch das Sammeln und Auswerten von Daten gewonnen wurden und die es ihren Nutzern ermöglichen, sich sicherer und effizienter im Verkehrssystem zu verhalten.«[11] Argumentiert wird im Komparativ, das heißt, das Verhalten der Verkehrsteilnehmer ist bereits sicher und effizient. Für das seit Dezember 2013 betitelte Bundesministerium für Verkehr und digitale Infrastruktur ist der Ausgangspunkt für diese Argumentation eine erhöhte Mobilität,[12] die als eine notwendige und zu gewährleistende gesellschaftliche Anforderung für die Zukunft konstatiert wird. Es soll bei der flächendeckenden Einführung von IVS jedoch nicht beim Verkehrsmanagement und den Verkehrsinformationen für die Straße bleiben. Es kommt laut dem IVS-Aktionsplan ›Straße‹ noch zu einer intermodalen Verbindung:

> »Ein Schlüssel zur Optimierung des Verkehrs liegt in der nahtlosen Verknüpfung der einzelnen Verkehrsträger. Stadtzentrum, Bahnhof oder Flughafen, sie alle werden zu intermodalen Knoten, an denen je nach Ziel, Verkehrslage und Wetterverhältnissen das passende Verkehrsmittel bereit steht. Problemlos steigt man von Flugzeug oder Eisenbahn ins Mietauto, die U-Bahn, den Bus oder auf ein Elektrofahrrad. Damit der Übergang gelingt, brauchen wir intelligente Kommunikations- und Navigationslösungen, die uns Informationen zum Verkehrszustand des Straßennetzes, zu Fahrplänen und Transportmitteln sowie alle weiteren relevanten Daten zuverlässig und aktuell verfügbar machen.«[13]

Soweit die Vision des Bundesministeriums an die sich ein umfangreicher Aktionsplan mit konkreten Maßnahmen anschließt. Es wird jedoch nur sehr unkonkret ausgeführt, welche Voraussetzungen geschaffen sein müssen, um »alle weiteren relevanten Daten« zu erheben, zu verwalten, auszuwerten und letztlich auch zu schützen. Das sind zwangsläufig technische Voraussetzungen, die darauf abzielen, Prozessdaten in Echtzeit zu generieren und diese weiterzuleiten. Entsprechend zeigt sich auch die Beteiligung der deutschen Wirtschaft und der Partnerorganisationen, die von der Regierung gewünscht, gestärkt und gefördert wird. Der gegründete Kooperationsverband zur intelligenten Mobilität besteht aus verschiedenen gesellschaftlichen, wirtschaftlichen und politischen Teilbereichen.[14] Neben der umfassenden und prominent besetzten Liste fehlt einer: der Bürger, der unterwegs ist und die Daten produziert. An ihn ist jedoch als verlässlichen Zulieferer im Aktionsplan gedacht worden:

> »Die Verbesserung von Mobilität durch genaue Standortbestimmung (GPS, Galileo, …), mobile Kommunikation und die Möglichkeiten allgegenwärtiger Kommunikationsverarbeitung machen mit der Zielstellung des allzeit und überall informierten und orientierten Reisenden ein riesiges Wertschöpfungspotential erschließbar. […] Über sog. Apps mit der dazugehörigen Benutzerschnittstelle realisieren Nutzer in der Rolle des Klienten nicht nur ihren individuellen Informationsbedarf für ihre Mobilität, sie werden auch freiwillig zum Lieferant von Informationen über ihr eigenes Mobilitätsverhalten.«[15]

Der »individuelle Informationsbedarf« wird zu einem Danaergeschenk. Denn freiwillige Lieferung heißt dann in diesem Fall, dass die informations- und kommunikationstechnologischen Voraussetzungen der individuellen Mobilität die Lieferung von Mobilitätsdaten inkludieren, weshalb Transportindustrie, Fahrzeughersteller und Zulieferer von Beginn an involviert sind. Eine Alternative wird es mit den Argumenten der Erhöhung der Verkehrssicherheit und der Vermeidung von Stauzeiten eher nicht geben. Das Herausstellen des »riesigen Wertschöpfungspotentials« zeigt auch, dass es sich hier keinesfalls um einen Service am Bürger bzw. am Reisenden handelt.

Reisen vor Ort

Aktuell fallen bei der Charakterisierung vor Ort im Wesentlichen zwei Merkmale auf. Einmal am Zielort angekommen, ist das WLAN mittlerweile eines der am häufigsten vorkommenden Komfortmerkmale in der Unterkunft oder einfach der – zumeist kostenfreie – Zugang zum Internet. Dass dies nicht nur den Zielort betrifft, sondern bereits die Hotspots in typischen ›Nichtorten‹ wie Flughäfen und Bahnhöfen oder auch in Zügen und Fernbussen, zeigt die Akzeptanz, den Durchdringungsgrad sowie die Erwartungshaltung, dass dies einfach verfügbar ist und zur kommunikativen Alltagsausstattung dazu gehört. Mit dem ubiquitären Netzzugang bleibt der Reisende nicht einfach mit dem Internet verbunden, sondern die Ortsveränderung bleibt letztlich nur äußerlich. Denn an den Grenzen des bolivianischen Urwaldes angekommen und dies in Sozialen Medien postend bedeutet letztlich, dass ein Wegfahren im Sinne einer Distanznahme zur Heimat und zum Alltag nicht möglich oder gar nicht gewünscht ist. Die kommunikative Verbindung, die Vernetzung des Alltags, wird nicht unterbrochen, denn nun wird das Erlebnis vor Ort digi-

Abb. 2: Beispiel für Augmented Reality mit historischen Informationen. Quelle: http://smartmobilefactory.com (Zugriff: 05.08.2014).

tal geteilt und gepostet. Das ist das Pendant zur geposteten Langeweile des Büroalltags.

Ähnlich verhält es sich mit der Erweiterung des erfahrbaren Raumes. Das gab es mit Hinweistafeln, Bildschirmen, Audiodateien, die auf einen anderen Zeit-Raum aufmerksam machten, bereits im analogen Zeitalter. Ein eindrückliches Beispiel sind Audioguides in Museen, die nicht aus sich selbst heraus erklärende Objektinformationen und Kontexte hinzufügen (Abb. 2). In Verbindung mit Smartphones gewinnt diese Erweiterung über *Quick Response (QR)-Codes* und *Augmented Reality (AR)* nun eine neue Dimension, um nicht gleich von Qualität zu sprechen.[16] Über digitale Netzanwendungen kommt es zu Überlagerungen mit dem außermedialen Raum. Auditive oder audiovisuelle Zusatzinformationen, direkte Ansprechformen, Verfremdungen, künstlerische Aktionen mit divergierenden Impetus, der durch das Netz möglichen Erweiterung sind kaum Grenzen gesetzt. Nach Greg Kipper und Joseph Rampolla[17] unterscheiden sich aktuell begrifflich einige Typen von AR: So gibt es im Abbild der Wirklichkeit Informationen, die auf dem Display als Entscheidungshilfen visualisiert werden, die mit historischen oder architektonischen Kontextinformationen eine reale Szene mehr verständlich machen. Des Weiteren kann ein Gegenstand über zusätzliche Informationen vermittels virtueller Anleitungen technisch bearbeitet werden, es können virtuelle Objekte eingefügt werden oder zur realen Szene kommt eine künstliche Umgebung hinzu. Anders hingegen ist es beispielsweise bei QR-Codes: Hier wird via Smartphone oder Tablet über einen Code eine Webseite aufgerufen, der Reisende ist im Internet, es bleibt zweidimensional und ist nicht zwangsläufig auf den unmittelbaren Ort bezogen. Gleichwohl werden bereits QR-Codes und AR miteinander verbunden.

Steht der Reisende vor einem angefertigten Schild mit einer Erläuterung, dann ist das zwar ebenfalls als eine Erweiterung des unmittelbar erfahrbaren Raums zu betrachten, jedoch ist es an ihm, diese Informationen zu lesen, ihnen zu folgen, sie zu kontextualisieren, zu bewerten oder zu vergessen. Die digitale Objektkommunikation vom Server zum Smartphone oder Tablet beginnt das Geschehen zu bestimmen. Der Ort verändert sich durch Zusatzinformationen, die den realen Ort überdecken und sich nicht integrieren. Allerdings sind *Augmented Reality*-Anwendungen für Reisende eher noch die Ausnahme als die Regel. Die technologischen Entwicklungen fokussieren stärker Bereiche der Bildung, der Wissenschaft zur Prozesssimulation, der öffentlichen Sicherheit und des Militär, der Kunst, der Werbung und der Unterhaltung.[18] Gleichwohl sehen Kipper und Rampolla die zukünftige Entwicklung hierfür insgesamt vielversprechend:

»The mobile phone will act as a bridge from present-day AR to AR of the future, particularly as mobile phones continue to grow in speed and capability. By continuing to use the hybrid tracking and sensor fusion techniques available in mobiles today, many of the challenges of recognition will be overcome and in turn create an environment where more and more interesting and useful content is created for AR.«[19]

Rei(s)sende Bewertungen

Der eingangs zitierte Baedeker[20] verfolgte das durchaus ökonomisch motivierte Ziel, seine eigenen Reiseerfahrungen einem breiteren Publikum zukommen zu lassen, indem er die relevanten Informationen pointiert zusammenfasste und als Orientierungswissen aufbereitete. Über die Buchform distribuiert, kanonisierten sich durch ihn und später durch andere schließlich Reiserouten, Ziele und Sehenswürdigkeiten und wurden so für den Reisenden in der Folgezeit handlungsleitend.

Reiseberichte finden sich darüber hinaus in literarischer Form bereits seit der Antike, die Reisen des Herodot seien hier nur stellvertretend genannt, ebenso wie die Besteigung des Mont Ventoux durch Petrarca im 13. Jh. und seiner sich anschließenden expressiven Schilderung.[21] Neugier, Distinktion und Beobachtung im Spannungsfeld der Selbstverortung zwischen dem Eigenen und dem Fremden sind immer wiederkehrende Grundbestandteile der Textproduktion. Zwei Kriterien werden in der weiteren Entwicklung gewichtig: der Buchmarkt als ökonomisch ausgerichtetes Prinzip und der die Autorschaft für sich reklamierende Erfahrungsschatz des Schreibenden, sprich das Mitteilungsbedürfnis. Das ökonomische Prinzip ist im Zuge der Digitalisierung mittlerweile als geteilt zu betrachten. Neben den Verlagen und deren klassisch-traditionellen Publikationsformen finden sich im Internet eine Vielzahl anderer Veröffentlichungsformen: Recherchiert man im Netz ›Reisebericht‹, dann sind es circa 8,1 Millionen Treffer, die Google dafür auswirft. Und nicht nur private Webseiten, die ihre ganz eigenen Reiseberichte online stellen, sondern auch Portale, die wiederum ökonomisch agieren, und zwar als Werbeplattform von einschlägigen Anbietern mit Reisebezug (Abb. 3).

Der Trend zu einer allgemeinen Bewertungsmentalität verstärkt sich zusehends. Das übertragbare Amazon-Prinzip der Empfehlung, der Like-Button auf Facebook, Bewertungsportale wie beispielsweise Zoover oder Hotelbewertung.de, die allesamt niedrigschwellig und im kommunikativen Alltag angesiedelt sind, präfigurieren die Wahrnehmung auf Gegebenheiten vor Ort und erschweren einen unvoreingenommenen Zugang. Gute Bewertungen verstärken die Aufmerksamkeit, schlechte verringern sie, ohne eine Bewertung oder Hervorhebung auf Googlemaps scheint es das Ziel nicht zu geben, wenn der Blick auf das smarte Interface konzentriert bleibt. Mit der Adresse im Netz gibt es einen kommunikativen Zielort, mit den entsprechenden Bewertungen eine Wahrnehmung und Kategorisierung, die nur im weitesten Sinne als sozial zu bezeichnen sind. Damit verändern sich Reisewissen und Reiseerfahrung. Zwar gab es im analogen Zeitalter ebenfalls Tipps, Hinweise, Bewertungen in Reiseführern, sie waren jedoch zumeist verallgemeinert, entbehrten häufig der subjektiven Wertung und orientierten sich an einem vergleichbaren Kategoriensystem, beispielsweise Preis, Spezialitäten, Kapazitäten, Öffnungszeiten. Karl Baedeker schrieb in seinem Handbuch für Reisende, dass er es als »erste Aufgabe« sah,

Abb. 3: Screenshot Startseite www.reiseberichte.com (05.08.2014).

»[d]ie Unabhängigkeit des Reisenden soviel als möglich zu sichern […]. Er wollte ihn von der kostspieligen und lästigen Begleitung des Lohnbedienten befreien, deren handwerksmäßiges Führen jede eigene Bewegung, *vorzugsweise die geistige* hemmt; er wollte dem Reisenden eine aus eigener Erfahrung entstanden Anleitung geben, mit möglichst geringem Zeit- und Geldaufwand dasjenige rasch zu überblicken, was besondere Aufmerksamkeit verdient, ohne ihn mit einer Unzahl bedeutungsloser Einzelheiten zu überhäufen, welche, wie der Verfasser aus eigener Erfahrung weiss, mehr verwirren, als zurecht weisen.«[22]

Mit dem digitalen Rückkanal via Smartphone können nun Bewertungen hinsichtlich ihrer Bestätigung oder Widerlegung direkt kommentiert, katalysiert oder komplett neu aufgegeben werden. Der jeweilige Anbieter steht in einem potentiellen Dauerfeuer der Direktbewertung. Im analogen Zeitalter hat sich ein Tipp entweder als richtig oder falsch herausgestellt.

Reisende Beobachtungen

Das Konvergieren von Medienangeboten und deren Produktion als User Generated Content im Zusammenhang mit situativer Beobachtung formiert sich zu einer kulturellen Technik, deren Beherrschen integrativ wirkt, selbstverständlich und anschlussfähig ist und die möglicherweise als eine relevante Geste verstanden werden kann. Sich medial auszudrücken, entspricht einem Moment kommunikativer und medialer Teilhabe. Indem Beobachtungen der Umwelt, der Wirklichkeit, des sozialen Umfelds zu medialen werden, vollzieht sich ein Strukturwandel. Medial beobachten heißt zugleich, mit und in dem Wissen zu handeln, selbst medial beobachtet zu werden. Der Modus medialer Selbstbeobachtung wird damit zu einem Bestandteil von Medienereignissen.

Was machen eigentlich die schätzungsweise 30.000 weltweit aktiven Webcams? Sie liefern abrufbare Bilder von Plätzen in Form eines Überblicks, das Ganze geht zu Lasten des Details. Zudem ist die Position des Überblicks eine, die der Reisende als Beobachter nicht einnehmen kann, da sie zumeist eben nicht zugänglich sind. Webcams befinden sich an Stellen, die strategisch ausgewählt sind und nicht die Ich-Perspektive eines Besuchers, eines Platz-Überquerers einnehmen. Dieser Beobachtungsmechanismus deckt sich mit einem Kontrollmechanismus, allerdings wird durch den freien Netzzugang die Zugangshierarchie aufgelöst. Die Beobachtung des Ortes ist über Webcams nicht hintergehbar und fixiert die Perspektive, die Beobachtung der Beobachtung wird jedoch zu einer kommunikativen Touristenattraktion:

> »Mittlerweile lassen sich auch zahlreiche touristische Sehenswürdigkeiten online besichtigen. Auf einem virtuellen Spaziergang lernt man beispielsweise das Schweizer Parlament in Bern kennen, klickt sich durch das Gebäude und genießt Ausblicke von der Kuppel des Bundeshauses. In zahlreichen anderen Städten schaut man sich per Panoramablick um, ohne auch nur einen Fuß vor die Haustür setzen zu müssen, beispielsweise in Berlin oder Münster.«[23]

Was sich hier so positiv auf der Webseite des Magazins GEO lesen lässt, zeigt ziemlich genau die Diskrepanz zwischen dem virtuellen Erleben und dem realen Erfahren. Recht platt lässt sich der Journalistin Bianca Schilling entgegnen, dass man nichts wirklich kennenlernt, was sich »online besichtigen« lässt, es sei denn man reduziert das Potential des Kennenlernens auf pixelige Webcam-Bilder.

Reisebeobachtungen und Erfahrungen werden, wie oben bereits erwähnt über Reiseportale, Mikro-Blogging mittlerweile vieltausendfach im Netz publiziert. Damit werden sie zum potentiellen Auslöser neuer Reiseanstöße. Allerdings bleiben die Adressaten und die Kommunikatoren in den meisten Fällen anonym, das Substrat der Reise steht ohne Austausch mit dem Hörer als ein – bebilderter – Text oder gar als Video im Netz. Das zu Lesende ist eine Positionierung des Berichtenden, Bewertenden oder Kommentierenden, der im Prozess der digitalen Publizität mit dem Wissen um die eigene Positionierung handelt. Damit unterscheidet es sich von der Erfahrung vor Ort grundsätzlich. Claudia Giannetti fasste diese Beobachtung übergeordnet unter Link-Kommunikation:

> »Im Dialog artikuliert man nicht nur sich selbst, sondern stellt auf der Grundlage eines Ideenaustausches eine wechselseitige Beziehung mit dem Anderen her. Im Gegensatz dazu beruht die Link-Kommunikation auf einer Reihung oder Verknüpfung von Informationen, Bildern oder Codes, die nicht notwendig eine Antwort erfordern. Diese Kommunikationsweise tendiert dazu, sich zu verallgemeinern, die erforderliche Mitwirkung dialogischer Beziehungen zu vermeiden und somit Kommunikation als bloße Quelle von Unterhaltung zu etablieren.«[24]

Es ist demnach kein Austausch, der sich an einen Adressaten richtet oder für einen bestimmten Adressatenkreis geschrieben wurde, sondern der als Kommunikat einfach existent ist. In seiner Existenz bleibt es nichtadressiert und unterliegt dem Suchalgorithmus und der Vernetzung der Metadaten. Zudem muss der Kommunikator nicht zwingend seine Identität preisgeben und bleibt anonym, die Aussage wird damit nicht verifizierbar. Wenn der Interessierte nun im Netz drüber stolpert, das liest, dann kann es zu einer potentiellen Einflussgröße für weitere Entscheidungen werden. Ob es sich allerdings so fügt, ist als notwendig kontingent zu bezeichnen.

Reiseresümee

Reisen ist nicht mehr das, was es einmal war. Das war es allerdings noch nie, denn die Veränderungen der Reisequalität und der Reisedistanz lassen sich auf vielerlei Entwicklungen zurückführen. Von den Poststationen, den preußischen Eilposten, der Eisenbahn, dem Bed & Breakfast, dem Individual- und Massentourismus bis hin zum Safari-, Survival- oder All-Inclusive-Urlaub, die Ausdifferenzierung bei Reisewünschen richtet sich nach der zur Verfügung stehenden Zeit des Reisenden, dessen Portemonnaie und seinen individuellen Reisevorstellungen. Mit der Digitalisierung haben sich, wie hier nur punktuell aufgezeigt werden konnte, nicht nur Reisevorstellungen sondern auch Reiseverhalten im Alltag und insbesondere im Urlaub massiv geändert. Auch wenn es unbestritten parallel dazu noch herkömmliche und alternative Reisevarianten gibt. Gleichwohl lässt sich konstatieren, dass sich das kommunikative Alltagsverhalten und die Gewöhnung an digitale Infrastrukturen auf das Verhalten insgesamt auswirken und erst das Bewusstwerden eine Kontrolle, Distanz und Strategien der Abschottung erlauben und initiieren.[25] Reisen als Teil gesellschaftlicher Wirklichkeit verändert sich, weil sich die mediale und kommunikative Grundverfasstheit der Gesellschaft verändert hat. So benötigen die zu installierenden Intelligenten Verkehrssysteme Daten, und der Reisende produziert Daten. Reisen beginnt mittlerweile ganz selbstverständlich vor dem Computer und bedient sich ganz selbstverständlich des Smartphones oder des Tablets durch die nutzerorientierte Alltagstauglichkeit, als eine sich permanent bewährende Orientierungshilfe und durch die technische Niedrigschwelligkeit. War Reisen im analogen Zeitalter neben dem Urlaubs- und Erholungsaspekt ebenso eine Praktik der Subjektivierung, der Identitätsfindung oder des Kennenlernens fremder Kulturen, so lassen sich heute über den Digitalisierungsprozess und die kommunikative Vernetzung Tendenzen einer Individualpublizität und einer verminderten Kommunikationsdistanz beobachten.

Virtual travelling – digital travelling? About the tendencies of mediation, networking and transformation in the digital era

This paper focuses on modified conditions of travelling particularly in western societies. The continuing process of digitalization includes every sociological aspect. Information as well as orientating and entertaining increase extensively within the internet. This is even significant for travelling and touristic aspects. Nevertheless, the internet is not only restricted to consumer oriented offers. The digital infrastructure emerged as an important component here, as the ›traveller‹ moreover becomes a data producer. Multifaceted communication – using smartphones, social media etc. – reaffects the internet. This examination shall emphasize contemporary developments that arose and still arise by ubiquitous computing and permanent data access.

Anmerkungen

1 Karl Baedeker: Handbuch für Reisende in Deutschland und dem Oesterreichischen Kaiserstaat. Nach eigener Anschauung und den besten Hülfsquellen, Koblenz ⁶1855.
2 Vgl. hierzu Wolfgang Behringer: Im Zeichen des Merkur. Reichspost und Kommunikationsrevolution in der Frühen Neuzeit, Göttingen 2003; Hartmut Rosa: Beschleunigung. Die Veränderung der Zeitstrukturen in der Moderne, Frankfurt a. M. 2005; Frank Hartmann: Kommunikation als Ideologie, in: Birgit Mersmann / Thomas Weber (Hg.): Mediologie als Methode, Berlin 2008, 79–99; Oliver Bidlo: Rastlose Zeiten. Die Beschleunigung des Alltags, Essen 2009.
3 Vgl. zur historischen Entwicklung Kaspar Maase: Grenzenloses Vergnügen. Der Aufstieg der Massenkultur 1850–1970, Frankfurt a. M. 2007.
4 Vgl. hierzu Mercedes Bunz: Die stille Revolution. Wie Algorithmen Wissen, Arbeit, Öffentlichkeit und Politik verändern, ohne dabei viel Lärm zu machen, Berlin 2012.
5 Reinhold Viehoff: Mechanismen der »Ikonisierung« in der Mediengesellschaft. Überlegungen zum Verhältnis von Geschichte und Medien am Beispiel der »Saddam-Statue«, in: Kathrin Fahlenbrach (Hg.): Medien – Macht – Wahrnehmung. Mediale Dispositive des Sehens und Hörens. Frankfurt a. M. 2005, 96–118, hier: 96–97.
6 Beispielhaft hierfür sind die Affäre um das Plagiieren von Karl-

Theodor zu Guttenberg, das Interview von Horst Köhler, das zum Rücktritt führte, und die zuerst über Twitter bekannt gewordenen Anschläge in Neu-Delhi.

7 Aktuell dazu formuliert die »Digitale Agenda 2014–2017« programmatisch: »Ein Gegensatz zwischen ›realer‹ und ›virtueller‹ Welt existiert nicht. Die Digitalisierung verschafft dem Leben vielmehr eine zusätzliche Dimension.« Zit. nach: Bundesministerium für Wirtschaft und Energie, Bundesministerium des Innern, Bundesministerium für Verkehr und digitale Infrastruktur (Hg.): Digitale Agenda 2014–2017, Berlin 2014, 5. Freyer differenziert aus der Perspektive der Tourismuswissenschaft beim virtuellen Reisen weiterführend zwischen »Surrogat- und substitutivem Tourismus«. Vgl. Walter Freyer: Virtuelles Reisen – wie real sind künstliche Reisen in Zukunft?, in: Roman Egger / Thomas Herdin (Hg.): Tourismus: Herausforderung: Zukunft, Wien 2007, 515–532, 11–12.

8 Vgl. zur Verhältnisbestimmung von Suchen, Speichern, Gehirn und Computer: Nicholas Carr: Surfen im Seichten. Was das Internet mit unserem Hirn anstellt, München 2013, 278 f.

9 Grundsätzlich zu den Prinzipien kooperativer Funkortungssysteme, speziell zu GPS, dessen Systemsegmenten und Anwendungen im Straßenverkehr vgl. Werner Mansfeld: Satellitenortung und Navigation. Grundlagen, Wirkungsweise und Anwendung globaler Satellitennavigationssysteme, Wiesbaden 2010.

10 Das Intelligente Verkehrssysteme Gesetz (IVSG) wurde am 20. Juni 2013 im Bundesgesetzblatt Jahrgang 2013 Teil I Nr. 29, Seite 1553 veröffentlicht und ist am 21. Juni 2013 in Kraft getreten. Mit dem Intelligente Verkehrssysteme Gesetz (IVSG) wurde die Richtlinie 2010/40/EU zum Rahmen für die Einführung Intelligenter Verkehrssysteme im Straßenverkehr und für deren Schnittstellen zu anderen Verkehrsträgern (IVS-Richtlinie) in nationales Recht umgesetzt.

11 Bundesministerium für Bau, Verkehr und Stadtentwicklung (BMBVS): IVS-Aktionsplan ›Straße‹. Koordinierte Weiterentwicklung bestehender und beschleunigte Einführung neuer Intelligenter Verkehrssysteme in Deutschland bis 2020, 2012. Online unter: http://www.bmvi.de/SharedDocs/DE/Anlage/VerkehrUndMobilitaet/Strasse/ivs-aktionsplan-strasse-broschuere.pdf?__blob=publicationFile (Zugriff: 20.08.2013), 8.

12 Auf Deutschland bezogen: Die Verkehrsleistung im Personenverkehr auf der Straße erreichte im Jahr 2004 einen Wert von 887 Mrd. Personenkilometern (Pkm) und wird bis 2025 um rund 6,5 Mrd. Pkm jährlich ansteigen. Insgesamt ergibt das eine Zunahme von 16 % auf 1030 Mrd. Pkm im Jahr 2025. Der Anteil der Straße an den Personenverkehrsdienstleistungen wird zugunsten vor allem des stark wachsenden Luftverkehrs geringfügig von 81 % auf 79 % sinken. Bundesministerium für Bau, Verkehr und Stadtentwicklung (BMBVS) (wie Anm. 11), 10.

13 Bundesministerium für Bau, Verkehr und Stadtentwicklung (BMBVS) (wie Anm. 11), 12; vgl. Hermann Meyer: Intelligente Verkehrssysteme. Erfolg durch Zusammenarbeit. Vortrag auf der Berliner IVS-Konferenz, 26.02.2013. Online unter: http://www.bmvi.de/SharedDocs/DE/Anlage/VerkehrUndMobilitaet/ Strasse/ivs-erfolg-durch-zusammenarbeit-ertico.pdf?__blob=publicationFile (Zugriff: 20.08.2013).

14 Vgl. ausführlich und mit Beispielfirmen: ebd.

15 Bundesministerium für Bau, Verkehr und Stadtentwicklung (BMBVS) (wie Anm. 11), 14.

16 Vgl. hierzu Greg Kipper / Joseph Rampolla: Augmented reality. An emerging technologies guide to AR, Elsevier 2013; Alan B. Craig: Understanding Augmented Reality. Concepts and Applications, Elsevier 2013.

17 Kipper / Rampolla 2013 (wie Anm. 16), 27–28.

18 Vgl. Craig 2013 (wie Anm. 16), 224–236.

19 Kipper / Rampolla 2013 (wie Anm. 16), 33.

20 Zu Baedeker vgl. ausführlich Susanne Müller: Die Welt des Baedeker. Eine Medienkulturgeschichte des Reiseführers 1830–1945, Frankfurt a. M. 2012.

21 Vgl. Herodot: Das Geschichtswerk des Herodot von Halikarnassos. Frankfurt a. M. 2001; Francesco Petrarca: Die Besteigung des Mont Ventoux – Francesco Petrarca an Francesco Dionigi von Borgo San Sepolcro in Paris, Frankfurt a. M./Leipzig 1996. Vgl. hierzu ausführlich von Peter Hulme / Tim Youngs (Hg.): The Cambridge Companion to Travel Writing (Cambridge Companions to Literature), Cambridge 2002; Julia Chatzipanagioti-Sangmeister: Griechenland, Zypern, Balkan und Levante. Eine kommentierte Bibliographie der Reiseliteratur des 18. Jahrhunderts, 2 Bde., Eutin 2006; Peter J. Brenner (Hg.): Der Reisebericht. Die Entwicklung einer Gattung in der deutschen Literatur, Frankfurt a. M. 1989.

22 Baedeker 1855 (wie Anm. 1), IV–V. (Hervorhebungen des Autors).

23 Bianca Schilling: Virtuell reisen dank Web 2.0. Online unter: http://www.geo.de/GEO/reisen/reisewissen/virtuell-reisen-dank-web-20-59671.html (Zugriff: 20.08.2013). Hier weiter und in seiner positivistisch-umfassenden Programmatik kaum kürzbar: »Das Netz bietet Reisenden sogar Ziele an, die womöglich kaum ein Mensch jemals in der Realität besuchen würde. Beispielsweise Touren zum ›Mars‹ oder man fliegt vom Sternenbild ›Löwe‹ zur Andromeda-Galaxie. Ganz neu ist die Reise unter die Meeresoberfläche. Mit Google Ocean reist man per Mausklick beispielsweise in die Unterwasserwelt vor Hawaii, fliegt vorbei an den bizarren Formationen der Unterwasser-Gebirgswelt (sic!) und sieht Fotos von bislang unbekannten Meeresbewohnern. Zudem kann man Wale auf ihrem Weg durch die Ozeane per ›Animal tracking‹ verfolgen. Taucher können nach Wracks suchen und sich kurze Unterwasser-Filme anschauen. Wer sich nicht für pures Straßen-Sightseeing, Ozeane und das Universum interessiert, dem sei der Kunst-Clou von Google Earth ans Herz gelegt: eine Kooperation mit dem Museum Prado in Madrid. Seit einigen Wochen stehen 14 digitalisierte Kunstwerke zum Hineinzoomen bereit. Unter den Werken sind beispielsweise El Grecos ›Mann mit der Hand auf der Brust‹ und ›Las Meninas‹ von Velázquez. Jeder einzelne Pinselstrich ist zu erkennen, jede Träne im Bild, jede Haarsträhne, Details, die dem Betrachter im Museum vor Ort verborgen geblieben wären. Vielleicht ist das die Zukunft des Reisens: virtuell dichter dran als in der Realität. Immerhin fliegt man schon jetzt problemlos bis in den Weltraum und taucht gen Meeresboden.«

24 Claudia Giannetti: Notizen zur Link-Kommunikation, in: Josef Bairlein [u. a.] (Hg.): Netzkulturen. Kollektiv. Kreativ. Performativ, München 2011, 31–39, 32.

25 So gibt es bei Mercedes seit 2012 für alle Mitarbeiter die vom Vorstand gestützte Möglichkeit, in Abwesenheit eingehende Mails unwiederbringlich löschen zu lassen, die Personalvorstand Porth wie folgt begründet: »Es entsteht kein Mail-Stau in den Ferien. Wenn die Mitarbeiter wiederkommen, starten sie mit einem sauberen Schreibtisch. Das ist auch eine emotionale Entlastung. Niemand muss im Urlaub seine E-Mails lesen. Und bei der Rückkehr hat jeder ein leeres Postfach.« Zit. nach Anja Tiedge: »Mails zu löschen ist eine emotionale Entlastung«. Interview mit Wilfried Porth, 26.02.2014. Online unter: http://www.spiegel.de/karriere/berufsleben/daimler-vorstand-porth-e-mails-zu-loeschen-ist-emotionale-entlastung-a-955638.html (Zugriff: 21.08.2014).

KULTURSTRASSEN DER GESCHICHTE IN DER VERGANGENHEIT

TIMOTHY DARVILL

Roads to Stonehenge

A prehistoric healing centre and pilgrimage site in southern Britain

Introduction

Pilgrimage is widespread in many cultures past and present.[1] It typically involves a physical journey to a site of significance to a person's beliefs in order to connect with the power of the place or imitate the actions of archetypal beings. The aim is usually spiritual renewal, emotional enrichment, renunciation of the past, guidance about the future, performing a rite of passage, or seeking physical and spiritual healing. The geographical focus may be a site that has achieved prominence through associations with particular events, special people, or a remarkable feature in the landscape. But the act of pilgrimage performed with commitment, imagination, and care is also an emotional initiation in the sense of being a ritualized ordeal that propels participants into a different state of consciousness.[2] Physically, pilgrimage on a large scale leads to the development of infrastructure coupled to economic and cultural prosperity not only at the focal site but also along the routes that feed it. Thus pilgrimage as a distinctive social practice has a recognizable archaeological signature.

In this short paper I briefly would like to consider the archaeology and anthropology of pilgrimage sites in the context of prehistoric ceremonial centres. Attention is first directed towards the general characteristics of such sites before something of the complexity of how they might have been used is explored through two case-studies of ancient pilgrimage sites that now represent the tradition on a global scale. The spotlight then turns to the site of Stonehenge in central southern Britain as a possible pilgrimage centre of the third and second millennia BCE, the best-known within a network of such centres at intervals across the British Isles.[3]

Pilgrims and ceremonial centres

Many cultures across the world, past and present, can boast ceremonial centres serving various communities at local, regional, and supra-regional scales. Some are modest in size, others very grand. But occasionally there are rather different places. Special places. Places that have a meaning and quality that far exceeds the merits of their geographical location or the capacity of local populations to build and support them. All of these ceremonial centres, in varying degree, share a number of key characteristics:

– They developed over time and as such that their scale and complexity grows as their popularity, power, and influence expands;
– Visiting them involves the commitment of time and resources for anything between a few weeks to a few years, and a journey that often involves discomfort, hardship, and danger;
– At their heart is some kind of unique focal structure or relic that gives the place its power, but most ceremonial centres also include a wide range of ancillary structures for other devotional and recreational purposes as well as accommodation and facilities for hospitality and respite;
– As well as rich physical material culture associated with the place itself, and the events that take place there, participants also experience a textured intangible culture by way of music, songs, sounds, dances, performances, gestures, smells, distinctive cuisine, oral traditions, folklore, beliefs, and histories;
– Ceremonial centres are destinations for the faithful who believe in the power of the place – the traditional

pilgrims – as well as those who simply wish to be part of the scene or derive benefits from it in other ways (social, economic, political etc.);
- The chief concern of most ceremonial centres focuses on physical and spiritual well-being: health and healing; and
- For practical purposes ceremonial centres must be easily accessible, or made accessible, by defined routes and relevant transportation systems such as tracks, roads, rivers, or seaways, some of which may have ceremonial or ritual characteristics either in relation to the experience of the pilgrim (walking alone or in groups for example) or the movements of the presiding deities as they enter or leave the sacred arena.

As Karen Armstrong has discussed,[4] pilgrimage is something rather fundamental and grounded in two key emotional attachments. First, is the experience of ecstatic ›ascent‹ represented either physically by tall temples, ziggurats, and pyramids that allow pilgrims to climb into the cosmos to meet their gods, or metaphorically through the cosmic pole, tree or ladder linking cosmic levels or ›worlds‹ below, on and above the earth. Second, is the pervasive symbolism of the Golden Age at the beginning of time where life itself began, a myth found in nearly all cultures. Along with these could be added a third attachment: trying to understand the future as reflected in the popularity of oracles as pilgrimage centres in the ancient world.[5]

Against this background it should be recognized that pilgrimage, and the creation, development, and use of major ceremonial centres, has a longevity and a geographical reach that few other traditions enjoy.[6] Inanimate materials such as human bones and recognizable body parts[7] may be the centre of attention, in other cases stone is significant as with the use of white quartz pebbles deposited by prehistoric and Christian pilgrims alike in Atlantic Europe.[8] Timing is often important, as with the harvest-time pilgrimages to Mount Brandon on the Dingle Peninsula in Ireland originally to celebrate Lughnasa,[9] and there is no point going if the deity is not at home. In many cases the ceremonial centres endure despite changes to their cultural context, associated beliefs, and manner of usage. It is doubtful, for example, whether those communities that laid the foundation stones at many of Europe's great cathedrals would recognize much of the litany and ceremony that now goes on within their walls and around about, yet they remain enduring centres of attention. As the following two case studies show, pilgrimage and the iterative modification of ceremonial centres never sleeps and the combination of tangible and intangible culture creates a structured, complicated, and deeply emotive experience.

Case studies of ancient pilgrimage in the modern world

The Hajj

Hajj literally means ›to set out for a place‹, the place in question being the city of Mecca (Makkah) situated on the Arabian peninsula at nearly 300 m above sea level in a narrow valley within a mountainous region some 80 km inland from the Red Sea coast in modern Saudi Arabia.[10] As the birthplace of Muhammad the Prophet, and the site of his first revelation of the Quran, Mecca is regarded as the holiest city in the Islamic world.[11] Yet its origins extend back into the second or third millennia BCE and by the first millennium BCE it was a trading centre, a gathering place for peripatetic tribal communities, and a well-known religious centre.[12] Its focus was a sanctuary or *hawta*, probably the ›very holy and exceedingly revered‹ temple mentioned by the Greek historian Diodorus Siculus in the first century BCE.[13] During the first half of the first millennium CE warring tribal communities suspended hostilities during the months of pilgrimage to Mecca and other *hawtas* in the area where they performed rituals that may have included fertility rites and rain-making ceremonies.[14] The shrine at Mecca was controlled by the Quraish tribe whose monopoly was institutionalized through a religious association called the Hurns or the ›People of the Shrine‹ so that pilgrimage and trading brought a measure of prosperity. It was in this context that Muhammad, born into the Quraish, became familiar with the temple and the idea of pilgrimage.[15] Muhammad and his Muslim companions were based in Medina 435 km to the north of Mecca during the 620s CE. When Mecca surrendered to the Muslims in 630 CE the city was cleared of its pagan idols and pilgrimage there was made exclusive to Muslims. Muhammad himself completed his first and only Hajj (also known as the Farewell Pilgrimage) in the year of his death, 632 CE.[16] Muhammad enjoined fellow Muslims to do the same such that it became established as the fifth pillar of Islam; the most significant manifestation of Islamic faith and unity. Mecca itself was transformed, with many of the traditional pagan ceremonies drawn into a reformed tightly choreographed performance celebrating a monotheistic deity.[17] A pilgrimage to Mecca became an obligation to all Muslims, and nowadays about three million make the journey to Mecca each year, mainly during the twelfth Muslim lunar month of Dhu al-Hijjah. The focus of the modern ceremonies is the Kaaba (also known as the Sacred House or the Ancient House): a cuboid stone structure 13 m high with sides measuring c.11 m by c.13 m believed by Islamic scholars to have been built around 2130 BC although remodelled, adapted and rededicated several times since.[18] The Kaaba is built from locally quarried granite with a marble and limestone floor and internal marble cladding. Three pillars stand inside with an altar between two of them. The long axis of the building is aligned with the rising star Canopus towards which the southern wall is directed, while the short axis roughly aligns with the sunrise of the summer solstice and the sunset of the winter solstice.[19] A piece of meteoric iron known as the Black Stone is built into the eastern corner. The Kaaba is often regarded as the centre of the world with the Gate of Heaven directly above. As such it marks the intersection of the sacred world and the profane, the embedded Black Stone being symbolic of this link as a stone that had fallen from the sky to connect heaven and earth. About 20 m east of the Kaaba is the Well of Zamzam, believed to be a miraculously-generated source of water revealed to Hagar, the second wife of Abraham and mother of Ismael who was thirsty and kept crying for water.[20]

The Kaaba and Well of Zamzam are the central features of a much wider ritual landscape that extends outwards in all directions. Getting to Mecca traditionally involved three main routes – the Egyptian route from the west, the Syrian Route from the north, and the Iraqui route from the east – as well as numerous other subsidiary routes some of which included passage by sea.[21] Archaeological evidence along these routes includes paved roads, stone way-markers, bridges, water systems, hostels and rest places (*Khans*), mosques (*Masajid*), forts (*Qal'at*), palaces (*Qusur*), cemeteries, and settlements.[22]

Ill. 1: Grave with green marker-stones in a cemetery at Şanlıurfa, Turkey. Photo: Timothy Darvill.

Once at Mecca the ritual observances typically spanned six days. Day 1 involves changing into the traditional costume for the Hajj (*Ihram*), circling the Kaaba and touching the Black Stone, passing between the hills of Safa and Marwa, and then travelling to Mina to camp. On Day 2 pilgrims journey eastwards to Arafat and after a short vigil return via to Muzdalifa collecting stones from the desert on the way. Day 3 involves a journey from Muzdalifa back to Mina stoning the largest pillar (*jamarat*) as they pass, before travelling from Mina to Mecca to circle the Kaaba, and then returning to Mina to camp in the desert. Days 4–6 are spent travelling between Mina and Mecca, stoning the pillars on the way.[23] Throughout the performance, prayers are offered and songs are sung. Water from the Well of Zamzam is drunk, and flasks of water purchased for the journey home. Associated artefacts in the form of keepsakes and water-flasks become distributed across the Islamic world by returning pilgrims. Traditionally, those who have undertaken the Haji are entitled to wear a green turban, a symbol of achievement that is also represented at their burial place (Ill.1).

Santiago de Compostela, Spain

Along with Rome and Jerusalem, Santiago de Compostela in Galicia, northwest Spain, is one of the most celebrated pilgrimage centres in the Christian world through an association with St James the Greater (Ill. 2).

Situated on high ground between the Rio Tambre and the Rio Ulla, the modern city stands on the site of medieval and Roman settlements in an area also rich in prehistoric occupation.[24] James was one of Christ's apostles beheaded in Jerusalem on the orders of King Herod Agrippa in about 44 CE. Little is known about his life and times, but Eusebius of Caesarea (265–340 CE) in his *Ecclesiastical History* tells how James miraculously healed a paralyzed man on the way to his death, and the fifth century CE Illyrian priest St Jerome of (345–419 CE) claimed the evangelization of Iberia was down to missions by James.[25] It was probably on the back of these claims that a legend developed in which, following his execution, the mortal remains of St James were brought by sea in a stone boat to Galicia for burial. However, details of this story, elaborated through the medieval period, were only recorded after the body of James was ›revealed‹ in the territory of Amaea in the 820s CE. Accounts of this vary, but most embrace the idea that a strange nocturnal brightness guided the process that eventually led to the location of the burial site (possibly a megalithic tomb or a Roman mausoleum). The discovery was reported to Theodomir, Bishop of Iria Flavia, who declared that the remains were indeed those of James the Apostle and notified King Alfonso II who ordered a shrine to be built on the spot where the body was said to have been found.[26] The first pilgrims came to honour the tomb of St James from the 830s CE; miracles associated with healing the sick stacked up, and the town and cathedral became very wealthy.[27] More than 100,000 pilgrims a year now travel to Santiago which was inscribed as a World Heritage Site in 1985;[28] the routes leading to Santiago were declared a Cultural Route by the Council of Europe in 1987.[29]

Ill. 2: Cathedral of St James the Greater, Santiago de Compostela, Spain. Photo: Natascha Kubisch: Der Jakobsweg nach Santiago de Compostela, Darmstadt 2002, 147.

The small shrine initially constructed at the wish of Alfonso II was rapidly surrounded in the north by the San Juan baptistery and in the east by a Benedictine abbey and two other churches. The whole was enclosed by a rampart, which also provided protection for a small settlement around the sacred sites. As the popularity of the shrine grew, the need for a larger church was recognized and the present cathedral, a masterpiece of Romanesque and Baroque architecture, was first consecrated in 1211 CE.[30] Like many pilgrim churches across Europe it was designed on a grand scale.[31] The *Pilgrim's Guide to Santiago de Compostela* was prepared by Aimery Picaud, a monk from Pathenay-le-Vieux in Poitou, France, in the 1130s and widely circulated from the late twelfth century onwards.[32] It described the main routes to get to Santiago, what could be seen along the way, and encouraged charity towards pilgrims.

Most pilgrims approach Santiago from the east along the well-trodden Camino Frances that starts 700 km away at Puente la Reina. Four feeder routes converge here after crossing the Pyrenees. The Via Turonensis is the most northerly and starts in Paris, the Via Lemovicensis starts in Bazoches, the Via Podiensis starts in Le Puy, and the southerly Via Tolosana starts in Arles. Along the road pilgrims often sang while they walked. Partly paved, the routes are provided with bridges and way-markers. Wayside shrines lay between the hospitals, monasteries and churches in the principal towns along the route; there is also some evidence for institutionalized control of the facilities along the principal routes.[33] Before arriving in Santiago pilgrims took a purifying bath in the cold vivifying waters of the Rio Labacolla and washed their clothes there.

Arriving in Santiago pilgrims presented themselves at the hostel where they again washed and were given clean clothes to wear into the sacred enclosure. The night following their arrival was spent watching the Saint's tomb. In the morning, when the bells rang to announce first mass, the pilgrims gathered at the chest of good works where, after reading the indulgences, the priest invited them to place their offerings. Then they received the sacraments of penitence and communion before climbing up to the statue of St James behind the main altar. Attending services in the cathedral occupied subsequent days. The sick were ever hopeful of being cured during one of these performances which in recent centuries included use of the famous ›Botafumerios‹, a thurible containing 40 kg of incense that is swung over the heads of the congregation. Smells are an important part of the modern ceremonies, as they might well have been in ancient times. A journey out from Santiago to Padron, the former Iria Flavia, on the banks of the Rio Ulla was essential: it was on the banks of the Rio Ulla that St James was believed to have landed and first preached on the nearby hill of Padron.[34] Before starting the return journey, the pilgrim's staff and sachet were placed on the high altar in the cathedral and blessed.

Badges, medallions, and small religious objects such as statuettes of St James carved in jet were available for pilgrims to buy, and all who made the journey successfully were provided with a certificate of confession and communion known as a *compostela*. Much of the architecture and material culture associated with the pilgrimage to Santiago is marked with an emblematic scallop-shell of the kind found in the waters around the Galician coast and anciently dedicated to Venus. Pilgrims sometimes collected these shells and sewed them onto their hats as a sign of their travels, while lead or tin copies were sold in the cathedral square. Examples have been found in London and elsewhere during archaeological excavations.[35]

Stonehenge, Wiltshire

Like the Kaaba in Mecca and the Cathedral of St James in Santiago de Compostella, Stonehenge (Farbabb. 4) is the focal point of a much larger and long-lived ceremonial landscape whose construction and use must have been every bit as complicated and rich as the case studies already discussed (Ill. 3). The monument we see today was first raised about 3000 BCE as an earthwork enclosure, the central stone structures being added and iteratively modified in the period between 2600 and 2000 BCE.[36]

In the centre are five great Sarsen Trilithons, each comprising two uprights linked by a lintel which could be seen as ancestral deities, probably representing the Divine Twins.[37] Around the outside is the Sarsen Circle, perhaps constructed as a simple calender with the 30 uprights each representing the day of a lunar month.[38] Together the Sarsen elements form a coherent structure whose architecture embodies a cardinal axis orientated on the midsummer sunrise to the northeast and the midwinter sunset to the southwest. Its construction involves the use of mortise and tennon joints and neat dressing of the main faces in a way that suggests influences from carpentry.[39] Indeed, broadly contemporary timber structures of similar plan are known in the area and further afield.[40]

The large stones for the Sarsen structure (Farbabb. 4) were locally sourced, but within the Sarsen Circle are the remains of around eighty smaller stones collectively known as ›Bluestones‹ (Farbabb. 5). These show

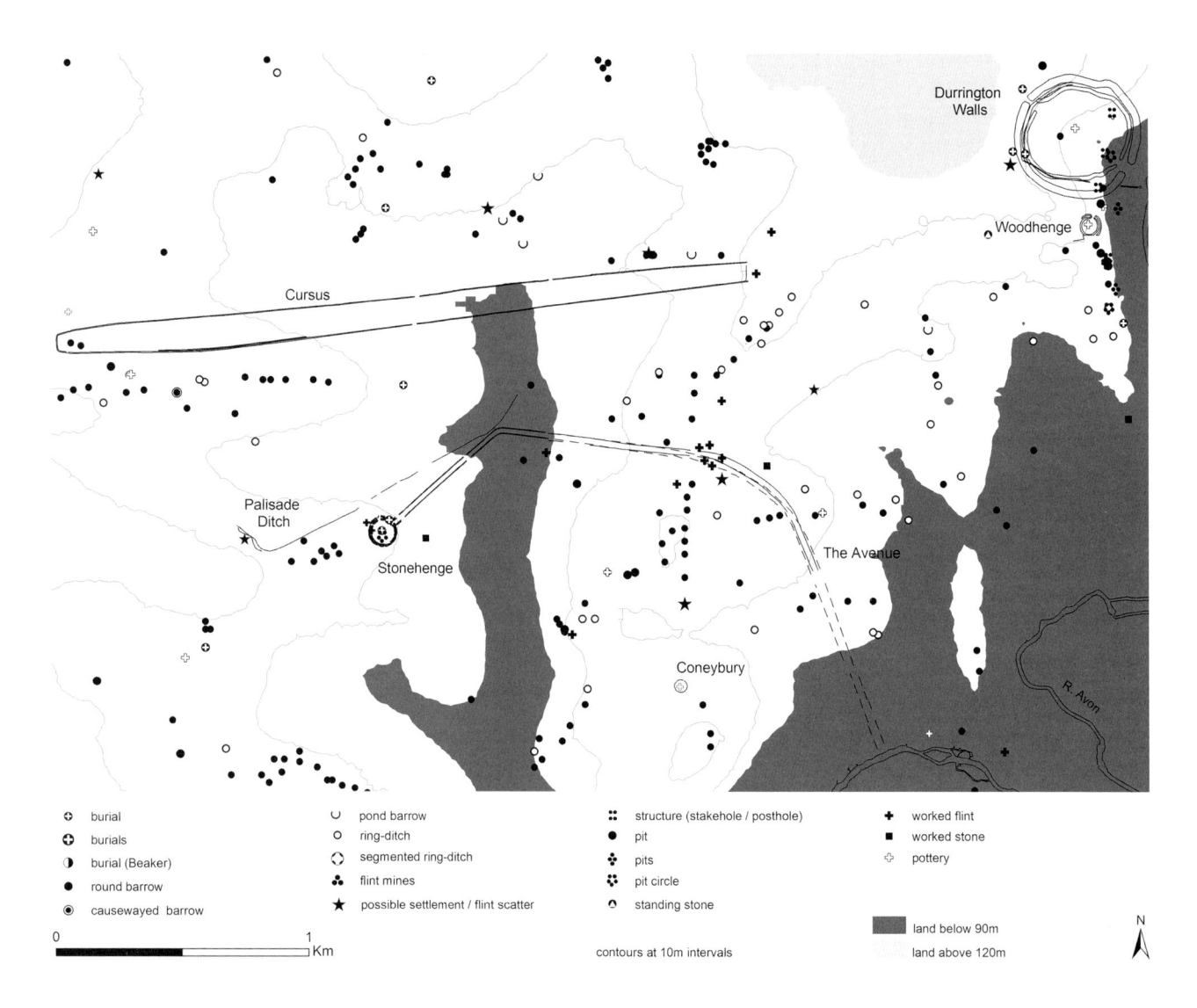

Ill. 3: The Stonehenge landscape showing the distribution of principal monuments of the fourth to the second millennium BCE.
Photo: Drawing by Vanessa Constant.

considerable lithological diversity (dolerites, rhyolites, ashy shales, tuffs, and sandstones) most of which originated in the Preseli Mountains of southwest Wales some 230 km away as the crow flies.[41]

During the lifespan of Stonehenge these stones were variously moved around in at least three main configurations, and pieces were detached and used for the manufacture of armlets, talismans, and lucky charms in the form of discs and small axes. The use of such objects in the context of healing rituals,[42] coupled with long-lived oral traditions explaining the purpose of the Bluestones in terms of their healing properties and connections between the source of the Bluestones and holy wells, suggests that the power of Stonehenge lay in the perceived magical properties of the imported Bluestones.[43]

The landscape around Stonehenge has evidence of occupation and monument construction dating back into the eighth millennium BCE.[44] From the period of Stonehenge itself there is a scatter of henges, cursuses, long mortuary enclosures, henge-enclosures, post-settings, pit clusters, and burial places (Ill. 3). People attending ceremonies and rituals at Stonehenge no doubt moved between these various places and the central

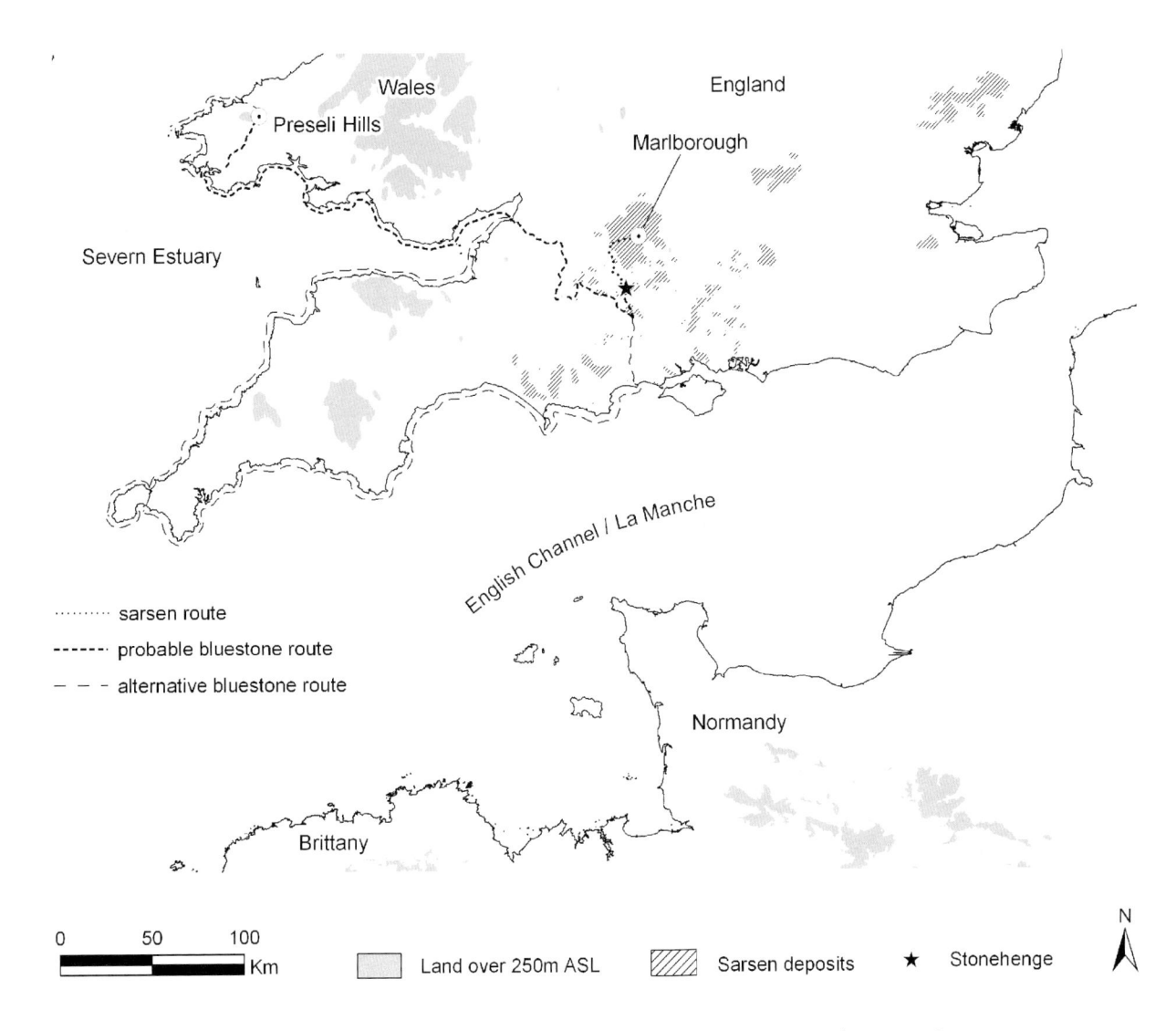

Ill. 4: Possible routes for the transportation of Sarsen and Bluestone to Stonehenge. Photo: Drawing by Vanessa Constant.

circles, much of the intervening downland being open pasture at the time. There is evidence for structured movements through the landscape. The Stonehenge Cursus built about 3400 BCE as some kind of processual way between King Barrow Ridge in the east and Fargo Ridge in the west.[45] Slightly later, an embanked earthwork avenue some 35 m wide linked Stonehenge with the river Avon some 2.5 km to the southeast. The Cursus may also symbolically mark the passage of the sun across the sky from east to west at around the time of the spring (vernal) and autumnal equinoxes, while the westerly section of the Avenue perpetuates the cardinal axis of Stonehenge in being aligned outwards from the monument towards the midsummer sunrise. But what of the cultural routes associated with the site? In this connection there are two important schemes: the routes along which the stones were brought to Stonehenge; and the routes along which pilgrims may have travelled to attend ceremonies and festivals there.

Stones in the road

It is widely assumed that the large Sarsen blocks used for the construction of the Trilithons, Sarsen Circle, Station Stones, Slaughter Stone, and Heelstone at Stonehenge derive from a source somewhere near Avebury on the Marlborough Downs some 30 km to the north of Stonehenge. Indeed, Richard Atkinson once proposed that the stones had originally passed through Avebury before being taken to Stonehenge.[46] The Marlborough Downs are certainly littered with the remains of Sarsen boulder-fields (Farbabb. 6) that could indeed be the source for the Stonehenge stones, but, as detailed surveys have shown, Sarsen can be found over wide areas of southeastern England.[47] Moreover, a small-scale study of Sarsen off-cuts from Stonehenge suggested that several different rock types were represented and these may equate with different sources.[48]

How the Sarsens were moved has been a matter of considerable speculation and experiment. The largest weights around 35 tons, although many of the 80 or so blocks are much smaller and both easier to move and easier to find within the size-range of naturally occurring blocks. Most of the route from the boulder-fields of the Marlborough Downs to Salisbury Plain would involve travelling over land, although short sections of the river Avon could have been used if the stones were placed on rafts of some kind. Sleds run over wooden rollers is the method most usually recognized as experiments using sleds on tracks have also proved successful.[49] Human muscle power would have been important, but draft animals including oxen would have provided motive power far more effectively.[50] Richard Atkinson[51] suggested a fairly direct route from Avebury southwards via Bishops Cannings, Redhorn Hill, Robin Hood Ball, and on to Stonehenge. Geologist Patrick Hill suggested an alternative route starting at Lockeridge some three miles to the east of Avebury to run south to Knap Hill, down into the Vale of Pewsey, around Woodborough Hill, and then down into the Avon Valley which can be followed to within 3 km of Stonehenge.[52] A third alternative is offered by Mike Parker Pearson[53] which uses the first part of Hill's route but deviates westwards after Knap Hill to run through Marden before joining the southern part of Atkinson's route to approach Stonehenge from the northwest. Other possibilities may exist, and if the Sarsens came from multiple sources then other routes must be sought as well. What is interesting, however, is that Knap Hill and Robin Hood Ball are both Neolithic enclosures constructed in the mid fourth millennium BCE and thus fixed points in the landscape that would have been known to those moving the Sarsens, while Marden is a henge-enclosure beside the river Avon whose construction and main use was contemporary with the movement of Sarsens to Stonehenge.[54] As Colin Richards[55] has suggested, moving stones for the construction of the great stone circles was not simply an engineering challenge, the very act of doing it was a competitive activity designed to enhance the status, standing and coherence of the community.

Much the same applies in the case of the 80 or so Bluestones brought to Stonehenge from west Wales. The distance is greater (230 km as the crow flies) but the stones are smaller (up to 4 tons). The source area comprises a series of upland outcrops on the eastern end of the Preseli Hills for the dolerites and spotted dolerites (Farbabb. 7 and 8), and various outcrops on the sides of the flanking river valleys for the rhyolites, tuffs, and ashy shales.

Access to the coast is relatively easy and the traditional view elaborated by Richard Atkinson is that these pillars were taken on rafts either from Newport on the west coast or Milford Haven on the south coast along the northern shores of the Bristol Channel and Severn Estuary before being paddled up the Bristol Avon to Frome, ported overland to the headwaters of the Hampshire Avon or Wylye, and then by river again to Stonehenge (Ill. 4).[56] A longer sea route around the southwest peninsula, along the south coast and then northwards up the Hampshire Avon to Stonehenge provides an alternative water-bourne route.[57] However, none of these routes have yielded evidence of way-markers or stopping places, and, despite various claims, there is no evidence for pieces of Bluestone debris along the way either. More plausible is the use of over-land routes.

South Wales is a fairly mountainous region, although the uplands are cut by substantial river valleys and there are passes between the hills. Many of these provided natural routeways for the migration of animals,[58] lines which are used by later tracks and modern roads. Wooden sleds and slide-carts pulled by draft animals are amongst the traditional vehicles for carrying heavy loads in the Welsh uplands[59] and similar apparatus could have been used in prehistoric times. The appearance of simple

Ill. 5: Standing stones on Carn Menyn in the Preseli Hills of Wales, UK. Photo: Timothy Darvill.

Ill. 6: Standing stone at Rhos-y-Clegyrn, Pembrokeshire, UK. Photo: Timothy Darvill.

wooden wheels in northwest Europe in the late fourth millennium BCE[60] might have made the task easier. It is also possible that, for short distances at least, Bluestone pillars could have been carried on wooden stretchers or carrying-frames that spread the weight and allow a group of bearers to do their work. Gresham and Irvine[61] have argued that routeways into the uplands of Wales were often marked in prehistoric and later times by standing stones, some of which still survive in the landscape. Such a stone lies on the central part of one of the dolerite sources on Carn Menyn at the head of a route down to the Cleddau Valley (Ill. 5), and further standing stones have been recorded between the Preseli Hills and the coast as well as along possible eastwards-leading over-land routes.[62] At Rhos-y-Clegyrn to the south of the Preseli Hills excavations revealed evidence of a repeatedly used encampment around the standing stone (Ill. 6), tentatively dated to the period when Bluestones were being moved from Preseli to Stonehenge.[63]

Stationary travellers

In one sense the people who brought the various building blocks to Stonehenge must be seen as devotees committed to a cause and both creating and following the route of the stones. But what about other users? I have argued elsewhere that Stonehenge was a place for the living and that one source of renown was as a healing centre.[64] It is easily accessible by river from the south coast of Britain; the river Avon leads directly from the southern end of the Stonehenge Avenue to the English Channel at Christchurch. The river Avon can also be followed up-stream to the north providing access deep into the chalklands of central southern Britain. Ridgeways, some of which may be of considerable antiquity, following the crest of hills link Salisbury Plain with much of southern Britain.[65] The basic infrastructure for prehistoric travellers is well attested. Moreover, investigations as part of the Stonehenge Riverside Project suggest that festivals involving feasting and hunting took place at Durrington Walls around the time of the winter solstice. On the evidence of isotope studies and occasional imported items of material culture it can be suggested that animals and people came to the area from northern and western parts of the British Isles.[66] Many may have made the final stages of their pilgrimage to Stonehenge along the structured route defined by the Avenue starting at the river Avon and in the final stretch following the sunbeams cast by the midsummer sunrise and midwinter sunset.

Isotope studies have also revealed that at least two people buried in the Stonehenge area spent at part of their lives in southern central Europe.[67] The Amesbury Archer, a 35-45 year old male with severe disability in his left leg as a result of a knee injury was buried along with a vast collection of grave goods around 2380-2290 BCE. He is believed to have spent his teenage years in the Alps, and the accompanying grave goods suggest travels, or at least connections, to Germany, France, and Spain. A second grave, probably that of the Amesbury Archer's son or grandson lay adjacent. It dates to about 2350-2260 BCE and he too may have travelled continental Europe before being laid to rest in the environs of Stonehenge. The remains of other such travellers may be revealed in due course as further burials are studied, but another source of evidence is represented by grave-goods. A glass bead placed with the burial of an adult male at Wilsford South of Stonehenge probably came from the eastern Mediterranean or Near East;[68] while finds of amber beads and spacer-plates originating from the Baltic coastlands concentrate in graves around Stonehenge.[69] Other small metal and bone objects may also have travelled considerable distances between their place of manufacture and the point of final deposition.[70] In general these are not so much traded items as the personal keepsakes and momentums that travellers pick up on their journeys and keep with them for the memories they evoke and the symbolism they project.

Conclusion

Pilgrimage is a persistent passion with many common features and themes across time and space. Here it is only possible to touch on the evidence, but I hope that I have shown how Stonehenge can be fitted into a wider picture of special places and ceremonial centres present in many cultures. Stonehenge was in this view an active and important place – a monument for the living. The Sarsen stones provided the architectural framework and were no doubt replete with meaning and symbolism. They created the ceremonial precinct that housed the Bluestones which themselves provided the power of place. It would be naive to think of Stonehenge as having a single unchanging purpose. But one of its roles I argue was as a shrine that became a celebrated healing centre, a place of pilgrimage for those who came in the hope that their ailments would be cured and their well-being improved, much as later pilgrims journeyed to Santiago de Compostella or Mecca in the case studies discussed above. No doubt the great deities, possibly gods of the sun and moon, presided over these occasions at Stonehenge, immortalized perhaps in the Trilithons. But the stones were not just memorials to the gods; the gods were active agents in the well-being and fecundity of their people.

Bringing the stones to Stonehenge no doubt involved special routes and roads, dotted with monuments and markers along the way, and near the monument itself formalized as an Avenue that in its first section embodied the solstical axis and served to link the circles with the river Avon. What we are beginning to glimpse through new research at Stonehenge and in the Preseli Hills is the need to think about these and related sites on a wide geographical canvas in which the central places were linked by networks of cultural routes.

Wege nach Stonehenge. Ein vorgeschichtliches Heilzentrum und Pilgerstätte im südlichen Britannien

Das Pilgern zu einschlägigen Kultzentren ist weitverbreitet in heutigen wie in vergangenen Zeiten. Diese Stätten verfügen alle über unzählige bekannte Straßen; einige davon sind durch archäologische Beweise ›sichtbar‹ geworden. Das ist aber nicht alles: Aspekte von Komplexität und Nutzung kultureller Zentren können im Vergleich durch zwei anthropologische Beispiele dargestellt werden, bei denen historische Stätten auch heute weiterhin genutzt und aufgesucht werden. Sie bieten uns Einblicke wie strukturiertes und zielgerichtetes Reisen in frühgeschichtlicher Zeit funktioniert haben könnten: der *Haji* nach Mekka (Saudi-Arabien) sowie der *Camino de Santiago* (Spanien). Mit diesen Vergleichen lohnt sich ein erweiterter Blick auf die Kreideebenen um Stonehenge als rein archäologisches Zeugnis (von Reisen) im Süden Englands. Die großen Steinmonumente des 3. und 2. Jhs. v. Chr. haben nicht isoliert bestanden, sondern waren Teil einer ausgedehnten, längerfristig genutzten zeremoniellen Landschaft, an der sich zahlreiche Straßen und Wege für materiellen sowie personellen Austausch / Kulturtransfer trafen. Zwei Kernpunkte bezüglich der Routen nach Stonehenge werden hier untersucht, zum einen die Herkunft und Verbreitung der Gesteinsarten, die zur Konstruktion von Stonehenge genutzt wurden: die Sarsen-Steine der südenglischen Tiefebene (Downs) aus Wessex und die sogenannten Blausteine aus dem südwestlichen Wales. Zum anderen wird der Ort daraufhin untersucht, wie der Ort auf jene Personen wirkte, die diesen besuchten und woher sie stammten.

Notes

1 Cf. James Graham-Campbell (ed.): The archaeology of pilgrimage. In: World Archaeology 26 (1), 1994.
2 Cf. Karen Armstrong, Pilgrimage: Why do they do it?, in: Venetia Porter (ed.): Hajj. Journey to the heart if Islam, London 2012, 21.
3 Cf. Timothy Darvill: Prehistoric Britain, London 2010, 165; Jan Harding: Cult, religion, and pilgrimage. Archaeological investigates at the Neolithic and Bronze Age monument complex of Thornborough, North Yorkshire (Council for British Archaeology Research Report, 174) York 2013.
4 Cf. Armstrong 2012 (see N.B. 2), 20.
5 Cf. Trevor Curnow: The oracles of the Ancient world, London 2004; Richard Stoneman: The ancient oracles. Making the gods speak, London 2011; Michael Wood: The road to Delphi. The life and afterlife of oracles, London 2003.
6 Cf. Otto Springer: Medieval pilgrim routes from Scandinavia to Rome, in: Medieval Studies 12 ,1950, 92–122; Alice-Mary Talbot: Pilgrimage to healing shrines: The evidence of miracle accounts, in: Dumbarton Oaks Papers 56, 2002, 153–173.
7 Cf. J. Worley: The origins of Christian veneration of the body-parts, in: Revue de l'histoire des religions 223, 2006, 5–28.
8 Cf. Timothy Darvill: White on Blonde. Quartz pebbles and the use of quartz at Neolithic monuments in the Irish Sea and beyond, in: Andrew Jones / Gavin MacGregor (eds.): Colouring the past. The significance of colour in archaeological research, Oxford 2002, 73–92; Ffion Reynolds: Regenerating substances. Quartz as animistic agent, in: Time & Mind 2 (2), 2009, 153–166 [DOI 10.2752/175169709X423664].
9 Cf. Peter Harbison: Early Irish pilgrim archaeology in the Dingle Peninsula, in: World Archaeology 26 (1), 1994, 90–103; Máire MacNeill: The festival of Lughnasa, Oxford 1962.
10 Cf. Porter 2012 (N.B. 2).
11 Cf. Francis Edwards Peters: The Hajj. The Muslim Pilgrimage to Mecca and the Holy Places, Princeton 1994.
12 Cf. Karen Armstrong: Islam. A short History, London 2000.
13 Cf. Diodorus of Sicily. Books II.35–IV.58, trans. by Charles Henry Oldfather, Cambridge (Mass.)/London 1935, 217.
14 Cf. M. Ruthven: Islam. A very short introduction, Oxford 1997, 30.
15 Cf. Id.
16 Cf. Hugh Kennedy: Journey to Mecca. A History, in: Porter 2012 (N.B. 2), 76.
17 Cf. Muhammad Haleem: The importance of Hajj. Spirit and rituals, in: Porter 2012 (N.B. 1), x–x.
18 Cf. Armstrong 2000 (N.B. 12); Haleem (N.B. 17) 85 et seq.
19 Cf. Clive L.N. Ruggles: Ancient astronomy. An encyclopedia of cosmologies and myth, Oxford 2005, 202.
20 Cf. Gerald R. Hawting: The disappearance and rediscovery of Zamzam and the ›Well of the Ka'ba‹, in: Bulletin of the School of Oriental and African Studies 43 (1), 1980, 44–54.
21 Cf. Kennedy 2012 (N.B. 16).
22 Cf. Andrew Petersen: The archaeology of the Syrian and Iraqi Hajj routes, in: World Archaeology 26 (1), 1994, 47–56; Simon Coleman / John Elsner: The pilgrim's progress. Art and architecture and ritual movement at Sinai, in: World Archaeology 26 (1), 1994, 73–89.
23 Cf. Haleem 2012 (N.B. 17), 43.
24 Cf. Maria Castro: Iberia in prehistory, Oxford 1995.
25 Cf. Julie Roux: The roads to Santiago de Compostela, Vic-en-Bigorre 2004, 33.
26 Cf. Id, 41.
27 Cf. Annie Shaver-Crandell / Paula Gerson: The pilgrim's guide to Santiago de Compostela, London 1995, 19.
28 Cf. United Nations Educational, Scientific and Cultural Organization: Committee Decisions. Conf 008 XA. Inscription: Santiago de Compostela (Old Town), Spain. Online documentation available at: URL: http://whc.unesco.org/en/decisions/3861 (accessed 06/08/2014).
29 Cf. Council of Europe: The Santiago de Compostela Pilgrim Routes. Online documentation available at: URL: http://www.coe.int/t/dg4/cultureheritage/culture/routes/compostella_en.asp (accessed 05/08/2014).

30 Cf. Roux 2004 (N.B. 25), 305 et seq.
31 Cf. Jennie Stopford: Some approaches to the archaeology of Christian pilgrimage, in: World Archaeology 26 (1), 1994, 57.
32 Cf. Shaver-Crandell / Gerson 1995 (N.B. 27).
33 Cf. Stopford 1994 (N.B. 31), 63 et seq.
34 Cf. Roux 2004 (N.B. 25), 92.
35 Cf. Brian Spencer: Pilgrim souvenirs from the medieval waterfront excavations at Trig Lane, London, 1874–76, in: Transactions of the London and Middlesex Archaeological Society 315 (33), 1982, 304–323.
36 Cf. Timothy Darvill / Peter Marshall / Mike Parker Pearson / Geoff Wainwright: 2012. Stonehenge remodelled, in: Antiquity 86, 2012, 1021–1040.
37 Cf. Timothy Darvill: Stonehenge. The biography of a landscape, Stroud 2006, 144.
38 Cf. Id., 143.
39 Cf. Richard J. C. Atkinson: Stonehenge, Harmondsworth 1979, 25.
40 Cf. Geoffrey Wainwright / Ian Longworth: Durrington Walls. Excavations 1966–1968 (Reports of the Research Committee of the Society of Antiquaries of London, 29), London 1971, 212 et seq.
41 Cf. Herbert Henry Thomas: The source of the stones of Stonehenge, in: Antiquaries Journal 3, 1923, 239–60; R.S. Thorpe / Olwen Williams-Thorpe / D. Graham Jenkins / John Watson: The geological sources and transport of the bluestones of Stonehenge, Wiltshire, UK, in: Proceedings of the Prehistoric Society 57, 1991, 103–157.
42 Cf. P.M. Jones, Amulets: Prescriptions and surviving objects from late medieval England, in: Sarah Blick (ed.): Beyond pilgrim souvenirs and secular badges. Essays in honour of Brian Spencer, Oxford 2007, 92–107.
43 Cf. Timothy Darvill: Towards the within. Stonehenge and its purpose, in: David A. Barrowclough / Caroline Malone (eds.): Cult in Context. Reconsidering ritual in archaeology, Oxford 2007, 148–57.
44 Cf. Julian Richards: The Stonehenge Environs Project (HBMCE Archaeological Report, 16), London 1990; Darvill 2006 (N.B. 37).
45 Cf. Julian Thomas / Mike Parker Pearson / Joshua Pollard / Colin Richards / Chris Tilley / Kate Welham: The date of the Stonehenge cursus, in: Antiquity 83, 2009, 40–53.
46 Cf. Atkinson 1979 (N.B. 39), 113.
47 Cf. H. C. Bowen / Isobel Smith: Sarsen stones in Wessex. The Society's first investigations in the evolution of the landscape project, in: Antiquaries Journal 57, 1977, 186–96.
48 Cf. See Hilary Howard in: Michael Pitts: On the road to Stonehenge. Report on the investigations beside the A344 in 1968, 1979 and 1980, Proceedings of the Prehistoric Society, 119 et seq. (Cf. 48, 1982, 75–132).
49 Cf. Julian Richards / Mark Whitby: The engineering of Stonehenge, in: Barry Cunliffe / Colin Renfrew (eds.), Science and Stonehenge (Proceedings of the British Academy, 92), Oxford 1995.
50 Cf. Dale Serjeantson: A review of animal remains from the Neolithic and early Bronze Age of Southern Britai (English Heritage Resarch Department Report Series, 29), London 2011, 20. Available on-line at: URL: http://services.english-heritage.org.uk/ResearchReportsPdfs/029_2011WEB.pdf (accessed 25/08/2013).
51 Cf. Atkinson 1979 (N.B. 39), ill. 4.
52 Cf. Patrick Hill: Sarsen stones at Stonehenge, in: Science 133, 1961, 1216–22.
53 Cf. Mike Parker-Pearson: Stonehenge. Exploring the greatest Stone Age mystery, London 2012, 295.
54 Cf. Geoffrey Wainwright / John Evans / Ian Longworth: The excavation of a late Neolithic enclosure at Marden, Wiltshire, in: Antiquaries Journal 51, 1971, 177–239; Jim Leary / David Field: Marden the unsung henge, in: Current Archaeology 253, 2011, 28–35.
55 Cf. Colin Richards: Building the great stone circles of the north, Oxford 2013.
56 Cf. Atkinson 1979 (N.B. 39), 104, Ill. 7.
57 Cf. Id., 103.
58 Cf. Derrick Webley: How the west was won. Prehistoric land-use in the southern Marches, in: George C. Boon / John M. Lewis (eds.): Welsh Antiquity. Essays mainly on prehistoric topics presented to H. N. Savory upon his retirement as Keeper of Archaeology, Cardiff 1976, 27 (Cf. 19–36).
59 Cf. Cyril Fox: Sleds, carts and wagons, in: Antiquity 5, 1931, 185–199.
60 Cf. Jan A. Bakker / Janusz Kruk / Albert E. Lanting / Sarunas Milisauskas: The earliest evidence of wheeled vehicles in Europe and the Near East, in: Antiquity 73, 1999, 778–790.
61 Cf. C.A. Gresham / H.C. Irvine: Prehistoric routes across North Wales, in: Antiquity, 37, 1963, 54–58.
62 Cf. G. Williams: The standing stones of Wales and south-west England (BAR British Series, 197), Oxford 1988.
63 Cf. J. M. Lewis: Excavations at Rhos-y-Clegyrn prehistoric site, St Nicholas, Pembrokeshire, in: Archaeologia Cambrensis 123, 1974, 13–42.
64 Cf. Darvill 2007 (N.B. 43).
65 Cf. Osbert G. S. Crawford: Archaeology in the field, London 1960, 78.
66 Cf. Parker-Pearson 2012 (N.B. 53), 119 et seq.
67 Cf. A. P. Fritzpatrick: The Amesbury Archer and the Boscombe Bowmen. Bell Beaker burials at Boscombe Down, Amesbury, Wiltshire (Wessex Archaeology Report 27) Salisbury 2011.
68 Cf. Margaret Guido / Julian Henderson / Michael Cable / Justine Bayley / Leo Biek: A Bronze Age glass bead from Wilsford, Wiltshire: Barrow G42 in the Lake Group, in: Proceedings of the Prehistoric Society 50, 1984, 245–254.
69 Cf. Sabine Gerloff: The early Bronze Age daggers in Great Britain and a reconsideration of the Wessex Culture (Prähistorische Bronzefunde, VI.2), Munich 1975, pl. 63.
70 Cf. Stuart Needham: Power pulses across a cultural divide. Cosmologically driven acquisition between Armorica and Wessex, in: Proceedings of the Prehistoric Society 66, 2000, 151–208.

HELGA BUMKE

Die Reisebeschreibung des Pausanias –
Ein Baedeker der Antike?

Es war in der römischen Kaiserzeit, genaugenommen im 2. Jahrhundert n. Chr., als ein aus Kleinasien stammender Grieche namens Pausanias das griechische Mutterland bereiste und darüber in griechischer Sprache eine erhalten gebliebene Reisebeschreibung verfasste. Sein Werk gilt zu Recht als eines der wichtigsten literarischen Zeugnisse für die Klassische Archäologie, gelang es doch erst dank seiner Ausführungen, von der Gestalt und Ausstattung bedeutender Stätten, wie beispielsweise der Athener Akropolis, Olympia oder Delphi, eine konkrete Vorstellung zu gewinnen. Schließlich war es das erklärte Ziel des Pausanias, Orte dieser Art mit ihren Monumenten, Kunstwerken oder Bauten aufzusuchen, um die dort noch zu bestaunenden Sehenswürdigkeiten zu erfassen, zuweilen auch genauer zu beschreiben. In seiner Schrift beschränkt er sich jedoch keineswegs auf die Denkmäler an sich, sondern nimmt diese zum Anlass, ausführlich über ihre mythologische oder historische Verankerung zu berichten, so wie er überhaupt jede Landschaft, jeden Ort, den er aufsucht, in den Kontext dort lokalisierter Mythen oder historischer Ereignisse einbettet. Ein Textauszug zur Beschreibung der Athener Akropolis im ersten Buch mag das veranschaulichen:

»Zur Akropolis gibt es nur einen Eingang; einen zweiten hat sie nicht, da sie ganz abschüssig ist und eine feste Mauer besitzt. Die Propyläen haben das Dach aus Marmor und ragen hinsichtlich Ausstattung und Größe der Blöcke bis heute hervor. [...] Rechts von den Propyläen befindet sich der Tempel der Nike Apteros. Von hier ist das Meer sichtbar, und hier stürzte sich, wie man sagt, Aigeus herab und starb. Denn das Schiff, das die Knaben nach Kreta brachte, fuhr mit schwarzen Segeln ab; Theseus, der kühn zum sogenannten Minotauros fuhr, hatte seinem Vater gesagt, er würde die weißen Segel setzen, wenn er als Sieger über den Stier zurückkomme. Das hatte er aber vergessen, als ihm Ariadne entführt war, und wie nun Aigeus das Schiff mit schwarzen Segeln zurückkommen sah, stürzte er sich hier im Glauben, sein Sohn sei tot, herab und kam um; und es gibt für ihn in Athen auch ein sogenanntes Heroon des Aigeus. Links von den Propyläen [...]« (Paus. 1, 22, 4–5).[1]

Angesichts solcher Passagen verwundert es kaum, dass etwa die Hälfte seiner Beschreibung Griechenlands aus entsprechenden Exkursen besteht,[2] die er offenbar selbst akribisch recherchiert oder von ortsansässigen Fremdenführern und diesbezüglichen Autoritäten, wie beispielsweise Priestern, in Erfahrung gebracht hat.[3] Auf diese Weise sind zehn nach Landschaften gegliederte Bücher entstanden, in denen die jeweiligen Sehenswürdigkeiten, Städte und Heiligtümer des griechischen Festlandes behandelt werden, wobei die topographische Abfolge der Reiseroute des Pausanias zu folgen scheint.

Die älteste Abschrift dieser Bücher stammt erst aus dem Anfang des 15. Jahrhunderts und nennt weder den Autor noch den Titel des Werkes.[4] Seine Identifizierung als Periegesis des Pausanias beruht hingegen auf der Rezeption seiner Bücher durch Stephanus von Byzanz im 6. Jahrhundert n. Chr. Dieser hat Exzerpte daraus in sein geographisches Lexikon aufgenommen und auch den heute gebräuchlichen Titel Beschreibung Griechenlands »Περιήγησις (τῆς) Ἑλλάδος« oder »Ἑλλάδος περιήγησις« sowie den Namen ihres Verfassers überliefert.[5] Die griechische Bezeichnung Περιήγησις meint im eigentlichen Sinne das Herumführen und das damit verbundene Zeigen und Erklären von Merkwürdigkeiten sowie eine entsprechende Beschreibung, möglicherweise bezeichnete sie aber auch eine literarische Gattung.[6] So ist die Beschreibung des Pausanias nicht die erste und einzige ihrer Art, gab es doch bereits seit hellenistischer Zeit vergleichbare Periegesen, die jedoch allesamt verloren gegangen sind. Am bekanntesten waren sicherlich die des Polemon von Ilion, der im 2. Jahrhundert v. Chr. in Alexandria tätig gewesen sein muss und allein vier Bücher über die Athener Akropolis verfasste.

Im Folgenden soll sich das Interesse nun auf die Frage konzentrieren, ob Pausanias mit diesem in erster Linie literarischen Werk die Absicht verfolgte, eine Art Reiseführer zu verfassen, dem ein Konzept zugrunde lag, das sich strukturell mit dem Konzept einer Kulturstraße vergleichen ließe – gewissermaßen einen antiken Vorläufer darstellen könnte. Hierbei ist natürlich zunächst zu fragen, ob der Autor überhaupt die Intention hatte, seine Leser zu den beschriebenen Stätten und Denkmälern zu geleiten. Und unmittelbar verbunden damit wäre in diesem Fall natürlich weiterhin der Frage nachzugehen, ob er seine Leser gewissermaßen auffordern wollte, eine ganz bestimmte Auswahl von Sehenswürdigkeiten als kulturelles Erbe aktiv aufzusuchen und durch visuelle Wahrnehmung physisch zu erfahren. Sollten also die von ihm besuchten und behandelten Stationen einen verbindlichen, topographisch fest verorteten Katalog eines spezifischen Kulturtourismus bilden, der in gewisser Weise als Vorläufer der heutigen Kulturstraßen betrachtet werden könnte? Um hierauf Antworten geben zu können und zu klären, welche Intention Pausanias hatte, ‚als er im zweiten nachchristlichen Jahrhundert seine Beschreibung verfasste, gilt es zunächst, den Autor und sein Werk sowie seine Methode und die Hintergründe seiner Entstehung etwas genauer zu betrachten.

Über die Person Pausanias lässt sich nur weniges anhand vereinzelter Anhaltspunkte im Werk selbst erschließen. So weisen gelegentliche Andeutungen des Autors und von ihm angeführte historische Ereignisse darauf hin, dass er zwischen 110/120 und 180 n. Chr. gelebt haben muss und somit in einer Zeit tätig war, die im Wesentlichen von den Kaisern Hadrian (117–138), Antoninus Pius (138–161) und Marc Aurel (161–180) geprägt wurde.[7] Da sich zudem eine besondere Vertrautheit mit Kleinasien erkennen lässt, wird seine Herkunft dort verortet.[8] Seine Interessen und insbesondere die Exegesen weisen zweifellos auf eine hohe Gelehrsamkeit und einen Bildungshintergrund hin, wie er Angehörigen der wohlhabenden Oberschicht zu eigen war.[9]

Obwohl in der älteren Forschung nicht unbestritten blieb, dass Pausanias selbst die Stätten seiner Periegese aufgesucht hat, wird heute mit guten Gründen nahezu einhellig davon ausgegangen, dass seine Beschreibungen zumindest der meisten Bauten und Denkmäler auf Autopsie gründen.[10] Das belegen zweifelsfrei seine Angaben zu den Denkmälern, wie auch zur Reisestrecke, die Pausanias offenbar vornehmlich zu Fuß auf den Straßen, gelegentlich auch auf dem Seeweg zurücklegte. Abgesehen davon, dass er nicht selten den aktuellen Zustand der Monumente kommentiert, den er nur aus eigener Anschauung kennen konnte, liefert er immer wieder auch konkrete Angaben zu den Wegeverhältnissen und örtlichen Gegebenheiten.[11]

Seine Reise hat unser Autor sicherlich nicht unvorbereitet angetreten. Die Auswahl der Stätten und Sehenswürdigkeiten sowie vor allem die elegischen Ausführungen zu den mythologischen und historischen Hintergründen erforderten ein gründliches Studium diesbezüglicher Schriften und zeugen von einer intensiven Beschäftigung mit den ausgewählten Orten und ihren Kulturgütern.[12] Schließlich ist kalkuliert worden, dass die Periegesis in dem Zeitraum von etwa 160/65 bis 180 n. Chr. entstand und somit 20 Jahre beansprucht haben muss, in denen der Autor wahrscheinlich immer wieder reiste, forschte und schrieb.[13]

Etwas rätselhaft ist bis heute die Auswahl der Regionen geblieben, die von Pausanias aufgesucht und beschrieben wurden. Die erhaltenen zehn Bücher entsprechen offensichtlich dem Verlauf der Reiseroute.[14] So behandelt Buch I Athen, Attika und das Gebiet von Megara, Buch II das korinthische Land, die Argolis sowie die Insel Ägina, Buch III und IV Lakonien sowie Messenien und allein zwei Bücher, V und VI, Elis mit Olympia, da das Heiligtum äußerst ausführlich beschrieben wird. Buch VII widmet sich dann Achaia und Buch VIII Arkadien, bevor Buch IX nach Böotien und Buch X zuletzt nach Phokis und zu Teilen von Lokris führt, wobei das Interesse vor allem dem Heiligtum von Delphi gilt. Diese Zusammenstellung von Landschaften lässt keine klare übergreifende topographische Struktur oder ein eindeutiges Auswahlkriterium erkennen. Weder wurde das griechische Mutterland gänzlich einbezogen noch kann die Ausdehnung der römischen Provinz Achaia zugrunde gelegt worden sein[15] und nicht zuletzt finden hierbei Regionen mit wichtigen Stätten überhaupt keine Erwähnung.[16] Schließlich wurde aus diesem Grund auch vermutet, dass die Reisebeschreibung nur unvollständig überliefert sei. In diese Richtung scheinen tatsächlich auch ihr unvermittelter Anfang und Schluss zu weisen, gibt es doch keine Einleitung, in der die vom Autor verfolgte Absicht oder gar der Aufbau der Periegesis erläutert würde.[17] Gegen eine unvollständige Überlieferung ist jedoch geltend gemacht worden, dass sich weder unter den zahlreichen Querverweisen des Autors noch späteren Exzerpten in anderen Werken Ortsangaben oder Textstellen fänden, die in den zehn Büchern nicht enthalten wären. Schließlich ist noch mit der Möglichkeit zu rechnen, dass die Niederschrift unvollendet blieb, vielleicht sogar eine geplante Reiseroute nicht zu Ende geführt werden konnte.[18] Vorerst muss man sich wohl damit begnügen, dass die Reiseroute an sich zunächst keine expliziten Anhaltspunkte für die Intentionen des Pausanias liefert.

Lässt sich auch in topographischer Hinsicht kein geschlossenes Territorium erkennen, sind doch die von Pausanias ausgewählten Orte und ihre Denkmäler keineswegs beliebig herausgegriffen. Denn wiederholt weist er selbst darauf hin, dass er in den von ihm bereisten Regionen nur das beschreiben würde, was zu den wichtigsten, bemerkenswertesten Legenden bzw. Logoi und Sehenswürdigkeiten, als Theoremata bezeichnet, zu zählen sei. Entsprechend beschließt er beispielsweise seinen Bericht über Attika mit den Worten:

»Das waren nach meiner Meinung in Attika an Legenden (λόγοι) und Sehenswürdigkeiten (θεωρήματα) die bedeutendsten. Von Anfang an habe ich aus dem vielen ausgewählt, was wert ist, aufgezeichnet zu werden« (Paus. 1, 39, 3). Und seinen Rundgang durch das Zeusheiligtum von Olympia beendet er mit der Feststellung: »Das sind die bemerkenswertesten Statuen für jemanden, der den Rundgang in der Altis nach meinen Angaben macht« (Paus. 6, 17, 1).

Was aber ist bemerkenswert und was nicht? Welche Kriterien und welches Konzept lagen der vorgenommenen Kategorisierung zugrunde? Es ist schon immer gesehen worden, dass Pausanias vor allem Zeugnisse der griechischen Vergangenheit anführt und zuweilen auch detailliert beschreibt, wobei neben Heiligtümern und Städten auch Gräber zumeist bekannter Personen berücksichtigt werden.[19] Um die bedeutendsten Denkmäler der Griechen zu dokumentieren, scheute Pausanias keine Mühe. Schließlich ist bemerkenswert, dass er nicht nur die zentralen Orte aufsuchte, sondern auch abgelegene kleine Heiligtümer oder Orte, sofern es dort etwas Wertvolles zu sehen geben sollte.

Eingerahmt von den mit den Sehenswürdigkeiten verbundenen mythologischen und historischen Zusammenhängen entsteht dabei eine Art kulturgeschichtlicher Abriss,[20] der das Ziel verfolgt, angesichts der berühmtesten Stätten und Denkmäler der griechischen Vergangenheit diese unmittelbar in Erinnerung zu rufen, wobei deren Vorbildfunktion ganz offensichtlich zutage tritt. So sind es vornehmlich Kunstwerke und Bauten in den Heiligtümern, insbesondere der archaischen und klassischen Epoche, denen er hierbei den Vorrang einräumt.[21] Daneben werden in geringerer Zahl auch hellenistische Denkmäler angeführt, aber kaum Werke aus der Zeit nach dem 2. Jahrhundert v. Chr.[22] Eine andere Bewertung finden denn auch die römischen Denkmäler und somit die Zeit nach der römischen Eroberung, in der Griechenland seine politische Freiheit verloren hatte.[23] Umgekehrt werden die Zeugnisse einer Vergangenheit beschworen, in der die griechische Kultur in verschiedener Hinsicht eine führende Rolle innehatte, vor allem im normativ geprägten Rückblick eines gebildeten Griechen oder Römers des zweiten nachchristlichen Jahrhunderts.[24] Zwar finden gelegentlich auch späthellenistische und römische Werke Erwähnung, aber insbesondere in den wichtigsten kulturellen Zentren des alten Griechenlands bleiben diese Monumente, vor allem solche römischer Zeit, immer wieder unerwähnt, obwohl sie nachweislich dominierend in Erscheinung getreten sein müssen. Beispielsweise verzichtet Pausanias ganz bewusst darauf, bei seiner ausführlichen Beschreibung der Athener Akropolis den Rundtempel für Roma-Augustus anzuführen, der an exponierter Stelle unmittelbar vor der Ostfront des Parthenon stand.[25] Es war das einzige römische Monument an dieser wichtigen Stätte griechischer Kultur, wo die Konservierung der griechischen Vergangenheit an sich schon Programm gewesen ist. Auch das monumentale Nymphäum des Herodes Atticus im Zeusheiligtum von Olympia mit seiner umfangreichen Statuengalerie von Angehörigen des römischen Kaiserhauses wird von Pausanias ausgelassen.[26]

Gilt es doch, den Rundgang durch eines der wichtigsten Heiligtümer des alten Griechenlands ganz auf die Hinterlassenschaften der vergangenen Zeit zu konzentrieren und nicht durch spätere Monumente der römischen ›Usurpatoren‹ zu beeinträchtigen. Selbst wenn die römischen Urheber – wie im Fall des Herodes Atticus – als wohltätige Stifter und Philhellenen dem Heiligtum ihre Gunst erwiesen hatten und ihre Monumente von herausragender Bedeutung gewesen sein mögen, werden sie von Pausanias in bestimmten Kontexten nicht für sehenswürdig erachtet, da sie in seinem Konzept keinen Platz haben.[27]

Es sind vor allem die zentralen altehrwürdigen Heiligtümer, denen Pausanias den größten Raum in seiner Beschreibung einräumt,[28] tritt in ihnen das kulturelle Erbe der griechischen Vergangenheit doch besonders prägnant in Erscheinung. Hier konzentrierten sich die bemerkenswertesten Kunstwerke bedeutender Bildhauer oder Bronzebildner, hier standen die erstaunlichsten Bauwerke berühmter griechischer Architekten. Nicht zuletzt handelte es sich bei den panhellenischen Heiligtümern, wie dem Zeusheiligtum von Olympia und dem Apollonheiligtum von Delphi oder auch dem städtischen Haupttheiligtum der Athena Polias auf der Athener Akropolis um Orte, an denen sich die griechische Identität am deutlichsten manifestierte. Mit größter Sorgfalt zählt Pausanias das auf, was an diesen Stätten sehenswert ist, wobei er sich aber in der Regel auf die Zuschreibung der Bildwerke und Gebäude an die jeweiligen Künstler oder Architekten beschränkt; eine fundierte bzw. konkrete kunstgeschichtliche Einordnung oder Bewertung nimmt er hierbei in der Regel nicht vor.[29] Geleitet von den Maßstäben seiner Zeit sind es natürlich Werke berühmter klassischer Künstler, die aufgrund ihres künstlerischen Ranges bzw. ästhetischer Kriterien zur Auswahl gehören. Beispielsweise bemerkt Pausanias über den Diadumenos des Phidias:

»Auch der Knabe, der sich die Binde um den Kopf bindet, mag in meine Darstellung einbezogen werden des Phidias wegen und der Kunst des Phidias in betreff der Bildwerke, da wir im übrigen nicht wissen, für wen Phidias die Statue geschaffen hat« (Paus. 6, 4, 5).

An dieser Textstelle wird nicht nur deutlich, dass es in diesem Fall der Künstler ist, der eine Aufnahme des Werkes rechtfertigt, sondern auch, dass der Auswahl ansonsten ebenso andere Kriterien zugrunde lagen, nämlich die Identität des Dargestellten oder Stifters. Denn neben kunstgeschichtlich wertvollen Monumenten fanden ebenso zahlreiche Denkmäler Aufnahme, die weniger aufgrund ästhetischer Qualitäten als vielmehr aufgrund ihres Darstellungsgegenstandes für sehenswert erachtet wurden.[30] Gut greifbar ist dieses Auswahlkriterium bei den 192 Siegerstatuen im Zeusheiligtum von Olympia,[31] die Pausanias gewissenhaft anführt und zu denen auch der eben erwähnte Diadumenes zu zählen ist. So geht es ihm bei dieser Denkmälergruppe vor allem um die dargestellten Athleten, ihre Herkunft und Erfolge, ihre Stellung innerhalb der weitzurückreichenden Tradition der olympischen Spiele. Überhaupt erschienen Pausanias die Bildnisse und Statuen von berühmten Persönlichkeiten visuelle Erinnerungszeichen für griechische Geschichte und Identität zu sein, deren Position es innerhalb des kollektiven Gedächtnisses zu verorten galt.[32] In diesen Fällen konzentrierte sich das Interesse des Periegeten allein auf die – oftmals durch Inschriften gewährleistete – Identifikation der Dargestellten und keineswegs auf die künstlerische Qualität der Ausführung.

Besonderes Interesse bringt Pausanias schließlich den sakralen Stätten und den hier zu findenden ältesten Bildwerken entgegen, wobei deren exakte Zeitstellung selten genannt wird, sofern sie nicht durch die Nennung des Künstlers bestimmbar ist. Es ist hierbei sicherlich das hohe Alter des Kultes, die weit zurückreichende religiöse und Identität stiftende Tradition, die sich in solchen Werken widerspiegeln sollte und die nicht zuletzt durch die von Pausanias ausgebreiteten mythischen Überlieferungen flankiert wird.

Dass es Pausanias durch die Dokumentation der zu seiner Zeit noch existierenden Zeugnisse griechischer Kultur auch um die Bewahrung eines kulturellen Erbes geht, wird immer wieder dann deutlich, wenn er explizit Gebäude oder Denkmäler anführt, die er beschädigt in einem beklagenswerten Zustand oder gar nicht mehr angetroffen hat.[33] Beispielsweise liest man Bemerkungen, wie diese:

»(…) so ist da ein Heiligtum der Demeter Malophoros (…) Man kann vermuten, dass dem Heiligtum aus Altersgründen das Dach eingestürzt ist« (Paus. 1, 44, 3) oder auch die folgende:

»Sulla hat sowohl gegen die Athener grausame (…) Taten verübt wie auch ähnliche gegen Theben und Orchomenos; dazu hat er auch in Alalkomenai sogar das Kultbild der Athena geraubt (…). Das Heiligtum in Alalkomenai wurde seitdem vernachlässigt, da es von der Göttin verlassen war. Zu meiner Zeit geschah auch noch folgendes zur Zerstörung des Tempels; ein großer und mächtiger Efeu wuchs daran, löste ihn aus den Fugen und drängte die Steine auseinander« (Paus. 9, 33, 6–7).

Kritisch vermerkt wird von ihm stets auch das Fehlen von Denkmälern, die von Römern entwendet wurden und anschaulich nicht nur den Verlust, sondern auch den römischen Umgang mit dem griechischen Kulturgut dokumentierten. Nebenbei bemerkt sind Textstellen dieser Art auch ein wichtiges Indiz dafür, dass Pausanias' Beschreibung auf Autopsie beruht, da er den aktuellen Zustand wiedergibt. Auch wenn Pausanias nicht explizit zum Erhalt der Denkmäler aufruft, spiegelt sich in solchen Passagen doch wider, dass die materiellen Hinterlassenschaften griechischer Kultur bedroht sind und die noch existierenden Zeugnisse wahrgenommen werden müssen.

Berücksichtigt man, dass die Unternehmung des Pausanias in die Zeit der sog. zweiten Sophistik fiel, in der die Rückbesinnung auf die geistigen und künstlerischen Errungenschaften der Griechen vor allem der klassischen, aber auch archaischen Zeit Programm war, erstaunen seine Vorlieben ebenso wenig wie das gesamte Vorhaben eines gebildeten Angehörigen der Oberschicht.[34]

Es stellt sich freilich die Frage, inwieweit Pausanias mit seiner Beschreibung Griechenlands das Ziel einer aktiven Benutzung und Rezeption seines Werkes als eine Art Reiseführer im Sinn hatte oder er lediglich für den interessierten Leser eine Bestandsaufnahme des griechischen Kulturerbes vorzulegen trachtete, also rein literarische Ambitionen verfolgte. In der Wissenschaft gehen die Ansichten hierzu auseinander. Auf der einen Seite wird gegen die praktische Benutzbarkeit der Reisebeschreibung vorgebracht, dass diese zu unsystematisch sei, da sie mancherorts der Topographie der besuchten Stätte folgen würde, dann aber wiederum auch thematisch organisiert sei. Auf der anderen Seite wird der Beschreibung eine seit dem zweiten Buch strikt eingehaltene systematisch an der Topographie orientierte Erschließung bescheinigt, die durchaus mit der Funktion eines schriftlichen Reiseführers vereinbar sei.[35] Man wird dem unterschiedlichen Aufbau der Beschreibung der Denkmäler im Hinblick auf die Intention des Autors nicht allzu viel Gewicht beimessen dürfen, ist dieser doch sicherlich der langen Entstehungszeit des Werkes und den ganz unterschiedlichen Strukturen der jeweiligen Reiseziele geschuldet. Entscheidender sind in dieser Frage dagegen die immer wieder zu findenden Wegbeschreibungen und Hinweise auf die örtlichen Gegebenheiten, die innerhalb einer bloßen literarischen Beschreibung kaum Sinn gemacht hätten.[36] So bemerkt er beispielsweise »Von Kleonai nach Argos gibt es zwei Wege, den einen für unbeschwerte Fußgänger, da er steil ist, den anderen über den sog. Tretos, ebenfalls eng und von Bergen umgeben, aber doch für Wagen geeigneter« (Paus. 2, 15, 2). Wenn auch weitere Hinweise zur touristischen Infrastruktur fehlen, lassen sich die zahlreichen konkreten Angaben zur aktuellen örtlichen Situation nur damit erklären, dass Pausanias als Rezipienten seines Werkes auch Reisende vor Augen hatte, die bereit waren, seinen Spuren zu folgen.[37]

Nicht zuletzt ist in diesem Zusammenhang festzustellen, dass so etwas wie ›Kulturtourismus‹ in der römischen Kaiserzeit kein unbekanntes Phänomen war. Insbesondere im 2. Jahrhundert n. Chr., einer Zeit, die sich wieder verstärkt auf das kulturelle griechische Erbe konzentrierte, waren vor allem Angehörige der gebildeten Oberschicht dazu angehalten, die Zentren griechischer Kultur zu bereisen, diese persönlich aufzusuchen und die herausragenden Zeugnisse der Vergangenheit zu besichtigen.[38] Dass Pausanias solche Leser in Betracht gezogen hat, folgt nicht zuletzt daraus, dass man bei ihnen Kenntnisse der griechischen Sprache voraussetzen kann. Denn zur Zeit unseres Autors war die Beherrschung der griechischen Sprache in den gebildeten Kreisen bei Griechen wie Römern gleichermaßen selbstverständlich.

Richtet man zuletzt noch den Blick auf die Rezeption der Periegesis des Pausanias, so ist festzustellen, dass diese in seiner eigenen Zeit wie überhaupt in der Antike offenbar kein besonders großes Echo hervorrief.[39] Jedenfalls ist das Werk vor Stephanus von Byzanz – also vor dem 6. Jahrhundert n. Chr. – wohl nur in wenigen Fällen zitiert worden, und daher kann auch angenommen werden, dass sich kaum jemand mit seinen Büchern im Gepäck auf diese Reiseroute begab. Zwar lässt sich für die byzantinische Epoche ein leicht zunehmendes Interesse an der ›Reisebeschreibung‹ feststellen, da diese nun mehrmals Erwähnung findet, aber eine intensivere Beschäftigung mit der Periegese kann freilich auch für diese Zeit nicht rekonstruiert werden.[40] Angesichts der besonderen Struktur des Werkes, das nicht nur Beschreibungen der Sehenswürdigkeiten, sondern auch uferlose Ausführungen zum mythologischen und historischen Kontext der jeweiligen Landschaften, Orte und Denkmäler umfasst, verwundert die geringe Resonanz allerdings kaum. Als Reiseführer ließ es sich kaum benutzen, scheiterte jede praktische Handhabung doch gerade an solchen, immer wieder die Beschreibung der Orte und Denkmäler unterbrechenden Exkursen sowie umgekehrt der allein antiquarisch interessierte Leser die Aufzählung der Sehenswürdigkeiten als störend empfunden haben mag. Ist es insofern auch erklärlich, dass Pausanias die erhoffte Rezeption als Reiseführer zu spezifischen Stätten und Denkmälern versagt blieb, wird man seinem Werk diese Intention nicht absprechen können. Überdies ist klar ersichtlich, dass Pausanias darüber hinaus ein spezifisches Anliegen verfolgte. Schließlich handelt es sich um eine Reisebeschreibung, die von der Topographie ausgehend das kulturelle Gedächtnis einzelner Regionen und Stätten überliefert, das sich in der Summe bereits für seine Zeitgenossen und nicht zuletzt auch für die Nachwelt zu einem Vermächtnis gesamtgriechischer Erinnerungskultur in einer fest verorteten Erinnerungslandschaft zusammenschließen sollte.[41]

Die Absicht oder auch der Wunsch des Pausanias, eine solche Erinnerungslandschaft zu konstituieren, ist ihm mangels Rezeption seines Werkes nur bedingt gelungen. Dennoch wird man sein Vorhaben konzeptionell durchaus mit dem einer Kulturstraße vergleichen können, galt es doch nicht nur, ein kulturelles Erbe zu erfassen und den Zeitgenossen als auch der Nachwelt die visuell fassbaren Zeugnisse auf der Basis von Autopsie in ihrer topographischen Verortung zu präsentieren, sondern galt es doch auch, einen konkreten Reiseweg zu diesen Stätten und somit eine Reise in die Vergangenheit als physisch erfahrbares Ereignis durch visuelle Wahrnehmung anzubieten. Wenn das Resultat auch praktisch schwer benutzbar gewesen sein mag und touristisch relevante Informationen weitgehend fehlen, kann in der Beschreibung Griechenlands durchaus das Anliegen gesehen werden, eine Art programmatischen Reiseführer zu verfassen. Es sei schließlich nicht unerwähnt gelassen, dass sie diesen Zweck dann ja doch noch erfüllen sollte, als das Werk des Pausanias Reisenden des 18. und 19. Jahrhunderts als Leitfaden für ihre Entdeckungen diente.[42] Jetzt erwies es sich als unentbehrliches Hilfsmittel bei der Suche nach den nunmehr verlorenen oder nur noch in spärlichen Ruinen vorhandenen Stätten des Griechentums und trat nicht selten gleichberechtigt neben moderne Reiseführer. So vermerkt Harry Graf Kessler in seinem Tagebuch: »Ich reise immer mit dem Pausanias bei der Hand; dann sieht man, wie eng überall die Sage mit dem Boden zusammenhängt«.[43] Ob Harry Graf Kessler auch einen Baedeker im Gepäck hatte, wissen wir nicht, dürfen es aber mit großer Wahrscheinlichkeit wohl vermuten.[44]

The travel description of Pausanias – The Baedeker of antiquity?

Travelling around the Greek Pausanias wrote an itinerary which consists of 10 books. These ancient Greece preserved documents are invaluable for our knowledge of ancient sites. Apart from the immense relevance for identifying ancient buildings and artworks, Pausanias' 2nd century BC description as a historico-cultural testimony is of great interest because the selection of places prompts several questions, e. g. who are the recipients and what was the author's intention. Eventually, it must be argued to what extent the ›description of Greece‹, which had been written in the form of a travel guide, tried to ›accompany‹ the reader on a certain travel route with topographical evidence of the past. Pausanias also embedded these in the memory of cultural heritage.

Anmerkungen

1 Übersetzung auch der folgenden Textstellen von Ernst Meyer.
2 Vgl. Ernst Meyer: Einleitung: Pausanias Reisen in Griechenland I, hg. v. Felix Eckstein, Zürich/München ³1986, 8–59, hier: 31.
3 Hinsichtlich der genaueren Bestimmung der Denkmäler spielten auch die vor Ort lesbaren Inschriften eine große Rolle, vgl. hierzu Christian Habicht: Pausanias und seine »Beschreibung Griechenlands«, München 1985, 64–65; Maria Pretzler: Pausanias in Olympia, in: Christiane Franek [u.a.] (Hg.): Thiasos. Festschrift für Erwin Pochmarski zum 65. Geburtstag, Wien 2008, 781–792, hier: 784–786.
4 Zur Überlieferung vgl. Maria Pretzler: Pausanias. Travel Writing in Ancient Greece, London 2007, 3.
5 Vgl. Habicht 1985 (wie Anm. 3), 17. In einzelnen Handschriften finden sich allerdings auch andere Titel, vgl. Meyer 1986 (wie Anm. 2), 23.
6 Eine im 3. Jh. v. Chr. entstandene Gattung periegetischer Literatur nimmt z.B. Habicht 1985 (wie Anm. 3), 14–15, an. Zu den diesbezüglichen Problemen vgl. William Hutton: Describing Greece. Landscape and Literature in the Periegesis of Pausanias, Cambridge 2005, 247–263 und passim.
7 Vgl. zur Rekonstruktion der Lebensdaten Habicht 1985 (wie Anm. 3), 21–24; Pretzler 2007 (wie Anm. 4), 23–24.
8 Favorisiert wird innerhalb von Kleinasien die Gegend des Sipylosgebirges in Lydien und dort Magnesia am Sipylos, s. Habicht 1985 (wie Anm. 3), 25–28; Ewen Bowie: Inspiration and Aspiration. Date, Genre, and Readership, in: Susan E. Alcock / John F. Cherry / Jaś Elsner (Hg.): Pausanias. Travel and Memory in Roman Greece, Oxford 2001, 21–32, hier: 24–25.
9 Vgl. Pretzler 2007 (wie Anm. 4), 25–26.
10 Vgl. zu den vor allem in der älteren Forschung vertretenen Zweifeln daran, dass Pausanias selbst gereist sei und seine Beschreibung auf Autopsie beruhe auch Habicht 1985 (wie Anm. 3), 15; Pretzler 2008 (wie Anm. 3), 781; vgl. auch Madeleine Jost: Pausanias in Arkadia: An Example of Cultural Tourism, in: Colin Adams / Jim Roy (Hg.): Travel, Geography and Culture in Ancient Greece, Egypt and the Near East, Oxford 2007, 104–122, hier: 104: »Yet the Perigesis is far from being the product of a scholar working in a library. Pausanias is above all a traveller (…)«.
11 S. dazu die Ausführungen weiter unten.
12 Vgl. Pretzler 2007 (wie Anm. 4), 2; zu den Quellen, die Pausanias hierfür herangezogen haben muss, und zu seinem Umgang mit diesen Ulla Kreilinger: Τὰ ἀξιολογώτατα τοῦ Παυσανίου. Die Kunstauswahlkriterien des Pausanias, in: Hermes 125, 1997, 470–491, hier: 472–475.
13 Vgl. Habicht 1985 (wie Anm. 3), 21–23 grenzt die Tätigkeit des Pausanias an seiner Reisebeschreibung auf die Zeit von 155 bis 180 n. Chr. ein. Zur Datierung des Werkes vgl. auch Bowie 2001 (wie Anm. 8), 21–23, der den Beginn etwas später ansetzt.
14 Vgl. Pretzler 2007 (wie Anm. 4), 4–5.
15 Vgl. zur Auswahl des Pausanias und den Bewertungsproblemen Pretzler 2007 (wie Anm. 4), 6–8, auch im Folgenden. Das beschriebene Gebiet stimmt zwar im Wesentlichen mit der zu Pausanias' Zeit geltenden Ausdehnung der römischen Provinz Achaia überein, aber zu dieser gehörte auch Ätolien.
16 Vgl. auch Habicht 1985 (wie Anm. 3), 16–17. Das Fehlen von Sizilien, Großgriechenland, Kleinasien, dem Schwarzmeergebiet und der Cyrenaica könnte noch darauf zurückgeführt werden, dass Pausanias nur das griechische Kern- bzw. Mutterland meinte und deswegen ebenso wenig Makedonien und Thrakien wie die Inseln an der kleinasiatischen und thrakischen Küste sowie in der zentralen Ägäis aufnahm. Allerdings bliebe dann unerklärt, warum er bis auf Ägina die vor der Festlandküste gelegenen Inseln und Teile von Lokris, ganz Ätolien, Akarnanien, Epirus und Thessalien aussparte.
17 Es ist umstritten, ob es ursprünglich eine Einleitung gegeben hat, die verloren ging, s. dazu Bowie 2001 (wie Anm. 8), 27–28.
18 Vgl. dazu auch Habicht 1985 (wie Anm. 3), 17–20, der die Auffassung vertritt, dass das Werk weitgehend vollständig vorläge.
19 Vgl. Habicht 1985 (wie Anm. 3), 35.
20 In diesem Kontext behandelt Pausanias immer wieder auch naturkundliche Besonderheiten bzw. Beobachtungen, s. dazu Jost 2007 (wie Anm. 10), 111–112; Anne Jacquemin: Les curiosités naturelles chez Pausanias, in: Ktèma 16. 1991, 123–128.
21 Vgl. Habicht 1985 (wie Anm. 3), 133–135; Karim W. Arafat: Pausanias' Greece, Cambridge 1996, 43–79; Kreilinger 1997 (wie Anm. 12) 480–483. Neben den *opera nobilia* berühmter Künstler klassischer Zeit rufen immer wieder auch altertümliche Kunstwerke beispielsweise auch aus Holz sein Interesse hervor, vgl. zu Olympia Pretzler 2008 (wie Anm. 3), 786–787.
22 Vgl. Ewen Bowie: Greeks and their Past in the Second Sophistic, in: Moses I. Finley (Hg.): Studies in Ancient Society, London 1974, 188; Habicht 1985 (wie Anm. 3), 23, 134–135, 137–138; Pretzler 2007 (wie Anm. 4), 115. Vgl. zu den von Pausanias angeführten Werken der römischen Zeit Arafat 1996 (wie Anm. 21), passim. Ihr Umfang ist hierbei freilich in Relation zur Konzentration auf die früheren Werke zu sehen.
23 Vgl. zu Pausanias' ablehnender Haltung gegenüber der römischen Fremdherrschaft in Griechenland Habicht 1985 (wie Anm. 3), 121–124: »Nicht der Charakter der Römer stört ihn, sondern die simple Tatsache, dass sie die Herren Griechenlands sind (…). Er findet das Schicksal Griechenlands unter jeder Fremdherrschaft, ob makedonischer oder römischer, beklagenswert« (ebd. 121); s. auch Pretzler 2007 (wie Anm. 4), 28–29, derzufolge nicht zu vernachlässigen sei, dass Pausanias die Zeugnisse der Vergangenheit im Kontext seiner eigenen Zeit, dem römischen Griechenland beschriebe, in dem sie als kulturelles Erbe nicht selten für die Selbstdarstellung der griechischen Städte eingesetzt worden seien. Zur Behandlung und Bewertung hellenistischer und römischer Denkmäler vgl. auch Kreilinger 1997 (wie Anm. 12), 483–487.
24 Im Rahmen der zweiten Sophistik ist das Interesse des Pausanias an Relikten der archaischen Zeit bzw. der Frühzeit allerdings besonders groß, vgl. Arafat 1996 (wie Anm. 21), 26.
25 Vgl. ebd., 123–125; Daniel R. Stewart: «Most Worth Remembering". Pausanias, Analogy, and Classical Archaeology, in: Hesperia 82. 2013, 231–261, hier 244.
26 Auch wenn sich Pausanias' Aufenthalt in Olympia nicht exakt bestimmen lässt, wird davon ausgegangen, dass er nach Errichtung des Nymphäums in den Jahren 149–153 n. Chr. (zur Datierung s. Renate Bol: Das Statuenprogramm des Herodes-Atticus-Nymphäums [Olympische Forschungen 15], Berlin 1984, 98–100) das Heiligtum besucht hat, vgl. Habicht 1985 (wie Anm. 3), 137–138; Arafat 1996 (wie Anm. 21), 37–38; Pretzler 2008 (wie Anm. 3), 785. Verfasst wurden das 5. und 6. Buch der Periegese wahrscheinlich zwischen 174 und 177 n. Chr., vgl. Bowie 2001 (wie Anm. 8), 21–22, und aufgrund des Fehlens von Bezügen zu Olympia in den ersten Büchern wird angenommen, dass die Besichtigung und Erforschung Olympias im Zusammenhang mit der Abfassung der eläischen Bücher stattfand und nicht sehr viel früher, vgl. Pretzler 2008 (wie Anm. 3), 790.

27 Freilich zollt Pausanias in anderen Zusammenhängen den römischen Philhellenen seiner Zeit nicht zuletzt aufgrund ihrer großzügigen Stiftungen in griechischen Städten und Heiligtümern immer wieder auch Anerkennung und stand diesen gegenüber keineswegs generell ablehnend gegenüber, vgl. allgemein dazu Arafat 1996 (wie Anm. 21).

28 Vgl. dazu auch Kreilinger 1997 (wie Anm. 12), 472.

29 Vgl. dazu auch ebd., 476; Pretzler 2007 (wie Anm. 4), 107–116.

30 Vgl. auch Pretzler 2008 (wie Anm. 3), 785, 787.

31 Zur Anzahl der Siegerstatuen, die unterschiedlich angegeben wird, vgl. Pretzler 2008 (wie Anm. 3), 783.

32 Nach Stefan Goldmann: Topoi des Gedenkens. Pausanias' Reise durch die griechische Gedächtnislandschaft, in: Anselm Haverkamp / Renate Lachmann (Hg.): Gedächtniskunst: Raum – Bild – Schrift. Studien zur Mnemotechnik, Frankfurt am Main 1991, 145–164, verfolgt Pausanias das Ziel, die ortsgebundenen Erinnerungen an die griechische Vergangenheit, das kollektive Gedächtnis durch eine Reise zu erfahren bzw. aufzusuchen, die durch eine Gedächtnislandschaft führt.

33 Vgl. dazu auch W. Kendrick Pritchett: Pausanias Periegetes II, Amsterdam 1999, 195–222 mit einer Zusammenstellung der Textstellen; Andreas Hartmann: Zwischen Relikt und Reliquie. Objektbezogene Erinnerungspraktiken in antiken Gesellschaften, Berlin 2010, 179–180.

34 Vgl. James I. Porter: Ideals and ruins: Pausanias, Longinus, and the Second Sophistic, in: Alcock / Cherry / Elsner 2001 (wie Anm. 8), 63–76, 90–92.

35 So z.B. Habicht 1985 (wie Anm. 3), 31: »Man kann schon daraus schließen, daß sein Buch als Reiseführer gedacht war, für Reisende, die (so wenigstens hoffte Pausanias) ihm auf denselben Routen folgen und sich von seiner Beschreibung leiten lassen würden (…). Die Absicht des Verfassers, einen Führer von der Art des Baedeker zu liefern ist unverkennbar«.

36 Vgl. zu den konkreten Weg- und Ortsbeschreibungen auch Jost 2007 (wie Anm. 10), 106–108 mit weiteren Beispielen.

37 So auch Pretzler 2007 (wie Anm. 4), 35, die darauf hinweist, dass man sich die Verwendung der Bücher bzw. Buchrollen nicht entsprechend modernen Reiseführern vorstellen dürfe, sondern eher davon auszugehen sei, dass diese vor Besichtigung einer Stätte studiert worden seien.

38 Vgl. Maria Pretzler: Greek Intellectuals on the Move. Travel and Paideia in the Roman Empire, in: Adams / Roy 2007 (wie Anm. 10), 123–138, hier: 127–128.

39 Vgl. auch Habicht 1985 (wie Anm. 3), 13. Skeptisch dagegen Bowie 2001 (wie Anm. 8), 28–32, der davon ausgeht, dass Pausanias bereits vor Stephanus, wenn auch nur vereinzelt, rezipiert worden sei.

40 Vgl. zu den entsprechenden Autoren Meyer 1986 (wie Anm. 2), 23–24. Nach Habicht 1985 (wie Anm. 3), 13, gäbe es auch für viele Jahrhunderte nach Stephanus keinen Hinweis auf eine Beschäftigung mit Pausanias.

41 So auch Jost 2007 (wie Anm. 10), 104.

42 Vgl. hierzu Christoph Meid: Griechenland-Imaginationen. Reiseberichte im 20. Jahrhundert von Gerhart Hauptmann bis Wolfgang Koeppen, Berlin/Boston 2012, 26; Stewart 2013 (wie Anm. 25), 235–236; und ausführlicher zur Rezeption des Werkes in der Neuzeit vgl. Pretzler 2007 (wie Anm. 4), 12, 118–149.

43 Carina Schäfer / Gabriele Biedermann (Hg.): Harry Graf Kessler, Das Tagebuch. Dritter Band 1897–1905, Stuttgart 2004, 353.

44 Der Vergleich der Periegese des Pausanias, eines literarischen Buches, mit dem Baedeker impliziert freilich keineswegs eine konkrete Entsprechung dieser ganz unterschiedlichen Gattungen verpflichteten Werke, vgl. dazu auch Hutton 2005 (wie Anm. 6), 24–25.

STEPHAN LEHMANN

Raumerschließung und Kommunikationswege im Imperium Romanum um 300 n. Chr.

Die kartographische Darstellung des Straßennetzes in der *Tabula Peutingeriana*

I.

Die *Tabula Peutingeriana*, auch: Peutingersche Tafel, ist nach ihrem früheren Besitzer, dem Augsburger Ratsschreiber und Humanisten Konrad Peutinger (*1465 in Augsburg) benannt, der bis kurz vor Mitte des 16. Jhs. lebte (Abb. 1). Sie ist das einzige antike Kartenwerk, das – allerdings nur als eine Abschrift aus dem 12. oder 13. Jh. – fast vollständig überliefert ist. Damit ist die *Tabula* ein Dokument, das das antike Original wiedergibt und deshalb zu Recht als einzigartige Quelle zur Verkehrs- und Siedlungsgeographie im Imperium Romanum gelten darf.

Bei der Karte handelt es sich um eine 6,82 m lange und zwischen 33 und 35 cm breite Pergamentrolle, die ursprünglich aus zwölf Blättern zusammengeklebt war. Davon sind elf Blätter noch erhalten; das zwölfte Blatt, auf dem wohl der Titel und die Autorschaft verzeichnet waren, gilt seit dem Mittelalter als verloren. Die Vorlage der *Tabula* dürfte um 300 n. Chr. mit Hilfe von älteren Quellen, darunter einer Karte aus dem 3. Jh., und von Straßenverzeichnissen, den Itinerarien, angefertigt worden sein. Die Verwendung älterer Vorlagen lässt sich etwa daran ablesen, dass Pompeji in die *Tabula* eingetragen wurde, obwohl die Stadt sei dem Vesuvausbruch von 79 n. Chr. verschüttet und bis zur Wiederentdeckung in der frühen Neuzeit praktisch vergessen war. Für die Entstehung der *Tabula* im 4. Jh. spricht auch, dass das um 260 n. Chr. geräumte obergermanische und rätische Limesgebiet, die *agri decumates*, nicht dargestellt ist. Vielmehr finden sich die Landschaftsbezeichnungen, wie Francia, Suevia und Alamannia. Andere Einträge, wie etwa Constantinopel (320/330 so benannt), ›ad sanctum Petrum‹ (bei Rom) oder der *mons oliveti* (Ölberg) bei

Abb. 1: Christoph Amberger, Konrad Peutinger, 1524, Tafelmalerei. Aus: Kat. Kaiser Maximilian I. und die Kunst der Dürerzeit, hg. v. Eva Michel / Maria Luise Sternath, Ausstellungskatalog Wien, München 2012, 91.

Jerusalem, sprechen dafür, dass es bis ins 5. Jh. hinein Ergänzungen und Nachträge gab.

Gefunden wurde die mittelalterliche Kartenabschrift von dem Humanisten und Antiquar Konrad Celtis (1459–1508) »in irgendeiner Bibliothek«. Vor seinem Tode übergab er die *Tabula* Konrad Peutinger zur Veröffentlichung. Allerdings wurde sie erst im Jahr 1598 vollständig herausgegeben. Das Original der Abschrift

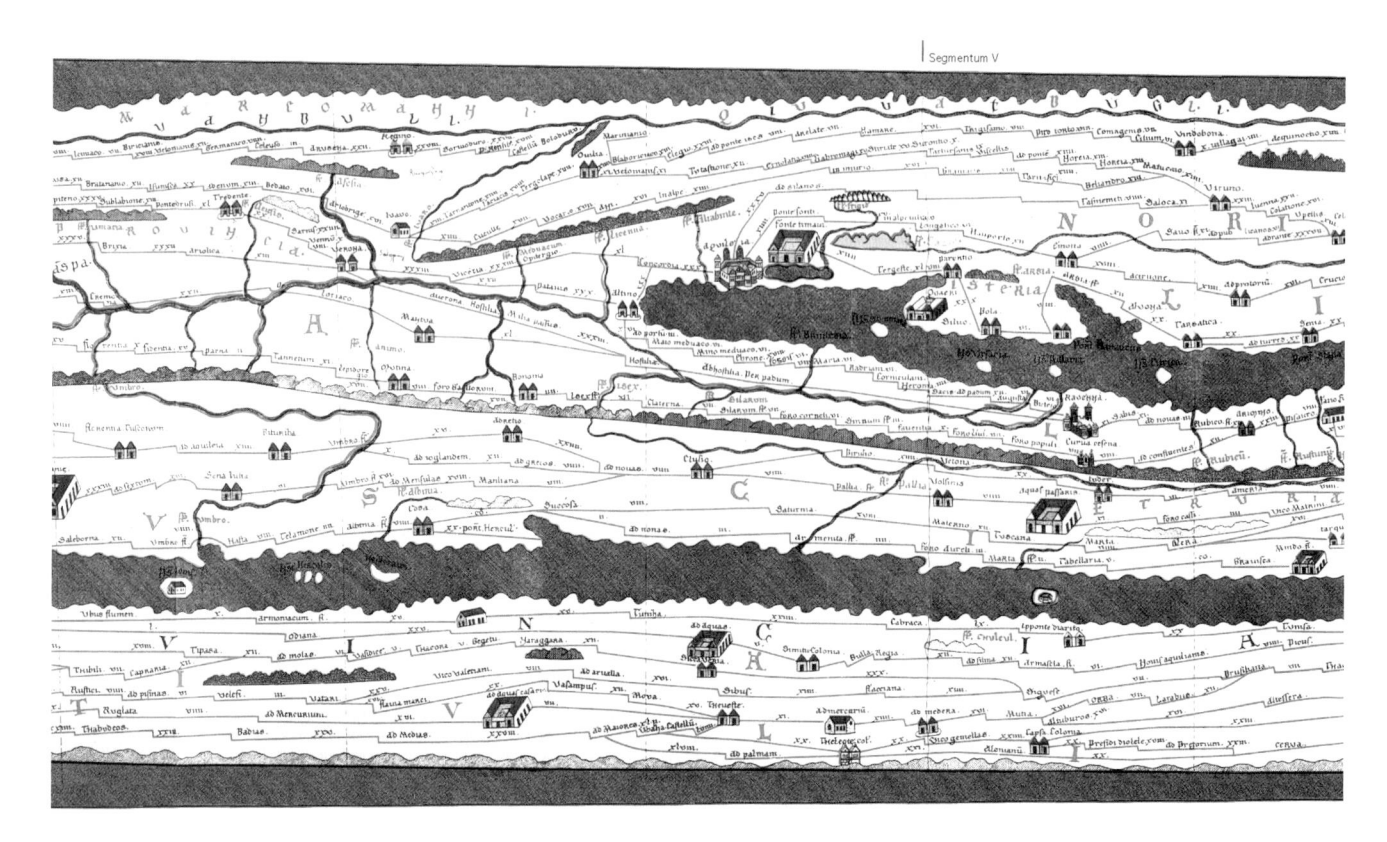

Abb. 2: Obergermanisch-rätisch Tabula mit eingezeichneten Distanzangaben. Foto: nach Miller, Weltkarte des Castorius, 1888.

gelangte dann auf verschlungenen Wegen im Jahr 1737 an die Wiener Hofbibliothek – die heutige Österreichische Nationalbibliothek. Dort wird die Karte als *Codex Vindobonensis 324* bis heute aufbewahrt, wobei die Rolle mittlerweile in ihre Einzelblätter, die als Segmente bezeichnet werden, zerlegt wurde. Im Jahre 1888 ist von dem süddeutschen Theologen und Gelehrten Konrad Miller (1844–1933) ein Faksimile der Karte im Maßstab 2:3 nebst einem immer noch nützlichen und wegweisenden Kommentar veröffentlicht worden.

Dem Genus nach ist die *Tabula* ein *itinerarium pictum adnotatum,* also ein gezeichnetes und mit zusätzlichen Informationen, wie Distanzangaben, versehenes Kartenwerk (Abb. 2). Im Unterschied dazu stellen *itineraria adnotata,* die für die hier zu behandelnden Zusammenhänge ebenfalls wichtig sind, Listen mit Streckenverzeichnissen und Namens- sowie Distanzangaben dar. Solche Distanztabellen sind in unterschiedlicher Weise überliefert, berühmt sind etwa die vier sorgfältig in Form römischer Meilensteine gearbeiteten und gravierten Silberbecher aus Vicarello, nördlich von Rom.

Die Becher stammen aus dem dortigen Apollon-Heiligtum und waren als Weihgabe in das einst berühmte Quellheiligtum gestiftet worden (Abb. 3 a, b). Die Inschriften auf den Bechern, die in die erste Hälfte des 4. Jhs. datiert werden können, bezeichnen ein Itinerar. Dieses nennt 106 Ortsnamen mit Entfernungsangaben (in römischen Meilen), bei denen es sich um die Stationen der auf dem Landweg zurückgelegten Reiseroute von Cádiz (lat.: Gades) in Südspanien nach Rom handelt.

II.

Die Peutingersche Tafel ist heute – wie gesagt – zwar ein Unikat (Abb. 4 a, b), gehörte aber in der Kaiserzeit und Spätantike zu der großen Gruppe der öffentlichen Karten.

Ihre Existenz wird etwa in dem im 4. Jh. entstandenen Werk *Epitoma rei militaris* des Militärschriftstellers Vegetius, von dem wir wenig wissen, belegt. Dort heißt es:

Abb. 3 a, b: Gravierter Silberbecher mit Distanztabelle aus Vicarello. Foto: nach Klee, Lebensadern des Imperiums 2010, 120, 121.

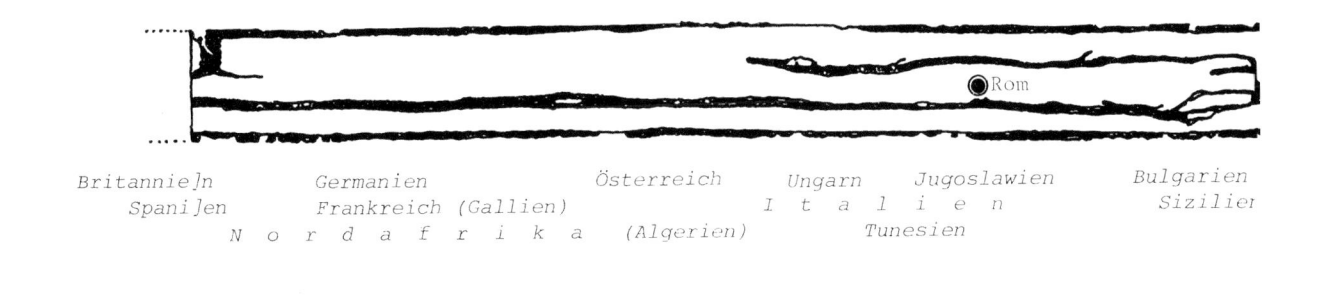

Abb. 4 a, b: Umzeichnung der Tabula als geschlossener Streifen. Foto: nach Weber, Die Tabula Peutingeriana, AW 15, 1984, 4, Abb. 5.

»[Der Feldherr] muss zunächst von allen Gegenden, in denen Kriege geführt werden, möglichst ausführliche Wegebeschreibungen haben, sodaß er daraus Strecken zwischen den einzelnen Orten nicht nur nach der Zahl, sondern auch nach der Beschaffenheit der Straße ersehen kann; [...] diese Wegbeschreibungen sollen nicht nur in wörtlicher, sondern auch in bildlicher Darstellung [gehalten sein]«

Die *Tabula* entspricht dieser geforderten militärischen Präzision zwar in keiner Weise, ist aber ihrer Anlage und Zielrichtung nach eindeutig eine öffentliche Karte. Sie diente allerdings nicht militärischen, sondern zivilen Zwecken.

Die *Tabula* bestand, wie oben bereits erwähnt, ursprünglich aus zwölf Segmenten, von denen eines heute verloren ist. Das verlorene westliche Segment I zeigte Irland (das freilich nie zum *Imperium Romanum* gehört hat), Britannia und Hispania. Auf der entgegengesetzten Seite, also dem Segment XII, sind Persia, India und westliche Teile von Sinae (China) dargestellt. Die germanischen und gallischen Provinzen finden sich in den Segmenten II und III, auf den restlichen Segmenten wird das gesamte *Imperium Romanum* samt der angrenzenden Gebiete in west-östlicher Richtung dargestellt.

Die Karte zeichnet sich durch eine einheitliche graphische Darstellungsweise aus: Festland und Inseln sind gelblich eingefärbt, das Meer, die Seen und Flüsse werden grün, die Gebirgszüge grau, rosa und gelb dargestellt und durch beigeschriebene Namen wie etwa *Silva Vosagus* (Vogesen) etc. näher bezeichnet. Die Provinznamen werden zwar nicht konsequent genannt, aber doch ziemlich oft erwähnt.

Die *Tabula* ist trotz ihres klaren Aufbaus nicht leicht zu lesen, da die Küstenlinien und die landschaftlichen Angaben die tatsächlichen geographischen Gegebenheiten nur unvollständig und nicht maßstabgetreu wiedergeben. Dies ist durch das praktisch-handliche Format der Karte als Pergamentrolle bedingt. Diese Rolle wurde aus Gründen der Transportfähigkeit und besseren Handhabung auf eine Höhe von ca. 33 cm gebracht, was bedeutet, dass die Darstellung der Nord-Süd-Ausdehnung stark gestaucht werden musste. Demgegenüber standen für die West-Ost-Ausdehnung fast 7 m zur Verfügung.

Die sich hieraus ergebenden gewaltigen kartographischen Verzerrungen sind im Mittelmeergebiet (Segmente IV–X) offensichtlich. Das Meer ist hier auf einen schmalen Streifen reduziert und Italien sowie Griechenland sind von Ost nach West, statt nach Nord und Süd verlaufend eingezeichnet. Diese kartographischen Mängel wogen im täglichen Gebrauch der Karte aber wohl wenig, denn den Reisenden dürfte es weniger um den großen Überblick gegangen sein. Vielmehr wollten Reisende – Beamte und Händler – wissen, auf welchen Routen sie am schnellsten zu ihrem Ziel gelangen könnten, welche Entfernungen sie zu überwinden hatten und wo sie Rast machen und Unterkunft finden konnten. Wie noch genauer gezeigt werden wird, wurde die *Tabula* diesen Ansprüchen durchaus gerecht. Denn funktional ähnelt sie den modernen Karten, was auch mit den verwendeten Signaturen und Symbolen zusammenhängt.

III.

In der reichen bildlichen Ausstattung der *Tabula* finden wir über 500 Städtebilder (Abb. 5), unter welchen die drei Hauptstädte des römischen Reiches Rom, Konstantinopel und Antochia sowie acht weitere Großstädte durch Architekturangaben, wie Türme, Zinnen, Umfassungsmauern und Giebelhäuser hervorgehoben werden (Abb. 6). Es folgen zahllose zweitürmige Vignetten, die weniger bedeutende, doch regional wichtige Städte und Ansiedlungen charakterisieren. Auf diese Weise werden in der Karte insbesondere die bedeutenden Städte der einzelnen Provinzen hervorgehoben. Dabei weisen Details an den eingezeichneten Türmen auf Besonderheiten oder außergewöhnliche Sehenswürdigkeiten der betreffenden Städte hin (Abb. 7).

Badeorte sind durch rechteckige Bauten mit Wasserbecken in der Mitte angegeben, Tempel erkennt man an der Front mit Langseite, die manchmal mit Beischriften wie *fanum* (Heiligtum) oder *templum* (Tempel) versehen ist. Weitere Vignetten, wie Doppeltürme, Häuser mit Doppelturm und Innenhof, verweisen auf andere Bauten; seltener finden sich Vignetten für Seehäfen (Ostia) und Leuchttürme (Alexandria, Pharos). Ferner gibt es eine besondere Vignette für die Residenz des Stadthalters (*Praetorium*), für Getreidespeicher (*Horrea*) und

Abb. 5: Stadtvignetten von Rom und Ostia.
Foto: Ausschnitt nach Miller, Weltkarte des Castorius, 1888.

Abb. 6: Stadtvignette von Constantinopel.
Foto: Ausschnitt nach Miller, Weltkarte des Castorius, 1888.

Abb. 7: Stadtvignette von Thessaloniki.
Foto: Ausschnitt nach Miller, Weltkarte des Castorius, 1888.

Magazine. Sogar drei Altäre, die Provinzgrenzen markieren, finden sich in der *Tabula*. Bei einfachen Stationen finden sich oft Bemerkungen wie *taberna*, *capsus* (Postkutsche); bisweilen werden auch Wirtshausschilder (*ad olivam, ad calceum Herculis, ad fratres*) nachempfunden.

Die zahllosen kleinen Haken, welche in die Straßenführung eingezeichnet sind, weisen auf Tagesmarschentfernungen hin. Oft sind diese Straßenangaben mit Distanzen verbunden, die in der Regel in römischen Meilen (= 1480 m) angegeben werden. Bei genauerer Betrachtung der Provinzen zeigen sich schließlich Informationen in der kartographischen Darstellung, die den historischen und auch archäologischen Quellen widersprechen. So finden sich Orte, die bislang noch nicht lokalisiert werden konnten oder aber weit bedeutender waren, als die verwendeten Vignetten auf den ersten Blick vermuten lassen – wenn etwa die Residenzen Köln und Trier als einfache Doppeltürme wiedergegeben werden.

Das Original der spätantiken *Tabula Peutingeriana* hat, wie sich zeigt, als öffentliche Straßenkarte für Verwaltung und Händler, aber auch für andere Reisende gedient. Die Karte ist zwar in vielen Dingen ungenau, doch das eingezeichnete Straßennetz und die Ortsangaben sind in sich konsistent. Das zeigt, dass es sich bei der *Tabula* um ein Medium für die Demonstration der politischen und militärischen Macht und Überlegenheit des Römischen Reiches handelte, das von seinen beiden Reichszentren aus den gesamten Mittelmeerraum beherrschte. Darüber hinaus spiegelt die Karte auch universale Vorstellungen von der Welt, von Europa und Byzanz wider. Das ändert freilich nichts daran, dass sich zumindest der heutige Benutzer in der räumlichen Darstellung auf der Karte nicht orientieren kann. Denn ihrem(n) Autor(en) waren Forderungen der Kartographie, der deskriptiven Geographie, der räumlichen Darstellungsweise und der Hodologie nicht wichtig. Dennoch handelt es sich um einen allerdings wohl nur offiziösen ›Wegeplan‹ für spätantike Reisende. Dabei krankt das gezeichnete Itinerar an einer aus heutiger Sicht scheinbar unterentwickelten Raumauffassung, denn es konzentriert sich völlig auf die Straßenführung und die urbanen Zentren. Demgegenüber schien die reale Gestalt der damaligen physischen Umwelt offenbar weniger wichtig. Sie kann heute auch bei Zuhilfenahme von spätantiken Weltbeschreibungen wie der *Expositio totius mundi et gentium* nicht vollständig rekonstruiert werden. Doch diese Defizite als Unwissenheit abzutun, wäre eine Fehleinschätzung, die sich etwa bei der Gruppe der Itinerarien leicht erklären lässt, denn es handelt sich hier um Wegbeschreibungen, wie sie heutige Bus- oder Bahnfahrpläne oder besser noch Streckenpläne zeigen: Die Stationen werden in ihrer Reihenfolge aufgeführt und Entfernungsangaben fehlen.

Die Kritik an Quellen wie der *Tabula Peutingeriana* entzündet sich an der Ungenauigkeit der Angaben. Hinzu kommen die starke Verzerrung der kartographischen Gegebenheiten, die fehlende Maßstabtreue mit den massiv ausgestreckten Landformen auf der Ost-West-Achse sowie die Verkürzung in der Nord-Süd-Ausdehnung. Auch sind nicht alle Straßen verzeichnet, die zur Zeit der Entstehung der Karte tatsächlich benutzt werden konnten. Gegen dieses Bedenken spricht schon das handliche Format der Karte. Sie war für Reisende gedacht, weshalb kartographische Treue von vornherein nicht bezweckt war.

Wie eben gezeigt wurde, war die reale Gestalt der damaligen physischen Umwelt für die *Tabula* weniger wichtig. Und auch die vergleichende Benutzung der schon erwähnten spätantiken Beschreibungen *Expositio totius mundi et gentium* hilft nicht, diese Gestalt vollständig zu rekonstruieren. Es gibt allerdings einige wichtige Übereinstimmungen, so dass zum Verständnis der *Tabula* auf die Expositio eingegangen werden muss.

Dabei handelt es sich um die anonyme und freie lateinische Übertragung einer Mitte des 4. Jhs. entstandenen und ebenfalls verlorenen anonymen griechischen Handelsgeographie. Das Werk wurde mit großer Wahrscheinlichkeit von einem paganen Autor verfasst und behandelt Asien, Europa und Afrika. Dabei bietet es jeweils bunte Angaben über Eigenarten, Produkte, Handel und Leben dieser Völker.

Die Expositio besteht aus drei Teilen: einem Vorwort, einer Beschreibung der mythischen Völker am Ende der Welt (Kapitel I bis X) sowie der agrarischen Völker in den Grenzgebieten (Kapitel XI bis XX). Es folgt der Hauptteil, die Beschreibung des damaligen römischen Reiches von Osten nach Westen. Die Entstehungszeit des Werkes wird auf 350 datiert, sein Autor nennt sich *Iunior Philosophus* und scheint ein Heide sowie oströmischer Herkunft gewesen zu sein. Jedenfalls ist seine Kenntnis des Westens schlecht. Man nimmt an, dass er aus Palästina stammt, denn er beschreibt insgesamt 47 Städte aus dem Nahen Osten, aber nur 25 aus der restlichen Welt und davon wiederum nur sehr wenige aus der westlichen Hälfte des Reiches. Aus inhaltlichen Gründen kann angenommen werden, dass der Autor ein Händler war, der sich beruflich um Tücher und Früchte kümmerte und daneben Kontakt zu Künstlern unterhielt. Seine Interessen galten weiter dem Meer und der Beschreibung von Häfen, wie beispielsweise von Alexandria. Dies weist auf eigene Erfahrungen mit dem Seehandel hin. Er beschreibt die Herstellung von Produkten, Handelsbeziehungen und die Bevölkerung der Gebiete, übergeht aber die für die Wirtschaft im Reich wichtige Rohstoffindustrie. Dafür schreibt er immer wieder von heidnischen Kulten und nicht-christlichen Religionen, vor allem in Ägypten und Rom.

Wie gesagt, handelt es sich bei der *Exposito totius mundi* um eine Handelsgeographie. Vorherrschend ist ein praktisches ökonomisches bzw. handelspolitisches Interesse, das sich in kurzen Mitteilungen über ›die Welt‹ niederschlägt. Das Thema Handel und Wirtschaft war unter den klassischen Historikern an sich verpönt. Der Autor aber bewertet diese Gegenstände als etwas Positives und Alltägliches. Daraus ergibt sich der hohe historische Wert des Werkes, das, wenn es der Tour um das Mittelmeer von Ost nach West folgt, eine übliche Methode der deskriptiven Geographie der Antike anwendet. Die Beschreibungen der *Exposito* sind im Detail zwar ungenau, doch das ändert nichts daran, dass es sich um ein wichtiges Zeitzeugnis handelt. Beiläufig werden Völker und Gebiete Europas erwähnt, die ohnehin seltenen Beschreibungen sind vage; an europäischen Völkern außerhalb des Reiches werden lediglich zwei erwähnt, die Sarmaten und die Goten. Der Autor beschließt seine Reise in Britannien, das ihm offensichtlich völlig fremd ist. Was soll dort schon sein, fragt der Autor rhetorisch und antwortet sogleich, dass es dort nur eine Wasserwüste – den Atlantik – und das Ende der Welt gebe.

Iuniors Angaben über das Wesen der Welt sind oberflächlich. Der Leser erhält zwar Informationen, aber sie reichen nicht aus, um sie praktisch für den Handel zu nutzen. Sie sind oberflächlich; Angaben über Verkehrsverbindungen wie Flüsse und Straßen sind mager, Berge und andere Hindernisse sind kein Thema, verwaltungs- oder sicherheitsrelevante Details fehlen gänzlich. Ein tatsächlich im Geschäftsleben stehender Händler hätte mit diesen Informationen also kaum etwas anfangen können. Auffällig ist auch, dass Iunior beide Kaiserstädte mit einem sarkastischen Unterton beschreibt. Seiner Ansicht nach produzierten sie nichts als Unterhaltung und Zerstreuung und zwar ganz nach den Bedürfnissen des Kaisers. Man kann hier aus der Schrift eine zeitkritische Tendenz herauslesen, die sich gegen die städtischen Eliten wie auch gegen die Reichsspitze richtete. Hinzu kommt die spöttische Erwähnung Griechenlands, das als anachronistisch, wirtschaftlich arm und nur reich an Denkern beschrieben wird, die im ›Elfenbeinturm‹ sitzen. Es finden sich hier zahlreiche Vergleichsmöglichkeiten mit der *Tabula*.

Doch kehren wir zum Schluss noch einmal zur *Tabula* zurück und sehen uns hier als ein konkretes Beispiel die Schilderung der Provinz Achaea an.

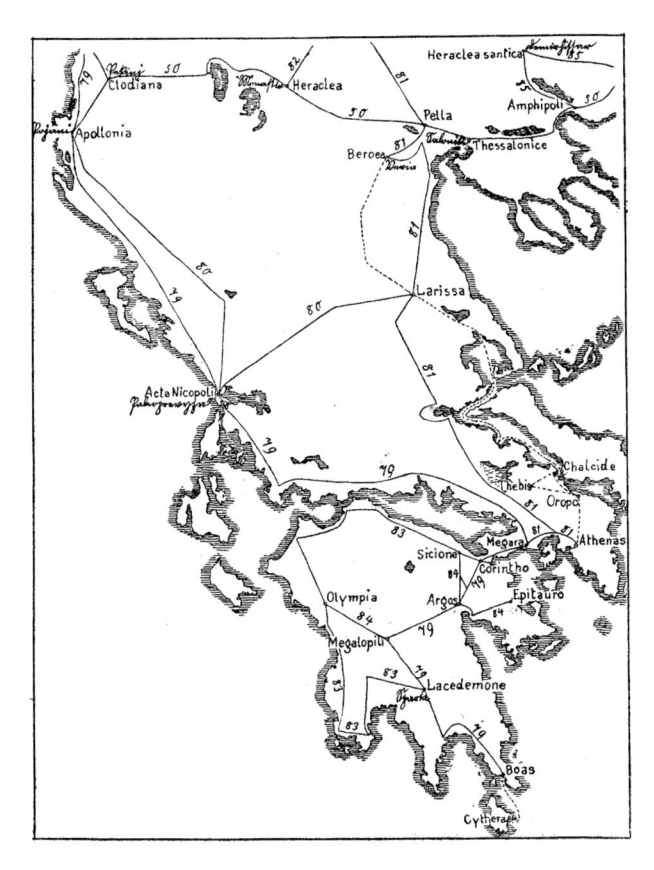

Abb. 8: Verlauf der Wegstrecken 79, 80 und 81 nach Griechenland. Foto: nach Miller, Itineraria Romana, 1916, Taf. VIII.

IV.

An dem gewählten Beispiel soll geprüft werden, ob hier so etwas wie ›Kulturstraßen‹ aus den Darstellungen der *Tabula Peutingeriana* erschlossen werden können. Denn in Griechenland finden wir in der gesamten Oikumene bekannte, also weltberühmte Orte und Stätten wie Athen und Sparta oder panhellenische Heiligtümer wie Olympia oder Delphi (Farbabb. 9).

Griechenland bildet somit eine historisch gewachsene und räumlich sehr gedrängte ›Bildungslandschaft‹ mit selbst in der Spätantike noch imposanten Bauten und Denkmälern. Damit stellt Griechenland – wie übrigens auch Italien – einen geeigneten Raum für die Prüfung der Frage nach der etwaigen Existenz von ›Kulturstraßen‹.

Nach Griechenland gelangte man auf dem Land über die Strecken 79, 80 und 81 (Abb. 8). Die Strecke 79 folgte der Adria-Küste über Städte wie Nikopolis / Prevesa nach Athen und Korinth, weiter nach Sparta und dann zur Überfahrt nach Kythera. Die Strecke 81 verlief nördlich und verband Thessaloniki mit Hadrianopolis / Edirne /

Nisch; eine südlich Abzweigung lief über Larissa weiter nach Athen. Die Strecken 79, 83 und 84 verbanden die Küstenstädte der gesamten Peloponnes und erschlossen Akadien und den Nordosten der Halbinsel.

Es findet sich keine herausgehobene Vignette für Athen, sondern lediglich zwei Türme, wie auch die anderen, auffallend wenigen Vignetten für Achaea. Der im 4. Jh. lebende Dichter und hohe Staatsbeamte Decimus Magnus Ausonius – sein Lob der Mosel, die *Mosella*, ist weitbekannt – versammelt in seinem Städtelob *Ordo urbium nobilium* 17 bekannte Städte. Der Dichter hat eine Liste der wohl bevölkerungsreichsten Städte des Reiches mit Hilfe der rhetorischen Topik des Städtelobs zu einem Sammelgedicht umgeformt. Hier verschmelzen Rhetorik und Poesie zwar untrennbar miteinander, dennoch ist bei Athen, das als zwölfte Stadt immerhin aufgeführt wird, lediglich der Gründungsmythos, nämlich der Streit zwischen Athena und Poseidon um das attische Land ausgeführt. Dabei hatte Athen zu jener Zeit geschätzte 100.000 Einwohner und war eine Hochburg der paganen Bildung. Die sog. Universität von Athen war neben Alexandria berühmt und anerkannt, so dass aus dem ganzen Imperium die Söhne der Eliten hier studierten. In der Darstellung der *Tabula* findet sich hiervon kein erkennbarer Niederschlag.

In seinen *Eklogen*, die wohl auch im ausgehenden 4. Jh. in Trier entstanden sind, behandelt Ausonius unter den Nummern 12 bis 15 die panhellenischen Festspiele in Delphi, Isthmia, Nemea und Olympia. Er äußert sich zu den verschiedenen Wettkampforten, zu den mythischen Urhebern der Spiele, also zu den Göttern und ihrer Verbindung zu den Wettkämpfen, verliert aber kein Wort zu ihrer großen kulturhistorischen Bedeutung.

V.

Das hier gewählte Beispiel der Provinz Achaea zeigt, dass ›Kulturstraßen‹ zwar durchaus existiert haben, aus der *Tabula Peutingeriana* aber nicht erschlossen werden können. Denn die für die gehobene Bildung der römischen Eliten so wichtigen ›weltberühmten‹ Orte und Stätten wie Athen und Sparta oder die panhellenischen Heiligtümer wie Delphi, Isthmia, Nemea und Olympia werden in der Karte nur unzureichend dargestellt. So wird etwa von den vier panhellenischen Heiligtümern allein Olympia aufgeführt. Für dieses sind zwei Türme eingetragen. Damit wird diese Vignette wohl weniger mit dem Zeus-Heiligtum von Olympia zusammenhängen, als vielmehr auf die beiden Raststationen hinweisen. Diese Vignette hängt möglicherweise auch mit der Bedeutung der beiden unweit von Olympia entfernten Mittelmeerhäfen Kyllini und Katakolon zusammen. Wie dieses Beispiel zeigt, wurde die historisch gewachsene und räumlich gedrängte griechische ›Bildungslandschaft‹ mit ihren imposanten Bauten und Denkmälern klassischer und hellenistischer Zeit in der Spätantike anders gesehen bzw. konzeptualisiert, als wir heute – geschult an den Maßstäben der klassisch-hellenistischen Zeit – annehmen. Deshalb können wir in der *Tabula* weder ›Erinnerungsorte noch -landschaften‹ erkennen.

Diese Interpretation würde sich umgehend verändern, wenn unter den Vignetten sich wenigstens eine Darstellung von einer Ruine finden würde, was aber nicht der Fall ist.

Dieser Eindruck könnte sich allerdings im Lichte einer Untersuchung der kaiserzeitlichen und spätantiken Reiseliteratur ändern. Denn nehmen wir den berühmten Periegeten Pausanias, der in der zweiten Hälfte des 2. Jhs. wirkte und dessen Beschreibungen berühmter Stätten einer ›ruhmreichen Vergangenheit‹ in Griechenland erhalten sind. Hier beschreibt er ausführlich und selektiv ihre Besonderheiten ›zu seiner Zeit‹ (s. hierzu den Beitrag von H. Bumke in diesem Band). Auch wäre an Libanios, den großen griechischen Redner des 4. Jhs. zu denken, der aus Antiochia stammte und in den 330er Jahren auch in Athen studiert hat. In seinem Werk gibt es einen aussagekräftigen Bericht über eine Reise von Athen nach Sparta. Doch dies wäre wieder ein anderes Thema.

Space opening and communication systems within the Roman Empire around 300 AC – cartographic depictions of road systems in the Tabula Peutingerinana

The original Late Antique Tabula Peutingeriana – as a publication map – was used for military, administrative and trading purposes. Its colourful depiction is not accurate with many details; anyway, the route system as well as location appear consistent. As a result the Tabula had been a medium for demonstrating political and military power by the Roman Empire. Moreover, it reflects a universal conception of the world, Europe and Byzantium. At the time of origin it might have been considered as a public road map, as from today's view the perception of space is rather poor according to its focus on routing and urban centres. The given example of the province Achae (seg. IX) demonstrates that a ‹cultural road› cannot be constructed although many famous sites are given.

Bibliographie in Auswahl

Susan E. Alcock / John Bobel / Richard J.A. Talbert (Hg.): Highways, Byways, and Road Systems in the Pre-Modern World, Chichester 2012.

Luciano Bosio: L'Istria nella descrizone della Tabula Peutingeriana, Trieste 1974.

Luciano Bosio: La Tabula Peutingeriana, una descrizione pittorica del mondo antico, Rimini 1983.

Kai Broderson: Terra cognita. Studien zur römischen Raumerfassung, Hildesheim [u. a.] 1995.

José L. Cañizar Palacios: Algunos apuntes sobre la Tabula Peutingeriana y el Codex Theodosianus en el contexto histórico de mediados del siglo IV d.C., in: Faventia 32/33, 2010/11, 113–126.

Arnold Esch: Zwischen Antike und Mittelalter. Der Verfall des römischen Straßensystems und die Via Amerina, München 2011.

Ulrich Fellmeth / Eckard Olshausen: Die antike Welt auf elf Blättern. Die Tabula Peutingeriana. Begleitbuch zur Ausstellung des Projektseminars »Die Tabula Peutingeriana als historische Quelle«, Universitätsbibliothek Stuttgart, 15. Mai bis 1. Juli 2010, Stuttgart 2010.

Israel Finkelstein: The Holy Land in the Tabula Peutingeriana. A historical-geographical approach, in: Palestine Exploration Quarterly 111, 1971, 27–34.

A.M. Gerhartl-Witteveen / P. Stuart: De Tabula Peutingeriana, Nijmegen 1991.

Ulla Kreilinger: Τα αξιολογωτατα του Παυσανιου. Die Kunstauswahlkriterien des Pausanias, in: Hermes 125, 1997, 470–491.

Hanry Leylek: La vignetta di Antiochia e la datazione della Tabula Peutingeriana, in: Rivista di topografia antica 3, 1993, 203–206.

Konrad Miller: Itineraria Romana. Römische Reisewege an der Hand der Tabula Peutingeriana, Stuttgart 1916.

Giannēs A. Pikoulas: Tabula Peutingeriana και η χερσόνησος του Μαλέα, in: Horos 2, 1984, 175–188.

Alexander V. Podossinov: Bithynia, Paphlagonia and Pontus on the Tabula Peutingeriana, in: The Black Sea, Paphlagonien, Pontus and Phygia in Antiquity. Aspects of Archaeology and Ancient History, Oxford 2012, 203–206.

Francesco Prontera: Die Darstellung Kleinasiens in der Tabula Peutingeriana. Überlegungen zu aktuellen Diskussion über die antike Kartographie, in: Rainer Albertz / Anke Blöbaum / Peter Funke: Räume und Grenzen. Topologische Konzepte in den antiken Kulturen des östlichen Mittelmeerraums, München 2007, 83–101.

Michael Rathmann: Tabula Peutingeriana. Bekannte Thesen und neue Forschungsansätze, in: Ders. / Klaus Geus: Antike Naturwissenschaften und ihre Rezeption, Trier 2014, 81–123.

Michael Rathmann: The Tabula Peutingeriana in the mirror of ancient cartography. Aspects of a eappraisal, in: Vermessung der Oikumene (Topoi. Berlin studies of the ancient world, 14), Berlin 2013, 203–222.

Michael Rathmann: Neue Perspektiven zur Tabula Peutingeriana, in: Geographia antiqua. Rivista di geografia storica del mondo antico e di storia della geografia 20/21, 2011/12, 83–102.

Michael Rathmann: Untersuchungen zu den Reichsstraßen in den westlichen Provinzen des Imperium Romanum, Mainz 2003, 3–41.

Peter-Andrew Schwarz: Die Tabula Peutingeriana, in: Ausstellungskatalog Badisches Landesmuseum Karlsruhe, Imperium Romanum. Römer, Christen, Alemannen. Die Spätantike am Oberrhein, Stuttgart 2005, 184–186.

Yvonne Seidel: Leuchttürme in der Tabula Peutingeriana, in: Standortbestimmungen. Akten des 12. Österreichischen Archäologentages, 28.2. bis 1.3.2008 in Wien, Wien 2010, 321–326.

Richard J. A. Talbert: Rome's world. The Peutinger map reconsidered, Cambridge 2010.

Ekkehard Weber: Die Tabula Peutingeriana, in: Antike Welt 15 (1), 1984, 2–8.

Ekkehard Weber: Ein neues Buch und das Datierungsproblem der Tabula Peutingeriana. Rezension zu: Richard J. A. Talbert: Rome's world. The Peutinger map reconsidered, Cambridge 2010, in: Tyche 27, 2012, 209–216.

Ekkehard Weber: Die Spuren des frühen Christentums in der Tabula Peutingeriana, in: Reinhardt Harreither (Hg.): Acta Congressus Internationalis XIV Archaeologiae Christianae: Vindobonae 19.–26.9.1999 / Frühes Christentum zwischen Rom und Konstantinopel. Akten des XIV. Internationalen Kongresses für Christliche Archäologie in Wien vom 19. bis 26. September 1999, Wien [u.a.] 2006, 775–781.

Ekkehard Weber: Zur Datierung der Tabula Peutingeriana, in: Heinz E. Herzig / Regula Frei-Stolba (Hg.): Labor omnibus unus: Gerold Walser zum 70. Geburtstag dargebracht von Freunden, Kollegen und Schülern, Stuttgart 1989, 113–117.

Faksimile: Tabula Peutingeriana. Codex Vindobonensis 324, Österreichische Nationalbibliothek, Wien, hrsg. u. komm. v. Ekkehard Weber, Graz 1976.

INA EICHNER

Von Konstantinopel nach Nicaea

Pilgerwege im Byzantinischen Reich[1]

Nachdem unter Kaiser Konstantin I. das Christentum anerkannt worden war, setzten in großem Umfang christliche Pilgerreisen zu den Stätten des Heiligen Landes, an denen Jesus gewirkt hatte, ein.[2] In der Frühzeit des christlichen Pilgerwesens gab es zwei Möglichkeiten, die Reise zu den heiligen Stätten durchzuführen: auf dem Seeweg oder auf dem Landweg durch Kleinasien, Syrien und Palästina (Abb. 1). Ein wichtiger Faktor für die Entstehung von Pilgerheiligtümern war dabei das seit der römischen Kaiserzeit ausgebaute Straßennetz.

Seit der römischen Kaiserzeit war die quer durch Anatolien verlaufende Fernstraße von Konstantinopel durch Kleinasien über Ancyra nach Antiochia in Syrien die Hauptverkehrsstrecke für Reisen nach Syrien und Palästina, wo sich die heiligen Stätten der Christenheit befanden (Abb. 1, 2). Der Straßenverlauf ist nicht nur durch die *Tabula Peutingeriana* und das *Itinerarium Antonini* gesichert, sondern auch durch Angaben zu Reiseetappen aus christlichen Pilgerberichten.[3]

Erstaunlicherweise hinterließen jedoch die wenigsten Pilger zu den einzelnen Pilgerorten und Pilgerheiligtümern, die sie bereits auf ihrer Reise durch Kleinasien passierten, schriftliche Angaben.[4] Als der Pilger von Bordeaux im Jahre 333 n. Chr. auf seiner Reise ins Heilige Land Kleinasien durchquerte, reiste er auf der römischen Fernstraße von Konstantinopel über Nicomedia, Nicaea, Ancyra, Tyana und Tarsus bis zur syrischen Metropole Antiocheia und von dort aus weiter durch Syrien ins Heilige Land (Abb. 2).[5]

Auf seinem Weg durch Kleinasien erwähnt er kein einziges Pilgerheiligtum. Entweder hatten sich in der kurzen Zeit nach der Anerkennung des Christentums durch Kaiser Konstantin erst wenige christliche Pilgerheiligtümer in Kleinasien entwickelt, oder aber sie waren im Vergleich zu den heiligen Orten des Heiligen Landes nur von geringem Interesse. Letzteres scheint sich auch im Bericht des Pilgers widerzuspiegeln, denn er wird erst gesprächiger »[…] je mehr sich der Pilger dem hl. Lande nähert […]«.[6]

Als die Nonne Egeria ca. 50 Jahre nach dem Pilger von Bordeaux über Konstantinopel nach Jerusalem reiste, nahm sie offenbar dieselbe Route wie dieser (Abb. 1).[7] Auf dem Rückweg kam sie über Tarsus, von wo aus sie noch nicht sofort ins Landesinnere in Richtung Kilikische Pforte reiste, sondern auf die römische Küstenstraße abzweigte und durch die Städte Pompeiopolis und Corycus nach Seleucia ad Calycadnum zog, wo sie das damals schon berühmte Pilgerzentrum der Heiligen Thekla besuchte. Nach zwei Tagen kehrte sie nach Tarsus zurück, blieb dort drei Tage und reiste dann wie der Pilger von Bordeaux über die anatolische Hochebene zurück nach Konstantinopel. Kurz vor Konstantinopel besuchte sie das damals bereits berühmte Martyrion der hl. Euphemia in Chalcedon. Zumindest existierten in Chalcedon und in Seleukeia am Kalykadnos, beides Orte, die direkt an römischen Straßen liegen, demnach schon Pilgerheiligtümer, die sich einer überregionalen Bekanntheit erfreuten.

Ein wichtiger Faktor für die Entstehung eines Pilgerortes war die Verkehrsinfrastruktur, d. h. die Anbindung an ein bestehendes Straßennetz. Nur dadurch war die Erreichbarkeit eines heiligen Ortes gewährleistet.[8] Daneben musste die Versorgung der Pilger sowohl auf der Reise als auch am heiligen Ort sichergestellt werden, d. h., es musste ausreichend Wasser in der Nähe und das Umland landwirtschaftlich genutzt und bewirtschaftet sein.[9]

Die antiken, in der römischen Kaiserzeit ausgebauten Fernstraßen boten mit ihrer Infrastruktur von Straßen-

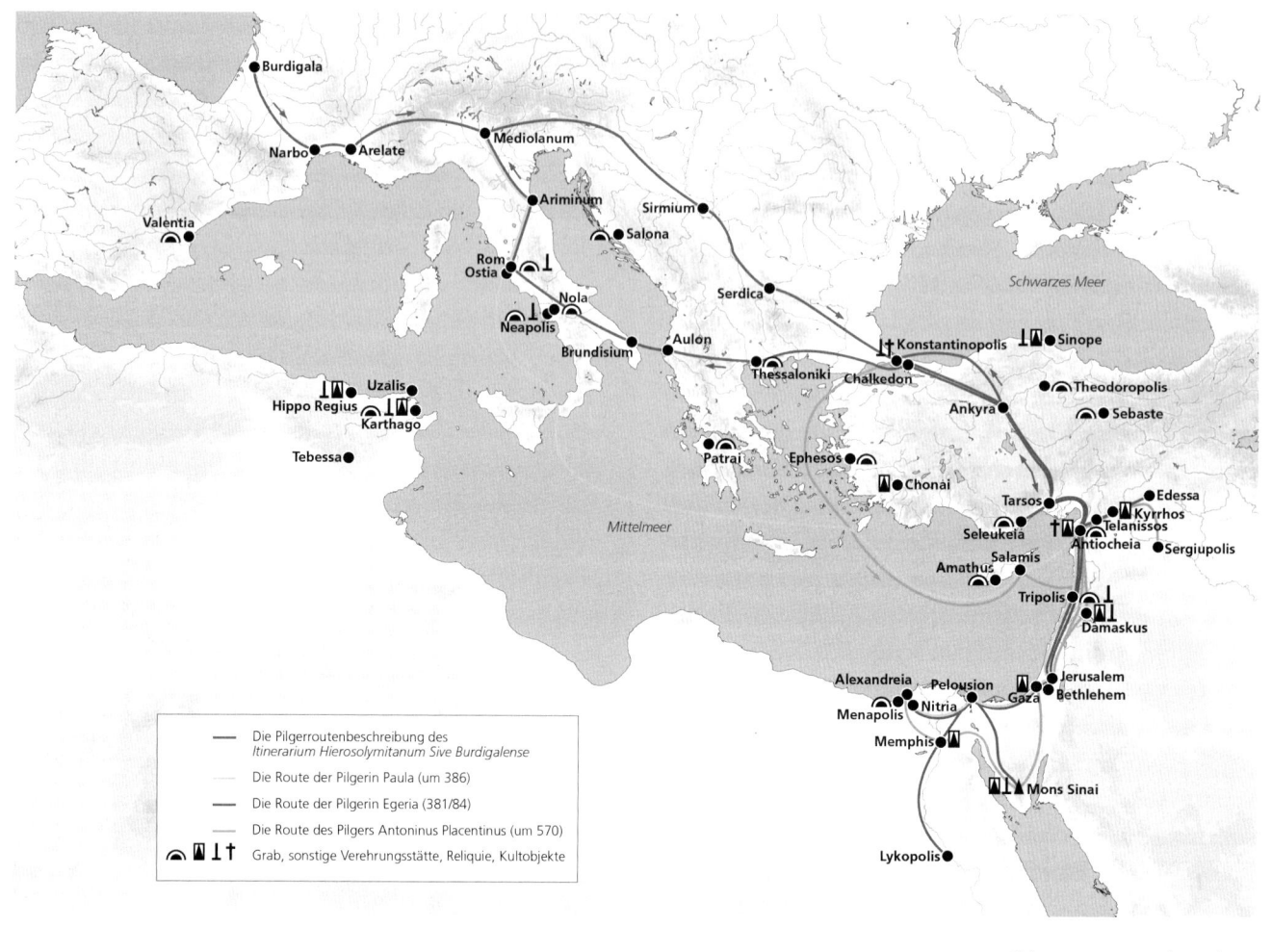

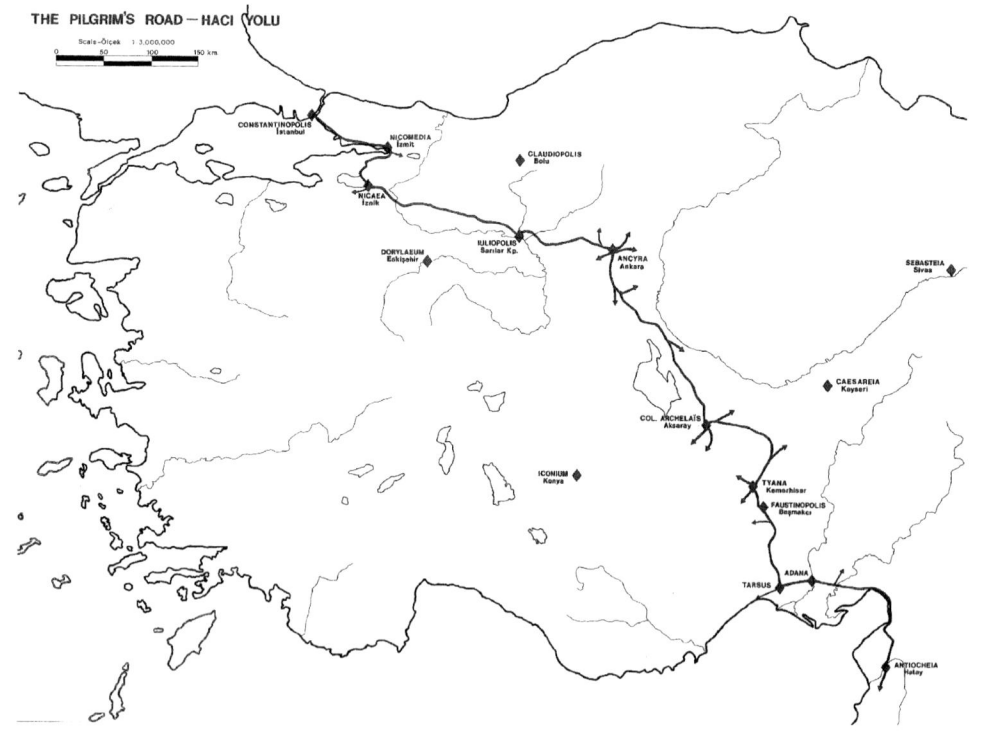

Abb. 1: Karte mit den Pilgerrouten des 4.-6. Jhs. n. Chr. nach Jerusalem. Graphik: RGZM / Vera Kassühlke.

Abb. 2: Das römische Straßensystem von Konstantinopel durch Kleinasien nach Syrien. Karte nach French 1981 (wie Anm. 3), map 2.

stationen mit Herbergen und Pferdewechselstationen somit gute Voraussetzungen für die Entstehung von Pilgerheiligtümern.

Der Pilger von Bordeaux nennt auf seinem Weg durch Kleinasien die Straßenstationen mit Herbergen und die Pferdewechselstationen. Einige von ihnen werden auch in der *Tabula Peutingeriana* überliefert. Der Verlauf der antiken Straße von Konstantinopel durch Kleinasien nach Antiochia ist anhand der zahlreichen Meilensteine weitgehend gesichert und viele Abschnitte der antiken Straße sind sogar noch recht gut erhalten (Abb. 3).[10]

Im vorliegenden Beitrag soll daher die Entstehung einiger aus schriftlichen und archäologischen Quellen bekannter Pilgerheiligtümer in Zusammenhang mit dem Straßenverlauf betrachtet werden.

Für die vorliegende Studie wurde die Region östlich von Konstantinopel, insbesondere das Nordostufer der Propontis (Marmarameer) mit der Bucht von Nicomedia in den Blick genommen. Diese Region gehörte in spätantiker Zeit zur Provinz Bithynien, ab dem 7. Jh. zum byzantinischen Thema Opsikion.[11] Bithynien war »durch die räumliche Nähe zur byzantinischen Hauptstadt und die Kommunikation mit dieser geprägt«.[12]

Von Chalcedon nach Nicaea

Wir beginnen die Reise durch Kleinasien in der Hauptstadt Konstantinopel und folgen dem Verlauf der römischen Straße durch die spätantik/frühbyzantinische Provinz Bithynien.

Die Überquerung des Bosporus, der Meerenge, die Europa von Asien trennt, erfolgte damals mit dem Schiff. Zwischen Konstantinopel und Nicomedia ist von der antiken Straße nichts mehr erhalten. Jedoch finden sich noch Überreste der alten osmanischen Straße, die wahrscheinlich dem Verlauf der antiken Straße folgt.[13]

Die erste Etappe des Pilgers von Bordeaux, nachdem er den Bosporus überquert hat, ist Chalcedon (Abb. 1, 5).[14] Durch die Stadt führte die große römische Fernstraße, deren Verlauf durch einen Meilenstein bei Kadıköy aus der Zeit der Tetrarchie der Kaiser Diokletian und Maximian mit Constantius und Galerius gesichert ist.[15] Als Straßenstation *Calcedonia* ist der Ort auch in der Peutingerschen Tafel verzeichnet.[16] Bereits im späten 4. Jh. n. Chr. wird hier durch die Nonne Egeria das Pilgerheiligtum der hl. Euphemia bezeugt, das zu ihrer Zeit bereits berühmt war, wie sie selbst schreibt.[17]

Abb. 3: Römische Straße im südlichen Kleinasien zwischen Korykos und Elaiussa Sebaste in Kilikien. Foto: Ina Eichner.

Die genaue Lage des Euphemia-Heiligtums ist nicht bekannt. Möglicherweise lag es im Norden außerhalb der Stadt.[18] Grabungen mit dem Ziel, die berühmte Kirche zu lokalisieren, haben auf der asiatischen Seite des Bosporus in dem heute dicht besiedelten Ort Kadıköy, der das antike Chalcedon überlagert, noch nicht stattgefunden.[19]

Eine gute Vorstellung von der Lage und Ausdehnung des Euphemia-Heiligtums, in dem im Jahre 451 auch das berühmte 4. Ökumenische Konzil stattfand, wird von Euagrios Scholastikos überliefert.[20] Der heilige Bezirk lag in einer lieblichen Landschaft auf einer Anhöhe gegenüber Konstantinopel, zwei Stadien vom Bosporus entfernt. Das Heiligtum bestand aus einer Basilika mit einem vorgelagerten Atrium und einem Rundbau auf der Nordseite der Basilika. Dieser Rundbau, das Martyrion der Heiligen, in dem sich ihre Gebeine befanden, besaß einen inneren Stützenkranz und Emporen und war prächtig ausgestattet. Die Reliquien der Heiligen wurden in einem Schrein in einem Sarkophag aufbewahrt, der aus Silber war.[21]

In unregelmäßigen Abständen ereignete sich im Euphemia-Heiligtum ein Wunder: Die Gebeine der Heiligen schwitzten nämlich Blut aus.[22] Dieses wurde mit einem Schwamm aufgesaugt. Anlässlich dieses Wunders versammelten sich jedes Mal große Menschenmengen im Heiligtum. Wohl infolge eines arabischen Überfalls auf Chalcedon wurden die Reliquien der Heiligen am Ende des 7. Jhs. nach Konstantinopel transloziert.[23]

Verlässt der Reisende Chalcedon auf der römischen Straße nach Osten, so passierte er ungefähr 10 Meilen südöstlich der Stadt eine weitere Pilgerstätte, die sich etwa um die Mitte des 5. Jhs. entwickelte und großer Beliebtheit erfreute: den Auxentiosberg, bzw. Mons Skopa (Abb. 5), der zwischen Chalcedon und Nicomedia liegt (heute Kayısdağ).[24] Nicht weit entfernt muss aufgrund der Entfernungsangabe von 7 Meilen auch die »mutatio Nassete« gelegen haben, die der Pilger von Bordeaux schon im 4. Jh. als nächste Pferdewechselstation hinter Chalcedon erwähnt (Abb. 5).[25] Auf dem Mons Skopa hatte sich der hl. Auxentios niedergelassen.[26] Er besaß eine Eremitage in einer Grotte auf dem Berg, die von einem sog. κλουβός, offenbar eine Art Käfig, flankiert wurde, in den sich der Heilige einschloss und Psalmen sang.[27] Auxentios fand Anhänger und Nachfolger, die ebenfalls als Eremiten am Berg Skopa lebten.[28]

Am Südabhang des Berges, etwa eine Meile von der Eremitage entfernt, entstand noch zu Lebzeiten des Auxentios ein Frauenkloster, in dem nach dem Tod des Heiligen seine Reliquien aufbewahrt wurden.[29] Die Umfassungsmauer des Klosters aus unbearbeiteten Bruchsteinen war noch bis 1930 erhalten und umschloss die Ruine einer kleinen Kirche, deren Boden durch hohen Steinversturz bedeckt war.[30] In 2 bis 3 Metern Tiefe sprudelte eine kleine Quelle, die auch in den schriftlichen Quellen erwähnt wird und die als Hagiasma verehrt wurde. Erst in den 1960er Jahren wurden diese Überreste vollends zerstört und beseitigt.[31]

Die extreme Form der Askese in einem Käfig sowie die Wunder, die Auxentios bewirkte, zogen Besucher bzw. Pilger an. Überreste eines Klosters, das in der Nähe der Grotte entstand, waren bis 1960 noch erkennbar, bevor sie durch Bauarbeiten für militärische Anlagen zerstört wurden.[32]

Auch nach dem Tod des Auxentios waren die Reliquien Anziehungspunkt für Pilger. Da sie sich am Fuße des Berges in dem oben bereits erwähnten Frauenkloster befanden, waren sie auch für Reisende, die auf der römischen Straße unterwegs waren, sicher leicht erreichbar. Das Einzugsgebiet der Besucher dürfte aufgrund der Nähe zur römischen Straße durchaus größer gewesen sein, als dies von G. Siebigs angenommen wurde, d. h., sie kamen wohl nicht nur aus Konstantinopel oder dem nahe gelegenen Hafen Rouphinianai (Abb. 4), der möglicherweise mit dem heutigen kleinen Hafen Çiftehavuz in Caddebostan gleichgesetzt werden kann.[33]

Im weiteren Verlauf der antiken Straße findet sich als nächste Station der *Tabula Peutingeriana* Livissa / Libyssa am Nicomedischen Golf (Abb. 4, 5), das mit dem heutigen Ort Diliskelesi gleichgesetzt wird.[34] Nach den antiken Itineraren betrug die Entfernung zwischen Chalcedon und Libyssa etwa 53–56 Kilometer.[35] In Gebze, das 2,5 Kilometer von Diliskelesi entfernt liegt, wurde ein Meilenstein gefunden, der den Verlauf der römischen Straße durch diesen Ort sichert.[36] Auch der Pilger von Bordeaux verzeichnet *Libissa* als Station seiner Durchreise.[37] Er erwähnt dort das Grab des Annibalianus, womit der karthagische Feldherr Hannibal gemeint ist.[38] Der an der antiken Straße gelegene Ort war demnach als Begräbnisort des Hannibal offenbar noch in der ersten Hälfte des 4. Jhs. in Erinnerung.[39] Zugleich liegt Libyssa an einer der beiden Engstellen im Golf von Nicomedia und bot wohl bereits in der Antike die Möglichkeit, mit dem Boot auf das südliche Ufer des Golfes überzusetzen, wo sich der antike Ort Helenopolis befand (Abb. 4, 5).[40]

Folgt man dem weiteren Verlauf der antiken Straße entlang des nördlichen Ufers der Bucht von Nicomedia, so erreicht man 12 Meilen hinter Libyssa die Pferdewechselstation *Brunga* und 9 Meilen hinter dieser die Stadt *Nicomedia*, das heutige Izmit.[41] Die Stadt erstreckt sich auf der Nordseite der Bucht an den zur Küste abfallenden Berghängen (Abb. 4, 5). Unter Kaiser Diokletian

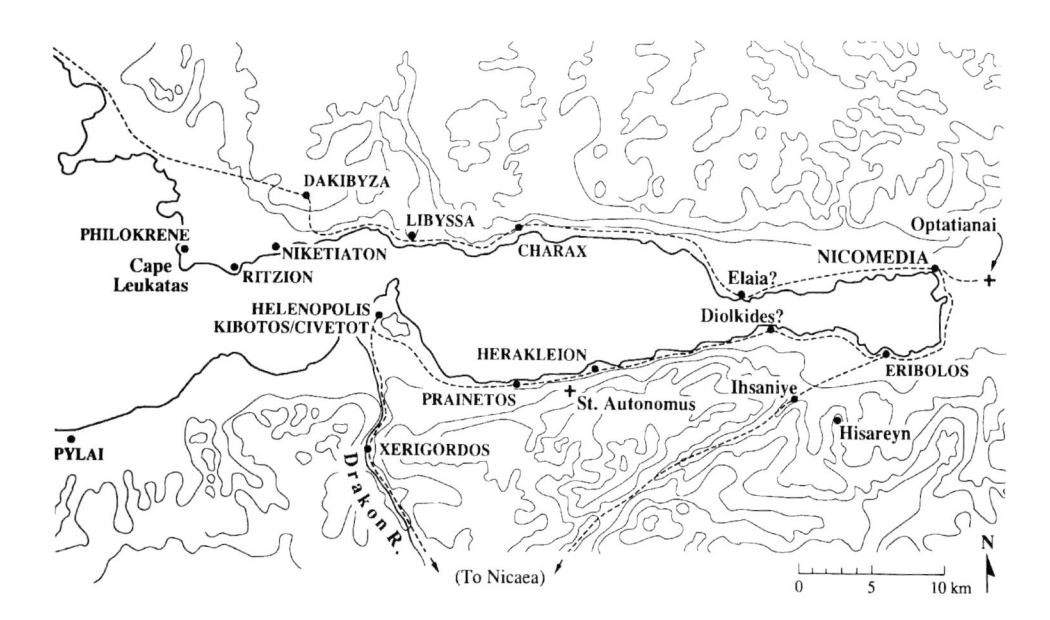

Abb. 4: Der Golf von Nicomedia. Karte nach Foss 1996 (wie Anm. 40, X).

erhielt die Stadt eine Mauer, die in den folgenden Jahrhunderten repariert und erweitert wurde.⁴² Ihre Überreste sind heute die einzigen architektonischen Zeugnisse der Vergangenheit dieser bedeutenden Stadt.

Nicomedia wurde von Kaiser Diokletian am Ende des 3. Jhs. n. Chr. als Residenzstadt ausgebaut, nach der Gründung Konstantinopels verlor es zugunsten der neuen Hauptstadt jedoch an Bedeutung.⁴³

Nicomedia konnte mit gleich zwei Pilgerheiligtümern aufwarten. Im Westen der Hafenstadt, außerhalb der Stadt im Vorort Adamantios, lag das Pilgerheiligtum des hl. Panteleimon.⁴⁴ Nach der Beschreibung bei Prokop erstreckte es sich auf einem Vorgebirge an der Küste.⁴⁵ Kaiser Justinian ließ das baufällige Heiligtum abreißen und ersetzte es durch einen prächtigen Neubau.⁴⁶ Im Jahr 1858 kam beim Umbau einer der nachfolgenden Kirchenbauten an diesem Ort ein Mosaikfußboden zutage.⁴⁷ Das Heiligtum befand sich über einem Friedhof, von dem einige Inschriften ausgegraben wurden, die jedoch nicht im Zusammenhang mit der Kirche und dem Kult stehen.⁴⁸

Nach der Durchquerung der Stadt gelangte der Reisende durch das Osttor wieder auf die antike Fernstraße, die weiter nach Osten führte.⁴⁹ Die Straße umrundet östlich von Nicomedia den Golf und gabelt sich (Abb. 4, 5). Ein Zweig führte nach Osten durch die Vorstadt Optatianes. Der andere Zweig wendete sich dann nach Süden in Richtung der Stadt Nicaea.

Im Vorort Optatianes, der außerhalb des Osttores der Stadt lag,⁵⁰ befand sich das Martyrion des hl. Anthimos, eines Bischofs von *Nicomedia*, der während der Christenverfolgung unter Diokletian enthauptet wurde.⁵¹ Das Heiligtum war durch ein Erdbeben zerstört und anschließend von Kaiser Theodosius II. wiedererrichtet worden.⁵² Offenbar erlitt das Heiligtum ein zweites Mal Schäden durch ein Erdbeben im Jahr 554 und musste danach erneut wiederaufgebaut werden.⁵³ Archäologische Überreste des Heiligtums sind bisher nicht entdeckt worden, da Grabungen oder ein systematischer Survey noch nicht stattgefunden haben.⁵⁴

Das Heiligtum wird für Reisende und Pilger aufgrund seiner günstigen Lage nahe der antiken Straße leicht erreichbar gewesen sein. Theodor von Sykeon dürfte wahrscheinlich daran vorbeigekommen sein, bevor er – wie in seiner Vita beschrieben wird – hinter Optatianai kurze Stationen an einer Kapelle des hl. Dionysios am Wegesrand in Hebdomon und schließlich in einem Gasthaus am zehnten Meilenstein (Dekaton) einlegte (Abb. 5).⁵⁵

Wandte sich der Reisende an der Weggabelung jedoch nach Süden, wie es der Pilger von Bordeaux im 4. Jh. tat, so gelangte er 10 Meilen von Nicomedia entfernt zur Pferdewechselstation *Hyribolum/Eribolon* (Abb. 4, 5).⁵⁶ Der Ort erscheint auch als *Eribulo* in der *Tabula Peutingeriana*.⁵⁷ Abschnitte der antiken Straße decken sich in diesem Abschnitt wahrscheinlich größtenteils mit den Überresten der osmanischen Straße und dem modernen

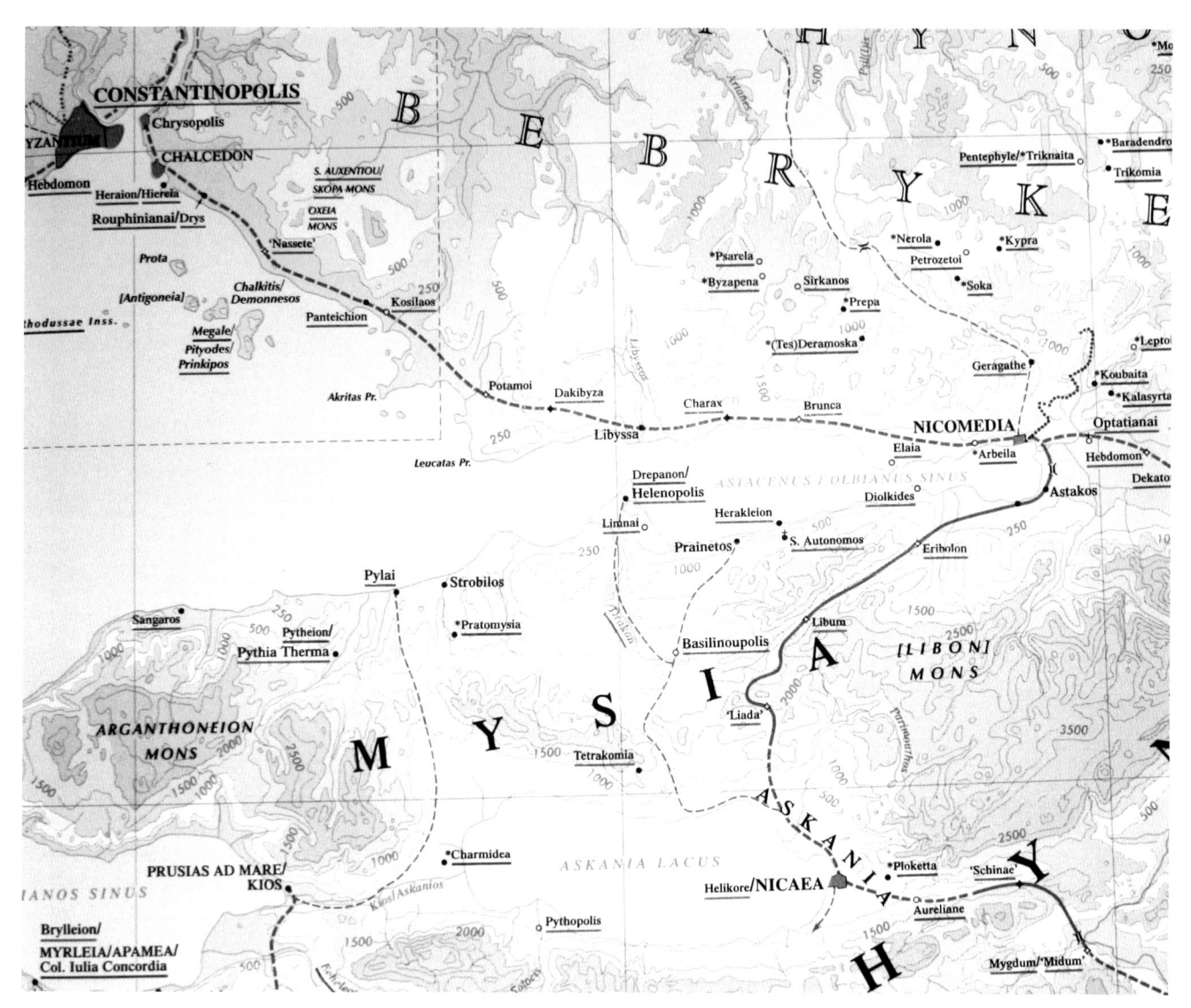

Abb. 5: Die Umgebung von Konstantinopel, Nicomedia und Nicaea in spätantik/frühbyzantinischer Zeit. Karte nach J. A. Talbert (Hg.), Barrington Atlas of the Greek and Roman world, Princeton 2000, 52.

Straßenverlauf.[58] Eribolon wird mit dem heute Ihsaniye genannten Dorf identifiziert.[59] Wahrscheinlich handelte es sich um zwei Ortsteile: eine Hafensiedlung und eine Hauptsiedlung gleichen Namens im Hinterland, in dem auch Markt abgehalten wurde und an dem die antike Straße nach Nicaea vorbei führte. Zu Beginn des 7. Jhs. n. Chr. wird hier in der Vita Theodors von Sykeon ein Pilgerheiligtum des hl. Theodor bezeugt,[60] von dem jedoch bislang keine archäologischen Spuren aufgedeckt wurden.

Zwischen Eribolon und Nicaea passierte der Pilger von Bordeaux noch zwei weitere Stationen an der antiken Straße: *Libum* und *Liada* (Abb. 5).[61] Die Mansio Libum könnte in der Nähe des türkischen Dorfes Senaiye gelegen haben, denn dorthin führt von Ihsaniye (Eribolon) eine alte gepflasterte, möglicherweise römische oder aber osmanische Straße durch das Kazıklıdere-Tal hinauf.[62] Die Meilenangaben des Pilgers von Bordeaux und die Existenz der alten Pflasterstraße, die im örtlichen Sprachgebrauch noch als »eski bey yolu« bezeichnet wird (= türkisch: alte Herren-Straße), sprechen dafür. Die Pferdewechselstation *Liada*, die der Pilger als nächste Station nennt (Abb. 5),[63] könnte 5 km südöstlich des heutigen Dorfes Sarıağıl gelegen haben, wo sich noch Reste einer bis zu 6 m breiten Pflasterstraße erhalten haben.[64]

Von hier aus gelangte man von Norden in die Stadt *Nicaea* am Askania-See (Abb. 4, 5).[65] Nicaea war, ähnlich Nicomedia, nicht nur über Land, sondern auch über das Marmarameer, über den Hafen von Kios (heute Gemlik) erreichbar. Ein Kanal, der in den Askania-See mündete, verband die Stadt mit dem Hafen am Meer.[66]

Die Stadt besaß neben den heute aus Grabungen, Surveys oder schriftlichen Quellen bekannten Kirchenbauten[67] auch ein Pilgerheiligtum, in dem der hl. Diomedes, der unter Kaiser Diokletian sein Martyrium erlitt, verehrt wurde.[68] Das Heiligtum lag offenbar nahe an der Straße nach Nicomedia.[69] Bislang haben sich allerdings keine baulichen Überreste davon gefunden.

Resümee:

Die Strecke zwischen Chalcedon und Eribolon beträgt ungefähr 105 Kilometer. Auf dieser Strecke finden sich entlang der Straße sechs sicher als Pilgerziele in den schriftlichen Quellen erwähnte Orte, die sich auf fünf Siedlungen verteilen: hl. Euphemia (Chalcedon), hl. Auxentios (Mons Skopa), hl. Panteleimon und hl. Anthimos (Nicomedia), hl. Theodor (Eribolon), hl. Diomedes (Nicaea). Nur das Pilgerheiligtum der hl. Euphemia ist durch die Pilgerin Egeria bereits im 4. Jh. bezeugt, die anderen Pilgerziele werden erst im Laufe des 5.–7. Jhs. erwähnt, können allerdings schon weitaus früher gegründet worden sein. Eines ist allen gemeinsam: es existieren bisher nur schriftliche Hinweise auf ihre Existenz oder die Erinnerung an Ruinen, die heute verschwunden sind, wie im Falle des Pilgerortes des hl. Auxentios. Kein einziger Pilgerort wurde bisher ausgegraben oder mittels eines Surveys in dem heute dicht besiedelten Gebiet untersucht.

Die Existenz der Straße bzw. des Straßennetzes war sehr wahrscheinlich ausschlaggebend für die Entstehung der genannten Pilgerheiligtümer. Ein ähnlicher Zusammenhang mit dem Straßennetz zeigt sich auch bei der Entwicklung und dem verstärkten Ausbau von Siedlungen in frühbyzantinischer Zeit in dieser Region.[70]

Die Lage an einer Fernstraße brachte vor allem wirtschaftliche Vorteile mit sich, da Überschüsse, die in der lokalen Landwirtschaft erzeugt wurden, an die Straßenstationen und Herbergen verkauft werden konnten, um die Reisenden zu versorgen. Umgekehrt kann die Verlegung der Straße auch zu wirtschaftlichen Einbrüchen führen, wie es Prokop in seiner Geheimgeschichte für das hier behandelte Gebiet überliefert.

Prokop berichtet, dass Kaiser Justinian die ursprünglich um die Bucht von Nicomedia geführte Poststrecke verlegt habe, so dass Helenopolis am Südufer der Bucht auf direktem Wege per Schiff von Konstantinopel angefahren werden konnte.[71] Durch derartige Maßnahmen hätten die lokalen Lieferanten, die die Stationen der Fernstraße versorgten, große wirtschaftliche Einbußen hinzunehmen gehabt.[72]

Die antike Straße durch Kleinasien war demnach – wie die Pilgerheiligtümer bezeugen – nicht nur eine Handels-, Post- und Heerstraße, sondern auch eine Kulturstraße, an deren Wegesrand sich schon seit dem 4. Jh. n. Chr. christliche Pilgerorte und Pilgerheiligtümer entwickelten, die in spätantik-frühbyzantinischer Zeit einen Vorgeschmack auf das noch in weiter Ferne gelegene wichtigste Pilgerziel der Christenheit – Jerusalem – boten.

From Constantinople to Nicaea. Pilgrimage roads in the Byzantinian Empire

Since January 2013 a project about Byzantine pilgrimage and its roots within pagan antiquity, granted by the Leibniz Gemeinschaft, has been started at the Römisch-Germanisches Zentralmuseum Mainz. Pilgrims to regional and supra-regional pilgrimage centers made use of pre-existing road network. In the age of early Christianity, the most famous places of worship have been situated in the Holy Land, especially in Jerusalem. Shortly after the beginning of pilgrimages to the holy sites at Jerusalem the number of pilgrimage shrines expanded to other provinces, too. Pilgrimage sites along the main travelling routes arised and contributed to the religious presentation of the main pilgrimage shrine at the final destination. In this article the road from Constantinople to Nicaea had been chosen as an example for the development of new pilgrimage shrines alongside the ancient road.

Anmerkungen

1 Der Beitrag ist ein erster Ausschnitt aus einem von der Leibniz-Gemeinschaft finanzierten Forschungsprojekt zum byzantinischen Pilgerwesen, das seit 2013 am Römisch-Germanischen Zentralmuseum in Mainz durchgeführt wird.
2 In geringerem Umfang gab es jedoch schon vor der Zeit Kaiser Konstantins I. Pilgerreisen ins Heilige Land, vgl. Bernhard Kötting: Peregrinatio religiosa. Wallfahrten in der Antike und das Pilgerwesen in der alten Kirche, Münster 1950, 83–89.
3 Vgl. David H. French: Roman roads and milestones of Asia Minor 1. The pilgrim's road. Roma cağinda Kücük Asya'daki yollar ve mil taşları. 1. Hacı Yolu (British Archaeological Reports, Internat. Ser 105), Oxford 1981, 13–14; die Tabula Peutingeriana gibt allerdings »wegen der Irrtümer und Verwechslungen kein zuverlässiges Bild vom Straßensystem, geschweige denn vom Verlauf auf dem Boden der physischen Geographie«, Christian Marek: Pontus et Bithynia. Die römischen Provinzen im Norden Kleinasiens (orbis Provinciarum), Mainz 2003, 56.
4 Vgl. Pierre Maraval: Lieux saints et pèlerinages d'Orient. Histoire et géographie des origins à la conquête arabe, Paris 1985, 88.
5 Zum Kleinasiatischen Reiseabschnitt der Hinreise vgl. Itin. Burdig. 8–11, dt. Übers. von Herbert Donner: Pilgerfahrt ins Heilige Land – Die ältesten Berichte christlicher Palästinapilger (4.–7. Jh.), Stuttgart 2002, 35–67.
6 Donner 2002 (wie Anm. 5), 38.
7 Vgl. Peregrinatio Egeriae, dt. Übers. von Donner 2002 (wie Anm. 5), 22,2–23,6, im Folgenden abgekürzt als Aeth.
8 Andreas Külzer: Handelsgüter und Verkehrswege. Wirtschaftliche Aspekte byzantinischer Pilgerzentren, in: Ewald Kislinger / Johannes Koder / Andreas Külzer (Hg.): Handelsgüter und Verkehrswege. Aspekte der Warenversorgung im östlichen Mittelmeerraum (4. bis 15. Jahrhundert). Akten des Internationalen Symposiums Wien, 19.–22. Oktober 2005 (Denkschriften / Österreichische Akademie der Wissenschaften, Philosophisch-Historische Klasse / Österreichische Akademie der Wissenschaften Philosophisch-Historische Klasse, 388, Veröffentlichungen zur Byzanzforschung, 18), Wien 2010, 186.
9 Vgl. Külzer 2010 (wie Anm. 8), 187.
10 1981 erschien die wichtigste Publikation zum römischen Straßensystem Kleinasiens, in der die Hauptroute für den Pilgerverkehr ins Heilige Land über den gesamten Verlauf innerhalb Kleinasiens fast lückenlos aus den archäologischen Befunden in Übereinstimmung mit der schriftlichen Überlieferung rekonstruiert werden konnte: vgl. French 1981 (wie Anm. 3).
11 Vgl. Klaus Belke: Bithynien. Historische und geographische Beobachtungen zu einer Provinz in byzantinischer Zeit, in: Engelbert Winter / Klaus Zimmermann (Hg.): Neue Forschungen in Bithynien (Asia Minor Studien, 69), Bonn 2013, 83–110, hier 84.
12 Ebd., 101.
13 Vgl. French 1981 (wie Anm. 3), 15.
14 Vgl. Itin. Burdig. 8 (wie Anm. 5).
15 Vgl. David French: Roman Roads and Milestones of Asia Minor, Fasc. 2: An Interim Catalogue of Milestones, Part 1 (BAR International Series 392 [i]), Oxford 1988, Nr. 462.
16 Vgl. Konrad Miller: Die Peutingersche Tafel, Stuttgart 1916, Segmentum IX; Konrad Miller: Itineraria Romana, Stuttgart 1916, 656.
17 Aeth. 23, 7 (wie Anm. 7); Pierre Maraval : Les itinéraires de pèlerinage en orient (entre le 4ᵉ et le 7ᵉ siècle), in: Akten des XII. Internationalen Kongresses für Christliche Archäologie, Bonn, 22.–28. September 1991, (JbAC Ergbd. 20,1) Münster 1995, 298; Maraval 1985 (wie Anm. 4), 364–365.
18 Vgl. The ecclesiastical history of Evagrius Scholasticus, transl. with an introduction by Michael Whitby, Liverpool 2000, 63, Anm. 24, im Folgenden zitiert als Euagr. Hist. Eccl.; Zur Lokalisierung nördlich der Bagdad-Bahnlinie vgl. Raymond Janin: Les églises et les monastères des grands centres byzantins, Paris 1975, 33.
19 Vgl. Maraval 1985 (wie Anm. 4), 364.
20 Vgl. Euagr., Hist. Eccl. II, 3 (wie Anm. 18); vgl. Janin 1975 (wie Anm. 18), 32–33.
21 Vgl. Euagr., Hist. Eccl. II, 3 (wie Anm. 18). Möglicherweise stand der Sarkophag unter einem Ciborium, vgl. Whitby 2000 (wie Anm. 18), 64, Anm. 28.
22 Vgl. Euagr., Hist. Eccl. II, 3 (wie Anm. 18); vgl. Maraval 1985 (wie Anm. 4), 365; vgl. Janin 1975 (wie Anm. 18), 32.
23 Vgl. Maraval 1985 (wie Anm. 4), 365.
24 Vgl. Maraval 1985 (wie Anm. 4), 365; Zur Lokalisierung vgl. Jules Pargoire: Mont Saint-Auxence. Étude historique et topographique, (Bibliothèque hagiographique orientale; 6,2) Paris 1904, 58–71, bes. 63–64, zur Identifizierung mit dem heute Kayısdağ genannten Berg.
25 Vgl. Itin. Burdig. 8 (wie Anm. 5).
26 Zu den Klöstern auf dem Berg vgl. Janin 1975 (wie Anm. 18), 43–50.
27 Vgl. Pargoire 1904 (wie Anm. 24), 21.
28 Vgl. Janin 1975 (wie Anm. 18), 43–50.
29 Zur Entfernung und der Geschichte des Klosters vgl. Janin 1975 (wie Anm. 18), 45–47 ; vgl. Pargoire 1904 (wie Anm. 24), 29–30.
30 Vgl. Janin 1975 (wie Anm. 18), 46–47.
31 Vgl. Janin 1975 (wie Anm. 18), 46–47.
32 Vgl. Janin 1975 (wie Anm. 18) 43–44.
33 Zu dem Einzugsbereich der Besucher vgl. Gereon Siebigs: Kaiser Leo I. Das oströmische Reich in den ersten drei Jahren seiner Regierung (457–460), Berlin 2010, 178; zur Lokalisierung des Hafens Rouphinianai vgl. Janin 1975 (wie Anm. 18), 36–37; Hansgerd Hellenkemper: Anatolische Riviera. Byzantinische Kaiserpaläste in Bithynien, in: Winter / Zimmermann 2013 (wie Anm. 11), 61–82, hier 62.
34 So Arif Müfid Mansel: Zur Lage des Hannibalgrabes, in: Archäologischer Anzeiger 1972, 268.
35 Vgl. Mansel 1972 (wie Anm. 34), 260.
36 Vgl. French 1981 (wie Anm. 3), Nr. 1.
37 Vgl. Itin. Burdig. 9 (wie Anm. 5).
38 Die falsche Namensform geht wohl auf einer Verwechslung mit dem Namen eines Neffen von Konstantin I. zurück, vgl. Mansel 1972 (wie Anm. 34), 260, Anm. 33; Donner 2002 (wie Anm. 6), 47, Anm. 35.
39 Zur Lokalisierung des Grabes Vgl. Mansel 1972 (wie Anm. 34), 257–275.
40 Vgl. Clive Foss: Survey of medieval castles of Anatolia II. Nicomedia, (British Institute of Archaeology at Ankara Monograph, 21), Ankara 1996, 59.
41 Vgl. Itin. Burdig. 9 (wie Anm. 5); Miller 1916 (wie Anm. 16), Segmentum IX.
42 Vgl. Foss 1996 (wie Anm. 40), 29–43.
43 Vgl. Clive Foss: Nikomedeia, in: Aleksandr P. Kazhdan (Hg.): The Oxford Dictionary of Byzantium 3, Oxford 1991, 1483.
44 Vgl. Maraval 1985 (wie Anm. 4), 366; Procopius, Buildings, Vol. VII, engl. Übers. von Henry B. Dewing in Zusammenarbeit mit Glanville Downey, (Loeb Classical Library, 343) Cambridge, Mass. 1940, I, 9, 11, im Folgenden zitiert als Prok. aed.
45 Vgl. Prok. aed. (wie Anm. 44), I, 9, 11.
46 Vgl. Prok. aed. (wie Anm. 44), I, 9, 11; Maraval 1985 (wie Anm. 4), 366.

47 Vgl. Foss 1996 (wie Anm. 40), 15.
48 Vgl. Foss 1996 (wie Anm. 40), 15 und Anm. 82.
49 Im Dorf Reşit Bey Çiftlik wurde ein Meilenstein gefunden, der diesen Straßenverlauf bestätigt, vgl. French 1981 (wie Anm. 3), 52 Nr. 4, map 3.
50 Vgl. Foss 1996 (wie Anm. 40), 12–13.
51 Vgl. zum hl. Anthimos: Hugo Rahner: Anthimos, in: Michael Buchberger / Josef Höfer (Hg.): Lexikon für Theologie und Kirche I, Freiburg 1986, 603–604; Maraval 1985 (wie Anm. 4), 366.
52 Vgl. Johannes Malalas: Weltchronik, dt. Übers. von Johannes Thurn, bearb. von Mischa Meier, (Bibliothek der griechischen Literatur, 69) Stuttgart 2009, 14, 20; Marcell Restle: Bithynien, in: Klaus Wessel / Marcell Restle (Hg.): Reallexikon zur Byzantinischen Kunst I, Stuttgart 1966, 720.
53 Vgl. Foss 1996 (wie Anm. 40), 12. Die Kirche über dem Grab soll von Justinian gestiftet worden sein, vgl. Johannes Malalas Weltchronik (wie Anm. 52), 14, 20, Anm. 65.
54 Vgl. Foss 1996 (wie Anm. 40), 14.
55 Vgl. Foss 1996 (wie Anm. 40), 12.
56 Vgl. Itin. Burdig. 9 (wie Anm. 5).
57 Vgl. Miller 1916 (wie Anm. 16), Segmentum IX; vgl. French 1981 (wie Anm. 3), 102.
58 Vgl. French 1981 (wie Anm. 3), 15–16.
59 Vgl. Sencer Şahin / Serap Öğüt-Polat: Katalog der bithynischen Inschriften im Museum von Istanbul, in: Epigraphica Anatolica 5, 1985, 97–124, hier 105; vgl. dazu auch Jacques Lefort: Les communications entre Constantinople et la Bithynie, in: Cyrill A. Mango / Gilbert Dagron (Hg.): Constantinople and its Hinterland, Cambridge 1995, 207–218, hier 217; Foss 1996 (wie Anm. 40), 61–62.
60 Vgl. Maraval 1985 (wie Anm. 4), 366.
61 Vgl. Itin. Burdig. 9 (wie Anm. 5).
62 Vgl. Lefort 1995 (wie Anm. 59), 217.
63 Vgl. Itin. Burdig. 9 (wie Anm. 5).
64 Vgl. Lefort 1995 (wie Anm. 59), 217; vgl. die Abbildungen antiker Straßenreste in der Gegend von Tacir, einem Dorf, das sich in einer Entfernung von ca. 6 km Luftlinie von Sarıağıl befindet: Takeko Harada / Fatih Cimok (Hg.): Roads of Ancient Anatolia I, Istanbul 2008, Abb. 31–34.
65 Vgl. Itin. Burdig. 9 (wie Anm. 5).
66 Vgl. Sabine Möllers: Nikaia, in: Marcell Restle (Hg.): Reallexikon für Byzantinische Kunst VI, Stuttgart 2005, 981.
67 Vgl. die jüngste Zusammenstellung bei Möllers 2005 (wie Anm. 66), 992–1013.
68 Zum hl. Diomedes, dessen Gedächtnistag am 16. August gefeiert wird, vgl. Johann E. Stadler / Franz J. Heim: Johann Nepomuk Ginal (Hg.): Vollständiges Heiligen-Lexikon I, Augsburg 1858, 756.
69 Vgl. Pierre Maraval führt das Heiligtum unter Nicaea auf, vgl. Maraval 1985 (wie Anm. 4), 367. Es ist jedoch nicht eindeutig, ob das Heiligtum näher bei Nicaea oder bei Nicomedia lag, vgl. Janin 1975 (wie Anm. 18), 89.
70 Vgl. Dimitris P. Drakoulis: European and Asiatic Settlements of the Bosporus Hinterland in the Early Byzantine Period, in: Gocha R. Tsetskhladze [u. a.] (Hg.): The Bosporus. Gateway between the Ancient West and East (1st Millenium BC – 5th Century AD). Proceedings of the Fourth International Congress on Black Sea Antiquities, Istanbul 14th – 18th September 2009 (BAR International Series 2517), Oxford 2013, 237–260, hier 245.
71 Vgl. Procopius: Anecdota / secret history, engl. Übers. von Henry B. Dewing, (Loeb Classical Library 290, VI) Cambridge, Mass. 1935, 30.8–11, im Folgenden abgekürzt als Prok. HA; vgl. Foss 1996 (wie Anm. 40), 11.
72 Vgl. Prok. HA 30.11 (wie Anm. 71). Andererseits scheint die Fernstraße trotz dieser Maßnahmen weiterhin benutzt worden zu sein, so dass die Auswirkungen möglicherweise nicht derart katastrophal ausfielen, wie sie Procopius beschreibt, vgl. Foss 1996 (wie Anm. 40), 11.

REINHARD RUPERT METZNER

Von vielen Wegen und einem Ziel

Zur funktionalen Pluralität der *Via francigena* und anderer hochmittelalterlicher Transferlinien nach Rom

Das Pilgerwesen entlang der innereuropäischen Fernwege hat wie kaum ein anderes mittelalterliches Phänomen in den letzten Jahrzehnten das Interesse bei Reiselustigen und Sinnsuchenden des gesamten Kontinents geweckt. Im Zuge dieser Entwicklung sind schon seit geraumer Zeit auch die alten Wege über die Alpen zu den Apostelgräbern in Rom ins Blickfeld gerückt, allen voran die mittlerweile wohlbekannte sogenannte *Via francigena* (Farbabb. 10). In den diesbezüglichen Publikationen wird weitgehend das friedliche Bild einer von allen kontroversen Konnotationen befreiten gesamteuropäischen Pilgertradition beschworen.

Diese Tendenz lässt sich auch in der zeitgenössischen Literatur zu den Jakobswegen ausmachen, in welcher der kriegerische Aspekt und Kolonisationscharakter der Santiago-Wallfahrt oftmals ausgespart oder beschönigt wird. Aber ebenso ist es einigen Historikern zu verdanken, dass schon sehr früh die politische Dimension der Jakobusverehrung thematisiert wurde, etwa im Kontext der spanischen Reconquista oder des französischen Landesausbaus in Nordspanien als Nebenfunktion des *Camino francés*.[1]

In den bisherigen Veröffentlichungen zu den Pilgerwegen nach Rom und vor allem zur sogenannten *Via francigena* erfahren die Konflikte und Kämpfe, die entlang und um die Verkehrsverbindungen zwischen Norden und Süden entbrannten, leider nur wenig Beachtung. Hinzu kommt, dass die über die Funktion als Pilgerstraße hinausgehende Nutzung der Romwege von Kaisern, Königen und Diplomaten, aber auch Händlern und Künstlern, besonders in der jüngeren Forschung meist ausgeklammert wird.

Zu diesen für den wissenschaftlichen Ertrag schon allein sehr hinderlichen Einschränkungen des Blickwinkels gesellt sich die seit 1994 durch den Europarat manifestierte und dadurch auch legitimierte Reduktion auf eine einzige mit dem Etikett ›Via francigena‹ versehene Route von Rompilgern, nämlich kongruent zum Itinerar des Erzbischofs Sigerich von Canterbury nach Rom aus dem Jahr 990 n. Chr. Dies hat zur Folge, dass jeder, der heute einen Reise- oder Wanderführer aufschlägt oder aber sich im Internet informieren will, immer wieder das extrem verkürzte Postulat findet, bei der *Via francigena* handele es sich um einen seit dem Mittelalter konstituierten Pilgerweg ausschließlich von Canterbury nach Rom.[2]

Ohne Sand ins Getriebe einer euphorisierten Tourismusmaschinerie streuen zu wollen, soll hier im Folgenden in aller gebotenen Kürze versucht werden, den Winkel wieder ein wenig zu weiten und dabei den Blick darauf zu lenken, inwiefern ein aufgefächerter, vielschichtiger Funktionsbegriff der Romwege auch neue Chancen eröffnen könnte.

Zu Beginn des 20. Jhs., am Anfang der wissenschaftlichen Erfassung mittelalterlicher Verkehrswege, bildete die profane Nutzung der Italienrouten noch mehrheitlich den Mittelpunkt des Interesses. Das besondere Augenmerk richtete sich auf den merkantilen und politisch-diplomatischen Austausch, wobei die dementsprechenden Quellen primär nach ihrem topographischen Aussagewert ausgewählt wurden, da die grundlegende Rekonstruktion von Wegführungen und die Frage der Verkehrsfrequenz im Vordergrund standen.[3] Angesichts der politischen Konstruktion des hochmittelalterlichen Heiligen Römischen Reichs tendierten jedoch besonders die damaligen deutschsprachigen Historiker dazu, allein aus der Deduktion der Itinerare der römisch-deutschen Kaiser und Könige allgemeine Rückschlüsse auf die gesamtgesellschaftliche Bedeutung einzelner Streckenabschnitte zu ziehen.[4]

Einen weiter gesteckten Rahmen zeichnete allerdings Konrad Schrods ausführliche quellenexegetische Untersuchung der italienischen Reichsstraßen aus, in der zusätzlich zu den Herrscheritineraren auch die Wege von Legaten und Gesandten, Händlern und Pilgern zu rekonstruieren versucht wurde.[5] Schrods zusammengetragene Ergebnisse bilden daher nach wie vor eine ertragreiche Grundlage für diesen Themenkomplex.

Ein derart breit gefächerter Zugang geriet in der Nachkriegszeit zunächst wieder in den Hintergrund. Die Verkomplizierung der Perspektiven und überbordende Vielfalt von Untersuchungsebenen ließen interdisziplinär angelegte Gesamtbetrachtungen, die weiterhin wissenschaftlichen Standards genügen wollten, im Vorhinein unmöglich erscheinen. So ist zu beobachten, dass erst die Vereinzelung der Themenschwerpunkte zu jener bis in diese Tage nachwirkenden exklusiven Beurteilung der mittelalterlichen Verkehrswege als entweder Pilger- oder Handelsstraßen führte.[6]

Die zunehmende Konzentration auf die alleinige Funktion der italienischen Verkehrswege als Pilgerroute entwickelte sich wohl auch unter dem Eindruck der seit den 1980er Jahren florierenden wissenschaftlichen und touristischen Erschließung des Spanischen Jakobswegs. Den Versuch einer synchronen Herangehensweise in parallelen Schritten zur Jakobswegforschung stellen daher die frühen Publikationen Renato Stopanis zur *Via francigena* dar.[7] Maßstabsetzend sind auch Stopanis Beiträge in *De strata francigena*, dem Periodikum des von ihm gegründeten Centro Studi Romei in Florenz, das sich auf die Erforschung der Rompilgerwege unter religions- und kirchenhistorischen, gelegentlich auch kunsthistorischen Aspekten spezialisiert hat.[8] Der wissenschaftliche Wert dieser Pionierarbeiten ist nach wie vor unbestreitbar, aber auch Stopani betrachtet die *Via francigena* nahezu ausschließlich in ihrer Funktion als Pilgerstraße. Zudem kaprizierte sich die Wissenschaft und mit ihr einhergehend das italienische Kultur- und Tourismusmanagement infolge Stopanis bahnbrechender Publikation von 1988 vollends auf die Canterbury-Route des Sigerich. Im Jahr 1999 erweiterten Stopani und sein Umkreis den Blickwinkel immerhin auf die geographische Pluralität der Romwege mit einem eigens auf diesen Komplex ausgerichteten Kongress.[9] Aber es dauerte weitere 13 Jahre, bis sich Stopani dann in seiner jüngsten Veröffentlichung endlich auch der von ihm vorher vernachlässigten mittel- und nordeuropäischen Pilger annahm.[10] Allerdings etabliert er nun den nicht sehr geglückten Begriff der ›*via Teutonica*‹, der so nur in sehr wenigen italienischen Quellen des Mittelalters und schon gar nicht auf eine bestimmte Wegstrecke gemünzt erscheint[11] und konstruiert diese über den Brennerpass führende Route als ›deutsche Alternative zur *Via francigena*‹. Dass es für eine solche scharfe Trennung der italienischen Rompilgerwege nach ethnischer Herkunft keine historische Grundlage gibt, wird im Folgenden darzulegen versucht.

Der Kunsthistoriker Arturo C. Quintavalle publizierte schon 1976 eine monographische Arbeit zum Pilgerwesen und zur Kunst entlang des Streckenverlaufs der sogenannten *Via francigena*, die er aber als *strada Romea* bezeichnete, einem historisch wesentlich weniger problematischen und im Grunde angemesseneren Begriff.[12] Quintavalle gebührt das Verdienst, schon zu diesem frühen Zeitpunkt die Vielgliedrigkeit des hochmittelalterlichen Romwegenetzes und dementsprechend auch die Problematik der Konzentration auf spezifische Routen thematisiert zu haben. Dies geschieht bei ihm vor allem unter der Prämisse, die Wege künstlerischen Austauschs in vielerlei Richtungen auszuleuchten.[13] Dessen ungeachtet versteht aber auch Quintavalle seine *Strada Romea* vornehmlich als Pilgerroute.

Dieser Herangehensweise entgegenwirkend und damit aus dem damaligen Zeitgeist fallend versuchte sich bereits 1972 der Historiker Werner Goez an einer interdisziplinär angelegten Gesamtbetrachtung des Abschnitts der *Via francigena* von Pavia nach Rom, den er als ›Kaiserstraße‹ bezeichnete.[14] Bedauerlicherweise entwickelte Goez diesen übergeordneten Ansatz im Rahmen einer primär populärwissenschaftlichen Veröffentlichung und entzog sich damit in gewisser Hinsicht der direkten Auseinandersetzung. Dies hatte zur Folge, dass von ihm gesammeltes, durchaus Erkenntnis versprechendes Material mangels Quellennachweis dem interessierten Leser verschlossen blieb und seine Publikation über die Jahre nahezu in Vergessenheit geriet. Allerdings birgt auch sein Ansatz die Problematik, mit einer wiederum einseitig politikhistorischen Akzentsetzung, etwa der in dieser Form nicht haltbaren Titulierung der *Via francigena* als ›Kaiserstraße‹, der funktionalen Ambivalenz und Pluralität der Romwege nicht gerecht zu werden.

Goez' Begriff der ›Kaiserstraße‹ impliziert nämlich, der Weg der deutschen Könige zur obligatorischen Kaiserkrönung in Rom habe zwingend über Pavia führen müssen, wo in der Kirche San Michele Maggiore traditionellerweise ihre Krönung zum König des Regnum Italicum stattfand. Allerdings machte sich die von ihrem Status als langobardische Hauptstadt herrührende, unter den Karolingern und Ottonen hervorgehobene Stellung Pavias als italienische Krönungsstadt gerade im Verlauf des 11. und frühen 12. Jhs. nicht ganz so deutlich und durchgängig bemerkbar, wie Goez in seiner Gesamtbetrachtung suggeriert. Auch Monza war im Hochmittelalter in den Rang einer langobardisch-italienischen Krönungsstadt aufgestiegen und besonders die Salierkaiser ließen sich häufiger dort und sogar in Mailand krönen.[15]

In den letzten Jahren spezialisiert man sich in Italien aus erkennbar regionalem Interesse auf immer detailliertere Rekonstruktionen der Wegführungen entlang abgesteckter lokaler Teilabschnitte der Romwege.[16] Zeitgleich folgen viele deutschsprachige Autoren – wohl nach wie vor auch in Distanz zur allzu kaiseraffinen und deutschnationalen Herangehensweise aus Vorkriegszeiten – einem sozialhistorischen Ansatz, in dem das umfassende Material sämtlicher Reisenden des Mittelalters standes- und grenzübergreifend untersucht wird.[17] Diese Methode läuft zwar gelegentlich Gefahr, sich in allzu kleinteiligen Analysen zu verlieren, vermag aber einen umfangreichen Eindruck davon zu geben, wie zahlreich und selbstverständlich im Hochmittelalter gereist wurde und wie reichhaltig und nachwirkend die Kommunikation und der Transfer jedweder Art entlang der ausgetretenen Pfade gewesen sein muss. Als Beispiel seien hier nur Arnold Eschs ertragreiche Arbeiten genannt, in denen er sich jenseits der großen Namen besonders den mittelalterlichen Alltagsgepflogenheiten zuwendet, neben der Konzentration auf die im Mittelalter weitergehende Nutzung der antiken Straßen nördlich von Rom auch der, allerdings nur von wenigen Einzelquellen getragenen Beschreibung der Bedingungen von Alpenüberquerungen im Spätmittelalter.[18] Bezeichnenderweise wird bei Esch mit Kaiser Otto III. das frühe Beispiel einer Herrscherpersönlichkeit auf dem Weg nach Rom allenfalls anekdotisch verarbeitet.[19] In Ermangelung hinreichend aussagekräftiger Alltagszeugnisse aus dem Hochmittelalter konzentriert sich ein dementsprechend breitgefächerter Zugang allerdings notgedrungen vor allem auf den wesentlich reicheren Schatz von Quellen aus dem 14. und 15. Jh.

Einige sich aufdrängende Fragen sind in der Unübersichtlichkeit des aus den Teilbereichen der Pilgerwegs- und Kulturtransferforschung gespeisten Themenkomplexes dennoch bis dato nur in Ansätzen beantwortet worden: Nach welchen Kriterien entschied man sich im Mittelalter für die jeweilige Strecke, inwiefern spielten religiöse und politische Gründe ineinander und welche Bedingungen mussten vorherrschen, damit Kommunikation und Austausch überhaupt stattfinden konnten?

Diesbezüglich klaffen immer noch eklatante Lücken in unserem Vorstellungsgefüge der Zeit, gerade für das Hochmittelalter und damit für die Epoche, in der die Wege nach Rom geographisch fixiert und benannt und in der die Itinerare verfasst wurden, auf die sich die gegenwärtigen Maßnahmen zur touristischen Erschließung und Infrastrukturierung der Romwege, speziell der *Via francigena*, hauptsächlich berufen.

Um der Vielschichtigkeit der tradierten Funktionen der Romwege und insbesondere der *Via francigena* gerecht zu werden, bedarf es daher eines Blicks zurück zu ihren Anfängen: Die Genese der später ›*Via francigena*‹ genannten Streckenführung geht auf die Zeit des italienischen Langobardenreichs zurück. Zwar kann man von einer Wallfahrt nach Rom schon zur Zeit Konstantins ausgehen und auch nach den Wirren der Völkerwanderung finden sich bereits aus dem frühen 6. Jh. wieder Aufzeichnungen von Rompilgern, vor allem von Mönchen der Britischen Inseln.[20] Diese frühen Pilger scheinen in Italien allerdings nach wie vor größtenteils dem Verlauf der alten Römerstraßen *Aurelia*, *Cassia* und *Flaminia* gefolgt zu sein. Gerade die beiden erstgenannten Routen führten jedoch durch im Frühmittelalter immer weiter versumpfende und dadurch von der Malaria bedrohte Feuchtgebiete wie etwa die Maremma auf der *Via Aurelia* oder das Chiana-Tal auf der *Via Cassia*. Dadurch wurde eine Verlagerung der Verkehrswege auf Höhenzüge notwendig, möglichst entlang von Wasserscheiden und ohne den Bedarf aufwendiger Straßenbaukonstruktionen.

Es waren aber vor allem politische Gründe ausschlaggebend, weshalb unter den Langobarden eine neue Fernwegführung angelegt wurde. Die damalige Hauptstadt des Langobardenreiches Pavia sollte mit den südlicheren Reichsteilen, dem Herzogtum Tuszien mit der Hauptstadt Lucca und den Herzogtümern von Benevent und Spoleto, verbunden werden. Um nicht allzu große Teile der byzantinischen Besitzungen in Italien zu durchqueren, wählte man als Hauptübergang des Apennin die Strecke über den heutigen Cisa-Pass zwischen Parma und dem tyrrhenischen Meer, dem damaligen ›Mons Langobardorum‹ oder später auch ›Monte Bardone‹. Dieser wurde bereits in der Langobardenchronik des Paulus Diaconus erwähnt.[21] Spätestens mit der Rückeroberung weiterer Teile der östlichen Emilia und der Romagna unter dem byzantinischen Exarchen Romanos Ende des 6. Jhs. schieden die modenesischen Apenninenpässe nach Pistoia oder aber die Route von Bologna nach Florenz für die Langobarden aus.

Die bis in die Neuzeit und vor allem in den letzten Jahrzehnten wieder mehrheitlich genutzte Bezeichnung ›Via francigena‹ für den mittelalterlichen Hauptpilgerweg nach Rom kam bereits im 8. Jh. noch zur Zeit der Langobardenherrschaft auf.[22] Der Begriff ›francigena‹ kann sich zum damaligen Zeitpunkt demnach nur auf die Franken des karolingischen Großreiches im Allgemeinen bezogen haben und sollte daher nicht, wie es oft geschieht, vereinfachend und anachronistisch als Straße, die von Frankreich kommt, missverstanden werden.

Aufgrund der lückenhaften Quellenlage konzentriert sich die Pilgerwegforschung auf einige wenige gesicherte Überlieferungen vollständiger Streckenbeschreibungen von Rompilgern. Für die *Via francigena* wird hierzu wie erwähnt vor allem das Itinerar des Bischofs Sigerich von Canterbury aus dem Jahr 990 n. Chr. herangezogen.[23] Dieses Itinerar ist jedoch weder das erste, sondern nur das vollständigste, noch beschreibt es, wie zu zeigen ist, die einzige historische Route. Das für die weitere Entwicklung der sogenannten *Via francigena* zur meistfrequentierten Romroute aber sicherlich als Basis dienende Itinerar des Sigerich von Canterbury beginnt mit der Etappenaufzählung in Rom und beschreibt die Stationen seiner Rückkehr nach England (Farbabb. 11). Der Einfachheit halber soll hier nur ein kurzer Überblick über die Etappenorte in umgekehrter Richtung, also nach Rom hin, gegeben werden:

So führt Sigerichs Strecke von Canterbury über Calais und Arras, Laon und Reims nach Chalôns-sur-Marne, weiter über Bar-sur-Aube ins Burgundische Gebiet nach Besançon, Pontarlier und Lausanne und von dort ins Rhônetal des Wallis nach St. Maurice. Zur Überwindung des Alpenhauptkamms wurde der Pass des Großen St. Bernhard, des antiken ›Mons Jovis‹, beschritten, auf dem mindestens seit dem 11. Jh. das Hospiz des heiligen Bernhard nachweisbar ist.[24] Auf der südlichen Seite der Alpen ging der Weg durch Aosta weiter ins heutige Piemont nach Ivrea, Santhia und Vercelli und schließlich nach Pavia. Von dort führte die *Via francigena* zunächst nördlich parallel zum Po bis nach Corte Sant'Andrea unweit von Piacenza, wo der Fluss überquert wurde. In Piacenza traf die Route auf die antike Trasse der Via Emilia, der sie nun vorerst folgte. Über Fiorenzuola erreichte der Weg Borgo San Donnino, das heutige Fidenza (Farbabb. 12). Kurz hinter diesem wichtigen Zwischenwallfahrtsziel bog man von der antiken Via Emilia Richtung Apennin ab. In Fornovo im Tal des Taro mögen Reisende dazu gestoßen sein, die von Nordosten über Parma kamen. Über den Klosterort Berceto und den Cisa-Pass führte die Route des Sigerich und seiner Nachfolger durch die toskanische Lunigiana zur sich damals bereits im Niedergang befindlichen antiken Hafenstadt Luni, die mit der fortschreitenden Malariaversuchung der Magramündung später auch oft umgangen wurde. Es folgten Camaiore, Lucca und dann, immer entlang der Höhenzüge des toskanischen Hügellandes, die Städte San Gimignano und Siena, deren wirtschaftlicher Aufstieg direkt mit der Etablierung der *Via francigena* in Zusammenhang gebracht werden kann. Über San Quirico d'Orcia, eine typische mittelalterliche Gründung entlang der *Via francigena*, welche wie in Siena die Hauptachse des Ortes bildete, führte der Weg im Paglia-Tal unterhalb des Klosters San Salvatore am Monte Amiata vorbei, das mehrere Herbergen entlang der Pilgerroute unterhielt.[25] Das daraufhin folgende, bereits im heutigen Latium gelegene Acquapendente war mit seiner schon lange vor den Kreuzzügen dem Heiligen Grab geweihten Kirche eine weitere wichtige Wallfahrtsstation auf dem Weg nach Rom. Sigerichs Weg führte von hier aus weiter über Bolsena und Montefiascone, um dann wiederum dem Teilstück einer antiken Trasse, diesmal der *Via Cassia*, zu folgen, das ihn über den Borgo Santa Valentina unweit des erst später im Verlauf des 11. Jhs. gegründeten Viterbo führte. Schließlich wurde noch Sutri passiert und auf dem Monte Mario eröffnete sich dem Pilger dann der ersehnte Blick auf die ewige Stadt.

Mit den Tagebuchaufzeichnungen des Nikulas von Munkathvera, Abt von Thingør in Island, von ca. 1155 ist ein weiteres interessantes Dokument erhalten, das die Nutzung der Sigerich-Route auch von nachfolgenden Pilgern zumindest auf italienischem Gebiet mit ein paar wenigen Abweichungen bestätigt.[26] Darüber hinaus liefert dieses Itinerar jedoch das Beispiel eines Rompilgers, der nicht aus England oder Frankreich kam, sondern den Weg von weit im Norden über Deutschland nahm.

Nikulas' Pilgerreise führte ihn per Schiff nach Bergen in Norwegen und wiederum über die Nordsee nach Aalborg in Dänemark. Weiter ging es auf dem Landweg über Schleswig nach Deutschland, wo er die Reise über Stade, Verden, Nienburg, Minden und Paderborn nach Mainz fortsetzte. Nikulas beschreibt allerdings auch noch zwei alternative Routen für die Strecke von Stade nach Mainz. Von Mainz an verlief sein Pilgerweg entlang der stark frequentierten, sicherlich bereits eine Vielzahl von Zubringerstrecken bündelnden Verkehrsroute links des Oberrheins über die Bischofsstädte Worms, Speyer, Straßburg und Basel und dann vom Rhein abweichend weiter über Solothurn und Avenches nach Vevey am Genfer See, wo sich »die Straßen vereinigen von jenen, die nach Süden gegen den Großen Sankt Bernhard gehen mit jener der Franken aus Nordfrankreich, jener der Flamen, jener der Südfranzosen, jener der Engländer, der Deutschen und der Skandinavier«.[27]

Von Vevey an erweist sich der weitere Weg des Nikulas als weitgehend identisch mit der Strecke Sigerichs. Bemerkenswert ist, dass der Isländer hinter Piacenza ein Pilgerhospiz (»Eric spitali«[28]) erwähnt, das wohl am Ende des 11. Jhs. von König Eric I. Svendsson von Dänemark gegründet wurde und sich vor allem der Rompilger aus Nordeuropa angenommen hat. Ein weiterer Unterschied zu Sigerichs älterem Stationenverzeichnis ist die Nennung der Stadt Viterbo als »Boternis«/»Biternis borg«[29] im Itinerar des Nikulas. Im Verlauf des 11. Jhs. fand eine Verlagerung der Wegführung statt, um die neu gegründete und sogleich florierende Stadt Viterbo an den Romweg anzubinden. Man verließ hierzu die antike *Via Cassia* und nutzte wohl zunächst eine alternative römische Straße in Richtung Viterbo um dann auf neuen hochmittelalterlichen Wegen wieder den Anschluss zur *Cassia* zu finden.[30]

Als wesentliches Resultat aus dem Itinerar des Nikulas kann demnach festgestellt werden, dass sich die sogenannte *Via francigena* bereits auf der Nordseite des Großen St. Bernhard aus vielen Armen zusammenschloss, die Zubringerrouten sammelte und somit nicht nur als Verlängerung der Strecke von Sigerichs englischem Bischofssitz verstanden werden darf. Da man sich schon vor dem Pass spätestens am Genfer See mit Pilger- und Reiseströmen aus deutschsprachigen und skandinavischen Gebieten vereinigte, dürfte dieser Strecke somit neben den Bündner Alpenpässen (Lukmanier, Splügen, Septimer) und dem stark frequentierten Brenner durchaus Relevanz bei der Betrachtung des religiösen und politischen oder auch gesamtkulturellen Austauschs zwischen Italien und dem mittleren und nördlichen Europa zugesprochen werden (Farbabb. 10).

Der vor allem im Spätmittelalter und der Neuzeit zu großer Bedeutung gelangte Weg über den Gotthardpass wurde erst im Verlauf des 13. Jhs. angelegt, der nahe Lukmanierpass aber bereits im Frühmittelalter von irischen Missionaren und Pilgern genutzt. Unmittelbar südlich dieses Passes gab es wohl bereits 1136 ein Hospiz.[31] Auch am Septimerpass lässt ein dem heiligen Petrus geweihtes Hospiz auf eine Frequentierung durch Rompilger schließen.[32] Der friesische Prämonstratenserabt Emo von Werum überquerte 1211/12 auf dem Hinweg nach Rom den Pass des Mont Cenis im nordwestlichen Susatal bei Turin, sein Rückweg führte ihn aber über Pavia, Mailand und Como, was auf die Nutzung von Splügen- oder Septimerpass hindeutet.[33] Die meist von Chur kommenden Bündner Alpenwege stießen wohl in Pavia auf den italienischen Teil der *Via francigena*. Rompilger, die den Brennerpass nutzten, setzten ihren Weg südlich der Po-Ebene wahrscheinlich eher über die östlicheren Apenninenübergänge, eventuell sogar die alte *Via Flaminia*, fort.

Sicherlich mit ausschlaggebend für die Wahl der Route über den Großen St. Bernhard war die Möglichkeit, auf dem Weg die Reliquien des populären Heiligen Mauritius in St. Maurice am Eingang des Wallis aufzusuchen. Ein weiterer Hinweis auf die Frequentierung des Großen St. Bernhard durch Pilger auf dem Weg zu den Apostelgräbern in Rom gibt das Petrus geweihte Kloster in Bourg St. Pierre am Fuß des Passes. Jedenfalls findet sich der Weg »per montem Jovis«,[34] also über den Großen St. Bernhard, mit der ausdrücklichen Empfehlung für Rompilger auch in den *Annales Stadenses* des 13. Jhs. Einige frühe Bischöfe aus dem deutschen Raum, wie etwa Bernward von Hildesheim und Ulrich von Augsburg, scheinen ebenfalls bereits über den Großen St. Bernhard nach Rom gepilgert zu sein.[35]

Die trotz alledem immer wieder festzustellende Einschränkung auf die alleinige Strecke von Canterbury über Frankreich nach Rom ist wohl vor allem dem Wunsch geschuldet, nach dem Vorbild des spanischen Jakobsweges das authentische Bild einer touristisch vermarktbaren, vereinheitlichten Pilgerstraße zu entwerfen. Oft ignoriert wird hierbei, dass sich auch das weitgefächerte Netz von Jakobswegen aus ganz Europa erst am Pyrenäenhauptkamm auf einen vermeintlich festgelegten Weg vereinigte. Und selbst der heute vielfach begangene und beschriebene sogenannte *Camino francés* in Spanien stellt nur die ungefähre, moderne Rekonstruktion einer von vielen möglichen mittelalterlichen Routen zum Jakobsgrab dar.

Demgemäß sollte man sich im Blick auf eine mögliche Wiederbelebung historischer Rompilgerwege, besonders unter der Prämisse einer europäischen Ausrichtung, nicht ausschließlich auf eine bestimmte, zwar quer durch den Kontinent verlaufende, aber außer Italien nur gerade einmal drei heutige Länder betreffende und die gesamte Mitte und den Norden Europas ausklammernde Trasse beschränken. Wie nicht nur durch das angeführte Itinerar des Nikulas bezeugt wurde, gab es zu der gewiss speziell von Engländern, aber auch Franzosen häufig begangenen Straße des Sigerich zumindest nördlich des Alpenbogens, aber auch noch in Oberitalien, immer auch Zubringer, Abzweige und eventuell sogar gleichwertige Alternativen. Deren Existenz gewinnt vor allen Dingen an Gewicht, wenn man den Betrachtungsschwerpunkt der Romroute nicht nur auf ihre religiöse, sondern auch politische Funktion richtet.

Die in der jüngeren Itinerarforschung zu beobachtende nahezu ausschließliche Konzentration auf die religiösen Aspekte der *Via francigena* ist allein schon deshalb problematisch, weil es generell dem mittelalterlichen Weltbild zuwiderläuft, wenn man bei einem damaligen Reisenden eine scharfe Grenze zwischen religiöser und politischer Motivation zu ziehen versucht. Man müsste in diesem Zusammenhang nur auf das gespaltene Selbstverständnis des Pilgers als Wallfahrer *und* Kämpfer im Zeitalter der Kreuzzüge verweisen. Auch jede sogenannte Pilgerfahrt eines Bischofs nach Rom oder jede Translation von Heiligenreliquien von Italien nach Norden war nicht bloß ein religiöser oder kirchenhistorisch relevanter Akt, auch wenn es sich bei den Akteuren um geistliche Würdenträger handelte.

Selbst wenn man sich eingedenk dieser Synchronie der Bedeutungsebenen auch nicht zu einer wiederum allzu einseitig politikhistorischen Wertung der Romwege hinreißen lassen sollte, wie sie etwa Goez vertrat, so müsste dennoch die Rolle Pavias als Knotenpunkt der oberitalienischen Interessens- und Transferlinien noch einmal genauer betrachtet werden. Ungeachtet der zeitweiligen Verlegung der italienischen Krönungszeremonie nach Monza unter den Saliern, blieb eine gewisse Präsenz kaiserlichen Interesses in Pavia gewahrt, allein schon durch die massive Förderung des Reichsklosters San Pietro in Ciel d'Oro, dessen von salischer Seite vorangetriebener Neubau um 1100 anzusetzen ist.[36] Den erhaltenen Zeugnissen zufolge wurde Pavia zumindest von nahezu sämtlichen römisch-deutschen Herrschern des Hochmittelalters mit Ausnahme Heinrichs V. und Konrads III. aufgesucht und oft auch als Basis für längere Aufenthalte im oberitalienischen Raum genutzt.[37] Spätestens mit dem Staufer Friedrich Barbarossa, der sich 1155 dann auch wieder in Pavia im Neubau von San Michele Maggiore (Abb. 1) zum König des Regnum Italicum krönen ließ und diese Prozedur 1162 an derselben Stelle noch einmal feierlich wiederholte, gewann Pavia seinen herausragenden Status in Oberitalien zurück.[38] Der Bedeutungszuwachs der Stadt unter dem ersten Stauferkaiser wird auch durch seine besonders häufigen Aufenthalte in der Stadt bezeugt. Außerdem verfügte er über eine eigene Pfalz beim Kloster San Salvatore vor den Stadtmauern.[39]

Auch eine nähere Betrachtung der oberitalienischen Straßen in ihrer Funktion für den politisch-diplomatischen Austausch weist Pavia noch bis ins 13. Jh. hinein eine große strategische Bedeutung als bündelnder Verkehrsknotenpunkt zu. Die gesammelten Belege zur Frequentierung verschiedener auch für den Einzugsbereich von Pavia relevanter Alpenpässe durch Personen der politischen Sphäre zeigen, dass der Große St. Bernhard eventuell mehrmals von Karl dem Großen und nachweisbar auch seinen karolingischen Nachfolgern überquert und dann die *Via francigena* auch für den weiteren Weg gewählt wurde, was die Erwähnung der Stadt Ivrea nahe legt. Der Pass verlor wohl auch im Hochmittelalter für die römisch-deutschen Herrscher nicht an Bedeutung, was Züge Heinrichs V. (1110) und später Heinrichs VI. (1196) belegen.[40]

Der Pass des Mont Cenis (Moncenisio) am nordwestlichen Ende des Susa-Tals war für die Reichspolitik vornehmlich in jenen Zeiten wichtig, in denen das Königreich von Burgund, das sogenannte Arelat, Teil oder zumindest Interessensphäre des Heiligen Römischen Reichs war. So kann man eine häufige, den Großen St. Bernhard noch übersteigende Nutzung des Mont Cenis vor allem durch die staufischen Herrscher, beginnend mit Barbarossa, feststellen.[41] Eine stark frequentierte Verbindung zwischen dem Mont Cenis über Casale Monferrato, Vercelli und damit auch weitergehend mit Pavia wurde vom Autor des *Chronicon Novaliciense* des 11. Jhs. als *via Francorum* bezeichnet.[42] Die Existenz einer solchen Route erschließt sich auch durch den Vergleich der schon erwähnten Reisenotizen des Abtes Emo von Werum, der den Mont Cenis auf dem Hinweg nach Rom nutzte,[43] mit dem zumindest in einer alternativen Abschrift überlieferten Stationenverzeichnis der Pilgerreise des Matthäus Paris des 13. Jhs., das die Orte Susa, Turin, Vercelli, Pavia und dann weitere entlang der klassischen *Via francigena* nach Rom angibt.[44] Auch bezüglich dieser Quellen sollte nicht unbegründet strikt zwischen religiös und politisch motivierter Streckennutzung unterschieden werden.

Von den Bündner Alpenpässen, deren Wege im Bereich des Comer Sees zusammenliefen und dann südwärts (nur teilweise über Mailand) nach Pavia führten, waren auch für den diplomatischen Austausch vor allem der Lukmanier und der Septimer bedeutend. Die militärische Sicherung gerade dieser Alpenübergänge, besonders des Lukmanierpasses, wurde vor allem unter Friedrich Barbarossa vorangetrieben, der gleichzeitig wie gesagt die Rolle Pavias wieder aufwertete.[45]

Abb. 1: Pavia, San Michele Maggiore, Fassade, ca. 1155.
Foto: Reinhard R. Metzner.

Insgesamt betrachtet scheint somit die von Goez angenommene strategisch intendierte Trasse über Pavia nach Rom eine gewisse Berechtigung zu haben. Im Sinne der Vermeidung unmotivierter Abgrenzungen sollte aber grundsätzlich versucht werden, diesen Aspekt mit der Bedeutung der *Via francigena* als Pilgerroute in ergänzenden Einklang zu bringen.

Abschließend kann demnach festgehalten werden, dass es über das frühe Itinerar des Sigerich hinausgehend nicht ausreichend historische Evidenz für eine speziell konstituierte Pilgerstraße von Canterbury nach Rom gibt, die dann auch noch vornehmlich oder gar exklusiv von Engländern oder Franzosen begangen worden sein soll, während die Deutschen und andere Nord- und Nordosteuropäer nahezu ausschließlich über den Brenner kamen, wie etwa Stopani in seiner jüngsten Veröffentlichung suggeriert.[46] Vielmehr vollzog sich am Genfer See als nördlichem Anfangspunkt des als *Via francigena* bezeichneten Streckenverlaufs über den Großen St. Bernhard ähnlich dem Prinzip der Jakobswege eine Bündelung aus vielerlei Richtungen. Zudem wurden andere Pässe des Westalpenbogens und die Bündner Alpenpässe gleichermaßen konstant genutzt. Alle diese Wege, zweifellos auch der über den Brenner, führten über kurz oder lang nach Rom, aber sie waren multifunktional und dienten sowohl als Routen für Pilger als auch für Händler, kirchliche Würdenträger, Diplomaten und gelegentlich sogar Kaiser und Könige.

Es gab im mittelalterlichen Europa eben nicht nur viele Wege nach Rom, sondern auch mindestens ebenso viele Gründe, die einen dorthin führten.

About many ways and one designation. The functional plurality of the Via francigena and other High Middle Ages transfer routes to Rome

In the past years, as well as the slipstream of rediscovery and commercialisation of the European roads to Santiago, the long distance routes traversing the Alps and continuing to Rome came into focus of research – such as the itinerary which crosses France, Switzerland and further on passes Pavia, Lucca, Siena and Viterbo. This road, based on the pilgrimage of archbishop Sigeric from Canterbury to Rome in 990 AD, has been given the overall label *via francigena*.

However, the research history in this regard is particularly problematic due to diverging emphases and interests. The paper displays the complexity of previous results of transfer research and historical exegesis in their interaction between politics and religion.

It concludes that there is no satisfactory evidence of a specifically constituted pilgrim road leading exclusively from Canterbury to Rome in the High Middle Ages. We concentrate focus exclusively on English and French pilgrims only, whereas Germans and other Europeans would have solely crossed the Brenner Pass, as recently alleged.

In fact, many roads that were used by different nations bundled in the area around Lake Geneva and thenceforward continued along the stretch of the *via francigena*. The former Lombardian capital city of Pavia served as a junction uniting with travellers coming from the Grisonian Passes via Como. Furthermore, there were always several reasons to head Rome. All of the cited routes were multifunctional and not only used by pilgrims, but also by merchants, diplomats, kings and emperors as well.

Anmerkungen

1 Vgl. v. a. Klaus Herbers: Politik und Heiligenverehrung auf der iberischen Halbinsel. Die Entwicklung des »politischen Jakobus«, in: Jürgen Petersohn (Hg.): Politik und Heiligenverehrung im Mittelalter (Vorträge und Forschungen, 42), Sigmaringen 1994, 177–276; ders.: Geschichte Spaniens im Mittelalter. Vom Westgotenreich bis zum Ende des 15. Jahrhunderts, Stuttgart 2006, 150–163; Odilo Engels: Reconquista und Landesherrschaft. Studien zur Rechts- und Verfassungsgeschichte Spaniens im Mittelalter, Paderborn 1989; Miguel-Angel Caballero Kroschel: Reconquista und Kaiseridee. Die iberische Halbinsel und Europa von der Eroberung Toledos (1085) bis zum Tod Alfonsos X. (1284), Hamburg 2008.

2 Vgl. u. a. Reinhard Zweidler: Der Frankenweg – Via Francigena. Der mittelalterliche Pilgerweg von Canterbury nach Rom, Stuttgart 2003; Günter Kromer: Via Francigena. Auf dem Frankenweg von Canterbury. Der Pilger-Reiseführer, Innsbruck 2009; Alison Raju: Via Francigena. Canterbury to Rome, Vol. 1–2, Milnthorpe 2011.

3 Vgl. etwa Aloys Schulte: Geschichte des mittelalterlichen Handels und Verkehrs zwischen Westdeutschland und Italien mit Ausschluß von Venedig. Bd. 1: Darstellung, Leipzig 1900.

4 Vgl. z. B. Ludwig Schütte: Der Apenninenpass des Monte Bardone und die deutschen Kaiser, Berlin 1901.

5 Vgl. Konrad Schrod: Reichsstrassen und Reichsverwaltung im Königreich Italien (754–1197), Stuttgart 1931.

6 Vgl. etwa Josef Riedmann: Verkehrswege, Verkehrsmittel, in: Siegfried de Rachewiltz / Josef Riedmann (Hg.): Kommunikation und Mobilität im Mittelalter. Begegnungen zwischen dem Süden und der Mitte Europas (11.–14. Jahrhundert), Sigmaringen 1995, 61–76; Ludwig Schmugge: Deutsche Pilger in Italien, in: ebd., 97–114; Fritz Glauser: Handel und Verkehr zwischen Schwaben und Italien vom 10. bis 13. Jahrhundert, in: Helmut Maurer [u. a.] (Hg.): Schwaben und Italien im Hochmittelalter (Vorträge und Forschungen, 52), Stuttgart 2001, 229–293; Rainer Christoph Schwinges: Straßen- und Verkehrswesen im hohen und späten Mittelalter – eine Einführung, in: ders. (Hg.): Straßen- und Verkehrswesen im hohen und späten Mittelalter (Vorträge und Forschungen, 66), Ostfildern 2007, 9–18. Als Ausnahme vgl. die unterschiedliche Funktionen komprimierende Analyse in Hansmartin Schwarzmaier: Eine Welt im Umbruch. Könige, Ritter, Kaufleute und Pilger unterwegs im staufischen Europa, in: Volker Herzner / Jürgen Krüger (Hg.): Transfer. Innovationen in der Zeit der Kreuzzüge. Akten der 4. Landauer Staufertagung 2003 (Veröffentlichungen der Pfälzischen Gesellschaft zur Förderung der Wissenschaften, 101), Speyer 2006, 13–24.

7 Vgl. Renato Stopani: La Via Francigena. Una strada europea nell'Italia del Medioevo, Florenz 1988.

8 Vgl. z. B. Renato Stopani: La »Historia Langobardorum«, il pellegrinaggio romano e la via di Monte Bardone, in: De strata francigena I, 1993, 11–18.
9 Vgl. Renato Stopani: Via Francigena, vie romee e vie francesche: per una storia della viabilità a orrizonti sovraregionali nel mondo padano, in: Dalla Via Francigena di Sigeric alla pluralità di percorsi romei in Lombardia. Atti del Convegno di studi tenutosi a Mortara il 19 settembre 1998, in: De strata francigena VII/2, 1999, 19–30; Adriano Cavanna: Homo viator. Qualche riflessione introduttiva al tema dei percorsi romei in Lombardia, in: ebd., 11–18.
10 Vgl. Renato Stopani: La »via Teutonica«. L'alternativa germanica alla via Francigena, Florenz 2012.
11 Vgl. ebd., 8 mit Anm. 2. Das früheste Zeugnis des Begriffs ›Strata Teutonica‹ in einer Papsturkunde von 1153 bezieht sich lediglich auf einen lokalen Po-Übergang beim oberitalienischen Brescello. In weiteren Quellen mit unterschiedlichem geographischem Bezug wird, wie Stopani selbst anführt, zudem mehrheitlich der Begriff ›Strada di Alemagna‹ verwendet.
12 Vgl. Arturo C. Quintavalle: La strada Romea, Mailand 1976.
13 Vgl. diesbezüglich auch Arturo C. Quintavalle: Vie dei pellegrini nell'Emilia medievale, Mailand 1977; Arturo C. Quintavalle: Le strade. Modello evolutivo e modello antropologico, in: Romanico padano, romanico europeo. Convegno internazionale di studi, (Parma 1977) Parma 1982, 9–25; Arturo C. Quintavalle: Viatico alle ›fonti‹ delle strade dei pellegrinaggi, in: Antonio Cadei [u. a.] (Hg.): Arte d'occidente. Temi e metodi. Studi in onore di Angiola Maria Romanini, Rom 1999, 987–999.
14 Werner Goez: Von Pavia nach Rom. Ein Reisebegleiter entlang der mittelalterlichen Kaiserstraße Italiens, Köln 1972.
15 Vgl. Graziella Buccellati: La corona, il regno e l'impero, in: Graziella Buccellati (Hg.): La corona ferra nell'Europa degli imperi, Vol. 1, Mailand 1995; Gigliola Soldi Rondinini: Pavia, in: Lexikon des Mittelalters, VI, München 2002, 1831–1836.
16 Vgl. u. a. Maria Cristina Basteri: La Via Francigena nel territorio parmense, Parma 1996; Mario Bezzini: Strada Francigena-Romea. Con particolare riferimento ai percorsi Siena-Roma, Siena 1996; Francesco d'Orazi: La Cassia, la Cimina, la viabilità minore e la loro funzione romea nell'area viterbese e cimina, in: I Pellegrini nella Tuscia medioevale. Vie, luoghe e merci. Atti del convegno di studi 4–5 ottobre 1997, Tarquinia 1999, 25–114; Renato Stopani, Il percorso laziale della via Francigena, in: ebd., 9–24; Cristina Corsi / Elisabetta De Mincis: In viaggio verso sud. La via Francigena da Acquapendente a Roma, Viterbo 2012.
17 Vgl. z. B. Michael Matheus: »Alle Wege führen über Rom«. Zum Tode Graf Heinrichs II. von Nassau-Dillenburg im Jahre 1451 an der Via Francigena, in: Brigitte Flug [u. a.] (Hg.): Kurie und Region. Festschrift für Brigide Schwarz zum 65. Geburtstag, Stuttgart 2005, 243–254; Bernhard Schimmelpfennig: Ein Provinzler erlebt den Papst. Die Notizen des Augsburger Kaplans Johannes Vetterlin aus dem Heiligen Jahr 1450, in: ebd., 255–302.
18 Vgl. Arnold Esch: Römische Straßen in ihrer Landschaft. Das Nachleben antiker Straßen um Rom mit Hinweisen zur Begehung im Gelände, Mainz 1997; ders.: Wege nach Rom. Annäherungen aus zehn Jahrhunderten, München 2003; ders.: Auf der Straße nach Italien. Alpenübergänge und Wege nach Rom zwischen Antike und Spätmittelalter. Methodische Beobachtungen zu den verfügbaren Quellengattungen, in: Schwinges 2007 (wie Anm. 6), 19–48.
19 Vgl. Esch 2003 (wie Anm. 18), 65–81.
20 Vgl. Stopani 1988 (wie Anm. 7), 5–6; Zweidler 2003 (wie Anm. 2), 10; Vgl. auch Victor Saxer: Pilgerwesen in Italien und Rom im späten Altertum und Frühmittelalter, in: Akten des XII. Internationalen Kongresses für christliche Archäologie. Bonn 22.–28. September 1991, Münster 1995, 36–58.
21 Vgl. Goez 1972 (wie Anm. 14), 80–83; Stopani 1988 (wie Anm. 7), 6.
22 Vgl. Zweidler 2003 (wie Anm. 2), 14.
23 Vgl. das vollständige Itinerar in Stopani 1988 (wie Anm. 7), 117–118.
24 Vgl. Schrod 1931 (wie Anm. 5), 8–9; Steffan Bruns: Alpenpässe. Geschichte der alpinen Passübergänge, Bd. 1: Von Monte Carlo zum Mont Blanc, München 2012, 223–226.
25 Vgl. Bezzini 1996 (wie Anm. 16), 103.
26 Vgl. Francis P. Magoun: The pilgrim diary of Nikulas of Munkathvera. The road to Rome, in: Medieval Studies VI, 1944, 347–350; ital. Übers. in Stopani 1988 (wie Anm. 7), 118–122; dt. Übers. in Zweidler 2003 (wie Anm. 2), 154–157.
27 Dt. Übers. in Zweidler 2003 (wie Anm. 2), 155.
28 Stopani 1988 (wie Anm. 7), 56.
29 Ebd., 60.
30 Vgl. Cristina Corsi / Elisabetta De Mincis 2012 (wie Anm. 16), 76–78.
31 Vgl. Schrod 1931 (wie Anm. 5), 12; Steffan Bruns: Alpenpässe. Geschichte der alpinen Passübergänge, Bd. 2: Vom Genfer See zum Bodensee, München 2012, 189–194.
32 Zum Splügenpass vgl. Schrod 1931 (wie Anm. 5), 13–14; Bruns 2012 (wie Anm. 31), 221–228. Zum Septimerpass vgl. v. a. Ingrid H. Ringel: Der Septimer. Wahrnehmung und Darstellung eines Alpenpasses im Mittelalter, Chur 2011; Steffan Bruns: Vom Inn zum Gardasee (Alpenpässe. Geschichte der alpinen Passübergänge, 3), München 2010, 22–29.
33 Vgl. Schrod 1931 (wie Anm. 5), 31.
34 Ebd., 9.
35 Vgl. ebd., 9–10.
36 Vgl. Bettina Schmidt-Asbach: Die Bauplastik von San Michele Maggiore in Pavia, Univ.-Diss., Bochum 2001 (Elektronische Ressource), 280; vgl. auch Richard Krautheimer: Lombardische Hallenkirchen im XII. Jahrhundert, in: Jahrbuch für Kunstwissenschaft 5, 1928, 176–180.
37 Vgl. Schrod 1931 (wie Anm. 5), 71–72.
38 Vgl. Ferdinand Opll: Friedrich Barbarossa, Darmstadt 1990, 50–52, 79.
39 Vgl. Ferdinand Opll: Das Itinerar Kaiser Friedrich Barbarossas (1152–1190), Wien / Köln / Graz 1978, 118.
40 Vgl. Schrod 1931 (wie Anm. 5), 11.
41 Vgl. ebd., 7.; Bruns 2012 (wie Anm. 24), 163–169.
42 Vgl. Stopani 1988 (wie Anm. 7), 68 mit Skizze der möglichen Straßenführung.
43 Vgl. Schrod 1931 (wie Anm. 5), 31.
44 Vgl ebd., 31.
45 Ebd.; vgl. auch Bruns 2012 (wie Anm. 31), 189–194.
46 Vgl. Stopani 2012 (wie Anm. 10), 7–18.

MIHAILO ST. POPOVIĆ

The Macro- and Micro-Level of Roads and Routes in the Medieval Balkans

When the Austro-Hungarian Empire decided to organise and to finance a research expedition to Serbia, Montenegro and Albania in 1916, a circular letter was sent to all scholars involved in May of the same year, which pointed out that the supreme command (*Armeeoberkommando*) of Austria-Hungary expected all participants to pay attention to and to report on the economic situation in the regions to be visited.[1] Special emphasis should be given amongst others to the passebility ("Wegsamkeit"): "Wegsamkeit. Art und Häufigkeit der Kommunikationen. Möglichkeit besserer Erhaltung. Möglichkeit und Bedürfnis neuer Verkehrswege. Landesübliche Arten des Verkehrs. Tragtiere. Wagen, Fuhrwerke, Ausgestaltung des Bahnnetzes. Schiffbarkeit und Schiffahrt."[2]

In principle, this line of thought was valid before 1916 and has not changed since then. Thus, every scholarly project which is conducting research on the historical geography of the Eastern Mediterranean had found or tries to find its genuine approach towards the "Macro- and Micro-Level of Roads and Routes" in its defined area of study.

The project *Tabula Imperii Byzantini* (abbreviated *TIB*) of the Austrian Academy of Sciences is not an exception. It accomplishes systematic research on the historical geography of the Byzantine Empire – which existed from the beginning of the 4th century AD until the 15th century AD, i.e. from Late Antiquity to the Ottoman conquest – in order to create an atlas of the aforesaid empire (Ill. 1).[3]

The selection of core regions, upon which research is still conducted, had been chosen at the very beginning of the project as follows:

»Den Kernländern, Kleinasien und der Balkanhalbinsel, wurde der Vorzug eingeräumt. […] Den Kontrapost Hellas–Anatolien hielten wir dabei für zielführend und arbeitstechnisch sinnvoll. […] Ferner werden – in Beibehaltung des Kontraposts Hellas–Anatolien – die Bände Epirus und Lykaonien vorbereitet. Mit den Arbeiten an Aigaion Pelagos wurde begonnen.«[4]

This quotation illustrates best how the *Tabula Imperii Byzantini* approached its genuine obstacle in choosing its areas of research right from the start of the project – that is at the beginning of the 1970s. At that time the question of delimitation had the potential to pose a serious issue in the evolution of the project, if we take into account that the Byzantine Empire constituted a vast spatial framework at its best, especially in the Age of the Byzantine emperor Justinian I and his famous *Renovatio Imperii*.[5]

As the scholarly work of the *Tabula Imperii Byzantini* focuses on regions or provinces of the Byzantine Empire, borders had to be drawn for each volume at the beginning of the project in accordance with the sources on Byzantine administration and the natural borders of landscapes. This classification was undertaken by Johannes Koder, one of the first employees of the project,[6] on the basis of the *Synekdemos* of Hierokles which is a geographically arranged list of the cities of the Byzantine Empire from the 6th century AD according to provinces and in rough geographical order within these provinces.[7]

In connection with the definition of the borders of regions and provinces the question arises immediately,

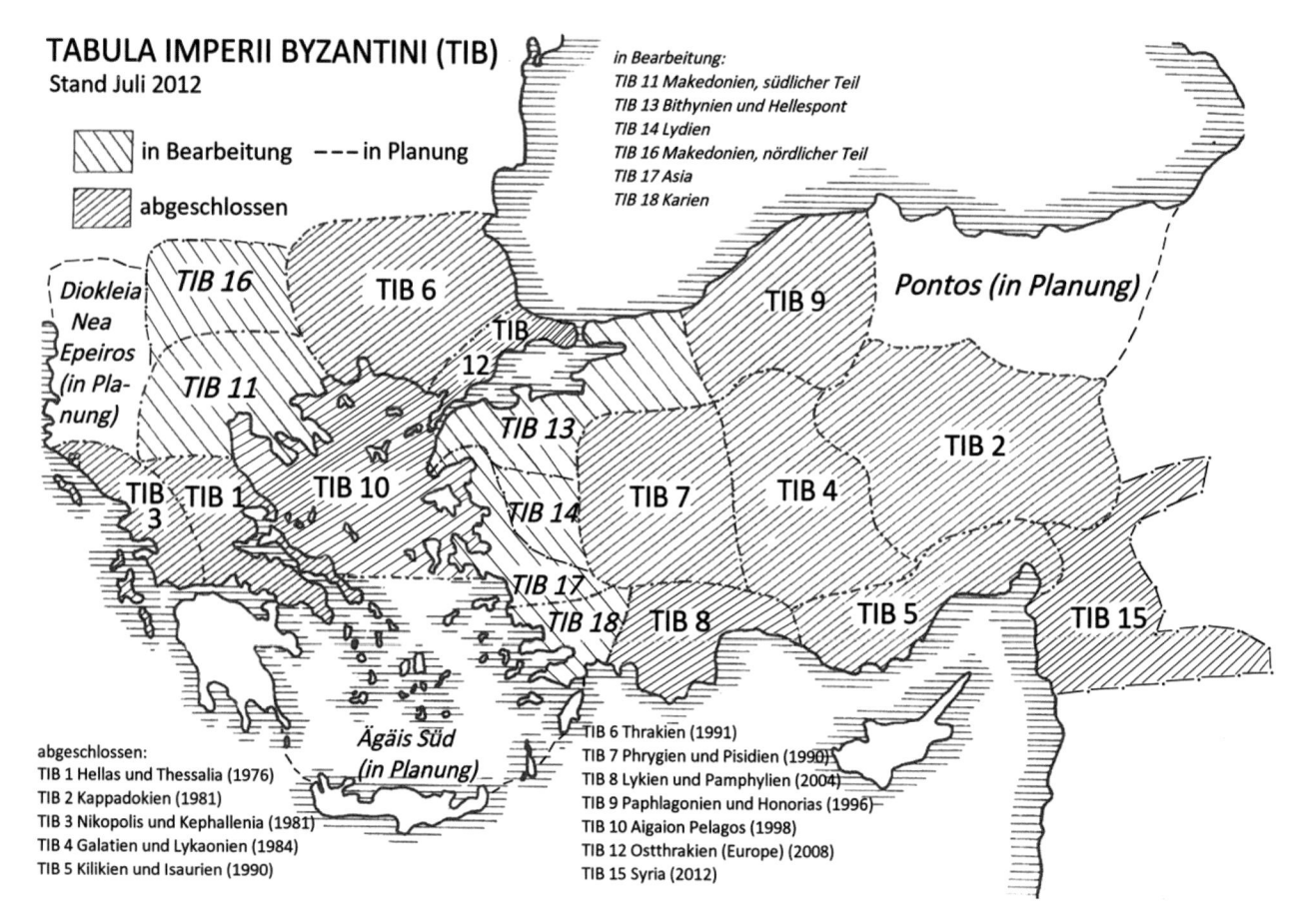

Ill. 1: General Map of the Project *Tabula Imperii Byzantini* (*TIB*). Map: Mihailo St. Popović.

what kind of approach had been chosen for the visualisation of transportation, infrastructure and road networks within the project.

The respective difficulty becomes obvious in the first volume of the *Tabula Imperii Byzantini* on *Hellas and Thessaly* which had been published in 1976.[8] Although it comprises a chapter on the roads in the area of research,[9] no visualisation of the acquired data can be found in the volume itself in the form of a drawing or graph. The transportation system and road networks are presented to the reader only on an accompanying map scaling 1:800,000. Here the roads from the Byzantine period are indicated with red colour.

It is the achievement of Friedrich Hild, another of the first employees of the project, to have developed a stringent methodology for the visualisation of road networks in those volumes of the *Tabula Imperii Byzantini* to come after 1976. He was working on Asia Minor, i.e. Cappadocia in the 1970s. Before publishing his volume (the second of the *TIB*) on this very region in 1981, Friedrich Hild had summarised his findings on the road networks in an accompanying monograph, entitled *Das byzantinische Straßensystem in Kappadokien* in 1977.[10] In order to visualise the roads in his area of research he created a graph (Ill. 2),[11] which consists of lines, letters, numbers and points with place names. Lines marked with the letter A indicate roads leading from north-west to south-east; those marked with the letter B indicate roads leading from south-west to north-east; lines marked with C identified roads from west to east and those marked with D referred to roads connecting north and south.

Shifting the view from the East Byzantine Empire to the West – from Asia Minor to the Balkans – within the framework of the project *TIB*, it can be recognised in an instant that the same method to illustrate road networks had been used also for this vast area of research. For ex-

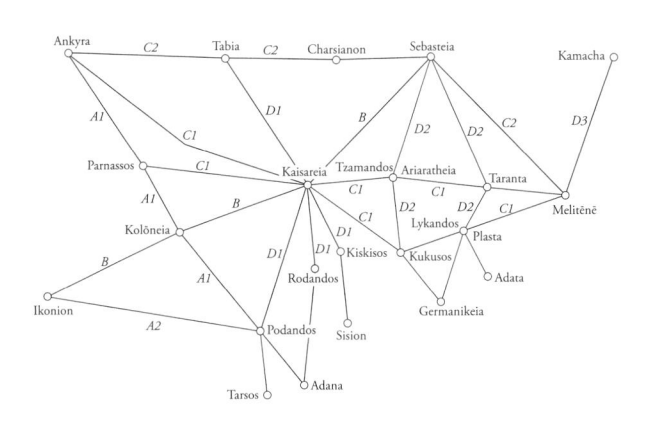

Ill. 2: The Routes in Cappadocia. Map: Friedrich Hild.

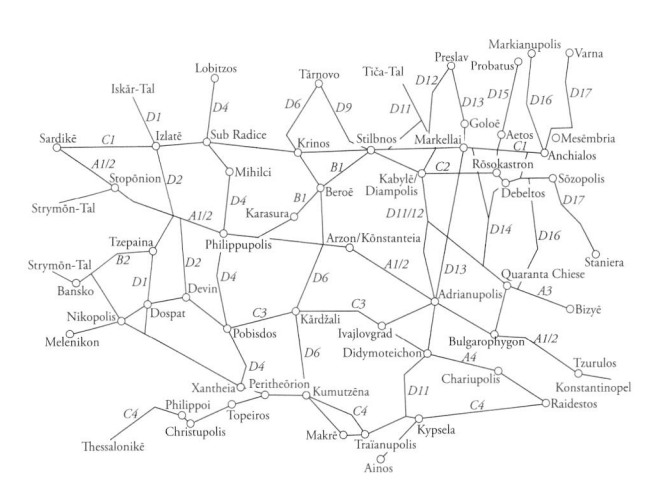

Ill. 3: The Routes in Thrace. Map: Peter Soustal.

ample the same system of lines, letters, numbers and points indicates the orientation of roads in Peter Soustal's volume on the historical region of Thrace (Ill. 3).[12] More roads have been integrated into the overall graph of *TIB* 6, which as a result offers a more complex picture of the transportation network. Thus, Friedrich Hild has created a universal approach of visualisation for the overall project *Tabula Imperii Byzantini* which is still in use today.

However, the above-mentioned examples of visualisation are focused on the macro-level of the Byzantine transportation system. The same is evident for many other publications on the road networks in the Byzantine Empire. Due to various reasons, scholars tend to emphasize the well-known and thoroughly examined transportation routes in the Balkans and in Asia Minor as the so-called *Via militaris* between Constantinople and Belgrade[13] or the *Via Egnatia* between Constantinople and the Adriatic Sea.[14]

As vivid examples of visualisations of the macro-level may serve maps published by Anna Avramea,[15] Angeliki Laiou,[16] or Ralph-Johannes Lilie.[17] On the one hand the value of such visualisations consists of providing the reader with a useful overview, while on the other hand they may form the starting point to combine historical geography, graph theoretical methods and network analysis which by no means is a novel approach in the worldwide scholarly community.[18]

For example, Forrest R. Pitts published an article on "A Graph Theoretic Approach to Historical Geography"

in 1965.[19] Four years later – in 1969 – Francis W. Carter stated in his article entitled "An Analysis of the Medieval Serbian Oecumene: a Theoretical Approach", in which he applied graph theory to urban places of the medieval Serbian Empire during the reign of Stefan Uroš IV Dušan (1331–1355), that: "Skoplje was not the ideal site, in terms of linkage, for Dušan to have had as his capital, Priština or Prizren would have been better" and "[…] that the capital should have been either Priština or Prizren, based on the most efficient use of route linkage and centrality in the state."[20]

What has changed significantly since these pioneer works are the technical innovations to compute and to illustrate results deriving from network analysis by using powerful hardware and complex software applications like *Pajek*,[21] *Ora*[22] or *Graphab*.[23]

Most scholars rely on the macro-level of road networks as presented earlier, by taking their data from overviews provided by secondary literature and by incorporating them into their analytical network models. Naturally, the focus remains on the very same macro-level of the used overview and cannot reach the micro-level beneath.

I did the same in a case study on "Tracing Byzantine Routes – Medieval Road Networks in the Historical Region of Macedonia and Their Reconstruction by Least-Cost Paths"[24] by relying on the excellent monograph written by the Serbian scholar Gavro Škrivanić which is entitled "Putevi u srednjovekovnoj Srbiji" ("Routes in Medieval Serbia") and which was published in 1974.[25]

207

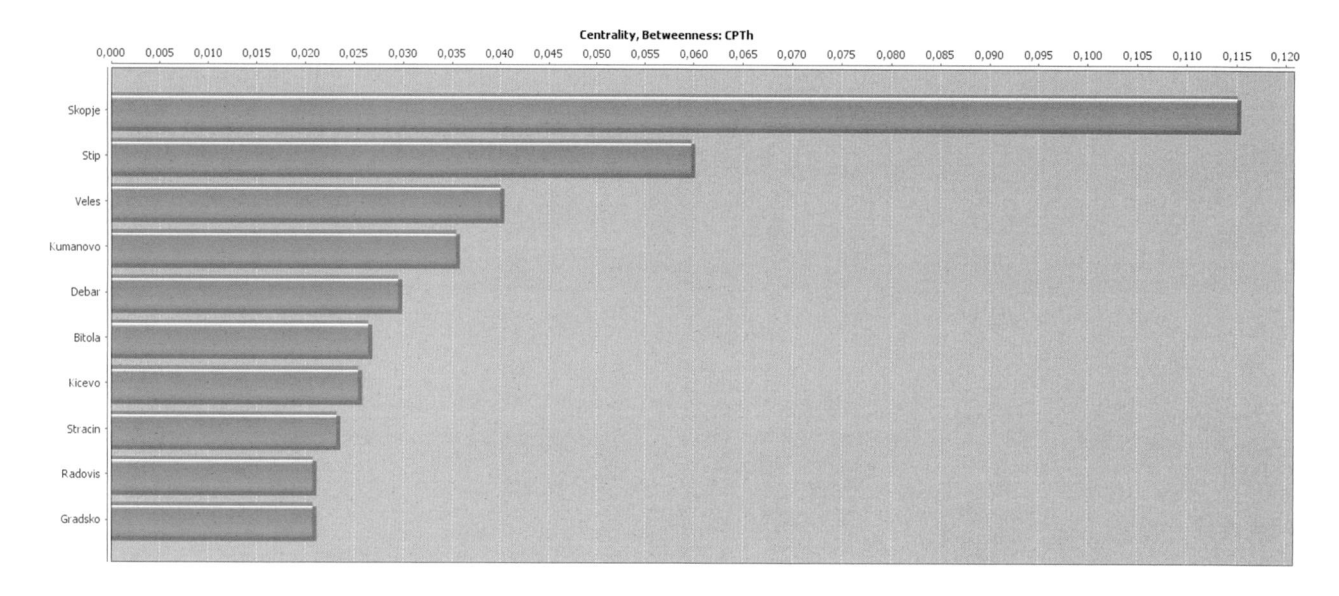

Ill. 4: The Results in the Category Betweenness Centrality within the Transportation Network of the Medieval Routes in the Historical Region of Macedonia (*Ora Version 2.2.9). Graph: Mihailo St. Popović.

Škrivanić reconstructed the transportation network in the medieval Serbian Empire on the basis of written sources, archaeological data and surveys on the ground. Thus, I created a transportation network of the medieval routes in the historical region of Macedonia in accordance with his maps which I analysed with the software application *Ora* in order to calculate categories like Closeness Centrality, Betweenness Centrality (Ill. 4) or Total Degree Centrality.

What we lack in such a network analytical model – and in most others – is own autopsy on the ground in order to understand what is hampered and what is conceded by the landscape.

Therefore, the results of analytical network models based exclusively on theoretical overviews and macro-levels have to be questioned severely in respect of micro-level analysis of transportation systems.

This crucial aspect of modelling and surveying has been emphasized by Vince and Helen Gaffney in their article entitled "Modelling Routes and Communications":[26] "In the past research into routes and communication tended to presume the significance of traditional network analysis for such work. It is a fact that many technologies now used by archaeologists and historians, including GIS, are indeed well placed to implement analysis of networks associated with full topological attribute data. However, perhaps in contrast to many of these studies, extensive terrain data facilitates the integration of notions of accessibility and connectivity [...]."[27]

A possible answer to this obstacle lies in agent-based modelling. Here, the scholarly works of John Haldon and Vince Gaffney have to be emphasized, in which they are focusing on the modelling of the Mantzikert campaign in 1071, which led to Byzantine defeat and finally the loss of Asia Minor to the Seljuk Turks.[28] According to their approach the purpose of agent-based modelling is not to recreate the past. The aim of such models is to simulate the simultaneous operations and interactions of multiple agents in an attempt to predict the appearance of complex phenomena. What is needed for this kind of modelling, is a well-defined group of agents with a plausible behaviour, a software, which can handle the interactions of the agents and the environment and finally a powerful hardware. The manifold results consist of statistic data, 2D plans and 3D animations.[29]

By returning at this point to the macro-level of roads and routes in the medieval Balkans, I would like to point out the importance of early modern cartography which requires a thorough, systematic and time consuming

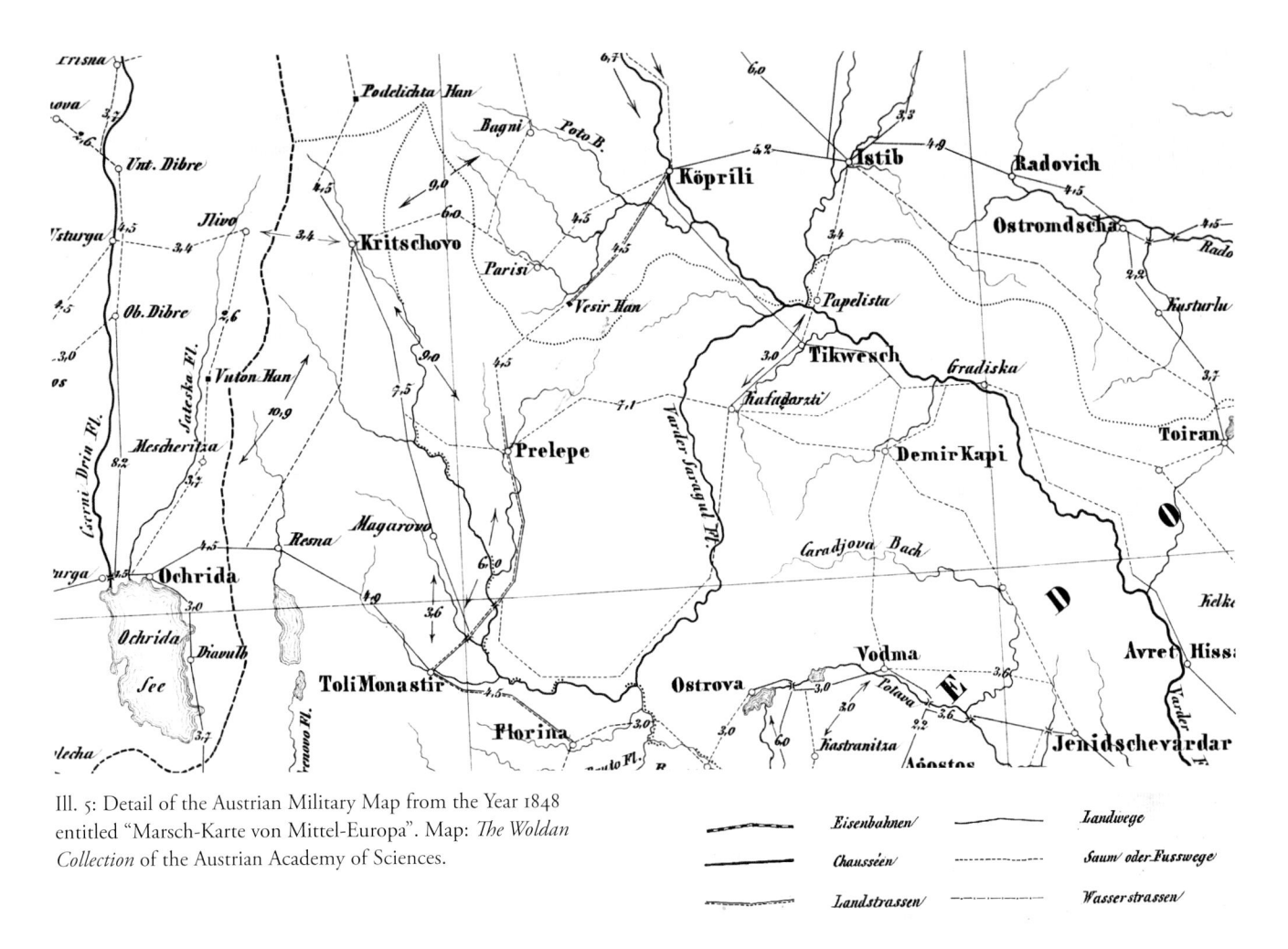

Ill. 5: Detail of the Austrian Military Map from the Year 1848 entitled "Marsch-Karte von Mittel-Europa". Map: *The Woldan Collection* of the Austrian Academy of Sciences.

Ill. 6: The Map Legend of the Austrian Military Map from the Year 1848, Map: *The Woldan Collection* of the Austrian Academy of Sciences.

search in archives in order to trace items, which again could provide useful data for historical geographical models.[30] An illustrative example in this respect is an Austrian military map entitled "Marsch-Karte von Mittel-Europa", published in 1848.[31] At first glance it seems that we can only discern lines, points, toponyms and numbers (Ill. 5). If we take a closer look at the item, the macro-level of information emerges. The map legend differentiates between six kinds of lines (Ill. 6). These are (1) railways, (2) causeways (in French ›chaussée‹), (3) country roads, (4) country ways, (5) mule-tracks and footpaths and last but not least (6) waterways. Thus, the respective map allows us to reach the micro-level beneath and to assess it on the basis of three out of the six categories offered. For the time being, I suggest to leave railways and causeways aside, because they were built only in the course of the 19th century. Furthermore, waterways should be examined separately, because this would go far beyond the scope of my article.

The illustration (Farbabb. 13) shows the three above mentioned categories of routes. The illustration had been created by combining different layers of maps, also taken from Google Earth. The green lines indicate country roads, the white lines country ways and the orange lines mule-tracks and footpaths. What can be discerned instantly, is the fact that the picture of transportation networks is much more sophisticated and complex than most network models on the macro-level would indicate. Another aspect, which in my opinion deserves special attention, is the distances indicated on the map which are given in Austrian postal miles.[32]

As a small case study within this article the route between Skopje and Bitola shall be highlighted. The

Austrian map of 1848 gives an overall distance of 23,2 Austrian postal miles between these settlements, which equals 176,32 kilometres. Having in mind that the linear distance between the two cities is about 108 kilometres according to *Google Earth*, the number provided in the Austrian map seems to be correct. Moreover, the number is confirmed by calculations which can be acquired via *Google Maps*. The software calculates a distance of 161 kilometres between Skopje and Bitola via Prilep, which is similar to the one given at the 1848 Austrian map. To reach Bitola it would take 2 hours and 14 minutes by car. If I let *Google Maps* calculate the distance and the duration of the journey for the same route for pedestrians, I would get 156 kilometres and 33 hours of travelling time. The question arises whether there is any other historical data to confirm these calculations?

At this point another important early modern source on the transportation networks in the Balkan peninsula shall be introduced, which is the so-called "Δρομοδείκτης των ακολούθων οκτώ μερών" from the year 1829.[33] This source mentions 28 hours of travel between Skopje and Bitola which corresponds roughly to the calculation for pedestrians provided by *Google Maps*.

Apart from the means of travel, the time needed for a journey depended strongly upon the state of the respective roads and routes. Even modern times did not guarantee smooth travelling, not to mention the medieval period. When the Serbian army breached the Salonika Front in a major offensive with French and British support in the middle of September 1918,[34] the German army started to retreat to the north. In his war diary the German soldier Rudolf Grille reports:

»[…] 22.9.1918 gegen Mittag Ankunft in Strumitza [Strumica] in Südbulgarien. Nach kurzer Rast in der Hitze weiter auf Lastautos. Aller [sic!] par [sic!] hundert Meter aussteigen und schieben, da die Strassen in schauderhaften [sic!] Zustande sind. Die ganze nächste Nacht wurde ohne Unterbrechung gefahren, teils marschiert, teils die Autos geschoben 23.9.1918 vormittags in Styp [Štip] angelangt. […]«[35]

That distance of approximately 65 kilometres took the German troops nearly 24 hours, whereas today the distance between these two towns can be travelled in only one hour on a tarmac road. With these examples I intend to illustrate that early modern sources have potential to play a major role in the regressive modelling of roads and routes in the medieval Balkan peninsula. My future research will focus thoroughly on early modern cartography and its value for the visualisation as well as for the modelling of roads and routes in the medieval Balkans.

An integral part of the micro-level of the transportation system are the archaeological remains of roads within the ground. Surveying in the historical region of Macedonia reveals that there are indeed traces of roads to be found (Farbabb. 14) which are not documented in the secondary literature. For the time being, most of those are accidental discoveries, that is to say archaeological bits and pieces, which will need further research, attribution and spatial contextualization. At present it seems that there is a cluster of roads – rather Byzantine or Ottoman – in the area north-west of the town of Prilep.

This article tries to emphasize a further need of research and integration of new methods such as micro-level analysis to deepen the research on roads and routes in the medieval Balkans. The macro-level of transportation infrastructures, which is often used for overviews and taken into account for visualizations of networks, is not sufficient here. The angle should be shifted more often towards the micro-level, for which thorough and time consuming research is needed in the archives as well as on the ground. The forward-looking potential of this approach consists of a variety of additional insights, which will help to foster the field of medieval transportation history in particular, as well as historical geography in general.

Die Makro- und Mikroebene der Straßen und Routen auf der Balkanhalbinsel im Mittelalter

Der vorliegende Beitrag beschäftigt sich mit der Frage, auf welche Weise historische Straßen und Routen im Rahmen historisch-geographischer Projekte erforscht werden. Als Fallbeispiel wird hierbei das Projekt *Tabula Imperii Byzantini* (*TIB*) der Österreichischen Akademie der Wissenschaften ins Treffen geführt, welches das Ziel verfolgt, einen historischen Atlas des Byzantinischen Reiches für den Zeitraum 4. bis 15. Jh. n. Chr. zu erstellen. Als Kerngebiete der Forschung dienen seit Anbeginn des Projektes die Balkanhalbinsel und Kleinasien.

Dargelegt wird im Detail, wie einer der ersten Mitarbeiter der *TIB*, Friedrich Hild, in seiner Monographie mit dem Titel *Das byzantinische Straßensystem in Kappadokien* aus dem Jahre 1977 eine Systematik in der Visualisierung von Straßenverbindungen als Graph entwickelt hat, welche bis jetzt im Rahmen des Projektes angewandt wird. Der Autor verdeutlicht, dass damit die Makroebene des Wegenetzes in den betreffenden Gebieten illustriert wird, was z. B. auch in vergleichbaren Publikationen zu der sogenannten *Via militaris* zwischen Konstantinopel und Belgrad oder zu der *Via Egnatia* zwischen Konstantinopel und dem Adriatischen Meer der Fall ist.

Auf der Basis der Graphentheorie lassen sich mit Hilfe einschlägiger Computerprogramme wie *Pajek*, *Ora* oder *Graphab* verschiedene Zentralitätsfaktoren im Rahmen von Verkehrsnetzwerken berechnen. Gleichzeitig besteht die große Gefahr, dass für solche netzwerkbasierten Modelle ausschließlich vereinfachende Daten der Makroebene herangezogen werden, wodurch eine verzerrende Rekonstruktion von Verkehrswegen ohne Rücksichtnahme auf die Mikroebene erzielt wird. Dieser Entwicklung lässt sich unter anderem mit der Methode des »Agent-Based Modelling« entgegenwirken. Auch mit Hilfe der Kartographie lassen sich zusätzliche Erkenntnisse zu Straßen und Routen auf der Balkanhalbinsel im Mittelalter gewinnen. Im vorliegenden Beitrag zeigt der Autor, dass eine österreichische »Marsch-Karte von Mittel-Europa« des Jahres 1848 sowohl für eine Differenzierung der Transportwege als auch für regressive Modellierung herangezogen werden kann.

Notes

1. Preserved in: Archiv der Österreichischen Akademie der Wissenschaften, Balkan-Kommission 3/H10 1916. Cf. on the Austro-Hungarian scholarly expeditions to the Balkan peninsula in World War I: Mihailo St. Popović: "Kunstschutz im Kriege" – The Forgotten Scholarly Expeditions of the Central Powers in South-East Europe during World War I, in: Thetis, Mannheimer Beiträge zur Klassischen Archäologie und Geschichte Griechenlands und Zyperns 20, 2013, 287–292.
2. Archiv der Österreichischen Akademie der Wissenschaften, Balkan-Kommission 3/H10 1916.
3. Cf. on the history and the current state of the project *Tabula Imperii Byzantini* (*TIB*): Friedrich Hild: Tabula Imperii Byzantini (TIB), in: XVI. Internationaler Byzantinistenkongress, Wien, 4.–9. Oktober 1981, Akten I / Beiheft (Jahrbuch der Österreichischen Byzantinistik, 31), Wien 1981, 2.2; Johannes Koder: Überlegungen zu Konzept und Methode der "Tabula Imperii Byzantini", in: Österreichische Osthefte 20, 1978, 254–262; Johannes Koder: Perspektiven der Tabula Imperii Byzantini. Zu Planung, Inhalt und Methode, in: Geographia antiqua 5, 1996, 75–86; Johannes Koder: Die Tabula Imperii Byzantini und verwandte Projekte, in: Karsten Fledelius / Peter Schreiner (Hg.): Byzantium. Identity, Image, Influence. XIX International Congress of Byzantine Studies. Major Papers, Copenhagen 1996, 423–426; Johannes Koder: Der byzantinische Siedlungsraum. Die Tabula Imperii Byzantini – Rekonstruktion der spätantiken und mittelalterlichen Siedlungsrealität in Südosteuropa und im östlichen Mittelmeerraum, in: Präsidium der Österreichischen Akademie der Wissenschaften (Hg.): wissen:schafft. Lese-Buch, Wien 1997, 107–110; Johannes Koder: Historical Geography, in: Le Comité d'organisation du XXe Congrès international des Études byzantines (Hg.): XXe Congrès international des Études byzantines, Collège de France – Sorbonne, 19–25 août 2001. Pré-actes. I. Séances plénières, Paris 2001, 345–350; Mihailo Popović: Mapping Byzantium – The Project "Macedonia, Northern Part" in the Series Tabula Imperii Byzantini (TIB) of the Austrian Academy of Sciences, in: Karel Kriz / William Cartwright / Lorenz Hurni (Hg.): Mapping Different Geographies (Lecture Notes in Geoinformation and Cartography), Berlin/Heidelberg 2010, 219–234; Mihailo Popović / Peter Soustal: Historical Geography, in: Byzantium without Borders. 22nd International Congress of Byzantine Studies – Sofia, 22–27 August 2011, cf. <http://www.propylaeum.de/fileadmin/upload/Soustal-Popovic.pdf> (accessed 5 May 2014).
4. Johannes Koder / Friedrich Hild (Register von Peter Soustal): Hellas und Thessalia (Tabula Imperii Byzantini, 1), Wien 1976 (Nachdruck Wien 2004), 8–10.
5. Cf. on Justinian I and his foreign policy for example: Otto Mazal: Justinian I. und seine Zeit. Geschichte und Kultur des Byzantinischen Reiches im 6. Jahrhundert, Köln 2001, 106–194.
6. Cf. Herbert Hunger: Bericht über die Arbeit an der Tabula Imperii Byzantini (TIB) von 1966 bis 1971, in: Association Internationale des Études Byzantines, Bulletin d'information et de coordination 6, 1973, 82–86, 83.
7. Edited in: Le synekdèmos d'Hiéroklès: Texte, introduction, commentaire et cartes, hrsg. v. Ernst Honigmann, Bruxelles 1939.
8. Cf. footnote no. 4.
9. Cf. Koder / Hild 1976 (cf. footnote no. 4), 90–100.
10. Cf. Friedrich Hild: Das byzantinische Straßensystem in Kappadokien (Veröffentlichungen der Kommission für die Tabula Imperii Byzantini, 2), Wien 1977.

11 Cf. Hild 1977 (cf. footnote no. 10), 32 (Ill. 1. Routenübersicht).
12 Cf. Peter Soustal: Thrakien (Thrakē, Rodopē und Haimimontos) (Tabula Imperii Byzantini, 6), Wien 1991 (Nachdruck Wien 2004), 133 (Schematische Übersicht über die byzantinischen Straßenverbindungen).
13 Cf. on the history of the so-called *Via militaris* with further hints to bibliography: Mihailo Popović: Von Budapest nach Istanbul. Die Via Traiana im Spiegel der Reiseliteratur des 14. bis 16. Jahrhunderts, Leipzig ²2010.
14 Cf. the following selection of studies on the history of the *Via Egnatia* with further bibliography: Paul Collart: Les milliaires de la Via Egnatia, in: Bulletin de Correspondence Hellénique 100, 1976, 177–200; Michele Fasolo: La Via Egnatia I. Da Apollonia e Dyrrachium ad Herakleia Lynkestidos (Viae Publicae Romanae, 1), Roma 2005; Michele Fasolo: La via Egnatia nel territorio della Repubblica di Macedonia, in: Cesare Marangio, Giovanni Laudizi (Hg.): Παλαιὰ Φιλία. Studi di topografia antica in onore di Giovanni Uggeri, Galatina 2009, 601–612; Toni Filiposki: Prašanjeto za proodnosta na zapadniot del od patot Via Egnatia (Drač-Solun) vo vtorata polovina na IX vek, in: Vasil Gjuzelev [u. a.] (Hg.): Pătuvanijata v srednovekovna Bălgarija, Veliko Tărnovo 2008, 110–119; Nigel G. L. Hammond: The Western Part of the Via Egnatia, in: The Journal of Roman Studies 64, 1974, 185–194; Elena Koytcheva: Civitates et Castra on Via Militaris and Via Egnatia: Early Crusaders' View, in: Revue des Études Sud-Est Européennes 44/1–4, 2006, 139–144; Viktor Lilčik: Via Egnatia in the Republic of Macedonia, in: Via Egnatia Revisited. Common Past, Common Future. Proceedings VEF Conference, Bitola, February 2009, Driebergen 2010, 24–32; Rhoads Murphey: Patterns of Trade along the Via Egnatia in the 17th Century, in: Elizabeth A. Zachariadou (Hg.): The Via Egnatia under Ottoman Rule (1380–1699). Halcyon Days in Crete II. A Symposium Held in Rethymnon, 9–11 January 1994, Rethymnon 1996, 171–191; Marie Nystazopoulou-Pélékidou: Le réseau routier du Sud-Est européen et son apport à l'évolution historique des peuples balkaniques au Moyen Âge, in: Arta istoriei, Istoria artei. Academicianul Răzvan Theodorescu la 65 de ani, București 2004, 27–36; Nicolas A. Oikonomidès: The Medieval Via Egnatia, in: Elizabeth A. Zachariadou (Hg.): The Via Egnatia under Ottoman Rule (1380–1699). Halcyon Days in Crete II. A Symposium Held in Rethymnon, 9–11 January 1994, Rethymnon 1996, 9–16; Traian Stoianovich: A Route Type: the Via Egnatia under Ottoman Rule, in: Elizabeth A. Zachariadou (Hg.): The Via Egnatia under Ottoman Rule (1380–1699). Halcyon Days in Crete II. A Symposium Held in Rethymnon, 9–11 January 1994, Rethymnon 1996, 203–216; Theophilus L. Fr. Tafel: De via militari Romanorum Egnatia qua Illyricum, Macedonia et Thracia iungebantur, Tubingae 1842 (Nachdruck London 1972).
15 Cf. Anna Avramea: Land and Sea Communications, Fourth-Fifteenth Centuries, in: Angeliki E. Laiou (Hg.): The Economic History of Byzantium. From the Seventh through the Fifteenth Century, Volume 1, Washington, D. C. 2002, 58–59.
16 Cf. Angeliki E. Laiou: Regional Networks in the Balkans in the Middle and Late Byzantine Periods, in: Cécile Morrisson (Hg.): Trade and Markets in Byzantium, Washington, D.C. 2012, 125-146, 131.
17 Cf. Ralph-Johannes Lilie: Einführung in die byzantinische Geschichte, Stuttgart 2007, 23.
18 Cf. on this field of research the following selection of relevant publications: Michael Batty: Network Geography: Relations, Interactions, Scaling and Spatial Processes in GIS, in: Centre for Advanced Spatial Analysis, Working Paper Series, Paper 63, 2003, 1–23; Merrick Lex Berman: Boundaries or Networks in Historical GIS: Concepts of Measuring Space and Administrative Geography in Chinese History, in: Historical Geography 33, 2005, 118–133; Tom Brughmans: Connecting the Dots: towards Archaeological Network Analysis, in: Oxford Journal of Archaeology 29/3, 2010, 277–303; Francis W. Carter: An Analysis of the Medieval Serbian Oecumene: A Theoretical Approach, in: Geografiska Annaler, Series B, Human Geography 51 (1), 1969, 39–56; Larry J. Gorenflo / Thomas L. Bell: Network Analysis and the Study of Past Regional Organization, in: Charles D. Trombold (Hg.): Ancient Road Networks and Settlement Hierarchies in the New World, Cambridge 1991 (Nachdruck Cambridge 2011), 80–98; Gerd Graszhoff / Florian Mittenhuber (Hg.): Untersuchungen zum Stadiasmos von Patara: Modellierung und Analyse eines antiken geographischen Streckennetzes (Bern Studies in the History and Philosophy of Science), Bern 2009; Forrest R. Pitts: A Graph Theoretic Approach to Historical Geography, in: The Professional Geographer 17 (5), 1965, 15–20; Forrest R. Pitts: The Medieval River Trade Network of Russia Revisited, in: Social Networks 1 (3), 1978/79, 285–292; Mihailo St. Popović: Networks of Border Zones: A Case Study on the Historical Region of Macedonia in the 14th Century AD, in: Karel Kriz / William Cartwright / Michaela Kinberger (Hg.): Understanding Different Geographies (Lecture Notes in Geoinformation and Cartography), Berlin/Heidelberg 2013, 227–241; Johannes Preiser-Kapeller: Networks of Border Zones: Multiplex Relations of Power, Religion and Economy in South-Eastern Europe, 1250–1453 AD, in: Mingquan Zhou [u. a.] (Hg.): Revive the Past. Proceedings of the 39th Conference on Computer Applications and Quantitative Methods in Archaeology. Beijing, 12–16 April 2011, Amsterdam 2012, 381–393; Monica L. Smith: Networks, Territories, and the Cartography of Ancient States, Annals of the Association of American Geographers 95/4, 2005, 832–849; Monica L. Smith: Territories, Corridors, and Networks: A Biological Model for the Premodern State, in: Complexity 12, 2007, 28–35; Keith J. Tinkler: An Introduction to Graph Theoretical Methods in Geography (Concepts and Techniques in Modern Geography, 14), London 1977; Malcolm Wagstaff: Network Analysis and Logistics: Applied Topology, in: John F. Haldon (Hg.): General Issues in the Study of Medieval Logistics. Sources, Problems and Methodologies (History of Warfare, 36), Leiden/Boston 2006, 69–92.
19 Pitts 1965 (cf. footnote no. 18), 15–20.
20 Carter 1969 (cf. footnote no. 18), 53–54.
21 Cf. <http://pajek.imfm.si/doku.php> (accessed 13 May 2014).
22 Cf. <http://www.casos.cs.cmu.edu/projects/ora/index.php> (accessed 13 May 2014).
23 Cf. <http://thema.univ-fcomte.fr/productions/graphab/> (accessed 13 May 2014).
24 Mihailo St. Popović / Markus Breier: Tracing Byzantine Routes – Medieval Road Networks in the Historical Region of Macedonia and Their Reconstruction by Least-Cost Paths, in: Proceedings of the "16th International Conference on Cultural Heritage and New Technologies", Wien 2011, 464–475, cf. <http://www.stadtarchaeologie.at/wp-content/uploads/eBook_CHNT16_Part4.pdf> (accessed 13 May 2014).
25 Cf. Gavro Škrivanić: Putevi u srednjovekovnoj Srbiji, Beograd 1974.
26 Vince Gaffney / Helen Gaffney: Modelling Routes and Communications, in: Ewald Kislinger / Johannes Koder / Andreas Külzer (Hg.): Handelsgüter und Verkehrswege. Aspekte der Warenversorgung im östlichen Mittelmeerraum (4. bis 15. Jahrhundert) (Veröffentlichungen zur Byzanzforschung, 18), Wien 2010, 79–91.

27 Gaffney / Gaffney 2010 (cf. footnote no. 26), 81.
28 Cf. Vince Gaffney / John Haldon / George Theodoropoulos / Phil Murgatroyd: Marching across Anatolia: Medieval Logistics and Modeling the Mantzikert Campaign, in: Dumbarton Oaks Papers 65–66, 2011–2012, 209–235; Philip Murgatroyd / Bart Craenen / Georgios Theodoropoulos / Vincent Gaffney / John Haldon: Modelling Medieval Military Logistics: an Agent-Based Simulation of a Byzantine Army on the March, in: Journal of Computational and Mathematical Organization Theory, 2011, 1–19.
29 Cf. Vince Gaffney / Philip Murgatroyd / Bart Craenen / Georgios Theodoropoulos: ›Only Individuals‹: Moving the Byzantine Army to Manzikert, in: Stuart Dunn / Simon Mahony (Hg.): The Digital Classicist 2013 (Bulletin of the Institute of Classical Studies, Supplement 122), London 2013, 25–43.
30 Cf. on this issue some of my pioneer works: Mihailo St. Popović / Juilson J. Jubanski: On the Function of "Least-Cost Path" Calculations within the Project *Tabula Imperii Byzantini* (*TIB*) of the Austrian Academy of Sciences: a Case Study on the Route Melnik-Zlatolist (Bulgaria), in: Anzeiger der philosophisch-historischen Klasse der Österreichischen Akademie der Wissenschaften, 145. Jahrgang / 2. Halbband, 2010, 55–87; Mihailo St. Popović: Die fünf vorzüglichsten Städte Macedoniens auf Plänen des k. k. Konsuls Wilhelm von Chabert aus dem Jahre 1832, in: Thetis, Mannheimer Beiträge zur Klassischen Archäologie und Geschichte Griechenlands und Zyperns 18, 2011, 187–196; Mihailo St. Popović / Peter Soustal: Mapping ›Macedonia's Five Most Excellent Cities‹ – What do Byzantine Studies, Austrian Cartography from the 1830s and GIS have in Common?, in: Proceedings of the 25th International Cartographic Conference, Paris, 3–8 July 2011, CO-426, cf. <http://icaci.org/files/documents/ICC_proceedings/ICC2011/Oral%20Presentations%20PDF/E1-History%20of%20cartography%20and%20GI%20science/CO-426.pdf> (accessed 18 May 2014); Mihailo St. Popović: Are the Historical Geography of the Byzantine Empire and Digital Humanities a Contradiction *Per Se*?, in: Bulgaria Mediaevalis 3, 2012, 255–269; Mihailo St. Popović: Moving through Medieval Macedonia: Late Modern Cartography, Archive Material, and Hydrographic Data Used for the Regressive Modelling of Transportation Networks, in: Studia Ceranea 2, 2012, 165–180.
31 Marsch-Karte von Mittel-Europa entworfen vom k.k. Generalquartiermeisterstabe, Wien 1848, 1 : 864,000. This map is kept in *The Woldan Collection* of the Austrian Academy of Sciences and bears the signature: OeAW BAS:IS (Bibl.,Archiv,Slg.), Sammlung Woldan, K-V(BL): EU 1353 (1–26).
32 One Austrian postal mile [österreichische (Post-)Meile] equals 7,585936 km. The metrical system was introduced in Austria-Hungary on 23 July 1871 and became obligatory in everyday usage on 1 January 1876. Cf. Reichsgesetzblatt für die im Reichsrathe vertretenen Koenigreiche und Länder, VI. Stück, Ausgegeben und versendet am 2. März 1872: 16. Gesetz vom 23. Juli 1871, womit eine neue Maß- und Gewichtsordnung festgestellt wird, 29–34.
33 Δρομοδείκτης των ακολούθων οκτώ μερών, Εν Βενετία 1829, 28.
34 Cf. Popović 2013 (cf. footnote no. 1), 287–288.
35 Published via: <http://www.europeana1914–1918.eu/de/contributions/1526#prettyPhoto> (accessed 17 May 2014), here pages 21–22.

KULTURSTRASSEN DER GESCHICHTE IN DER GEGENWART

CHRISTOPH BRUMANN

Vom Nutzen der Verbindungen

Die »cultural routes« im UNESCO-Welterbegeschehen

Das UNESCO-Welterbe hat einen ungeahnten Aufstieg erlebt, und kaum etwas anderes vermag im Bereich des Denkmal- und Naturschutzes ähnliche Energien freizusetzen. 191 Staaten, d. h. fast alle, haben die Welterbekonvention unterzeichnet, und seit den späten 1990er Jahren ist der Welterbetitel zur globalen Marke geworden, deren Zugkraft die Werbeindustrie erstaunt. Studiengänge und Trainingszentren für Welterbe-Management schießen aus dem Boden, und auch der Boom der interdisziplinären *heritage studies* hat viel mit dem Welterbe zu tun. Die Ernennung des alten Khmer-Tempels Preah Vihear zum Welterbe 2008 wurde für die sich über sein Territorium streitenden Nachbarländer Kambodscha und Thailand zum veritablen Kriegsgrund, und der Welterbetitel garantiert mittlerweile so viel Aufmerksamkeit, dass er paradoxerweise Zerstörung statt Schutz provozieren kann: Eben weil das Welterbekomitee die Sufi-Mausoleen und Moscheen von Timbuktu auf die Liste des gefährdeten Welterbes gesetzt hatte, begannen fundamentalistische Rebellen 2012 mit deren Zerschlagung und sicherten sich so weltweite Schlagzeilen.

Hinter dem Welterbe steht die Idee einer globalen Allmende von Kultur- und Naturstätten, die zu wichtig sind, um sie allein dem jeweiligen Nationalstaat zu überlassen, und deren Erhaltung stattdessen sowohl die Pflicht als auch das gute Recht der gesamten Menschheit ist. Nach Vorerfahrungen mit von der UNESCO koordinierten Rettungskampagnen, etwa für die nubischen Monumente von Abu Simbel, nahm die Generalversammlung der *United Nations Educational, Scientific and Cultural Organization* (UNESCO) 1972 das »Übereinkommen zum Schutz des Kultur- und Naturerbes der Welt« (*Convention Concerning the Protection of the World Cultural and Natural Heritage*)[1] an. 1976 trat es in Kraft, und seit 1978 werden immer neue Stätten auf die Welterbeliste gebracht, die auf nicht weniger als 1007 Einträge in 161 Ländern angewachsen ist (Stand 2014).[2]

Welterbe-Nominierungen sind das Vorrecht der Vertragsstaaten, die die erforderlichen Antragsunterlagen beim Sekretariat der Konvention – dem *World Heritage Center* im UNESCO-Hauptquartier in Paris – einreichen müssen. Die Anträge werden sodann durch zwei internationale NGOs geprüft, die Kulturstätten durch das *International Council on Monuments and Sites* (ICOMOS) und die Naturstätten durch die *International Union for Conservation of Nature* (IUCN). Diese holen dafür Expertenmeinungen ein und entsenden Vertreter an die Kandidatenstätten. Basierend auf ihrer Empfehlung, ob die Stätte den für die Eintragung in die Liste erforderlichen »außergewöhnlichen universellen Wert« (*outstanding universal value* oder kurz *OUV*) aufweist und ob der Erhaltungszustand und die Schutzmaßnahmen adäquat sind, trifft dann das Welterbekomitee (*World Heritage Committee*) auf seinen jährlichen, anderthalb Wochen dauernden Sitzungen die endgültige Entscheidung. Dieses Organ besteht aus 21 Staaten, die von allen Vertragsstaaten für momentan vierjährige Amtszeiten gewählt werden. Ein Eintrag auf der Welterbeliste ist bloß ein Ehrentitel, denn über nennenswerte Geldmittel verfügt die UNESCO nicht. Das Potential des Titels für Tourismus, Fördergelder, National- und Lokalstolz ist jedoch mitunter immens, und entsprechende, oft millionenschwere Anstrengungen werden für einen Platz auf der Liste unternommen.

Demgemäß ist das zwischenstaatliche Welterbekomitee in den 2000er Jahren immer mehr zu einer Arena der Karrierediplomaten statt der Denkmal- und Naturschutzexperten geworden, und seine Entscheidungen werden zusehends von politischen Rücksichtnahmen und Absprachen statt von Erhaltungsidealen bestimmt. Seit 2010 hat dies zu einem neuen Sitzungsstil geführt, in dem Staatsvertreter die ICOMOS- und IUCN-Empfehlungen regelmäßig übergehen, um sich gegenseitig ihre Wünsche nach immer mehr Welterbetiteln mit immer weniger Auflagen zu erfüllen.[3] Was der Welterbetitel für den Denkmal- und Naturschutz bedeutet, ist demnach sehr vom jeweiligen Nationalstaat abhängig, und wo dieser nationalen und internationalen Druck ignoriert, ändert sich oft wenig. Kommt es jedoch zu öffentlichen Debatten, sind durchaus bemerkenswerte Erfolge erzielt worden, etwa der Stopp von Hochhausprojekten in Köln, Riga, Sankt Petersburg oder Wien. Und auch die eigenmächtigste Regierung muss es sich gefallen lassen, dass ihre Versäumnisse auf den Komiteesitzungen öffentlich diskutiert werden.

Da sich unter den Kulturstätten, die etwa drei Viertel der Welterbeliste füllen, auch Kulturstraßen finden, geht dieser Beitrag der Frage nach, wie diese im Welterbesystem konzipiert und behandelt werden. Gibt es eine klare Politik oder wird improvisiert, bestimmt von den Partikularinteressen der Nationalstaaten? Was gehört eigentlich zu einer solchen Straße? Sind auch hier wie bei der *Straße der Romanik* die Punkte interessanter als die sie verbindende Linie, oder geht es um mehr? Und ab wann wird ein bloßes Stück Infrastruktur zur Kulturstraße? Da das Welterbe mittlerweile einen prägenden Einfluss auf Kulturerbe-Politiken weltweit hat, reichen die Antworten auf diese Fragen weit über das UNESCO-Forum selbst hinaus.[4]

Die erste Welterbe-Kulturstraße und die ersten konzeptionellen Festlegungen

Eine konzeptuelle Voraussetzung für die Ernennung von Kulturstraßen war die Existenz von seriellen Stätten (*serial properties*) auf der Welterbeliste: Von Anfang an wurden einzelne einander ähnliche und funktional oder historisch verbundene Stätten zu einem einzigen Eintrag zusammengefasst. So bilden etwa vier Häuser und zwei Kirchen in Eisleben und Wittenberg, die alle entweder mit Luther oder Melanchthon verbunden sind, seit 1996 gemeinsam eine Welterbestätte, und manche Welterbestätten bestehen aus Dutzenden oder sogar Hunderten von Einzelkomponenten. Unter diesen seriellen Stätten gab es zudem bereits lineare, über beträchtliche Distanzen reichende Fälle: 1987 wurden sowohl die Große Mauer in China als auch der römische Hadrianswall in England zum Welterbe ernannt. Im Fall der Großen Mauer umfasst die tatsächliche *property*, wie 2012 retrospektiv klargestellt wurde, nur drei jeweils nicht mehr als einige Kilometer lange Teilstücke,[5] darunter allerdings sowohl den östlichen als auch den westlichen Endpunkt des ehemals 6000 Kilometer langen Gebildes. Und beim Hadrianswall erstrecken sich die Einzelkomponenten fast über den gesamten 118 Kilometer langen historischen Mauerverlauf.[6] Der Gedanke, dass eine Stätte nicht bloß ein einzelner Punkt ist, sondern sich sehr weit erstrecken und aus diskreten Komponenten bestehen kann, erforderte also kein grundsätzliches Umdenken.

Eine weitere Voraussetzung war die bereits um 1990 laut werdende Kritik am Eurozentrismus einer Liste, die von europäischen Einträgen dominiert wurde. Der dadurch gefährdete globale Anspruch der Konvention führte zu einer Revision der Kriterien, und so wurden 1992 die Kulturlandschaften als neue Denkmalskategorie eingeführt,[7] 1994 mit dem *Nara Document on Authenticity*[8] erweiterte Authentizitätsstandards autorisiert – die weniger stark auf dauerhafte Materialien setzen – und ebenfalls 1994 die *Global Strategy for a Balanced, Representative and Credible World Heritage List*[9] zur neuen Leitlinie erhoben. Dies öffnete das Welterbe hin zu Zeugnissen des Alltags und einem ethnologisch-breiten Kulturverständnis. Wenn auch die europäischen Staaten oft am schnellsten reagierten und sich an ihrer numerischen Überlegenheit wenig geändert hat, ist die Welterbeliste doch ohne Zweifel bunter geworden: Vernakulararchitektur, Technik- und Industrieerbe, moderne Architektur und Stadtplanung, heilige Berge, Reisterrassen oder Stätten mit Menschenrechtsbotschaft wie Robben Island[10] oder das Bikini-Atoll[11] sind seither unter den Nominierungen nicht weniger häufig als Paläste, Kathedralen und Altstädte.

Verkehrswege aller Art passen ebenfalls zu dieser Nobilitierung des Alltags. Immer schon waren z. B. Handels- und Hafenstädte als einzelne Punkte berücksichtigt worden, doch nun wurden auch längere Verbindungen ins Auge gefasst. Dies beschränkte sich nicht auf Straßen: 1996 kam als erster Wasserweg der Canal du Midi in Frankreich[12] auf die Liste, worauf 2007 noch der Rideau Canal in Kanada[13] folgte, und 1998 wurde die Semmeringbahn in Österreich[14] als erste Eisenbahnlinie ernannt, was noch Bergbahnen in Indien (1999 Darjeeling, 2005 Nilgiri und 2008 Kalka Shimla)[15] und zwischen der Schweiz und Italien (2008)[16] nach sich zog. Bis zum 2014 ernannten Großen Kanal in China (s. u.) war allerdings keine dieser Verbindungen länger als die 360 Kilometer des Canal du Midi und auch nicht älter als seine etwa 350 Jahre. In all diesen Fällen wurde der außergewöhnliche universelle Wert zudem eindeutig in der ingenieurtechnischen Leistung gesucht und nicht im über den Weg erfolgten Kulturtransfer.

Dies ist anders bei den *cultural routes* oder *cultural itineraries*. Wie so oft beim Welterbe stand auch hier eine Nominierung am Anfang, als Spanien seinen Anteil des Jakobswegs als Kandidaten einbrachte. Das Komitee ernannte diesen 1993 zum Welterbe, also etwas früher als die Kanäle und Eisenbahnlinien, und hier wurde keine technische Meisterleistung gerühmt, sondern die fundamentale Rolle des Pilgerwegs im Kulturaustausch zwischen der iberischen Halbinsel und dem restlichen Europa und das Zeugnis für die Bedeutung des christlichen Glaubens im Mittelalter quer durch die Gesellschaftsschichten.[17]

Unmittelbar warf der Jakobsweg die Frage auf, was alles zu einer Kulturstraße dazugehört. Nicht der gesamte, die modernen Staatsgrenzen überschreitende Pilgerweg? Frankreich versprach die baldige Nominierung seines Jakobsweg-Anteils, und so wurde der spanische Teil erst einmal für sich ernannt.[18] Nur der Weg oder auch das Ziel? Die Altstadt von Santiago de Compostela stand bereits seit 1985 auf der Liste,[19] genau wie seit 1984 die ebenfalls auf dem Jakobsweg liegende Kathedrale von Burgos.[20] Das Büro des Welterbekomitees schlug das Aufgehen dieser Einzelstätten in der neuen Welterbestätte vor, so wie auch schon in anderen Fällen serielle Stätten bereits ernannte Einzelstätten aufgenommen hatten. Dagegen argumentierte Spanien aber, dass Santiago und Burgos auch wegen anderer Qualitäten als ihrer Verbindung zum Jakobsweg ernannt worden waren, und das Komitee beließ sie als separate Einträge.[21]

Und schließlich: Reichen die an der Kulturstraße liegenden und auf sie bezogenen Bauten und Siedlungsteile aus oder muss auch die Straße selbst einbezogen sein? Diese Frage wurde erst retrospektiv geklärt, als das Komitee ab 2001 den spanischen Plan für den Bau der Yesa-Talsperre diskutierte, der Teile des Jakobswegs zu überfluten drohte. Spanien versicherte, dass die Welterbe-Bauten im betroffenen Areal versetzt und somit erhalten werden würden. ICOMOS wandte dagegen aber ein, dass auch die Straße selbst mit einem mindestens 30 Meter breiten Streifen auf jeder Seite zum Welterbe ernannt worden war. 2004 akzeptierten dann zunächst ICOMOS und dann auch das Komitee wegen der großen sozialen Bedeutung des Staudamms einen Kompromiss, der die überfluteten Wegstücke auf die Hälfte reduzierte, doch auch so versanken 3,4 Kilometer der südlichen und 800 Meter der nördlichen Route im Stausee.[22]

Gleich nach der Eintragung des Jakobswegs 1993 richtete Spanien 1994 für das Welterbekomitee einen Experten-Workshop zur konzeptionellen Vertiefung der *cultural routes* aus. Dessen Abschlussdokument trifft einige allgemeine Festlegungen: *cultural routes*, heißt es dort, sind nicht nur die einmalig bereisten – so wie Hannibals Weg über die Alpen – oder die nur gelegentlich genutzten Routen – so wie die Rallye Paris-Dakar –, sondern diejenigen mit einem dauerhaften Austauscheffekt zwischen Regionen und Ländern. Zudem sind sie insofern multidimensional, als zu dem eigentlichen religiösen, wirtschaftlichen oder militärischen Hauptzweck andere Funktionen und der kulturelle und zivilisatorische Transfer hinzukommen. Auch wird klargestellt, dass zu einer *cultural route* sowohl die Straße und die zugehörige Infrastruktur mit Zoll- und Poststationen, Gasthäusern, Kirchen, Krankenhäusern, Wasserstellen usw. als auch die die Straße umgebende und sie prägende Landschaft gehören.[23] Dies ist ein sehr umfassender und konservatorisch anspruchsvoller Ansatz, dem letztlich nicht einmal der spanische Jakobsweg gerecht geworden war, denn dort ist die umgebende Landschaft nicht Teil der Welterbestätte.

Die folgenden Welterbe-Kulturstraßen und ihre wechselnden Argumentationslogiken

Die nächste Kulturstraßen-Nominierung entfernte sich noch weiter von diesem Ideal: Für den französischen Teil des Jakobswegs wurden die vier Hauptpilgerstraßen, die von Arles, Le Puy, Vézelay und Paris ausgehen und sich im spanischen Puente la Reina treffen, ausgewählt. Nominiert waren hier aber 69 unzusammenhängende Einzelkomponenten, überwiegend Kirchen und nur einige wenige Brücken, Pilger- und Krankenhäuser sowie Wegkreuze. Allein beim Chemin du Puy wurden auch einige Straßenstücke von insgesamt 157 Kilometern Länge eingebracht, was aber gerade einmal 20 % dieser Route ausmacht.[24] Frankreich rechtfertigte die weitgehende Auslassung der Straßen mit deren im Vergleich zu Spanien schlechterem Erhaltungszustand. ICOMOS diskutierte intern durchaus eine umfassendere Nominierung,[25] doch letztlich wurde Frankreichs Vorschlag akzeptiert und 1998 zum Welterbe ernannt. Frankreich zeigte sich der von ICOMOS[26] und einem Komitee-Delegierten angeregten Vereinigung der beiden Listeneinträge gegenüber offen,[27] doch so willkommen transnationale Stätten als Ausdruck der Völkerfreundschaft der UNESCO auch sind, bilden die beiden Jakobsweg-Stücke doch bis heute zwei separate Welterbestätten.[28]

Als nächste Kulturstraße – in einem offenen System, das letztlich den Nationalstaaten und den von ihnen eingebrachten Nominierungen die Initiative überlässt – behandelte das Welterbekomitee 2003 die Quebrada de Humahuaca in Argentinien. Dies ist ein Andental mit langer Besiedlungsgeschichte, das an einer Scharnierstelle zwischen Hochanden und Ebene gelegen ist. Es wurde als *cultural itinerary* nominiert, da es seit 10.000 Jahren als Transportweg fungiert, und die Nominierung umfasste Siedlungsreste von ersten Jäger-Sammlern über landwirtschaftliche Gemeinschaften bis zu ersten Städten, die Relikte des Inkareichs sowie kolonialspanische und postkoloniale Siedlungen, darunter direkt in Verbindung mit der Wegfunktion stehende Komponenten wie Straßen und eine Eisenbahnlinie, aber auch nur sehr indirekt verbundene Bestandteile wie landwirtschaftliche Zeugnisse, befestigte Städte oder Felsbilder. Eigentlich handelt es sich um eine typische Kulturlandschaft – die oben erwähnte, bereits 1992 verankerte Kategorie – mit einer für eine Kulturstraße auch nur bescheidenen Länge von 155 Kilometern.[29] ICOMOS leistete keine Klärung – »possibly also a cultural route«, heißt es in der Evaluierung[30] –, und bei einer Betrachtung als Kulturlandschaft ist ohnehin sekundär, welche Komponenten nun Straßenbestandteil sind und welche nicht. ICOMOS empfahl die Einschreibung in die Liste, und das Komitee folgte dem, nicht ohne allerdings eine mögliche zukünftige Einschließung in den *Qhapaq Ñan* (s. u.) nahezulegen.[31]

Die Frage nach der *cultural route* stellte sich weniger bei einem Kandidaten des folgenden Jahres 2004, den heiligen Stätten und Pilgerwegen der Kii-Bergkette in Japan. Die Nominierung schloss den Kôya-san ein – das Hauptquartier des Shingon-Buddhismus, ein Tempelberg mit dem berühmtesten Friedhof Japans –, außerdem Yoshino und Omine, zwei im *shugendô*-Bergasketismus wichtige Berge mit ihren Tempeln und Schreinen, sowie den Kumano Sanzan, einen Komplex wichtiger shintoistischer Schreine, die ebenfalls für die *shugendô*-Praktiker bedeutsam sind. Dazu kamen 300 Kilometer der Pilgerwege, hin zu und zwischen diesen Orten, teilweise reine Fußwege, die für die Zwecke der Bergasketen bewusst steil, anstrengend und nicht ungefährlich angelegt sind.[32] Statt einer Einzelstraße handelt es sich hier um ein Straßennetz, und zweifellos hat diese Nominierung die anspruchsvolle Kulturstraßen-Konzeption des Workshops von 1994 sehr weitreichend umgesetzt.

Im selben Jahr behandelte das Komitee auch die Weihrauchstraße und die Wüstenstädte der Negev in Israel, und dies wurde die erste Nominierung einer Kulturstraße, die zunächst scheitern sollte. Sie umfasste die archäologischen Überreste der vier nabatäischen Städte Haluza, Mamshit, Avdat and Shivta in der Wüste Negev sowie Festungen und Überreste der Landwirtschaft über eine Distanz von 100 Kilometern. Diese Städte, die vom 3. Jh. vor bis zum 2. Jh. nach Christus blühten, waren Wegstationen der Weihrauchstraße, und in dem feindseligen Klima ließen sie sich nur mit den Profiten aus diesem Handel und einer ausgeklügelten Bewässerungslandwirtschaft bewohnen.[33] Dass sie somit klarer Ausdruck einer historischen Kulturstraße waren, wurde in der Sitzung nicht bezweifelt, aber es gab andere Einwände. Denn die Weihrauchstraße erstreckte sich einst über 2000 Kilometer, und Teile von ihr standen bereits auf der Welterbeliste, zum einen Petra in Jordanien[34] und zum anderen eine Weihrauch-Landschaft in Oman mit einem Wadi, dessen Weihrauchbäume heute noch bewirtschaftet werden und wo archäologische Hafen- und Oasenreste ergraben sind.[35] Israels Nominierung schloss also nur ein Straßenfragment ein. ICOMOS sprach sich zwar für die Einschreibung aus,[36] das Komitee entschied sich aber – wie nur selten bei positiv beurteilten Fällen – dagegen, nicht durch Zufall auf Widerstand der libanesischen und ägyptischen Delegierten,[37] die von den mit der Nominierung eingereichten Karten provoziert worden sein könnten.[38] 2005, d. h. ein Jahr später, wurde die Nominierung erneut eingereicht, mit einer verbesserten vergleichenden Analyse in den Antragsdokumenten, die nun die gesamte historische Weihrauchstraße in den Blick nahm, aber den nominierten Teil in Israel als ihre extremste Passage heraushob.[39] Widerstand gegen die Einschreibung regte sich nun nicht mehr; eine nachträgliche Zusammenfassung mit den Stätten in Jordanien und Oman wurde jedoch nicht erwogen – hier scheint die aktuelle, im Welterbegeschehen niemals abwesende politische Lage klare Grenzen vorgegeben zu haben. Oman ließ im selben Jahr sogar den Namen seiner Stätte ändern: Bei der Einschreibung 2000 war dieser auf Vorschlag des Komitees als *Frankincense Trail* (Weihrauchweg) festgelegt worden,[40] wurde nun aber in *The Land of Frankincense* (Das Land des Weihrauchs) abgeändert.[41] Die Beweggründe sind den Dokumenten nicht zu entnehmen, doch halte ich es für möglich, dass der Wunsch nach Abgrenzung von Israel und seinem Teilstück der Weihrauchstraße das Handeln leitete.

Fünf Jahre vergingen bis zur nächsten erfolgreichen Nominierung einer Kulturstraße: 2010 ernannte das Komitee den *Camino Real de Tierra Adentro* (etwa: königliche Inlandsroute) zum Welterbe. Die Straße bildete durch das über sie transportierte Silber das ökonomische Rückgrat des Vizekönigreichs. Nominiert war ein 1400 Kilometer langes Teilstück, das von Mexico City bis Valle de Allende reicht. Wieder drehte sich die Komiteediskussion um die Vollständigkeit der Straße, denn der *Camino Real* zieht sich weiter bis nach Santa Fe in Arizona. Auch hier wurde jedoch gemäß den heutigen politischen Grenzen entschieden: Die USA kann mit ihrem Teil der Straße später noch nachziehen, aber auf eine sofortige Komplettierung der Route wurde nicht bestanden. Auf der Straße liegen fünf bereits zuvor ernannte Welterbestätten, mehrheitlich wegen anderer Attribute als ihrer Lage auf der Straße ausgezeichnet, und auch diese werden wie beim Jakobsweg weiterhin als separate Einträge auf der Liste geführt.[42] ICOMOS kritisierte in seiner Evaluierung die Auswahl der 55 Einzelkomponenten. Darunter waren Brücken, Haziendas, Kirchen, Klöster, ein Friedhof, eine Mine und diverse Straßenstücke, die die vielfältigen Aspekte der Straße zum Ausdruck brachten, und auch an der Bedeutung des *Camino Real* als solchem gab es keine Zweifel. Doch warum gerade die nominierten Komponenten und nicht andere Kirchen, Haciendas und Minen ausgewählt worden waren und welchen Einzelbeitrag jede von ihnen zum außergewöhnlichen universellen Wert der gesamten Stätte leistet, war für ICOMOS nicht hinreichend ersichtlich.[43] Auf der Sitzung hörte ich vom Verdacht, dass sachfremde Kriterien die Auswahl mitbestimmt hatten. Trotz der deutlichen Kritik empfahl ICOMOS jedoch nur ein *referral*, d. h. eine Form der Vertagung, bei der der außergewöhnliche universelle Wert des Kandidaten bereits als erwiesen gilt.[44] Dies war geradezu eine Einladung für das zu diesem Zeitpunkt selbst im Komitee vertretene Mexiko, die Einwände von ICOMOS zu bestreiten und mit Unterstützung der Komiteekollegen die direkte Einschreibung durchzusetzen.[45]

Eine weitere lateinamerikanische Kulturstraße war 2009 nominiert, die brasilianische Goldstraße von Ouro Preto im Landesinneren – als Boomtown des Barock bereits selbst UNESCO-Welterbe[46] – bis nach Paraty an der Küste. Hier beschränkten sich die nominierten Komponenten jedoch auf die Stadtanlage von Paraty und ganze neun Straßenkilometer der einstmals 45 Tagesetappen umfassenden Route.[47] Der ICOMOS-Empfehlung folgend wurde die Nominierung daher 2009 zur Überarbeitung vertagt und ist bislang nicht wieder neu eingereicht worden.[48]

Welterbe-Kulturstraßen der Superlative: Die Seidenstraße und *Qhapaq Ñan*

All diese Vorläufer verblassen gegenüber den Kulturstraßen, die das Komitee bei seiner Sitzung 2014 beschäftigten: Mit der Seidenstraße und *Qhapaq Ñan*, der großen Andenstraße der Inkas, waren Straßennetze von kontinentalen Ausmaßen nominiert, die nicht nur in den räumlichen und historischen Dimensionen alles bisher Dagewesene übertrafen, sondern auch auf ebenso beispiellosen und diskursiv entsprechend überhöhten zwischenstaatlichen Kooperationen beruhten.

An beiden Nominierungen wurde ein gutes Jahrzehnt gearbeitet, jeweils mit einem Kern von sechs beteiligten

Ländern – Kolumbien, Ecuador, Peru, Bolivien, Chile und Argentinien bzw. China und die fünf zentralasiatischen Staaten –, zu denen im Laufe der Zeit bei der Seidenstraße noch Iran, Afghanistan, Indien, Nepal, Südkorea und Japan hinzustießen, die an eine zukünftige Ausdehnung der Welterbestätten auf ihre Territorien denken. Die Nominierungen von zum *Qhapaq Ñan* gehörenden Einzelkomponenten in Ecuador und Bolivien wurde in dieser Zeit bewusst zurückgestellt.[49] Die Vorbereitungen umfassten jährliche und teilweise mehrfach jährliche Workshops, umfangreiche Erfassungen von Straßenstücken und Baudenkmälern, aufwendige wissenschaftliche Studien, die Erarbeitung von Management- und Tourismusstrategien usw.; alles Aktivitäten, die Hunderte von Personen einbanden. Externe Unterstützung erfolgte durch Zuschüsse in Millionenhöhe von Japan und Belgien im Fall der Seidenstraße und von Spanien im Fall des *Qhapaq Ñan*, in beiden Fällen war ein Mitarbeiter des *World Heritage Center* (wie schon erwähnt das Konventionssekretariat) als Koordinator abgestellt, ICOMOS-Vertreter traten wiederholt als Berater auf, und UNESCO-Generaldirektorin Irina Bokova persönlich setzte sich für die Nominierungsprojekte ein. Eine Herausforderung war nicht nur die Zusammenarbeit zwischen so vielen Ländern, sondern auch die Tatsache, dass manche von diesen – vor allem die zentralasiatischen Staaten – noch wenig Erfahrung in Kulturerbefragen haben.[50]

Dabei herausgekommen sind sehr unterschiedliche Welterbe-Kulturstraßen. Bei der Seidenstraße wurde schnell deutlich, dass es aussichtslos ist, die gesamte Route als eine Stätte einzutragen. Eine ICOMOS-Studie identifizierte insgesamt 54 sogenannte »Korridore«, d. h. Streckenstücke mit jeweils eigenständigem Charakter zwischen wesentlichen Knotenpunkten (meist Handelsstädten) und empfahl 20 davon als für die Nominierung geeignet.[51] Schon die einzelnen Karawansereien und Wegstationen zählen fast 700,[52] und die Gesamtzahl der mit der Seidenstraße in Verbindung stehenden Bauten ist eine vierstellige. Die Beteiligten legten sich daher darauf fest, nach und nach kleinere Gruppen dieser Seidenstraßen-Korridore – immer ist von *Silk Roads* im Plural die Rede – zu nominieren, dem Charakter der historischen Straße und der modernen Kulturerbe-Kooperation entsprechend aber immer als transnationale, von zwei oder mehr Ländern getragene Kandidaten.

Demzufolge wurden zwei Nominierungen eingereicht, die eine gemeinsam von China, Kasachstan und Kirgistan, die andere von Tadschikistan und Usbekistan.[53] Die erste, als Tianshan-Korridor bezeichnet, fasste gleich acht der in der Studie identifizierten Korridore[54] über eine Distanz von 5000 Kilometer zusammen, die von den damaligen chinesischen Hauptstädten Chang'an (heute Xi'an) und Luoyang bis zum Gebiet des Yssykköl-Sees reichen und die Wüste Gobi und den Tianshan-Gebirgszug passieren. Abgebildet war dies durch insgesamt 33 Komponenten, davon 22 in China, acht in Kasachstan und drei in Kirgistan, und zwei bereits gelistete Welterbestätten in China wurden ebenfalls als zur Route gehörig ausgewiesen. Die meisten dieser Komponenten sind archäologische Siedlungs- und Palastreste, viele davon wiederverfüllt, und dazu kommen Tempel- und Höhlentempelanlagen hauptsächlich des Buddhismus. Die Nominierung von Tadschikistan und Usbekistan, als Penjikent-Samarkand-Poykent-Korridor bezeichnet, war dagegen mit 365 Kilometern wesentlich kürzer und umfasste nur einen, an die andere Nominierung westlichen anschließenden Korridor der ICOMOS-Studie.[55] Einbezogen waren hier eine Stätte in Tadschikistan und neun in Usbekistan, zudem liegen die Städte Buchara (Buxoro) und Samarkand auf der Strecke, die bereits seit 1993[56] bzw. 2001[57] Welterbe sind. Neben zwei archäologischen Stadtanlagen, einer Karawanserei mit einem Wasserreservoir und einem Minarett stellten hier sechs Pilgerstätten rund um die Mausoleen bekannter Sufi-Heiliger den Islam in den Vordergrund.

In beiden Evaluierungen bemängelte ICOMOS die geringe Präsenz der Seidenstraßen-Infrastruktur. Teilstücke der Straße sind gar nicht enthalten, und weder die eigentlich noch reichlich vorhandenen Wegstationen, Karawansereien, Wach- und Beobachtungstürme noch die zum Teil ausgeklügelten Bewässerungsanlagen, ohne die viele der Handelsstädte an der Straße nicht hätten existieren können, sind mehr als nur vereinzelt vertreten. Zum Vertagungsgrund wurde dies aber nur im Fall der tadschikisch-usbekischen Nominierung. Dort vermisste ICOMOS außerdem Informationen über die ausgewählten Komponenten und die Gründe, warum genau sie und nicht andere ausgewählt worden waren, eine klarere Darlegung, welche Rolle dieses Teilstück im Gesamtrahmen der Seidenstraße spielte, sowie eine

Klärung der Beziehung zu Buchara und dem für die Nominierung immerhin namensgebenden Samarkand, auch wenn diese separate Welterbestätten bleiben sollten. Dazu kamen konservatorische Bedenken, wie etwa ungeschützt den Elementen ausgesetzte archäologische Reste und unzureichende Pufferzonen um die Stätten herum. Die Empfehlung lautete daher auf *deferral*, d. h. eine Vertagung mit grundlegender Überarbeitung der Nominierung, was zwar auf der Komiteesitzung in ein *referral* (nur kleinere Überarbeitungen) umgewandelt, aber nicht zu einer direkten Einschreibung modifiziert wurde. Welterberuhm für dieses zentralasiatische Segment wird es daher frühestens 2015 geben.

Im Fall der chinesisch-kasachisch-kirgisischen Nominierung war allerdings die spärlich vertretene Straßen-Infrastruktur für ICOMOS kein Grund, Überarbeitungen zu verlangen, und wie die Komponenten ausgewählt und zur Straße in Beziehung gesetzt worden war, fand stattdessen ausdrückliches Lob. Auch hatte es hier im Gegensatz zu dem zentralasiatischen Teilstück noch während der Evaluierungsphase einen sonst unüblichen Abstimmungsprozess mit den beteiligten Staaten in Form von Treffen und Video-Konferenzen gegeben. Auf Nachfrage in der Komiteesitzung erläuterte die ICOMOS-Expertin, dass die zentralasiatische Nominierung zu viele Mängel aufgewiesen hätte, um bei ihr genauso zu verfahren. Allerdings blieb auch der Tianshan-Korridor hinter zwischenzeitlichen Plänen zurück, gemäß denen China allein 48 und nicht bloß zwölf Stätten einbringen wollte oder sogar insgesamt 500 Stätten erwogen wurden, und mehr als 1000 Kilometer lange Streckenstücke sind jetzt völlig frei von nominierten Komponenten. Auch hätte man die einseitige Ausrichtung der Nominierung auf den Buddhismus monieren können, denn islamische und manichäische Stätten sind nur vereinzelt vertreten und die der nestorianischen Christen gar nicht. Selbst die Große Moschee von Chang'an wurde nicht einbezogen, obwohl sie ein Paradebeispiel für den in den Antragsschreiben besonders gewürdigten Austausch der Religionen auf der Seidenstraße war – besteht sie doch in der damaligen chinesischen Hauptstadt seit dem 8. Jh. und ist die erste in ihrer Architektur komplett sinisierte Moschee, die z. B. auf Minarette verzichtet.[58] Einbezogen sind stattdessen die Kaiserpaläste von Chang'an und Luoyang, doch für deren Bedeutung als politisches Zentrum glanzvoller Dynastien war die Seidenstraße nur eine Facette. Gerade bei den chinesischen Komponenten gab es Änderungen in letzter Minute und auch die Ankündigung der Nachnominierung weiterer Elemente in den kommenden Jahren, so dass sich ein improvisierter Eindruck ergibt – in den gerade einmal 33 Komponenten fast die Hälfte der Seidenstraße abgebildet zu sehen, fällt nicht leicht.

Gleichwohl lautete ICOMOS Empfehlung hier auf direkte Einschreibung, und man fragt sich, ob dies anders gewesen wäre, wenn nicht einer der ICOMOS-Vizepräsidenten aus China selbst an der Nominierung beteiligt gewesen wäre, während andererseits weder Tadschikistan noch Usbekistan eine starke Präsenz in den ICOMOS-Gremien haben. Auch mag eine Rolle gespielt haben, dass Kasachstan gerade im Komitee vertreten ist und eine negative Evaluierung damit besonders leicht angreifbar gewesen wäre. Und beide Seidenstraßen-Teilstücke zurückzustellen, während gleichzeitig der *Qhapaq Ñan* (siehe unten) auf die Welterbeliste gelangt, wäre bei diesen von der UNESCO so sehr unterstützten Prestigeprojekten sicher kaum möglich gewesen. Entsprechend wurde das chinesisch-kasachisch-kirgisische Teilstück zum Welterbe ernannt, und die Delegierten überboten sich im Lob für die historische Bedeutung der Seidenstraße und für die gegenwärtige internationale Kooperation hinter diesem Erfolg.

Als Kulturstraßen-Nominierung insgesamt überzeugender wirkt dagegen der *Qhapaq Ñan*; natürlich war sie auch insofern einfacher, als die Inkastraße als das Werk eines einzelnen historischen Reiches einheitlicher ist und alle Beteiligten dieselbe Sprache sprechen. Nicht weniger als 291 Einzelstätten in 149 Segmenten waren hier nominiert, und wenn es auch hier Hunderte Kilometer lange Lücken gibt, sind die einbezogenen Passagen des ehemals 30.000 Kilometer langen Straßensystems beträchtlich und addieren sich zu 721 Kilometern. Im Gegensatz zu den Seidenstraßen-Nominierungen ist die Straße selbst hier zentral und in allen in der Nominierung ausgiebig dargelegten Typen und technologischen Verfeinerungen – Hochstraßen durch Sumpfpassagen, Treppenstufen an Steilstücken, angelegte Hohlwege etc. – vertreten, so wie es auch die Infrastruktur der Wegstationen und Rasthäuser ist. Zum Teil liegt dies daran, dass der *Qhapaq Ñan* auch heute noch ein vitaler Verkehrsweg für

Fußgänger und Packtiere ist und von den Anrainergemeinschaften entsprechend gepflegt wird. Nach einem auch in diesem Fall intensiven Abstimmungsprozess mit den beteiligten Staaten empfahl ICOMOS die Streichung einiger minder wichtiger bzw. schlecht erhaltener Passagen, doch die übrigen 273 Stätten in 137 Segmenten wurden seiner Empfehlung folgend zum Welterbe ernannt. Das Lob der Delegierten traf hier nicht nur die Gründlichkeit der Nominierung – laut der indischen Delegierten der künftige *gold standard* für serielle Stätten –, sondern auch die internationale Kooperation, und anders als bei den Seidenstraßen-Nominierungen fällt in den Antragsunterlagen auf, dass die Staatsgrenzen tatsächlich weggefallen sind: In den Übersichtskarten sind sie nicht eingezeichnet.

Nicht nur die hinter der Nominierung stehenden Staaten waren bei diesen Kulturstraßen der Rekorde gefordert, auch die Evaluierung bot besondere logistische Herausforderungen. Statt einer Inspektionsreise wie bei sonstigen Nominierungen waren es hier je zwei für die Seidenstraßen-Teilstücke und gleich acht für den *Qhapaq Ñan*, in teilweise so entlegene Gebiete, dass einer der ICOMOS-Experten sich für einen Tag und eine Nacht in der Wüste verirrte. Ohne ein dafür bewilligtes Sonderbudget wäre weder dies noch die Feinabstimmung mit den Staatsvertretern zu leisten gewesen, wie die ICOMOS-Vertreter auf der Sitzung klarstellten. Die Nominierungsdatei für den Tianshan-Korridor (die für den tadschikisch-usbekischen Korridor ist nicht öffentlich, da keine Einschreibung erfolgte) hat fast 800 Seiten Text und dazu fast 5000 Seiten Karten, unterstützende Dokumente etc.; die für den *Qhapaq Ñan* hat mehr als 1400 Seiten Text und noch einmal fast genauso viele Seiten an Zusatzmaterial. Hinzu kam, dass auch noch der Große Kanal von Beijing nach Hangzhou nominiert war – der bei weitem längste vormoderne Kanal, das verkehrstechnische Rückgrat des chinesischen Reiches und vermutlich der einzige künstliche Wasserweg, der ähnliche Ansprüche auf eine kulturelle Austauschfunktion anmelden könnte wie die großen Kulturstraßen, auch wenn dies in der Nominierung nicht in den Vordergrund gerückt wird.[59] Ein Rekord ging an diesen: Die Teilstücke sind mehr als 1000 Kilometer lang, länger als die des *Qhapaq Ñan* und länger auch als die 800 Kilometer des spanischen Jakobsweges, und somit ist dies nun die zwar nicht in der Gesamtdistanz, aber in der Summe der Einzelkomponenten längste lineare Welterbestätte.

Fraglos ist für die Welterbe-Kulturstraßen die Komiteesitzung von 2014 ein einmaliger Höhepunkt gewesen: Was nun noch kommt, kann hinter Seidenstraße und *Qhapaq Ñan* nur zurückbleiben, so sehr bei der Seidenstraße auch erst ein Anfang gemacht worden ist und die weiteren Teilstücke die Konkretisierung erbringen müssen, was in diesem Fall eine Welterbe-Kulturstraße sein soll. Ähnlich eindrucksvolle vormoderne Straßen wie beim *Qhapaq Ñan* gibt es nur noch bei den Römerstraßen in Europa, der kulturhistorischen Bedeutung der Seidenstraße kommt ohnehin nichts anderes gleich, und als transkontinentales Straßennetz bieten sich höchstens noch die Karawanenstraßen durch die Sahara an, wo allerdings auf ein erstes Vorbereitungstreffen von 13 Ländern im Jahr 2004[60] keine weiteren Schritte gefolgt sind und die politische Situation diesen auf absehbare Zeit im Wege stehen dürfte. Die Frage wird nun eher sein, wie sich diese Welterbe-Kulturstraßen in nie dagewesener Länge und Internationalität praktisch bewähren – für die Erhaltung, für den Tourismus, für den nationalen Geltungsdrang wie auch für die Völkerverständigung und nicht zuletzt für die lokale Bevölkerung entlang der Wegstrecken. Gerade die *Qhapaq Ñan*-Nominierung wurde für die Einbeziehung der Anrainer gelobt, doch ob verdient oder nicht, ist eine komplexe Frage, die auch für andere Welterbestätten – gerade außerhalb Europas – oft nur sehr differenziert beantwortet werden kann und weit über den Rahmen dieses Beitrags hinausführt.

Fazit

Obwohl nun schon seit zwei Jahrzehnten Kulturstraßen zum UNESCO-Welterbe ernannt werden, besteht in dieser zentralen Arena des internationalen Denkmal- und Naturschutzes wenig Klarheit darüber, was eine Kulturstraße ist, was dazugehört und wie sie zu erhalten ist. Ob es wie im Fall des spanischen Jakobsweges die gesamte Route sein muss oder ob auch repräsentative Teilstücke ausreichen, ob bei grenzüberschreitenden Straßen die Anteile einzelner Staaten für sich nominiert und separate Einträge sein sollten, ob – und in welcher Anzahl – markante Knotenpunkte und Einzelbauten die Straße bereits genügend vergegenwärtigen oder ob die Straße selbst einbezogen sein sollte, welche Rolle die bauliche Gestalt und die Infrastruktur der Straße spielten – darauf sind in den bisherigen Nominierungen und Ernennungen ganz unterschiedliche Antworten gegeben worden, die sicherlich stärker von pragmatischen, oft auch opportunistischen Gründen abhängig waren als von prinzipiellen Erwägungen. Ohne ein großer Kenner des Denkmalschutzes zu sein, glaube ich doch, dass diese Situation dem Vergleich mit den Standards bezüglich individueller Bauwerke nicht standhält, und auch aus Grundsatzdokumenten wie der 2008 von ICOMOS angenommenen »Charter on Cultural Routes«[61] wird man kaum schlauer. Stattdessen wird sich die *cultural route* im Welterberahmen auch in Zukunft eher durch die Anwendungsfälle definieren, so wie es mit dem spanischen Jakobsweg auch von Anfang an war, und die Antragsteller werden weiterhin sehr viel Freiheit haben, ihre eigenen Konzeptionen zu finden.

Deutlich wurde vor allem in der Komiteesitzung 2014 mit ihren Kulturstraßen der Superlative – Seidenstraße und *Qhapaq Ñan* – jedoch, dass solche Nominierungen einen allgemeinen Trend auf die Spitze treiben: Immer mehr Stätten gelangen auf die Liste, weil sie nicht nur das sind, was sie sind, sondern weil sie über sich selbst hinaus verweisen und für Langstreckenverbindungen, interkulturelle Begegnungen und den Austausch der Völker und Religionen stehen. »Since wars begin in the minds of men, it is in the minds of men that the defenses of peace must be constructed«,[62] heißt es in der Präambel der Verfassung einer Organisation, die 1946 antrat, um mittels Bildung, Wissenschaft und Kultur die geistigen Voraussetzungen für den Weltfrieden zu schaffen, und entsprechend wurden die multinationalen Nominierungsprojekte für Seiden- und Andenstraße von UNESCO gefeiert und unterstützt. Denn sie sind ja auch die ersten tatsächlich multinationalen Nominierungen von Kulturstraßen – der Jakobsweg, die Weihrauchstraße oder der *Camino Real* vor ihnen wurden in nationalen Teilpaketen auf die Liste gebracht und auch im Nachhinein nicht miteinander verschmolzen.

Die Sicht der Kulturstraßen als Instrumente der Völkerverständigung ist allerdings selektiv. Zwar war für den chinesischen Vertreter in seiner Dankesrede klar, dass »the Silk Road … the world's largest network of dialogue, peace, and development« ist, doch ein finnischer Delegierter erinnerte daran, dass über diese Straße auch Kriege verbreitet wurden, und speziell der *Camino Real* und der *Qhapaq Ñan* hatten ihre Hauptfunktion darin, frisch eroberte imperiale Territorien zusammenzuhalten und die Macht ihrer Eliten zu festigen, längst nicht nur zur Freude derjenigen, die die Straße verband.

Den völkerverbindenden Effekt einer langjährigen Kooperation und das symbolische Potential für heutige politische Allianzen soll dies jedoch nicht in Abrede stellen, und ohne Zweifel haben die Nominierungsprojekte auch die Erfassung und das wissenschaftliche Verständnis von Seidenstraße, *Qhapaq Ñan*, aber auch der vorherigen Kulturstraßen befördert. Wunderdinge sind hier allerdings vom Welterbe nicht zu erwarten – wie auch manch anderen UN-Organen fehlt seinen zentralen Institutionen das Gewicht, sich gegen souveränitätsbewusste Nationalregierungen durchzusetzen, und auch hier ist die UNESCO nur so lange »standard-setting instrument«, wie die Mitgliedsstaaten es zulassen.

The Uses of Connections. *Cultural Routes* in UNESCO World Heritage Practice

UNESCO's World Heritage Convention of 1972 is the most popular activity of this UN special agency and has become a crucial factor in international cultural and natural conservation and a prominent global brand. Starting with the Route of Santiago de Compostela in the 1990s, *cultural routes* as well as canals and railway lines have been considered for inscription on the World Heritage List. Based on the records and documents of the *World Heritage Committee* and the *International Council of Monuments and Sites* (ICOMOS) as well as on ethnographic observation of World Heritage meetings, the paper traces the conceptual evolution of *cultural routes* behind this expansion. It also analyses how World Heritage-hungry nation states strategically and often creatively adapt to the new opportunities. The discussion what precisely constitutes a cultural route is to be continued.

Anmerkungen

1. URL: http://whc.unesco.org/en/conventiontext (Zugriff: 28.08.2014).
2. Vgl. URL: http://whc.unesco.org/en/list (Zugriff: 28.08.2014).
3. Siehe hierzu näher Christoph Brumann: Unser aller Kulturgut: Eine ethnologische Annäherung an das UNESCO-Welterbe, in: Sociologus 61, 2011, 19–43; ders: Shifting tides of world-making in the UNESCO World Heritage Convention: Cosmopolitanism colliding, in: Ethnic and Racial Studies 37 (12), 2014 (special issue: Books, bodies, and bronzes: Comparing sites of global citizenship creation, hg. v. Peggy Levitt und Pál Nyíri), 2176–2192; Lynn Meskell: UNESCO's World Heritage Convention at 40: Challenging the economic and political order of international heritage conservation, in: Current Anthropology 54, 2013, 483–494; dies: States of conservation: Protection, politics, and pacting within UNESCO's World Heritage Committee. Anthropological Quarterly 87, 2014, 217–244; dies. [u. a.]: Multilateralism and UNESCO World Heritage: Decision-making, States Parties and political processes, in: International Journal of Heritage Studies 21 (3), 2014, 1–18.
4. Meine Ausführungen beruhen auf teilnehmender Beobachtung der Welterbe-Komiteesitzungen und anderer offizieller Treffen von 2009 bis 2012, Interviews mit vielen Beteiligten und dem Studium der reichhaltigen schriftlichen und audiovisuellen Dokumente, vgl. Christoph Brumann: Multilateral ethnography: Entering the World Heritage arena. Max Planck Institute for Social Anthropology Working Papers 2012. URL: http://www.eth.mpg.de/cms/en/publications/working_papers/pdf/mpi-eth-working-paper-0136.pdf (Zugriff: 28.08.2014).
5. Vgl. URL: http://whc.unesco.org/archive/2012/whc12-36com-8D-en.pdf, 27–28 (Zugriff: 28.08.2014).
6. Vgl. URL: http://whc.unesco.org/archive/2012/whc12-36com-8D-en.pdf, 7–13 (Zugriff: 28.08.2014). Der Hadrianswall wurde 2005 um den deutschen Limes und 2008 um den schottischen Antoninuswall erweitert; die serielle Stätte heißt nunmehr »Grenzen des Römischen Reichs« (URL: http://whc.unesco.org/en/list/430 – Zugriff: 28.08.2014). Als weitere lineare und serielle Stätte kam 2005 der Struve-Bogen auf die Liste, eine sich vom Schwarzen Meer bis zum Nordkap erstreckende, 2820 Kilometer lange Kette aus ursprünglich 265 Messpunkten, die im 19. Jh. dem Astronomen Georg Friedrich Wilhelm Struve zur Bestimmung der genauen Erdgestalt diente. Die als Welterbe eingetragenen 38 verbliebenen Messpunkte verteilen sich auf zehn Länder (URL: http://whc.unesco.org/en/list/1187 – Zugriff: 28.08.2014), was auf der Welterbeliste nach wie vor ein Rekord ist.
7. Vgl. Aurélie Elisa Gfeller: Negotiating the meaning of global heritage: "Cultural landscapes" in the UNESCO World Heritage Convention, 1972–1992, in: Journal of Global History 8, 2013, 483–503
8. Vgl. URL: http://www.icomos.org/charters/nara-e.pdf (Zugriff: 28.08.2014).
9. Vgl. URL: http://whc.unesco.org/en/globalstrategy (Zugriff: 28.08.2014).
10. Vgl. URL: http://whc.unesco.org/en/list/916 (Zugriff: 28.08.2014).
11. Vgl. URL: http://whc.unesco.org/en/list/1339 (Zugriff: 28.08.2014).
12. Vgl. URL: http://whc.unesco.org/en/list/770 (Zugriff: 28.08.2014).
13. Vgl. URL: http://whc.unesco.org/en/list/1221 (Zugriff: 28.08.2014).
14. Vgl. URL: http://whc.unesco.org/en/list/785 (Zugriff: 28.08.2014).
15. Vgl. URL: http://whc.unesco.org/en/list/944 (Zugriff: 28.08.2014).
16. Vgl. URL: http://whc.unesco.org/en/list/1276 (Zugriff: 28.08.2014).
17. Vgl. URL: http://whc.unesco.org/en/list/669 (Zugriff: 28.08.2014).
18. Vgl. WHC-93/CONF.002/14, 42 (Zugriff: 28.08.2014). Dokumente des Welterbekomitees wie dieses haben zwar feste Signaturen, aber wechselnde URLs, so dass ich hier und im folgenden die Signaturen angebe. Mithilfe einer Internet-Suche läßt sich das Dokument mühelos lokalisieren.
19. Vgl. URL: http://whc.unesco.org/en/list/347 (Zugriff: 28.08.2014).
20. Vgl. URL: http://whc.unesco.org/en/list/316 (Zugriff: 28.08.2014).
21. Vgl. WHC-93/CONF.002/14, 41 (Zugriff: 28.08.2014).
22. Vgl. WHC-2001/CONF.205/10, 44; WHC-01/CONF.208/4, 29; WHC-01/CONF.208/24, 131; WHC-04/28.COM/26, 122, 269 (Zugriff: 28.08.2014).
23. Vgl. WHC-94/CONF.003/INF.13 (Zugriff: 28.08.2014).
24. Vgl. URL: http://whc.unesco.org/archive/advisory_body_evaluation/868.pdf, 22–24 (Zugriff: 28.08.2014).
25. Vgl. ebd., 25.
26. Vgl. ebd.
27. Vgl. WHC-98/CONF.203/18, 28–29 (Zugriff: 28.08.2014).
28. Vgl. URL: http://whc.unesco.org/en/list/669; http://whc.unesco.org/en/list/868 (Zugriff: 28.08.2014).
29. Vgl. URL: http://whc.unesco.org/en/list/1116 (Zugriff: 28.08.2014).
30. Vgl. URL: http://whc.unesco.org/archive/advisory_body_evaluation/1116.pdf, 25 (Zugriff: 28.08.2014).
31. Vgl. WHC-03/27.COM/24, 108–109 (Zugriff: 28.08.2014).
32. Vgl. URL: http://whc.unesco.org/en/list/1142 (Zugriff: 28.08.2014).
33. Vgl. URL: http://whc.unesco.org/en/list/1107 (Zugriff: 28.08.2014).
34. Vgl. URL: http://whc.unesco.org/en/list/326 (Zugriff: 28.08.2014).
35. Vgl. URL: http://whc.unesco.org/en/list/1010 (Zugriff: 28.08.2014).
36. Vgl. WHC-04/28.COM/INF.14A, 102 (Zugriff: 28.08.2014).
37. Vgl. WHC-04/28.COM/26, 219–220 (Zugriff: 28.08.2014).
38. URL: http://whc.unesco.org/uploads/nominations/1107rev.pdf, 9 (Zugriff: 28.08.2014) zeigt ein gegenüber den umgebenden Farbflächen abgesetztes Gebiet, in dem Israel und die besetzten Gebiete eine Einheit bilden.
39. Vgl. URL: http://whc.unesco.org/archive/advisory_body_evaluation/1107rev.pdf, 188 (Zugriff: 28.08.2014).
40. Vgl. WHC-2000/CONF.204/21, 46 (Zugriff: 28.08.2014).
41. Vgl. WHC-05/29.COM/22, 111 (Zugriff: 28.08.2014).
42. Vgl. WHC-10/34.COM/20, 229–231; WHC-10/34.COM/INF.20, 696–712 (Zugriff: 28.08.2014).
43. Vgl. URL: whc.unesco.org/archive/advisory_body_evaluation/1351.pdf, 107–108 (Zugriff: 28.08.2014).
44. Vgl. Ebd., 114.
45. Vgl. WHC-10/34.COM/INF.20, 696–712 (Zugriff: 28.08.2014). Mit dem Kulturexperten, der für die mexikanische Delegation redete, war es kurioserweise ein ICOMOS-Vizepräsident, der ICOMOS scharf angriff, und dies mag zu seinem späteren Rücktritt von diesem Posten beigetragen haben.
46. Vgl. URL: http://whc.unesco.org/en/list/124 (Zugriff: 28.08.2014).
47. Vgl. WHC-09/33.COM/INF.8B1, 257–259 (Zugriff: 28.08.2014).
48. Vgl. WHC-09/33.COM/20, 216; http://whc.unesco.org/document/106544, 215–216 (Zugriff: 28.08.2014).
49. Vgl. WHC-04/28.COM/26, 219; WHC-06/30.COM/19, 158–159; WHC-06/30.COM/INF.19, 184–185 (Zugriff: 28.08.2014).
50. Diese Informationen finden sich in den Nominierungsdateien (URL: http://whc.unesco.org/uploads/nominations/1442.pdf; http://whc.unesco.org/uploads/nominations/1459.pdf – Zugriff: 28.08.2014), den ICOMOS-Evaluierungen (WHC-14/38.COM/INF.8B, 151–169, 194–205, 320–338 – Zugriff: 28.08.2014), den Entscheidungstexten des Komitees (WHC.14/38.COM/16, 198–203, 215-216, 240–245 – Zugriff: 28.08.2014) und der Sitzungsdiskussion (siehe die nach den

Ordnungsnummern der Entscheidungen indizierten Videoaufzeichnungen unter URL: http://whc.unesco.org/en/sessions/38COM/records – Zugriff: 28.08.2014); ich greife zudem auf Interviews mit Beteiligten zurück, die dem ethnologischen Usus entsprechend anonym bleiben.

51 Vgl. Timothy Williams: The Silk Roads: An ICOMOS Thematic Study, 2014, URL: http://discovery.ucl.ac.uk/1356660/1/ICOMOS_WHThematicStudy_SilkRoads_final_lv_201406.pdf (Zugriff: 28.08.2014).
52 Vgl. ebd., 36–37.
53 Warum Turkmenistan aus dem Verbund ausschied, ist den Dokumenten und der Komiteediskussion 2014 nicht zu entnehmen.
54 Vgl. die auf URL: whc14-38com-inf8B1-en.pdf, 169 (Zugriff: 28.08.2014), folgende Karte mit den Karten im ICOMOS-Bericht, vgl. Williams 2014 (wie Anm. 51), 76–102. Demnach handelt es sich um die Korridore 17, 18, 19, 20, 22, 47, 8 und 9.
55 Dies ist der Korridor 5, vgl. Williams 2014 (wie Anm. 51), 78, 81.
56 Vgl. URL: http://whc.unesco.org/en/list/602 (Zugriff: 28.08.2014).
57 Vgl. URL: http://whc.unesco.org/en/list/603 (Zugriff: 28.08.2014).
58 Das Antragsdokument argumentiert mit dem besseren Erhaltungszustand der nominierten gegenüber den übergangenen Bestandteilen, doch in einer vergleichenden Tabelle schneidet die Moschee nicht schlechter ab als z. B. die Great White Goose Pagoda (vgl. URL: http://whc.unesco.org/uploads/nominations/1442.pdf, 535 – Zugriff: 28.08.2014), die in der Nominierung enthalten ist.
59 Vgl. URL: http://whc.unesco.org/en/list/1443 (Zugriff: 28.08.2014).
60 Vgl. World Heritage Newsletter 47, Dezember 2004 – Februar 2005, 3.
61 URL: http://www.international.icomos.org/charters/culturalroutes_e.pdf (Zugriff: 28.08.2014).
62 URL: http://portal.unesco.org/en/ev.php-URL_ID=15244&URL_DO=DO_TOPIC&URL_SECTION=201.html (Zugriff: 28.08.2014).

MARCO POINTECKER

Qhapaq Ñan – *das Straßensystem der Inka*
Potenziale touristisch nachhaltiger Entwicklung in den Anden Perus

Die hier abgedruckten Ausführungen stellen die wichtigsten Eckpunkte einer wesentlich umfangreicheren Untersuchung dar, die 2013 als Dissertation an der Universität Salzburg im Fachbereich Kommunikationswissenschaft eingereicht und approbiert wurde.[1] 1999 bereiste ich im Rahmen einer sechsmonatigen Südamerikareise auch Peru und war fasziniert von diesem Andenstaat – nicht nur von seiner Naturschönheit, sondern insbesondere von seinen Mythen rund um die Inka, seiner immensen Vielfalt an Geschichten und Mysterien um diese uralte Kultur. Zurück in Österreich bemerkte ich jedoch sehr bald, wie schwierig es sich gestaltete, an gute Informationen über das Inkastraßensystem, das die Südamerikaner *Qhapac Ñan* nennen, zu gelangen. Das bewog mich 2006 zu einer weiteren Perureise aufzubrechen, um direkt vor Ort erste Nachforschungen zu diesem gewaltigen Straßennetz der Inka anzustellen, Literatur aus nationalen Bibliotheken und Archiven zusammenzutragen und Kontakte, die für eine wissenschaftliche Untersuchung nützlich sein konnten, zu knüpfen. Im Zuge meiner Recherchen stellte sich schnell heraus, dass auch vor Ort zum Untersuchungsgegenstand *Qhapac Ñan* kaum brauchbares themenspezifisches Material – z. B. in Form statistisch ausgewerteter Tourismusdaten seitens der peruanischen Behörden oder andere wissenschaftliche Vorstudien, welche den *Qhapaq Ñan* als Tourismusprodukt für eine regionale Entwicklung in das Zentrum ihrer Forschung gestellt hätten – existierte. Ein Jahr später, 2007, beging ich, begleitet von einem profunden Andenkenner aus Peru, im Rahmen einer neuerlichen Forschungsreise den bekannten *Inka Trail*, der in einer viertägigen Wanderung zum Weltkulturerbe *Machu Picchu Sanctuary* führt. Anschließend besuchte ich in einer anderen, etwas abgelegeneren Gegend zwei Community-based-Tourismusprojekte, die mich maßgeblich beeindruckten und in mir zahlreiche Fragen hinsichtlich der touristischen Nutzung des Kulturschatzes *Qhapac Ñan* aufwarfen.

Mein forschungsleitendes Interesse galt von Anfang an der Frage, welche touristischen Konzepte es entlang der historischen Inkastraßen braucht, um eine regionale wirtschaftliche und soziale Entwicklung in diesen wenig erschlossenen, ökologisch sensiblen Destinationen der peruanischen Anden zu erzielen. Damit verband ich auch die Vision, eventuell dazu beitragen zu können, durch gesicherte Befunde einen Prozess in Gang setzen, der Dreierlei bewirken könnte: erstens eine positive ökonomische und soziale Entwicklung in den wirtschaftsschwachen und dünn besiedelten Andenregionen Perus; zweitens die Wiedererschließung und künftige Bewahrung des wertvollen kulturellen Erbes aus der Inkazeit zum Wohle der gesamten Menschheit – immer unter dem Aspekt des »Schützens und Nützens«; und schließlich drittens die Inwertsetzung dieses einmaligen Kulturgutes verbunden mit der Zuschreibung einer neuen, zeitgemäßen Symbolik für die alten Inkastraßen, welche sich im direkten Austausch zwischen Einheimischen und Besuchern vollzieht.

Das theoretische Fundament meiner Forschungsarbeit bildeten im Wesentlichen meine Untersuchungen zum Bedeutungswandel der Inkastraßen im Laufe der Jahrhunderte, zu ihrem touristischen Potenzial in Form eines nachhaltigen, von Kultur- und Naturerleben geprägten Trekkingtourismus in Verbindung mit adäquaten Kommunikationsstrategien zur Vermarktung solcher Tourismusprodukte in und außerhalb Perus. Dazu studierte ich die unterschiedlichen Varianten von nachhaltigem Tourismus sowie auch die ökonomischen

Entwicklungsprozesse in Tourismusdestinationen, um dem schmalen Grat zwischen ›Schützen und Nützen‹ Rechnung zu tragen. Ziel war es, diese theoretischen Überlegungen mit den empirischen Befunden, die 2007 im Zuge einer Befragung von Trekkingtouristen und ihren einheimischen Guides auf dem *Inka Trail* in Peru gewonnen wurden, mit den Forschungsergebnissen aus einer weiteren Reise zu Teilstrecken des *Qhapaq Ñan*, miteinander zu verknüpfen. Die Ergebnisse sollten einerseits als Beitrag zur wissenschaftlichen Diskussion über Kulturwege und deren Inwertsetzung dienen, andererseits in der Praxis als Anleitung für den privaten und öffentlichen Sektor im Hinblick auf eine nachhaltige touristische Entwicklung im ländlichen Raum herangezogen werden können.

Qhapaq Ñan – das Straßensystem der Inka

Lange vor dem Einmarsch der Spanier errichteten die Inka und ihre Vorfahren ein Straßen-, Kommunikations- und Handelssystem, das ihr gesamtes Reich *Tahuantinsuyos* von der Küste des südamerikanischen Kontinents über das Andengebirge bis in das Becken des Amazonasdeltas hinabführte.[2] Dieses System von Inkastraßen, der *Qhapaq Ñan*, verband ausgehend von der Hauptstadt Cuzco die unterschiedlichen ökologischen Regionen durch engmaschige Wirtschaftsbeziehungen miteinander:

> »The *Qhapaq Ñan* was a complex road, administrative, transportation and communications system. (…) It connected human settlements, administrative centres, agricultural and mining areas and religious and sacred places. Up to the present day, the road system passes through areas of high cultural value and natural biodiversity.«[3]

Dieses gewaltige Straßennetz zieht sich über ein Gebiet, das die heutigen sechs Andenstaaten Peru, Ecuador, Bolivien, Chile, Kolumbien und Argentinien umfasst. Mit einer ursprünglichen Gesamtlänge von rund 55.000 Kilometern war der *Qhapaq Ñan* allerdings weitaus mehr als ein effizientes Transport- und Kommunikationssystem seiner Zeit. Tatsächlich geht die Idee des *Qhapaq Ñan* auf die andine Kosmologie und Mythologie zurück, denn in der andinen Vorstellung waren Mensch und Natur eins und untrennbar miteinander verknüpft. Das erklärt das Bemühen der Inka, ihr gewaltiges Imperium mit einem System von Straßen zu überziehen und damit alle Bewohner des Reiches sowie all seine geographischen und klimatischen Zonen miteinander zu verbinden und sie für ihre Zwecke nutzbar zu machen. Es verwundert daher nicht, dass man in jeder topographischen und klimatischen Zone entlang des *Qhapaq Ñan* auf ehemalige Handels- und Produktionszentren sowie Kultstätten trifft:[4] »The Inka road system was an omnipresent symbol of the empire throughout the Andes (…) and prehistoric America's largest contiguous archaeological remain.«[5]

Cuzco, die Hauptstadt von Tahuantinsuyo,[6] bildete das politische und strategische Zentrum des Inkareiches und war so etwas wie ein Mikrokosmos.[7] Hier residierte die inkaische Elite, die maximale Autorität im Reich genoss. Hier trafen nicht nur Menschen aus allen Ecken der andinen Welt zusammen, sondern auch Tiere, Güter und sämtliche Ressourcen gelangten über das Straßennetz in die Hauptstadt. Der Hauptplatz von Cuzco war Ausgangspunkt der vier Hauptstraßen in die vier ›Suyus‹ – die vier Teile des Inkareiches:[8] Chinchaysuyo, Collasuyo, Contisuyo und Antisuyo – und von mindestens 20 weiteren Straßen, die Cuzco mit dem Hinterland verbanden.[9] Die UNESCO schreibt über die immense Bedeutung dieses Inkastraßensystems: »The roads integrated and connected the Inca capital with all of the populations and complementary centres for trade, exchange, production and worship through the administrative, political, military and religious centres implemented in the four regions of the Inca Empire.«[10]

Es gilt als unbestritten, dass die Inka an der Spitze eines jahrtausendelangen kreativen, historischen und kulturellen Entwicklungsprozesses in den Anden standen. Ihr Selbstverständnis war es, technische und künstlerische Leistungen anderer Ethnien für sich zu verfeinern und zu optimieren.[11] So profitierten sie von den Entwicklungen vorinkaischer Kulturen wie den *Wari*, *Chimú* und *Mochica*. Dies galt in besonderer Weise für den Straßenbau.

Im Inkareich gab es zwei parallel verlaufende Hauptverkehrsstraßen, die das Imperium von Norden nach Süden durchzogen: die Andenstraße, bezeichnet als

Great Inca Road bzw. *Gran Ruta Inca*, mit geschätzten 8000 Kilometern Länge und die Küsten- bzw. Königsstraße, mit einer Länge von ca. 4200 Kilometer. Die Andenstraße war an vielen Stellen gepflastert und erreichte an manchen Passagen eine Breite von bis zu elf Metern, um ein schnelles Vorwärtskommen der Truppen und Lamakarawanen zu gewährleisten. Sie begann in Pasto an der Südgrenze des heutigen Kolumbiens, dann folgte sie den Andenhochtälern durch den südamerikanischen Kontinent (Ecuador und Peru) bis ins Zentrum des Reiches nach Cuzco. Von dort führte sie weiter nach Bolivien bis in den heutigen Nordwesten Argentiniens, bog danach zur pazifischen Küste ab und endete in der Umgebung des heutigen Santiago (Chile). Die Andenstraßen stellten aufgrund ihres monumentalen Charakters und ihrer architektonischen Besonderheiten, ihrer Lage und ihrer ökonomischen, gesellschaftlichen und militärischen Bedeutung die Hauptverkehrsader des Inkareiches dar. Die Straße durch die nördliche Provinz Chinchaysuyo zwischen Quito und Cuzco war die wichtigste und am meisten frequentierte im Inkareich. Pedro De Cieza De León, einer der frühesten und präzisesten spanischen Chronisten des ausgehenden 14. und beginnenden 15. Jhs., notierte tief beeindruckt von diesem gewaltigen Bauwerk:

> »Wenn seine Majestät der Kaiser den Wunsch hätte, eine Straße wie die von Quito nach Cuzco oder die von Cuzco nach Chile bauen zu lassen, möchte ich meinen, daß es ihm trotz der riesigen Anzahl von Menschen, die ihm zur Verfügung stehen, und trotz aller seiner Macht nicht gelingen würde (…).«[12]

Für den direkten und geradlinigen Verlauf der Straßen entwickelten die Inkabaumeister Stufensysteme, konstruierten atemberaubende Hängebrücken und schlugen sogar Tunnel durch die Berge.[13] Nach und nach entwickelten sich aus den so genannten *Tambos*[14] bedeutende Ansiedlungen und Kultplätze, was der territorialen Expansion und organisatorischen Integration des Inkareiches zugute kam.[15] Nach De Cieza gilt Huayna Capac (1493–1527) als der eigentliche Erbauer der Andenstraße, indem er bereits bestehende Teile verbreiterte und die Andenstraße bis nach Kolumbien verlängerte.[16] Zur selben Zeit befand sich Europa im Spätmittelalter und es gab kein annähernd vergleichbares Straßensystem, denn die Römerstraßen wie auch die Straßen der Griechen waren längst verfallen.

Von der Andenstraße gingen wichtige Handelsstraßen in den östlichen Teil des Reiches,[17] Richtung Amazonas, wo es Gebrauchs- und Handelsgüter wie Holz, Koka, Honig, Federn, Drogen etc. gab.[18] Zusätzlich bestanden zahlreiche Verbindungsstraßen[19] zur Küste hin: Die wichtigste und architektonisch spektakulärste ist die *Kuntisuyu-Straße* (auch *Ruta de Pescado* genannt). Sie verbindet Pachacamac, die heilige Pilgerstätte am Pazifischen Ozean, mit Jauja in Zentralperu.[20] Die Küstenstraße selbst (»Königsstraße«) ist nach ihrem Erbauer *Huayna-Capac-Nan* benannt und hat ihren Ursprung in der Küstengrenzstadt Tumbes (im heutigen Ecuador). Sie durchquert das gesamte Wüstengebiet Perus und führt auf rund 4200 Kilometern Länge bis nach Chile, wo sie auf die Andenstraße trifft.[21]

Die Erbauung der Inkastraßen

Viele der Straßen in den Andenstaaten bestanden bereits vor der Inkazeit, doch sie hinkten in Bezug auf ihre Machart und die angewandte Ingenieurskunst noch weit hinter dem späteren Know-how der Inka hinterher. Da die Inka weder Pferd noch Rad kannten, orientierten sie sich im Straßenbau an den Bedürfnissen ihrer militärischen Truppen einerseits und an denen ihrer Lastenträger und -tiere andererseits: »The elements which influencing their courses over large tracts of the Andes, these factors are both cultural and natural.«[22]

Neben der Beschaffenheit des Terrains waren die Straßenbauvorhaben von lokalen Gegebenheiten beeinflusst. So hatte etwa Wasser großen Einfluss auf den Streckenverlauf, wie am Beispiel der von Norden nach Süden verlaufenden Küstenstraßen deutlich zu erkennen ist. Diese Straße führte entlang der Küste des Pazifischen Ozeans, weicht den trockenen Wüstengegenden aus und schwenkt ins Landesinnere zu den Anden, wo es wiederum reichlich Wasser gibt. Zum Schutz der Straßen vor Wassereinbruch wurde ein ausgefeiltes Abflusssystem entwickelt. Die Inka änderten den Lauf von Fluss- und Wasserarmen und verbanden sie mit kilometerlangen

Umleitungen. Die Straßen wurden nur an jenen Stellen gepflastert, die unausweichlich mit Wasser in Berührung kommen würden. Hier errichteten die Bauherren der Inka Drainagen, Dämme und Deiche. Für die Dämme wurde das Straßenbett mit Erde gefüllt, so dass die Seitenwälle zwischen einem halben und zwei Metern über der Wasseroberfläche lagen.[23]

Ebenso bedeutend schien, ob der Untergrund sandig war oder es sich um Graslandboden handelte. Grundsätzlich versuchten die Ingenieure im Inkareich unwegsame und felsige Landschaften sowie große Höhenlagen zu meiden. Charakteristisch sind ein geradliniger Verlauf und eher flache und sanfte Anstiege in Tälern oder auf Hochebenen. Zur Überwindung von Berghängen legten die Inka entweder Stufen oder Serpentinen an, nur selten finden sich an einer Straße beide Formen. Für den Bau von Stufen wurden Feldsteine verwendet, die mit Erde vermischt wurden. Gab es ausreichend Steine, wurden viele Stufen angelegt und die Straßenbreite von rund sechs auf ein bis drei Meter verringert. Die verschiedenen Stufenarten sind bis heute in den Zentralanden im Gebiet südlich von Huánuco Pampa zu finden.[24]

Pflege und Instandhaltung der Wegeinfrastruktur war Aufgabe der Bezirke, durch die sie führten. Mit der Eroberung durch die Spanier ging auch die Zerstörung gesellschaftlicher und wirtschaftlicher Strukturen einher – damit war der Verfall der Straßen besiegelt. Heute zeugen nur noch Ruinen und vergleichsweise winzige Abschnitte von der einstigen Großartigkeit dieser Konstruktionen.

Die bis heute schönsten und am besten erhaltenen Steinstraßen führen durch das Grasland der Hochanden (Peru, Bolivien und Ecuador) auf einer Höhe von über 4000 Metern. Sie zählen mit einer Breite von zwei bis 16 Metern zu den imposantesten Bauwerken der Inka. Da in dieser Höhe Tiere keine Gefahr darstellten, verzichteten die Ingenieure auf Schutzwälle. Der bis heute gute Zustand dieser Straßenabschnitte rührt daher, dass sie aufgrund der Höhenlage seltener in Gebrauch waren als andere Wege. Diese gewaltigen Teilstrecken finden sich überwiegend an den östlichen Andenhängen.

Der Bedeutungswandel der Inkastraßen im Laufe der Zeit

Wer denkt, dass der *Qhapaq Ñan* in erster Linie eine Reisestraße war, die von der gewöhnlichen Bevölkerung genutzt werden durfte, irrt: Er war gleichsam *die* Lebensader des Reichs schlechthin. Neben vielen anderen erfüllte der *Qhapaq Ñan* zur Zeit der Inka vier Hauptaufgaben:[25]

– Primär diente er militärischen Zwecken; erst dieses weite Netz von Verbindungswegen machte es den herrschenden Inka-Eliten möglich, ihre Expansionspolitik umzusetzen und das immer größer werdende Reich zu organisieren.
– Zweitens waren die Inkastraßen Wirtschaftswege; sie dienten als wichtige Transportverbindungen für wertvolle Ressourcen sowie zum Austausch von Gütern innerhalb des Reiches.
– Drittens hatten Teilstrecken des *Qhapaq Ñan* als Pilgerrouten zu Tempeln und anderen heiligen Orten eine wichtige religiöse Bedeutung; die stark spirituelle Verbindung mit der Natur, die bis heute ein Merkmal der andinen Bevölkerung ist, macht das Andengebiet zu einer »sacred landscape«, einer Landschaft mit geweihten Orten.
– Viertens stellte der *Qhapaq Ñan* auch ein bedeutendes Kommunikationsnetz dar, »(…) which permitted the dissemination and maturity of regional culture and the appropriation of shared cultural values, owing to the expansion of languages such as Quechua and Aymara and the concomitant spread of culture and world views«.[26] Die Inka entwickelten entlang des *Qhapaq Ñan* ein ausgefeiltes Informations- und Nachrichtensystem. Die Aufgabe der *Chasquis* (Boten- bzw. Stafettenläufer) war es, Nachrichten aus dem Reich in die Hauptstadt Cuzco zu bringen. Vom nördlich gelegenen *Quito* in das 2000 Kilometer entfernte Cuzco waren mindestens 375 *Chasquis* notwendig, die diese gewaltige Distanz – trotz hervorragender Infrastruktur – im Stafettenlauf in fünf Tagen zurücklegten.[27]

Um die enorme Bedeutung des Straßennetzes zur Zeit der Inka einigermaßen nachvollziehen zu können, war man lange Zeit ausschließlich auf die Überlieferungen der spanischen Chronisten (ca. 1550–1650) sowie die Aufzeichnungen von Naturforschern und Abenteurern angewiesen. Das neuerliche Interesse von Forschungsreisenden an Südamerika keimte erst ab dem 19. Jh. wieder auf und erreichte schließlich mit der Wiederentdeckung von Machu Picchu (1911) seinen Höhepunkt. Aus einer durchaus kommerzielleren Perspektive näherte sich bereits in den frühen 1950er Jahren der amerikanische Historiker Victor von Hagen dem Thema. Einen echten Meilenstein bilden schließlich die Arbeiten von John Hyslop, der ab den späten 1970er Jahren mit der Erforschung des *Qhapaq Ñan* begann und seine Ergebnisse in zwei Hauptwerken veröffentlichte. Und schließlich war es der peruanische Abenteurer Ricardo Espinosa, der die Inkastraßen mit seiner Wanderung entlang der alten Wege im Jahr 2002 ins Bewusstsein einer breiteren Öffentlichkeit rückte.

Da erst in jüngster Zeit mit der interdisziplinären Erforschung des Inkastraßennetzes in Südamerika – und im Speziellen in Peru – begonnen wurde, gibt es bislang nur sehr wenig Literatur darüber. Seit dem Jahr 2002 veröffentlicht das Peruanische Kulturministerium *Ministerio de Cultura* (ehemals INC, *Instituto Nacional de Cultura*) jährlich eine Dokumentation der Forschungsergebnisse des Projekts *Qhapaq Ñan*, das zu dem Zweck ins Leben gerufen wurde, Wege des ehemaligen Inkareiches unter dem Dach der *Cultural Routes* zu erforschen und dann auf Basis der interdisziplinären Ergebnisse einzelne Streckenabschnitte des *Qhapaq Ñan* für die Ernennung zum UNESCO-Weltkulturerbe auszuwählen.

Diese gemeinsame Initiative der sechs Andenstaaten Peru, Ecuador, Bolivien, Chile, Kolumbien und Argentinien wurde im Mai 2001 zunächst mit der Aufnahme des *Qhapaq Ñan* in die ›Tentative List‹ der UNESCO belohnt und 2006 folgte dann die Nominierung einiger Teilstrecken[28] des *Qhapaq Ñan*. Tatsächlich hat die UNESCO am 26. Juni 2014 bei ihrer 38. Sitzung des UNESCO World Heritage Committees in Doha, Qatar, eine Streckenlänge des *Qhapaq Ñan* von 6000 Kilometern zusammen mit 273 angrenzenden »world heritage sites« ausgezeichnet.[29] Man darf gespannt sein, ob der *Qhapaq Ñan* unter dem Einfluss des weltweit geschätzten Prädikats ›Weltkulturerbe‹ nun aus seinem ›Dornröschenschlaf‹ erwacht, wieder in das Interesse einer breiteren Öffentlichkeit rückt, und welche Entwicklung er dadurch in den nächsten Jahren erfahren wird.

Bedeutung der Inkastraßen heute

Zum Zeitpunkt der Landung von Francisco Pizarro im Jahre 1532 hatte das Reich der Inka eine gewaltige Nord-Süd-Ausdehnung erreicht. Das Herrschaftsgebiet umfasste Teile des Territoriums von sechs heutigen Andenrepubliken mit einer geschätzten Fläche von 906.000 Quadratkilometern. Es reichte vom Río Ancasmayo an der Nordgrenze im heutigen Kolumbien über das Kernland Peru, Grenzgebiete Boliviens, die nordwestlichen Gebiete des heutigen Argentiniens bis ins Zentrum des heutigen Chile hin zum Río Maule. Mit dem Zusammenbruch des Inkareiches veränderte sich auch die Bedeutung der Wege. Heute ist vom einstigen Glanz nicht mehr viel zu spüren, denn viele Teilstrecken des *Qhapaq Ñan* sind in schlechtem Zustand oder gänzlich verschwunden. Dennoch werden sie weiterhin von der Bevölkerung gebraucht, zum einen als Transport- und Kommunikationsstraßen und zum anderen für den Tourismus, wie das Beispiel des *Inka Trails* nach Machu Picchu zeigt. Und so ist eines sicher: Die alten Straßen und Wege der Inka haben im Wandel der Zeit neben dem nationalen aktuell auch an internationalem Interesse gewonnen. Sie haben sich gleichsam zu einem kulturellen Bindeglied zwischen der *host community* und den Besuchern aus aller Welt entwickelt, so dass ihre heutige Bedeutung auch unter diesem Blickwinkel als integrativ beschrieben werden kann, während sie die andinen Gesellschaften, ihre Traditionen, ihr Wissen und ihre (religiösen) Bräuche schon seit Jahrhunderten verbunden haben.[30] Jedoch gerade diese für die verstreuten Dorfgemeinschaften so wichtige Funktion der Inkastraßen als lebendige Kulturstraßen wird neuerdings durch rasante Veränderungen massiv bedroht, denn durch den modernen Straßenbau werden historische Wege in zweifacher Hinsicht vernichtet: Einerseits kommt es zu einer tatsächlichen materiellen Zerstörung und andererseits büßen die alten Wege ihre immaterielle Funktion ein. Denn heute werden sie von der einheimischen Bevölkerung vorwiegend in ihrer Bedeutung als Transportwege wahrgenommen und verschwinden deshalb in ihrer historischen Einzigartigkeit langsam aus dem Bewusstsein der Menschen.

Nur mehr wenige, sehr entlegene Gebiete nutzen noch ausschließlich die *alten* Inkawege und sind nicht mit neu angelegten Pisten und Schotterstraßen verbunden. Aber auch hier ist das Thema Bedeutungswandel ein zentraler Aspekt – für die Menschen in diesen peripheren Gebieten sind die alten Straßen Normalität und Bestandteil ihres Alltags und sie können sich nicht vorstellen, dass diese uralte Infrastruktur einen Teil des kulturellen, sogar touristisch nutzbaren Gutes ihres Landes darstellt und damit zur wirtschaftlichen Wertschöpfung beitragen könnte. So sind auch hier die alten Straßen allmählich dem Verfall geweiht, sie werden von der Bevölkerung nicht erhalten, Routen werden verändert und Teilstücke notfalls nur durch provisorisches Flickwerk ersetzt. Meine persönlichen Erlebnisse haben auch gezeigt, dass dort, wo die Straßen in ihrer historischen Substanz noch in einem recht guten Zustand sind, diese von der örtlichen Bevölkerung zügig zerstört werden, indem z. B. Steine abgetragen und für die Umzäunung von Tierweiden verwendet werden. Die beiden europäischen Experten für Kulturstraßenprojekte Bätzing (Interview 2012) und Schneider (Interview 2011) bestätigen meine Beobachtungen und berichten im Interview von ähnlichen Entwicklungen in ihren Forschungsregionen in Europa. Die Ursachen für diese Zerstörung sind unklar, es könnte mitunter auch die Furcht der Einheimischen vor unbekannten Veränderungen in der Region sein. Die Menschen spüren, dass sich die Dinge in ihrem Umfeld wandeln und sie sind davon überzeugt, dass das, was auch immer hier passiert, ihrem Einfluss entzogen ist und sie nur Zuschauer in diesem Prozess sein werden, dass sie nicht daran partizipieren, geschweige denn davon profitieren werden. Bevor es also so weit kommt, tun sie, was in ihrer Macht steht, und räumen ab, was ihnen entweder ›hinderlich‹ oder auch von ›praktischem Nutzen‹ erscheint.

Mögliche neue Bedeutungszuschreibungen durch interkulturelle Kommunikation

In meinen Gesprächen hat sich immer wieder sehr deutlich gezeigt, dass nur wenigen Einheimischen bewusst ist, von welchem kulturellen Wert diese historischen Wege sind und dass diese auch Anziehungspunkte für Touristen sein könnten. Nach wie vor ist der Fremdenverkehr auf wenige Teilabschnitte der Inkastraßen beschränkt. Es stellt sich also die Frage, wie es gelingen kann, das Bewusstsein der Bevölkerung dahingehend zu schärfen, dass das Kulturgut Inkastraßen touristisch nutzbar wird und als zusätzliche Einnahmequelle dazu beiträgt, den Wohlstand der regionalen Bevölkerung zu erhöhen.

Das ›kulturelle Gedächtnis‹ der Einheimischen spielt bei der Planung neuer Tourismusprojekte entlang der Inkastraßen eine bedeutende Rolle, weil es nicht nur die Grundlage für jegliche kulturelle Entwicklung ist, sondern auch ein Wegweiser für die touristische Zukunft der Region. Im Zusammenhang mit den Inkastraßen kann man von einer Tradierung der Bedeutung sprechen. Es ist allerdings davon auszugehen, dass dieser Prozess bei den Menschen vor Ort in ihrem Lebensalltag völlig anders verlaufen ist als bei den Menschen anderer Kulturen, die die Straßen und Kulturgüter der Inka aus der Ferne völlig anders bewerten und oft genug sogar mystifizieren.

Daraus lässt sich mit Blick auf den konkret vorliegenden Untersuchungsgegenstand schließen, dass Bedeutung und Symbolik der historischen Inkastraßen immer vom Betrachter und vom Zeitpunkt, an dem die Interpretation bzw. Interaktion stattfindet, abhängig sind. Mit Sicherheit kann davon ausgegangen werden, dass die Bedeutungszuschreibung zu Zeiten des Inkareiches eine ganz andere war als heute. Und auch heute differiert sie, je nachdem ob es sich um einen Einheimischen, einen Wissenschaftler oder einen Touristen handelt, der die Deutung kultureller Artefakte aus der Inkazeit vornimmt. Im Falle einer Interaktion orientieren sich diese einzelnen Deutungen aber aneinander und es entstehen neue Bedeutungszuschreibungen und Verhaltensmuster. Das heißt, in dem Moment, wo sich die Aufmerksamkeit mehrerer Akteure auf ein Objekt, Symbol, Thema etc. richtet, beginnt es sich bereits wieder zu verändern.[31] Das ist einerseits das Spannende am (interkulturellen) Austausch im Rahmen touristischer Begegnungen, andererseits macht es aber auch das hohe Maß an Verantwortung deutlich, welches ein sozial, kulturell und ökologisch vertretbarer – und trotzdem ökonomisch sinnvoller – Tourismus erfüllen muss.

Kultur und Kommunikation: Transportmittel für innovative Ideen am *Qhapac Ñan?*

Nachhaltige Formen des (Trekking-)Tourismus entlang sensibler Teilstrecken des *Qhapaq Ñan* erfolgreich zu etablieren, so dass die Einnahmen einen Beitrag zur Regionalentwicklung leisten und die andine Bevölkerung in ihrer noch sehr traditionellen Lebensführung trotzdem nicht ›überrannt‹ wird, ist ein sehr innovatives Vorhaben. Nun ist es generell nie leicht, Menschen von Althergebrachtem wegzubewegen und sie von Innovationen zu überzeugen – umso weniger in traditionellen Dorfverbänden, wie sie in den Anden Perus leben. Gerade in diesen abgeschiedenen Bergregionen steht die Frage, welche *kommunikativen und kulturell bedingten* Faktoren zu berücksichtigen sind, um Innovationen ein- und durchzuführen, im Fokus. Darauf wurde auch ein Hauptaugenmerk in der empirischen Untersuchung vor Ort gelegt, denn anlässlich meiner Besuche von Community-based-Tourismusprojekten entlang des *Qhapaq Ñan* habe ich immer wieder erfahren, dass die kommunikative Kompetenz der örtlichen Projektleiter und ihr Wissen über die kulturellen Eigenheiten der andinen Bevölkerung über Akzeptanz, Erfolg oder Misserfolg einer Initiative entscheiden. Oft scheiterte es in der Vergangenheit an der Vermittlung und Verbreitung der neuen Idee.

Folgende konkrete Probleme sind dabei aufgetaucht: Das Konzept des Reisens und Verreisens ohne zwingenden ökonomischen oder familiären Beweggrund, sondern rein aus Freizeitmotiven, ist den meisten Einheimischen völlig fremd. Deshalb messen die Andenbewohner dem Tourismus als zukünftiger ökonomischer Alternative zur Agrarwirtschaft bis dato wenig Wert bei. Gleichzeitig ist ihr Bewusstsein für den kulturellen Wert ihrer archäologischen Stätten, für die historische Bedeutung der Inkastraßen und die natürliche Schönheit und Vielfalt der andinen Landschaft in der Bevölkerung nur wenig ausgeprägt. Gründe dafür sind in der Armut der meisten Bergbewohner, ihrem niedrigen Bildungsniveau sowie in der Tatsache, dass es kaum Zugang zu Informationstechnologien gibt, auszumachen. Kurz: Wenn niemand kommt, der die Menschen in diesen Regionen an ihre einzigartige Geschichte und an ihr wertvolles kulturelles Erbe erinnert, wird es weiter vernachlässigt werden und schließlich ganz verschwinden. Damit sich die Innovation ›Tourismus‹ jedoch erfolgreich durchsetzen kann, bedarf es für die ansässige Bevölkerung eines klar wahrnehmbaren Vorteils gegenüber dem Althergebrachten, aber auch der Kompatibilität mit bestehenden Wertestrukturen.

Die von Rogers begründete ›Innovationstheorie‹ setzt sich eingehend mit Kommunikationsprozessen bei der Diffusion von Innovationen (z. B. neuen Ideen) auseinander und identifiziert die Komplexität einer Innovation als zentralen Faktor für die Behinderung oder Erleichterung von Einführungsprozessen: Weiß der Übernehmer (Adopter) nicht, wie eine Innovation im Detail funktioniert, bzw. ist er unsicher, wie vorzugehen ist, kann dies dazu führen, dass die Innovation abgelehnt wird.[32] Im Hinblick auf Tourismus-Innovationen trifft dies auf den Großteil des andinen Raumes in Peru zu. Die dortigen Bewohner haben kaum Begriff davon, welches Produkt und welche Serviceleistungen die internationalen Touristen bei ihnen vorzufinden hoffen, welche Standards es in vergleichbaren Destinationen gibt, was ›touristisches Marketing‹ bedeutet, etc. – woher sollten sie diese Informationen in ihrer abgeschiedenen Welt auch haben? Nach ihrer Tradition genügt es, sich von Angesicht zu Angesicht, von Dorf zu Dorf auszutauschen – andere Kommunikationskanäle gibt es dort nicht.

Kommunikationskanälen kommt jedoch gerade in Innovationsprozessen eine zentrale Rolle zu, weil die einzelnen Akteure darauf angewiesen sind, einander Informationen möglichst exakt und rasch zugänglich zu machen. Nichtsdestotrotz haben sowohl die interpersonalen als auch die lokalen Kommunikationskanäle in den schwer zugänglichen andinen *Communidades* einen nicht zu unterschätzenden Wert – nur dass sich daraus für die Planung touristischer Projekte völlig andere Ansprüche ergeben als anderswo: Projektverantwortliche müssten bei der Einbindung der örtlichen Bevölkerung deren Art der Informationsweitergabe natürlich berücksichtigen, darüber hinaus könnten sie sich diese aber sogar noch zum Vorteil machen, weil die lokalen Gesprächsteilnehmer einander kennen, in einem Vertrauensverhältnis zueinander stehen und so Einfluss aufeinander nehmen können. Um zu einer entscheidungsrelevanten Überzeugung zu gelangen, bedarf es der Beratung mit Vertrauten – im Gegensatz zu massenmedial vermittelten Informationen. Verstärkt wird diese Art der Kommunikation durch die Zuordnung

›lokal‹: Eben weil die interpersonelle Kommunikation in diesen zersiedelten Gebieten die einzige Möglichkeit darstellt, um von Dorf zu Dorf, von Tal zu Tal überhaupt an Informationen von außerhalb zu gelangen, kommt den Kommunikatoren bzw. den Trägern der Innovation eine besonders wichtige Rolle als ›vertrauenswürdigen‹ Vermittlungsinstanzen zu. Kommen die Initiatoren eines Projekts von außerhalb, kann dies bei den Einheimischen schnell zu einer ablehnenden Haltung gegenüber den ›Fremden‹ und somit gegenüber dem Projekt führen. Hier stößt man an schwer überbrückbare kulturelle und sprachliche Barrieren. Auch Bätzing, der sich mit den europäischen Kulturstraßen beschäftigt, bestätigte mir in einem Interview 2012, dass touristische Aktivitäten in dezentralisierten Gebirgsregionen nur dann erfolgreich sein können, wenn sie zur Stärkung der kulturellen Identität beitragen. Darüber hinaus brauche es das Zusammenwirken von innovativen lokalen und externen Akteuren.

Einschätzungen zum touristischen Potenzial Perus

Die Länder Südamerikas zählen zu den am schnellsten wachsenden Tourismusmärkten. Perus Anteil am weltweiten Tourismusaufkommen lag 2011 bei 2,6 %. Allein in Peru sind mehr als 300.000 Menschen im Segment Tourismus und Reisen beschäftigt – Tendenz steigend. Die Zahl der Inlandstouristen steht mit 71,3 % den knapp 30 % der ausländischen Reisenden gegenüber. Die bevorzugten Destinationen der ausländischen Touristen sind Lima, Cuzco und Tacna, während die peruanischen Reisenden neben der Hauptstadt Lima auch die Hauptstädte ihrer *Departementos* bevorzugen.

Peru zeichnet abgesehen vom ökologischen Reichtum des Landes eine große kulturelle und ethnische Diversität aus, die für die künftige touristische Entwicklung des Landes eine wichtige Rolle spielen wird. Voraussetzung für ein sozial und ökologisch verträgliches Wachstum des heimischen Tourismusmarktes ist ein gesundes Verhältnis zwischen Schützen und nachhaltigem Nützen dieser reichhaltigen Ressourcen, damit auch die ansässige Bevölkerung von den Tourismuseinnahmen profitieren kann. Eine solche Strategie wäre aber nicht nur für die Peruaner selber wünschenswert, sondern läge auch ganz im Sinne der potenziellen Besucher aus dem Ausland, wie die Befragung der *Inka Trail*-Touristen zu ihren Reisemotiven bestätigt hat.[33]

Der Tourismus gilt in Peru als einer der hoffnungsträchtigsten Wirtschaftszweige – auch wenn sich diese Entwicklung bislang auf wenige Destinationen (Lima und Cuzco) beschränkt, Für den weiteren Ausbau des heimischen (Trekking-)Tourismus als nachhaltigen Wirtschaftszweig engagieren sich derzeit neben der UNWTO auch das MINCETUR (*Ministerio de Comercio Exterior y Turismo*) und die landeseigene Marketinggemeinschaft *PromPeru* sowie zahlreiche lokale Nichtregierungsorganisationen.

Optionen für nachhaltigen Tourismus am *Qhapaq Ñan* – Schützen und Nützen

Aufgrund persönlicher Erfahrungen und Eindrücke, die ich während der Feldforschung in Peru sowie auf Reisen in andere ländliche, touristisch kaum entwickelte (Gebirgs-)Regionen sammeln konnte, erachte ich das Konzept eines sozial, kulturell, wirtschaftlich und ökologisch verträglichen (Trekking-)Tourismus, der zur Armutsreduzierung beiträgt, als zukunftsweisend. Anliegen meiner Untersuchung war es, alternative Formen eines ›sanfteren‹ Tourismus aufzuzeigen, die für die touristische Nutzung des Kulturstraßennetzes *Qhapaq Ñan* geeignet sein könnten und die Fehler, die am *Inka Trail* und im *Machu Picchu Sanctuary* zu einer Übernutzung der Ressourcen geführt haben, hinkünftig zu vermeiden. Das Konzept des ›Ökotourismus‹ erwies sich im Verlauf der Untersuchung als zu einseitig und daher ungeeignet, um als Fundament für eine weitere touristische Erschließung der Inkastraßen in Peru herangezogen zu werden. Vielmehr werden Tourismusformen für sinnvoll erachtet, die den Kriterien der Nachhaltigkeit in ihrem ganzheitlichen Ansatz, gemäß dem *Sustainable Development*-Begriff der UN,[34] zumindest weitestgehend entsprechen.

Darunter fällt der Ansatz des Community-based-Tourism (CBT), der auf der Partizipation der lokalen Bevölkerung bei der Planung, Umsetzung und Finanzierung von Projekten beruht. Der daraus generierte Wert und Nutzen bleibt in der Gemeinschaft.[35] Ähnlich dem CBT ist auch der Pro-Poor Tourism (PPT) auf Armutsreduzierung durch Tourismusentwicklung und -management ausgerichtet, allerdings mit dem Unterschied, dass PPT oftmals die einzige Möglichkeit für die lokale Bevölkerung in Entwicklungsregionen ist, ein eigenes Einkommen zu lukrieren.[36]

Zwei Projekte mit entsprechenden Orientierungen habe ich erstmals auf meiner Forschungsreise 2007 besucht. Das CBT-Projekt *Inca Naani*, wurde von der NGO *Mountain Institute* initiiert und basiert auf den Empfehlungen von Ricardo Espinosa. *Inca Naani* nutzt auf einer sehr gut erhaltenen Teilstrecke des *Qhapaq Ñan* in der Region Conchucos zwischen Huari und Huánuco Pampa eine Länge von insgesamt 104 Kilometern für den Trekking-Tourismus. Die Region Conchucos zählt aufgrund ihrer Abgeschiedenheit zu den ärmsten Gegenden Perus und so ist es Ziel des Projekts, der lokalen Bevölkerung die Möglichkeit zu geben, an wirtschaftlicher Wertschöpfung durch den Tourismus zu partizipieren. Bei einem weiteren Besuch 2011 musste ich jedoch feststellen, dass das Projekt *Inca Naani* vorerst als gescheitert anzusehen ist. Die Schwierigkeiten scheinen vielschichtig, es fehlt an Touristen genauso wie an einem Großteil der ursprünglich geplanten Unterkünfte. Weitere Gründe für das Scheitern sind das mangelnde Bewusstsein in der Bevölkerung und die unzureichende Kommunikation zwischen den Beteiligten. Kritisiert wird außerdem die geringe Involvierung lokaler Behörden, ohne die ein Projekt kaum Chancen hat, auf die entsprechende Akzeptanz und Unterstützung in der Bevölkerung zu stoßen. Zudem wird von mangelndem Vertrauen der Einheimischen in die ausländischen Vertreter des *Mountain Institutes* berichtet. Ein weiteres Problem ist sicherlich die fortschreitende Zerstörung der Wege durch den modernen Straßenbau, der in vollem Umfang und gleichsam unaufhaltsam weitergeht. Nichtsdestotrotz hat die Initiative *Inca Naani* einen Bewusstseinsbildungs- und Inwertsetzungsprozess in der Region zumindest schon einmal initiiert. Durch die Ernennung von Teilstrecken des *Qhapac Ñan* zum UNESCO-Weltkulturerbe (Juni 2014) besteht jedoch die Chance, dass der eingeschlagene Weg letztlich doch noch zu einem erfolgreichen Projekt führt.

»Wir, die wir hier leben, maßen den Ruinen keine Bedeutung bei, erst als Leute vom ICN [Kulturministerium; Anm. d.V.] kamen und uns darüber aufklärten, begriffen wir, wie einzigartig dieser Platz ist. Die Ruinen sind eigentlich auch der Grund, warum Touristen diesen Ort besuchen.«[37]

Ein weiteres Community-based-Tourismusprojekt ist *Llama 2000:* 1996 mit Unterstützung von *PromPeru* und der Europäischen Union ins Leben gerufen, beruht das Projekt auf einer lokalen Initiative einer Gruppe von Bauern. Ziel war die Zucht, Wiederansiedlung und touristische Nutzung von Lamas in diesem Gebiet, das an den Nationalpark *Huascaran* angrenzt. Auf dem viertägigen Lama-Treck wandern Kleingruppen, begleitet von einem einheimischen Guide und einem Koch, entlang der steingepflasterten ca. 2500 Jahre alten Pilgerroute der *Chavín*-Kultur. Das Pilotprojekt *Llama 2000* wurde auf Basis von Nachhaltigkeitskriterien konzipiert und verfolgt das Ziel, den Treck wirtschaftlich rentabel, aber ohne negative soziale Auswirkungen zu gestalten. Die Initiative sollte die geringen Jahreseinkommen der Bergbauernfamilien aufbessern helfen, die kulturelle Identität fördern und zum Schutz des Nationalparks *Huascaran* beitragen.[38] Im Dezember 2007 wählte Perus Regierung *Llama 2000* zu den 32 besten kommunalen touristischen Entwicklungsprojekten des Landes. Experten beurteilten es damals als das »momentan beste Konzept in Peru, weil lokale Behörden mit nationalen und regionalen sowie Spezialisten zusammenarbeiten, um die Inkawege wieder erstarken zu lassen«.[39] Umso überraschender war es für mich, dass sich vier Jahre nach meinem ersten Besuch bei *Llama 2000* einiges zum Schlechteren verändert hatte. Die Arbeit der Initiative war aufgrund ›unüberbrückbarer Meinungsverschiedenheiten‹ zwischen den Initiatoren und den Dorfgemeinschaften eingestellt worden. Damit zeigt dieses gescheiterte Projekt auf, dass selbst die Kombination aus reizvoller Natur- und Kulturlandschaft sowie einer guten Idee, verbunden mit finanzieller Unterstützung, noch keine Garantie für das Gelingen einer touristischen Initiative ist, die sich der Nachhaltigkeit und einem partizipativen Ansatz verpflichtet hat.

»(…) Tourismus ist für die meisten Menschen in der Regionen Conchucos und Huari absolut fremd und merkwürdig. Nur wenige Menschen haben hier jemals in ihrem Leben ihre Region verlassen. Tourismus hat deshalb gar nichts mit ihrer Identität zu tun. Der Tourismus arbeitet mit abstrakten Konzepten, die oft diametral zu den täglichen Praktiken der Menschen stehen, wie sie leben, welche Art von Service sie anbieten können.«⁴⁰

Meine touristisch erfahrenen Interviewpartner, Torres, Schneider und Bätzing, berichteten mir von vielen ähnlich gelagerten Fällen und waren sich darin einig, dass Tourismus langfristig nur dann eine Möglichkeit zur ökonomischen Verbesserung wirtschaftlich schwacher und entlegener Gebiete darstellen kann, wenn sich die Einheimischen tatsächlich etwas darunter vorstellen können. Dazu brauchen sie ein konkretes, für sie anschauliches Best-Practice-Projekt. Hinzu kommt, dass die Menschen in den Anden gewohnt sind, sich voll und ganz auf die Gegenwart zu konzentrieren, man plant höchstens über die Dauer einer Ernteperiode. Ein langfristiger touristischer Plan widerspricht damit dem Lebenskonzept der indigenen Bevölkerung. Zusätzlich kann die Kombination mit einigen davon unabhängigen, externen Faktoren, wie stagnierende Besucherzahlen, fallende Produktpreise und die Liberalisierung des touristischen Marktes, besonders kleine Projekte und Tourenveranstalter massiv treffen.

Aufgrund meiner Befragungen, Beobachtungen und Nachforschungen vor Ort bin ich zu dem Schluss gekommen, dass es schwierig ist, die Einheimischen von Tourismusprojekten zu überzeugen. Dabei gilt: Je unzugänglicher und abgeschiedener eine Region, desto weniger sind die dort lebenden Menschen auf Tourismus eingestellt. Mangelt es an grundlegendem Wissen, an Bildung und Erfahrung, so fehlt es am Vertrauen, Tourismus als nachhaltige wirtschaftliche Ressource zu begreifen. Es müssen wesentliche Voraussetzungen erfüllt sein, um überhaupt eine Chance auf Erfolg zu haben – und es braucht einen ›langen Atem‹.

Voraussetzungen für eine erfolgversprechende Projektimplementierung

Auf Basis der in der Feldforschung gewonnenen Erkenntnisse muss zunächst einmal darauf hingewiesen werden, dass der Weg von der Theorie zur Praxis eines nachhaltigen Tourismusmanagements komplex und langwierig ist. Tatsächlich erscheint es sinnvoll, die Messlatte für die Entwicklung eines an Nachhaltigkeitskriterien orientierten Tourismusangebots in entlegenen (Berg-)Regionen nicht zu hoch zu legen. Wichtig ist: erstens, ob ein CBT- oder PPT-Projekt in der ausgewählten Region überhaupt durchführbar ist, und zweitens, dass dafür künftig auch ausreichende Nachfrage seitens der potenziellen Kundenschichten zu erwarten ist. Dazu ist eine genaue Zielgruppenanalyse notwendig, um herauszufinden, an wen sich solch ein Produkt überhaupt richten soll und wie diese Interessensgruppe am besten anzusprechen ist.

Eine weitere zentrale Voraussetzung für das Gelingen eines nachhaltigen Tourismusprojekts ist aus meiner Sicht ein aktiver bottom-up-geprägter Stakeholder-Dialog. Ziel sollte es sein, eine Balance zu schaffen zwischen dem touristischen Nutzen, der Achtung von Natur und Kultur im bereisten Gebiet sowie der Notwendigkeit, wirtschaftlichen Nutzen für alle Beteiligten zu generieren. Orientiert sich der Tourismus in ökonomisch schwachen Regionen am Prinzip ›Schützen und Nützen‹, steht einem positiven, wertschöpfenden Beitrag zur nachhaltigen Entwicklung nichts im Wege. Dieser Schutz wird aber nur dann möglich sein, wenn es zur Identifikation der Einheimischen mit und ihrer Partizipation am jeweiligen Projekt kommt. Nur wenn Projekte von der lokalen Bevölkerung mitgetragen werden, werden Landschafts- und Kulturgüter mit Respekt behandelt und geschützt. Genau dafür braucht es Bildungs- und Bewusstseinsinitiativen für die Bewohner der Region. Nahtlos schließt hier der Aspekt der Inwertsetzung des materiellen und immateriellen Erbes des jeweiligen Gebietes an. Ober betont in diesem Zusammenhang die Bedeutung der Regionalisierung von Verantwortung und von Maßnahmen, um die Menschen wieder zu begeistern und zum Mitmachen zu motivieren, denn Identifikation schafft Identität und macht somit authentisch.⁴¹

Neben diesen ›weichen Faktoren‹ ist ein Mindestmaß an Infrastruktur unverzichtbar, denn nur dann, wenn ein Gebiet einigermaßen gut zu erreichen ist, wird es von Touristen überhaupt wahr- und in Anspruch genommen. Ein positives Beispiel dafür ist das peruanische Dorf *Sisicaya*: Die Bevölkerung lebt in Armut und die geringen Erträge aus der Landwirtschaft reichen kaum aus. Doch diese Region hat Potenzial, denn einerseits kann mit den historischen Inkawegen ein touristisch interessantes Produkt angeboten werden, andererseits liegt Sisicaya in einer recht passablen Ausflugsdistanz von nur gut 50 Kilometern von Lima entfernt. Der Dorfälteste von Sisicaya beschreibt die Situation so:

> »Früher nutzten wir den Inkaweg, weil es keine anderen Straßen gab. Heute ist er etwas für die Touristen und das bringt uns Vorteile. Seit diese Zone als touristische Region beworben wird, kommen viele Touristen aus Lima zu uns in die Sonne. (…) Wir möchten den Inkaweg schützen, er unterscheidet uns von anderen Dörfern, er ist etwas Besonderes (…).«[42]

Nicht unerwähnt soll bleiben, dass die politischen Rahmenbedingungen in Peru ein nicht unerhebliches Problem bei der Implementierung kleiner, nachhaltiger Projekte darstellen: Stimmenkauf und Korruption sind an der Tagesordnung; eine kleine Minderheit regiert das Land und teilt sich den Kuchen. Insofern lässt sich auch erklären, dass nur wenige der regionalen politischen Entscheidungsträger Interesse am Aufbau nachhaltiger Tourismusinitiativen haben, die schlichtweg zu wenig Profit für sie abwerfen. Einfacher und profitabler ist es für sie, mit großen Tourismusagenturen und -anbietern aus Lima zusammenzuarbeiten, welche jedoch ein völlig anderes Konzept verfolgen.

Resümee zur Bedarfserhebung unter Touristen und Guides am *Inka Trail*

Neben einer Bestandsaufnahme hinsichtlich der Bedeutung der Inkastraßen, der Analyse bestehender Tourismusprojekte und der Aufarbeitung zahlreicher Gespräche und Interviews mit Einheimischen und Experten rundete die schriftliche Befragung von 316 Touristen und 51 peruanischen Guides, die ich im Jahre 2007 am *Inka Trail* nach Machu Picchu durchgeführt habe, das Gesamtbild zur Situation des Tourismus entlang der Inkastraßen Perus ab. Als Zielgebiet habe ich den *Inka Trail*, der zu den beliebtesten Trekkingrouten der Welt zählt und beispielhaft für Südamerika ist, ausgewählt. Nicht zuletzt deshalb, weil der *Inka Trail* die einzige Route in Peru ist, die sich für eine quantitative Befragung eignet.

Damals wurde die viertägige Wanderung in der Region Cuzco von rund 132.500 Menschen pro Jahr absolviert.

Mein zentrales Anliegen war es, die Motive jener Peru-Touristen zu analysieren, die bereits heute Trekking-Urlaub in diesem Land machen. Im Mittelpunkt der Erhebung stand die Frage, was internationale Touristen von einem Trekking-Trail in Peru erwarten, um daraus Erkenntnisse für andere, bislang touristisch ungenutzte Regionen abzuleiten. Daran knüpften sich im Konkreten folgende drei Forschungsfragen:

– Was macht Peru als Tourismusdestination für internationale Gäste so populär?
– Wer sind die Perureisenden und was treibt sie an?
– Welche Strategien braucht es, um die positive touristische Entwicklung der vergangenen 20 Jahre in Peru nachhaltig zu sichern und auszubauen?

Die Ergebnisse der empirischen Untersuchung zu den Reisemotiven der Peru-Touristen haben gezeigt, dass eine strikte Trennung in Kulturtouristen auf der einen und Trekkingtouristen auf der anderen Seite im gegenständlichen Fall nicht angebracht ist. Der *Inka Trail*-Tourist lässt sich nicht auf eine Reiseart bzw. auf die eine oder andere in der Fachliteratur gängige Tourismustypologie reduzieren. Er scheint eher ein multioptionaler Tourist mit hybriden Verhaltensmustern zu sein – er mixt Motive und Reisearten bunt durcheinander, ganz nach seinen Bedürfnissen: Demzufolge reichen den befragten Teilnehmern ein Zeltlagerplatz und rudimentäre hygienische Einrichtungen während ihrer Begehung des *Inka Trails* vollkommen aus, obwohl sie an anderen Orten Perus durchaus einem Hotel der guten Mittel- bis Luxusklasse nicht abgeneigt sind. Am meisten beeindruckt sind die Besucher des *Inka Trails* von den archäologischen Stätten, gefolgt von der Anlage der alten Inkastraßen und der Fauna und Flora dieser Gegend.

Der *Inka Trail* wird zu 97,5 % (n=308) von Personen begangen, die sich zum ersten Mal in Peru aufhalten. Für diese Gruppe ist der *Inka Trail* fixer Bestandteil ihrer Reise. Die *Inka Trail*-Touristen sind zu knapp 80 % (n=279) Individualtouristen und achten mehrheitlich darauf, ihren Trip bei einer Agentur zu buchen, die auf nachhaltigen Tourismus spezialisiert ist. Der *Inka Trail* wird zu gut drei Viertel von jungen Menschen – gleichermaßen Frauen wie Männer – im Alter von unter 36 Jahren begangen. Der Grund dafür liegt sicherlich an der extremen sportlichen Anforderung, die dieser Wegabschnitt den Besuchern abverlangt. Der Anteil von Uni-Absolventen unter den Touristen ist mit 57 % überdurchschnittlich hoch und deckt sich damit mit den Ergebnissen der Befragung des MINCETUR im Jahr 2011 zum Profil der Touristen, die Peru als Reisedestination wählen. Aus den Angaben der 316 befragten Personen errechnet sich eine durchschnittliche Gesamtaufenthaltsdauer in Peru von 19,24 Tagen (50 % sieben bis 16 Tage und 50 % 16 und mehr Tage).

Interessant ist, dass sich die 316 befragten Gäste auf 21 Nationen verteilten. Gut die Hälfte (n=162) kamen aus Europa, wobei zwei Drittel von ihnen Englisch als Muttersprache haben. Die Niederlande sind mit zwölf Trekkern nach England (104) und nach Irland (19) die drittgrößte aus Europa vertretene Nation am *Inka Trail*. Rund 100 Personen kamen aus Nordamerika, nur sieben Trekker aus Südamerika. Zählt man alle Menschen aus Nordamerika, Europa und Australien zusammen, die aus einem englischsprachigen Herkunftsland stammen, dann machen sie mit rund 82 % den größten Teil der *Inka Trail*-Touristen aus. Diese ›Sprachdominanz‹ ist nicht nur eine wichtige Erkenntnis dafür, welche Quellenmärkte künftig primär zur Bewerbung neuer Tourismusdestinationen entlang des *Qhapaq Ñan* anzusprechen sein werden, sondern sie sind auch hilfreich im Bezug auf die Gestaltung von Info-Materialen zu Trekkings bzw. von weiterführenden Verzeichnissen über die archäologischen Stätten abseits des *Inka Trails* – ein Bedarf, den etliche Gäste bei der Befragung angemeldet haben.

Obwohl knapp 90 % der Befragten bestätigen, dass ihnen die Begehung des *Inka Trails* sehr gut gefallen habe, sprechen sie trotzdem von einem – buchstäblich – ›einmaligen Erlebnis‹. Mehrheitlich haben sie es nicht vor, diesen Treck noch einmal zu wiederholen. Immerhin 27 Personen geben an, bereits in Peru, Bolivien, Ecuador oder Argentinien auf anderen Inkastraßen gewandert zu sein. Dieses Ergebnis macht deutlich, dass es durchaus – wenn auch ein sehr überschaubares – Potenzial gibt, andere Trekkingrouten entlang historischer Inkastraßen in Peru für Wanderer zu erschließen.

Die Ergebnisse zeigen auch, dass die Inkastraßen in ihrer Gesamtheit (*Qhapaq Ñan*) bei den *Inka Trail*-Touristen bislang kaum bekannt sind. Ich sehe hier eine auffällige Informationskluft zwischen den lokalen Guides und ihren Gästen, die es zu schließen gilt. Das *Ministerio de Cultura* (ehemals INC) und die UNESCO sind gefordert, wesentlich größere Anstrengungen zu unternehmen, um die Verantwortlichen in den Ausbildungsstätten der Guides, die Guides selbst, die Reiseagenturen und schließlich auch die Reisenden über die kulturelle und historische Bedeutung der Straßen zu informieren. Das *Ministerio de Cultura* ist für die Vermarktung und die Erhaltung des *Inka Trails* verantwortlich und damit auch erster Ansprechpartner, wenn es um die Vermittlung von Wissen hinsichtlich des *Qhapaq Ñan* geht. Umfangreiches und solides Wissen bei Gatekeepern (Guides, Agenturen und Reisejournalisten) scheint mir eine Grundvoraussetzung für eine gesteigerte Bekanntheit und in der Folge für eine touristisch verantwortungsvolle Nutzung des einzigartigen Kultur- und Naturerbes *Qhapaq Ñan* zu sein.

Da am oberen Ende der Beliebtheitsskala zu den ›Highlights‹ ihrer Perureise die Kategorien ›Menschen/Kultur‹ und – insbesondere mit Blick auf den *Inka Trail* – der ›Kontakt mit den Einheimischen‹ stehen, sollten diese Erwartungen und Wünsche der ausländischen Gäste in jedem Fall bei der Gestaltung neuer Trekkingrouten entlang der alten Inkastraßen berücksichtigt werden. Ein Trail wird dann zum Erfolg, wenn er den Interessen und Bedürfnissen der Touristen entspricht, kurzum ihre Erwartungen erfüllt und so an Bedeutung für die Reisenden und ihre Peer Groups gewinnt. Es hat sich herausgestellt, dass der touristische Erfolg des *Inka Trails* vor allem auf den Weiterempfehlungen durch Mundpropaganda und durch soziale Netzwerke beruht, was sich im Hinblick auf ein sicherlich geringes Werbebudget neuer Projekte als ausgesprochen positiv und effizient erweist. Der *Inka Trail* ist nicht zuletzt dadurch zu einem Statussymbol für junge Individualreisende aus aller Welt geworden.

Zusammengefasst müssen bei der Entwicklung neuer Trekkingrouten entlang von historischen Inkastraßen folgende Wünsche und Bedürfnisse der Gäste besonders berücksichtigt werden:

– Möglichst viel direkten Kontakt zu Einheimischen und deren Alltagskultur und Geschichte ermöglichen;

- Kultur der Inka und ihre archäologischen Stätten besser kommunizieren und präsentieren (bessere Ausbildung der lokalen Guides);
- Routen auswählen, die durch attraktive Kulturlandschaften führen;
- Routen, die in einer überschaubaren Distanz zu einer Tourismusdestination liegen bzw. durch gut ausgebaute Infrastruktur leicht von Lima, Cuzco oder anderen größeren Städten im Land erreichbar sind, sind für ausländische Touristen attraktiver;
- Bei der Produktentwicklung und der Vermarktung neuer Routen sollte neben dem Aufkommen der ausländischen auch die wachsende Zahl an einheimischen Touristen berücksichtigt werden.

Zusätzlich hat sich

- ein möglichst aktiver Dialog zwischen allen Stakeholdern (öffentlicher und privater Sektor)
- sowie eine größtmögliche Partizipation der örtlichen Einwohner mit Bedacht auf realistische Erwartungen, klar formulierten Zielen und Leitbilder

nicht nur als zielführend, sondern als absolut notwendig für die Projektplanung und -durchführung erwiesen.

Optimal wäre es, wenn zukünftige Inka-Trecks am *Qhapaq Ñan* diese Elemente ähnlich einer Perlenkette verknüpfen würden, denn erst wenn Reisende durch Reiseorte, Menschen und Geschichten emotional positiv berührt werden, empfehlen sie das Erlebte weiter und tragen damit wesentlich zum Erfolg einer Destination bei. Hier hat der *Inka Trail* sicher einen bedeutenden Vorteil gegenüber allen anderen zukünftigen Trecks am *Qhapaq Ñan* – er endet bei einem der imposantesten, je von Menschenhand erschaffenen Bauwerke, in Machu Picchu.

Qhapaq Ñan – The Inka Route System. Capability of Touristic Development in the Andes Mountains, Peru

Qhapaq Ñan refers to a network of roads built during the time of the great Inca Empire. Almost 55,000 kilometers, this net of roads extended across the entire geographical area of the Inca people. *Qhapaq Ñan* is a constructional masterpiece and its marks are still visible today. Although largely destroyed the *Qhapaq Ñan* has still an important functional and symbolic meaning to the Andean people. Especially in the far-flung mountain regions of Peru there are still well-preserved, but threatened parts of the *Qhapaq Ñan* that could be part of a sustainable use for tourism and therefore contribute to the economic development of these structurally weak areas. Outside the capital Lima and the province of Cuzco there is no significant touristic infrastructure in Peru so far. Andean mountain people are organized in traditional village communities and struggle for their daily survival practicing substance level agriculture. In order to make tourism a source of economic value creation for Andean people, a strategy for valorisation of this unique landscape and culture is needed which reflects criteria of sustainable economic activities. The thesis guiding this paper questions the selection of parts of the *Qhapaq Ñan* in Peru in usage for touristic purposes, presuming that tourism follows sustainable criteria. Not mass tourism – as on the Inca Trail – but rather innovative programs with a balanced concept of ›use and protection‹ in rather sensitive areas, will be essential in the future.

Anmerkungen

1 Vgl. Marco Pointecker: *Qhapaq Ñan* – Straßen- und Kommunikationssystem zur touristischen Nutzung im globalen Zeitalter. Potenziale nachhaltiger Tourismusprodukte in den Anden Perus (Dissertation, Universität Salzburg), 2013.
2 Der Ursprung der Inka-Dynastie liegt um 1200 n. Chr. Die Expansion des Inkareichs begann aber erst später, im Jahr 1438, mit dem neunten Inkaherrscher *Pachacutec Inka Yupanqui* (»Umwälzer des Erdkreises«, »Verwandler der Erde«) und endete mit dem Bruderkrieg von Inka *Huascaran* und *Athualpa*, welcher das Reich so stark schwächte, dass die Spanier leichtes Spiel hatten, die Herrschaft der Inka zu beenden und ihr Reich zu erobern. Vgl. Udo Oberem: Das Andengebiet bei der Ankunft der Spanier, in: Ulrich Köhler (Hg.): Altamerikanistik – eine Einführung in die Hochkultur Mittel- und Südamerikas, Berlin 1990, 467–491, hier 471–472; John H. Rowe: Inca Culture at the Time of the Spanish Conquest, in: Julian H. Steward (Hg.): Handbook of South American Indians, Vol. 2, Washington 1946, 183–330, hier 201.
3 URL: http://whc.unesco.org/en/tentativelists/1578 (Zugriff: 18.02.2014).
4 Vgl. URL: http://whc.unesco.org/pg.cfm?cid=281&id_group=19&s=home (Zugriff: 18.02.2014).

5 John Hyslop: The Inka Road System, Orlando/Florida 1984, XIV.
6 Die Inka teilten ihr Imperium in vier administrative Bezirke mit dem Namen *Tahuantinsuyu*. In Quechua, der Verwaltungssprache der Inka, bedeutet »tahua« vier, »ntin« steht für die Gesamtheit, und »suyu« heißt Land. Daraus ergibt sich also »Welt- oder Himmelsgegend«, »Gesamtheit der vier Weltgegenden« oder »die vier vereinigten Viertel«. Vgl. Günter Lanczkowski: Die Religion der Atzteken, Maya und Inka, Darmstadt 1989, 101; Gary Urton: Mythen der Inka, Stuttgart 2002, 7; Rowe 1946 (wie Anm. 2), 263.
7 De Cieza zitiert nach Victor von Hagen (Hg.): Pedro De Cieza De León. Auf den Königsstraßen der Inkas, Stuttgart 1971, 243; Pedro de Cieza de León: La crónica del Perú (Erstausgabe 1553), Madrid 1947; Pedro de Cieza de León: Crónica del Perú, (Zweiter Teil), Lima 1988.
8 Diese Aufteilung in vier ursprünglich gleich große Provinzen wurde vermutlich rund 1460 vorgenommen, denn das Inkareich war damals in seinen Dimensionen noch nicht so lang und schmal, wie es sich später darstellte. Vgl. Rowe 1946 (wie Anm. 2), 263–264.
9 Vgl. Santiago Agurto Calvo: Estudiosacerca de la construcción, arquitectura y planeamiento Incas, Lima 1987, 94; Richardo Espinosa: La Gran Ruta Inga. El Capaq Nan, Lima 2002, 4; Hyslop 1984 (wie Anm. 5), 58.
10 URL: http://whc.unesco.org/en/tentativelists/5547 (Zugriff: 18.02.2014).
11 Vgl. Espinosa 2002 (wie Anm. 9), 10; Catherine Julien: Die Inka. Geschichte, Kultur, Religion, München 1998, 9.
12 De Cieza zitiert nach von Hagen 1971 (wie Anm. 7), 264.
13 Vgl. Jean-Pierre Protzen: Die Architektur der Inka, in: Cecilia Bákula / María Rostworowski (Hg.): Die Ahnenvölker der Inka und das Inka-Reich, Zürich 1999, 193.
14 *Tambos* waren offizielle Einrichtungen entlang der Inkastraßen, die meist rund einen Tagesmarsch, manchmal auch weniger weit voneinander entfernt lagen. Man geht heute davon aus, dass die Stationen sich voneinander unterschieden und verschiedene Zwecke erfüllten: Sie konnten als Unterkunftsmöglichkeit für Reisende, als Stellen der lokalen Administration sowie für zeremonielle und militärische Aktivitäten herangezogen werden, vgl. von Hagen 1971 (wie Anm. 7), 158–162; Hyslop 1984 (wie Anm. 5), 275, 303.
15 Vgl. María Rostworowski: Die Inka, in: Bákula / Rostworowski 1999 (wie Anm. 13), hier 47.
16 Vgl. von Hagen 1971 (wie Anm. 7), 267.
17 Z.B. der *Inka-Trail* nach Machu Picchu, eine 640 Kilometer lange gepflasterte Heeresstraße, von Huánuco – in Zentralperu an der Andenstraße gelegen – nach Chachapoyas.
18 Vgl. Carmen Bernand: Das Gold der Inka, Ravensburg 1993, 166–170.
19 Eine Auflistung aller wichtigen Verbindungsstraßen ist bei Hyslop 1984 (wie Anm. 5) verfügbar.
20 Vgl. Hyslop 1984 (wie Anm. 5), 257–266.
21 Vgl. Bernand 1993 (wie Anm. 18), 166–170.
22 Hyslop 1984 (wie Anm. 5), 244.
23 Vgl. Hyslop 1984 (wie Anm. 5), 230–247. Das beste Beispiel eines solchen Dammes findet man in Anta in der Region Cuzco. Er ist acht Meter breit und zwölf Kilometer lang und erhebt sich über 2,5 Meter über das Sumpfgebiet, vgl. Heinrich Ubbelohde-Doering: On the Royal Highways of the Inca, London 1967, 208–211. In der Nähe von Huánuco Pampa befindet sich ein 100 Meter langer und sieben Meter breiter Damm, mit dem die Inka das Straßenbett vor Hochwasser schützten und eine direkte Straßenführung ermöglichten, vgl. Hyslop 1984 (wie Anm. 5), 235–236.
24 Vgl. Armin Bollinger: So bauten die Inka. Straßen, Brücken, Bewässerungsanlagen, Häuser, Städte im alten Peru (Schriftenreihe des Lateinamerikanischen Institutes an der Hochschule St. Gallen, 1), Diessenhofen 1979, 22; Hyslop 1984 (wie Anm. 5), 245–246.
25 Vgl. Hyslop 1984 (wie Anm. 5), 248–249.
26 URL: http://whc.unesco.org/pg.cfm?cid=281&id_group=19&s=home (Zugriff: 20.02.2014).
27 Vgl. Hyslop 1984 (wie Anm. 5), 301.
28 Peru hatte sechs Teilstrecken und eine prä-hispanische Brücke für die Nominierung ausgewählt, vgl. URL: http://whc.unesco.org/en/tentativelists/5547 (Zugriff: 26.07.2012).
29 Vgl. URL: http://whc.unesco.org/archive/2014/whc14-38com-16%20en.pdf (Zugriff: 28.06.2014).
30 Vgl. Espinosa 2002 (wie Anm. 9), Interview Putney 2007, Kassette 4.
31 Vgl. dazu auch die ›Theorie des Symbolischen Interaktionismus‹ nach Herbert Blumer: Symbolic Interactionism, Berkeley 1986. Diese Theorie geht davon aus, dass Kultur ein kommunikativer Aushandlungsprozess ist, der sich zwischen unterschiedlichen Interaktionspartnern kontinuierlich entwickelt, weshalb Kultur nie etwas Statisches, sondern vielmehr etwas Dynamisches ist. Die jeweils aktuellen Bedeutungen werden zwischen den Kommunikationspartnern in einem wechselseitigen Codierungs- und Decodierungsprozess mittels verbaler und nonverbaler Zeichen immer wieder neu ›ausgehandelt‹.
32 Vgl. Everett M. Rogers: Diffusion of Innovations, New York ⁵1995, 5.
33 Die Auswertung hat ergeben, dass sich im Ranking der Reisemotive das Interesse an den Kulturgütern Perus an erster Stelle und die reichhaltige Natur des Landes an zweiter Stelle befinden.
34 Vgl. URL: http://sdt.unwto.org/content/about-us-5 (Zugriff: 28.06.2014).
35 Vgl. Nicole Häusler: Finanzierung von »Community-based Tourism«-Projekten. Probleme, Risiken und Anforderungen, in: Kurt Luger / Christian Baumgartner / Karlheinz Wöhler (Hg.): Ferntourismus wohin? Der globale Tourismus erobert den Horizont, Wien 2004, 147–164; Kurt Luger: Tourismus als Entwicklungsmodell. Nachhaltigkeitsversuche, Armutsreduzierung und Regionalentwicklung, in: Herbert Baumhackl [u.a.] (Hg.): Tourismus in der ›Dritten Welt‹ Zur Diskussion einer Entwicklungsperspektive, Wien 2006, 127–152; Kurt Luger: Ökotourismus, Partizipation und nachhaltige Entwicklung, in: tw – Zeitschrift für Tourismuswissenschaft 2 (2), 2010, 165–183; Greg Richards / Derek Hall: The community: A Sustainable Concept in Tourism development?, in: Greg Richards / Derek Hall (Hg.): Tourism and Sustainable Tourism Community Development, London 2000, 1–14.
36 Vgl. Harold Goodwin: Pro-Poor Tourism – Principles, Methodologies and Mainstreaming. Beitrag zur International Conference on Pro-Poor Tourism Mechanism and Mainstreaming (University of Technology Malaysia, 4–6 May 2005), URL: http://www.harold-GOODWIN.info/resources/melaka.pdf (Zugriff: 11.01.2013); John Hummel: Pro-poor Sustainable Tourism, in: Kurt Luger / Christian Baumgartner / Karlheinz Wöhler (Hg.): Ferntourismus wohin? Der globale Tourismus erobert den Horizont, Wien 2004, 123–146; Luger 2006 (wie Anm. 35).
37 Interview Pari 2007, Kassette 16.
38 Vgl. Juan Manuel Castro Gutierrez: Projecto Llama 2000. Informe Final. Olleros – Progama de Apoyo al Turismos Union Europea – PromPeru, o. O. 1998, 8.
39 Interview Varela 2007, Kassette 14.
40 Interview Miriam Torres 2007, Kassette 1.
41 Vgl. Josef Ober [u. a.] (Hg.): Die Politik der Inwertsetzung. Zwölf Entscheidungen zur Überwindung der Zuvielgesellschaft, Feldbach 2008.
42 Interview Ramoz 2007, Kassette 5.

JACEK BIELAK

National – regional – europäisch?

Zur Konzeption der Bernsteinstraße und ihrer Rolle bei der Identitätsfindung der Einwohner des ehemaligen Preußens nach 1989

In den bisherigen Betrachtungen und Erwägungen, die die Bernsteinstraße betreffen, überwog die historische Perspektive. Hauptaugenmerk war hierbei entweder die Wiederherstellung des Verlaufs des Bernsteinwegs oder die Beschreibung neuer archäologischer Funde als Beweis für seine Existenz oder auch die schriftlichen Urkunden, die die überregionalen Kontakte im kulturellen und wirtschaftlichen Bereich unterstrichen. Der Artikel greift ein historisch-anthropologisches Problem auf und versucht die Frage zu beantworten, in welchem Maße die Herausbildung der Konzeption der Bernsteinstraße auf die Entstehung von Verbindungen zwischen den Einwohnern und dem Umfeld sowie der Wahrnehmung der regionalen Identität Einfluss nahm und nimmt. Das Ziel ist eine Analyse der kulturbezogenen Bedingungen der Bernsteinstraßen-Konzeption in Gebieten, die seit 1945 zu Polen gehören.

Welche Gründe gibt es dafür in Polen, eine Zäsur mit dem Jahr 1989 zu setzen? Mit dem Tag, als die ersten freien Wahlen in den ehemaligen Ostblockstaaten nach dem Krieg stattfanden, wurde in Polen somit die Möglichkeit für freie Diskurse über die Zukunft der Region Pommern geschaffen. Denn in den Zeiten des sozialistischen Regimes waren sämtliche touristische Strategien der Propaganda untergeordnet – der Vision einer einheitlichen, einzig richtigen Entwicklung der Gesellschaft. Unter den Bedingungen eines ideologisch gesteuerten Staates war eine ungehinderte Suche nach regionaler Identität derjenigen Bevölkerung, die infolge der Festlegungen von Jalta in die ehemaligen preußischen Gebiete gekommen waren, nicht möglich. Erst der Untergang der kommunistischen Regime und die in Ost- und Mitteleuropa ablaufenden Veränderungen, die sich mit der Zeit in einem auf der Konzeption von touristischen Routen basierenden Tourismus äußerten, führten zu einer Belebung der Diskussion über Identifikation und Integration der Einwohner bezüglich des von ihnen vorgefundenen Kulturerbes (Perspektive von innen).

Als am 27. Mai 1990 die ersten freien Wahlen zu den regionalen Organen stattfanden, die die Struktur der lokalen Selbstverwaltung schufen, verlor die kommunistische Partei ihr Monopol. Es entstand eine neue Repräsentanz der Leitung, gestützt auf eine mit demokratischer Mehrheit gewählten lokalen Selbstverwaltung. Neue Regelungen erfolgten unter anderem auch in der Strategie für die Tourismusentwicklung. Die Suche nach Lösungen brachte eine Reihe von Problemen organisatorischer und auch mentaler Art mit sich. Von Anfang an gab es das Problem, wie sich auf die Vergangenheit in der lokalen historischen Kultur zu berufen sei, die ja bisher nur in sehr geringem Maße die deutsche Vergangenheit Preußens betraf. Diese Schwierigkeiten sind mit dem Problem der Entwurzelung der nach 1945 in preußische Gebiete eingewanderten polnischen, russischen und litauischen Bevölkerung verbunden, die noch bis vor nicht allzu langer Zeit das Bestehen eines deutschen Kulturerbes verneint oder zumindest ignoriert hat. Auf der anderen Seite trat das Problem der Art der Autopräsentation der Region und der Wahl der Strategie zutage, um die komplizierte Geschichte und die unterschiedlichen Identitäten – die baltische, die hanseatische, die deutsche und die preußische – darzustellen (Perspektive von außen).

In den letzten Jahren erschien eine recht große Zahl von Publikationen, die den langsamen Umwandlungsprozess der lokalen Identität analysieren.[1] In geringerem Maße befasste man sich mit den neuesten Veränderungen. Ein Verständnis der Selbstpräsentation nach dem Jahr 1989, gestützt auf Untersuchungen, kann nicht nur in Bezug auf die historische Touristikstrategie erfolgen, sondern auch nach der Art und Weise, wie die gegenwärtigen kommunalen Leitungen mit der Vergangenheit der Region in der offiziellen Kommunikation außerhalb und auch innerhalb des lokalen Umfeldes umgehen. Zu Beginn der 90er Jahre des 20. Jhs. wurde dies anfangs ausgeführt durch Beschlüsse zu regionalen Entwicklungsstrategien. Die wichtigsten Punkte dieser Strategien fanden ihren Ausdruck in sehr verschiedenartigen Promotionsmaterialien. Broschüren und Flyer, die wegen der bescheidenen finanziellen Mittel keine großen Auflagen hatten, fanden wenig effektiven Widerhall bei der örtlichen Bevölkerung, wirkten also recht eingeschränkt. Ab Mitte der 90er Jahre wurden zusätzlich Internetseiten der regionalen Selbstverwaltungen, Touristikkammern, Selbstverwaltungsorgane, Städte und einschlägiger Vereinigungen zu einem wichtigen Mittel der Selbstdarstellung. Eine inhaltliche Analyse dieser Portale sagt sehr viel aus über die Versionen einer ›rechtmäßigen‹ Interpretation der Vergangenheit sowie auch über die sich herausbildende Identifizierung mit der betreffenden Region. Zwar erschienen auf diesen Webseiten zum ersten Mal seit 1945 Themen bezüglich der Erinnerung an das deutsche Kulturerbe oder auch verschiedener Minderheiten, doch von besonderem Interesse ist das Vorhandensein und die Re-Interpretation des Images des Bernsteins als Element des Kulturerbes. Mit den Fragen zur Wiederherstellung der lokalen Erinnerung beschäftigt sich seit vielen Jahren Robert Traba, deshalb möchte ich hier nicht näher auf diese Probleme eingehen und auf bereits veröffentlichte Materialien verweisen.[2] Im Fall von Danzig befasste sich Peter Oliver Loew mit dieser Thematik. Er hat viele Publikationen zur Stadt verfasst, unter anderem ein Buch zur Danziger Erinnerungskultur.[3] Es sprengt sicher den Rahmen, auf all diese komplizierten Zusammenhänge näher einzugehen. Deshalb sei es mir erlaubt, mich auf einen Abschnitt zu konzentrieren, der besonders die natürlichen Ressourcen des früheren Preußens betrifft – auf den Bernstein. Denn Loews Beitrag befasst sich damit, auf welche Weise nach 1989 Geschichtsbilder und Narrationen über die Vergangenheit erzeugt werden, die einen natürlichen Rohstoff dieser Region betreffen, und zwar den Bernstein, sowie mit der Herausbildung und Rückgewinnung regionaler Identität, auf die er Einfluss ausübt.

Und so drängt sich als Erstes die Frage auf, wie die zugewanderten neuen Bewohner (trotz der Schwierigkeiten) sich anpassten und versuchten, das bestehende kulturelle Erbe des Bernsteins in die eigene, d. h. polnische Kultur zu integrieren. Aus vorliegenden Untersuchungen geht hervor, dass der Bernstein (zuerst im nationalen Verständnis) zu diesem Faktor (Zeichen) wurde, der es der neuen polnischen Bevölkerung erlaubte, ihre Identität im Hinblick auf die Region zu finden. Mit der Zeit und neuen Fakten (Vorgeschichte, archäologische Funde in ganz Mittel-Ost-Europa) kristallisierte sich eine neue europäische Identität heraus. Man war stolz auf dieses regionale Naturprodukt. Die neue Narration zerschlug die alten. Zu Zeiten der europäischen Integration überlebten Erzählungen über den Bernstein als ausschließlich nationales Gut.

In der polnischen Kunsthistoriographie war Bernstein natürlich auch vertreten, jedoch eher als Produkt des im Wesentlichen anonymen Danziger Handwerks. Danzig selbst erschien als Handelszentrum, wirtschaftlich eng verbunden mit der Polnischen Republik.[4] Der einzige wirklich beschriebene Weg war der, auf dem das polnische Getreide nach Danzig gelangte – die Weichsel. Der hervorgehobene kulturelle Weg war also ein Fluss von Norden nach Süden, in Richtung polnischer Städte wie Warschau, Krakau oder Kazimierz.

Die einen nationalen Gesichtspunkt der Geschichte einschließenden Narrationen betrafen nicht nur Danzig. Auch in den übrigen Städten Polens in den Grenzen von 1945 waren sie zu verzeichnen. Ähnliche Vorgänge eines langsamen Umdenkens gab es auch in jedem anderen ehemaligen kommunistischen Staat, in dessen Grenzen einst Preußen lag. Doch kehren wir zum lokalen Kontext der Wahrnehmung von Bernstein als regionalem Produkt zurück. Beachtenswert ist hier die besondere wirtschaftliche Bedeutung.

Nach 1989 kam es um Danzig zu einem sehr großen Anstieg der Zahl von Unternehmen, die sich mit der Bearbeitung von Bernstein befassten. Zweifellos war es der wirtschaftliche Faktor, der das Bedürfnis nach der Sorge um ein entsprechendes Marketingimage der Region als Ort bewirkte, an dem der Bernstein zu einem wichtigen Element der Identität und Grund für wirt-

Abb. 1: Aufnahme des *AMBE-RIF* Messe Katalogs von 2003. Foto: Jacek Bielak.

Abb. 2: Messegelände mit meistens polnischen Bernsteinwaren von 2003. Foto: Jacek Bielak.

Abb. 3: Ein Ring aus den späten 1960er Jahren als luxuriöses Produkt, Offerte der Piro Gruppe, jetzt in der Bernstein Abteilung des Museum Schloss Marienburg.

schaftlichen Wohlstand wurde. Die erstmals 1994 veranstaltete Bernstein-Messe *AMBERIF* war ein großer ökonomischer Erfolg (Abb. 1). Ständig wuchs die Zahl der Aussteller und der Besucher (Abb. 2). Auf der Messe wurde ein Wirtschaftsbereich etabliert und befördert, der zu Zeiten des realen Sozialismus eher als Volkskunst, Kitsch oder Jahrmarktprodukt empfunden worden war. Infolge der günstigen internationalen Konjunktur (in hohem Grade trug dazu auch der Film »Jurassic Park« von Steven Spielberg bei) veränderte sich nach 1989 rasch das Umfeld der polnischen Produzenten (wo zudem das Genotyp eines Dinosauriers aus dem Bernstein gewonnen wurde). Die Produzenten modernisierten alte Muster aus der Folklore, die einst hauptsächlich mit billigen Produkten der polnischen *Cepelia* in Verbindung gebracht wurden.[5] *Cepelia* war eine Institution, die Erzeugnisse der Volkskunst bei ihren Schöpfern bestellte und anschließend in speziellen *Cepelia*-Läden verkaufte (Abb. 3).[6] Die wirtschaftlichen Erfolge bewirkten eine Belebung des Tourismus und eine Steigerung des Interesses am Bernstein als Rohstoff moderner Produktion, doch auch als Artefakt/Zeugnis früheren Schaffens und der regionalen Kultur. Dieser historische Bezug wurde zu einem Element der breiteren Werbestrategie und durch seine Marketingmöglichkeiten wurde er Hauptgrund für die Berufung auf die Vergangenheit. Von Seiten der regionalen Organe kam es zur Schaffung einer Informations- und Werbekampagne von bisher ungekanntem Ausmaß. Die Stadt Danzig wurde zur »Welthauptstadt des Bernsteins« ernannt und schloss sich aktiv der Promotion »des Goldes der Ostsee« an. Nach einigen Jahren angestrengter Bemühungen wurde in Danzig 2006 eine neue Abteilung des Museums für Stadtgeschichte – das »Bernstein-Museum« – eröffnet. Schon am 28. Juni 2006 entstand der »Weltrat des Bernsteins«, natürlich mit Sitz in Danzig (Abb. 4). Hinzugefügt sei, dass vom Büro für Stadtmarketing ein »Bevollmächtigter für Bernstein« berufen wurde. Aus den genannten Initiativen (auch spielt hier der rasche Fortschritt dieses neuen Wirtschaftszweiges eine Rolle) werden die Gründe deutlich, weshalb die Danziger Selbstverwaltungsorgane zu dem Schluss kamen, dass der Bernstein und die Bernsteinstraße die beste Art und Weise zur Beförderung des regionalen Tourismus, auch der Stadt und der gesamten Region selbst sein können (Abb. 5). Auch das Museum in der Marienburg besitzt eine große Sammlung von Bernsteinarbeiten vom Mittelalter an.

Die Gründe jener allgemeinen Akzeptanz der Bernsteinstraßen-Idee von Seiten der Selbstverwaltungen und die entscheidenden Faktoren für die Ausrichtung der Politik, die auf die Entwicklung des Tourismus hin agieren, sind nicht allein darauf zurückzuführen, dass Bernstein als touristisch wichtiges Produkt zu einer regionalen Marke geworden ist. Zu den wirtschaftlichen Faktoren kommen auch historische und kulturelle hinzu, die angesichts des nationalen Diskurses ein alternatives Geschichtsbild der Region darstellen. Ihr Auftauchen ist eine Antwort auf die gegenwärtige Situation. Polens

Abb. 4: Ein Gruppenfoto der ersten Sitzung des Weltrats des Bernsteins vom 28.06.2006. Foto: Stadtmarketing Danzig.

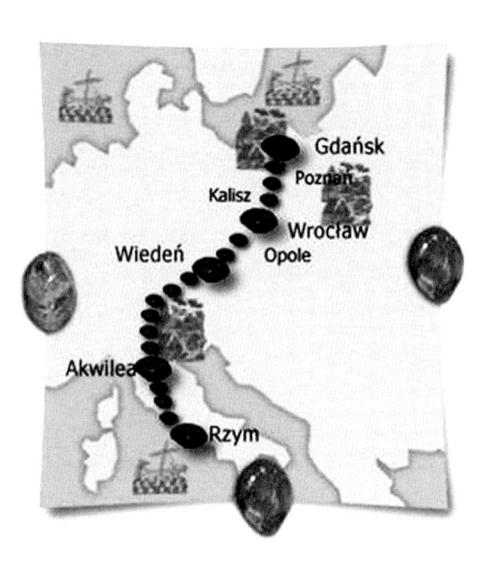

Abb. 5: Bernsteinstraße aus einer Broschüre, die von der Danziger Bernstein Vereinigung um 1998 veröffentlicht wurde. Foto: Jacek Bielak.

2004 erfolgter EU-Beitritt brachte neue Herausforderungen bezüglich der Suche nach der Definition regionaler Identität unter den Bedingungen der Herausbildung eines europäischen Bewusstseins mit sich.

Bemerkenswert ist, dass die Danziger nicht die Einzigen sind, die den Bernstein als Produkt in einen neuen, transnationalen Bezug stellen. Es verstärken sich nämlich zugleich das Marketing und die Werbung des Bernsteins und der Bernsteinstraße in anderen Regionen, die genauso ihre Identität auf eine ähnliche Idee stützen. Diese Regionen, außerhalb Preußens, sind in einem sich sehr von Pommern unterscheidendem Grad mit der Frage nach ihrer deutschen Vergangenheit verwoben. Und die Suche nach der Identität durch die neuen Einwohner ist nicht das einzige Problem dieser Regionen. Gegenwärtig ist das Konzept der Bernsteinstraße außerhalb der Region Pommern stark exponiert in Österreich, Litauen und der Ukraine. Also ist dies es wert zu konstatieren, dass die im letzten Jahrzehnt stattfindenden Umgestaltungen des Modells bezüglich des Bernsteins in öffentlichen Diskussionen auf überregionaler Stufe zu verzeichnen sind.

Beispielsweise organisierte am 26. und 27. Juni 2012 die Tourismus-Weltorganisation mit Sitz in Madrid das Seminar *Past – Present – Future: Cooperation Along The Historical Amber Route*, und zwar in Vilnius. Ziel des Seminars war die Ausarbeitung eines Entwicklungsplanes für die Bernsteinstraße (*Action Plan on the Amber Route Development*). Das Programm der Veranstaltung und die dort behandelten Themen zeugen von den Veränderungen in der bisherigen Handhabung. Kennzeichnend ist dabei hauptsächlich das Abrücken von einer ausschließlich regionalen Darstellung der Bernsteinstraße. Bernstein hört auf, als regionales Produkt verstanden zu werden und wird angesichts der entstehenden Marketingstrategien für den Tourismus zu einem Gut eines großen kulturellen Ganzen – zu einem europäischen Gut. In Danzig fanden die Ergebnisse des Seminars ihren Ausdruck in der Zusammenführung aller Initiativen und Darstellungsorte des Ostsee-Bernsteins durch die regionale Tourismusorganisation. Auf dieser Basis wurde das neue Produkt *Kulturerbe Bernstein Pommerns* geschaffen, dessen Promotor außer der Pommerschen Tourismus-Organisation auch der Internationale Bernstein-Verein (*International Amber Association*) ist (Abb. 6).[7]

In dieser Situation ist die Bernsteinstraße nicht nur eine der Ideen zur Entwicklung des regionalen Tourismus, sondern Teil jener Suche, die in natürlichen Ressourcen den Schlüssel für die gemeinsame Schaffung eines europäischen Regionen-Modells sieht, das der nationalen Narration gegenübergestellt oder an dieser ausgerichtet wird. Auch der Bernstein wurde einst von allen an ihm interessierten Seiten aus nationaler Perspektive wahrgenommen. So gelangte Alfred Rode – ein bekannter Bernsteinforscher – 1937 zu dem Schluss, dass der Bernstein ein deutscher Stein sei, der die Identität des als Teil des Reichs angesehenen Preußens konstituiert habe. Für die polnischen Forscher wiederum war der Bernstein nach 1945 polnisches Nationalgut. Auch die litauischen Nachbarn betrachteten die Bernsteinvorkommen auf ähnliche Weise, wobei auch die nach 1945 in der Oblast Kaliningrad entstandene russische Version von der Nationalisierung des Bernsteins ungemein interessant ist. Demnach kann man feststellen, dass das Interesse an der Gewinnung und Verarbeitung von Bernstein in der Region nur selten ausschließlich wirtschaftlich motiviert war.

Im Falle von Polen (Pommern und Schlesien) wäre hinsichtlich der unumstrittenen historischen Dominanz der deutschen Kultur die Rückkehr zu einer eindimensionalen nationalen Identifikation ein archaisches Relikt. Angesichts dessen wäre eine Pommern, Masowien und Schlesien mit Mähren verbindende und weiter über Österreich nach Aquileia führende Bernsteinstraße ein wichtiger Baustein der auf einer Verbindung zwischen der transkulturellen historischen Perspektive, der Bedeutung des wirtschaftlichen Austauschs und der damit verbundenen Kommunikation sowie dem gegenseitigen Verständnis zwischen ehemaligen und heutigen Gesellschaften basierenden europäischen Einheit (Abb. 7).

Dies bleibt nicht ohne Einfluss auf das Bild der Vergangenheit anderer Regionen in ganz Polen. Die Strategien bei der Vermarktung der Bernsteinstraße vereinheitlichen kulturell, indem eine Alternative gegenüber der Kriegsvergangenheit und – was sehr wichtig ist – eine positive Narration geschaffen werden. Beispiele dazu sind historische von den Selbstverwaltungseinrichtungen organisierte Veranstaltungen in der Gemeinde Wieluń, eine Stadt in der Wojewodschaft Lodz, recht weit von Pommern entfernt. Doch ist dies ein gutes Beispiel dafür, wie die regionale Identität auf den Bernstein gestützt geschaffen wird. Zu beachten ist, dass historische Assoziationen mit der Bernsteinstraße eine recht weit entfernte Vergangenheit berühren. Und diese Vergangenheit wird überliefert und in ihrer Aussage verstärkt durch die Anknüpfung des Bernsteins an die Zeiten des Römischen Reiches und nicht zum Beispiel an die Bernsteinbearbeitung in der Neuzeit. Das Bild der Vergangenheit des Bernsteins findet seinen Ausdruck in einer kulturellen

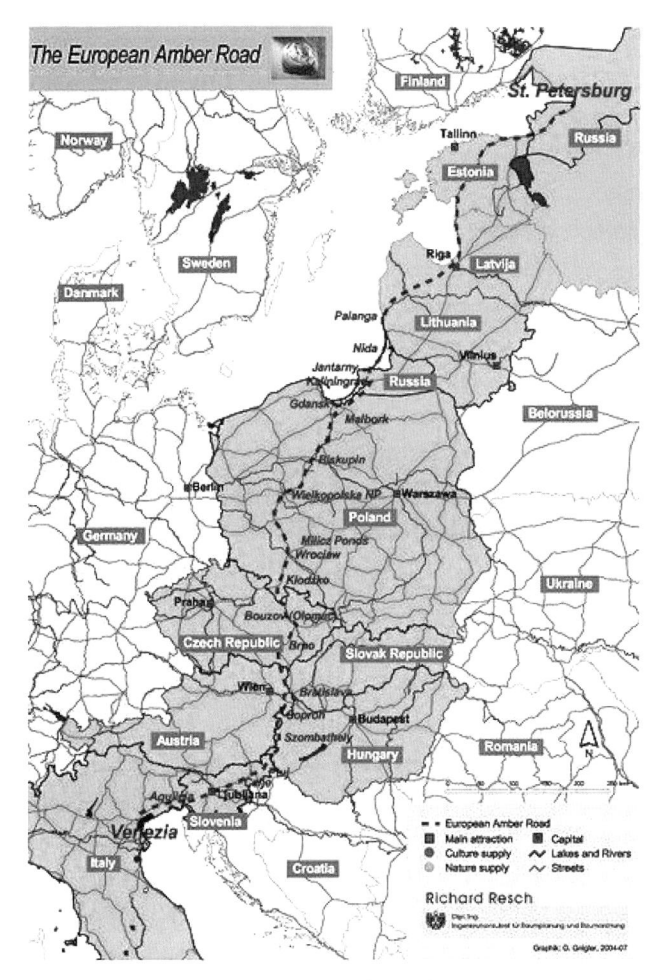

Abb. 6: Darstellung der Bernsteinstraße durch Europa von 2012. Foto: Marketingflyer der Tourismus-Weltorganisation mit Sitz in Madrid.

Hauptveranstaltung im Sommer. Es werden Wagenrennen und Kampfturniere gezeigt (Abb. 8). Verknüpfendes Element ist hier das Pferd als Haupttransportmittel und Kultur-Transfermittel (Abb. 9). Faktisch jedoch ist eine Überakzentuierung historischer Bezüge (bei Vermeidung der Darstellung ausschließlich der näheren Vergangenheit von Wieluń) zu bemerken, und zwar in Richtung Darstellung des überregionalen Kontextes, begründet in der Absicht, von den nach 1945 dominierenden Erzählungen über die Zerstörung der Stadt 1939 abzugehen (Abb. 10). Es ist also abzurücken von einer Narration, die sich nicht sehr für die Schaffung einer positiven Vermarktung der Stadt eignet. Es sei daran erinnert, dass in früheren Erzählungen, das heißt vor 1989, Bezüge zum Krieg vorherrschend waren. Die Stadt Wieluń eignete sich hervorragend für das nationale Martyrium in der

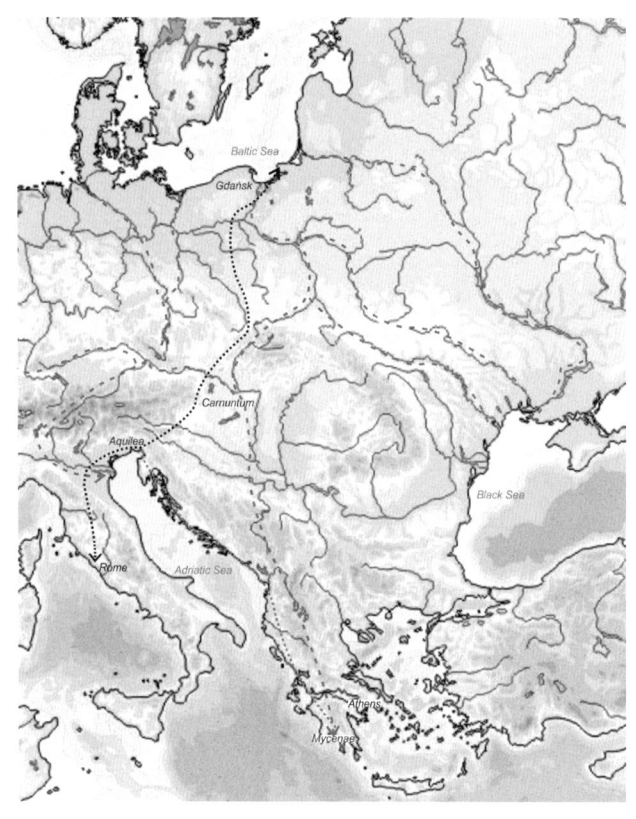

Abb. 7: Bernsteinstraßen, die von der Internationales Bernstein Vereinigung vermarktet werden. Foto: Michał Kosior.

Abb. 8: Jährliche Kampfturniere in Wieluń. Foto: Webseite des Wieluń Gemeinde.

polnischen Geschichte. Die Veränderungen in den letzten 20 Jahren spiegeln sich auch in den neuen gesellschaftlichen Organisationen wider. Im Jahr 2006 wurde eine solche Organisation – der Verein der Polnischen Bernsteinstraße – gegründet, dessen Ziel die »Vermarktung der Idee der polnischen Bernsteinstraße als Teil der europäischen« ist. Trotz des Bezugs zum Bernstein hat sich diese Organisation, wie wir auf den Webseiten der Stadt lesen, zum Ziel gesetzt »durch die Beförderung der Bernsteinstraße eine Verstärkung des positiven Images der Region Wieluń, der Wojewodschaft Lodz und Polens im internationalen Maßstab anzustreben«.[8]

Hier beruft man sich direkt auf den Bernstein, aber Bernstein wird in einem breiteren, gesamtpolnischen und weitergehend sogar europäischen Kontext gesehen. In diesem Moment ist der Bernstein nicht mehr Produkt der Region Pommern als Produkt aus den Gebieten des früheren Preußens. Der Bernstein wird zum Symbol einer neuen transnationalen Identität. Diese Interpretation bestätigt wohl auch die Bezeichnung des seit 2007 veranstalteten Festivals *Europäisches Bernsteinfest in Wieluń*. Somit tritt nicht nur die Herkunft dieses Rohstoffes in den Hintergrund, sondern auch dessen frühere nationalistische Interpretation als zum polnischen, deutschen oder preußischen Kontext gehörenden Steins.

Umso wichtiger ist es, über die heutige Rolle der Bernsteinstraße – als Stichwort für eine überregionale Integration – zu diskutieren, dabei aber auch auf die von ihr ausgehenden möglichen Probleme zu verweisen. Denn wenn dies auf eine Narration hinauslaufen würde, die in ihrem Wesen frühere Identitäten (z. B. das historisch ungemein bedeutsame deutsche Kulturgut) ins Abseits drängt oder gar zu eliminieren versucht, müsste in dieser neuen Konzeption eine ›vereuropäischte‹ Geschichtsverfälschung gesehen werden. Wenn die Bernsteinstraße aber als Strategie zur Erkennung des gemeinsamen Kulturerbes dient, für das alle interessierten Seiten Verantwortung übernehmen, könnte diese Version der Vergangenheitsdarstellung bei der Anerkennung der regionalen Spezifik durch Besucher sowie der Integration und Identifikation mit dieser regionalen Spezifik durch die Einwohner eine bedeutende gesellschaftliche und historische Rolle spielen.

Zusammenfassend ist bezüglich der Ursachen für eine Verstärkung der Konzeption der Bernsteinstraße durch die regionalen Organe zu unterstreichen, dass diese sich auf praktischem Niveau in den Diskurs über Europa

Abb. 9: Das Pferd als Haupttransportmittel und Kultur-Transfermittel. Foto: Webseite des Wieluń Gemeinde.

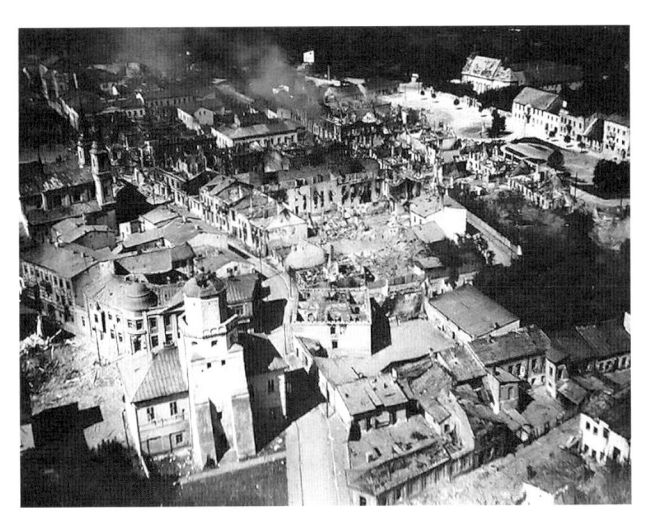

Abb. 10: Zerstörungen in Wieluń Stadtmitte nach der Bombardierung am 1. September 1939. Foto: Jacek Bielak.

und die kulturelle und territoriale Einheit Europas einfügen. Obwohl die Bernsteinstraße und ihre Konzeption immer noch in der Gestaltungsphase sind, so kann man bereits schon heute eine Schlussfolgerung treffen: Die sich um den Bernstein herausbildenden Narrationen erwachsen aus einem wirklichen Streben nach europäischer Integration der polnischen Gesellschaft. Sie sind Antwort auf den Bedarf und die gesellschaftlichen und politischen Erwartungen. Darüber hinaus tragen sie auch zur Schaffung einer neuen Identität der Bewohner bei. Folge dieses Prozesses ist, dass in den Gebieten des früheren Preußens das deutsche Kulturerbe in den Hintergrund tritt, obwohl dessen Geschichte kein Tabuthema mehr ist. Sie wurde eine von vielen Möglichkeiten der Erzählung über die Vergangenheit der nach 1945 an Polen gelangten Gebiete. Mit der Entstehung der Bernsteinstraße kommt es zu einer Festigung der lokalen Gesellschaft, die durch die Entdeckung des regionalen Rohstoffes und dessen wirtschaftlicher Nutzung in einem stärkeren Grad als noch vor einigen Jahrzehnten mit einer neuen Identität verbunden ist. Es gibt hier keine Rückbesinnung auf einen früheren Typ, zum Beispiel auf ein starkes Polen mit Zugang zum Meer oder auf das ewige Polentum von Königlich-Preußen. Diese Assoziationen sind verschwunden, denn sie erweisen sich als veraltet in den Augen einer neoliberalen Gesellschaft, die sich nach westlichen Modellen integriert. Die Bernsteinstraße ist in diesem neuen Bezug nicht nur ein touristisches Produkt, sondern eher ein starkes Element der nationalen, regionalen als auch der europäischen Identität der Einwohner.

National – Regional – European? The *Amber Route* Concept and its Role in Defining the Identity by Inhabitants of the Former Prussia after 1989

The paper issues the historic and anthropological determinations trying to argue whether the formation of the *Amber Route* influenced and still influences a connection of Polish inhabitants with the cultural environment of Prussia and their perception of regional identity. The aim is to analyse the cultural circumstances of *Amber Route* in a territory of Poland after 1945. Concerning regional identity, during the Communist era a liberal quest was officially not required and realisable for Polish people coming from former Prussia. The collapse of Communist regimes and the accompanying changes in Central and Eastern Europe, coincided with the development of tourism based on the concept of tourist routes and resulted in the revival of discussion on the identification and integration of the inhabitants with the previous cultural heritage (perspective from the inside). These difficulties are related to problems of cultural eradication met by the population (Polish, Lithuanian and Russian people) that came to former Prussia after 1945 and until nowadays rejected or refused to admit the presence of the German Cultural Heritage. On the other hand, new problems emerged in the context of self-presentation and the choice of strategies in public domains (marketing campaigns, tourism strategies etc.) where regional culture had to be reinterpreted. This culture consists of complicated histories and a variety of identities, that are still present within the southern Baltic countries – Hanseatic, German, Prussian (perspective from the outside).

Anmerkungen

1 Vgl. Arnold Bartetzky [u. a.] (Hg.): Neue Staaten – neue Bilder? Visuelle Kultur im Dienst staatlicher Selbstdarstellung in Zentral- und Osteuropa seit 1918, Köln/Weimar/Wien 2005.
2 Vgl. Robert Traba: Der Fotograf ist da! Die Bewohner des ehemaligen Ostpreußen auf alten Aufnahmen des Denkmalamtes Königsberg, Red. Jan Przypkowski, P. Jamski, Warszawa 2005.
3 Vgl. Peter Oliver Loew: Danzig und seine Vergangenheit 1793–1997. Die Geschichtskultur einer Stadt zwischen Deutschland und Polen (Einzelveröffentlichungen des DHI Warschau, 9), Osnabrück 2003.
4 Vgl. Franciszek Mamuszka: Rzemiosło artystyczne w Gdańsku. Aneks, in: Tytus Bieniecki [u. a.]: Gdańsk. Jego dzieje i kultura, Warszawa 1969, 469–489.
5 Vgl. Daniel Stone: Cepelia and Folk Arts Industries in Poland, 1949–1956, in: The Polish Review 54 (3). 2009, 287–310.
6 Dazu siehe auch die neueste Monographie von Piotr Korduba: Ludowość na sprzedaż, Warszawa 2013.
7 Siehe die Webseite URL: www.amber.org.pl (Letzter Zugriff: 30.10.2013.)
8 Siehe Webseite URL: http://www.bursztynowyszlak.wielun.pl/ (Letzter Zugriff: 25.10.2013)

SABINE AMBROSIUS · GABRIELE HORN

Chausseehäuser – Meilensteine

Eine noch verkannte Perlenkette, die Residenzen,
Städte und Dörfer miteinander verbindet

Einführung

Der Begriff der Kulturstraße ist heutzutage in aller Munde; was sich dahinter landläufig verbirgt, kann ganz unterschiedlichen Charakter haben. Es sind vor allem die Touristiker, die die Kulturstraßen zum Markenzeichen einer bestimmten Region erheben und damit die Attraktivität einzelner Kulturmerkmale in der öffentlichen Wahrnehmung erhöhen. Der Begriff der Kulturstraße hilft aber auch Denkmalpflegern, Kunsthistorikern, Literaturwissenschaftlern, Musikwissenschaftlern und vielen anderen, Themen und Objekte zusammenzufassen. Die einzelnen Elemente erhalten oft erst in ihrer Reihung einen verbindenden Sinn, oder erfahren im Zusammenhang mit anderen Kulturzeugnissen eine erhöhte Inwertsetzung. Sie bilden gewissermaßen die Glieder einer Kette (Schnur). Kulturstraßen, wie die *Straße der Romanik*, der Backsteingotik, des Barock, aber auch Kulturstraßen, die Erinnerungsorte von Persönlichkeiten der bildenden Kunst, Musik oder Literatur verbinden, werden über Gemeinsamkeiten erschlossen. Es entstehen nicht nur Kulturstraßen, sondern ganze Kulturräume, die neu definiert werden.

Anders verhält es sich bei Bauwerken, Themen oder Ideen, die einen nicht oder nicht vordergründig erkennbaren Zusammenhang haben, die eben nicht leicht zugänglich sind, deren »Schönheit« oder »Bedeutsamkeit« sich nicht jedem auf Anhieb erschließt. Das hier dargestellte Chausseewesen fällt in diese Kategorie, ihm gilt seit einem guten Jahrzehnt unser persönliches Interesse, unser Schwerpunkt ist dabei der Erhalt und die Vermittlung. Die Chausseen verbinden seit ihrer Anlage historisch wichtige und interessante Orte miteinander. Warum nicht auch den Weg dorthin zum Teil des Erlebnisses machen, um so die Wertschätzung für die Relikte des Chausseebaus in Preußen zu erhöhen? Die Seidenstraße und auch der Jakobsweg nach Santiago de Compostela, um zwei prominente Beispiele zu nennen, machen dies seit Jahrzehnten vor.

Chausseen gestern und heute

Chausseen – auch Kunststraßen genannt – sind befestigte Straßen, die als Kommunikationswege Orte und Menschen miteinander verbinden. Heute werden sie in unseren Breiten als völlig selbstverständlich hingenommen. Zu den bekannten antiken Beispielen gehören die befestigten römischen Militär- und Handelsstraßen wie z. B. die Via Appia (317 v. Chr.).[1]

Bis in die Neuzeit hinein bestimmten als Naturwege ausgebildete Verbindungen das Wegenetz, dazu gehörten auch die Handels- oder Postrouten. In der Reiseliteratur des 18. Jhs. wird immer wieder auf den schlechten Zustand der Verkehrswege verwiesen. Regenfälle machten die Strecken zuweilen unpassierbar. Die unterschiedlichen Achsbreiten der Fahrzeuge, die Eisenreifen der schmalen Holzräder hinterließen auf der unbefestigten Oberfläche tiefe Spuren, die es möglichst zu umfahren galt. Fahrbahnen konnten im Extremfall 40 bis 50 m breit sein. Für die Unterhaltung der Wege war der Grundherr / Anrainer verantwortlich, nicht immer kam er der Aufgabe im angemessenen Umfang nach.[2] Mit der Anpflanzung von Bäumen, die die Wege säumten, versuchte man, die Fahrbahn vorzugeben. Weitere Maßnahmen zur Regelung der Fahrbahnbreiten waren die Anlegung von Gräben oder Wällen. Das Fortkommen, das Reisen unter diesen Verhältnissen war mühsam und beschwerlich.[3]

Erst vor fast 350 Jahren begann der systematische Ausbau der Straßen erneut in Westeuropa. Frankreich war hier Vorreiter mit der Schaffung der Position des staatlichen *Commissaire des ponts et chaussées* (etwa: Beauftragter für Brücken- und Straßenbau), der 1669 unter Ludwig XIV. eingerichtet wurde. Seine Nachfolger entwickelten die Idee und Organisation weiter, so dass die heutige *École nationale des ponts et chaussées* bereits 1775 ihren Namen erhielt.[4]

Die Entwicklung des Chausseewesens in Preußen

Die preußischen Straßen gehörten im 18. Jh. zu den schlechtesten in Europa. Friedrich II. (1740–1786) setzte beim Ausbau der Infrastruktur wohl aus finanziellen Gründen seinen Schwerpunkt auf den Ausbau der Wasserwege, denn bei seinem Regierungsantritt 1740 hieß es noch, dass die Zugangswege im Umkreis von fünf Meilen um Berlin herum noch verbessert werden sollten.[5] Es gab zunächst weder ausreichend ausgebildete Straßenbauer noch eine entsprechende Verwaltung, auch Straßenbaumaterial (Steine) war knapp. Mit der Gründung des Oberbaudepartements gemäß den Instruktionen vom 17. April 1770 wurden die Bereiche Maschinen-, Domänen-, Wasser- und Straßenbau abgedeckt. Der Straßenbau bekam zunächst keinen eigenen Baurat zugeordnet. Erst im Jahre 1786 mit dem Regierungsantritt Friedrich Wilhelm II. (1786–1797) erkannte die preußische Bauverwaltung zunehmend den Vorteil, der sich durch den Ausbau des bestehenden Straßennetzes bot. Um die notwendigen Kenntnisse zum Straßenbau in anderen Staaten zu erhalten, entsandte der zuständige Minister Alexander Friedrich Georg Graf von der Schulenburg-Blumenberg (1745–1790) den Baudirektor Mathias Stegemann (1737–?) 1787 auf eine Rundreise durch die deutschen Lande und angrenzenden Staaten. Er legte nahezu 3.370 km (447 Preußische Meilen) zurück, um sich über die Entwicklung des Chausseebaus außerhalb Preußens zu informieren. Seine Recherchen und kritischen Auswertungen flossen in die Straßenbautechnik in Preußen ein.[6]

Am 2. Juni 1791 erhob Friedrich Wilhelm II. Hans Moritz Graf von Brühl (1746–1811) zum »Generalintendanten sämtlicher in meinen Landen inklusive Schlesien noch anzulegender Chausseen und der damit in Verbindung stehenden Brücken«.[7] Das neu gebildete General-Chausseebau-Departement war dem König direkt unterstellt und existierte bis 1809.[8] Es kam zu Erlässen, die das Chausseewesen regeln sollten, also Chausseetarife für unterschiedliche Nutzer ebenso wie das Strafmaß bei Beschädigung der neuen Straße. Der preußische Staat erhoffte sich in den Anfängen Überschüsse zu erzielen, die zum einen in die Instandsetzung und zum anderen in den Bau weiterer Kunststraßen[9] eingebracht werden sollten. Da aber die königliche Familie, ausländische Kuriere und Militär von den Gebühren befreit waren, stellten die ersten preußischen Chausseen einen finanziellen Verlust dar.[10] Baulich wurde die im August 1795 fertiggestellte erste Chaussee zwischen den Residenzstädten Berlin und Potsdam zum Vorbild für den ganzen Staat.[11]

Chausseegebühren (Wegezoll) waren an den Torhäusern der Städte zu entrichten. Ab 1796 wohnten die Straßenbeamten in den eigens eingerichteten Einnehmer- und Wärterhäusern. Damit erreichte man eine maximale Einnahme der Straßengebühren, da die Häuser rund um die Uhr besetzt waren. Nach circa jeder preußischen Meile (7,532485 km) errichtete man eine Barriere. Als Straßenbeamte wurden zumeist ausgediente Soldaten und Kriegsinvalide eingesetzt.

Mit dem Sieg Napoleons I. (1769–1821) in Jena und Auerstedt am 14. Oktober 1806 und der Besetzung Berlins am 24. Oktober 1806 kam der Chausseebau in Preußen aus strategischen Gründen vollständig zum Erliegen. Erst nach dem Sieg über die französischen Truppen 1815 fanden Bestandsaufnahmen der bestehenden Straßen statt und entsprechende konzeptionelle Planungen wurden vorgenommen, die zu einem starken Anwachsen der Anzahl der Staatschausseen führte.[12]

Um den Bau von Chausseen voranzutreiben und zu optimieren, erschien in drei Teilen »Die Anweisung zur Anlegung, Unterhaltung und Instandsetzung der Kunststraßen« (Teil 1: 1814, Teil 2 und 3: 1816),[13] erarbeitet von der Oberbaudeputation, um so endlich zu einer einheitlichen Ausführungsbestimmung zu gelangen. Der Anweisung von 1814/1816 waren noch keine Musterentwürfe für Chausseehäuser beigegeben. Dennoch muss es bereits zu dieser Zeit aus praktischen Erwägungen heraus Entwürfe für Prototypen gegeben haben. Bereits am 21. Dezember 1823 wurde eine überarbeitete

Fassung verabschiedet und 1824 gedruckt.[14] Am 6. April 1834 bestätigte die Oberbaudeputation eine dritte, stark überarbeitete Fassung der »Anweisung zum Bau und zur Unterhaltung von Kunststrassen«. Darin wurden neue Akzente gesetzt, zum ersten Mal waren Vorgaben für die Chausseehäuser mit Musterentwürfen enthalten.[15]

Eigentumsrechtliche und technische Aspekte des Chausseebaus in Preußen

Chausseen wurden so angelegt, dass sie einerseits die Orte auf der kürzesten Strecke miteinander verbanden, aber auch andererseits den unterschiedlichen Nutzern mit ihren Fuhrwerken oder auch zu Fuß die Möglichkeit gaben, einigermaßen bequem das anvisierte Ziel zu erreichen, das heißt: Alte Postrouten wurden zum Teil aufgegeben oder verändert, neue Wegeverbindungen mieden größere Anhöhen. Dabei wurde auch Land in Anspruch genommen, das nicht dem preußischen Staat gehörte. Die juristische Grundlage dafür war das allgemeine preußische Landrecht (ALR) von 1815, hier wurde die Entschädigung geregelt.[16] Ab 1815 ist davon auszugehen, dass alle Chausseen »chaussiert«, d. h. also gepflastert wurden.[17] Die Chausseen sollten möglichst aus einem gepflasterten Weg (Steinbahn mit Unterbau und Kies, der in die Deckschicht eingewalzt wurde) und einem Weg mit einer wassergebundenen Decke (Sommerweg) bestehen. Weiter kamen die Bankette mit den Alleebäumen und die Gräben auf beiden Seiten hinzu. Es gab allerdings auch Chausseen, die nur einen Steinweg (Steinbahn) hatten.[18] Es wurden Regeln zur Benutzung der Steinbahn und des Sommerweges erlassen, z. B., dass auf der rechten Seite gefahren und links überholt wird. Die Achsbreiten mit Felgen bei Schwerlastverkehr wurden festgesetzt.[19] Mit der Einführung des Autos wurden Steinbahn und Sommerweg vielfach zusammengefasst.

Chausseen als Mittel der Landesverschönerung

Die systematische Chaussierung war vordergründig militärischen und wirtschaftlichen Erfordernissen geschuldet und kein Gestaltungskonzept. Dennoch lassen sich Aspekte der Landesverschönerung schon früh nachweisen und zwar an allen drei der gestalterischen Elemente der Chaussee: Anpflanzung mit Alleebäumen, Chausseehäuser und Meilensteine zuweilen mit Sitzbänken. In Berliner Baumeisterkreisen wurde diese neue Bauaufgabe des Kunststraßenbaus erkannt, Architekten wie Friedrich Gilly (1772–1800),[20] Heinrich Carl Riedel (1756–1820)[21] und Carl Friedrich Schinkel (1781–1841)[22] entwarfen für diese Bauaufgabe. Die Straße verlief zumeist schnurgerade. Wenn es die Topographie zuließ, knickte die Straße an einer geeigneten Stelle ab; an diesen Stellen wurden die Chausseehäuser in der Außenkurve positioniert oder gerne auch auf Anhöhen am geraden Straßenverlauf. So waren sie gut und auf langer Strecke sichtbar und die Chausseewärter konnten ihrerseits lange vorher den Verkehr registrieren. Die Lage der Chausseehäuser war also einerseits funktionsbestimmt, zugleich führte die Chaussee auf ein Ziel zu und es entstand vielfach ein malerisches Landschaftsbild. Ein Grund für die Bepflanzung einer Chaussee war unter anderem auch das gefällige Aussehen der Straße, der Reisende sollte Vergnügen und Schatten haben; bei Nacht und bei Schnee hatten die Bäume eine Leitfunktion. Die Entscheidung, welche Art von Bäumen gepflanzt werden sollte, wird immer wieder anhand des Nutzens (Obstgehölze z. B. Birne und Apfel oder auch Nussbäume, Maulbeerbäume) und auch der damit verbundenen Pflege bzw. des Unterhalts diskutiert. Dennoch kam um 1800 der Modebaum, die italienische Pappel, der an mit Zypressen bestandene Straßen in Italien erinnerte, bis in das zweite Viertel des 19. Jhs. zum Einsatz.[23]

Wegeverbindungen von Ort zu Ort

Im Folgenden werden einige Chausseen der historischen Provinz Brandenburg (bis 1945) vorgestellt. An ausgewählten Beispielen kann aufgezeigt werden, wie die Idee der Verknüpfung – Chausseen als Kulturstraßen – möglich ist. Die Stadt Berlin war im preußischen Straßenbau immer das Zentrum, von dem die staatlichen Chausseen ausgingen. So war es bei frühen Chausseen das Ziel, von Berlin aus die Residenzen oder wichtigen Handelsstädte zu erschließen.[24] Es bietet sich also an, dass der Interessierte (Tourist) sich von Berlin aus oder nach Berlin hin die Chausseen und damit das Thema erschließt.

Abb. 1: Chausseehaus in Tasdorf an der Bundesstraße 1, um 1801. Foto: Sabine Ambrosius / Gabriele Horn, 1999.

Abb. 2: Chausseehaus in Platzfelde an der Bundesstraße 158, um 1817. Foto: Sabine Ambrosius / Gabriele Horn, 1999.

Magdeburg – Berlin – Woldenberg

Eine der wichtigsten Chausseen ist die Straße nach Westen von Berlin über Potsdam – Geltow – Werder – Götz – Jeserich – Brandenburg – Neubensdorf bis nach Magdeburg und nach Osten von Berlin über Tasdorf – Dahlwitz – Heidekrug – Neubodengrün – Müncheberg – Jahnsfelde – Küstrin (Kostrzyn nad Odrą) – Tamsel (Dąbroszyn) – Landsberg (Gorzów Wielkopolski) – Friedeberg (Strzelce Krajeńskie) bis nach Woldenberg (Dobiegniew). In der Bundesrepublik Deutschland ist es die Bundesstraße 1 und in der Republik Polen die Hauptverkehrsstraße 132 und in Verlängerung die Fernverkehrsstraße 22. Die heutige Bundesstraße 1 folgt in weiten Teilen einer alten Handelsstraße, die von Brügge in Belgien bis nach Nowgorod in Russland, führte. Der Straßenabschnitt zwischen Berlin und Potsdam ist die erste preußische Chaussee überhaupt, mit ihr wurde bereits ein Jahr nach dem Tod Friedrich II. begonnen.[25] Sie gehörte zu den meist befahrenen Routen auf Grund der Verbindung der beiden Residenzen Potsdam und Berlin. Sie wurde annähernd im Verlauf der älteren Postroute angelegt. Die weitere Strecke von Potsdam bis Brandenburg war bis 1805 fertiggestellt. Erst im Jahr 1824 war der Straßenbau zwischen Berlin und Magdeburg vollendet. Zwischen 1806 und 1815 war der Ausbau aufgrund der napoleonischen Kriege eingestellt. 1817 wurde der Abschnitt bis zur Provinzgrenze von Brandenburg fertiggestellt und 1823 die Strecke bis Magdeburg chaussiert.

Nach der Fertigstellung der Strecke von Berlin nach Potsdam erarbeitete Graf Brühl bald den Plan, eine Chaussee von Berlin nach Osten anzulegen. Das Projekt wurde schließlich ab 1800 umgesetzt. Der Bau der Kunststraße von Berlin nach Frankfurt/Oder war Ende des Jahres 1803 abgeschlossen. Für 13 preußische Meilen (ca. 101 km) entstanden Kosten in Höhe von 30.761 Talern, denen Einnahmen von 886 Talern jährlich gegenüberstanden. Ab 1818 wurde der Abzweig der Straße Berlin/Frankfurt ab Müncheberg bis Königsberg begonnen; die Chaussee war 1828 durchgängig befahrbar.

Zwei sehr unterschiedliche Chausseehäuser finden sich im östlichen Streckenverlauf, die hier beispielhaft gezeigt werden sollen. Zum einen ist es ein nicht normiertes frühes Chausseehaus in Tasdorf mit einem Bohlenbinderdach, das um 1801 errichtet wurde (Abb. 1). Bohlenbinderdächer waren in der Zeit um 1800 Mode. Zum anderen das Chausseehaus in Gennin (Jenin) um 1825, das typologisch die Musterentwürfe von 1834 vorwegnimmt (Farbabb. 15).[26]

Berlin – Königsberg/Neumark (Chonja)

Eine der ersten projektierten Chausseen war die heutige Bundesstraße 158, da sie die Residenzen Berlin und

Abb. 3: Chausseehaus in Schiffmühle an der Bundesstraße 158, um 1834. Foto: Sabine Ambrosius / Gabriele Horn, 1999.

Abb. 4: Chausseehaus in Nassenheide an der Bundesstraße 96, um 1860. Foto: Sabine Ambrosius / Gabriele Horn, 1999.

Freienwalde verbinden sollte. Sie verlief von Berlin über Blumberg – Werftpfuhl – Tiefensee – Steinbeck – Platzfelde – Freienwalde über Schiffmühle und Hohenwutzen an die Oder weiter nach Königsberg/Neumark (Chonja) und wurde in Etappen angelegt.

Die Residenz Schloss Freienwalde wurde 1798/99 von David Gilly als Sommerwitwensitz für die Königin Friederike Luise von Preußen (1751–1805), Gemahlin des 1797 verstorbenen Königs Friedrich Wilhelm II. (1744–1797), erbaut. Weiter ist das Schloss ein Erinnerungsort an seinen späteren Bewohner, den Politiker und Industriellen Walter Rathenau (1867–1922). Die Chaussierung der Strecke begann 1800 von Berlin aus zunächst bis Werneuchen. Die Arbeiten wurden zwischen 1806 und 1815 während der napoleonischen Kriege mit einem kurzen Zwischenspiel 1811 eingestellt, so dass die Chaussee erst 1820 fertig wurde. Die Weiterführung an die Oder erfolgte 1834, jenseits der Oder bis Königsberg/Neumark (Chonja) und Schönfliess (Trzcińsko Zdrój) erst um 1853. Drei Chausseehäuser an dieser Strecke sollen hier besondere Erwähnung finden, es sind zum einen jene in Blumberg, um 1802, (Farbabb. 16) und Platzfelde, 1817, (Abb. 2) wie jenes in Schiffmühle, um 1834 (Abb. 3).

An diesen drei exemplarisch ausgewählten Chausseehäusern ist deutlich zu erkennen, dass um 1800 in Blumberg die Bauaufgabe noch individuell gelöst wird. Das Chausseehaus in Platzfelde liegt an dem 1820 fertig gestellten Streckenabschnitt und ist eines von vier seriell errichteten Häusern. Das Chausseehaus in Schiffmühle von 1834 nimmt mit Modifikationen einen Musterentwurf der zeitgleichen Anweisungen[27] auf. Auch eine Zeichnung Karl Friedrich Schinkels im Kupferstichkabinett der Staatlichen Museen zu Berlin[28] ist hier Vorbild, das dann auch für das Titelkupfer der Anweisungen von 1834 verwandt wurde.[29]

Leipzig – Berlin – Stettin (Szczecin)

Eine weitere wichtige Straße ist die Bundesstraße 2, zum einen von Berlin über Spechthausen – Angermünde – Dobberzin – Schwedt – Friedrichsthal – Gartz nach Stettin (Szczecin) nach Nord-Osten und in die andere Richtung nach Süd-Westen von Berlin über Potsdam – Behlitz – Treuenbrietzen – Diedersdorf – Kropstedt – Wittenberg – Eutzsch – Bad Düben – Halle nach Leipzig. Zunächst wurde der Abschnitt nach Süd-Westen gebaut. Die Anlegung der Strecke bis Michendorf erfolgte bis 1803. Zwischen 1806–1815 waren die Arbeiten wieder unterbrochen. Bis 1817 erfolgte der Ausbau der Strecke bis Treuenbrietzen, im Jahr darauf 1818 wurde die Strecke bis zur Elbe in Wittenberg fertiggestellt. Ein ganz frühes Chausseehaus findet sich in Potsdam an der Leipzigerstraße und ist um 1803 datiert (Farbabb. 17).

An allen Bundesstraßen in der ehemaligen Provinz Brandenburg finden sich Chausseehäuser in unterschiedlicher Zahl und Gestaltung. Zwei Beispiele sollen hier noch gezeigt werden, um die Vielfalt vorzustellen und einen Anreiz zu geben, sich auf die Chausseen zu begeben und nicht nur Alleen und Meilensteine zu entdecken, sondern auch die Einnehmerhäuser, errichtet bis zur Abschaffung der zentralen Chausseegelderhebung zum 31. Dezember 1874 entlang der staatlichen Chausseen.

Das Chausseehaus in Potsdam-Bornim, um 1845 an der Bundesstraße 273 (Farbabb. 18) und das Chausseehaus Nassenheide, nach Fertigstellung der Straße 1839, um 1860, an der Bundesstraße 96 (Abb. 4) sind hier zwei Beispiele, die zeigen, dass der Ziegelbau vielfach die verputzten Häuser ablöste.

Fazit

Die Chaussee als Kulturstraße mit all ihren Elementen verbindet interessante und vielfach auch herausragende Orte und Landschaften miteinander, sie spricht im Rahmen der Kulturvermittlung Menschen mit unterschiedlichen Interessensschwerpunkten an. Eine Ausstellung oder ein Reiseführer sind hier weniger geeignet, ein breites Publikum zu erreichen. Moderne Informationssysteme und Apps für iPhone und Smartphone, die die Lokalisierung mittels GPS ganz leicht machen, sind eine bessere Möglichkeit, viele Menschen bequem anzusprechen und für das Thema zu sensibilisieren. So kann die Wertschätzung für die Relikte des Chausseewesens erhöht werden, was dazu beiträgt, dass auch kommende Generationen sie erhalten wollen. Hierzu braucht es den Willen und vor allem auch die technischen und finanziellen Ressourcen oder Partner, z. B. beim Straßenbau in den Landesbetrieben und -verwaltungen. Zwei Denkmalpflegerinnen, die sich enthusiastisch in ihrer Freizeit dem Thema widmen, sind bei weitem nicht genug. Partner müssen gesucht und gefunden werden, die sich dem Thema verschreiben wollen. Die Straße kann dann ein identitätsstiftendes Bindeglied einer Region oder mehrerer Regionen bei der Kulturvermittlung werden.

Toll-houses – Cornerstones. An unrecognized line connecting villages, towns and residences

Towards the end of the 18th century the Prussian government initiated the construction of mounted and paved avenues within its territory. This idea transformed itself into the systematic development of the Prussian road system around 1814/15 and ended in 1871 when the toll system was abolished. This system of state-avenues first connected residences and mansions, then villages and cities. The construction of avenues was a sign of progress and also an instrument to beautify the landscape. Several remains of buildings and constructions of the avenues with its corner-stones, alleys, and toll-houses are preserved in the territory of former Prussia. By chance these old ›connections‹ and their remains between places can be identified as cultural street. It might possibly restore the identity of a region in modern cultural education? This question shall be examined from the views of art-history and governmental monument preservation.

Anmerkungen

1 Vgl. Le strade dell'Italia romana, hg. v. Touring Club Italiano (Touring editore Milano), Milano 2004.
2 Vgl. Koppes / Steinke / Gunther Weinhold: Das Wegenetz Berlin 1806, in: Der Bär von Berlin. Jahrbuch des Vereins für die Geschichte Berlin 36, 1987, 169–195, 173–174.
3 Vgl. Sabine Ambrosius / Gabriele Horn: Die Verschönerung der Landschaft durch den Chausseebau in Preußen, in: Sylvia Butenschön (Hg.): Landesentwicklung und Gartenkultur. Gartenkunst und Gartenbau als Themen der Aufklärung, (Arbeitshefte des Instituts für Stadt- und Regionalplanung der Technischen Universität Berlin, 78) Berlin 2014, 127–147; dies.: Architectura Minora – Chausseehäuser in der Neumark (Nowa Marchia), in: Berichte und Forschungen. Jahrbuch des Bundesinstituts für ostdeutsche Kultur und Geschichte der Deutschen im östlichen Europa, hg. v. Bundesinstitut für Kultur und Geschichte der Deutschen im östlichen Europa (BKGE) 19, 2011, 125–140; dies.: Chausseehäuser für Einnehmer und Wegewärter der preußischen Kunststraßen im heutigen Brandenburg, in: Brandenburgische Denkmalpflege 16 (1), 2007, 43–61; dies.: Chausseehäuser im Land Brandenburg. Ausstellungsleporellos zu dem Ausstellungsprojekt der Jugendbauhütte Brandenburg/Berlin vom 08.09.2006–22.10.2006 im Nedlitzer Fährgut, Potsdam-Neu Fahrland im Rahmen von Kulturland Brandenburg 2006 Baukultur. Weiterführende Literatur: Chausseen, Alleen, Meilensteine, Chausseehäuser. Zeitzeugen der wirtschaftlichen und kulturellen Entwicklung Brandenburgs und Berlins, hg. v. Landesbetrieb Straßenwesen Brandenburg. Öf-

fentlichkeitsarbeit, Berlin 2008; Herbert Liman: Preußischer Chausseebau. Meilensteine in Berlin (Berliner Hefte, 5) Berlin 1993; ders.: Zur Geschichte der Straßenbegrünung in Berlin und Brandenburg. Chausseehäuser in Berlin und Brandenburg. Versuch einer Typologie der preußischen Meilensteine, o. O. 2001, unveröff.; ders.: Die brandenburgischen Alleen und ihre Bäume, in: Chausseen, Alleen, Meilensteine, Chausseehäuser. Zeitzeugen der wirtschaftlichen und kulturellen Entwicklung Brandenburgs und Berlins, hg. v. Landesbetrieb Straßenwesen Brandenburg, Hoppegarten 2008, 75–77; Edith Pätzel: Die räumliche Entwicklung des Straßennetzes seit dem Beginn des Chausseebaus. Eine historisch-geographische Betrachtung, Diss. Potsdam 1972. Pätzel arbeitet aufgrund intensiven Aktenstudiums das Chausseewesen ab ca. 1830 auf. Rudi Gader: Die Entwicklung des Straßenbaues in Preußen 1815–1875 unter besonderer Berücksichtigung des Aktienstraßenbaues, Diss. Berlin 1966. Zu Meilensteinen in Brandenburg: Bärbel Arnold / Christoph Obermeier: Preußische Meilensteine in Brandenburg. Eine Voruntersuchung am Beispiel der Chaussee Berlin-Hamburg, in: Brandenburgische Denkmalpflege 5 (1), 1996, 17–28; Olaf Grell / Herbert Liman: Preußische Meilensteine im Land Brandenburg entlang der europäischen West-Ost-Fernstraßen, insbesondere der Bundesstraße 1, in: Brandenburgische Denkmalpflege 12 (1), 2003, 18–32. Forschungsgruppe Meilensteine e. V. (Forschungsgruppe Preußische, Mecklenburgische und Anhaltinische Meilensteine e. V.), URL http://www.forschungsgruppe-meilensteine.de (Zugriff: 15.01.2014); Freilichtmuseum: Park der Wegweiser und Meilensteine der Zivilisation in Witnica, Polen (Vietz in der Neumark) initiiert von Zbigniew Czarnuch. Zum Chausseebauwesen: Oliver Sander: Unternehmen für die Ewigkeit. Chausseebau in Preußen, insbesondere im Preußischen Herzogtum Magdeburg um 1800, in: Jahrbuch für Mittel- und Ostdeutschlands Landesgeschichte. Zeitschrift für vergleichende und preußische Landesgeschichte 46, 2000, 206–231. Sander stellt hier die Anfänge des Chausseebaus in Preußens aufgrund seiner guten Quellenkenntnis anschaulich dar, dabei geht er unter anderem auch auf Meilensteine und Chausseehäuser ein. Zu Alleen: Clemens Alexander Wimmer: Alleen in Brandenburg. Der Große Kurfürst erfand die Straßenbepflanzung, in: Gartenkultur in Brandenburg, hg. v. Brandenburgisches Ministerium für Landwirtschaft, Umweltschutz und Raumordnung, Potsdam 2000, 112–119; ders.: Landesverschönerung in Potsdam. Lenné und Hermann Sello setzten Maßstäbe für das Land, in: ebd., 119–125; ders.: Alleen – Begriffsbestimmung, Entwicklung, Typen, Baumarten, in: Ingo Lehmann / Michael Rohde (Hg.): Alleen in Deutschland. Bedeutung, Pflege, Entwicklung, Leipzig 2006, 14–23.

4 Vgl. URL: *École des ponts et chaussées:* http://fr.wikipedia.org/wiki/École_des_Ponts_ParisTech (Zugriff: 03.03.2014).
5 Vgl. Koppes / Steinke / Weinhold 1987 (wie Anm. 2), 169–195, 174.
6 Vgl. Sander 2000 (wie Anm. 3), 216–217; Kat. Mathematisches Calcul und Sinn für Ästhetik. Die preußische Bauverwaltung 1770–1848, hg. v. Geheimes Staatsarchiv Preußischer Kulturbesitz in Zusammenarbeit mit der Kunstbibliothek der staatlichen Museen zu Berlin Preußischer Kulturbesitz, Konzeption und Ausführung Reinhart Strecke (u. a.), Berlin 2000, 133–137. Seit Berthold Schulze: Das preußische General-Chausseebau-Departement, in: Forschungen zur brandenburgisch und preußischen Geschichte (FBPG) 47, 1935, 154–161, ist diese Reise archivalisch erschlossen. GStA PK, II. HA Gen. Dir. Gen. Dept. Titel XXXIV Bd. 1, 3, 5 (unvollständig). GStA PK, II. HA Gen. Dir. Gen. Dept. Tit. XXXIV, Nr. 1 Bd. 1, enthält Blatt 7 und Blatt 8: Barrierehaus als Fachwerkhaus mit verschlepptem Vordach zum Regenschutz für den Einnehmer.
7 Sander 2000 (wie Anm. 3), 209–212. Schulze 1935 (wie Anm. 6), 157.
8 Vgl. Sander 2000 (wie Anm. 3), 205–231.
9 Zum Begriff: Kunststrasze, f. künstlich hergerichtete strasze, chaussée, zit. nach Deutsches Wörterbuch von Jacob Grimm und Wilhelm Grimm, Berlin-Brandenburgische Akademie der Wissenschaften, Akademie der Wissenschaften zu Göttingen – URL: http://www.dwb.uni-trier.de (Zugriff: 25.02.2014).
10 Im »Edict über die Verbindlichkeiten der Unterthanen in der Churmark, in Ansehung des Chausseebaues, wie sie deshalb zu entschädigen sind und was sonst haben beobachtet werden soll« vom 18. April 1792 erließ der König erstmalig Festlegungen zur Anlage der neuen Straße von Berlin nach Potsdam. Das Edikt regelte vor allem Fragen der Grundentschädigung. BLHA Preußen Brandenburg Rep. 2 A Reg. Potsdam I V Nr. 492 1814–1834.
11 Vgl. Schulze 1935 (wie Anm. 6), 159.
12 Vgl. Hermann Liman / Iris Kralack / Edgar Gaffry: Straßenbau in Brandenburg, in: Chausseen, Alleen, Meilensteine, Chausseehäuser 2008 (wie Anm. 3), 29–44, hier 32.
13 Anweisung zur Anlegung, Unterhaltung und Instandsetzung der Kunststraßen. Erster Theil, welcher die Anlegung der Kunststraßen betrifft, Berlin 1814; Anweisungen zur Anlegung, Unterhaltung und Instandsetzung der Kunststraßen. Zweyter Theil, welcher die Unterhaltung und die Instandsetzung der Kunststraßen betrifft, Berlin 1816: BLHA, Preußen Brandenburg Rep. 2 A Reg. Potsdam Abt. I V Band 447 1814–1834.
14 Anweisung zur Anlegung, Unterhaltung und Instandsetzung der Kunststraßen. In drei Theilen, Berlin 1824: BLHA, Preußen Brandenburg Rep. 2 A Reg. Potsdam Abt. I V Band 492 1814–1834.
15 Anweisungen zum Bau und zur Unterhaltung der Kunststraßen. Berlin 1834: GStA PK, I. HA Rep. 89 Geheimes Zivilkabinett, jüngere Periode, Nr. 28747.
16 §§ 18 und 19 Allgemeines Landrecht ALR (Teil II, Titel 15) zitiert nach Patrick Fengler: Motive für den preußischen Chausseebau in den Jahren 1815–1835. Hauptseminararbeit Universität Magdeburg, Grin Dokument N. V26845, 2003, 5; Koppes / Steinke / Weinhold 1987 (wie Anm. 2), 169–195.
17 Vgl. Felix Merk: Historische Straßenbeläge. Eine denkmalpflegerische Aufgabe, in: Brandenburgische Denkmalpflege 8 (2), 1999, 64–76.
18 Vgl. Arnold / Obermeier 1996 (wie Anm. 3), 18, Abbildung 17; Liman 1993 (wie Anm. 3), 12, Abbildung o. Nr. Schema des Straßenquerschnittes der ersten preußischen Chausseen mit Sommerweg.
19 Vgl. Wolfgang Scharfe (Bearb.): Chausseen 1792–1875 (Historischer Handatlas von Brandenburg und Berlin, Lfg. 42), Berlin 1973, Karte.
20 Vgl. Vom Schönen zum Nützlichen. David Gilly (1748–1808), hg. v. Fachhochschule Potsdam und Stiftung Preußische Schlösser und Gärten Berlin-Brandenburg, Stahnsdorf 1998, Abb. III 23.
21 Vgl. Ambrosius / Horn 2007 (wie Anm. 3), 47, Abbildung 43; Riedel H[einrich] C[arl]: Sammlung architektonische äußerer und innerer Verzierungen für angehende Baumeister und Liebhaber der Baukunst. Berlin 1804–06.
22 Vgl. Ambrosius / Horn 2007 (wie Anm. 3), 44, Abbildung 41, 41a, 44.
23 Vgl. GStA PK II. HA Generaldirektion, Abt. 15 Magdeburg, Tit. 192 Nr. 43, IV, 2, 5.
24 Vgl. Herbert Liman: Ausgangspunkt der Fernverkehrsstraßen – Messungen, in: Vermessung Brandenburg – Mitteilungen, hg. v. Ministerium des Innern Land Brandenburg 15 (1), 2010, 151–153, hier 151.
25 Vgl. Koppes / Steinke / Weinhold 1987 (wie Anm. 2), 181.
26 Vgl. Ambrosius / Horn 2007 (wie Anm. 3), 49, Abbildung 46.

27 Vgl. Ambrosius / Horn 2011 (wie Anm. 3), 134, Abb. 5.
28 Kupferstichkabinett, SMB SPK, SM 45c 92. Abgebildet in: Ambrosius / Horn 2007 (wie Anm. 3), 40, 41, 41a, 44, 45.
29 Vgl. Titelkupfer der Anweisungen von 1834 (wie Anm. 15), wie es annähernd in Schiffmühle bei Bad Freienwalde noch heute steht. Kupferstichkabinett, SMB SPK, SM 45c 92. Abgebildet in: Ambrosius / Horn 2007 (wie Anm. 3) 46, Abb. 42. Eine exakte Umsetzung der Kubatur erfolgte beim Chausseehaus in Eutzsch an der Straße von Wittenberg nach Halle in Verlängerung der Bundesstraße 2 in Brandenburg, abgebildet im Denkmalverzeichnis Sachsen-Anhalt, Bd. 11, Landkreis Wittenberg, Altkreise Wittenberg und Gräfenhainichen, Petersberg 2002, 72.

EVA STURM

Die Vielstimmigkeit Mitteleuropas als touristische Ressource?

Mit *Mitteleuropäischen Literaturwegen* durch einen ›nicht gezähmten Raum‹ – Eine Projektidee

Prolog

»Es prüfen vier Amerikanerinnen,
ob Cook auch recht hat und hier Bäume stehn.
Paris von außen und Paris von innen:
sie sehen nichts und müssen alles sehn.«[1]

Kurt Tucholsky hat in seinem Gedicht *Parc Monceau* aus dem Jahr 1924 ein Phänomen pointiert benannt, das in der Tourismusforschung als »konstruierte Authentizität« bezeichnet wird, als jene Authentizität des Ortes also, die durch Reiseführer und touristische Dienstleister imaginiert wird und die den Erwartungshorizont Reisender entscheidend prägt.[2] Die Zeile »sie sehen nichts und müssen alles sehn«, mit der Tucholsky diese Strophe abschließt, entlarvt zugleich den Erkenntnisgewinn der Bildungsreise als Trugschluss, da sich Sehen zumeist in einer Verifizierung des Gelesenen und Gehörten erschöpft. Konzipiert wurde das erkenntnisgeleitete Reisen jedoch einmal anders, wie ein Blick ins ausgehende 16. Jh. zeigt. Als die englischen Adligen zu jener Zeit begannen, ihre Söhne auf den – freilich noch sehr beschwerlichen – Weg durch Europa zu schicken, damit diese in italienischen Universitätsstädten wie Florenz, Rom oder Bologna studieren konnten, wurden Bildung und Erziehung zu den neuen Insignien des Reisens. Nicht mehr aus wirtschaftlichen oder religiösen Gründen wagte man eine Reise durch Europa, wie es im Mittelalter vornehmlich der Fall war, sondern um berühmte Gelehrte zu hören, bedeutende Werke der Baukunst zu sehen oder fremde Sprachen zu lernen.[3] Seit dem Ende des 18. Jhs. wurde die europäische Bildungsreise – die Grand Tour – unterdessen eine Sache der Bürger, die von der beginnenden Industrialisierung und Technisierung der Lebenswelt partizipierten und das Reisen zunehmend als Zerstreuung nutzten. Was einmal als beschwerliche, dem Entdecken und der empirischen Forschung gewidmete Reise begann, ist heute – Anfang des 21. Jhs. – einer Dienstleistungsökonomie unterworfen, der man sich nur schwer entziehen kann. So ist kaum ein Ort der Welt mehr unerreichbar und kaum eine Landschaft unbereist. Auch der Kulturtourismus,[4] jenes exklusive Reisesegment, ist im Zeitalter der Professionalisierung und Erlebnisorientierung des Alltags diesen Mechanismen unterworfen.

Kulturell bedeutsame Orte sind indes touristisch oftmals nur relevant aufgrund des Wissens, das mit ihnen verknüpft ist.[5] Aus diesem Grund werden Orte wie Städte oder Dörfer, auch Kirchen, Schlösser, Wohnhäuser oder Museen mit touristischen Narrativen ergänzt, die die intellektuellen Bedürfnisse der Reisenden wecken, um sie dann – freilich ökonomisch perspektiviert – zu stillen. Aufgrund einer unüberschaubaren Zahl an kulturellen Attraktionen herrscht im Bereich des Kulturtourismus eine »ausgeprägte […] Hierarchie [von] Sehenswürdigkeiten«,[6] die wiederum mit einprägsamen touristischen Narrativen gesichert wird. Wissensinhalte müssen sich wirtschaftlichen Prämissen unterwerfen, Komplexität wird reduziert, Vermittlungsstrategien technisiert.[7] Eine brüchige Geschichtskultur, Mehrfachcodierungen oder ein ›negatives Gedächtnis‹[8] werden in touristischen Narrativen selten verhandelt, da diese Phänomene die Lesbarkeit der touristischen Orte und somit deren rasche Konsumierbarkeit stören.

Wie aber muss ein touristisches Projekt gestaltet sein, wenn das Wissen, das sich mit den bereisten Räumen verknüpft, höchst vielfältig und dispers ist? Muss für jede Lesart (der Geschichte oder einer Landschaft) eine neue Destination entworfen werden oder ist es möglich, gerade die Komplexität des Wissens als Ressource und deren Durchdringung als Impuls des Reisens zu nutzen?

Im folgenden Aufsatz skizziere ich die theoretischen Eckpunkte eines von mir geplanten Projekts mit dem Titel *Mitteleuropäische Literaturwege*,[9] das die Verknüpfung von mehrfachcodierten Gedenkorten als Möglichkeit betrachtet, den dispersen Raum Mitteleuropa als touristische Destination zu entwerfen. Literatur wird in diesem Zusammenhang als Medium wahrgenommen, das je unterschiedliche, mitunter widerstreitende gesellschaftliche Erinnerungen an Orte zu knüpfen vermag.[10] Diese unterschiedlichen Codierungen der Orte ergeben eine vielschichtige Textur der Landschaft, die mit mitteleuropäischen Literaturwegen aufgeschlüsselt und zukünftig auch bereist werden könnte. Die praktische Umsetzung des touristischen Konzepts wird in diesem Aufsatz allerdings keine Rolle spielen, lediglich die theoretischen Vorüberlegungen und das Beispiel einer niederschlesischen Landschaftstextur werden hier skizziert.

Ein ›nicht gezähmter Raum‹: Mitteleuropa und seine Vorstellungen

»Wenn ich mir für Mitteleuropa ein Wappen ausdenken müßte, würde ich in die eine Hälfte Halbdunkel und in die andere Leere tun. Das erste als Zeichen der Unselbstverständlichkeit, das zweite als Zeichen für den nach wie vor nicht gezähmten Raum. Ein schönes Wappen mit etwas undeutlichen Konturen, die man mit seiner Vorstellung ausfüllen kann. Oder mit Träumen.«[11]

So beschreibt der polnische Autor Andrzej Stasiuk den Raum Mitteleuropa – unselbstverständlich, undeutlich und als Exerzierraum für eigene Vorstellungen und Träume. Das ist Mitteleuropa heute, zumindest aus polnischer Sicht, was ja zugleich einen Anspruch an das Projekt ›Mitteleuropa‹ formuliert: die Forderung nämlich, die europäische Tradition neu zu erfinden und Osteuropa wieder als Mitteleuropa gelten zu lassen.[12] Historisch gesehen, lässt sich dieses Mitteleuropa hingegen auch kennzeichnen als jener Raum, »in dem für viele Jahrhunderte das Deutsche […] die Sprache [der] bürgerlichen Schicht […] und damit […] die Kultursprache«[13] – die Sprache also der Literatur, der Publizistik und der Wissenschaft – war. Doch existierten in diesem Raum schon immer auch andere Sprachen – Jiddisch, Polnisch, Sorbisch, Litauisch, Tschechisch, Hebräisch, Rumänisch, Ungarisch –, die vom Deutschen nicht nur dominiert wurden, sondern mit diesem auch in einem produktiven Sprachverhältnis standen.

Die Frage, was mit der Bezeichnung Mitteleuropa gemeint ist, hat jedoch nicht nur Stasiuk zu beantworten versucht, sondern zahlreiche Schriftsteller, Wissenschaftler und Politiker vor ihm. Mitteleuropa auf seine wirtschaftlichen und sozialen Gemeinsamkeiten zu reduzieren oder als »politische Willenseinheit«[14] zu definieren, würde die Schattenseiten dieser Willenseinheit zunächst einmal ausblenden, weil der Wille weder die Komplexität Mitteleuropas benennt, noch das Scheitern mit einschließt. Schon der tschechische Historiker František Palacký markierte mit seiner Idee eines überregionalen, föderalistischen Vielvölkerstaates auch die Schwierigkeiten und Widersprüche, die der politische Zusammenschluss unterschiedlicher, aber gleichberechtigter nationaler wie kultureller Identitäten zwangsläufig mit sich bringt.[15] Von den Künstlern Mitteleuropas wurden und werden diese Spannungen und Widersprüche zwar durchaus mit bedacht, es dominiert jedoch die Idee von Mitteleuropa als utopischer Raum, der »Kultur oder […] Schicksal [ist]. Seine Grenzen sind imaginär und müssen in jeder neuen geschichtlichen Situation neu gezogen werden.«[16] Angesichts dieser fehlenden geographischen Verortbarkeit, wie sie Milan Kundera vorschlägt, nennt György Konrád Mitteleuropa eine »kulturpolitische Antihypothese«, eine »Haltung, eine Weltanschauung, eine ästhetische Sensibilität für das Komplizierte, die Mehrsprachigkeit der Anschauungsweisen.«[17]

Die Liste der Deutungen ließe sich weiter fortführen. Was diese polnischen, tschechischen und ungarischen Formulierungen gemein haben, ist die Auffassung von Mitteleuropa als kulturalisierter Raum. Ein geographischer Raum, der in Europa liegt, heute Länder wie Polen, Tschechien, Deutschland, dann auch Ungarn, Slowenien, Österreich und einige mehr mit einschließt, wird zu einem Kulturraum, weil Deutungseliten ihn als einen solchen entworfen haben. Mitteleuropa ist also vor allem ein anthropologischer Ort,[18] der im Prozess einer Sinnzuschreibung geschaffen wurde. Diese Sinnzuschreibung oder Sinnproduktion kann man – ganz allgemein – als »Vertextung«[19] gemeinsamer Erfahrungen und Traditionen bezeichnen. Denn nur so – in eine Form gegossen – wird diese Sinnproduktion wahrnehmbar und somit auch erinnerbar. Die Vertextung oder auch Medialisierung dieser unterschiedlichen Erfahrungen und Traditionen geschieht in einem offenen Kommunikationsprozess, den wir Kultur nennen. Dabei sind Kultur und, was eng mit Kultur zusammenhängt, Erinnerung nie monolithisch. Denn beteiligt sind an diesem Prozess ganz unterschiedliche Akteure, die mit Hilfe unterschiedlicher Medien – wie etwa mit literarischen, bürokratischen, publizistischen Texten, Bild- und Tondokumenten, Denkmälern oder anderen Sinnmarkierungen im öffentlichen Raum – einer Region einen Sinnraum beigeben. Im Laufe des 19. Jahrhunderts wurde dieser mitteleuropäische Sinnraum strategisch in verschiedene – scheinbar homogene – Kulturräume ausdifferenziert, die sich mit den Territorien decken sollten, welche die jeweiligen, sich etablierenden Nationalstaaten umfassten. Das betrifft Preußen, ab 1871 das Deutsche Reich, das Kaisertum Österreich, ab 1867 Österreich-Ungarn, und ebenso die polnischen und tschechischen Nationalbestrebungen, von denen – freilich nur als prominenteste Beispiele – Palackýs politische Texte zeugen. Erst diese »Kulturraumformungen«,[20] die dann in der Exklusion fremder Kulturen mündete, bereitete eine »Konfliktgemeinschaft«[21] vor, die das Verhältnis der Staaten gerade zu ihren ethnischen Minderheiten seit Mitte des 19. Jhs. maßgeblich kennzeichnete.

Sinnraum Mitteleuropa: Literarische Erinnerungsorte

Das geplante Projekt *Mitteleuropäische Literaturwege*, das verschiedene Kulturraumformungen aufzeigen will, beschränkt sich – in seiner geographischen Ausdehnung – zunächst einmal auf Sachsen, Böhmen und Schlesien.[22] Diese Regionen gehören zum – wie auch immer definierten – Konzept Mitteleuropa, machen Mitteleuropa jedoch nicht aus. Sie sind aber ebenso geprägt von der Vielstimmigkeit der Sprachen und der Vielfalt der Identitäten, Traditionen und Konfessionen, die der diffizilen »nationale[n] Gemengelage«[23] in diesen Gebieten entspringen.

Vielfalt und Vielstimmigkeit führen zwangsläufig zu intensiven Identitätsverhandlungen,[24] die wiederum von jeder Gemeinschaft und von jeder Generation, die in den Regionen Sachsen, Böhmen und Schlesien leben, höchst unterschiedlich instrumentalisiert, politisiert und schließlich auch erinnert werden. Die kollektive Erinnerung von Gemeinschaften – und damit sind nicht ausschließlich staatliche Gemeinschaften gemeint – wird, um dauerhaft abrufbar zu sein, vor allem in immateriellen wie materiellen Orten sedimentiert, in sogenannten Erinnerungsorten – Topoi. Immaterielle Orte, wie sie Pierre Nora 1984 in seinem Großkonzept entwarf, können Rituale, Feste, Personen, Texte oder Lieder sein, materielle Orte wiederum sind »ortsfixiert«.[25]

An jeden beliebigen materiellen Ort kann sich – persönliche oder kollektive – Erinnerung knüpfen. Doch erst, wenn Orte mit symbolischem Inventar versehen werden, wird der Ort zum bedeutsamen Ort, zum Erinnerungsort für eine Gruppe von Individuen und so auch zum Wissensspeicher. Literatur ist eine der wichtigsten Strategien, um einen Ort mit Sinn zu überformen. Das Projekt *Mitteleuropäische Literaturwege* könnte genau jene Orte – zunächst im Raum Sachsen, Böhmen und Schlesien – zu einem touristischen Raum zusammenfügen, die von literarischen Texten als Sinnorte, als Erinnerungsorte entworfen wurden. Wenn diese Literaturwege von Touristen genutzt, die Orte literarischen Gedenkens also aktualisiert würden, entstünde zugleich der touristische Raum Mitteleuropa: Denn Orte und deren touristische Bedeutung »werden erst im Akt der Bereisung und Besichtigung geschaffen.«[26]

Touristischer Raum Mitteleuropa: Die literarische Reise und ihre Orte

Der wirkungsvollste Tourismusort unter den Orten literarischen Gedenkens ist das Memorial wie beispielsweise das Haus Wiesenstein von Gerhart Hauptmann in Jagniątków (Agnetendorf)[27] im Riesengebirge oder die Schillerhäuser in Leipzig-Gohlis und Dresden. Die Teilhabe an der Aura des Ortes, d. h. die Erfahrung seiner Einzigartigkeit und Echtheit,[28] die räumliche Nähe zum

Dichter und zum Schreibtisch, an dem er gesessen, oder zur Feder, mit der er geschrieben hat, sind die zentralen Motive, die zum Besuch eines Memorials bewegen.[29] Das Memorial spiegelt den Charakter des Dichters wider; es ist jenes mit symbolischem Inventar gefüllte Haus, das Kraft seiner Materialität zum Medium wird und zwischen dem Jetzt des Besuchers und dem Damals des Dichters vermittelt.[30] Die Orte entsprechen freilich selten realen Wirklichkeiten, sondern sind zumeist fiktionale Arrangements, die dem Besucher erlauben, sich mit dem Ort zu identifizieren. Die Karriere der materiellen Erinnerungsorte liegt sicher auch in diesen scheinbaren »Authentizitätseffekte[n]« begründet, die in einer Zeit der Herrschaft des Sekundären als echte Erfahrungen erlebt werden.[31] »Der Ort dient dem Gedächtnis als Anhaltspunkt«,[32] der wiederum auf das Wissen verweist, das mit dem Ort verknüpft ist. Erst aufgrund dieses Verweisungszusammenhangs kann das Wissen abgerufen und so auch erinnert werden.

Neben den Memorials sind ebenso Literaturmuseen wie das Franz-Kafka-Museum in Prag, das Museum für Romantik in Dresden oder das Museum für Božena Němcová in Česká Skalice (Böhmisch Skalitz) Orte kulturellen Wissens, die touristisch relevant sind. Auch Grabstätten berühmter Dichter – wie Jaroslav Seiferts Grab in Kralupy nad Vltavou (Kralup an der Moldau) oder jenes von Friedrich Schlegel in Dresden –, Dichter-Denkmäler und Gedenktafeln, die beispielsweise an Karel Hynek Mácha, Johann Christian Günther, Novalis oder Henryk Sienkiewicz erinnern, sind Orte literarischen Gedenkens, denen disperses Wissen eingeschrieben ist.

Zudem können die Orte, die – kraft narrativer Zuschreibungen – mit literarischen Figuren verknüpft sind, als Bestandteile eines touristischen Raums gelten, wie er mit dem Projekt *Mitteleuropäische Literaturwege* angedacht wird: So gehört Rübezahl ins Riesengebirge (Karkonosze/Krkonoše),[33] der Zauberlehrling Krabat in die Oberlausitz (Łużyce Górne/Horní Lužice), die gutmütige und fromme Großmutter Božena Němcovás ins idyllische Úpa-Tal (Aupa-Tal) und der Golem nach Prag. Orte und Landschaften können auch mit einer literarischen Tradition bzw. Epoche verknüpft sein wie beispielsweise Dresden (auch) mit dem Expressionismus,[34] der literarische Barock mit Schlesien oder Prag mit der Literatur der Moderne.[35] Die Bekanntheit des Dichters und des Werks, die Schönheit der literarisierten Stadt oder Landschaft – Prag, Dresden, das Böhmische Paradies (Český ráj), die Burg Kynast (Chojnik) oder das Erzgebirge (Krušné hory) –, zugleich ihre Erreichbarkeit, berühmte Reisende, die von ihren Erlebnissen berichteten, und die Verschränkung der Biographie des Autors mit der fiktionalisierten Landschaft sind für abwechslungsreiche touristische Narrative ebenso entscheidend.[36]

Diese verschiedenen Orte literarischen Gedenkens miteinander zu verknüpfen, würde eine höchst heterogene Textur einer sächsisch-böhmisch-schlesischen Landschaft ergeben. Die vier literarischen Zentren – Leipzig, Dresden, Breslau (Wrocław) und Prag – bildeten gleichsam die Eckpunkte dieser Landschaft, zwischen denen sich ein Netz aus vielen mitteleuropäischen Literaturwegen spannen könnte, aus sächsisch-böhmischen, sächsisch-schlesischen, schlesisch-böhmischen und sächsisch-böhmisch-schlesischen Wegen. Somit knüpft das Projekt *Mitteleuropäische Literaturwege* zwar an die touristische Destination eines Kulturwegs an, indem es Erinnerungsorte bzw. literarisierte Räume mit einem Straßenkonzept verbindet und zu einem touristischen Angebot semiotisiert. Allerdings wird – gemäß der Vieldeutigkeit der Sinnzuschreibungen – nicht ein »mentale[s] Kulturthema«[37] zum Leitfaden erklärt, sondern gerade die Mehrfachcodierung der Orte, die sich aus der Vielstimmigkeit der Sprachen und Traditionen ergibt, sichert den konzeptionellen Zusammenhang dieses touristischen Projekts. Wie sich nun literarische Texte zu einer solchen mehrdimensionalen Textur der Landschaft zusammenschließen, die zukünftig in einen mitteleuropäischen Literaturweg transformiert werden könnte, sei an einem Beispiel skizziert.

Joanna Bator und Gerhart Hauptmann als Exponenten einer polnisch-deutschen Landschaftstextur

Das polnische Niederschlesien (Dolny Śląsk) war nach 1945 geprägt durch einen Umdeutungsprozess der Gedenkorte und Landschaften, dessen Ziel in einer polnisch-nationalen Aktualisierung des ehemals vorwiegend deutsch codierten Schlesiens lag.³⁸ Liest man verschiedene literarische Texte, die Niederschlesien referenzieren, wird alsbald jene Mehrfachcodierung der Orte sichtbar, von denen hier schon wiederholt die Rede war. Gleichwohl deutsche wie polnische Literatur(en) unterschiedliche niederschlesische Handlungsräume konstruieren und je eigene symbolische Landschaften generieren, haben sie doch einen gemeinsamen Erzählraum. Denn

> »[d]er gemeinsame Nenner, über den man die Literaturen dieses Raumes aufschlüsseln könnte, liegt in der Lesbarkeit des Kontexts, der diese Literaturen gedanklich und ästhetisch geprägt hat und der sich durch ein System dem Raum zugeeigneter Kulturzeichen entziffern läßt.«³⁹

Diese Kulturzeichen verdichten sich zu Zeichensystemen wie Dörfern, Städten oder Landschaften. Architektonische Besonderheiten, Naturdenkmäler, Statuen, Büsten oder auch Orte, die keinen kunsthistorischen Wert besitzen, werden im Prozess dieser Verdichtung mit Sinn belegt, der immer im Kontext des Bezeichnenden – d. h. des Schreibenden – gedacht werden muss. Denn ohne Realität ist keine Fiktion möglich.⁴⁰

Die Umgebung der Großstadt Wałbrzych (Waldenburg), die im südwestlichen Teil der Woiwodschaft Niederschlesien liegt, wird im Folgenden als ein solches Zeichensystem dargestellt, das im Laufe der letzten Jahrhunderte in je unterschiedlichen kulturellen Kontexten semantisiert wurde. Bis zum Ersten Schlesischen Krieg 1742 waren Waldenburg und Umgebung unter böhmischer bzw. später unter Habsburger Herrschaft, danach fiel das Gebiet an Preußen, ab 1871 war es Teil des Deutsches Reiches, dann NS-Deutschlands, seit 1945 gehört es zu Polen. Seit Ende des 18. Jhs. wurde in der Umgebung von Waldenburg Steinkohle abgebaut; die kohleverarbeitende Industrie war bis Anfang der 1990er Jahre in Betrieb. Die zunehmende Industrialisierung im Laufe des 19. Jhs. und die Anbindung an ein sich immer schneller ausbreitendes Verkehrsnetz, das Waldenburg mit den anderen Provinzen des Deutschen Reiches und Böhmen verband, führten zu einem starken Bevölkerungszuwachs. Als Gegenwelt zu dieser preußischen Industriestadt etablierten sich seit Ende des 18., Anfang des 19. Jhs. die Badeorte Bad Charlottenbrunn (Jedlina-Zdrój) und Obersalzbrunn (ab 1935 Bad Salzbrunn [Szczawno-Zdrój]), deren Quellen für die wohlhabenderen Bürger Mitteleuropas Linderung ihrer Beschwerden boten.⁴¹ Nach dem Ende des Zweiten Weltkriegs wurde Waldenburg zu Wałbrzych, Bad Salzbrunn zu Szczawno-Zdrój und Charlottenbrunn zu Jedlina Zdrój. Die meisten Deutschen wurden vertrieben, an ihrer Stelle kamen Polen aus den Kresy und versuchten sich in der Industriegroßstadt und in den verlassenen Badeorten einzurichten.⁴²

Die zwangsweise Umdeutung niederschlesischer Orte durch die kommunistische Elite hinterließ indes Leerstellen, die der 2011 auf Deutsch erschienene Roman *Sandberg* der polnischen Autorin Joanna Bator geschickt aufzudecken vermag. Besonders deutlich werden diese Überblendungen symbolischer Landschaften, wenn man Bators Buch mit Gerhart Hauptmanns Autobiographie *Das Abenteuer meiner Jugend* aus dem Jahr 1937 vergleicht. Über 80 Jahre liegen zwischen diesen beiden Texten, die den gleichen geographischen Raum fiktionalisieren – die Umgebung von Wałbrzych. Beide Texte entstanden in einer produktiven Auseinandersetzung mit den Orten der Herkunft und entwerfen literarische Topoi, die – trotz der realen Kongruenz – unterschiedlicher kaum sein können. Text und Raum, Landschaft und Literatur stehen in einem Wechselverhältnis, das im Folgenden – freilich ohne literaturwissenschaftliche Detailanalyse – skizziert werden soll.

Joanna Bator wurde 1968 in Wałbrzych geboren und ist dort aufgewachsen. Ihr 2009 unter dem Titel *Piaskowa Góra* erschienener Roman rekurriert schon im Titel auf einen geographisch fixierten Ort: auf Piaskowa Góra nämlich, deutsch Sandberg, der einst ein Stadtteil Obersalzbrunns war und 1850 als Kolonie angelegt wurde. 1933 wurde die Siedlung in die Stadt Waldenburg eingemeindet, nach 1945 in *Piaskowa Góra* umbenannt und zur selbstständigen Gemeinde erklärt. 1955 wurde Piaskowa Góra dieser Status jedoch erneut entzogen und die Siedlung wieder der Verwaltung Wałbrzychs unterstellt.

Bei Bator heißt es: »Unter dem Boden von Wałbrzych ist Kohle, und oben drauf Sand, und Menschen, die es aus der weiten Welt hierher, an die Stelle der Vertriebenen verschlagen hat.«⁴³ Der Anfang des Romans markiert zugleich die Mehrdimensionalität der niederschlesischen Landschaft: In die »wiedergewonnenen Gebiete von Wałbrzych«[44] – und hier zitiert die Autorin die kommunistische Rhetorik – kamen die vertriebenen Polen aus dem ländlichen, ehemaligen Osten mit ihren Hoffnungen, ihren Erwartungen und auch ihren Ängsten. Sie mussten dort ihre Häuser und Wohnungen aufgeben, um in Niederschlesien die ehemaligen Häuser und Wohnungen der Deutschen zu finden, »Bücher mit Frakturschrift«,[45] die sie nicht lesen konnten, und »ehemals deutsche[…] Tisch[e]«, an denen sie nicht gut saßen, »ob [sie] zu hoch war[en] oder zu niedrig, wussten sie selbst nicht«.[46] Schnell wurden es zu viele Neuankömmlinge und für diese wurde in den 1960er Jahren ein neues Viertel gebaut, das der kommunistischen Utopie einer uniformen Gesellschaft entsprach: »Auf dem Sandberg werden an die Dreißigtausend Platz finden, alle schön in die einheitlichen Fächer der Hausschachteln gestopft.«[47]

Eine dieser Plattenbauwohnungen im 9. Stock des »Babel« – so wird der Sandberg als Chiffre des Verlusts bezeichnet[48] – ist Schauplatz des zwanghaften Lebens der Protagonistin des Romans, Jadzia Chmura, geborene Maślak, die ihrem Leben in Niederschlesien eine Form zu geben versucht. Zwanghaft, weil diese Figur und auch die – lediglich schattenhaft skizzierten – Ehemänner, Väter und Großväter des Romans in die Schablone einer uniformen Gesellschaft gepresst werden. Der Polonisierungsprozess in Niederschlesien, der – an die längst vergangene mittelalterliche Piasten-Zeit anknüpfend – den Gebieten ein neues Gesicht aufsetzte, indem er eine neue Geschichte diktierte, blieb gesichts- und geschichtslos, musste es bleiben, da die Jahrhunderte deutscher Besiedelung ausgeblendet und überdeckt wurden. Auf diese Weise entstand ein Vakuum, in dem die Figuren, die Bator in ihrem Roman auftreten lässt, verloren gehen.

Neben Jadzia Chmura setzt Joanna Bator noch subtil gezeichnete Nebenfiguren wie die Großmutter Halina Chmura, die – zusammen mit anderen Polen – nach Kriegsende aus ihrer weißrussischen Heimat nach Wałbrzych vertrieben wurde. Während der Zugfahrt, noch kurz vor der neuen polnisch-sowjetischen Grenze, starb ein Mann in ihrem Waggon. Die damals junge Frau blieb eigentümlich gefühlskalt, desinteressiert, bis der Tote zusammen mit seiner Frau kurz nach der Grenze auf polnischen Boden geworfen wurde: »[I]n einem Ort«, so heißt es im Buch, »am Arsch der Welt«, doch »ihr Koffer aus echtem Leder blieb im Waggon. Zuerst tat jeder so, als hätte er es nicht gemerkt, jeder guckte vor sich hin, da steht eben ein Koffer, na und, doch sobald der Zug sich in Bewegung setzte, stürzten sie sich darauf wie die Aasgeier«.[49] So tat es auch Halina und ergatterte ein Fotoalbum, das ihr in der neuen Heimat sehr wertvoll werden sollte: Die vergilbten Fotografien einer wohlhabenden bürgerlichen Familie wird sie später ihrer Enkeltochter Dominika, Tochter Jadzia Chmuras und die zweite Protagonistin des Textes, als Fotografien der Verwandtschaft zeigen. Es sind erdachte und erfundene Biographien, die dieses Buch entwirft, mit denen die Romanfiguren versuchen, die Leerstellen, die die Geschichte gerissen hat, zu überdecken, mit denen sie versuchen, die Entwurzelung zu heilen. Dass Dominika aber keinesfalls von wohlhabenden polnischen Gutsherren abstammt, sondern vom – vor den Nationalsozialisten aus dem Warschauer Ghetto geflohenen – jüdischen Arzt Ignacy Goldbaum, Bator also jene erdachte Identität mit einer ebenso fragmentarischen – der jüdischen – ersetzt, ist nur eine Pointe des Buches.

Als diese erste Generation von Polen, deren Sinnbild die Großmutter Halina ist, in der ehemaligen deutschen Industriestadt ankam, verloren die meisten ihre Illusionen, manche sogar ihre Sprache:

»Halina hatte sogar daran gedacht, vielleicht in Wałbrzych eine Kuh zu halten, doch als sie aus dem Zug die feuerspeienden Schornsteine sah und die sich um die Ziegelschlote drängenden schwärzlichen Mietshäuser, die aussahen wie angekokelt, da begriff sie, dass es hier keine Weiden mit Kuhfladen gab, in denen sie die Füße wärmen konnte, und auch kein abendliches Melken mit der Wange an der Flanke des Tieres.«[50]

Die nachfolgende Generation, die Schwiegertochter Jadzia Chmura, verfällt im Gegensatz zu Halina der kommunistischen Illusion eines besseren Lebens. Was jedoch als Neuanfang stilisiert wird – die Reise vom ländlich-trostlosen Zalesie in Zentralpolen nach Wałbrzych, die Heirat mit dem Oberbergmann Stefan Chmura, die Geburt von Zwillingen, von denen ein Mädchen stirbt –, verharrt doch im Provisorium und in der Perspektivlosigkeit: Jadzia Chmura »setzt sich auf ihre Couch und sieht die Jahre, die ihr [...] noch bevorstehen, Jahre, in denen sie auf diesem Platz in dieser Haltung sitzen wird, Jahr um Jahr«.[51] Das Scheitern der kommunistischen Utopie spiegelt sich im Scheitern der Figuren: Alkohol- und Zigarettenkonsum, Depressionen, Selbstverletzungen, frühzeitiger Tod oder Selbstmord – diese Figuren tragen die Wunden des ungelebten Lebens.

Jadzias Tochter Dominika jedoch, die – als Enkelin eines polnischen Juden – zum Sinnbild der Fremde, zur Metapher der verlorenen Multiethnizität wird,[52] kollidiert mit ihrem auffälligen Äußeren – ihrem nicht zu bändigenden Haar, ihrem dunklen Teint und ihrem androgynen Wesen – mit den engen Vorstellungen, die man sich von ihrem Leben macht. Sie trägt das Mal der Außenseiterin und wird zugleich die einzige sein, der der – freilich gewaltsame – Ausbruch aus dieser Enge, dieser Monokultur gelingen wird.[53]

Bator schafft es mit diesem Buch, den Ort Piaskowa Góra in die symbolische Landschaft Niederschlesiens einzuschreiben, indem sie nicht nur die kommunistische Überbauung einer ehemals deutschen Besiedelung zu zeigen vermag, sondern indem sie an diesen Ort die polnischen Erfahrungen von Verlust und Vertreibung knüpft. Die Autorin stiftet mit ihrem Text einen Erinnerungsort, der Wissen zu diesen Erfahrungen bereithält, und schreibt die polnische Geschichte so in das kulturelle Gedächtnis dieser Region ein.[54]

Ganz anders Gerhart Hauptmann, der bei Joanna Bator im Übrigen nur eine Leerstelle ist. Die Autorin schreibt von Szczawno-Zdrój und entwirft den Badeort als polnische Gegenwelt. Wer dort ein Haus baut, hat es geschafft, kommt heraus aus der »Wirklichkeit der großen Provisorien«[55]. Doch Hauptmann – der deutsche Nobelpreisträger – findet bei ihr keine Erwähnung; seine Spuren wurden in der Symbolik der Landschaft gelöscht.

Gerhart Hauptmann, der Schlesier,[56] ein Bedeutungsfeld, in das der Dichter seit den 1920er Jahren zunehmend gedrängt wurde,[57] gehört jedoch ebenso zum kulturellen Gedächtnis dieser Region wie die Narrative der polnischen Vertriebenen. Nach der Phase der Entgermanisierung und der Installierung polnischer Nationaldenkmäler, die eben jenes Vakuum entstehen ließen, in dessen Leere Joanna Bators Figuren gleichsam verschwinden, ist seit der Solidarność-Bewegung eine Rückbesinnung auf die deutsche Kultur in Niederschlesien zu bemerken.[58] Neben der mythischen Figur der heiligen Hedwig und dem Widerstandskämpfer Helmuth James von Moltke zeigt sich das besonders deutlich an der Person Gerhart Hauptmanns, dessen Wohnhaus in Jagniątków im Riesengebirge 2001 als Museum für Besucher eröffnet wurde.

1862 wurde Hauptmann im Kurort Obersalzbrunn als Sohn einer privilegierten Familie geboren. Seine Eltern – Marie und Robert Hauptmann – besaßen das Hotel Zur Krone (später Zur Preußischen Krone), das am Eingang zur Kurpromenade stand. Sein Großvater Friedrich Ferdinand Straehler war einflussreicher »Brunneninspektor«[59] des Badeortes und verkehrte fast ausschließlich in den vornehmen Kreisen der Badegäste. Im ersten Teil der Autobiographie *Das Abenteuer meiner Jugend*[60] literarisiert Hauptmann seine Kindheit in Obersalzbrunn, einem idyllischen Ort im Waldenburger Bergland »mit seiner Säulenhalle, seiner Heilquelle, seinen paradiesischen Kuranlagen und dem Gasthof zur Krone mitten darin«.[61] Die Verantwortung für die Entstehung dieser Idylle im Salzbachtal schreibt der Dichter im Übrigen seiner Familie zu: Denn »der Großvater hatte«, heißt es im Text, »in Freundschaft mit hochgebildeten Männern [...] das Bad Ober-Salzbrunn fast aus dem Nichts aufbauen können. Die Elisenhalle, das Kurhaus, der Brunnensaal, der Annaturm, das Theater und die gesamten Parkanlagen zeugten davon.«[62]

Zwischen 1929 und 1935 beginnt Hauptmann mit dem ersten Buch dieser Autobiographie, einer Zeit also, in der er bereits das Haus Wiesenstein in Agnetendorf bezogen hatte, das er von 1901 bis zu seinem Tod 1946 bewohnte. Denn erst dort – im Schoße der Heimat – hebt Hauptmann an, sein Leben zu literarisieren. Fragmente der Biographie fügt er zu einem Symbolraum zusammen, dessen reales Pendant das Haus Wiesenstein ist – das »Gehäuse | meiner Seele«,[63] wie er in seinem Tagebuch schreibt. In *Das Abenteuer meiner Jugend* wird also keine Leerstelle bedeckt oder ein ungelebtes Leben resümiert: Hauptmann literarisiert in seiner ›Trutzburg‹ die eigene Kindheit, um sie – wie die folgenden Lebensjahre – symbolisch in die Entstehung des Dichtergenius einzubinden.[64]

Über seinen Geburtsort heißt es nun: »Salzbrunn, wußte ich, ist ein Badeort. Hier quillt ein Brunnen, der Kranke gesund machen kann. Deshalb kommen im Sommer so viele hierher. Sie werden in den Häusern der Ortsangesessenen untergebracht. Auch in unserm Haus, das ist der Gasthof zur Preußischen Krone.«[65] Hier ist nichts Provisorium, nichts kennzeichnet Verlust oder Trauma. Im Gegenteil: »Das Haus war traulich und nestartig wohltuend.«[66] Auch wenn das Kind – zum Ärger des »mächtigen Gottes«[67] Vater – Freiheit und Abstand vom streng geordneten Familienleben in der Natur sucht, so existiert in dieser Welt eine »unendliche Vielfalt der Erscheinungen«,[68] die heiter aufgenommen und im kindlichen Geist gewendet wird. Die elterliche Wohnung wird in diesem Text als Raum der Geborgenheit und als schützende Heimat stilisiert – ein Entwurf, den die Kinder in Bators Buch *Sandberg* nur als Phantom kennen, das in der trotzigen Überzeugung Gestalt annimmt, »dass es einen Ort gibt, der besser ist als Wałbrzych«.[69] Bei Hauptmann ist die Natur der Sehnsuchtsort des Kindes, die er als Gegenwelt zum bürgerlich-engen Leben im Badebetrieb entwirft: »Zum erstenmal«, nach einem längeren Aufenthalt bei seinem Onkel auf dem Land, »empfand ich in dem ganzen Badebetrieb, inbegriffen mein Elternhaus, eine gewisse, mir eigentlich nicht entsprechende Künstlichkeit«.[70] Das Kind erfährt einen »unstillbare[n] Drang zur Natur […], wo sie unverbildet, ursprünglich und einfach ist«,[71] dem der erwachsene Hauptmann mit dem Bau seines Hauses Wiesenstein im Riesengebirge symbolisch entsprechen wird. Im Wałbrzych der 1980er Jahre hingegen ist Natur nur noch »ein Becken mit tiefschwarzem Grubenwasser«,[72] den die Bewohner Babels den Kleinen See nennen. Doch »[u]m den Kleinen See wächst Unkraut, aus denen verrostete Schrotteile ragen, das Wasser glänzt ölig und riecht wie Asphalt nach einem Sommergewitter. Ein grauer, mit Asche durchsetzter Sandstreifen bildet einen gleichmäßig breiten Ring um das Becken.«[73]

Das erzählende Ich in Hauptmanns Autobiographie fühlt sich der Welt der Handwerker und der kleinen Leute nahe, dem »Unten« der Gesellschaft, wie es im Text heißt. Denn unten »erzog die Natur, oben wurde man […] nach einem bewußten Plan erzogen.«[74] Von dieser Urtümlichkeit, wie sie Hauptmann in einer Art Zivilisationskritik konzipiert, ist bei den Bergmännern Wałbrzychs freilich nichts übrig geblieben. Dort wird getrunken, geraucht, gehurt, um das Leben unter Tage, im dunklen Inneren des Berges, erträglich zu machen.

So geht diese Erzählung fort; Familiengeschichten und die Erlebnisse der Kindheit verdichten sich zu einer symbolischen Landschaft des Kurortes. Geographisch fixierbare Orte wie der Salzbach (Szczawnik), der Bad Salzbrunn durchzieht, der Kurpark mit Promenade und Elisenhalle, der Annaturm, ferner die Wilhelmshöhe (Stróżek), das Konradsthal (Konradów), der Hochwald (Chełmiec) und Schloss Fürstenstein (Zamek Książ) werden literarisiert und formen eine Landschaftstextur, die sich von jener Bators grundlegend unterscheidet. Ab 1870 spiegeln sich in den Erinnerungen Gerhart Hauptmanns jene historischen Ereignisse, die den Grundstein legen sollten für die Verwüstung der Landschaft, in deren Ödnis die Kinder der *Sandberg*-Figuren hineingeboren werden:

»Die nationalen Vorgänge aber waren so unwiderstehlich aufschwunghaft, daß sich ihr Geist allem […] mitteilte. […] Und überhaupt schwelgten wir Jungens in nationaler Begeisterung. Einen Spielkameraden hatten wir schon zu Anfang des Krieges rücksichtslos als Franzosen verfolgt […]. Wir kannten ihn und die Eltern des Jungen genau, wußten, daß es ein ebensoguter Deutscher war wie wir andern. Wir stießen ihn trotzdem einstimmig aus und verfolgten ihn, wo er auftauchte.«[75]

Aus der kindlichen Verfolgung, die Gerhart Hauptmann hier beschreibt, sollte blinder Nationalismus werden, aus dem Jungenspiel ein Krieg, der auch das »Paradies […] Salzbrunns«[76] zerstörte.

Epilog

Die beiden literarischen Topographien ergeben, legt man sie nebeneinander, eine polnisch-deutsche Landschaftstextur, die im performativen Akt des Reisens als touristischer Ort konstituiert werden kann. Man könnte zu diesen beiden Texten noch unzählige andere hinzunehmen, um diesem geographischen Raum noch weitere Wissensräume hinzuzufügen, den Roman *Waldwinter* von Paul Keller (1902) beispielsweise, den der Heimatdichter auf der nahe gelegenen Kynsburg (Zamek Grodno) schrieb, oder zeitgenössische Erinnerungstexte deutsch- und polnischsprachiger Autoren wie *Fräulein Niemand* (*Panna Nikt*) von Tomek Tryzna (poln. 1994, dt. 1997), *Picknick am Ende der Nacht* (*Niskie łąki*) von Piotr Siemion (poln./dt. 2000) oder *Schlesisches Wetter* von Olaf Müller (2003). Alle diese Texte in summa entwerfen ein ›Niederschlesien im Plural‹ mit heterogenen Identitätsentwürfen, die »scheinbar kontaktlos[…] [n]ebeneinander« existieren, sich jedoch »wechselseitig durchdringen oder sich zumindest in der gegenseitigen Negation beeinflussen und bedingen.«77 Wałbrzych und Umgebung wurden, wie das vorliegende Beispiel gezeigt hat, einerseits als Chiffre des Verlusts, andererseits als Chiffre des Geborgenen und Vertrauten literarisiert. Unbehaustes und Behaustes stehen nebeneinander, verknüpft durch einen gemeinsamen Erzählkontext der Schreibenden, dem geographischen Raum Niederschlesien. Für das ›Kind‹ Hauptmann bedeutet dieser Raum Anker und Verwurzelung, für Bators Figuren nur eine Hoffnung, dass nämlich die »Kinder […] mit den Wurzeln geboren [würden], die man ihnen abgeschnitten hatte« und dass sie – die Vertriebenen – sich dann »an ihren verwurzelten Kindern [würden] festhalten können und sich am richtigen Ort fühlen, zu Hause«.78

Die Literatur öffnet gleichsam einen mehrdimensionalen Sinnraum, der vielfältiges Wissen – hier zur polnischen und zur deutschen Geschichte – bereithält. Diesen Sinnraum als touristischen Raum zu konstituieren, heißt zugleich, ihn sinnstiftend in eine Destination einzubinden, wie sie mit dem Projekt *Mitteleuropäische Literaturwege* entstehen soll. Im ›Akt der Bereisung und Besichtigung‹ würde auch das vielfältige Wissen, das mit den Orten verknüpft ist, aktualisiert. Anreize zu schaffen, den Narrativen zu folgen, die *Mitteleuropäische Literaturwege* der Landschaft einschreiben könnten, wird das Zentrum zukünftiger Projektarbeit sein. Denn:

> »Schwer zu verstehen
> ist nämlich die Landschaft,
> wenn du im D-Zug von dahin
> nach dorthin vorbeifährst,
> während sie stumm
> dein Verschwinden betrachtet.«79

How to use the many Voices of Central Europe as a touristic Ressource? A *Central European Literature Route* way through ›untamed Space‹ – A Project Outline

This essay will discuss whether touristic projects could be created that sets up traveling areas in the basis of by complex and multiple narratives. How could a plurality of identities, fractures of history, interpretations or re-interpretations be used to form a reasonable ›tourism area‹?

This essay presents the theoretical basis of a project named *Central European Trails of Literature*, which might be formed on the basis of these plural processes of interpretation and re-interpretation. This project will connect multiple coded sites of memory – at first in the areas of Saxony, Bohemia and Silesia – up to a complex texture of landscape. Therefore, literature is particularly important to create a significance because literary texts connect many different individual memories to places. Linking these texts, real places are transformed to literary memorials. These touristic trails might generate a complex touristic area of Central Europe which could be cruised by tourists in the future.

Finally, the juxtaposition of the novel *Sandberg* from the polish writer Joanna Bator on the one hand and *Das Abenteuer meiner Jugend* from the Nobel Prize winner Gerhart Hauptmann on the other hand will be adduced as an example of this multidimensional texture of landscape.

Anmerkungen

1 Kurt Tucholsky: Parc Monceau, in: ders.: Gesamtausgabe in 22 Bänden. Texte und Briefe, hg. v. Antje Bonitz [u. a.], Bd. 6: Texte 1923–1924, Reinbek 2000, 141–142.
2 Vgl. Anja Saretzki: Die heimliche Disneyfizierung: Spanien erleben, in: Karlheinz Wöhler (Hg.): Erlebniswelten. Herstellung und Nutzung touristischer Welten, Münster 2005, 121–136, hier 127. Auf diese Suggestivkraft von Reiseführern verwies bereits Roland Barthes in seinem Text *Der »Blaue Führer«*, in dem er die berühmten *Blue Guides* als ein »Instrument der Blendung« interpretierte. Roland Barthes: Der »Blaue Führer«, in: ders.: Mythen des Alltags, Frankfurt a. M. 1964, 59–63, hier 61.
3 Zur Geschichte der Bildungsreise und zu den Kennzeichen europäischer Reisender vgl.: Attilio Brilli: Als Reisen eine Kunst war. Vom Beginn des modernen Tourismus: Die »Grand Tour«, Berlin 1997.

4 Zur Definition des Begriffs vgl. einführend: Benno Weissenborn: Kulturtourismus, Trier 1997; Albrecht Steinecke: Kulturtourismus. Marktstrukturen, Fallstudien, Perspektiven, München / Wien 2007, 2–5.
5 Vgl. Saretzki 2005 (wie Anm. 2), 129.
6 Albrecht Steinecke: Management und Marketing im Kulturtourismus. Basiswissen – Praxisbeispiele – Checklisten, Wiesbaden 2013, 9.
7 Dass dies nicht nur als Kritik zu verstehen ist, sondern die Technisierung von Vermittlungsstrategien auch kulturellen Mehrwert besitzt, habe ich in meinem Aufsatz *Jahrmarkt der Sinne* dargestellt: Eva Sturm: Jahrmarkt der Sinne. Die Smartphone-Applikation als Sonderform mobiler Medien im Museum, in: Frank Almai / Ulrich Fröschle (Hg.): Literatur im Kontext – Kunst und Medien, Religion und Politik. Festschrift für Walter Schmitz zum 60. Geburtstag, Dresden 2014, S. 917–935.
8 Vgl. zu diesem Begriff: Reinhart Koselleck: Formen und Traditionen des negativen Gedächtnisses, in: Volkhard Knigge / Norbert Frei (Hg.): Verbrechen erinnern. Die Auseinandersetzung mit Holocaust und Völkermord, München 2002, 21–32.
9 Die konzeptionelle Vorarbeit für dieses Projekt leiste ich im Rahmen einer vom ESF sowie vom Freistaat Sachsen geförderten und von der Professur für Neuere deutsche Literatur und Kulturgeschichte an der Technischen Universität Dresden betreuten Dissertation.
10 Vgl. zum Phänomen der ›geteilten Erinnerungsorte‹ einführend die Aufsätze: Krzysztof Pomian: »Geteiltes Gedächtnis«. Europas Erinnerungsorte als politisches und kulturelles Phänomen, in: Matthias Weber [u. a.] (Hg.): Erinnerungsorte in Ostmitteleuropa. Erfahrungen der Vergangenheit und Perspektiven, München 2011, 27–40; Etienne François: Geteilte Erinnerungsorte, europäische Erinnerungsorte, in: Robert Born / Adam S. Lahuda / Beate Störtkuhl (Hg.): Visuelle Erinnerungskulturen und Geschichtskonstruktionen in Deutschland und Polen 1800 bis 1939, Warschau 2006, 17–32; Moritz Csáky: Ambivalenz des kulturellen Erbes: Zentraleuropa, in: ders. / Klaus Zeyringer (Hg.): Ambivalenz des kulturellen Erbes. Vielfachcodierung des historischen Gedächtnisses. Paradigma: Österreich, Innsbruck 2000, 27–49. Mit geteilten Erinnerungsorten von Deutschland und Polen befasst sich intensiv die Sektion *Deutsch-polnische Erinnerungsorte im internationalen und interdisziplinären Kontext* des vierten Bandes der *Deutsch-Polnischen Erinnerungsorte*: Hans Henning Hahn / Robert Traba (Hg.): Deutsch-Polnische Erinnerungsorte, Bd. 4: Reflexionen, Paderborn [u. a.] 2013, bes. 17–69. Die Begriffe Erinnerungs- und Gedenkort werden in diesem Aufsatz synonym gebraucht.
11 Andrzej Stasiuk: Logbuch, in: Juri Andruchowytsch / ders.: Mein Europa. Zwei Essays über das sogenannte Mitteleuropa, Frankfurt a. M. 2004, 75–145, hier 105.
12 Vgl. dazu ausführlich: Walter Schmitz: Ist Europa eine Erinnerungsgemeinschaft? Mitteleuropäische Reflexionen, in: Inter Finitimos. Jahrbuch zur deutsch polnischen Beziehungsgeschichte 2, 2004, 96–107, hier 100.
13 Ders.: Zur Einführung, in: ders. (Hg.): Ein anderes Europa. Innovation – Anstöße – Tradition in Mittel- und Osteuropa, Dresden 2007, 266–269, hier 266.
14 Peter Theiner: Mitteleuropa – historisch, in: Walter Koschmal / Marek Nekula / Joachim Rogall (Hg.): Deutsche und Tschechen. Geschichte, Kultur, Politik, München 2001, 133–145, hier 143.
15 Palacký entwickelte diese Idee 1865 in einer Artikelserie mit dem Titel *Idea státu Rakouského*, die er in der böhmischen Zeitung *Národy* veröffentlichte und die später – als *Österreichs Staatsidee* ins Deutsche übertragen – vom Kober-Verlag in Prag publiziert wurde. In den Artikeln plädiert der Historiker für eine föderalistische Regierung Österreichs mit einem »Gleichberechtigungsprincip aller Völker« (František Palacký: Österreichs Staatsidee, Prag 1866, 17), die die sprachliche und kulturelle Identität und Integrität sowie die nationale Gleichberechtigung für alle Ethnien garantieren sollte.
16 Milan Kundera: Die Tragödie Mitteleuropas, in: Erhard Busek / Gerhard Wilflinger (Hg.): Aufbruch nach Mitteleuropa. Rekonstruktion eines versunkenen Kontinents, Wien 1986, 133–144, hier 139.
17 György Konrád: Der Traum von Mitteleuropa, in: ebd., 87–97, hier 90.
18 Der Begriff stammt von dem französischen Philosophen Maurice Merleau-Ponty. In seinem Buch *Phänomenologie der Wahrnehmung* unterschied er zwischen einem geometrischen und einem anthropologischen, d. h. heterogenen (nicht strukturierten), Raum, der – laut Merleau-Ponty – erst durch die Handlungen des Subjekts entstünde. Vgl. Maurice Merleau-Ponty: Phänomenologie der Wahrnehmung, Berlin 1974, bes. 284–346.
19 Jürgen Joachimsthaler: Text und Raum, in: KulturPoetik 5 (2), 2005, 243–255, hier 253.
20 Ders.: Der Kultur-Innenraum, in: ders. / Eugen Kotte (Hg.): Kulturwissenschaft(en) in der Diskussion, München 2008, 47–71, hier 58.
21 So der Titel der Bestandsaufnahme Jan Křens zum Verhältnis der Tschechen und Deutschen: Jan Křen: Die Konfliktgemeinschaft. Tschechen und Deutsche. 1780–1918, München 1996.
22 Das hat vor allem praktische Gründe. Um sukzessive ein für die Umsetzung des Konzepts notwendiges Netzwerk aufbauen zu können, werden zunächst grenznahe Gebiete miteinander verknüpft. Dies ist jedoch als offener Prozess angelegt. Oberschlesien (heute Woiwodschaft Schlesien [Śląsk/Slezsko]) ist perspektivisch ebenso als Bestandteil des Projekts *Mitteleuropäische Literaturwege* geplant wie der Böhmerwald (Šumava). Orte, die an Joseph von Eichendorff, August Scholtis, Horst Bienek oder Adalbert Stifter erinnern, sollen zukünftig auch in den touristischen Raum Mitteleuropa eingebunden werden. Zur Diskussion der Begriffe Region und regionale Identität vgl. einführend: Gertrude Cepl-Kaufmann (Hg.): Konstruktionsprozesse der Region in europäischer Perspektive. Kulturelle Raumprägungen der Moderne, Essen 2010.
23 Theiner 2001 (wie Anm. 14), 135.
24 Vgl. für die Region Schlesien: Jürgen Joachimsthaler / Walter Schmitz (Hg.): Verhandlungen der Identität. Literatur und Kultur in Schlesien seit 1945, Dresden 2004.
25 Zitat: Anke Bennholdt-Thomsen: Die Bedeutung des Ortes für das literarische Geschichtsbewußtsein, in: Hartmut Eggert / Ulrich Profitlich / Klaus R. Scherpe (Hg.): Geschichte als Literatur. Formen und Grenzen der Repräsentation von Vergangenheit, Stuttgart 1990, 128–139, hier 130. Materielle Orte sind Landschaften, Städte, Bauwerke und Denkmäler, Ruinen, Gedenktafeln und überbaute Architektur. Vgl. zum Begriff des immateriellen Erinnerungsortes in deutscher Sprache: Pierre Nora: Zwischen Geschichte und Gedächtnis, Berlin 1990, 7–9. Der Prozess der Sedimentierung ist freilich metaphorisch gemeint. Die Orte selbst verfügen nicht über Erinnerungen, können aber – kraft ihrer Materialität – zum Fixpunkt von Erinnerungsprozessen werden.
26 Karlheinz Wöhler / Andreas Pott / Vera Denzer: Formen und Konstruktionsweisen von Tourismusräumen, in: dies. (Hg.): Tourismusräume. Zur soziokulturellen Konstruktion eines globalen Phänomens, Bielefeld 2010, 11–19, hier 15.

27 Der Aufsatz verwendet die polnische, tschechische bzw. deutsche Schreibweise der Ortsnamen nicht durchgängig. Bei der Erstnennung im Text werden alle Namen aufgeführt. Gibt es eine polnische, tschechische und deutsche Bezeichnung wie beim Riesengebirge und der Oberlausitz, wird in Klammern erst der polnische, dann der tschechische Name genannt. Im weiteren Verlauf des Aufsatzes hängt die Benutzung der polnischen, tschechischen oder deutschen Variante dann vom historischen Kontext ab. Dieses Vorgehen ist eine Referenz an die Vielstimmigkeit dieser Regionen.

28 Vgl. zum Begriff der Aura und der Echtheit: Walter Benjamin: Das Kunstwerk im Zeitalter seiner technischen Reproduzierbarkeit, in: ders.: Gesammelte Schriften, Bd. 1,2: Abhandlungen, hg. v. Rolf Tiedemann / Hermann Schweppenhäuser, Frankfurt a. M. 1974, 472–508, bes. 475–478. Die Echtheit eines jeden Dings ergibt sich aus seinem Dasein im Hier und Jetzt, das für seine »materielle […] Dauer« wie auch seine »geschichtliche […] Zeugenschaft« verbürgt. Die Möglichkeit industrieller Fertigung beschreibt Walter Benjamin als »Liquidierung des Traditionswertes am Kulturerbe«, da diese die Aura – das ist die Einzigartigkeit – jedes Dings zerstört. Ebd., 477, 478.

29 Dass Gedenkorte einer Dialektik unterliegen, darauf hat noch einmal Aleida Assmann hingewiesen: Den Ort als Gedenkort zu installieren, ist notwendig, um Identität zu stiften. Die Stiftung von Identität wird wiederum vornehmlich von authentischen Erlebnissen initiiert, die suggerieren, der Gedenkort wäre authentisch, was er dezidiert – schon allein aufgrund der temporären Unverfügbarkeit – nicht ist. Vgl. Aleida Assmann: Erinnerungsräume. Formen und Wandlungen des kulturellen Gedächtnisses, München 1999, 333.

30 Man kann den Erinnerungsort aufgrund dieser Vermittlungsfähigkeit in Anlehnung an Krzysztof Pomian auch als »Semiophore« bezeichnen, als Dinge »*ohne Nützlichkeit* […], die das Unsichtbare repräsentieren, das heißt die mit einer *Bedeutung* versehen sind.« Krzysztof Pomian: Der Ursprung des Museums. Vom Sammeln, Berlin 1998, 50 (Hervorhebungen im Original).

31 Zu dieser These vgl. Gottfried Korff: Die Eigenart der Museums-Dinge. Zur Materialität und Medialität des Museums, in: Kirsten Fast (Hg.): Handbuch der museumspädagogischen Ansätze, Opladen 1995, 17–28. Zitat: ebd., 24.

32 Andreas Degen: Was ist ein Erinnerungsort? Zu Begriff und Theorie topographischen Erinnerns in politischer und phänomenologischer Hinsicht, in: Éva Kocziszky (Hg.): Orte der Erinnerung. Kulturpographische Studien zur Donaumonarchie, Budapest 2009, 15–31, hier 22.

33 Rübezahls fingierter Ruf nach den deutschen Schlesiern (»iech sitze immer noch uff derr Schniekuppe und hal Ausschau nooch euch« (Ernst Schenke: Rübezahls Neujahrsbrief, in: Schlesische Rundschau 2 [1], 1950, 1–2, hier 1) wirft allerdings die Frage auf, ob diese Figur tatsächlich zum Riesengebirge gehört oder ein Erinnerungsort der vertriebenen Deutschen ist. Zur Etablierung des Erinnerungsortes ›Rübezahl‹ durch die Schreiberhauer Künstlerkolonie vgl. Walter Schmitz: Das Haus ›Wiesenstein‹. Gerhart Hauptmanns dichterisches Wohnen, Dresden 2009, 124–128.

34 Vgl. hierzu die grundlegende Studie von Frank Almai: Expressionismus in Dresden. Zentrenbildung der literarischen Avantgarde zu Beginn des 20. Jahrhunderts in Deutschland, Dresden 2005.

35 Vgl. Walter Schmitz / Ludger Udolph (Hg.): Tripolis Praga. Die Prager Moderne um 1900, Dresden 2001.

36 Gründe und Ziele literarischen Reisens beschreibt ausführlich: Barbara Piatti: Die Geographie der Literatur. Schauplätze, Handlungsräume, Raumphantasien, Göttingen 2008, bes. 286–298. Besuche des Geburtshauses von William Shakespeare in Stratford-upon-Avon gelten gemeinhin als das Herzstück des Literaturtourismus ab dem 17. Jh. Doch bereits in der Antike machte man Geburts-, Wirkungs-, Aufenthalts- und Sterbestätten berühmter Dichter dem Publikum zugänglich wie das Haus Pindars in Theben sowie die Häuser Vergils, Horaz' und Ovids. Vgl. dazu: Rolf Lang: Geschichte des Literaturmuseums. Standpunkte, Probleme und Aufgaben, in: NFG (Hg.): Möglichkeiten und Perspektiven der Konzeption und Gestaltung von Literaturmuseen, Weimar 1985, 32–39, hier 37.

37 Vgl. zur Entwicklung und Etablierung der Deutschen Märchenstraße aus ethnologischer Sicht die detaillierte und kundige Studie von Dorothee Hemme: Märchenstraßen – Lebenswelten. Zur kulturellen Konstruktion einer touristischen Themenstraße, Münster [u. a.] 2009. Dort findet sich auch das Zitat: ebd., 93.

38 Als Beispiele seien hier nur drei wissenschaftlich gut aufgearbeitete Orte genannt: Breslau (Wrocław) – Gregor Thum: Die fremde Stadt. Breslau 1945, Berlin 2004 –, die Schneekoppe (Śnieżka / Sněžka) – Tomasz Przerwa: Die Schneekoppe – der höchste Gipfel des Riesengebirges, in: Marek Czapliński (Hg.): Schlesische Erinnerungsorte. Gedächtnis und Identität einer mitteleuropäischen Region, Görlitz 2005, 12–28 – und der Zobtenberg (Ślęża) – Wojciech Kunicki: Der Zobtenberg. Texturen einer Landschaft bis 1945, in: Walter Engel / Norbert Honsza (Hg.): Kulturraum Schlesien. Ein europäisches Phänomen, Wrocław 2001, 241–266.

39 Stefan H. Kaszyński: Die mitteleuropäische Lesbarkeit der Welt, in: Walter Schmitz (Hg.): Zwischeneuropa – Mitteleuropa. Sprache und Literatur in interkultureller Konstellation, Dresden 2007, 68–75, hier 70.

40 »Die fiktiven Welten sind Parasiten der wirklichen Welt. […] [A]lles, was im Text nicht ausdrücklich als verschieden von der wirklichen Welt erwähnt oder beschrieben wird, muß als übereinstimmend mit den Gesetzen und Bedingungen der wirklichen Welt verstanden werden.« Umberto Eco: Im Wald der Fiktionen. Sechs Streifzüge durch die Literatur, München 1994, 112.

41 Zu den Badeorten im Waldenburger Bergland vgl. Angelika Marsch: Kur- und Badeorte Schlesiens – einst und jetzt [dt. u. poln.], Würzburg 2009, bes. 55–80.

42 Zur Vertreibung der Polen aus den Kresy ab 1945 vgl.: Beata Halicka: Polens Wilder Westen. Erzwungene Migration und die kulturelle Aneignung des Oderraums 1945–1948, Paderborn [u. a.] 2013.

43 Joanna Bator: Sandberg, Berlin 2011, 15.

44 Ebd.

45 Ebd.

46 Beide Zitate: ebd., 85.

47 Ebd., 16.

48 »Das Haus auf Piaskowa Góra, in das Herr und Frau Chmura gezogen sind, wird der Babel genannt. Es wird dekliniert wie jedes andere Wort dieser Art auch, des Babels, dem Babel, den Babel, und keiner weiß, wer sich diesen Babel ausgedacht hat.« Ebd., 157.

49 Ebd., 148–149.

50 Ebd., 86.

51 Ebd., 467.

52 Esther Kinsky: Nachwort. Landschaft mit fragmentierten Lebensläufen, in: ebd., 483–489, hier 488.

53 Von diesem Ausbruch, der fast mit dem Tod Dominikas endet, erzählt Joanna Bator im Folgeroman *Chmurdalia* (2010), der 2013 als *Wolkenfern* auf Deutsch erschienen ist: Joanna Bator: Wolkenfern, Berlin 2013.

54 Zu anderen polnischen Autoren, die sich mit der Neu- und Umdeutung des deutsch-schlesischen Kulturraums auseinandersetzen, vgl.: Elżbieta Dzikowska: Terra recognita. Polnische Schriftsteller über deutsche Vergangenheit ihrer schlesischen Heimatorte, in: Norbert Honsza / Theo Mechtenberg (Hg.): Die Rezeption der deutschsprachigen Gegenwartsliteratur nach der Wende 1989, Wrocław 1997, 217–233.
55 Bator 2011 (wie Anm. 43), 182.
56 So der Titel des in mehreren Auflagen erschienenen Buchs von Felix A. Voigt: Gerhart Hauptmann, der Schlesier, Breslau 1942.
57 Vgl. dazu: Walter Schmitz: »Ob wir aus Böhmen kamen, weiß ich nicht …« Gerhart Hauptmann und die Rolle eines Dichters der schlesischen Heimat. Mit dem bislang unveröffentlichten Briefwechsel von August Scholtis und Gerhart Hauptmann, in: Joachimsthaler / ders. 2004 (wie Anm. 24), 3–35, bes. 4–14.
58 Skizziert wird dieser Prozess u. a. bei Marek Zybura: Das deutsche Kulturerbe in Polen, in: Andreas Lawaty / Hubert Orłowski (Hg.): Deutsche und Polen. Geschichte, Kultur, Politik, München 2003, 144–153; Cezary Lipiński: Deutsche Vergangenheit und polnisch-niederschlesische Identität. Zur Rezeption der schlesischen Mystik in Polen nach 1945, in: Joachimsthaler / Schmitz 2004 (wie Anm. 24), 265–291.
59 Gerhart Hauptmann: Das Abenteuer meiner Jugend, in: ders.: Sämtliche Werke. Centenar-Ausgabe zum 100. Geburtstag des Dichters, Bd. VII: Autobiographisches, hg. v. Hans-Egon Hass, Berlin 1962, 451–1088, hier 485.
60 Gemeint sind hier die ersten 30 Kapitel des ersten Bands der Autobiographie.
61 Hauptmann 1962 (wie Anm. 59), 496.
62 Ebd., 560.
63 Gerhart Hauptmann: Tagebücher 1914–1918, hg. v. Peter Sprengel, Berlin 1997, 74 (Agnetendorf, 24.12.1914).
64 Zum Dichterhaus als Teil der inszenierten Autorschaft bei Gerhart Hauptmann vgl. ausführlich: Schmitz 2009 (wie Anm. 33).
65 Hauptmann 1962 (wie Anm. 59), 459.
66 Ebd.
67 Ebd.
68 Ebd.
69 Bator 2011 (wie Anm. 43), 181.
70 Hauptmann 1962 (wie Anm. 59), 513.
71 Ebd.
72 Bator 2011 (wie Anm. 43), 186.
73 Ebd.
74 Hauptmann 1962 (wie Anm. 59), 475.
75 Ebd., 550.
76 Ebd., 620.
77 Beide Zitate: Jürgen Joachimsthaler / Walter Schmitz: »Schlesien« – im Plural. Zur Einführung, in: dies. 2004 (wie Anm. 24), VII–XIX, hier XI.
78 Beide Zitate: Bator 2011 (wie Anm. 43), 62.
79 Winfried Georg Sebald: Schwer zu verstehen, in: ders.: Über das Land und das Wasser. Ausgewählte Gedichte 1964–2001, hg. v. Sven Meyer, München 2008, 7. Zuerst erschienen in: Freiburger Studenten-Zeitung 14 (7), 1964, 26.

HARALD SCHWILLUS

Auf spirituellen Wegen

Spiritueller Tourismus zwischen Religion und Reise

1. Das Spannungsfeld: Religion und Tourismus

Reisen und Tourismus zu religiös konnotierten Orten und Ereignissen sind nichts ungewöhnliches: Kirchen, Kapellen, Klöster, Moscheen, Synagogen, Tempel und Kultstätten unterschiedlicher existierender und vergangener Religionen gehören zum Standardprogramm des Unterwegsseins aus Erholungs- und Bildungsgründen. Dazu gehören auch religiös begründete Feste wie etwa – um nur im christlichen Kulturkreis zu bleiben – die Passionsspiele in Oberammergau oder das Osterreiten der Sorben in der Lausitz. Die Fremden, die Touristen, die sich zu diesen Orten und Ereignissen aufmachen, sind natürlich keineswegs nur Angehörige der jeweiligen Glaubensgemeinschaft, für die diese eine besondere religiöse und spirituelle Bedeutung besitzen. Vor allem im Rahmen des Kulturtourismus werden hier viele Anders- oder Nichtgläubige angezogen, die nicht nur aus historischem oder kulturellem, sondern zunehmend auch aus einem durchaus unspezifischen spirituellen Interesse diese Orte und Ereignisse aufsuchen. Nicht umsonst interessiert sich die Tourismusindustrie wie auch die regionalen und lokalen Anbieter und Verantwortlichen für diese Reisenden. In der touristischen Produktpalette entstehen immer mehr Angebote für sogenanntes Spirituelles Reisen. Ein neues Segment des Tourismus ist damit seit etwa zehn bis 15 Jahren entstanden, dem derzeit deutliche Expansionsmöglichkeiten attestiert werden.

Zunächst gilt es zu fragen:[1] Wer ist nun eigentlich dieser ›Fremde‹, der Tourist? Es finden sich vielfältige Angebote für eine entsprechende Definition. Für die folgenden Überlegungen erwies sich eine der Welttourismusorganisation zugeschriebene Begriffsdefinition als brauchbar: »Touristen sind Personen, die zu Orten außerhalb ihres gewöhnlichen Umfeldes reisen und sich dort für nicht mehr als ein Jahr aufhalten aus Freizeit- oder geschäftlichen Motiven, die nicht mit der Ausübung einer bezahlten Aktivität am besuchten Ort verbunden sind.«[2] Diese Definition lässt sich auch ohne Schwierigkeiten auf Reisen beziehen, die aus religiösen Motiven unternommen werden oder bei denen ein religiöses beziehungsweise spirituelles Interesse mitschwingt. Hierher gehören natürlich die klassischen religiösen Reisen wie Pilger- und Wallfahrten. Letztere können als gemeinsam durchgeführte Unternehmungen zu bestimmten kalendarisch festgelegten Terminen bezeichnet werden, während Erstere entlang von Pilgerrouten oder zu einem bestimmten Heiligtum als Zielpunkt von Einzelreisen und Gruppen zu jeder Zeit unternommen werden. »Wallfahrten und Pilgerreisen mögen zwar mit der Erwartung eines religiösen oder spirituellen Gewinns verbunden sein, man wird aber nicht vom Heiligtum bezahlt; sie dauern meist weniger als ein Jahr und führen in der Regel an einen Ort, der sich außerhalb des gewöhnlichen Umfelds der Wallfahrer/Pilger befindet, wobei lokale Wallfahrtsheiligtümer einen Grenzfall darstellen.«[3] Fragt man nach Zahlen für Reisen, die aus religiösen Motiven unternommen werden, so zeigt sich, dass beispielsweise im Jahre 2004 etwa 600.000 Amerikaner mit dieser Motivation ins Ausland gereist sind. Für den europäischen Raum sollen 320.000 aus religiösen Motiven Reisende nach Deutschland gekommen sein.[4]

Mittlerweile gehören Angebote, die unter dem Label ›Spiritueller Tourismus‹ generiert werden, vielerorts zum touristischen Portfolio. Im Freistaat Thüringen wurde, um den vielfältigen entsprechenden Initiativen im Land ein Dach zu bieten, im Jahr 2011 in Reinhardsbrunn bei Gotha unter dem Titel *sichtbar – unsichtbar. Thüringen spirituell* das Thüringer Informationszentrum für Spirituellen Tourismus eingeweiht. Acht Themencluster wurden dabei als für Thüringen spezifisch entwickelt:

– Thema I: Geheimnisvolles Erbe. Tiefe Wurzeln: Orte vorchristlicher Religiosität in Thüringen
– Thema II: Eichen fällen – Kirchen bauen. Bonifatius bringt das Christentum: Ursprungsorte des Christentums in Thüringen
– Thema III: Den Rahmen überschreiten. Spuren Elisabeths und Meister Eckharts: Lebensorte Elisabeths und Eckharts in Thüringen
– Thema IV: Klöster im Land. In Reinhardsbrunn und anderswo: Klöster mit spirituellem Angebot
– Thema V: Vor Gott und den Menschen. Reformation in Thüringen: Lebensstationen von Martin Luther, Thomas Müntzer und Andreas Bodenstein, gen. Karlstadt, in Thüringen
– Thema VI: Spirituell in Bewegung. Pilgerwege und Radwegekirchen: Pilgerrouten für Fußgänger und Radfahrer durch Thüringen
– Thema VII: Klang und Musik. Glocken, Kantaten, Orgeln: Orte des Wirkens von Johann Sebastian Bach und Heinrich Schütz, Standorte von Orgeln und Glocken
– Thema VIII: Tradition und Pluralität. Einladung zur Unterbrechung: Stätten der drei großen monotheistischen Religionen, die zur Unterbrechung des Tageslaufs und zur Besinnung einladen

Alle im Thüringer Informations- und Ausstellungszentrum für Spirituellen Tourismus vorgestellten Reiseempfehlungen eröffnen aufgrund ihrer inhaltlichen Profilierung Möglichkeiten für religiöse Bildung, die von den Anbietern vor Ort konkretisiert werden können.[5]

Ein Blick auf den deutschen Tourismusmarkt belegt die steigende Bedeutung derartiger Reisen:

»Der Trend- und Freizeitforscher Horst Opaschowski hat das Reiseverhalten im Nachkriegsdeutschland in große Perioden zu unterteilen versucht, die sich aus den Wünschen der Kunden ableiten lassen. Nach Phasen der Erholungs- (1950er und 1960er), Konsum- (1960er und 1970er) und Erlebnisorientierung (1980er und 1990er) folgen die der Wellness- (1990er und 2000er) und Sinnorientierung (2000er und 2010er Jahre). Bereits der Wellnesstrend befriedigt in den letzten Jahren Bedürfnisse von Wohlfühlen und Harmonie, die weit über die äußerlichen Anwendungen hinausgehen.«[6]

Berücksichtigt man diese Trendentwicklung, wird deutlich, dass der häufig als Nischenthema abgetane Spirituelle Tourismus Wachstumspotentiale enthält; bezieht er sich doch auch auf mit dem Reisen verbundene Fragen nach Sinnorientierung, wie sie sich in der Nachfrage von Angeboten zur Selbstfindung, zur Sinnsuche oder für eine Annäherung an den ›Anderen‹ widerspiegeln. Dabei bilden die Abrufer entsprechender touristischer Produkte durchaus keine homogene Gruppe. Zu ihnen gehören sicherlich Menschen, die vornehmlich aus religiösen, aber ebenso auch solche, die aus kulturellen, ruhe- und erholungsbezogenen Motiven genauso wie aus Neugier religiöse Destinationen aufsuchen. So haben wir es bei den Nutzern von Angeboten des Spirituellen Tourismus zugleich mit einer Nischengruppe – den aus religiösen Gründen Reisenden – und mit einer Hauptzielgruppe des Tourismus – den Kulturtouristinnen und -touristen – zu tun.[7] Zu Ersteren, der eigentlichen Kernzielgruppe, gehören insbesondere Reisende,

»die die Angebote der wenigen christlichen Reiseveranstalter in Anspruch nehmen. Diese lassen sich in Deutschland jährlich auf 150.000 bis 200.000 Reisen schätzen. Daneben etabliert sich in den letzten Jahren immer mehr der Markt des Klosters auf Zeit. Die deutschen Klöster mit Angeboten für Laien registrieren bereits über 100.000 Anfragen pro Jahr, die zu mindestens 40.000 religiös motivierten Klosterübernachtungen führen.«[8]

Es hat sich somit ein spiritueller Tourismusmarkt etabliert, der sich auf Pilger- und Wallfahrtswege, auf den Besuch historischer Stätten und Feste der Religionen, auf Urlaub im Kloster oder religiöse Studienreisen bezieht.

Zu all dem treten noch weitere Reiseziele mit religiöser Ausrichtung hinzu:[9] Orte der Präsentation von Religion, die dem Sektor Entertainment/Unterhaltung zuzuordnen sind, genauer religiöse Freizeit- und Themenparks. In Deutschland sind sie (noch?) nicht zu finden, während sie sich in den USA großer Beliebtheit erfreuen. Als erster derartiger Themenpark gilt der 1978 vom Fernsehprediger James Bakker gegründete *Heritage USA*-Park in Fort Mill (South Carolina). Nach Disneyland und Disneyworld stand die Anlage in den 1980er Jahren mit sechs Millionen Besucherinnen und Besuchern an dritter Stelle in den Vereinigten Staaten von Amerika. Ein Hotel und ein Einkaufszentrum gehörten ebenso zur Anlage wie eine Kirche und eine Nachbildung Jerusalems. Zu den Attraktionen zählten u. a. Passionsspiele. 1989 wurde der Park geschlossen, nachdem Bakker in Finanz- und Sexskandale verwickelt war und die Besucherzahlen rapide sanken.[10] Ein anderer bekannter religiöser Themenpark der USA ist *The Holy Land Experience* in Orlando (Florida), der 2001 eröffnet wurde. Sein Gründer ist Mark Rosenthal, ein vom Judentum zum Christentum konvertierter Pastor der Baptisten. Er führt zusammen mit seiner Frau die Organisation *Zion's Hope*, die Juden die christliche Botschaft näherbringen und zugleich sogenannten bibeltreuen Christen die Bedeutung Israels für das Christentum deutlich machen will.

»Der Holy-Land-Experience-Park, der seit 2005 unabhängig von Zion's Hope betrieben wird, verfolgt dieses Projekt in einer sehr konkreten Form: Er ruft das Heilige Land nicht nur in Erinnerung, sondern macht es zugänglich. Man findet dort eine Nachbildung des Jerusalemer Tempels, kann die Via Dolorosa bis zum Kalvarienberg entlangflanieren und sich gegenüber den Qumran-Höhlen einen Hot Dog oder eine Brezel schmecken lassen und Getränke kaufen. Auch biblische Gestalten werden hier zum Leben erweckt: In der Live-Show ›The Ministry of Jesus‹ steht man in der Menge, die bestaunen darf, wie Jesus sich mit den Pharisäern auseinandersetzt und einen Blinden heilt. Zungenreden und andere Formen charismatischen (Pfingst-)Christentums sind im Park allerdings verpönt, da sie die vorgestellte Ordnung aufzubrechen drohen.«[11]

Eine gewisse Besonderheit stellt in diesem Zusammenhang das 2007 von evangelikalen Kreationisten eröffnete *Creation Museum* in der Nähe des Flughafens von Cincinnati (USA) dar.[12] Es bewegt sich in einem Bereich zwischen Themenpark und Museum und zeigt mit durchaus missionarischem Impetus Hightech-Exponate, mit denen für eine kreationistische Interpretation der biblischen Schöpfungstexte geworben wird. Dort sollen während der ersten neun Monate nach seiner Eröffnung bereits 2,5 Millionen Besucher gezählt worden sein.[13]

In ganz anderer – und durchaus ungewöhnlicher – Umgebung wurde ›Pilgern‹ als Aspekt des spirituellen Reisens 2010/11 in einem Technikmuseum thematisiert: im Verkehrszentrum des Deutschen Museums für Verkehr und Technik in München mit der Sonderausstellung *Unterwegs fürs Seelenheil?!* Sie behandelte das Pilgern in den Weltreligionen und war ein unerwarteter Erfolg. Viele Besucherinnen und Besucher ließen sich dort auch zu sehr persönlichen – religiösen – Äußerungen am sogenannten Wunschbaum anregen, an den man Zettel mit eigenen Gedanken, Ängsten, Hoffnungen und Wünschen heften konnte.[14]

Schon vor der in den 2000er Jahren verstärkt einsetzenden Entwicklung religiösen beziehungsweise spirituellen Reisens im Angebotssegment der Touristiker gab es manch kritische Äußerung kirchlicher Vertreter zum Spannungsfeld Tourismus und Kirche.[15] Erinnert sei hier nur an die polemischen Äußerungen des Wittenberger Pastors Friedrich Schorlemmer, die er zum Lutherjubiläum 1996 aus Anlass des 450. Todestages des Reformators in Richtung Touristiker machte: »Die DDR habe Luther vermarxt, heute werde er vermarktet, auf jeden Fall werde er vermurkst!«[16] Will man nicht dieser polemischen Haltung verhaftet bleiben, ist »eine kompetente Partnerschaft von Kirche, Kultur und Tourismus« anzustreben, »die eine Kultur des Dialogs und eine gemeinsame Kommunikationsstrategie bis hin zu gemeinsam konzipierten anspruchsvollen Bausteinen umfasst.«[17]

Insgesamt gilt mittlerweile: Touristische Angebote mit Bezug zu Religion, Glaube und Kirche werden trotz ihrer mitunter deutlichen Verschiedenartigkeit unter dem wenig differenzierten, dennoch eingeführten Begriff ›Spiritueller Tourismus‹ subsumiert. Dieser umschreibt ganz allgemein einen Bereich zwischen Religion und Tourismus – oder anders gesagt, deren Schnittmenge. Aus der Perspektive von Reiseveranstaltern, aber auch von Ländern und Kommunen, wird dabei ein Reisesegment verstanden, bei dem Religiosität, Religion und Glaube dezidiert unter touristischer Sichtweise betrachtet werden; aus der Perspektive der Anbieter vor Ort – allen voran von Kirchen, Kirchengemeinden und Klöstern – eröffnet sich hier ein neues Kommunikationsfeld, bei dem Anbieter und Nachfrager über, mit oder auch in Religion im Zusammenhang von Reisen ins Gespräch oder – besser noch – in Kontakt kommen können.

Falsche Erwartungen, Enttäuschungen und Missverständnisse über Möglichkeiten und Grenzen des Spirituellen Tourismus können jedoch auf beiden Seiten auftreten. Um dies zu vermeiden oder zumindest vermittelnd auszutarieren, sollte der eingeführte Begriff ›Spiritueller Tourismus‹ differenziert betrachtet und zwei unterschiedliche, wenn auch aufeinander bezogene Bereiche abgesteckt werden, bei denen Reisende mit Religion in Berührung kommen. Diese sind jeweils aufgrund ihres Schnittmengencharakters theologisch und tourismustheoretisch zu beschreiben, um die Authentizität der dort kommunizierten Religion zu gewährleisten und im Anschluss daran Grundlinien für touristische Angebote zu entwickeln, damit tatsächlich religiöse Kommunikationsräume eröffnet werden können.

2. Untersuchungen, Konkretionen und Reflexionen zum Spirituellen Tourismus

Seit einiger Zeit nehmen vielfältige Studien und Projekte diese neue Reiseform in den Blick.[18] So wurde im Jahre 2003 auf Initiative des Wirtschaftsministeriums von Sachsen-Anhalt zusammen mit den Kirchen im Land das Projekt *Spiritueller Tourismus in Sachsen-Anhalt* entwickelt. In diesem Zusammenhang entstanden die Studien *Spiritueller Tourismus in Sachsen-Anhalt*[19] sowie *Heilige Orte, sakrale Räume, Pilgerwege. Möglichkeiten und Grenzen des Spirituellen Tourismus*.[20] Ihnen folgte eine 2008/09 erstellte Machbarkeitsstudie unter dem Titel *Klosterlandschaft Sachsen-Anhalt*.[21] Ihr Ziel war es, 50 Klosterstätten zu erheben, die Potentiale für Spirituellen Tourismus in unterschiedlichen Facetten aufweisen. Ähnliches hat auch die 2008 in zweiter Auflage erschienene Studie zu *Klosterstätten in Mecklenburg-Vorpommern* unternommen, die auf mögliche Vernetzungen und Zusammenarbeitschancen einzelner Klosterstandorte im Bundesland hinwies.[22] Auf Bundesebene hat sich mittlerweile auch der Ausschuss für Tourismus des Deutschen Bundestags am 15. Mai 2013 in einer öffentlichen Anhörung mit dem Thema beschäftigt.[23]

Der wissenschaftlichen Begleitung dieser Entwicklungen nimmt sich seit 2008 auch eine in zweijährigem Rhythmus veranstaltete Symposiumsreihe *Religion ausstellen* an, die im brandenburgischen Kloster Lehnin in Zusammenarbeit mit dem dortigen Evangelischen Diakonissenhaus Berlin Teltow Lehnin vom Arbeitsbereich Religionspädagogik des Instituts für Katholische Theologie und ihre Didaktik der Martin-Luther-Universität Halle-Wittenberg veranstaltet wird.[24]

3. Notwendige Differenzierungen: ›Spiritueller Tourismus‹ als ›Spirituelles Unterwegssein‹ und als ›Religionstourismus‹[25]

Auf die Unterscheidung zweier unterschiedlicher Reiseformen, die sich auf ›Religion‹ beziehen, weist schon Michael Stausberg hin, wenn er einerseits einen »religiösen (beziehungsweise religiös motivierten) oder spirituellen Tourismus« und andererseits einen »Religionstourismus« voneinander unterscheidet.[26] Beide Reiseformen können sich zwar bei einer Reise überlappen, müssen dies aber nicht, denn »[w]ährend religiöser/spiritueller Tourismus primär aus religiösen/spirituellen Motiven unternommene Reisen umfaßt (Warum?), erfolgt die Kennzeichnung von Religionstourismus über die Bestimmung der Reiseziele (Wohin?).«[27] Unterstützt wird eine derartige Einteilung religionsbezogener Reiseformen auch durch eine Klassifizierung von Reisemotiven, derer sich die Tourismusforschung ganz allgemein bedient. So wurden schon in den 1960er Jahren touristische Reisemotive untersucht und diese zwei verschiedenen Grundmotivationen zugeordnet: ›Fort-von‹- und ›Hin-zu‹-Motiven.[28]

> »Während die erste eine Fluchtbewegung betont und somit gleichzeitig die Suche nach einer Gegenwelt impliziert, treten bei der letzteren Motivationsgruppe vermehrt Forscherdrang und Neugierde in den Mittelpunkt. Erst diese Motivationsstruktur gibt dem Urlaubsverhalten eine Richtung. Ohne sie wäre der Urlaub an irgendeinem zufälligen Ort mit beliebigem Verhalten schon Befriedigung genug.«[29]

Diese Motivklassifizierungen können in Beziehung gesetzt werden zu den von Michael Stausberg vorgenommen Differenzierungen, so dass den ›Fort-von‹-Motiven die ›Warum‹-Motive des spirituellen Tourismus, den ›Hin-zu‹-Motiven die ›Wohin‹-Motive zugeordnet werden können. Auf diese Weise werden die beiden unterschiedlichen Ausprägungen von Reisen, die unter dem Dach des Spirituellen Tourismus zusammengefasst sind, gegeneinander abgrenzbar, ohne dass ihr mögliches Aufeinanderbezogensein geleugnet werden muss:

– **Spirituelles Unterwegssein:** ›Warum‹-Reisen aus religiöser Motivation mit ›Fort-von‹-Grundierung, bei denen die Reisenden in den Erzähl- und Erinnerungsraum ›Kirche‹ beziehungsweise ›Religionsgemeinschaft‹ eintauchen, um ihre eigenen religiösen und spirituellen Möglichkeiten zu erweitern, zu hinterfragen oder neu auszurichten.
– **Religionstourismus:** ›Wohin‹-Reisen aus kultureller Motivation mit ›Hin-zu‹-Grundierung, bei denen die Eröffnung der Deutungsdomäne ›Religion‹ integriert oder zumindest ermöglicht wird.

3.1 ›Spiritueller Tourismus‹ als ›Spirituelles Unterwegssein‹

Beim spirituellen Unterwegssein dominieren aus touristischer Sicht die ›Fort-von‹-Motive und die mit ihnen verbundenen ›Warum‹-Fragen nach Neuausrichtung des Subjekts und die Suche nach Lebenssinn. In Mitteleuropa werden entsprechende Angebote in der Mehrzahl bei den Kirchen nachgefragt und dort auch bereitgestellt. Hierher gehören Formate wie Kloster auf Zeit, Besinnungstage an religiösen Orten ebenso wie die schlichte Erwartung von Stille in einem Kloster, die Manager vor gewichtigen Entscheidungen suchen. Häufig ist damit auch eine »Flucht vor Lärm und Stress des Alltags«[30] verbunden. Entsprechende Angebote von Kirchen, Klöstern und Religionsgemeinschaften zeichnen sich dann auch dadurch aus, dass sie einen biographisch-persönlichen Bezug des Einzelnen auf Selbstfindung, Lebensneuausrichtung und Gottsuche hin eröffnen. Seitens der Nachfragenden »besteht die Hoffnung einen Impuls zu erhalten. Im Zusammenhang mit diesen Anstoß- und Umbildungshoffnungen steht die Suche nach einem tieferen Sinn, vor allem vor dem Hintergrund inflationärer Fülle von Ideologien und kontemporärem Sinnchaos. Kommt eine Verwandlung nicht zu Stande, bleibt doch der Gewinn an Wissen.«[31] Aber auch die Teilnahme an Wallfahrten, das Pilgern oder der aus religiösen Motiven unternommene Besuch von Prozessionen oder besonderen kirchlichen Ereignissen gehören zu dieser Reiseform.

Aus theologischer Perspektive betrachtet, handelt es sich bei den Angeboten des spirituellen Unterwegsseins um solche, die ausdrücklich mit Fragen nach Religion und Glauben verbunden sind. Sie stehen zwar Gläubigen und Nichtgläubigen offen, doch wird die Entscheidung, ein solches Angebot anzunehmen, immer bewusst getroffen, da die Begegnung und Auseinandersetzung mit ›Gott und der Welt‹ dabei ein zentrales Motiv darstellt. Hier ist die Theologie und mit ihr auch der Glaube im Eigenen. Entsprechende Angebote werden daher zumeist aus dem Binnenraum Kirche beziehungsweise Religionsgemeinschaft heraus gemacht und drehen sich um die lebensweltliche Dimension von Theologie und Glaube – also um Spiritualität im eigentlichen Sinne. Spiritualität bedeutet in diesem Kontext

> »eine besondere, nicht notwendig eine konfessionelle religiöse Lebenseinstellung eines Menschen, der sich auf das transzendente oder immanente göttliche Sein bezieht. Spiritualität bezieht sich aber auch auf das eine umgreifende Sein des Menschen, das den Menschen als unfassbares Geistiges versteht. Spiritualität beginnt mit der Suche nach oder der Erkenntnis um den Sinn des Lebens und der eigenen Lebensaufgabe. Das Ziel einer gelingenden Spiritualität lautet: Erkenne dich selbst und gehe deinen Weg, denn der Weg ist das Ziel.«[32]

Gegenüber einem unbestimmten Gebrauch von Spiritualität ermöglicht der christlich-kirchliche Kontext – ebenso wie auch die Kontexte anderer verfasster Religionen – theologisch verantwortete Konkretisierungen. In solchen Kontexten bezieht sich ›Spiritualität‹ in der Regel auf eine konkrete Gruppe und ist damit über eine individuelle Haltung hinaus ein soziales Phänomen. So kann im christlichen Kontext von einer Spiritualität der Benediktiner, der Zisterzienser, der Franziskaner – dann aber auch des evangelischen Pfarrhauses oder der Gemeinde – usw. gesprochen werden.[33]

Hierher gehören dann auch die Angebote der Radwege- und Autobahnkirchen. Sie sind zwar nicht Ziel langer Pilger- oder Wallfahrtswege, doch spirituelle Ziele, die wegen der Chance auf Unterbrechung und Besinnung während einer längeren Reise aufgesucht werden. Auf diese Weise können sie als Ziele von Kurz-Pilgerfahrten angesprochen werden, die mitunter lediglich die Länge der Strecke von der Autobahnabfahrt bis zur Kirche (fort von der Reiseroute!) aufweisen. Und: Sie werden in der Regel nicht wegen ihres religionstouristisch interessanten Gehalts aufgesucht.

3.2 ›Spiritueller Tourismus‹ als ›Religionstourismus‹

Anders als das spirituelle Unterwegssein wird die Reiseform des Religionstourismus, bei dem im Rahmen des Kulturtourismus religionsbezogene Orte, Feiern und Rituale besucht werden, nicht unbedingt primär aus einer spirituellen oder religiösen Motivation heraus unternommen. Reisende suchen zwar Orte mit besonderer Aura und Atmosphäre auf, doch erwarten sie in der Regel keine nachhaltigen Wirkungen auf das eigene Leben.[34]

Beim Religionstourismus dominieren die ›Wohin‹-Motive. Religion wird bei diesen Reisen oft, vielleicht sogar vor allem in ihren historischen Zeugnissen und Objekten, aber auch in den Menschen, die vor Ort dafür stehen (Kirchenbewacher, Impulsanbieter etc.) erlebt. Hier entstehen aber Möglichkeiten für eine weitergehende Bildung, die auf die Weltdeutungsdomäne ›Religion‹ aufmerksam macht, die beim Kulturtourismus an religiös konnotierten Orten nicht selten in ihrer Eigenwertigkeit außer Acht bleibt. Erinnert sei in diesem Zusammenhang an die von Jürgen Baumert in die jüngere Bildungsdiskussion eingebrachte Unterscheidung von vier unterschiedlichen, nicht gegeneinander austauschbaren rationalen Modi der Weltbegegnung, die er für die Schule anmahnt.[35] So tritt neben die kognitive Rationalität (Mathematik und Naturwissenschaften), die ästhetisch-expressive Rationalität (Sprache, Literatur, Künste und physische Expression) sowie die normativ-evaluative Rationalität (Geschichte, Ökonomie, Politik, Gesellschaft und Recht) als weitere, durch die anderen nicht substituierbar, die konstitutive Rationalität, die sich in den Diskursen von Religion und Philosophie findet.[36] Angesichts des lebenslangen Lernens sind diese auch auf andere Bildungsbereiche übertragbar – eben auch auf den Kulturtourismus, bei dem Bildung und Reisen miteinander verwoben sind.

Anders als beim spirituellen Unterwegssein geht es beim Religionstourismus eher um eine verstehende Konfrontation mit gelebter und tradierter Spiritualität am konkret besuchten Ort. Diese wird von vielen Besuchern zunächst nicht direkt gesucht, sondern eher billigend in Kauf genommen. Aber gerade hier ergeben sich Chancen für eine rational begründete Aufschließung von Religion. Letztlich kommt dabei – wenn dies an kirchlichen Orten geschieht – der diakonische Selbstvollzug von Kirche zur Geltung, der sich als Bildungsdiakonie im Weltdeutungsmodus der konstitutiven Rationalität Ausdruck verschafft. Religionstourismus wird aber nicht nur von kirchlichen Anbietern organisiert. Nichtkirchliche oder nichtreligiöse Anbieter an ehemaligen Kirchen- und religionsbezogenen Standorten erschließen die Vielschichtigkeit ›ihrer‹ Sehenswürdigkeit und ihres Angebotes jedoch nur dann in allen Facetten, wenn sie die Bildungsdomäne ›Religion‹ berücksichtigen. Geschieht dies an diesen Orten nicht, bleibt ein wesentlicher Aspekt des vorhandenen Potentials ungenutzt.

Dem versuchen Angebote entgegenzukommen, die die religiöse beziehungsweise spirituelle Dimension des besuchten religionsbezogenen Ortes mitbedenken und -kommunizieren. Ein neueres Beispiel hierfür ist der aus dem Forschungsprojekt zur Klosterlandschaft Sachsen-Anhalt entstandene Reiseführer *Klosterlandschaft Sachsen-Anhalt* von 2011.[37]

4. Folgerungen für Angebote im Rahmen der beiden Arten des Spirituellen Tourismus

Im Bereich des Spirituellen Unterwegsseins sind die primären Anbieter Kirchen und Religionsgemeinschaften. Sie kommen mit ihren Angeboten – sei es Kloster auf Zeit, sei es Pilgern oder Wallfahren, seien es Rüsttage und Exerzitien o. Ä. – dem Bedürfnis des Menschen nach Selbstfindung, nach Neuausrichtung des Lebens und Denkens, nach ›Gegenalltag‹ entgegen und gestalten Angebote, die religiös gebundenen und nicht gebundenen Nachfragern in kritischer Zeitgenossenschaft Hilfe und Freiraum anbieten.

Angebote und Anregungen von Kirchen und Religionsgemeinschaften für Spirituelles Unterwegssein im Rahmen des Spirituellen Tourismus zeichnen sich daher besonders dadurch aus, dass sie die Reisenden – ob religiös gebunden oder nicht – einladen, den Grundfragen des Menschseins (›Wer bin ich?‹, ›Woher komme ich?‹, ›Worauf zu lebe ich?‹) Raum zu geben und im Rahmen der äußeren Reise zu Reisezielen die Möglichkeit einer inneren Reise zu eröffnen. Mit Gotthard Fuchs kann ein solches Reisen als ein Unterwegssein nicht nur als Wellness, sondern als Wholeness interpretiert werden. Die spirituellen Angebote und Möglichkeiten vor Ort – zuvörderst bei christlichen und kirchlichen Destinationen – müssen dann aber auch so gestaltet sein, dass sie tatsächlich dazu einladen: »Zum ganzen, zum heilen, zum heiligen Leben gehört christlich offenkundig beides: das dankbare Einverständnis mit der irdischen Welt und das Wissen von einem Jenseits zu ihr schon darin […].«[38] Authentizität erhalten solche Angebote Spirituellen Unterwegsseins durch ihren Bezug auf ›Religion‹, der nicht einfach Wünsche nach Wellness bedient, sondern auf die Komplexität dysfunktionaler Religiosität hinweist, wie sie im mitteleuropäischen Raum insbesondere von den Kirchen vertreten wird.

Eine Zusammenarbeit mit Touristikern ist trotz dieser Ausrichtung – oder vielleicht gerade wegen dieser Ausrichtung, die aufgrund ihrer kirchlich-diakonischen Verortung nicht nur binnenkirchlich ausgerichtet sein kann – sinnvoll und hilfreich. Die Aufgabe der Touristiker besteht dabei insbesondere darin, durch ihr Know-how im Feld ›Reisen‹ die darin eher unerfahrenen Anbieter zu unterstützen und Brücken zu schlagen, damit deren Angebote über den Binnenraum Kirche beziehungsweise Religionsgemeinschaft hinaus kommuniziert werden: sei es durch Aufnahme in entsprechende Tourismuskonzepte, durch die Entwicklung von Reiseangeboten, durch Öffnen von Kommunikationswegen im touristischen Bereich, durch Unterstützung bei der Qualitätssicherung o. Ä.

Beim Spirituellen Tourismus als Religionstourismus stehen, wie dargelegt, ›Hin-zu‹-Angebote im Vordergrund. Orte, Gebäude, Riten und Zeiten mit religiöser Konnotation werden dabei jedoch vorzugsweise aus kulturellem oder historischem Interesse aufgesucht. Solche Angebote, die sich v. a. im Segment des Kulturtourismus finden, bleiben jedoch unvollständig, wenn die mit ihnen verbundene religiöse Bedeutung nicht zumindest mitkommuniziert wird. Hier entsteht für Kirchen und Religionsgemeinschaften ein neues Betätigungsfeld, das im weitesten Sinne im Bereich der kulturellen und der Bildungsdiakonie zu verorten ist. Sie unterstützen die Tourismusanbieter (vom Landestourismusverband bis hin zu den einzelnen Reiseveranstaltern und nichtkirchlichen Anbietern vor Ort) mit ihrem Know-how in theologischen und religiösen Bereichen, damit die religiöse Dimension der besuchten Orte und Feste auch erschlossen werden kann und zum Erlebnis als dessen notwendige Verständnisgrundierung hinzutritt. Auf der Basis solcher Differenzierungen von Spirituellem Unterwegssein und Religionstourismus könnten Missverständnisse und Enttäuschungen sowohl auf der Nachfrager- als auch auf der Anbieterseite bei religionsbezogenen Reisen vermieden werden.

On spiritual routes. Spiritual tourism between religion and travel

A new segment in tourism has been established over the last years – spiritual tourism. Its emergence is connected with the discovery or rediscovery of religion and religiosity – also as a motif for travelling. This context has to be examined in its social and religious implications. Furthermore it is essential to take the interface and conflicting priorities of tourism and religion into account, and to evaluate them. Aspects of this topic are e. g. old and new pilgrimage routes (the *Way of St. James* and the *Luther Trail*) and their commercial exploitation, spiritual travellers as target group and demanders, the diversity of providers (from communal to religious organisations) as well as different expectations towards communication within and about religion.

Anmerkungen

1 Zu den folgenden Überlegungen vgl. ausführlicher: Harald Schwillus: Religion im Museum zwischen Tourismus und Bildung, in: ders. (Hg.): Wallfahrt ins Museum? Die Kommunikation von Religion im Museum mit Blick auf die Besucherinnen und Besucher, Berlin 2013, 11–23, hier: 11–12.
2 Zit. n. Michael Stausberg: Religion und moderner Tourismus, Berlin 2010, 17.
3 Stausberg 2010 (wie Anm. 2), 20.
4 Vgl. ebd., 21.
5 Vgl. Harald Schwillus: Spiritueller Tourismus in Thüringen. Das »Thüringer Informations- und Ausstellungszentrum« in Reinhardsbrunn bei Gotha, in: Erwachsenenbildung 3, 2011, 144–146.
6 Christian Antz: Spirituelle Reisen in Luthers Land – ein kirchlicher und touristischer Impuls aus Sachsen-Anhalt, in: Geschäftsstelle der EKD (Hg.): Luthertourismus in der Lutherdekade. Zwischen Bildung, Spiritualität und Erlebnis. Workshop in Erfurt am 7. und 8. Oktober 2009, Wittenberg 2009, 20–25, hier: 21.
7 Vgl. Antz 2009 (wie Anm. 6), 21–22.
8 Ebd., 22.
9 Vgl. zu den folgenden Ausführungen: Schwillus 2013 (wie Anm. 1), 12–13.
10 Vgl. Stausberg 2010 (wie Anm. 2), 97.
11 Ebd., 99.
12 Vgl. URL: www.creationmuseum.org (Zugriff: 14.02.2014)
13 Vgl. Stausberg 2010 (wie Anm. 2), 95.
14 Vgl. Sylvia Hladky: Unterwegs fürs Seelenheil?! Ein spirituelles Thema in einem Verkehrsmuseum – wie reagieren die Besucher?, in: Schwillus 2013 (wie Anm. 1), 25–34.
15 Vgl. zu den folgenden Ausführungen: Harald Schwillus: Religion und Tourismus – Erzähl- und Erinnerungsräume öffnen, in: Konstantin Lindner [u. a.] (Hg.): Erinnern und Erzählen. Theologische, geistes-, human- und kulturwissenschaftliche Perspektiven (Bamberger Theologisches Forum, 14), Berlin 2013, 451–460, hier: 452.
16 Zit. n. Stefan Rhein: Religion, Kultur, Kommerz. Auf der Suche nach einem anspruchsvollen Luthermarketing, in: Geschäftsstelle der EKD 2009 (wie Anm. 6), 9–11, hier: 11.
17 Ebd.
18 Vgl. zum Folgenden: Schwillus 2013 (wie Anm. 15), 451.
19 Vgl. Ministerium für Wirtschaft und Arbeit des Landes Sachsen-Anhalt (Hg.): Spiritueller Tourismus in Sachsen-Anhalt. Potenzanalyse und Handlungsempfehlungen für eine besondere Reiseform (Tourismus-Studien Sachsen-Anhalt, 19), Magdeburg / Lutherstadt Wittenberg 2006.
20 Vgl. Ministerium für Wirtschaft und Arbeit des Landes Sachsen-Anhalt, Referat Tourismus (Hg.): Heilige Orte, sakrale Räume, Pilgerwege. Möglichkeiten und Grenzen des Spirituellen Tourismus (Tourismus-Studien Sachsen-Anhalt, 24 / Bensberger Protokolle, 102), Magdeburg / Lutherstadt Wittenberg / Bensberg 2006.
21 Vgl. Harald Schwillus / Ulrike Kasper / Anne Volgenandt: Klosterlandschaft Sachsen-Anhalt. Machbarkeitsstudie zur Konzeptentwicklung im Rahmen des Spirituellen Tourismus, Berlin 2009.
22 Vgl. Ministerium für Bildung, Wissenschaft und Kultur des Landes Mecklenburg-Vorpommern (Hg.): Klosterstätten in Mecklenburg-Vorpommern. Mögliche Zusammenarbeit und Vernetzung, Schwerin ²2008.
23 Vgl. URL: http//www.bundestag.de/presse/hib/2013_05/2013_271/02.html (Zugriff: 14.02.2014).
24 Vgl. URL: www.religion-ausstellen.de (Zugriff: 14.02.2014).
25 Vgl. die Erstveröffentlichung der folgenden Überlegungen in: Schwillus 2013 (wie Anm. 15), 453–459.
26 Stausberg 2010 (wie Anm. 2), 21.
27 Ebd., 22.
28 Vgl. Aline Sommer / Marco Saviano: Spiritueller Tourismus – Religiöses Reisen in Deutschland, Berlin 2007, 138.
29 Ebd.
30 Ebd.
31 Ebd., 149.
32 Herbert Poensgen: Neue Entwicklungen des spirituellen Tourismus – Beispiele, Trends, Orientierungen. Was ist Spiritueller Tourismus oder Spirituelles Reisen?, in: Ministerium für Wirtschaft und Arbeit des Landes Sachsen-Anhalt, Referat Tourismus 2006 (wie Anm. 20), 17–21, hier: 17.
33 Vgl. Ulrich Köpf: Art. Spiritualität kirchengeschichtlich: in Religion in Geschichte und Gegenwart, Bd. 7, Tübingen ⁴2004, 1591–1593.
34 Vgl. Sommer / Saviano 2007 (wie Anm. 28), 149.
35 Vgl. Jürgen Baumert: Deutschland im internationalen Bildungsvergleich, in: Nelson Killius / Jürgen Kluge / Linda Reisch (Hg.): Die Zukunft der Bildung, Frankfurt a. M. 2002, 100–150, hier: 107.
36 Vgl. ebd., 106–108; Ulrich Kropač: Religion und Rationalität. Eine ungewöhnliche Allianz im religionspädagogischen Legitimitätsdiskurs, in: Ulrich Kropač / Georg Langenhorst (Hg.): Religionsunterricht und der Bildungsauftrag der öffentlichen Schulen. Begründung und Perspektiven des Schulfaches Religionslehre, Babenhausen 2012, 66–83, hier: 70.
37 Vgl. Stefan Beier: Klosterlandschaft Sachsen-Anhalt, Wettin-Löbejün 2011.
38 Gotthard Fuchs: Reiselustig und standortfest. Kleine Theologie des Tourismus in praktischer Absicht, in: Religionsunterricht an höheren Schulen 47, 2004, 270–276, hier: 276.

JOHANNES STAHL

Street – Art

Stichworte zu einer Kunst der Straße

Der hier unternommene Versuch folgt aus mehreren Gründen nicht dem auf der Tagung gehaltenen Vortrag. Zum einen gibt es naturgemäß Unterschiede zwischen einer mündlich gehaltenen bilderreichen Präsentation und einem Lesetext mit zehn Abbildungen, zum anderen ist (wider Erwarten) ein dem Vortrag zugrunde liegender Text mit dreijähriger Verspätung erschienen.[1] Daher geht das Folgende stichwortartig auf grundlegende Aspekte zwischen ›Street‹ und ›Art‹ ein und insbesondere auf die bei touristischen Straßen wichtigen Erlebnisaspekte.

Street / Art

Der Begriff Street Art ist älter, als man annehmen mag. Während es das Phänomen der ungefragt und mitunter unerlaubt im Stadtraum angebrachten Zeichen bereits seit Jahrtausenden gibt, hat auch die Kombination der Wörter ›Straße‹ und ›Kunst‹ bereits seit dem bahnbrechenden Aufsatz von Brassai 1933[2] eine eigene Geschichte. Dass Straßen eine Referenz und Inspirationsquelle für die bildende Kunst sind, leuchtet gewiss ein, wenn man bedenkt, dass Kalvarienberge und Kreuzwege eine eigene Typologie in Bild und Plastik ausgebildet haben. Dazu kommen die zahlreichen Traditionen der Itinerarien und ihrer Entwicklung bis hin zum Panorama.[3] Zudem haben gerade Film und Musik in der Straße eine wichtige Referenzfolie: Wie viele Lieder oder Filme beschäftigen sich nicht mit bestimmten Straßen oder der Straße an sich.

Straßen / Funktionale Sicht

Aber neben allen kulturellen Implikationen ist die Straße zunächst einmal ein recht funktionaler Ort. Sie verbindet – möglichst geradlinig – zwei Punkte und ermöglicht so Mobilität. An diesem Umstand ankern für die bildliche Darstellung einige Konsequenzen. Seitlich betrachtet ist die Straße als lineares Gebilde wenig geeignet für Bilder. Die von Kindern mit Kreide an der Wand hinterlassenen Wegspuren könnte man als einen bildnerischen Reflex auf diesen Umstand werten oder als die Manipulationen, die der britische Street-Art Star Banksy und andere den klassischen gelben Wegbegrenzungen angedeihen lässt: Sie werden zu zeichnerischen Umsetzungen der Straße und dem funktionalen Design. Anders verhält es sich mit zahlreichen gezeichneten Figuren, die Harald Naegeli (früher bekannt als der Sprayer von Zürich) an einigen Wänden hinterlassen hat (Abb. 1).

Abb. 1: Harald Naegeli: Sprayzeichnung in Düsseldorf, Aufnahme 2012. Foto: Johannes Stahl.

Seine oft die Bewegung von Straßen und Wegen aufnehmenden Strichwesen interagieren mit dem Straßenraum. Ihre Existenz verdankt sich nicht zuletzt der Lebensweise im urbanen Straßenraum, mit allen Vorzügen der automobilen Existenz und ihren Nachteilen. Dass er zudem einen städtebaulich verhängnisvollen Unort wie die Düsseldorfer Rheinkniebrücke öfter zur Aktionsfläche seiner Zeichenwelt gemacht hat, bietet eine weitere Ebene. Die zunehmende Betonierung seiner Heimatstadt Zürich bildete Mitte der 1970er Jahre einen Ausgangspunkt seiner ungebetenen Interventionen.[4]

Straße als Bild / Street Art als Szenerie

Filmisch sind Straßenabwicklungen längst vorhanden und letztlich schon traditionell; sie bereichern beispielsweise die Filme von Wim Wenders. Hat nun ein weit verbreitetes Straßenbetrachtungsprogramm diese Tradition interaktiv aufbereitet und damit die Möglichkeiten für den privaten Blick auf die Straße animiert? Immerhin bietet der computerisierte Blick in die Straße die Möglichkeit, Abläufe zu simulieren oder aber nach bestimmten Aspekten oder gar Details zu suchen – und fusioniert das zusätzlich mit den weitläufigen Traditionen der Luftaufnahme und der Landkartendarstellung. Mit einiger Sicherheit bleibt diese inzwischen schon alltäglich geübte Möglichkeit nicht ohne Auswirkungen auf Wahrnehmungsgewohnheiten und den Haushalt des Visuellen. Wenn nun eine Künstlerin wie Dagmar Schmidt diesen Blick auf die Straße zum Ausgangspunkt ihrer Arbeit *Stitch View* nimmt, ist einiges festzuhalten (Farbabb. 19). Zum einen führt die mit hohem Zeitaufwand ausgeführte Fleißarbeit den beschleunigten (und sehr funktionalen) Blick auf die Straße in ein deutlich ruhigeres Fahrwasser. Zum anderen werden die alltäglichen Fassaden der längs durch Langenhagen führenden Walsroder Straße zu einem Motiv nobilitiert, das bildwürdig ist – was man angesichts von Durchgangsstraßenarchitektur längst nicht immer erwarten würde. Und zum Dritten spielt der überraschende Medienwechsel mit der angestrebten Schärfe digitaler Welterfassung und der Haptik der textilen Version.

Dass die bildnerische Alternative zur Abwicklungsoptik die in den Bildraum hineinführende, sich perspektivisch verjüngende Straße ist, liegt auf der Hand. Diese Perspektive ist ebenso traditionell wie kompositorisch tückisch. Das perspektivisch grundlegende Dreieck dieser Verkürzung in flacher Draufsicht, die Schwierigkeit, einen sinnvollen Vordergrund zu gestalten und nicht zuletzt die Fragen der Textur einer Straße sind dabei nicht nur für einen Impressionisten wie Alfred Sisley zentrale Fragen (Abb. 2).

Auch für die aus funktionalen Gründen abstrahierende Sichtweise heutiger Navigationsgeräte sind die Entscheidungen zwischen eingeführten Zeichensystemen und einer minimalen Anmutung von bildnerischen Abläufen ungeklärte Fragen.

Die Bildvordergründe eines Bildes von Alfred Sisley und zahlreicher seiner (auch älterer) Kollegen zeigen neben den kompositorischen Schwierigkeiten auch, dass die Straße eine interessante Oberfläche sein kann. Wenn man sie nicht gleich als Malgrund verwendet wie Pflastermaler (die diese Texturen mit ihren Bildern ja auch zudecken), offenbaren die Straßenoberflächen eine Vielzahl optisch aufgeladener Spuren. Da sind zum einen die Relikte zahlreicher Reparaturen (gerade geteerte Oberflächen werden selten als komplette Oberfläche geflickt), sondern auch überraschend viele Infrastrukturen. In der Wiederaufbauzeit während der 1950er Jahre spielte diese als »Kapital unter der Erde« (hierzu die Kölner Denkmalpflegerin Hanna Adenauer) eine gewichtige Rolle in der Argumentation gegen die in dieser Zeit häufiger betriebene Neuplanung des innerstädtischen Straßengrundrisses mit ihren Durchbrüchen.

So hat Birthe Mlynczak für die umfassende Analyse eines Straßenraums in Halle anlässlich ihrer Diplomarbeit nicht nur eine anschauliche Visualisierung der vorhandenen Narben und Infrastrukturen einer Straße vorgenommen (Farbabb. 20). In einer Art offenen Kultur- und Sozialarbeit ging sie auch mit einer forschenden Kommunikation der Struktur und Geschichte dieser Straße nach und dokumentierte sie in einer Zeitschrift. Unter dem Titel *Reclaim the street*[5] schließlich rundete ein theoretischer Part das Abschlussprojekt ab. Hier ging es unter anderem um die frühkindliche Erziehung zur Vermeidung von Straßen als dem Verkehr vorbehaltenem Ort, um Szenerien zur Wiedergewinnung der Straßen als Erlebnisfeld und Lebensraum jenseits des Funktionalen.

Abb. 2: Alfred Sisley: The Road to Hampton Court, 1874, Neue Pinakothek München. Foto: Wikipedia (https://commons.wikimedia.org/wiki/File:Alfred_Sisley_The_Road_to_Hampton_Court_1874_Neue_Pinakothek_Munich_M%C3%BCnchen.JPG).

Ein Exkurs: Straßen / Schilder

Im Niederländischen Wort ›schilderen‹ für Malen lässt sich noch recht gut sichtbar die enge traditionelle Verbindung zwischen dem Schild und dem Bild ablesen. Menschen, die wir heute Maler nennen würden, waren selbstverständlich für das Anfertigen von Hinweisschildern, Werbetafeln und Wegbeschilderungen zuständig. Im engen Korsett heutigen Funktionsdenkens sind Verkehrszeichen nicht nur Bild gewordene Regelungen. Sie bringen auch eine Identitätsebene mit sich, die man seit dem Streit um das Ost- oder West-Ampelmännchen kaum unterschätzen wird. Die signifikante Ausschilderung der *Straße der Romanik* (im touristischen Braun gehalten) oder eine nationenspezifische Designlösung wie das Blau der deutschen Autobahntafeln samt Begrenzungsrahmen und der DIN 1451 Mittelschrift-Type befindet sich nicht nur im Wettstreit mit den Produkten der Werbung, sie hat auch einen Status als Identifikationsmerkmal des Offiziellen.

Wenn nun Thomas Rentmeister eine mehrjährige Umbauzeit im Mönchengladbacher Museum mit einem Kunstwerk begleitet, spiegelt das Schild eine Vielschichtigkeit der Funktionen zwischen Identifizierbarkeit als offizielles Design, ironischer Brechung in der Aussage und Titel sowie einer Funktion als eine Art offizieller Bautafel (Farbabb. 21). Dass damit gleichzeitig eine radikale Kurskorrektur in der Museumsarbeit um 270° anliegen könnte, darüber kann der geneigte Passant ebenso nachdenken wie über die Verlautbarungspolitik von politischen Institutionen, Privatfirmen und kulturellen Einrichtungen.

Ein Hunderte Mal gelerntes Bildvokabular kann auch eine Herausforderung sein. Das macht dieser minimale Eingriff in ein Verkehrszeichen in London klar (Abb. 3).

JOHANNES STAHL

Abb. 3: Unbekannter Street-Art-Künstler: Manipulation eines Verkehrsschildes, London, 2008. Foto: Johannes Stahl.

Abb. 4: *Deutschland Trips*. Foto aus: Till Krause: *Deutschland Trips*, Köln 2011, ohne Seite.

Kompliziert wird es, wenn aus dem Gebotszeichen für den vorgeschriebenen Kreisverkehr ein Piktogramm für Kapitalströme wird. Dazu kommt, dass Verkehrszeichen einen offiziellen Charakter haben und eine solche handgreifliche Uminterpretation einen »gefährlichen Eingriff in den Straßenverkehr genannt werden könnte.«[6]

Straßen / Erlebnishorizonte / Parcours

Touristisch bewirtschaftete Straßen sind nicht nur ein Erlebnisraum, sondern unterliegen einer gewissen Dramaturgie. Wo zusätzliche Publikationen die Erlebnismöglichkeiten auflisten, kann sich das durchaus zu Vorgaben entwickeln: Die Leser und Nutzer dieser Vermittlungsmöglichkeiten könnten diese Hinweise als Parcours auffassen. Der Hamburger Künstler Till Krause, in dessen Arbeiten die Raumerschließung ein ständiger Faktor ist, verwebt das zu einer eher dichten, geschlossenen Form (Abb. 4). Er hat eine Vielzahl zurückgelegter Wege und Straßen zum Gegenstand eines sammelnden Buches gemacht. Seine anlässlich einer Ausstellung im Braunschweiger Kunstverein entstandene Publikation *Deutschland Trips*[7] listet eine Vielzahl von Städteverbindungen auf und gibt diesen einen jeweils speziellen Namen. Von Kastl nach Plzen führt der wrinkly-Trip, von Küritz nach Jüterbog der rush-hour-Trip.

Offensichtlich ist die Wegstrecke nicht nur eine Verbindung: Die bewusst subjektiv gehaltene Bezeichnung dieser über 450 Routen spielt mit den Namen touristischer Straßen, aber auch mit der je eigenen Erfahrung. Schließlich führt jede dieser einzelnen formularhaften Seiten eine Rubrik »To be accomplished by«. Hier könnte der Nutzer seinen eigenen Namen eintragen – ohne dass damit schon feststeht, dass er diesen Parcours wirklich absolviert hat. Gleichzeitig spielt Krauses Künstlerbuch mit einer verbreiteten Denkweise, die eine solche Verbindung mit hoher Wahrscheinlichkeit als Straße denken wird, ohne dass der Künstler das in irgendeiner Form anklingen lässt. Das Gleiche gilt für die Form der Straßenbenutzung: In erster Linie wird man angesichts der Distanzen an ein Auto denken, erst in weiterer Hinsicht an das Rad oder den Fußweg.

Street Art und die Aneignung des Orts?

Es ist für die hier unternommene Perspektive fast unerheblich, ob es um emanzipative Formen des Straßenprotestes oder den Besitz möglichst vieler Straßen im Monopoly geht: Die Präsenz auf den Straßen hat mit Macht zu tun. Dabei reicht das Spektrum weit. Zum einen kann ein abgestelltes Auto oder eine hinterlassene Signatur bereits einen Machtanspruch signalisieren. Was Walter Grasskamp 1982 hellsichtig als »Seinsbehauptung« oder »Okkupationsgeste«[8] bezeichnete, ist ein immer wieder weiter gesponnener Strang der Diskussion um die Street Art. Dabei haben die heute verbreiteten Tags durchaus

Abb. 5: Kyselak. Namensinschrift in der Nähe des heutigen Donauradwegs bei Krems, Aufnahme 2006. Foto: Johannes Stahl.

zahlreiche Vorläufer. Um den österreichischen Beamten Kyselak hat sich eine solche Legende gebildet (Abb. 5). Noch immer sieht man heute die Spuren seiner Existenz (oder – auch das ist eine Möglichkeit – die Folgen seiner Bekanntheit, die Nachahmer oder eine Art Traditionspflege nach sich zog).

Die Aneignung von Orten spielt auch eine tragende Rolle in den Arbeiten eines Pariser Street Art Künstlers, der sich hinter dem Pseudonym *Invader* verbirgt (Farbabb. 22). Das Besondere seiner Konzeption ist, dass sie auf dem in den 1970er Jahren verbreiteten Videospiel *Space Invader* fußt und die damals übliche grobpixelige Bildauflösung aus einer gewissen Nostalgie heraus zugrunde legt. Die Bauart seiner Interventionen in den Stadtraum hat der Künstler dabei auf seiner Homepage offengelegt und seine weltweiten Fans dazu aufgefordert, sich an diesem Rezept zu bedienen. Es geht materiell darum, aus Kleinkacheln ein Bild herzustellen und für die Montage an einer eher hoch gelegenen Wand so vorzubereiten, dass man die größere Fläche nur noch an die Wand kleben muss. Der Effekt ist verblüffend: Durch diesen Aufruf und den durchaus vorhandenen Bekanntheitsgrad des Motivs ist der Invader inzwischen weltweit verbreitet. Auch wenn es in vielen Fällen überhaupt nicht klar ist, ob der Pariser Künstler selbst dieses Werk an eine Wand in Australien, der amerikanischen Westküste oder Köln und London angebracht hat, sind es – durch die Anonymität geschützt – authentische Werke. Zudem spielt sich auf inhaltlicher Ebene eine weitere Invasion ab: Wie im Videospiel tauchen die Invader aus der Tiefe des dunklen Bildraums auf und besetzen die Straßenräume. Was als primitiver Egoshooter noch ein Planspiel war, wird ein Ernstfall für das urbane Umfeld. Und da diese Figur eine gewisse Bekanntheit hat und aus dem Spiel stammt, ist es eher selten, dass ein Invader in der Realität entfernt wird – ganz im Gegensatz zur meisten Street Art. In Paris gibt es mittlerweile Stadtführungen zu den Arbeiten des Lokalmatadors, die ihrerseits mit wild plakatierten Ankündigungen Werbung betreiben.

Straße als Metapher – Eine Anmerkung zu öffentlicher Kunst

Die ›Große Straße‹ war ein zentrales Element im durchinszenierten Geschehen der Reichsparteitage in Nürnberg zu Zeiten des ›Dritten Reichs‹. Regelmäßig in Granit mit unterschiedlicher Färbung (auf einem betonierten Untergrund) geplättet, gab sie für die Aufmärsche eine Art inszenierter Regie, wie, wann und wo die Massen sich aufstellen und wie sie sich auf dem Parteitag bewegen sollten. Das Plattenmaß von 120 cm sollte dabei genau der Länge zweier Schritte entsprechen. Dabei war sie ein hochgradig gestalteter Straßenraum, mit flankierenden Erhöhungen am Rand, welche Gelegenheit gaben, diese Aufmärsche wahrzunehmen. Dass diese ›Große Straße‹ im Zusammenhang stand mit den Straßenbauten des ›Dritten Reichs‹ zwischen Autobahnausbau, innerstädtischen Magistralen (beispielsweise in Berlin oder Köln) oder ersten Konzepten touristischer Straßen, ist ein Aspekt, der bislang noch nicht viel untersucht worden ist. Schließlich ist sie wie viele Bauvorhaben des ›Dritten Reichs‹ erst 1939 fertiggestellt worden und erlebte deshalb nie die Funktion der Aufmärsche.

Allerdings ist sie auf die Nürnberger Kaiserburg als Fluchtpunkt ausgerichtet und erschließt an ihrem Rand die Bauten des Reichsparteitagsgeländes. Die Absicht ist deutlich, diese Straße als Aktionsraum aufzuladen, der geschichtliche Perspektiven erschließt und in hohem Maß propagandistisch wirksam werden konnte. Wie wirksam diese architektonische Folie ist, lässt sich nicht zuletzt bei heutigen Autorennen auf dem Norisring nachvollziehen, der Teile des Geländes nutzt und (zumindest was die Orte für den Fahnenschmuck angeht) die Inszenierung des Raums nun mit anderen Fahnen fortschreibt.

Im Werk des österreichischen Bildhauers Karl Prantl taucht eine mehrfache Konversion dieses belasteten Materials auf (Farbabb. 23).[9] Bereits während des Nürnberger Bildhauersymposiums 1971 hinderte ihn demnach die Polizei, die Steine vor Ort weiter zu bearbeiten. Sein *Nürnberger Kreuzweg,* 1991 in der Kunsthalle ausgestellt und 1996 vor der Nordwand der Lorenzkirche platziert,[10] nutzt Steine dieser Straße und bindet die Marschierstraße typologisch in den Zusammenhang der Kreuzwege zurück. Die Präsentation auf dem Pflaster verschafft den Steinen skulpturale Rechte, und die Abrundung und Abfasung am Rand rückt sie in die Nähe von namenlosen Grabplatten.

Die Eingriffe in der ›Großen Straße‹ selbst sind nur wenige geblieben, ein größeres geplantes Bildhauersymposium, das die Konversion dieses machtvollen Denkmals betrieben hätte, blieb Skizze.

Street – Art. Some catchphrases

The term Street Art is older than one may accept. The phenomenon of uncommended and unauthorized art exists since millenniums, and even the combination of the words *Street* and *Art* can be read since Brassai's groundbreaking article and foto-essay of 1933. It is clear that streets form both a reference and inspiration for art, if one thinks of the stations of the cross and its own typology in picture and plastic. Besides there are the numerous traditions of the pictural notebooks and their development up to the Panorama. Film and music in the street have another important foil: there are lots of songs or films which deal with certain streets or the street as a metaphoric Leitmotif.

Seen functionally as a line between two points, streets are a complicated matter for images. Some wall drawings by the Zurich Sprayer Harald Naegeli clarify that they derive from moving in the street. Treating them a scenery, streets or roads form a perfect stage for moving pictures or actions. With stitch view Hannover-based artist Dagmar Schmidt sets a counter part to the widespread use of street views globally available on the internet.

Seen from the user perspective on the road, the foregrounds basic triangle forms somewhat of a compositorial difficulty. The spectre ranges from the discovery of textural values in context with a picture up to certain abbreviations that are suggested to users of navigation instruments nowadays.

Contemporary artistic intervention shows a widespread diversity of how to deal with the impacts of the street. Whereas Birthe Mlynczak tries to break some of the taboos in the use of streets, while others focus on the significance of signs or make up their own experience parcours. Karl Prantl converts the loaded ›Große Straße‹ from the Nazi era in Nuremberg by a sculptural attempt that has remained a scetch for far wider tasks.

Anmerkungen

1 Vgl. Johannes Stahl: Street Art wörtlich: Straßenbedingungen für die Kunst, in: Straßen von der Frühgeschichte bis in die Moderne. Verkehrswege – Kulturträger – Lebensraum. Akten des Interdisziplinären Kolloquiums Köln Februar 2011, hg. v. Thomas Fischer / Heinz Günter Horn für ZAKMIRA, Wiesbaden 2013, 279–296.
2 Vgl. Gyula Halasz Brassai: »Du mur des cavernes au mur d'usine«, in: Minotaure 3/4, 1933, 6–7.
3 Vgl. Kat. Sehsucht. Das Panorama als Massenunterhaltung im 19. Jahrhundert, Ausstellungskatalog Bonn 1993.
4 Vgl. Harald Naegeli: mein revoltieren mein sprayen, Bern 1979.
5 Vgl. Birthe Mlynczak: Reclaim the Street. Das Leben spielt auf der Straße, Diplomarbeit im Fachbereich Spielmitteldesign, Burg Giebichenstein Kunsthochschule Halle 2010.
6 http://dejure.org/gesetze/StGB/315b.html (Zugriff am 18.02.2014).
7 Vgl. Till Krause: Deutschland Trips, Köln 2011.
8 Walter Grasskamp: Handschrift ist verräterisch. Stichworte zu einer Ästhetik der Graffiti, in: Kunstforum international 50, 1982, 29.
9 Vgl. Eckart Dietzfelbinger / Gerhard Liedtke: Nürnberg – Ort der Massen: Das Reichsparteitagsgelände. Vorgeschichte und schwieriges Erbe, Berlin 2004, 139–140.
10 Vgl. Alexander Winter: Der Steinbildhauer Karl Prantl: Werkkatalog 1950–2000, München 2008 (zugleich. Dissertation Universität München 2008), 47.

Podiumsdiskussion

Den Abschluss der Tagung bildete ein vom mdr veranstaltetes Podiumsgespräch zum Rahmenthema »Kulturstrassen als Konzept« unter der Moderation von Stefan Nölke, dessen Schriftfassung an dieser Stelle aus Raumgründen lediglich mit exemplarischen Statements der Beteiligten stark komprimiert wiedergegeben wird (Farbabb. 24).

Stefan Nölke, Moderator mdr figaro
Herzlich willkommen zu unserer Diskussion hier im Ständehaus in Merseburg, wo wir über das Potential und die Perspektiven von Kulturstraßen sprechen wollen. Kulturstrassen erleben europaweit einen großen Boom. Das ging los 1987 mit dem Pilgerweg nach Santiago, Stichwort ›Ich bin dann mal weg‹. Wie populär dieser Pilgerweg geworden ist, hat ja der Riesenerfolg des Buches von Hape Kerkeling gezeigt. Der Jakobsweg, 1993 ins UNESCO Weltkulturerbe aufgenommen, ist ständig erweitert, aber eben auch kopiert worden. Es gibt ja mittlerweile z.B. die *Via francigena*, auch ein internationaler Pilgerweg von Großbritannien nach Rom, der in den letzten Jahren ausgebaut worden ist. Es gibt die Mozartwege oder die europäische Friedensroute und in diesen Kontext passen dann auch die Lutherwege, die man in Sachsen-Anhalt, Thüringen und Sachsen ins Leben gerufen hat. Vorreiter aber war hier in Mitteldeutschland ganz eindeutig die *Straße der Romanik* (SdR), die seit 1993 existiert, und deren 20. Geburtstag auch Anlass für unsere Diskussion ist. Über eine Million Besucher nehmen dieses Angebot jährlich war. Eine ganz schöne Erfolgsgeschichte für Sachsen-Anhalt, die auch Nachahmer gefunden hat, denn die *Straße der Romanik* gehört ja mittlerweile zu einem großen europäischen Netzwerk – der TRANSROMANICA, d.h., es gibt Korrespondenzregionen in Italien, Frankreich, Spanien und Serbien, die zusammen 2007 unter dieser Marke zusammengefasst worden ist, professionell nennt sich das auf Englisch ›The Romanesque Routes of European Heritage‹. Kulturstrassen boomen. Warum ist das so? Was verbirgt sich hinter dem Begriff? Was für Konzepte von Kulturstrassen gibt es? Wie neu, wie historisch gewachsen ist das? Wie stark ist die spirituelle Komponente? Wer legt fest, was als Kulturstrasse gelten soll? Wer hat ein Interesse daran? Wer profitiert davon? Aber auch welche Probleme ergeben sich aus einer solchen Markensetzung? Und werden die Kulturstrassen noch genauso funktionieren und gestaltet sein, wenn sich erst einmal Millionen chinesischer und indischer Touristen darauf stürzen und hier bei uns auch keiner mehr weiß, wozu eigentlich mal ein Altar oder ein Taufbecken gedient hat. Das wären in etwa unsere Fragen, am Ende einer Tagung, die das *Europäische Romanik Zentrum* und das *Netzwerk Cultural Heritage* organisiert haben.

Drei Tage lang haben sich Kulturhistoriker, Historiker, Archäologen, Ethnologen, Denkmalpfleger, Kulturmanager und Tourismusexperten hier in Merseburg Gedanken über Idee, Geschichte und Praxis von Kulturstrassen gemacht. Zur Abschlussdiskussion begrüße ich auf dem Podium den Kulturjournalisten Christoph Dieckmann von der Wochenzeitung die ZEIT, ich begrüße Falko Daim, Professor für Frühgeschichte und Mittelalterarchäologie und Generaldirektor des Römisch-Germanischen-Zentralmuseums in Mainz, ich begrüße Karlheinz Wöhler, Professor für empirische und angewandte Tourismuswissenschaft in Lüneburg, und ich begrüße Burkhard Schnepel, einer der Organisatoren von *Netzwerk Cultural Heritage* und Professor für Ethnologie an der Martin-Luther-Universität Halle.

Stefan Nölke
Burkhard Schnepel, Was glauben Sie? Ist die *Straße der Romanik* tatsächlich so erfolgreich, wie sie nach außen auch dargestellt wird.

Burkhard Schnepel
Es kommt darauf an, in welche Richtung man fragt: erfolgreich. Wir haben ja öfter gehört, dass die SdR jetzt 20 Jahre alt geworden ist und müssen da einen Satz, der während der Tagung immer wieder gefallen ist, hier noch einmal zuspitzen und sagen: Die SdR ist ein Beispiel dafür, dass kulturelles Erbe etwas Neues ist. Etwas Neues allerdings, das Bezug nimmt auf etwas Vergangenes. Diese beiden einfachen Sätze führen dazu, dass für Wissenschaftler, aber auch für Leute, die pragmatisch oder praktisch mit solchen Begebenheiten, wie der SdR umgehen, sich weiterführende Fragen stellen. Wer schafft dieses Neue? Mit welchen Interessen? Für welche Funktion? Was ist das Alter, auf das Bezug genommen wird? Ist das Alter imaginiert? Ist es Gedächtnisgeschichte? Ist das Faktengeschichte? Und in diesem Sinne könnte man die Frage »erfolgreich« vielleicht zuspitzen: Ist das erfolgreich wirtschaftlich? Ist das erfolgreich für die Identität eines Bundeslandes? Ist das erfolgreich in kulturpolitischer Hinsicht? Und ich werde weder Ja noch Nein sagen, ich wollte einfach nur zuspitzen, dass sich die Frage »erfolgreich« auf vielen verschiedenen Ebenen vielleicht beantworten lässt.

Stefan Nölke
Falko Daim, wie sehen Sie das aus Mainz? Die SdR – ein Begriff in Mainz? Und ist es ein erfolgreiches Konzept, das da verwirklicht worden ist?

Falko Daim
Durch meine Freundschaft zu einem Kollegen bin ich sehr viel in Sachsen-Anhalt und einer der ersten Dinge, die ich von ihm gelernt habe, ist, dass es in Sachsen-Anhalt 800 romanische Kirchen gibt. Ich meine, dass das Konzept aus verschiedenen Gründen wichtig und interessant ist. Erstens einmal weil es Touristen herbringt, das ist zunächst kein unwesentliches Ziel. Das zweite ist natürlich der identitätsstiftende Aspekt. Und das hat aber jetzt wieder eine Rückwirkung auf die Bewahrung der Stätten. Denn ich als Archäologe und Historiker muss sagen, was mir natürlich auch besonders wichtig erscheint ist, dass historische Substanz, die dann auch in 100, 200 oder 500 Jahren erforscht werden kann, erhalten wird. Und da gibt es zwei Möglichkeiten: Einmal, dass sie als kulturelle Besonderheit und Wichtigkeit wahrgenommen und im Bewusstsein der Gesellschaft verankert wird. Das andere ist, dass man sie nutzt, z.B. als Hotel, denn sie muss eine Funktion bekommen, sonst wird sie verfallen.

Zu einem anderen von Ihnen eingangs angesprochenen Aspekt muss ich Ihnen widersprechen, denn ich würde den Jakobsweg nicht vergleichen mit der *Straße der Romanik*. Das ist etwas völlig anderes. Am Ende des Jakobsweges ist eher durch einen Zufall etwas historisch Bedeutendes. Aber das ist ja nicht der Grund, warum die Leute auf den Jakobsweg gehen, sondern um sich selbst zu finden, zur Besinnung zu kommen in dieser irren Welt und nicht, um ein Bauwerk zu besichtigen. Das ist nicht der Zweck. Denn sie könnten ja direkt mit dem Bus hinfahren oder mit dem Flieger. Eher muss man es vergleichen mit den Pilgerreisen, die viele Menschen ins Heilige Land oder nach Konstantinopel gemacht haben, darüber hat Ihnen ja Frau Eichner gestern erzählt.

Stefan Nölke
Zu der Kritik, dass bei diesem Projekt SdR die historischen Begebenheiten und die Historie zu kurz kommen beziehungsweise ein ganz anderer Sinn eigentlich heutzutage dahinter steckt, als die Leute darüber aufzuklären, was vor 1000 Jahren hier passiert ist: Teilen Sie diese Ansicht, Burkhard Schnepel.

Burkhard Schnepel
Ich würde gerne das, was die Organisatoren der Konferenz, sozusagen auch als intellektuelles Angebot gemacht haben, der Frage entgegnen, nämlich, dass man zwar die 20 Jahre SdR als Anlass dieser Konferenz nimmt, dass man aber als Obertitel ›Kulturstraßen als Konzept‹ hat. Das würde ich gern in Erinnerung rufen. Denn hier geht es ja um die Öffnung dieser Problematik und um die Tatsache, dass wir es hier mit der Frage zu tun haben: Warum wird ein bestimmtes Element aus dem großen Fundus von Vergangenheit zu einem kulturellen Element, sogar zu einem Kulturerbe im emphatischen Sinne. Wer steckt dahinter? Welche Idee von Geschichte? Welche

Historizität ist wirklich dahinter? Und das ist meines Erachtens eine sehr wichtige Frage. Und ich sitze ja hier, wahrscheinlich als ein Vertreter und Mitbegründer des *Netzwerkes Cultural Heritage*, das an der Martin-Luther-Universität sehr erfolgreich wirkt in den letzten ein, zwei Jahren. Und dass es sich auch vorgenommen hat, Cultural Heritage, kulturelles Erbe, nicht nur aus einer historischen Sicht zu betrachten, sondern auch aus einer gegenwartsbezogenen Sicht: Welche Funktion, welcher Sinn, welche vielleicht Wertschöpfung hat kulturelles Erbe im Hier und Jetzt. Welche ›politics of cultural heritage‹ [dahinterstehen]? Auf Englisch hört sich das etwas besser an, als wenn man Politik sagt, denn das ›politics‹ meint einen größeren Bereich und das scheint mir wichtig zu sein. Und mir scheint auch wichtig zu sein, dass wir hier sehen, dass die Straße – Kulturstraße – eine besondere Manifestation von kulturellem Erbe ist. Eine Stätte, die aus vielen verschiedenen unterschiedlichen Orten an der Straße besteht, dass die Straße aber selber auch ermöglicht zu verbinden. Und wir haben es in der Konferenz öfters gesehen, eine Straße kommt selten allein: Das wäre dann eine Einbahnstraße. Sondern Straßen sind Netzwerke, und auf diesen Netzwerken wird sich bewegt, und diese Bewegungen sind oft genug auch mit Machtverhältnissen verknüpft. Und die Machtfrage müsste genauso wie auch die Kommerzfrage, die Vermarktungsfrage, auch mit kulturellem Erbe verbunden werden.

Stefan Nölke
Bleiben wir bei der Machtfrage. Wer hat denn ein Interesse? Oder wie erklären Sie sich diesen großen Boom der Kulturstraßen, Herr Daim, dass jetzt quasi inflationär Kulturstraßen aus dem Boden schießen. 24 hat der Europarat jetzt mittlerweile ins Leben gerufen. Wie erklären Sie sich das? Wer steckt dahinter? Sind es die Politiker? Sind es Kulturmanager? Sind es die Wissenschaftler? Sind es die Tourismusleute? Sind es die Regionen? Oder ist es auch ein europäisches Ding vom Europarat ausgehend? Wer hat da ein Interesse daran?

Falko Daim
Das ist ein Format – könnte man das nennen –, mit dem viele, viele Menschen ihre Kulturreisen planen und dieses Angebot nützen. Natürlich ist es nicht möglich, eine SdR einzurichten, wenn es überhaupt keine romanischen Bauwerke gibt. Die Voraussetzung ist, dass irgendetwas da ist, was man miteinander verbinden kann. Aber was mein Vorredner gesagt hat, das möchte ich noch einmal besonders betonen. Das ist etwas Besonderes: da gibt es seit 20 Jahren die SdR und seit zwei Jahren, wenn ich das richtig verstanden habe, gibt es das Netzwerk an der Universität Halle, das sich jetzt intellektuell und sehr spannend in einem interdisziplinären Austausch mit einem Phänomen auseinandersetzt. Ich glaube, hier sollte man weitermachen. Es ist wirklich notwendig, dass man keine Plastikwelt aufbaut, sondern dass man sich wirklich wissenschaftlich mit der Frage auseinandersetzt, was man an das Format der SdR anbinden könnte. Und wenn vorher, völlig richtig, die Frage gestellt worden ist, was für eine Geschichte übermittle ich überhaupt. Und kann ich die anknüpfen an die romanischen Kirchen? Stellen Sie sich vor: Da kommt eine ganze Gruppe halbgebildeter Chinesen, die jetzt die Romanik-Straße abfahren wollen, dann muss ich mir überlegen, was möchte ich, dass sie behalten? Die sollen nach Hause nehmen, dass es da eine Architekturform gibt, die für eine Phase der europäischen Geschichte von großer Bedeutung ist, und eben diese gibt es hier in einer besonders qualitätvollen ästhetischen Art und Weise. Ja, aber jetzt möchte ich, dass sie noch zusätzlich andere Informationen mitnehmen, die ihr Bild von Europa und seiner Geschichte nachhaltig verändern und ergänzen. Und darüber müsste man sich unterhalten, was das ist. Ein Thema könnten natürlich auch Konflikte sein und wie sie zu lösen sind. Aber das können viele andere sein, wie die Christianisierung des Raumes oder überhaupt Frömmigkeit im Mittelalter – ein super Thema, das man damit verbinden könnte. Ich meine tatsächlich, dass es wichtig ist, solche Konzepte nicht allein den Tourismusleuten zu überlassen, sondern man muss sich wirklich ganz genau damit auseinandersetzen, was möchte ich, das mitgenommen wird, und das sollte nicht bloß das sein, was auf den ersten Blick gut verkäuflich ist.

Karlheinz Wöhler
Also natürlich dient die *Straße der Romanik* der Identitätspolitik. Ist ja klar, dass dies ohne Zweifel ein Identitätskern für Sachsen-Anhalt ist. Kann man ja so sehen.

Stefan Nölke
Ist das in allen Regionen so?

Karlheinz Wöhler
In allen Regionen? Wenn man ganz Deutschland sieht: Baden-Württemberg hat ja dasselbe Problem – zusammengewürfelt: Was ist eine baden-württembergische Identität? Und Nordrhein-Westfalen ebenso – der Niederrhein ist auch etwas ganz anderes als das Ruhrgebiet. Wir haben viele solche Probleme in Deutschland, außer Bayern; aber Franken und Bayern provozieren ja auch wieder Identitätsfragen. Also dieses Problem, dass Teile neu zusammenkommen über eine Identität. Meine Frage ist, wie kann man ›die Romanik‹ *reinacten*? Wie kann man Romanik aufführen? Da muss man zuallererst sagen, wenn man sich die einzelnen Orte anschaut, dass das Ehrenamt sehr viel leistet im Einzelnen – immer unheimlich gute Einfälle, wie man etwas von der Romanik vermitteln kann. Da werden ja immer Geschichten erzählt – nacherzählt. Da wird etwas erzählt aus der Romanik. Dennoch, die wahre Romanik kann man schlecht erzählen, wenn's um die Identität geht. Deswegen ist es ganz schwierig, die Romanik zu vergegenwärtigen.

Christoph Dieckmann
Wenn ich dazu etwas sagen darf. Das ist doch überall so, dass man nur etwas von den Dingen hat, denen man selber auch etwas entgegenträgt – an Vorkenntnissen, an Empathie, Interesse. Ich musste heute Vormittag noch einmal nachdenken über einen Satz, der hier gefallen ist: »Kulturerbe wird gemacht«. Der Gegensatz lautet natürlich: Wo keine Romanik ist, da kann man auch keine vorstellen. Natürlich wird Kulturerbe als Corpus gemacht. Es geht nicht nur um touristische Angebote, sondern auch um ideologische Raffungen, um Epochenzuschnitte – wie auch immer. Aber viele von Ihnen kennen vielleicht das berühmte Buch von Bruce Chatwin *Songlines*. Er beschreibt darin die Welt der australischen Aborigines, die ständig mit der Neupopulation, also der weißen Bevölkerung – der herrschenden Klasse, um es mal so auszudrücken – Australiens, ins Gehege kommen, weil sie sagen, hier darf man aber nicht bauen, hier gibt es eine Linie von den Ahnen her, und das ist besetzt und wie könnt ihr dort und spürt ihr das nicht. Natürlich spüren die Ortsfremden das nicht. Also da ist schon etwas, was noch vorhanden ist für einige, mit dem aber umgesprungen wird, als gäbe es das nicht. Da geht es nicht darum, etwas zu machen, sondern etwas wiederzufinden und das ist ungleich schwieriger. Ich darf daran erinnern, dass die meisten romanischen Bauwerke nun mal eine christliche Funktion hatten und haben möchten. Andererseits befinden wir uns hier, im Quellland der Reformation, im atheistischsten Gebiet Deutschlands. Es ist schwierig, die Kirchen nur als Baukörper zu behandeln, die hatten eine andere Intention.

Burkhard Schnepel
Gab es nicht mal ein Lied, wo es hieß »Geschichte wird gemacht«? Natürlich braucht man das Material. Natürlich kann man nicht eine SdR machen, wo es keine Romanik gibt. Aber ich würde trotzdem diesen Satz auch noch zuspitzen, alles kann Kulturerbe werden, wenn bestimmte Gruppen Interesse, die Deutungshoheit, die Autorität und die Macht haben, es zum Kulturerbe zu machen. Ich habe das bewusst überspitzt und provozierend gesagt, um auch auf das zurückzukommen, was Sie vorhin sagten, nämlich dass überall in der ganzen Welt mittlerweile Kulturstraßen und andere Formen des kulturellen Erbes – des Welterbes – erfunden werden. Wir haben heute im Vortrag gehört – von Prof. Brumann –, Welterbestätten erreichen die Zahl von 1000. Ist die Frage, ob es dann implodiert? Ob dann noch das Alleinstellungsmerkmal, das dadurch erreicht werden soll, vorhanden ist. Es besteht in der Welt ein Kult kulturellen Erbes. Und es ist eine wichtige Frage zu untersuchen, warum das so ist. Und die Antwort lautet kurz und knapp: Menschen suchen nach Alleinstellungsmerkmalen in ihrer Identität nicht, obwohl es Globalisierung gibt, sondern weil es Globalisierung gibt.

Stefan Nölke
Angeblich gibt es ja aber doch diesen Kult des Auratischen und des Authentischen. Sie haben es eben auch angesprochen, gleichzeitig wird aber auch Authentizität natürlich zerstört, durch diesen Kult und die touristische Aufbereitung. Wie bewerten Sie das, Herr Wöhler? Ist das nicht widersprüchlich?

Karlheinz Wöhler
Unweigerlich. Entweder gehen wir von einem statischen oder dynamischen Kulturbegriff aus. Wir werden doch wohl von einem dynamischen ausgehen müssen. Und wir finden heute nichts mehr vor, was so ist wie vor 500 oder 300 Jahren, ob es Brücken oder ein Kloster sind oder sonst etwas. Also das muss man wissen. Man kann den Prozess dann aufzeigen, wie es vorher ausgesehen hat, und welche Phasen dann danach gekommen sind, aber wir reden ja von einer subjektiven Authentizität. Also wir objektivieren es dann durch Sehen und durch Wahrnehmen, durch Anfassen und Riechen usw.

Falko Daim
Trotzdem gibt es feste Daten, auf denen man bestimmte Erkenntnisse aufbauen kann, und Hypothesen, die man testen kann. Und wenn es diese festen Fakten nicht gibt, dann hört sich die Geschichtswissenschaft auf und dann ist alles nur mehr Lug und Trug. Soweit wollen wir doch alle nicht gehen. Was natürlich richtig ist, dass man historischen Daten für die Jetztwelt eine bestimmte Bedeutung gibt und sie in sein jeweiliges Geschichtsbild einbaut. Aber da ist wieder Vorsicht geboten, da kommt wieder meine Rede von vorher, da sind wir dann die Polizisten als Wissenschaftler, die aufpassen, dass daraus Bilder entstehen, die nicht aus den Fakten – zumindest mittelbar – gewonnen werden können. Also irgendwo muss eine enge Beziehung zwischen dem Geschichtsbild, was ich entwerfe, und den Fakten, auf denen es aufbaut, erhalten bleiben. Sonst hat dies mit Wissenschaft nichts zu tun.

Burkhard Schnepel
Mit der Authentizitätsfrage haben wir des Pudels Kern erreicht und hier scheiden sich die Geister. Ich würde sagen, auch um Sie vielleicht zu provozieren, auch Authentizität wird gemacht. Aber um das ein bisschen anders auszudrücken, was mich interessiert, sind die Prozesse der Authentifizierung. Es ist sicherlich leichter bei materiellen Manifestationen von kulturellem Erbe hier zu sagen, das geht mich nichts an, das ist authentisch. Aber als Ethnologe – und das sollten wir jetzt hinzuziehen – beschäftige ich mich sehr viel mit immateriellen Manifestationen kulturellen Erbes: Musik, Tanz usw. Und hier muss man immer wieder feststellen, dass wie Sie vorhin schon sagten, Kultur etwas Dynamisches [ist], Kultur wird immer wieder neu erfunden. Ich muss in diesem Zusammenhang nochmals das *Netzwerk Cultural Heritage* der MLU kurz erwähnen, denn wir haben dort international hoch angesehene Archäologen, Kunsthistoriker, Historiker, die in ihren Materien, das was sie konkret untersuchen, es gar nicht nötig hätten, sich mit jemandem abzugeben wie einem wie mir, einem der anfängt, *critical heritage* zu machen. Aber sie haben eingesehen, dass diese Erweiterung, dieser neue Blick auf kulturelles Erbe, nicht eine Bedrohung dessen ist, was sie machen, sondern eine Chance, eine Erweiterung des Blickes, der unbedingt dazugenommen werden muss.

Stefan Nölke
Was würde denn passieren mit dem Mainzer Karneval und mit dem Kölner Karneval? Das ist ja auch jetzt tatsächlich im Gespräch, wenn man ihn denn zum UNESCO-Weltkulturerbe erklärt. Was hätte denn das für Auswirkungen? Dass eine ›Disneysierung‹ einsetzt?

Burkhard Schnepel
Ich darf nochmal sagen, all diese Begriffe Folklorisierung, Disneysierung, Kommerzialisierung, Vermarktung haben so etwas 60er-Jahre-mäßiges, als sei das was schlechtes, als würde da etwas Authentisches jetzt zu etwas Künstlichem gemacht werden. Und wir sollen das vielleicht anders aufhängen. Ich will nicht sagen, dass Tourismus nicht etwas verändert, aber manchmal verändert Tourismus beispielsweise oder auch diese ganze Welterbeproblematik etwas in eine Richtung, die vielleicht nicht schlecht ist. Es würde viele Formen kulturellen Erbes nicht mehr geben, wenn es nicht Touristen gäbe. Ich will weder dem einen noch dem anderen das Wort reden. Ich möchte aber diesem reflexartigen »Hier ist die wahre, authentische Kultur-Blick« gegen »Jetzt kommt Kommerz, jetzt kommen Touristen-Blick« entgegenhalten.

Falko Daim
Ich gebe Ihnen völlig recht. Es ist ganz wichtig, dass Sie den Finger in die Wunde legen und dass wir den Prozess von den Daten, mit denen wir arbeiten, zu dem Geschichtsbild, das wir entwerfen, dass wir uns den genau ansehen. Das ist Gott sei Dank jetzt immer wieder der

Fall, dass Wissenschaftler auch Rechenschaft über ihre eigenen Intentionen abgeben und dass sie diese auch selbst zu bespiegeln versuchen. Einen der Lehrsätze eines guten Freundes von mir, der eine lange, tolle Wissenschaftskarriere in Amerika gemacht, war: »Wenn ich bei meinen wissenschaftlichen Forschungen zu einem Ergebnis komme, dass mir sehr gut gefällt, dann überprüfe ich es noch einmal.« Es beginnt ja schon einmal mit der Datenauswahl. Da startet ja der subjektive Prozess. Aber es gibt natürlich auch Regeln, wie man seine Daten auswählt, und die müssen auch dauernd überprüft werden, ob die noch passen. Also grundsätzlich gebe ich Ihnen völlig recht, ja, wir werden gut zusammenarbeiten.

Christoph Dieckmann
Es wird immer einen großen Teil des Publikums oder der Menschheit geben, der die Aura des Ortes ganz naiv und sinnlich genießen möchte. Also hier nebenan im Merseburger Dom gibt es eine ganze Serie von Schnitzbildern im Chorgestühl u. a. von Christi Himmelfahrt, das ist eine Art Biblia pauperum. Die Menschen, die im Gottesdienst saßen und nicht lesen konnten und das Latein auch nicht verstanden, die guckten sich die Bilder an. Da sieht man nun den Herrn Christus zum Himmel fahren, und von dem Ort, von dem er aufgestiegen ist, sozusagen die Abschussrampe, da sieht man zwei ganz deutliche tiefe Fußabdrücke, wie zwei Rosstrappen: ein prächtiger Platz zur Verehrung für alle Zeiten, hier war es. Ich habe mal eine Reportage zum See Genezareth gemacht. Der ist ja umstanden von Kirchlein und sogenannten authentischen Orten. Ich hatte eine israelische Reiseleiterin, die wusste, dass ich Theologe bin, und sie staunte, dass ich nicht so richtig begeistert war. Aber hier hat doch Jesus Christus das Brot gebrochen, und hier hat sich das Wunder von Gerasa ereignet und dann in Jerusalem: »Aber hier habe doch Christus gelegen«, und ich sage: »Ruth, erstens war es nicht so und zweitens ist mir das ganz egal.« Es berührt mich durchaus, dass ES hier in der Nähe stattgefunden haben mag, so ähnlich, wie es uns überliefert wurde. Aber ich bin kein ukrainisches Mütterchen, das den Stein küsst, und ich bin kein nigerianischer Pilger, der Jordanwasser in 5-Liter-Kanistern abfüllt und sich zuhause damit bis zum Jüngsten Tag gegen Krankheiten gefeit glaubt. Das eignet sich nicht für mich. Aber andererseits – wer bin ich denn, so arrogant zu urteilen.

Karlheinz Wöhler
Welche Geschichte sollen wir da nun erzählen, bei Ihrem Beispiel; sollen wir?

Christoph Dieckmann
Ich weiß, dass wir uns, so aufgeklärt wir sein mögen, doch immer ein Bildnis machen. Und an Vorgaben, Begrifflichkeit, Materie, wenngleich in höherem Sinne, hängenbleiben. Das ist nur eine Stufe höher.

Burkhard Schnepel
Wir hatten vorhin etwas von den vielen Chinesen gehört, die hier vielleicht herkommen. Seit diesem Jahr ist nicht mehr Deutschland Reiseweltmeister, sondern ist von China überholt worden. Und das ist in der Tat so, vielleicht noch nicht in Sachsen-Anhalt, aber ich war jetzt erst in England, London, Oxford, dort sind tatsächlich sehr viele Chinesen. Aber ich möchte noch einmal sagen, es kann nicht unser Anliegen sein, die hier zu bilden. Vor allem nicht, weil schon seit Jahrzehnten ungebildete Deutsche nach China gefahren sind, und dort auch nicht gebildet werden sollten. Man muss sagen, dass Tourismus etwas anderes ist als ein wissenschaftliches Unternehmen. Es gibt zwar Studiosus-Touristen, aber es geht doch um etwas anderes. Und wir sollten Tourismus nicht bewerten mit den Maßstäben eines Wissenschaftlers. Wichtig ist, dass durch die Tatsache, dass es kulturelles Erbe gibt und dass dieses kulturelle Erbe irgendjemanden gehört, auch etwas wie Selbstbewusstsein entsteht, wie eine Auratisierung der Gegenstände und dies nicht obwohl Touristen in Scharen kommen, sondern weil sie in Scharen kommen.

Stefan Nölke
Herr Daim, wie beurteilen Sie als Museumsmacher folgende Fragen: Hat sich das Publikum verändert, das jetzt auch Ihr Museum besucht? Ist das Bildungsbürgertum sozusagen am Aussterben? Und müssen Sie als Museumsmensch darauf reagieren?

Falko Daim
Ja, natürlich. Es haben sich die Sehgewohnheiten geändert, auch die Ansprüche an das Museum. Bis vor kurzem war unser Hauptpublikum die sogenannten Bildungsbürger, also die, die gewisse Vorkenntnisse haben

und hatten und denen man sozusagen ein Update gegeben und dann die Objekte gezeigt hat, die Originale, von denen sie gelesen haben. Und dann kamen natürlich die Schulklassen, soweit das, was man im Museum geboten hat, irgendwie in die Lehrpläne Eingang gefunden hat.

Und ein Angebot für Kinder: Wir müssen uns dem stellen, aber ich sage es noch einmal, unser Hauptgegner ist die virtuelle Welt, vor allem die aus Filmen kommt. Wir wissen genau, dass unser Geschichtsbild, z. B. was die Römerzeit ist, im Wesentlichen von Spartakus und Ben Hur geprägt ist und jetzt kommt noch der Spielfilm Gladiator dazu, der ist besser als die anderen, aber wir können in keiner Weise konkurrieren damit, und das ist ein Herausforderung. Und da muss ich noch einmal betonen, dass man darauf achten muss, dass die Geschichtsbilder, die wir evozieren, die müssen prägnant sein und sie müssen sich an die Fakten, wie wir sie im Moment wahrnehmen, halten. Wissend, dass das Geschichtsbild, das wir produzieren, zeitbezogen und interessensbezogen ist, aber dass wir eben den Kontakt zu harten Fakten, Daten nicht verlieren und ich glaube, auf diese Formel sollte man sich doch einigen können.

Stefan Nölke
Es gibt noch sehr viele spannende Geschichten zu erzählen und jede Region hat da ihr Eigenes zu bieten. Die Frage stellt sich, wir haben es vorhin schon einmal angesprochen, wie viel Potential da noch drin steckt. Wenn wir uns jetzt anschauen, wie viele Kulturstraßen es mittlerweile gibt in Europa, und vor allem wie viele Welterbestätten: Ist das sozusagen eine Sache, die ein open-end hat oder kommt man da irgendwann mal an eine gewisse Grenze?

Christoph Dieckmann
Wenn man alles aufhebt, wird man zum Messie. Irgendwann ist die Bude voll, dann kann man sich nicht mehr bewegen, nicht mehr nach vorne gucken, nicht mehr konzipieren, keinen mehr einladen, es gibt keine Zukunft. Man sollte sich auf das kaprizieren, was der Hauptantrieb ist. Herr Nölke, Sie haben am Anfang gesagt, hinter der Romanik stecke eine Sehnsucht nach Romantik. Und Sie [Herr Wöhler] haben gesagt: »Natürlich«. Ich würde dem beipflichten, ich würde es vielleicht nicht Romantik nennen. Jeder Mensch, ob einfach oder kompliziert, hat ein Bedürfnis über sein eigenes Leben hinauszugreifen, in der tagtäglichen Lebensführung als auch, was die Spanne seines Lebens betrifft. Jeder Mensch weiß, dass es die Welt gab, bevor er auf die Erde gekommen ist, und dass ihn Kräfte und Geschehnisse geprägt haben – charakterlich –, für die er nichts kann. Besonders wir Deutschen wissen das sehr gut. Und natürlich wünscht er sich auch, dass es nach ihm weitergehen möge. Man sagt immer, in der ersten Hälfte des Lebens wird das Leben gelebt und in der zweiten Hälfte wird es gedeutet. Das heißt, jeder Mensch, je älter er wird, entwirft eine biographische Selbstaussage, eine Autobiographie. So ist das auch mit Kulturen. Man sollte diesen menschlichen Wesenszug aufgreifen und auch immer daran denken, dass immer wieder neue Menschen nachkommen, d. h., das Erzählen einer Geschichte muss immer wieder von vorne anfangen, ohne dass wir Älteren, die das schon drei Mal gehört oder selbst mit formuliert haben, die Nasen rümpfen und sagen, das haben wir jetzt hinter uns. Einerseits muss auch den Nachfolgenden erzählt werden, was war, aber andererseits muss man auch mit Gelassenheit zuschauen und zuhören können, wie unsere Kinder diese Erzählung in ihre eigene Regie nehmen und weitertragen.

Burkhard Schnepel
Ich darf das aufgreifen. Ich habe neulich einen Vorspann zu einem Film gesehen, wo es hieß: In der ersten Hälfte des Lebens sind die Eltern das Problem und in der zweiten Hälfte des Lebens sind die Kinder das Problem. Aber davon abgesehen, wir haben schon in dieser Konferenz und hier erwähnt, dass kulturelles Erbe verbunden ist mit Identitätspolitik, mit Kommerzialisierung, mit der größten und umsatzstärksten Industrie der Welt, die es gibt: Tourismus. Und kulturelles Erbe ist in gewisser Weise auch eine Form der Industrie, aber das hört sich auch wieder so negativ an. Worum es am Ende tatsächlich geht ist, dass bestimmte Gruppen und bestimmte Menschen, ob sie sich jetzt regional, lokal, national, religiös definieren, oder sogar Fußballvereine, ein Alleinstellungsmerkmal haben möchten. Und dieses Alleinstellungsmerkmal ist in dieser Zeit, in der neoliberale Wirtschaftsmechanismen sich weltweit durchsetzen,

auch ein Mittel um zu überleben. Und was brauchen wir dazu? Wir haben öfter gesagt: Vermarktung usw. Ich würde gern das Wort *branding* benutzen. Und zwar *branding* in dem alten Sinne, wie wir das aus Western kennen, mit einem Feuerstab sozusagen die Kuh zu *branden* und damit klar zu machen, dies ist meine Kuh und sozusagen ein Signum – auch Luther wird *gebrandet* im Prinzip oder stellt ein *branding* dar. Und dieses *branding* oder diese Inwertsetzung kann dann zu einem Wert gemacht werden, der sowohl materieller als auch ideeller Natur ist. Und ohne *Branding* wird keine Gruppe mehr auf dieser Welt Bestand haben können.

Aus dem Publikum Herr Brückner, Merseburg
Also ich habe jetzt hier die Tagung miterleben dürfen, mich interessiert nach diesen drei Tagen vor allen Dingen *Kulturstraßen als Konzept* und zwar als ein Konzept nach innen. Für mich als Merseburger ist eben die Identität ganz wichtig, weil wir ja auch die 40 Jahre hier richtigen Bruch hatten. Haben Sie zum Beispiel irgendwelche Ideen, wie man eigentlich – ich sag mal – die eigene Zivilbevölkerung für diese SdR begeistern kann?

Falko Daim
Ich sage doch was dazu, obwohl das wirklich nicht mein Fachgebiet ist. Aber ich habe heute ein tolles Erlebnis gehabt. Und ich vermute, dass man an jedes dieser Bauwerke, die jetzt zur SdR gehört, persönliche Schicksale und auch Leistungen anbinden kann. Wie ich heute den Dom von Merseburg besucht habe, habe ich die Leute an der Kasse dort in ein Gespräch verwickelt. Eine Dame hat mir erzählt, wie in den letzten 30 Jahren vor dem Mauerfall eine einzige Person, nämlich der Organist vom Dom von Merseburg, mit einem enormen persönlichen Einsatz das Überleben und den Erhalt der Orgel sichergestellt hat. Mit nassen Tüchern, die er aufgehängt hat im heißen Sommer, damit es nicht so trocken wird für die Orgel, im Winter mit einem Toaster geheizt – mit einem Toaster, etwas anderes war nicht zur Verfügung – und das hat bewirkt, dass wir heute dieses Wunderwerk der Orgel von Merseburg noch zur Verfügung haben. Das sind möglicherweise Geschichten, die man sammeln sollte, und die man mitverpacken sollte mit den Kirchen. Mit jeder dieser Kirchen, die hier stehen, sind Leistungen der Bevölkerung verbunden, so dass das jetzt hier gezeigt werden kann.

Meine Skepsis hat sich eigentlich nur bezogen auf die Frage: Braucht jedes dieser Dinge Welterbestatus oder nicht?

Zu den Autorinnen und Autoren

Sabine Ambrosius

seit 1994 Gebietsdenkmalpflegerin, untere Denkmalschutzbehörde, Potsdam. 1992–1994 kunsthistorische Mitarbeiterin, Abteilung Inventarisation der Landesämter für Denkmalpflege Sachsen-Anhalt und Berlin sowie Restaurierungswerkstatt Ulrich Böduel, Naumburg; Studium der Kunstwissenschaft & Romanistik, Goethe-Universität, Frankfurt/Main & TU Berlin, M.A. 1992; Arbeitsschwerpunkte: Baugeschichte der Bürgerhäuser & Villen in Potsdam, Denkmalpflegekonzeption zur Gedenkstätte Leistikowstraße Potsdam, Umgebungsschutz der geschützten Bau- und Gartendenkmale im UNESCO-Welterbe, preußische Chausseehäuser.

Christian Antz

Jg. 1961, Referatsleiter im Wirtschaftsministerium Sachsen-Anhalts, Honorarprofessor an der Fachhochschule Westküste, Heide; Aufbau der touristischen Landesprojekte »*Straße der Romanik* – Reise ins Mittelalter«, »*Blaues Band* – Wassertourismus in Sachsen-Anhalt« & »*Gartenträume* – Historische Parks in Sachsen-Anhalt«; Initiierung und Entwicklung der neuen Tourismusfelder Spirituelles Reisen und Slow Tourism.

Jacek Bielak

1989–1995 Masterstudiengang Kunstgeschichte am Lehrstuhl Klassisches und Antikes Griechisch und Latein des Instituts für Kunstgeschichte, Adam-Mickiewicz Universität Poznań (Posen); 2001–2007 Dissertation an der Universität von Gdańsk (Danzig) mit dem Titel »Die Bernsteinindustrie in Danzig zwischen 1550–1720. Eine Studie frühmoderner Handwerkskunst«; wissensch. Mitarbeiter am Institut für Kunstgeschichte der Fakultät für Frühmoderne Kunst, Universität Gdańsk (Danzig); Forschungsschwerpunkte: Kunst und Kultur des frühmodernen Preußen im europäischen Kontext, deutsch-italienische Beziehung in Kunst und Kultur, Kunstgeschichtsschreibung und Methodik.

Christoph Brumann

Leiter der Forschungsgruppen »The Global Political Economy of Cultural Heritage« und »Buddhist Temple Economies in Urban Asia« am Max-Planck-Institut für ethnologische Forschung, Halle (Saale); Honorarprofessor an der Universität Halle-Wittenberg und Mitglied der Academia Europaea. Vorher studierte und lehrte er Ethnologie in Köln (Promotion 1997, Habilitation 2005); Forschungsinteressen: Stadtethnologie, Traditionen und Kulturerbe, internationale Organisationen, Ethnologie des Buddhismus, Kultur als ethnologisches Konzept, utopische Kommunen, Geschenkaustausch.

Helga Bumke

1986–1997 Studium der Klassischen Archäologie, Kunstgeschichte & Alten Geschichte in Berlin & Heidelberg; 1997 Promotion an der FU Berlin; 1998–2000 Forschungsstipendium des Deutschen Archäologischen Instituts; 2000–2010 Wissenschaftliche Assistentin und

Mitarbeiterin am Archäologischen Institut der Universität Bonn; 2007 Habilitation in Bonn; 2010–2011 Professur für Klassische Archäologie an der Ruhr-Universität Bochum; Seit 2011 Professorin für Klassische Archäologie an der MLU; Leitung des Projektes »Kulte im Kult« der Nordrhein-Westfälischen Akademie der Wissenschaften und der Künste (seit 2009) und der Grabungen in Didyma (Türkei) im Auftrag des Deutschen Archäologischen Instituts (seit 2012). Forschungsschwerpunkte: Kontexte und Funktionen griechischer Skulptur, griechische Ikonographie sowie Antike Heiligtümer und die kulturhistorische Bedeutung von Votivgaben.

Falko Daim

Jg. 1953, Archäologe, seit 2003 Generaldirektor des Römisch-Germanisches Zentralmuseum Mainz, vordem außerordentlicher Universitätsprofessor für »Frühgeschichte und Mittelalterarchäologie«, ab 2000 Professor am Institut für Ur- und Frühgeschichte, Universität Wien; Studium der Ur- und Frühgeschichte, mittelalterlicher und neuerer Geschichte 1971–1976, Dr. phil. 1976; Vertragsassistent, Institut für Ur- und Frühgeschichte, Universität Wien 1978, Universitätsassistent 1979; habilitiert 1986.

Timothy Darvill

Professor für Archäologie an der School of Applied Sciences der Bournemouth University in Großbritannien. Er lehrt und forscht zur Frühgeschichte Europas und der Rolle der Archäologie in der heutigen Gesellschaft. Er ist bekannt als ausgewiesener Experte zu Stonehenge, wo er 2008 eine Grabung leitete.

Penelope Denu

Direktorin des European Institute of Cultural Routes Penelope Denu (Luxemburg).

Christoph Dieckmann

Jg. 1956, Ausbildung zum Filmvorführer, Studium der Theologie in Leipzig und Ost-Berlin, Vikar und kirchlicher Medienreferent, Freiberuflicher Autor; seit 1991 bei der »Zeit« (bis 2004 als politischer Redakteur, seitdem als Autor und Reporter).

Desmond Durkin-Meisterernst

Jg. 1958, promovierte 1991 in Münster (Westfalen) und wurde 2012 habilitiert. Seit 2001 ist er Mitarbeiter im Langzeitvorhaben ›Turfanforschung‹ an der Berlin-Brandenburgischen Akademie der Wissenschaften in Berlin, das er seit 2007 leitet. In Februar 2010 wurde er Honorarprofessor im Institut für Iranistik an der Freien Universität Berlin.

Ina Eichner

2003 Promotion an der Universität Heidelberg im Fach Christliche Archäologie; 2004–2009 Wissenschaftliche Mitarbeiterin am Ägyptologischen Institut der LMU München: Grabungsleitung des DFG-Projektes »Die spätantik-koptische Klosteranlage Deir el-Bachit in Dra' Abu el-Naga (Theben/ Oberägypten)«; 2009–2012 Forschungsstipendium am Römisch-Germanischen Zentralmuseum in Mainz; 2013 bis Januar 2015 Leitung und Koordination des Projektes »Für Seelenheil und Lebensglück« am Römisch-Germanischen Zentralmuseum in Mainz. Seit Februar 2015 Wissenschaftliche Mitarbeiterin am Institut für Kulturgeschichte der Antike an der Österreichischen Akademie der Wissenschaften, Wien.

Thomas Ertl

Studium und Promotion an der Universität Wien; Habilitation an der Freien Universität Berlin; Gastdozent am DHI Rom, Lehrstuhlvertretungen an den Universitäten Göttingen und Erlangen; seit 2011 Professor für Wirtschafts- und Sozialgeschichte an der Universität Wien.

Markus Gamper

Dr. phil., akademischer Rat am Institut für vergleichende Bildungsforschung und Sozialwissenschaft der Universität zu Köln; Studium der Pädagogik und Soziologie an der Universität Trier; Forschungsschwerpunkte: Religions-, Kultur- und Migrationssoziologie, empirische Sozialforschung sowie Netzwerkforschung.

Klaus Herbers

Jg. 1951, seit 1998 Inhaber des Lehrstuhls für Mittelalterliche Geschichte und Historische Hilfswissenschaften an der FAU Erlangen-Nürnberg; 1997 Ruf auf eine Professur an der TU Berlin; 1983–1998 Wissenschaftlicher Mitarbeiter der Akademie der Wissenschaften; 1975–1980 wissenschaftlicher Assistent an der TU Berlin; 1994 Habilitation, 1980 Promotion zum Dr. phil.; 1975 Erstes Staatsexamen (Lehramt Gymnasien); 1969–1975 Studium der Fächer Geschichte und Romanische Philologie in Köln, Poitiers und an der Universität des Saarlandes; Arbeitsschwerpunkte: Hagiographie (insbesondere der Jakobuskult), das Pilgerwesen und Pilgerberichte, die iberische Halbinsel im Mittelalter und die Papstgeschichte der Karolingerzeit.

Gabriele Horn

seit 1999 Stiftungskonservatorin, Stiftung Preußische Schlösser und Gärten Berlin-Brandenburg, verantwortlich für die UNESCO-WHS »Palaces and Parks of Potsdam and Berlin«; Lehraufträge: BTU-Cottbus (2002–2005) & Chinese University of Mining and Technology (CUMT), Xuzhou/Jiangsu (seit 2006); zuvor: Denkmalpflegerin, untere Denkmalschutzbehörde, Potsdam; wiss. Volontariat, Niedersächsisches Landesmuseum Hannover; Studium: Kunstgeschichte, Städtebau & Christliche Archäologie, 1990 Promotion Rheinische Friedrich-Wilhelms-Universität Bonn, Arbeitsschwerpunkte: UNESCO-Welterbe, Umgebungsschutz der geschützten Bau- und Gartendenkmale, Kulturlandschaft und Chausseewesen in Preußen.

Hermann Kulke

Jg. 1938; Studium der Indologie; 1967 Promotion zum Dr. phil. in Freiburg; 1967–1988 Assistent und außerplanmäßiger Professor für indische Geschichte am Südasien-Institut der Universität Heidelberg; 1975 Habilitation; 1988–2003 Lehrstuhl für Asiatische Geschichte am Historischen Seminar der Universität Kiel; zahlreiche Forschungsaufenthalte in Sri Lanka, Indien, und Indonesien und Kambodscha; Koordinator des DFG-Schwerpunktprogrammes »Umstrittene Zentren: Konstruktion und Wandel sozio-kultureller Identitäten in der indischen Region Orissa« (1999–2005); Arbeitsschwerpunkte: Geschichte Asiens mit den Schwerpunkten Indien und Südostasien, insbesondere frühstaatliche Entwicklung, Geschichtsschreibung, Regionalkulturen (insbesondere Orissa), und indische Einflüsse in Südostasien sowie Indian Ocean Studies.

Stefan Lehmann

Jg. 1951, Studium: Klassische Archäologie, Alte Geschichte sowie Kunst- & Kulturgeschichte, Berlin & Bonn, Magister 1985; 1987 Promotion; 1988–1998 Archäologisches Museum Frankfurt/Main, Akad. Kunstmuseum Bonn, Universitäten in Heidelberg, London & Erlangen; 1999/2000 Habilitation & PD an der MLU; seit 2007 Leiter des Archäologischen Museums der Martin-Luther-Universität Halle-Wittenberg sowie Hochschullehrer.

Reinhard Rupert Metzner

Studium der Architektur in Darmstadt, dann Studium der Kunstgeschichte, Mittleren Geschichte und Philosophie in Frankfurt/Main, Pisa und Berlin; 2006 Magister Artium an der Humboldt-Universität zu Berlin; 2007–2010 Promotionsstipendiat und Wissenschaftlicher Mitarbeiter an der Bibliotheca Hertziana (Max-Planck-Institut für Kunstgeschichte) in Rom; wissenschaftliche Tätigkeit für die *Associazione delle Vie francigene* in Fidenza; 2013 Promotion an der Humboldt-Universität zu Berlin, Thema: »Zwischen Krone und Kurie. Sakrale

Baukunst des 12. Jahrhunderts entlang der italienischen Wege nach Rom«.

Stefan Nölke

seit 1999 bei FIGARO bzw. dem Vorgänger MDR KULTUR. Er ist im Bereich Journal Redakteur für Geschichte, Autor, Moderator und Chef vom Dienst. Stefan Nölke studierte Mittlere und Neuere Geschichte sowie Romanistik in Paris, Dijon und Mainz.

Marco Pointecker

Jg. 1976, Studium der Kommunikationswissenschaft & Soziologie an der Universität Salzburg; währenddessen Wissenschaftlicher Mitarbeiter an Forschungsprojekten; 2010–2013 Lehramt für Volksschullehrer; 2013 Doktorarbeit über Inkastraßen in Südamerika; seit 2011 tätig für EU Projekte (Bereich Erziehung & Mehrsprachigkeit in Makedonien & Österreich).

Mihailo Popović

2011 Erteilung der venia docendi; 2009–2011 Habilitation im Fach »Südosteuropäische Geschichte und Byzantinistik« (Universität Wien); seit 2006 Wissenschaftlicher Mitarbeiter (Junior Scientist) im Rahmen des Projektes Tabula Imperii Byzantini (TIB) am Institut für Byzanzforschung der ÖAW (nunmehr Abt. Byzanzforschung des Instituts für Mittelalterforschung der ÖAW); 2005 Dr. phil. (Universität Wien), 1996–2000 Studium der Byzantinistik, Neogräzistik (Geschichte und Kultur Ost- und Südost-Europas, antike und mittelalterliche Numismatik, Mediävistik), Universität Wien.

Andreas Ranft

Jg. 1951, seit 1999 Professur für Geschichte des Mittelalters am Institut für Geschichte der Martin-Luther-Universität Halle-Wittenberg; studierte Geschichte, Rechtswissenschaft, Philosophie und Politologie. 1983 Promotion zum Dr. phil.; Wissenschaftlicher Mitarbeiter am Historischen Seminar der Universität Hannover; 1984–1990 Hochschulassistent am Historischen Seminar der Christian-Albrechts-Universität zu Kiel; lehrte nach seiner Habilitation 1991 bis zu seiner Berufung nach Halle an der HU Berlin sowie an der Universitäten Greifswald und Köln; Forschungsschwerpunkte: Sozial- und Kulturgeschichte des Spätmittelalters, Stadt- und Verwaltungsgeschichte; zweiter Vorsitzender des *Europäischen Romanik Zentrums e. V.*, An-Institut der Martin-Luther-Universität Halle-Wittenberg.

Wolfgang Schenkluhn

seit 1995 Professor für Kunstgeschichte des Mittelalters am Institut für Kunstgeschichte und Archäologien Europas; Studium der Kunstgeschichte, Philosophie und Soziologie an den Universitäten Frankfurt/Main und Marburg; Assistent und Hochschuldozent an der Universität Stuttgart; Vorsitzender des Denkmalrats des Landes Sachsen-Anhalt, Direktor des *Europäischen Romanik Zentrums e. V.*, An-Institut der Martin-Luther-Universität Halle-Wittenberg und Sprecher des *Cultural Heritage – interdisziplinäres Netzwerk der Kulturwissenschaften an der Martin-Luther-Universität*. Lehr- und Forschungsschwerpunkte: Architektur, Skulptur und Malerei des Mittelalters, Methodik und Rezeptionsgeschichte des Fachs, Themen der Denkmalpflege, Bildwissenschaften und Porträtmalerei.

Burkhard Schnepel

Jg. 1954, seit April 2002 Professor für Ethnologie an der Martin-Luther-Universität Halle-Wittenberg; Direktor des Zentrums für Interdisziplinäre Regionalstudien, MLU; Sprecher des *Cultural Heritage – interdisziplinäres Netzwerk der Kulturwissenschaften an der Martin-Luther-Universität*; Studium der Ethnologie, Soziologie und Religionswissenschaft, FU Berlin und Sozialanthropologie, University of Oxford; 1987 D. Phil., University of Oxford; 1996 Habilitation, Ruprecht-Karls-Universität Heidelberg; 1998–2002 Hochschuldozent für Ethnologie, Johann Wolfgang Goethe-Universität, Frankfurt.

Harald Schwillus

Jg. 1962, Professor für Religionspädagogik und Katechetik mit Schwerpunkt Didaktik des Katholischen Religionsunterrichts an der Martin-Luther-Universität Halle-Wittenberg; Dipl.-Theol., 1. u. 2. Staatsexamen für das Lehramt an Gymnasien, Studium der kath. Theologie, Altphilologie, Germanistik, Philosophie, Pädagogik und Päd. Psychologie in Würzburg, Rom, Berlin und Bamberg.

Johannes Stahl

Jg. 1958, Autor, Kurator, und Kulturberater zeitweise lehrend (Unis Bonn, Halle-Wittenberg, Akademie Mainz, Kunsthochschule Halle/Saale); Schwerpunkte: Kunst und Öffentlichkeit, Kunstvermittlung, Fragen des Räumlichen in verschiedenen Medien; www.j-stahl.de.

Eva Sturm

Jg. 1979, Studium der Germanistik, Philosophie/Ethik in Dresden, Staatsexamen 2006; 2007–2012 Wissenschaftliche Mitarbeiterin am Lehrstuhl für Neuere deutsche Literatur und Kulturgeschichte und am MitteleuropaZentrum der TU Dresden; Forschungsschwerpunkte: Literatur und Öffentlichkeit (Autorschaft, Literaturvermittlung, Kulturmanagement), Migrationsliteratur, deutsche Literatur- und Kulturgeschichte des 20. Jahrhunderts.

Ulrike Wendland

Jg. 1960, Kunsthistorikerin und Denkmalpflegerin; Dr. phil., Studium in Hamburg und Bamberg; Volontariat Denkmalschutzamt Hamburg; Hochschultätigkeit an der TU Berlin und ETH Zürich; Landeskonservatorin des Saarlandes (2002–2005) und Sachsen-Anhalts (seit 2005); Spezialisierungen: Welterbe, Weiterbauen am Denkmal, Städtebauliche Denkmalpflege und Denkmaltheorie.

Thomas Wilke

Jg. 1975, akademischer Rat am Institut für Medienwissenschaft, Tübingen; 2008 an der Universität Halle promoviert; bis 2013 als Wissenschaftlicher Mitarbeiter am Medien- und Kommunikationswissenschaften (Halle/Saale); 2004–2008 Mitarbeiter im DFG-Projekt »Programmgeschichte des DDR-Fernsehens – komparativ«; studierte Medien- und Kommunikationswissenschaften, Geschichte und Germanistik an der Martin-Luther-Universität Halle-Wittenberg und der L'université Charles de Gaulle Lille III in Lille, Frankreich; Forschungsschwerpunkte: Medientheorie, Medien- und Kommunikationsgeschichte des 19./20. Jahrhundert, populäre und auditive Medienkulturen.

Karlheinz Wöhler

studierte Soziologie, Betriebswirtschaftslehre und Erziehungswissenschaft an der Universität Mannheim; 1971 Assistent an der Universität Koblenz-Landau; seit 1978 an der Universität Lüneburg: Professor für Soziologie, Umdenomination in eine Professur für empirische und angewandte Tourismuswissenschaft und ab 2007 am Institut für Stadt- und Kulturraumforschung, der Fakultät für Kulturwissenschaften; Forschungsschwerpunkte: Touristifizierung, Kulturalisierung und Heritagefizierung von Räumen, Tourismustheorie und Destination Governance.

Lars-Jörn Zimmer

Vorsitzender der TRANSROMANICA e. V., Jg. 1970, ist seit 2002 Mitglied des Landtages von Sachsen-Anhalt und im Ausschuss für Wirtschaft und Arbeit des Landes Sachsen-Anhalt tätig; www.larsjoernzimmer.de.

FARBABBILDUNGEN

FARBABBILDUNGEN

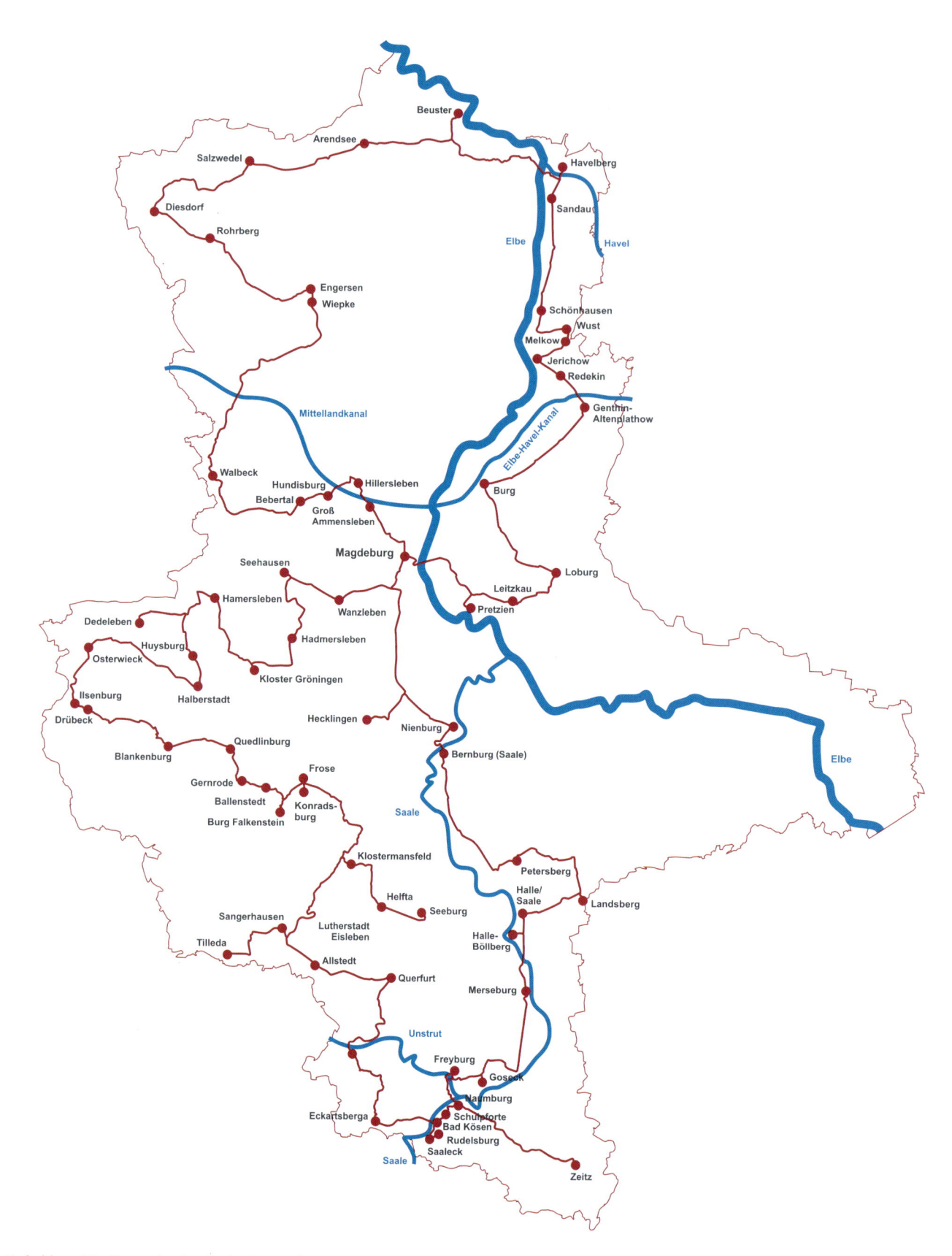

Farbabb. 1: Die Route der *Straße der Romanik*. Foto: Tourismusverband Sachsen-Anhalt e.V.

FARBABBILDUNGEN

Farbabb. 2: Ansicht des Havelberger Doms. Foto aus: Antje Reichel: Der Dom zu Havelberg. Fotografien Janos Stekovics, Dößel 2010, Frontispiz.

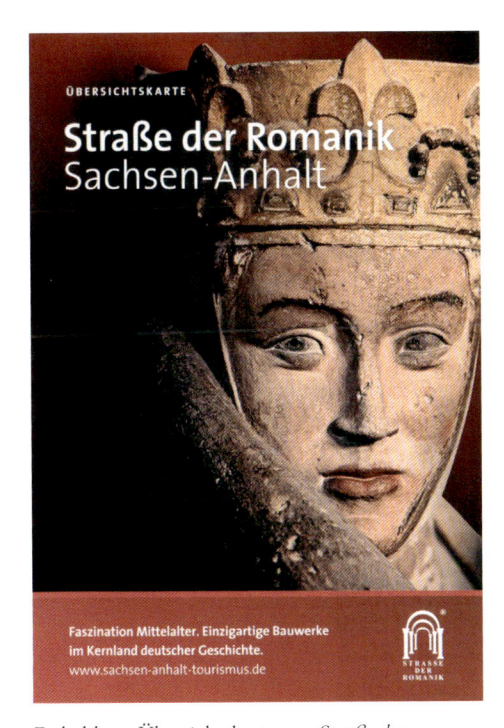

Farbabb. 3: Übersichtskarte zur *Straße der Romanik*, 2011. Foto: Landestourismusverband Sachsen-Anhalt e.V.

FARBABBILDUNGEN

Farbabb. 4: Stonehenge, UK, view of the northeastern façade viewed from the Avenue. Photo: Timothy Darvill.

Farbabb. 5: Bluestone pillars of the Outer Bluestone Circle inside Stonehenge, UK. Photo: Timothy Darvill.

Farbabb. 6: Sarsen boulder-field at Overton Down, Wiltshire, UK. Photo: Timothy Darvill.

Farbabb. 7: Carn Menyn at the eastern end of the Preseli Hills, Wales, UK. Photo: Timothy Darvill.

Farbabb. 8: Spotted dolerite from Carn Menyn in the Preseli Hills of Wales, UK. Photo: Timothy Darvill.

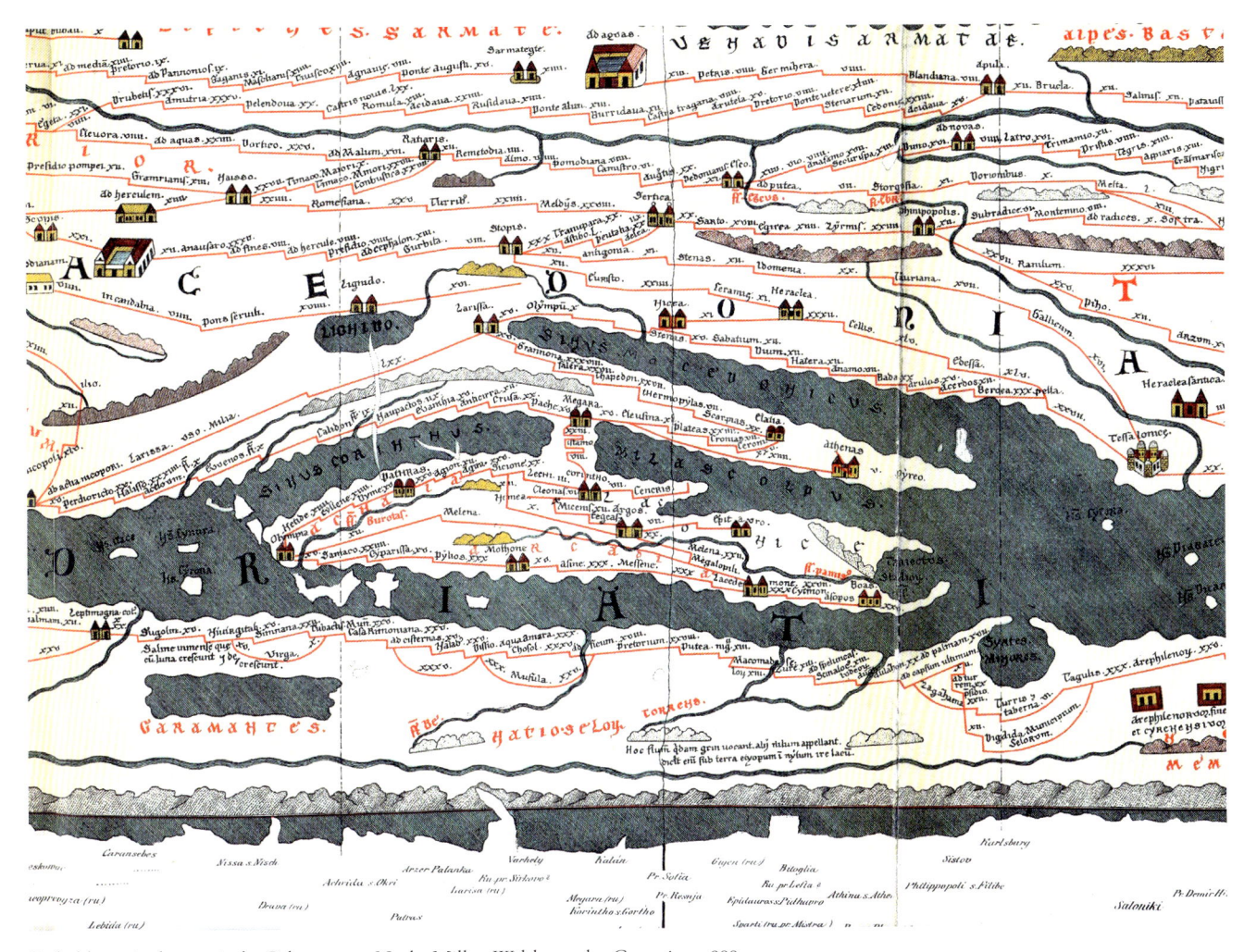

Farbabb. 9: Archaea mit der Peloponnes. Nach: Miller, Weltkarte des Castorius, 1888.

FARBABBILDUNGEN

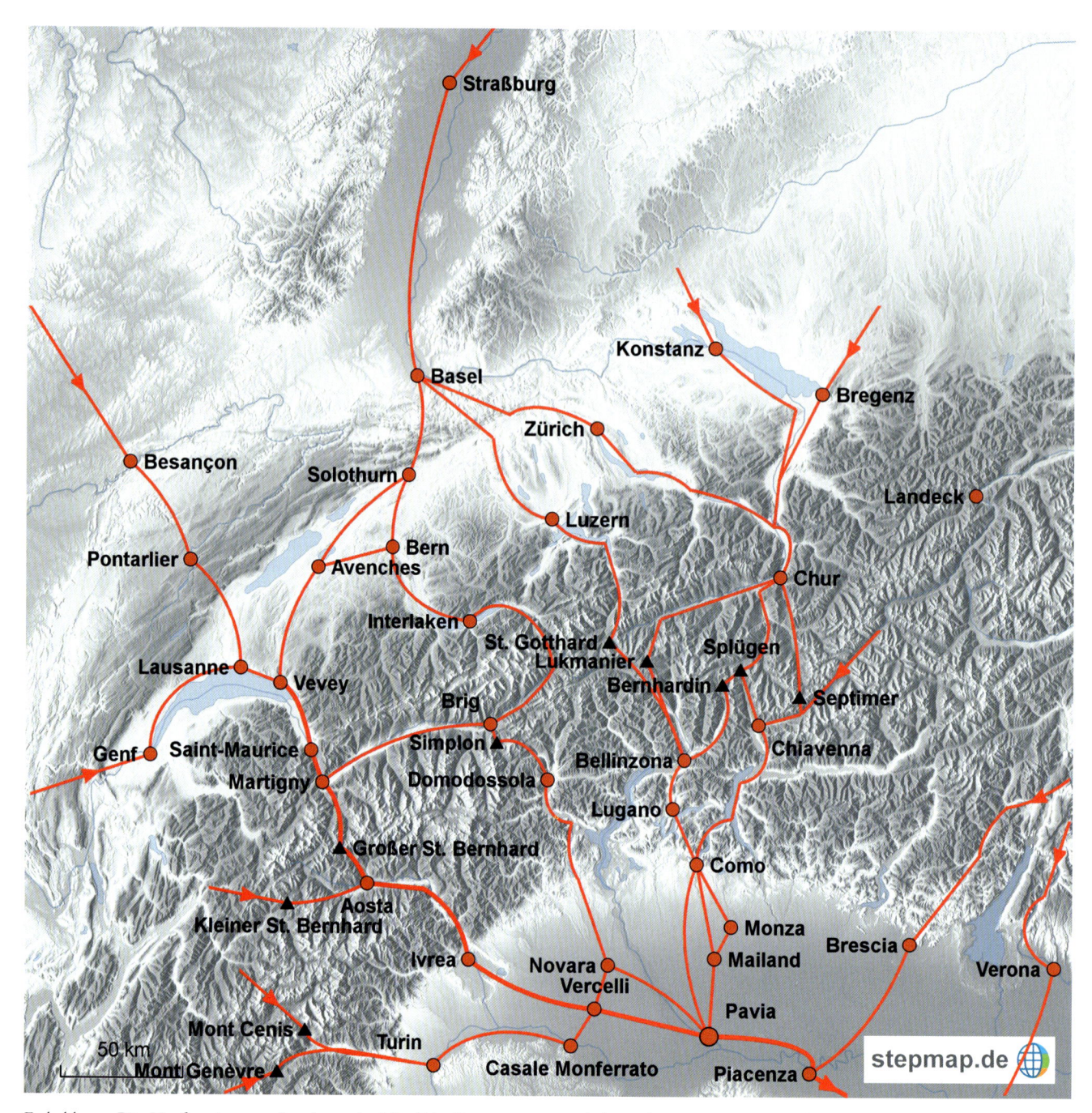

Farbabb. 10: Die *Via francigena* und andere mittelalterliche Fernwege im westlichen Alpenraum. Foto: Reinhard R. Metzner.

Farbabb. 11: Die Itinerare des Sigerich von Canterbury (grün), des Nikulas von Munkathvera (rot) und der Hauptstreckenabschnitt der Via francigena (blau).
Foto: Reinhard R. Metzner.

Farbabb. 12: Relief mit Rompilgern, Fidenza, ehemals Borgo San Donnino, Dom, südlicher Fassadenturm, um 1180/1200.
Foto: Reinhard R. Metzner.

FARBABBILDUNGEN

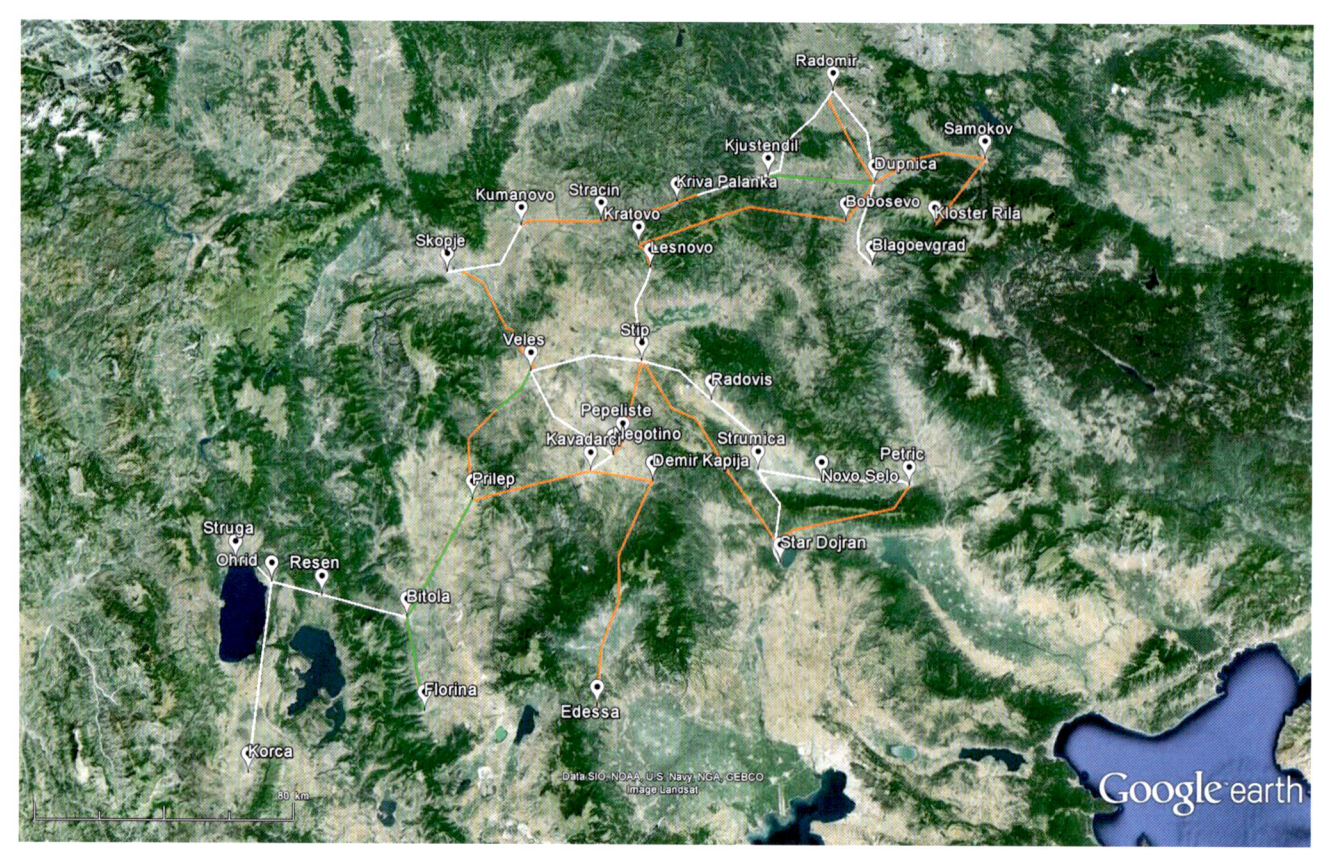

Farbabb. 13: The Austrian Military Map from the Year 1848 combined with Google Earth. Map: Google Earth, KML-Layer by Mihailo St. Popović.

Farbabb. 14: Remnants of a Road (Medieval or Ottoman?) in the Vicinity of the Monastery of Treskavec to the North of the Town of Prilep (FYROM). Photo: Mihailo St. Popović.

FARBABBILDUNGEN

Farbabb. 15: Chausseehaus in Genin (Jenin, Polen), Fortführung der Bundesstraße 1 als Hauptverkehrsstraße 132 in Polen, um 1825. Foto: Sabine Ambrosius / Gabriele Horn, 2009.

Farbabb. 16: Chausseehaus in Blumberg an der Bundesstraße 158, um 1802. Foto: Sabine Ambrosius / Gabriele Horn, 1999.

Farbabb. 17: Chausseehaus in Potsdam, Leipziger Straße an der Bundesstraße 2, um 1803. Foto: Sabine Ambrosius / Gabriele Horn, 2014.

Farbabb. 18: Chausseehaus in Potsdam-Bornim an der Bundesstraße 273, um 1845. Foto: Sabine Ambrosius / Gabriele Horn, 2006.

FARBABBILDUNGEN

Farbabb. 19: Dagmar Schmidt: Stitch View, 2011 ff. Serie (bis dato sechsteilig, ff) Mixed Media. Fotografie, BW, Stickerei, 30 × 40 cm, Foto: Johannes Stahl.

Farbabb. 20: Birthe Mlynczak: Installation von Befundfotos auf einer Wand, 2010. Foto: Johannes Stahl.

FARBABBILDUNGEN

Farbabb. 21: Thomas Rentmeister: Museum, 2002, Bauschild zum Umbau des Museums Mönchengladbach. Foto: Johannes Stahl.

Farbabb. 22: Invader, Paris, 2008. Foto: Johannes Stahl.

Farbabb. 23: Karl Prantl, ohne Titel, wohl 1971, Eingriff in die ›Große Straße‹ in Nürnberg. Foto: Johannes Stahl.

309

FARBABBILDUNGEN

Farbabb. 24: Podiumsdiskussion am 16. November 2013, v. l. n. r.: Stefan Nölke, Falko Daim, Karl-Heinz Wöhler, Christoph Dieckmann und Burkhard Schnepel. Foto: ERZ.

Farbabb. 25: Exkursion am 17. November 2013. Foto: ERZ.